数学分析

下册

阎颖　主编

中南大学出版社
www.csupress.com.cn
·长沙·

迟序之数，非出神怪，
有形可检，有数可推。

祖冲之

祖冲之(429—500 年)，范阳郡道县(今河北省涞水县)人，我国南北朝时期伟大的数学家、天文学家。一生钻研自然科学，其主要贡献在数学、天文历法和机械制造三个方面。他在刘徽开创的探索圆周率方法的基础上，首次将"圆周率"精算到小数第七位，即在 3.1415926 和 3.1415927 之间。他提出的"祖率"对数学的研究有着重大贡献。直到 16 世纪，阿拉伯数学家阿尔·卡西才打破了这一纪录。

祖冲之撰写的《大明历》是当时最科学最进步的历法，对后世的天文研究提供了正确的方法。其主要著作有《缀术》《安边论》《述异记》《历议》等。

祖冲之兴趣广泛，才华横溢，在哲学、文学、音乐学等方面均有很深的造诣。他的杰出成就是世界科学史上的光辉篇章。巴黎科学博物馆墙壁上铭刻着祖冲之的画像和他计算的圆周率。

前 言 ◀◀ Foreword

　　数学分析是数学各专业的学科基础课程，同时在大学数学课程中有着重要的地位。为了面向 21 世纪大学数学教学和教材改革的需要，编者结合数十年教学实践的经验体会，在教材编写上做了有益的创新性工作。

　　本书分上、下两册。上册内容包括：函数、极限、函数的连续性、导数与微分、微分中值定理及导数的应用、不定积分、定积分、定积分的应用、实数基本定理·连续函数性质证明·函数的可积性。下册内容包括：数项级数、函数项级数与幂级数、傅里叶级数、多元函数的极限与连续性、多元函数的微分学、重积分、曲线积分与曲面积分。全书共 16 章。

　　数学分析课程，知识体系庞大、繁茂，知识内容抽象，学习者常常感到学习困难。为了利于教师教学，方便学习者自学，教材编写者经历了多年的研究与实践，在教材编写中力求做到：阐述知识上，由感性到理性，由浅入深，通俗易懂；推理运算方面，注重启发思路，指明要点，恰当给出注释。例如，对于极限概念的阐述，先引领学习者赏析中国古代数学家的思想和方法，由通俗的中国古典极限思想开始。在级数理论中，引入前 n 项和 S_n 的极限时，加强直观描述，多角度分析，呈现得自然流畅，解决了通常由于直接给出定义，学习者在学习过程中出现的困难。

数学分析课程,有着古老的发现源头和悠久的发展历史,为这座知识大厦奠基的数学家众多,群星璀璨。为了引领学习者走近这些数学家,感悟他们的数学思想、数学方法,我们基本依据数学分析的课程内容,精细撰写了十一位中外数学家的经典介绍并收入教材,使得课程在讲授和学习的过程中获得了拓展和升华。由此,数学分析与数学文化内容交相呼应,相得益彰。

全书由曲建民教授审校。

本书可以作为高等学校数学专业数学分析课程的教科书,也可供其他理工科专业选用。

编者

2021 年 12 月

目 录 ◀◀ Contents

第 10 章　数项级数 ··· 1

§ 10.1　无穷级数的基本概念　　　　　　　　　　　　　　　　　1

§ 10.2　级数的基本性质与收敛准则　　　　　　　　　　　　　　8

§ 10.3　正项级数　　　　　　　　　　　　　　　　　　　　　　12

§ 10.4　变号级数　　　　　　　　　　　　　　　　　　　　　　22

习题　　　　　　　　　　　　　　　　　　　　　　　　　　　　29

数学家：欧拉　　　　　　　　　　　　　　　　　　　　　　　　31

第 11 章　函数项级数与幂级数 ··· 32

§ 11.1　一般概念　　　　　　　　　　　　　　　　　　　　　　32

§ 11.2　一致收敛性　　　　　　　　　　　　　　　　　　　　　34

§ 11.3　和函数的分析性质　　　　　　　　　　　　　　　　　　41

§ 11.4　幂级数的收敛问题　　　　　　　　　　　　　　　　　　45

§ 11.5　幂级数的性质　　　　　　　　　　　　　　　　　　　　50

§ 11.6　函数的幂级数展开　　　　　　　　　　　　　　　　　　53

§ 11.7　幂级数在近似计算中的应用　　　　　　　　　　　　　　62

习题　　　　　　　　　　　　　　　　　　　　　　　　　　　　65

数学家：韦达　　　　　　　　　　　　　　　　　　　　　　　　67

第 12 章　傅里叶级数 ··· 68

§ 12.1　周期函数的傅氏级数　　　　　　　　　　　　　　　　　68

§ 12.2　傅氏级数的收敛性　　　　　　　　　　　　　　　　　　75

§ 12.3　正弦展开与余弦展开　　　　　　　　　　　　　　　　　78

§ 12.4　以 $2l$ 为周期的函数展开　　　　　　　　　　　　　　　82

习题　　　　　　　　　　　　　　　　　　　　　　　　　　　　85

第 13 章　多元函数的极限与连续性 ·· 87

§13.1　平面点集　　　　　　　　　　　　　　　　　　　　　 87

§13.2　多元函数的一般概念　　　　　　　　　　　　　　　 90

§13.3　二元函数的极限　　　　　　　　　　　　　　　　　 94

§13.4　二元函数的连续性　　　　　　　　　　　　　　　 101

习题　　　　　　　　　　　　　　　　　　　　　　　　　 104

数学家：帕斯卡　　　　　　　　　　　　　　　　　　　 106

第 14 章　多元函数微分学 ·· 107

§14.1　偏导数及高阶偏导数　　　　　　　　　　　　　　 107

§14.2　全微分　　　　　　　　　　　　　　　　　　　　 114

§14.3　复合函数微分法　　　　　　　　　　　　　　　　 119

§14.4　二元函数的极值　　　　　　　　　　　　　　　　 125

§14.5　全微分在几何上应用　　　　　　　　　　　　　　 129

§14.6　隐函数的偏导数　　　　　　　　　　　　　　　　 133

§14.7　条件极值　　　　　　　　　　　　　　　　　　　 138

习题　　　　　　　　　　　　　　　　　　　　　　　　　 144

第 15 章　重积分 ··· 147

§15.1　二重积分的概念与性质　　　　　　　　　　　　　 147

§15.2　二重积分的计算　　　　　　　　　　　　　　　　 152

§15.3　三重积分的概念与性质　　　　　　　　　　　　　 166

§15.4　三重积分的计算　　　　　　　　　　　　　　　　 168

§15.5　重积分应用　　　　　　　　　　　　　　　　　　 178

习题　　　　　　　　　　　　　　　　　　　　　　　　　 186

第 16 章　曲线积分与曲面积分 ··· 189

§16.1　第一型曲线积分　　　　　　　　　　　　　　　　 189

§16.2　第二型曲线积分　　　　　　　　　　　　　　　　 194

§16.3　格林公式　曲线积分与路径无关的条件　　　　　 203

§16.4　第一型曲面积分　　　　　　　　　　　　　　　　 215

§16.5　第二型曲面积分　　　　　　　　　　　　　　　　 218

§16.6　高斯公式　斯托克斯公式　　　　　　　　　　　　 225

习题　　　　　　　　　　　　　　　　　　　　　　　　　 230

数学家：高斯　　　　　　　　　　　　　　　　　　　　 232

附录　习题答案 ·· 233

参考文献 ·· 240

第 10 章

数项级数

无穷级数理论在数学分析本身以及各类应用科学中,有着许多应用,已成为数学分析的重要组成部分。

我们把无穷级数的内容分为三章:数项级数、函数项级数与幂级数、傅里叶级数。核心的问题是数项级数和函数项级数,而幂级数和傅里叶级数则是两种具体的函数项级数。

§10.1　无穷级数的基本概念

一、无穷级数定义

(一) 引言

无穷级数的初步思想,已蕴含于初等数学的某些问题之中。比如,当我们把分数 $\frac{1}{3}$ 化为小数时,便出现了循环小数:

$$\frac{1}{3} = 0.\dot{3}$$

现在就着 $0.\dot{3}$ 作进一步探讨,将会引出启发性的结果。因为

$$0.3 = \frac{3}{10}$$

$$0.33 = \frac{3}{10} + \frac{3}{100} = \frac{3}{10} + \frac{3}{10^2}$$

$$0.333 = 0.3 + 0.03 + 0.003 = \frac{3}{10} + \frac{3}{100} + \frac{3}{1000} = \frac{3}{10} + \frac{3}{10^2} + \frac{3}{10^3}$$

$$\vdots$$

$$0.\dot{3} = \lim_{n \to \infty} \left(\frac{3}{10} + \frac{3}{10^2} + \cdots + \frac{3}{10^n} \right) = \frac{3}{10} + \frac{3}{10^2} + \cdots + \frac{3}{10^n}$$

即
$$\frac{1}{3} = \frac{3}{10} + \frac{3}{10^2} + \cdots + \frac{3}{10^n} + \cdots \qquad (1)$$

由此可见，$\frac{1}{3}$ 被表示为无穷多个数相加的形式。从以上的探讨可以得出下述的结论：

ⅰ）无穷多个数相加后可能得到一个确定常数。

ⅱ）一个量可以用无限的形式表达出来。

事实上，型如(1)式的无穷多个数的累加，就叫做无穷级数。为了进一步揭示无穷级数的含义，我们把(1)式改写成首项为 $\frac{3}{10}$，公比为 $\frac{1}{10}$ 的等比级数：

$$\frac{1}{3} = \frac{3}{10} + \frac{3}{10} \cdot \frac{1}{10} + \frac{3}{10} \cdot \frac{1}{10^2} + \cdots + \frac{3}{10} \cdot \frac{1}{10^{n-1}} + \cdots \qquad (2)$$

为使等比级数(2)一般化，令 $a = \frac{3}{10}$，$q = \frac{1}{10}$，于是(2)式右端化为以 a 为首项，q 为公比的等比级数

$$a + aq + aq^2 + \cdots + aq^{n-1} + \cdots \qquad (3)$$

现在结合(3)式，我们提出这样一个问题：

当 $a = \frac{3}{10}$，$q = \frac{1}{10}$ 时(3)式固然是有意义的(其值为 $\frac{1}{3}$)，那么是否不管 a，q 取任何值，它总是有意义的呢？

这个问题可以从对 $0.\dot{3}$ 的讨论中得到启示，关键就在于(3)式的前 n 项的和

$$S_n = a + aq + aq^2 + \cdots + aq^{n-1}$$

在 $n \to \infty$ 时，是否趋向一个有限的常数，也就是取决于极限 $\lim\limits_{n \to \infty} S_n$ 是否存在。事实上，我们在初等数学中已经知道，(3)式的前 n 项的和为

$$S_n = \frac{a(1 - q^n)}{1 - q}$$

当 $|q| < 1$ 时，$\lim\limits_{n \to \infty} q^n = 0$，于是

$$\lim\limits_{n \to \infty} S_n = \lim\limits_{n \to \infty} \frac{a(1 - q^n)}{1 - q} = \frac{a}{1 - q}$$

即当 $|q| < 1$ 时(3)式是有意义的，其和为

$$\frac{a}{1 - q} = a + aq + aq^2 + \cdots + aq^{n-1} + \cdots$$

而当 $|q| \geqslant 1$ 时，$\lim\limits_{n \to \infty} q^n$ 不存在，从而 $\lim\limits_{n \to \infty} S_n$ 也不存在，那么(3)式不表示一个常数，也就是没有意义。

从这一段的讨论，我们又得到一条结论：

ⅲ）无穷多个数的累加，比如

$$a + aq + aq^2 + \cdots + aq^{n-1} + \cdots$$

只有当前 n 项和极限 $\lim\limits_{n \to \infty} S_n$ 存在时才有意义，否则就是没有意义的。

综合起来，我们前后得到了三条结论，这三条所蕴含的思想将贯穿于整个级数理论之中。

(二) 无穷级数定义

有了前面的讨论，可以给出无穷级数的定义。

定义　设给定了一个数列 a_1，a_2，a_3，$\cdots$，a_n，$\cdots$，把它的各项用"+"号连接起来，得到

$$a_1 + a_2 + a_3 + \cdots + a_n + \cdots$$

叫做**无穷级数**，简称**级数**，并简记为

$$\sum_{n=1}^{\infty} a_n$$

其中各数称为级数的项，而第 n 项 a_n（$n = 1$，2，3，$\cdots$）称为一般项或通项。

例如 $\dfrac{1}{2} + \dfrac{1}{2^2} + \dfrac{1}{2^3} + \dfrac{1}{2^n} + \cdots$ 是一级数，其中一般项是 $\dfrac{1}{2^n}$，可简记为 $\displaystyle\sum_{n=1}^{\infty} \dfrac{1}{2^n}$。

又如 $1 - \dfrac{1}{2} + \dfrac{1}{3} - \cdots + (-1)^{n-1} \dfrac{1}{n} + \cdots$ 也是一个级数，一般项是 $(-1)^{n-1} \dfrac{1}{n}$，简记为 $\displaystyle\sum_{n=1}^{\infty} (-1)^{n-1} \dfrac{1}{n}$。

上面这些级数的每一项都是常数，称为数项级数，以后还会看到每一项都是函数的级数，称为函数项级数。

如果一个级数的前面若干项已经给出，通过观察，应当能写出它的一般项来。对于级数的各种讨论，经常是利用一般项来进行的。

设给定的级数是 $\dfrac{2}{3} + \left(\dfrac{2}{3}\right)^2 + \left(\dfrac{2}{3}\right)^3 + \cdots$，为了写出它的一般项，我们把它与自然数列对应起来看一下：

$$\dfrac{2}{3} + \left(\dfrac{2}{3}\right)^2 + \left(\dfrac{2}{3}\right)^3 + \cdots + a_n + \cdots$$

容易看出一般项 $a_n = \left(\dfrac{2}{3}\right)^n$。

又设级数为 $1 - \dfrac{1}{2^2} + \dfrac{1}{3^2} - \cdots$，经过观察，知它的一般项是 $a_n = (-1)^{n-1} \dfrac{1}{n^2}$。

有时也把级数记成

$$a_0 + a_1 + a_2 + \cdots + a_n + \cdots$$

简记为 $\displaystyle\sum_{n=0}^{\infty} a_n$（$n = 0$，1，2，$\cdots$）。

例如 $\displaystyle\sum_{n=0}^{\infty} \dfrac{1}{n!} = 1 + \dfrac{1}{2!} + \dfrac{1}{3!} + \cdots + \dfrac{1}{n!} + \cdots$，

$$\sum_{n=0}^{\infty} a_n = 1 + a + a^2 + \cdots + a^n + \cdots$$

二、级数收敛的定义

无穷级数是无穷多个数累加起来的，有限个数相加，其和为定数，那么无穷多个数相加，

有没有确定的和呢？我们知道，级数是从有限个项出发，不断增加，而变为无穷多项。这就是说，级数的形成经历了一个从有限到无限的过程，那么自然可以认为，级数是有限个项累加，经过取极限的过程而转化为无穷多个项的累加。我们就按这种思想讨论级数的求和问题。先举几个例子。

例1 $1 + \dfrac{1}{3} + \dfrac{1}{3^2} + \cdots + \dfrac{1}{3^{n-1}} + \cdots$

前一项的和用 S_1 表示，$S_1 = 1$

前两项的和用 S_2 表示，$S_2 = 1 + \dfrac{1}{3} = 1\dfrac{1}{3}$

前三项的和用 S_3 表示，$S_3 = 1 + \dfrac{1}{3} + \dfrac{1}{3^2} = 1\dfrac{4}{9}$

照此下去，前 n 项的和为

$$S_n = 1 + \frac{1}{3} + \frac{1}{3^2} + \cdots + \frac{1}{3^{n-1}}$$

$$= \frac{1\left[1 - \left(\frac{1}{3}\right)^n\right]}{1 - \frac{1}{3}} = \frac{3}{2}\left[1 - \left(\frac{1}{3}\right)^n\right]$$

令 $n \to \infty$ 取 S_n 的极限，得

$$\lim_{n\to\infty} S_n = \lim_{n\to\infty} \frac{3}{2}\left[1 - \left(\frac{1}{3}\right)^n\right] = \frac{3}{2}$$

这个极限值 $\dfrac{3}{2}$ 便是级数 $\displaystyle\sum_{n=1}^{\infty} \dfrac{1}{3^{n-1}}$ 的和。

例2 $2 + 4 + 6 + \cdots + 2n + \cdots$

依次逐项累加有

$$S_1 = 2$$
$$S_2 = 2 + 4 = 6$$
$$S_3 = 2 + 4 + 6 = 12$$
$$\vdots$$
$$S_n = 2 + 4 + 6 + \cdots + 2n = n(n+1)$$

所以
$$\lim_{n\to\infty} S_n = \lim_{n\to\infty} n(n+1) = \infty$$

级数 $\displaystyle\sum_{n=1}^{\infty} 2n$ 的和可以无限增大，并不是一个定数，因此我们说这个级数没有和。

例3 $1 - 1 + 1 - 1 + \cdots + (-1)^{n-1} + \cdots$

依次逐项累加，有

$$S_1 = 1$$
$$S_2 = 1 - 1 = 0$$
$$S_3 = 1 - 1 + 1 = 1$$
$$\vdots$$

$$S_n = 1 - 1 + 1 - 1 + \cdots + (-1)^{n-1}$$
$$= \begin{cases} 1, & \text{当 } n \text{ 为奇数时,} \\ 0, & \text{当 } n \text{ 为偶数时} \end{cases}$$

当 n 无限增大时,级数 $\sum\limits_{n=1}^{\infty}(-1)^{n-1}$ 的 n 项和永远在 1 和 0 两个数上交替变化,不趋向于一个确定的常数,在这种情况下,我们也说这个级数没有和。

就上面三个级数来看,级数的项数无限累加的结果有两种情况:① 级数的前 n 项的和,当 $n \to \infty$ 时趋向于一个确定的常数 S。这个常数 S 就是级数的和。② 级数的前 n 项的和,当 $n \to \infty$ 时,并不趋向于一个定数,这种级数便没有和。下面给出级数收敛的定义。

定义　(级数收敛定义) 设有无穷级数

$$a_1 + a_2 + a_3 + \cdots + a_n + \cdots = \sum_{n-1}^{\infty} a_n$$

依次逐项累加,有

$$S_1 = a_1$$
$$S_2 = a_1 + a_2$$
$$S_3 = a_1 + a_2 + a_3$$
$$\vdots$$
$$S_n = a_1 + a_2 + \cdots + a_n$$
$$\vdots$$

其中每个和都称为级数的部分和。如果当 $n \to \infty$ 时,部分和数列 $\{S_n\}$ 存在极限

$$\lim_{n\to\infty} S_n = S \quad (S \text{ 为定数})$$

则称级数 $\sum\limits_{n=1}^{\infty} a_n$ 收敛,S 称为级数的和,记为

$$S = \sum_{n=1}^{\infty} a_n$$

如果极限 $\lim\limits_{n\to\infty} S_n$ 不存在(无穷或不定),则级数 $\sum\limits_{n=1}^{\infty} a_n$ 发散。

当级数收敛时,则

$$r_n = S - S_n = a_{n+1} + a_{n+2} + \cdots$$

称为级数的余和。由上述定义可知

$$\lim_{n\to\infty} r_n = \lim_{n\to\infty}(S - S_n) = S - S = 0$$

即是说,当 $n \to \infty$ 时,收敛级数的余和是无穷小。因此我们可以利用部分和来计算级数的近似值。取的项数越多,则近似程度越高。

现在回头看一下前面所讨论的三个级数,根据定义便知 $\sum\limits_{n=1}^{\infty}\dfrac{1}{3^n}$ 收敛,$\sum\limits_{n=1}^{\infty}2n$ 和 $\sum\limits_{n=1}^{\infty}(-1)^n$ 均发散。

对于一个级数,首先要考虑它究竟是收敛还是发散。一个发散的级数根本没有和,不能按照普通的数进行处理和计算,否则就会导致荒谬的结果。比如级数

$$1 + 2 + 4 + 8 + 16 + \cdots$$

本是一个发散的级数，如果按收敛级数来处理，则可以有

$$S = 1 + 2 + 4 + 8 + 16 + \cdots = 1 + 2(1 + 2 + 4 + 8 + 16 + \cdots) = 1 + 2S$$

于是 $2S - S = -1$，即 $S = -1$。但 S 本来是一些正数之和，不可能等于负数，这显然是荒谬的。

实际上，一个发散级数与收敛级数在应用上有着根本的差别，因此讨论级数的收敛性与发散性（简称敛散性）是级数理论的重要内容。

下面举两个例子，按定义讨论它们的敛散性。

例 4　讨论等比级数（几何级数）

$$a + ar + ar^2 + \cdots + ar^{n-1} + \cdots$$

的敛散性，a 是不等于零的常数，r 是公比，

解　级数的前 n 项的和是

$$S_n = a + ar + ar^2 + \cdots + ar^{n-1} = \frac{a - ar^n}{1 - r}(|r| \neq 1)$$

按下述三种情形讨论

（ⅰ）当 $|r| < 1$ 时，则

$$\lim_{n \to \infty} S_n = \lim_{n \to \infty}\left(\frac{a}{1-r} - \frac{ar^n}{1-r}\right)$$

$$= \lim_{n \to \infty}\frac{a}{1-r} - \lim_{n \to \infty}\frac{ar^n}{1-r} = \frac{a}{1-r} - 0 = \frac{a}{1-r}。$$

故级数收敛。其和 $S = \dfrac{a}{1-r}$。

（ⅱ）当 $|r| > 1$ 时，则

$$\lim_{n \to \infty} S_n = \lim_{n \to \infty}\frac{a - ar^n}{1 - r} = \infty$$

故级数发散。

（ⅲ）当 $|r| = 1$ 时，有两种情形：

当 $r = 1$ 时，级数为

$$a + a + a + \cdots + a + \cdots$$

前 n 项的和 $S_n = a + a + a + \cdots + a = na(n \to \infty)$

从而级数发散。

当 $r = -1$ 时，级数为

$$a - a + a - a + \cdots + (-1)^{n-1}a + \cdots$$

其部分和数列 $\{S_n\}$ 是

$$a, 0, a, 0, \cdots$$

当 $n \to \infty$ 时，S_n 在 a 与 0 两个数上摆动，当然没有极限，从而级数也发散。

综合以上的讨论，等比级数 $\sum\limits_{n=1}^{\infty} ar^{n-1}$ 的敛散性为：当 $|r| < 1$ 时收敛。当 $|r| \geq 1$ 时发散。后面研究级数的敛散性时，经常引用这个结果。

例 5　讨论级数

$$\frac{1}{1 \cdot 2} + \frac{1}{2 \cdot 3} + \frac{1}{3 \cdot 4} + \cdots + \frac{1}{n(n+1)} + \cdots$$

的敛散性。

解　为了计算 S_n 的极限，先把一般项 $a_n = \dfrac{1}{n(n+1)}$ 分解成两项之差：

$$a_n = \frac{1}{n} - \frac{1}{n+1}$$

于是

$$S_n = \frac{1}{1 \cdot 2} + \frac{1}{2 \cdot 3} + \frac{1}{3 \cdot 4} + \cdots + \frac{1}{n(n+1)} + \cdots$$

$$= \left(1 - \frac{1}{2}\right) + \left(\frac{1}{2} - \frac{1}{3}\right) + \left(\frac{1}{3} - \frac{1}{4}\right) + \cdots + \left(\frac{1}{n} - \frac{1}{n+1}\right)$$

$$= 1 - \frac{1}{n+1}$$

取极限得

$$\lim_{n \to \infty} S_n = \lim_{n \to \infty} \left(1 - \frac{1}{n+1}\right)$$

即级数收敛，其和等于 1。

级数与数列的关系　级数与数列之间存在着密切的关系。根据级数的收敛定义，关于级数

$$a_1 + a_2 + a_3 + \cdots + a_n + \cdots$$

的收敛性以及和的问题，归结为数列

$$S_1, \ S_2, \ S_3, \ \cdots, \ S_n, \ \cdots$$

是否存在极限和它的极限值是什么的问题。反过来，对于一个给定的数列

$$A_1, \ A_2, \ A_3, \ \cdots, \ A_n, \ \cdots \tag{1}$$

我们可以作出一个级数，使这个级数的部分和数列恰好就是数列(1)。事实上，只要取级数的各项为

$$u_1 = A_1, \ u_2 = A_2 - A_1, \ \cdots, \ u_n = A_n - A_{n-1}, \ \cdots$$

则级数

$$u_1 + u_2 + u_3 + \cdots \tag{2}$$

的前 n 项的和

$$u_1 + u_2 + u_3 + \cdots + u_n = A_1 + (A_2 - A_1) + (A_3 - A_2) + \cdots + (A_n - A_{n-1}) = A_n$$

恰好是数列(1)的第 n 项，于是研究数列(1)的极限问题，也就是研究级数(2)的敛散问题。

由上述可知，数列与级数是可以互相转化的，基于这种关系，使得我们往往证明了其中一方面的某个命题之后，就可以不加新的证明，而把它借用到另一方面中去。下面可以看到，我们将应用已经熟知的有关数列极限的某些性质来推出级数的一些性质。但是也要注意到级数毕竟是加法的推广，从而产生了一系列特殊的性质，因而级数的理论远不是数列极限理论的简单重复。我们既要看到级数与数列具有相通之处，也要注意它们的差异。

§10.2 级数的基本性质与收敛准则

这一节里,我们对收敛级数进行一些一般性的讨论,即介绍几个基本性质和判别级数敛散性的充分必要条件 —— 收敛准则。

性质 1　如果级数

$$a_1 + a_2 + a_3 + \cdots + a_n + \cdots \tag{1}$$

收敛于 S, c 为任意常数,则级数

$$ca_1 + ca_2 + ca_3 + \cdots + ca_n + \cdots \tag{2}$$

也收敛,其和为 cS。

证明　级数(1)的前 n 项和为

$$S_n = a_1 + a_2 + a_3 + \cdots + a_n$$

级数(2)的前 n 项和为

$$\sigma_n = ca_1 + ca_2 + ca_3 + \cdots + ca_n = cS_n$$

因级数(1)收敛,即 $\lim\limits_{n \to \infty} S_n = S$,因此有

$$\lim_{n \to \infty} \sigma_n = \lim_{n \to \infty} cS_n = c\lim_{n \to \infty} S_n = cS$$

注:如果 c 是不为零的常数,由 $\sigma_n = cS_n$ 可知,当 S_n 没有极限时,则 σ_n 也不可能有极限,故有结论:级数的每一项同乘一个不为零的常数后,其中敛散性不变。

性质 2　如果级数

$$a_1 + a_2 + a_3 + \cdots + a_n + \cdots$$
$$和 \quad b_1 + b_2 + b_3 + \cdots + b_n + \cdots$$

都收敛,其和分别为 S 和 σ,则级数

$$(a_1 \pm b_1) + (a_2 \pm b_2) + (a_3 \pm b_3) + \cdots + (a_n \pm b_n) + \cdots \tag{3}$$

也收敛,其和为 $S \pm \sigma$。

证明　设级数(1)与(2)的前 n 项和分别是 S_n 与 σ_n,则级数(3)的前 n 项和为

$$(a_1 \pm b_1) + (a_2 \pm b_2) + (a_3 \pm b_3) + \cdots + (a_n \pm b_n)$$
$$= (a_1 + a_2 + a_3 + \cdots + a_n) \pm (b_1 + b_2 + b_3 + \cdots + b_n)$$
$$= S_n \pm \sigma_n$$

所以

$$\lim_{n \to \infty} (S_n \pm \sigma_n) = \lim_{n \to \infty} S_n \pm \lim_{n \to \infty} \sigma_n = S \pm \sigma$$

性质 2 是说,收敛级数可以逐项相加(减)。

性质 3　收敛级数任意加括号后所成的级数仍收敛于原来的和。

证明　设有级数

$$a_1 + a_2 + a_3 + \cdots + a_n + \cdots = S \tag{1}$$

加括号后的级数设为

$$(a_1 + a_2) + (a_3 + a_4 + a_5) + \cdots \tag{2}$$

用 σ_m 表示级数(2)的前 m 项(即前 m 个括号内的项)的和,用 S_n 表示相当于 σ_m 的级数(1)的前 n 项的和,即

$$\sigma_1 = S_2, \ \sigma_2 = S_5, \ \cdots, \ \sigma_m = S_n (m < n)$$

由此知,当 $m \to \infty$ 时,$n \to \infty$,于是

$$\lim_{m \to \infty} \sigma_m = \lim S_n = S$$

性质4 在级数前加上或去掉有限项时,不改变其敛散性,在收敛情形,级数的和要改变。

证明 考虑收敛级数

$$\sum_{n=1}^{\infty} a_n = a_1 + a_2 + \cdots + a_n + \cdots \tag{1}$$

去掉 k 项后得级数

$$a_{k+1} + a_{k+2} + \cdots + a_n + \cdots \tag{2}$$

级数(2)的前 n 项和为

$$S_n' = a_{k+1} + a_{k+2} + \cdots + a_{k+n} = S_{k+n} - S_k$$

当 $\lim_{n \to \infty} S_n = S$ 时,$\lim_{n \to \infty} S_{n+k} = S$,故有

$$\lim_{n \to \infty} S_n' = \lim_{n \to \infty}(S_{k+n} - S_k) = S - S_k$$

这表明级数(2)收敛。而级数(1)与(2)之和相差常数 S_k。

性质5 (收敛的必要条件)如果级数 $\sum_{n=1}^{\infty} a_n$ 收敛,则当 $n \to \infty$ 时,它的一般项 a_n 趋于零,即

$$\lim_{n \to \infty} a_n = 0$$

证明 设 $\sum_{n=1}^{\infty} a_n$ 的部分和数列为 $\{S_n\}$,且 $\lim_{n \to \infty} S_n = S$。

因为

$$a_n = S_n - S_{n-1}$$

所以

$$\lim_{n \to \infty} a_n = \lim_{n \to \infty}(S_n - S_{n-1}) = S - S = 0$$

由此性质可知,如果级数的一般项不趋于零,则级数发散。例如级数

$$\frac{2}{1} - \frac{3}{2} + \frac{4}{3} - \cdots (-1)^{n-1} \frac{n+1}{n} + \cdots$$

的一般项 $a_n = (-1)^{n-1} \frac{n+1}{n}$,当 $n \to \infty$ 时,a_n 不趋于零,故此级数是发散的。

注:一般项 a_n 趋于零是级数收敛的必要条件,即是说:若级数收敛,则一般项 a_n 趋于零(或者说,若一般项 a_n 不趋于零,则级数发散)。但是这个条件并不是收敛的充分条件。

例如级数: $1 + \frac{1}{\sqrt{2}} + \frac{1}{\sqrt{3}} + \cdots + \frac{1}{\sqrt{n}} + \cdots$

的一般项 $a_n = \frac{1}{\sqrt{n}} \to 0 (n \to \infty)$,但这个级数是发散的,因为它的前 n 项和

$$S_n = 1 + \frac{1}{\sqrt{2}} + \frac{1}{\sqrt{3}} + \cdots + \frac{1}{\sqrt{n}} > n \cdot \frac{1}{\sqrt{n}} = \sqrt{n}$$

当 $n \to \infty$ 时，显然 $\sqrt{n} \to \infty$。

定理 （级数的柯西收敛准则）级数 $\sum\limits_{n-1}^{\infty} a_n$ 收敛的充分必要条件是：对于任意给定的正数 ε，总存在自然数 N，使当 $n > N$ 时，不论 p 为任何自然数，恒有

$$|a_{n+1} + a_{n+2} + \cdots + a_{n+p}| < \varepsilon$$

证明之前，先说明一下准则意思。不等式左端绝对值符号内的和数实际上是级数中从第 $n+1$ 项起到第 $n+p$ 项止的一段和数，不妨把它说成是级数的一段。因此，级数收敛的充分必要条件的意思是：当 N 充分大时，从级数的第 $N+1$ 项 a_{N+1} 之后任意截取一段，其和的绝对值总小于事先指定的任何正数 ε。因此，级数是否收敛，取决于级数尾段的变化状态，与前面有限项的情况无关。

定理的充要条件也可以换个方式来叙述：对于任意给定的 $\varepsilon > 0$，总存在 N，使当 $n > N$ 及 $m > N$ 时（不妨设 $m > n$），恒有

$$|S_m - S_n| = |a_{n+1} + a_{n+2} + \cdots + a_m| < \varepsilon$$

证明 由 $S_m - S_n = a_{n+1} + a_{n+2} + \cdots + a_m$ 容易看出，这个条件就是部分和数列 $\{S_n\}$ 收敛的充分必要条件，所以直接由数列的柯西收敛准则即可得到。

柯西收敛准则在理论研究上很有用处，但对于判别一个具体级数的敛散性，却不容易利用。下面举两个例子。

例 1 证明调和级数

$$1 + \frac{1}{2} + \frac{1}{3} + \cdots + \frac{1}{n} + \cdots$$

是发散的。

证明 按柯西收敛准则来考虑。

$$|a_{n+1} + a_{n+2} + \cdots + a_{n+p}| = |S_{n+p} - S_n|$$
$$= \frac{1}{n+1} + \frac{1}{n+2} + \cdots + \frac{1}{n+p} > \underbrace{\frac{1}{n+p} + \frac{1}{n+p} + \cdots + \frac{1}{n+p}}_{\text{共}p\text{项}}$$
$$= \frac{p}{n+p}$$

现在令 $p = n$，则有

$$|S_{2n} - S_n| > \frac{n}{n+n} = \frac{1}{2}$$

由此可见，如果给定的 $\varepsilon = \frac{1}{2}$，则不论 N 取得怎样大，只要取 $p-n$，当 $n > N$ 时，恒有

$$|S_{n+p} - S_n| = |S_{2n} - S_n| > \frac{1}{2}$$

这就是说，对于给定的 $\varepsilon = \frac{1}{2}$，找不到满足要求的 N，根据收敛准则的必要性，便知调和级数是发散的。

例 2 证明级数

$$\frac{\sin x}{2} + \frac{\sin 2x}{2} + \cdots + \frac{\sin nx}{2} + \cdots$$

是收敛的。

证明 设 $\varepsilon > 0$ 是任给的，要找到这样的 N，使当 $n > N$，且 p 为任何自然数时，恒有

$$\left| \frac{\sin(n+1)x}{2^{n+1}} + \frac{\sin(n+2)x}{2^{n+2}} + \cdots + \frac{\sin(n+p)x}{2^{n+p}} \right| < \varepsilon \qquad (1)$$

应当从 (1) 式出发，推出一个形如 "$n >$ 正数" 的不等式，且不等式中不含 p，由 (1) 得

$$\left| \frac{\sin(n+1)x}{2^{n+1}} + \frac{\sin(n+2)x}{2^{n+2}} + \cdots + \frac{\sin(n+p)x}{2^{n+p}} \right|$$

$$\leqslant \left| \frac{\sin(n+1)x}{2^{n+1}} \right| + \left| \frac{\sin(n+2)x}{2^{n+2}} \right| + \cdots + \left| \frac{\sin(n+p)x}{2^{n+p}} \right|$$

$$\leqslant \underbrace{\frac{1}{2^{n+1}} + \frac{1}{2^{n+2}} + \cdots + \frac{1}{2^{n+p}}}_{\text{共}p\text{项}} = \frac{\dfrac{1}{2^{n+1}} - \dfrac{1}{2^{n+1}}\left(\dfrac{1}{2}\right)^p}{1 - \dfrac{1}{2}}$$

$$= \frac{\dfrac{1}{2^{n+1}} - \dfrac{1}{2^{n+p+1}}}{1 - \dfrac{1}{2}} = \frac{\dfrac{1}{2^n} - \dfrac{1}{2^{n+p}}}{2 - 1}$$

$$= \frac{1}{2^n} - \frac{1}{2^{n+p}} < \frac{1}{2^n}$$

要使 $\dfrac{1}{2^n} < \varepsilon$，只须 $2^n > \dfrac{1}{\varepsilon}$。

取对数得

$$n\lg 2 > \lg \frac{1}{\varepsilon}$$

即

$$n > \frac{\lg \dfrac{1}{\varepsilon}}{\lg 2}$$

如果取 $N = \left[\dfrac{\lg \dfrac{1}{\varepsilon}}{\lg 2} \right]$，则当 $n > N$ 时，无论 P 为任何自然数，(1) 式都成立。根据收敛准则条件的充分性，便知所给级数是收敛的。

§10.3 正项级数

判别一个级数的敛散性是级数理论的重要内容。如果利用求部分和的极限或者根据柯西收敛准则来进行判别，往往是十分困难的。我们将在以下两节介绍一系列的判别法，利用它们就可以比较简单地解决相当广泛的一类级数的敛散问题。为了便于研究，把数项级数分为正项级数与任意项级数两大类。从级数理论的历史发展来看，最简单而又最常见的是所有项都是正数的级数，并且关于它的一些判别法，通过所谓绝对收敛性，可以应用到任意项级数。

定义 若级数 $\sum\limits_{n=1}^{\infty} a_n$ 的各项全非负数，即 $a_n \geqslant 0 (n=1,2,3,\cdots)$，则称此级数为**正项级数**。

例如：$\sum\limits_{n=1}^{\infty} \dfrac{1}{2^n} = \dfrac{1}{2} + \dfrac{1}{2^2} + \cdots + \dfrac{1}{2^n} + \cdots$ 是正项级数。

如果级数的各项都是非正的，则称为**负项级数**。将负项级数的各项乘以同一负数，就变成了正项级数，并且这两个级数具有相同的敛散性。因此，负项级数的敛散性就归结为正项级数的问题了。

首先介绍一个判别正项级数敛散性的基本定理，这个定理是建立正项级数其他判别法的基础。

定理1 正项级数 $\sum\limits_{n=1}^{\infty} a_n$ 收敛的充分必要条件是它的部分和数列 $\{S_n\}$ 有界。

证明 （i）必要性。假定级数 $\sum\limits_{n=1}^{\infty} a_n$ 是收敛的，则其部分和的极限 $\lim\limits_{n\to\infty} S_n$ 存在，而且有极限的数列必然有界（§2.2 定理2）。

（ii）充分性。关于正项级数 $\sum\limits_{n=1}^{\infty} a_n$ 的部分和

$$S_n = \sum_{k=1}^{n} a_k$$

有 $S_n = S_{n-1} + a_n \geqslant S_{n-1}$（因 $a_n \geqslant 0$），即部分和数列 $\{S_n\}$ 是单调递增数列，一个单调递增数列如果有界，则极限 $\lim\limits_{n\to\infty} S_n$ 存在，从而级数收敛。

例1 证明级数

$$1 + \frac{1}{1!} + \frac{1}{2!} + \cdots + \frac{1}{n!} +$$

是收敛的。

证明 因 $\dfrac{1}{n!} \leqslant \dfrac{1}{2^{n-1}} (n=1,2,3,\cdots)$，①

所以

---

① 因 $n! = \underbrace{1 \cdot 2 \cdot 3 \cdots n}_{n\text{个}}$，而 $2^{n-1} = \underbrace{1 \cdot 2 \cdot 2 \cdots 2}_{n-1\text{个}} \leqslant n!$。

$$S_n = 1 + \frac{1}{1!} + \frac{1}{2!} + \cdots + \frac{1}{(n-1)!}$$

$$< 1 + 1 + \frac{1}{2} + \frac{1}{2^2} + \cdots + \frac{1}{2^{n-2}}$$

$$= 2 + \frac{\frac{1}{2} - \frac{1}{2}\left(\frac{1}{2}\right)^{n-2}}{1 - \frac{1}{2}} = 2 + \frac{1 - \frac{1}{2^{n-2}}}{2-1}$$

$$= 3 - \frac{1}{2^{n-2}} < 3$$

可见级数的部分和有界，从而收敛。

从定理 1 出发，立即可以建立一个很基本的判别法 —— 比较判别法。

定理 2　（比较判别法）设 $\sum\limits_{n=1}^{\infty} a_n$, $\sum\limits_{n=1}^{\infty} b_n$ 是两个正项级数：

（i）如果 $a_n \leqslant b_n$，且知 $\sum\limits_{n=1}^{\infty} b_n$ 收敛，则 $\sum\limits_{n=1}^{\infty} a_n$ 也收敛；

（ii）如果 $a_n \geqslant b_n$，且知 $\sum\limits_{n=1}^{\infty} b_n$ 发散，则 $\sum\limits_{n=1}^{\infty} a_n$ 也发散。

（简单说就是：一般项大者若收敛，则小者也收敛，一般项小者若发散，则大者也发散。）

证明　（i）因部分和

$$S_n = a_1 + a_2 + \cdots + a_n \leqslant b_1 + b_2 + \cdots + b_n = \sigma_n,$$

当级数 $\sum\limits_{n=1}^{\infty} b_n$ 收敛时，其部分和 σ_n 必有上界，从而 S_n 也有上界，故级数 $\sum\limits_{n=1}^{\infty} a_n$ 也收敛。

（ii）级数 $\sum\limits_{n=1}^{\infty} b_n$ 发散时，则 σ_n 递增而趋于 $+\infty(n \to \infty)$，于是当 $n \to \infty$ 时 S_n 也趋于 $+\infty$，故级数 $\sum\limits_{n=1}^{\infty} a_n$ 发散。

下面先说明一下这个判别法的使用要领，然后举几个例子。

设级数 $\sum\limits_{n=1}^{\infty} a_n$ 是给定的，我们把它的一般项 a_n 取出来，从 a_n 的结构着眼，把它适当地放大或缩小，即得到

$$a_n \leqslant b_n \quad \text{或} \quad a_n \geqslant b_n$$

则根据以右端为一般项的级数 $\sum\limits_{n=1}^{\infty} b_n$ 的敛散性来判别所给的级数。当然，取来作为比较标准的级数 $\sum\limits_{n=1}^{\infty} b_n$ 的敛散性必须是已知的。

我们已经知道，正项等比级数

$$a + ar + ar^2 + \cdots + ar^n + \cdots (a > 0)$$

当 $0 \leqslant r < 1$ 时收敛，$r \geqslant 1$ 时发散。又知调和级数 $\sum\limits_{n=1}^{\infty} \frac{1}{n}$ 是发散的。常以这些级数为标

准,运用比较判别法,就可以判别另外一些级数的敛散性。

例 2   判别下列级数的敛散性:

(1) $\sin\dfrac{\pi}{2} + \sin\dfrac{\pi}{2^2} + \cdots + \sin\dfrac{\pi}{2^n} + \cdots$

(2) $\dfrac{1}{1\cdot 2} + \dfrac{1}{2\cdot 2^2} + \dfrac{1}{3\cdot 2^3} + \cdots + \dfrac{1}{n\cdot 2^n} + \cdots$

解   (1) 因 $\sin\dfrac{\pi}{2^n} < \dfrac{\pi}{2^n} = \pi\cdot\dfrac{1}{2^n}$,而级数 $\sum\limits_{n=1}^{\infty}\dfrac{1}{2^n}$ 是收敛的等比级数(公比 $\dfrac{1}{2} < 1$)。整个

级数乘以 π 后仍然收敛,故级数 $\sum\limits_{n=1}^{\infty}\sin\dfrac{\pi}{2^n}$ 也收敛。

(2) 因 $\dfrac{1}{n\cdot 2^n} < \dfrac{1}{2^n}$,而 $\sum\limits_{n=1}^{\infty}\dfrac{1}{2^n}$ 是收敛的等比级数,故所给级数也收敛。

例 3   试证 p 级数(广义调和级数)

$$1 + \frac{1}{2^p} + \frac{1}{3^p} + \cdots + \frac{1}{n^p} + \cdots (p > 0)$$

当 $p \leqslant 1$ 时发散,当 $p > 1$ 时收敛。

证明   当 $p \leqslant 1$ 时,有

$$\frac{1}{n^p} \geqslant \frac{1}{n} \ (n = 1,\ 2,\ 3,\ \cdots)$$

而调和 $\sum\limits_{n=1}^{\infty}\dfrac{1}{n}$ 级数发散,故 $\sum\limits_{n=1}^{\infty}\dfrac{1}{n^p}$ 也发散。

当 $p > 1$ 时,顺次把 p 级数的一项、两项、四项、八项……括在一起:

$$1 + \left(\frac{1}{2^p} + \frac{1}{3^p}\right) + \left(\frac{1}{4^p} + \cdots + \frac{1}{7^p}\right) + \left(\frac{1}{8^p} + \cdots + \frac{1}{15^p}\right) + \cdots$$

$$< 1 + \left(\frac{1}{2^p} + \frac{1}{2^p}\right) + \left(\frac{1}{4^p} + \cdots + \frac{1}{4^p}\right) + \left(\frac{1}{8^p} + \cdots + \frac{1}{8^p}\right) + \cdots$$

$$= 1 + \frac{1}{2^{p-1}} + \left(\frac{1}{2^{p-1}}\right)^2 + \left(\frac{1}{2^{p-1}}\right)^3 + \cdots$$

此不等式右端级数是等比级数,其公比 $\dfrac{1}{2^{p-1}} < 1$,故收敛。因此当 $p > 1$ 时,左端的级数也收

敛。又因为收敛的正项级数去括号后仍收敛,所以原级数收敛。

p 级数的敛散性可以作为判别许多级数的依据,应当记住它的结论。例如,根据 p 级数的
结论,立即可知:

级数 $\sum\limits_{n=1}^{\infty}\dfrac{1}{n^2}$,$\sum\limits_{n=1}^{\infty}\dfrac{1}{n\sqrt{n}}$ 皆收敛;而级数 $\sum\limits_{n=1}^{\infty}\dfrac{1}{\sqrt{n}}$ 发散。

例 4   判别级数 $\sum\limits_{n=1}^{\infty}\dfrac{1}{\sqrt{n(n+1)}}$ 的敛散性。

解   因 $\quad\quad \dfrac{1}{\sqrt{n(n+1)}} > \dfrac{1}{\sqrt{(n+1)(n+1)}} = \dfrac{1}{n+1}$

而调和级数 $\sum\limits_{n=1}^{\infty} \dfrac{1}{n+1}$ 发散。故 $\sum\limits_{n=1}^{\infty} \dfrac{1}{\sqrt{n(n+1)}}$ 也发散。

注：如果将一般项放大：$\dfrac{1}{\sqrt{n(n+1)}} < \dfrac{1}{\sqrt{n \cdot n}} = \dfrac{1}{n}$，虽然知道调和级数 $\sum\limits_{n=1}^{\infty} \dfrac{1}{n}$ 发散，但不能由此判定所给级数也发散。

下面给出比较判别法的极限形式，它比上述的不等式形式要精确一些，有的级数应用不等式形式虽然判定不了，但用极限形式却可以得到判定。

推论　设 $\sum\limits_{n=1}^{\infty} a_n$ 和 $\sum\limits_{n=1}^{\infty} b_n$ 为两个正项级数，如果存在极限

$$\lim_{n \to \infty} \dfrac{a_n}{b_n} = c \,(0 < c < +\infty)$$

则 $\sum\limits_{n=1}^{\infty} b_n$ 和 $\sum\limits_{n=1}^{\infty} a_n$ 同收敛或同发散。

证明　根据假设，对于给定的 $\varepsilon = \dfrac{c}{2}$，必存在 N，当 $n > N$ 时，恒有

$$\left| \dfrac{a_n}{b_n} - c \right| < \dfrac{c}{2}$$

则

$$c - \dfrac{c}{2} < \dfrac{a_n}{b_n} < c + \dfrac{c}{2}$$

亦即

$$\dfrac{c}{2} < \dfrac{a_n}{b_n} < \dfrac{3}{2} c$$

以 $b_n (> 0)$ 乘各项，得

$$\dfrac{c}{2} b_n < a_n < \dfrac{3}{2} c b_n$$

由上面定理 2 可知，若 $\sum\limits_{n=1}^{\infty} b_n$ 收敛，则 $\sum\limits_{n=1}^{\infty} a_n$ 收敛；若 $\sum\limits_{n=1}^{\infty} b_n$ 发散，则 $\sum\limits_{n=1}^{\infty} a_n$ 也发散。

例 5　判别级数 $\sum\limits_{n=1}^{\infty} \ln\left(1 + \dfrac{1}{n}\right)$ 的敛散性。

解　此级数需要利用比较判别法的极限形式来判别。[①]

令 $a_n = \ln\left(1 + \dfrac{1}{n}\right)$，再取 $b_n = \dfrac{1}{n}$，考察极限：

$$\lim_{n \to \infty} \dfrac{a_n}{b_n} = \lim_{n \to \infty} \dfrac{\ln\left(1 + \dfrac{1}{n}\right)}{\dfrac{1}{n}}$$

[①]　固然可以将 $a_n = \ln\left(1 + \dfrac{1}{n}\right)$ 放大：$\ln\left(1 + \dfrac{1}{n}\right) < 1 + \dfrac{1}{n}$，虽然 $\sum\limits_{n=1}^{\infty}\left(1 + \dfrac{1}{n}\right)$ 发散，但不能据此判定 $\sum\limits_{n=1}^{m} \ln\left(1 + \dfrac{1}{n}\right)$ 的敛散性。

按洛必达法则(将其中 n 换为 x),有

$$\lim_{x \to \infty} \frac{\ln\left(1 + \dfrac{1}{x}\right)}{\dfrac{1}{x}} = \lim_{x \to \infty} \frac{\dfrac{1}{1 + \dfrac{1}{x}}\left(-\dfrac{1}{x^2}\right)}{-\dfrac{1}{x^2}}$$

$$= \lim_{x \to \infty} \frac{1}{1 + \dfrac{1}{x}} = 1$$

由此得

$$\lim_{n \to \infty} \frac{\ln\left(1 + \dfrac{1}{n}\right)}{\dfrac{1}{n}} = 1$$

因调和级数 $\displaystyle\sum_{n=1}^{\infty} \frac{1}{n}$ 发散,所以 $\displaystyle\sum_{n=1}^{\infty} \ln\left(1 + \frac{1}{n}\right)$ 也发散。

例 6　判别级数 $\displaystyle\sum_{n=1}^{\infty} \frac{1}{n\sqrt[n]{n}}$ 的敛散性。

解　因 $\displaystyle\lim_{n \to \infty} \sqrt[n]{n} = 1$,故取 $b_n = \dfrac{1}{n}$

于是

$$\lim_{n \to \infty} \frac{a_n}{b_n} = \lim_{n \to \infty} \frac{\dfrac{1}{n\sqrt[n]{n}}}{\dfrac{1}{n}} = \lim_{n \to \infty} \frac{1}{\sqrt[n]{n}} = 1$$

已知级数 $\displaystyle\sum_{n=1}^{\infty} \frac{1}{n}$ 发散,故所给级数也发散。

注:我们知道,级数 $\displaystyle\sum_{n=1}^{\infty} a_n$ 收敛的必要条件是一般项 $a_n \to 0(n \to \infty)$。但在一般项趋于零的级数中,为什么有的收敛,有的发散呢?这是由于一般项趋于零的快慢有差别,趋于零较快的级数如果收敛,而趋于零较慢的也可能发散。这就是说,级数的收敛与否取决于趋于零的一般项的阶。因此,从原则上来说,定理 2 是更为基本的一个比较原理,但它的推论乃是两个皆趋于零的一般项的阶的比较(即为同阶的无穷小),所以这种极限形式就更为精确,而且用起来也比较方便。

下面介绍几个只须从所给级数本身就可以进行判别的方法,它们是以等比级数为比较标准而得到的。

首先介绍达朗贝尔判别法,也叫比值判别法,如上所述,既然级数的敛散与一般项趋于零的快慢有关,那么若把级数的后项与前项之比的极限看成对变化快慢的一种估计,于是便有以下的定理。

定理 3 （达朗贝尔判别法 —— 比值判别法）设 $\displaystyle\sum_{n=1}^{\infty} a_n$ 为正项级数 $(a_n > 0)$，如果

$$\lim_{n \to \infty} \frac{a_{n+1}}{a_n} = l$$

则 （1）当 $l < 1$ 时，级数收敛；

（2）当 $l > 1$（包括 $l = +\infty$）时，级数发散。

证明 （1）设 $l < 1$，这时可选取 $\varepsilon > 0$，使 $l + \varepsilon = r < 1$。根据极限定义，对于 $\varepsilon > 0$，必存在 N，当 $n \geq N$ 时，有

$$\left| \frac{a_{n+1}}{a_n} - l \right| < \varepsilon$$

即

$$l - \varepsilon < \frac{a_{n+1}}{a_n} < l + \varepsilon$$

亦即

$$\frac{a_{n+1}}{a_n} < r < 1$$

$$a_{n+1} < r a_n$$

从而

$$a_{n+2} < r a_{n+1} < r^2 a_n \tag{1}$$

$$a_{n+3} < r a_{n+2} < r^3 a_n$$

$$\vdots$$

我们来考察级数：

$$a_{N+1} + a_{N+2} + a_{N+3} + \cdots \tag{2}$$

由不等式组（1），此级数各项分别小于级数

$$r a_N + r^2 a_N + r^3 a_N + \cdots \tag{3}$$

的对应项，而级数（3）作为公比 $r < 1$ 的等比级数是收敛的，由比较判别法，级数（2）也收敛。级数 $\displaystyle\sum_{n=1}^{\infty} a_n$ 不过比级数（2）仅多了前面 N 项，所以也是收敛的。

（2）设 $l > 1$，可选取 $\varepsilon > 0$，使 $l - \varepsilon > 1$，根据极限定义，则必存在 N，当时 $n \geq N$，有

$$\left| \frac{a_{n+1}}{a_n} - l \right| < \varepsilon$$

即

$$l - \varepsilon < \frac{a_{n+1}}{a_n} < l + \varepsilon$$

从而

$$\frac{a_{n+1}}{a_n} > l - \varepsilon > 1$$

即当 $n \geq N$ 时，

$$a_{n+1} > a_n$$

可见级数 $\displaystyle\sum_{n=1}^{\infty} a_n$ 从第 n 项开始，以后的项随着 n 的增大而增大，显然不可能有 $\lim\limits_{n \to \infty} a_n = 0$，故级数 $\displaystyle\sum_{n=1}^{\infty} a_n$ 发散。

当 $l = 1$ 时，级数 $\sum\limits_{n=1}^{\infty} a_n$ 可能收敛，也可能发散，即此判别法失效。例如级数 $\sum\limits_{n=1}^{\infty} \dfrac{1}{n^p}$：

$$\lim_{n \to \infty} \frac{a_{n+1}}{a_n} = \lim_{n \to \infty} \frac{\dfrac{1}{(n+1)^p}}{\dfrac{1}{n^p}} = \lim_{n \to \infty} \left(\frac{n}{n+1} \right)^p$$

$$= \lim_{n \to \infty} \left(\frac{1}{1 + \dfrac{1}{n}} \right)^p = 1$$

当 $p \leqslant 1$ 时，此级数发散，当 $p > 1$ 时，级数收敛。

例 7   判别 $\sum\limits_{n=1}^{\infty} \dfrac{1}{n!}$ 的敛散性。

解   因

$$\lim_{n \to \infty} \frac{a_{n+1}}{a_n} = \lim_{n \to \infty} \frac{\dfrac{1}{(n+1)!}}{\dfrac{1}{n!}}$$

$$= \lim_{n \to \infty} \frac{1}{n+1} = 0 < 1$$

所以 $\sum\limits_{n=1}^{\infty} \dfrac{1}{n!}$ 收敛。

例 8   判别级数 $\sum\limits_{n=1}^{\infty} \dfrac{n!}{n^n}$ 的敛散性。

解   因

$$\frac{a_{n+1}}{a_n} = \frac{\dfrac{(n+1)!}{(n+1)^{n+1}}}{\dfrac{n!}{n^n}} = \frac{n^n(n+1)}{(n+1)^{n+1}}$$

$$= \left(\frac{n}{n+1} \right)^n$$

于是 $$\lim_{n \to \infty} \frac{a_{n+1}}{a_n} = \lim_{n \to \infty} \left(\frac{n}{n+1} \right)^n = \lim_{n \to \infty} \frac{1}{\left(1 + \dfrac{1}{n} \right)^n} = \frac{1}{e} < 1$$

所以级数 $\sum\limits_{n=1}^{\infty} \dfrac{n!}{n^n}$ 收敛。

例 9   判别级数 $\sum\limits_{n=1}^{\infty} \dfrac{2^n}{2n-1}$ 的敛散性。

解   因

$$\lim_{n\to\infty}\frac{a_{n+1}}{a_n}=\lim_{n\to\infty}\frac{\dfrac{2^{n+1}}{2(n+1)-1}}{\dfrac{2^n}{2n-1}}$$

$$=\lim_{n\to\infty}2\cdot\frac{2n-1}{2n+1}=2>1$$

所以级数 $\sum\limits_{n=1}^{\infty}\dfrac{2^n}{2n-1}$ 发散。

例 10　判别级数 $\sum\limits_{n=1}^{\infty}\dfrac{n!}{10^n}$ 的敛散性。

解　因 $\dfrac{a_{n+1}}{a_n}=\dfrac{\dfrac{(n+1)!}{10^{n+1}}}{\dfrac{n!}{10^n}}=\dfrac{n+1}{10}$

于是
$$\lim_{n\to\infty}\frac{a_{n+1}}{a_n}=\lim_{n\to\infty}\frac{n+1}{10}=+\infty$$

故所给级数发散。

下述定理称为柯西判别法或根式判别法，它是根据极限 $\lim\limits_{n\to\infty}\sqrt[n]{a_n}$ 加以判别，当然这也可以按对 $a_n\to0$ 的快慢的一种估计来解释。

定理 4　（柯西判别法）设 $\sum\limits_{n=1}^{\infty}a_n$ 为正项级数$(a_n>0)$，如果
$$\lim_{n\to\infty}\sqrt[n]{a_n}=l$$

则　1）当 $l<1$ 时，级数收敛；

2）当 $l>1$ 时，级数发散。

证明　1）设 $l<1$，选取 $\varepsilon>0$，使 $l+\varepsilon=q<1$。由极限定义，对于 $\varepsilon>0$，必存在 N，当 $n\geqslant N$ 时，有
$$\left|\sqrt[n]{a_n}-l\right|<\varepsilon$$
即
$$l-\varepsilon<\sqrt[n]{a_n}<l+\varepsilon$$
亦即
$$\sqrt[n]{a_n}<q<1$$
从而对于一切 $n\geqslant N$，都有
$$a_n<q^n$$

而级数 $\sum\limits_{n=1}^{\infty}q^n$ 作为公比 $q<1$ 的等比级数是收敛的，由比较判别法知 $\sum\limits_{n=N}^{\infty}a_n$ 也收敛。再根据 §10.2 性质 4，则知所给级数 $\sum\limits_{n=1}^{\infty}a_n$ 必收敛。

2）设 $l>1$，取 $\varepsilon>0$，使 $l-\varepsilon>1$，由极限定义，对于 $\varepsilon>0$，必存在 N，当 $n\geqslant N$ 时，有
$$\left|\sqrt[n]{a_n}-l\right|<\varepsilon$$

即
$$l - \varepsilon < \sqrt[n]{a_n} < l + \varepsilon$$
亦即
$$\sqrt[n]{a_n} > l - \varepsilon > 1$$
从而对于一切 $n \geq N$，都有

$$a_n > 1$$

因级数 $\sum_{n=1}^{\infty} a_n$ 的一般项 a_n 当 $n \to \infty$ 时不趋于零，故级数发散。

当 $l = 1$ 时，级数 $\sum_{n=1}^{\infty} a_n$ 可能收敛，也可能发散，即此判别法失效，例如级数 $\sum_{n=1}^{\infty} \dfrac{1}{n^p}$:

$$\lim_{n\to\infty} \sqrt[n]{a_n} = \lim_{n\to\infty} \sqrt[n]{\frac{1}{n^p}} = \lim_{n\to\infty} \frac{1}{(\sqrt[n]{n})^p} = \frac{1}{1} = 1$$

已知当 $p \leq 1$ 时，此级数发散，而当 $p > 1$ 时，此级数收敛。

例 11 判别级数的敛散性。

$(1)\ \sum_{n=1}^{\infty} \left(1 - \dfrac{1}{n}\right)^{n^2}$; $(2)\ \sum_{n=1}^{\infty} 2^n \left(\dfrac{n+1}{n}\right)^n$。

解 $(1)\ \lim_{n\to\infty} \sqrt[n]{a_n} = \lim_{n\to\infty} \sqrt[n]{\left(1 - \dfrac{1}{n}\right)^{n^2}} = \lim_{n\to\infty}\left(1 - \dfrac{1}{n}\right)^n = \dfrac{1}{e} < 1$

故级数收敛。

$(2)\ \lim_{n\to\infty} \sqrt[n]{a_n} = \lim_{n\to\infty} \sqrt[n]{2^n\left(\dfrac{n+1}{n}\right)^n} = \lim_{n\to\infty} 2\left(\dfrac{n+1}{n}\right) = 2 > 1$

故级数发散。

注：如果把比值判别法与柯西判别法的功效加以比较的话，进一步可以证明：利用比值判别法可以判定的级数，则利用柯西判别法也能判定。但是相反的断言并不准确，因为柯西判别法强于比值判别法。但在实用上比值判别法比较简单一些。

定理 5 （积分判别法）设正项级数 $\sum_{n=1}^{\infty} a_n$ 的各项是递减的，即 $a_n \geq a_{n+1}$。作一递减函数 $f(x)(x \geq 1)$，使当 x 等于自然数 n 时，其函数值恰为 a_n，即 $f(n) = a_n$，则 $\sum_{n=1}^{\infty} a_n$ 收敛的充分必要条件是当 $n \to \infty$ 时，数列

$$y_n = \int_1^n f(x)\,\mathrm{d}x$$

有极限。

证明 因为当 $k \leq x \leq k+1(k = 1, 2, 3, \cdots, n)$ 时，
$$f(k+1) \leq f(x) \leq f(k)$$
即
$$a_{k+1} \leq f(x) \leq a_k$$
从而
$$\int_k^{k+1} a_{k+1}\,\mathrm{d}x \leq \int_k^{k+1} f(x)\,\mathrm{d}x \leq \int_k^{k+1} a_k\,\mathrm{d}x$$
而 a_k 和 a_{k+1} 都是常数，所以

$$\int_k^{k+1} a_{k+1} \mathrm{d}x = a_{k+1} \big[(k+1) - k \big] = a_{k+1}$$

$$\int_k^{k+1} a_k \mathrm{d}x = a_k \big[(k+1) - k \big] = a_k$$

于是上面不等式可改写

$$a_{k+1} \leqslant \int_k^{k+1} f(x) \mathrm{d}x \leqslant a_k$$

由此得

$$\sum_{k=1}^n a_{k+1} \leqslant \sum_{k=1}^n \int_k^{k+1} f(x) \mathrm{d}x \leqslant \sum_{k=1}^n a_k$$

即

$$S_{n+1} - a_1 \leqslant \int_1^{n+1} f(x) \mathrm{d}x \leqslant S_n$$

根据此二重不等式：如果 $\sum\limits_{n=1}^{\infty} a_n$ 收敛，则 S_n 有界，由右端不等式便知 $y_{n+1} = \int_1^{n+1} f(x) \mathrm{d}x$ 也必有界。注意 $\{y_n\}$ 是递增数列，所以极限 $\lim\limits_{n\to\infty} y_n$ 必存在。反之，如果 $\lim\limits_{n\to\infty} y_n$ 存在，则 $\{y_n\}$ 是有界数列。由左端不等式，可知 $\{S_n\}$ 也是有界数列，从而级数 $\sum\limits_{n=1}^{\infty} a_n$ 是收敛的。

注：构造被积函数 $f(x)$ 的办法，就是将所给级数 $\sum\limits_{n=1}^{\infty} a_n$ 的一般项 a_n 中的 n 换以 x。

例 12　判别级数 $\sum\limits_{n=2}^{\infty} \dfrac{1}{n(\ln n)^2}$ 的敛散性。

解　取 $f(x) = \dfrac{1}{x(\ln x)^2}$，显然 $f(x)\,(x \geqslant 2)$ 是递减的。于是

$$\lim_{n\to\infty} \int_2^n \frac{1}{x(\ln x)^2} \mathrm{d}x = \lim_{n\to\infty} \left(-\frac{1}{\ln x} \right) \Big|_2^n$$

$$= \lim_{n\to\infty} \left(\frac{1}{\ln 2} - \frac{1}{\ln n} \right) = \frac{1}{\ln 2}$$

所以级数 $\sum\limits_{n=2}^{\infty} \dfrac{1}{n(\ln n)^2}$ 收敛。

例 13　利用积分判别法讨论 p 级数 $\sum\limits_{n=1}^{\infty} \dfrac{1}{n^p}$ 的敛散性。

解　当 $p > 0$ 时，令

$$f(x) = \frac{1}{x^p}$$

显然 $f(x)\,(x \geqslant 1)$ 是正值递减的，又

$$y_n = \int_1^n f(x) \mathrm{d}x = \int_1^n \frac{\mathrm{d}x}{x^p} = \begin{cases} \ln n, & p = 1, \\ \dfrac{1}{1-p}(n^{1-p} - 1), & p \neq 1 \end{cases}$$

当且仅当 $p > 1$ 时有极限，因而 $\sum\limits_{n=1}^{\infty} \dfrac{1}{n^p}$ 当且仅当 $p > 1$ 时收敛。当 $p \leqslant 1$ 时发散。

注：关于正项级数的判别法，我们介绍了四个。判别一个正项级数的敛散性，可参考下

述步骤进行讨论。

首先考察收敛的必要条件 $\lim\limits_{n \to \infty} a_n = 0$。若 $\lim\limits_{n \to \infty} a_n \neq 0$，便知级数是发散的。如果级数是一般项 a_n 带有 n 次乘方，可应用柯西判别法；否则就直接应用比值判别法，因为这个判别法既简单又能解决相当广泛的一类问题。如果比值判别法失效(比如 $\lim\limits_{n \to \infty} \dfrac{a_{n+1}}{a_n} = 1$)，则可考虑利用比较判别法。至于积分判别法虽然比较精准，但原函数往往不易求，因此不常利用。

§10.4　变号级数

前面我们研究的是各项符号相同的正项级数。在应用中经常碰到各项符号不尽相同的级数，例如：$1 - \dfrac{1}{2} + \dfrac{1}{3} - \dfrac{1}{4} + \cdots + (-1)^{n-1} \dfrac{1}{n} + \cdots$，$1 + \dfrac{1}{2} - \dfrac{1}{2^2} + \dfrac{1}{2^3} + \dfrac{1}{2^4} - \dfrac{1}{2^5} + \cdots$，等等。这种各项符号有正有负的级数，叫做**变号级数**或**任意级数**。如果级数中只含有限个正项或负项，那么去掉这些有限个项并不影响级数的敛散性(基本性质4)，因此只研究正项和负项都是无穷多个的情形。

一、交错级数

首先研究变号级数中的一种特殊情形，即各项的符号是正负相间的级数，称为交错级数。例如一般地：$1 - \dfrac{1}{2} + \dfrac{1}{2^2} - \dfrac{1}{2^3} + \cdots + (-1)^{n-1} \dfrac{1}{2^{n-1}} + \cdots$，$a_1 - a_2 + a_3 - a_4 + \cdots + (-1)^{n-1} a_n + \cdots (a_n > 0, n = 1, 2, 3, \cdots)$。

交错级数是变号级数中最简单的一种情形，对这类级数有一个很简单的判别法，即下述定理。

定理1　(莱布尼茨判别法) 如果交错级数
$$a_1 - a_2 + a_3 - a_4 + \cdots + (-1)^{n-1} a_n + \cdots$$
$$(a_n > 0, n = 1, 2, 3, \cdots)$$

满足条件

1) $a_n \geqslant a_{n+1}$

2) $\lim\limits_{n \to \infty} a_n = 0$

则级数收敛。

简述为：如果交错级数各项的绝对值是单调递减的，而且一般项趋于零，则级数收敛。

证明　根据级数收敛定义证明。这类级数由偶数项所组成的部分和数列 $\{S_{2m}\}$ 与由奇数项所组成的部分和数列 $\{S_{2m+1}\}$ 并不相同，如果这两个数列具有共同极限，则级数便是收敛的。

首先研究由偶数项组成的部分和数列：
$$S_2, S_4, S_6, \cdots, S_{2m-2}, S_{2m},$$

这时
$$S_{2m} = (a_1 - a_2) + (a_3 - a_4) + \cdots + (a_{2m-1} - a_{2m})$$
由条件 1) 知括号中的差不是负的, 所以数列 $\{S_{2m}\}$ 是单调增加的。

再把 S_{2m} 改写成
$$S_{2m} = a_1 - (a_2 - a_3) - (a_4 - a_5) - \cdots - (a_{2m-2} - a_{2m-1}) - a_{2m}$$
$$= a_1 - [(a_2 - a_3) + (a_4 - a_5) + \cdots + (a_{2m-2} - a_{2m-1}) + a_{2m}]$$
同样由条件 1) 知圆括号内的差都不是负的, 所以
$$S_{2m} \leq a_1$$
这表明数列 $\{S_{2m}\}$ 是有上界的。

数列 $\{S_{2m}\}$ 既单调增加又有上界, 则必存在极限, 命名为 S, 即
$$\lim_{m \to \infty} S_{2m} = S$$
再看由奇数项组成的部分和数列:
$$S_1, S_3, S_5, \cdots, S_{2m+1}, \cdots$$
由 $S_{2m+1} = S_{2m} + a_{2m+1}$, 而 $\lim_{m \to \infty} a_{2m+1} = 0$, 所以
$$\lim_{m \to \infty} S_{2m+1} = \lim_{m \to \infty} S_{2m} + \lim_{m \to \infty} a_{2m+1} = S + 0 = S$$

综合以上两种情况, 便证明了 $\lim_{n \to \infty} S_n = S$, 即级数 $\sum_{n=1}^{\infty} (-1)^{n-1} a_n$ 收敛。

推论 1　莱布尼茨型级数 $\sum_{n=1}^{\infty} (-1)^{n-1} a_n$ 的和是一个不超过第一项的非负的数。

事实上, 从上面的证明中已看到
$$0 \leq S_{2m} \leq a_1$$
取极限得
$$0 \leq \lim_{m \to \infty} S_{2m} \leq a_1$$
即
$$0 \leq S \leq a_1$$

推论 2　莱布尼茨型级数 $\sum_{n=1}^{\infty} (-1)^{n-1} a_n$ 的余和 r_n 的符号与余和第一项的符号相同, 并且余和的绝对值不超过余和第一项的绝对值, 即 $|r_n| \leq a_{n+1}$。

因为余和为
$$r_n = \pm(a_{n+1} \mp a_{n+2} + \cdots)$$
可见余和仍是一个莱布尼茨型级数。由推论 1 知括号内的和满足关系:
$$0 \leq a_{n+1} - a_{n+2} + \cdots \leq a_{n+1}$$
可见余和 r_n 与余和第一项的符号相同。

对(1)式取绝对值, 得
$$|r_n| = |a_{n+1} - a_{n+2} + \cdots| = a_{n+1} - a_{n+2} + \cdots,$$
再由推论 1, 便得
$$|r_n| \leq a_{n+1}$$
这就证明了推论 2。

例 1　判别级数
$$1 - \frac{1}{2} + \frac{1}{3} - \frac{1}{4} + \cdots + (-1)^{n-1} \frac{1}{n} + \cdots$$

的敛散性。

解 $\sum\limits_{n=1}^{\infty}(-1)^{n-1}\dfrac{1}{n}$ 是交错级数，且满足

1) $\dfrac{1}{n} > \dfrac{1}{n+1}(n = 1,\ 2,\ 3,\ \cdots)$

2) $\lim\limits_{n \to \infty}\dfrac{1}{n} = 0$

所以级数是收敛的。

例 2 判别级数

$$1 - \frac{1}{10} + \frac{2}{10^2} - \frac{3}{10^3} + \cdots + (-1)^n \frac{n}{10^n} + \cdots$$

的收敛性。

解 因

1) $\dfrac{n}{10^n} > \dfrac{n+1}{10^{n+1}}(n = 1,\ 2,\ 3,\ \cdots)$

2) $\lim\limits_{n \to \infty}\dfrac{n}{10^n} = 0$[①]

所以级数收敛。

我们取此级数前四项作为和的近似值，则有

$$S_4 = 1 - \frac{1}{10} + \frac{2}{10^2} - \frac{3}{10^3} = 0.917$$

根据前面的推论 2，便知绝对误差（即余和的绝对值）

$$|r_4| < \frac{4}{10^4} = 0.0004$$

二、一般变号级数

上面讲的交错级数是一类特殊的变号级数，现在我们对一般的变号级数作进一步研究。

(一) 绝对收敛与条件收敛

首先介绍绝对收敛与条件收敛的概念。我们来看级数

$$1 - \frac{1}{2} + \frac{1}{2^2} - \frac{1}{2^3} + \cdots + (-1)^{n-1}\frac{1}{2^{n-1}} + \cdots$$

由莱布尼茨定理不难判定这个级数是收敛的。取各项的绝对值，则构成一个新的级数：

$$1 + \frac{1}{2} + \frac{1}{2^2} + \frac{1}{2^3} + \cdots + \frac{1}{2^{n-1}} + \cdots$$

---

① 按洛必达法则有 $\lim\limits_{x \to \infty}\dfrac{x}{10^x} = \lim\limits_{x \to \infty}\dfrac{1}{10^x \ln 10} = 0$。

称此级数为原来级数的**绝对值级数**，这个级数是公比为 $\frac{1}{2} < 1$ 的等比级数。也是收敛的。

再来看一个级数

$$1 - \frac{1}{2} + \frac{1}{3} - \frac{1}{4} + \cdots + (-1)^{n-1}\frac{1}{n} + \cdots$$

我们已知这个级数是收敛的(前面例 1)，但是它的绝对值级数

$$1 + \frac{1}{2} + \frac{1}{3} + \frac{1}{4} + \cdots + \frac{1}{n} + \cdots$$

是调和级数，却是发散的。

由上述可知，收敛的变号级数分为两类：其中一类，不仅原来的级数收敛，而且它的绝对值级数也收敛；另一类，原来的级数虽然收敛，但它的绝对值级数却发散。因此有以下的定义。

定义　如果收敛的变号级数 $\sum\limits_{n=1}^{\infty} a_n$ 的绝对值级数 $\sum\limits_{n=1}^{\infty} |a_n|$ 也收敛，则称级数 $\sum\limits_{n=1}^{\infty} a_n$ **绝对收敛**；如果绝对值级数发散，则称级数 $\sum\limits_{n=1}^{\infty} a_n$ **条件收敛**。

因为绝对值级数就是正项级数，而我们已经掌握了正项级数收敛性的一些判别法，如果一个变号级数的收敛性可以由其绝对值级数得到判定，那么就对变号级数的研究提供了很大的方便。事实上，它们之间确实存在如下的关系。

定理 2　(绝对收敛定理)如果绝对值级数 $\sum\limits_{n=1}^{\infty} |a_n|$ 收敛，则级数 $\sum\limits_{n=1}^{\infty} a_n$ 也收敛。

证明　因为级数 $\sum\limits_{n=1}^{\infty} |a_n|$ 收敛，根据柯西收敛准则条件的必要性，则对于任意给定的 $\varepsilon > 0$，

必存在 N，当 $n > N$ 时，对于任何的自然数 p，恒有

$$|a_{n+1}| + |a_{n+2}| + \cdots + |a_{n+p}| < \varepsilon$$

由此得

$$|a_{n+1} + a_{n+2} + \cdots + a_{n+p}|$$
$$\leqslant |a_{n+1}| + |a_{n+2}| + \cdots + |a_{n+p}| < \varepsilon$$

再根据柯西收敛准则条件的充分性，便知级数 $\sum\limits_{n=1}^{\infty} a_n$ 收敛。

注：由定理知，如果变号级数 $\sum\limits_{n=1}^{\infty} a_n$ 的绝对值级数 $\sum\limits_{n=1}^{\infty} |a_n|$ 收敛，则 $\sum\limits_{n=1}^{\infty} a_n$ 也收敛，而且是绝对收敛。但是，当绝对值级数 $\sum\limits_{n=1}^{\infty} |a_n|$ 发散时，我们只能断定 $\sum\limits_{n=1}^{\infty} a_n$ 非绝对收敛，并不能由此断定 $\sum\limits_{n=1}^{\infty} a_n$ 也发散。事实上，它可能发散，也可能收敛，必须用其他判别法进行判别。例如级数 $\sum\limits_{n=2}^{\infty} \left| \frac{(-1)^{n-1}}{n} \right|$ 虽然发散，但 $\sum\limits_{n=2}^{\infty} \frac{(-1)^{n-1}}{n}$ 却是收敛的。但是，如果是应用柯西判别法判断出绝对值级数发散时，则任意项级数也一定发散，这是因为当时证明正项级数发散的原

因，是由于 $\lim\limits_{n\to\infty} a_n \neq 0$ 的缘故。

例3 判别级数

$$1 - \frac{1}{2^2} + \frac{1}{3^2} - \frac{1}{4^2} + \cdots + (-1)^{n-1} \frac{1}{n^2} + \cdots$$

的绝对收敛性和条件收敛性。

解 绝对值级数为

$$1 + \frac{1}{2^2} + \frac{1}{3^2} + \frac{1}{4^2} + \cdots + \frac{1}{n^2} + \cdots$$

这是 $p = 2 > 1$ 的 p 级数，故收敛，即所给级数是绝对收敛的。

例4 判别级数

$$\frac{1}{\ln 2} + \frac{1}{\ln 3} + \cdots + \frac{(-1)^{n-1}}{\ln(n+1)} + \cdots$$

的绝对收敛性和条件收敛性。

解 先看绝对值级数

$$\frac{1}{\ln 2} + \frac{1}{\ln 3} + \cdots + \frac{1}{\ln(n+1)} + \cdots$$

因 $\dfrac{1}{\ln(n+1)} > \dfrac{1}{n+1}$（真数大于对数：$n+1 > \ln(n+1)$），而 $\sum\limits_{n=1}^{\infty} \dfrac{1}{n+1}$ 是发散的，所以级数 $\sum\limits_{n=1}^{\infty} \dfrac{1}{\ln(n+1)}$ 也发散。可见所给级数不是绝对收敛的。

再看所给级数是否条件收敛。应用莱布尼茨判别法。

1）$a_n = \dfrac{1}{\ln(n+1)} > \dfrac{1}{\ln(n+2)} = a_{n+1}$

2）$\lim\limits_{n\to\infty} \dfrac{1}{\ln(n+1)} = 0$

由此知所给级数是条件收敛的。

（二）一般判别法

上面的绝对收敛定理只能用以判别级数的绝对收敛性。这里介绍一个关于变号级数收敛性的一般判别法，满足这个判别法条件的便是收敛的，要想知道它究竟是条件收敛还是绝对收敛，则须应用绝对收敛定理进一步讨论。

定理3 （狄利克雷判别法）如果

1）级数

$$\alpha_1 + \alpha_2 + \cdots + \alpha_n + \cdots$$

的每一项 $\alpha_n > 0$，且 $\alpha_n \geqslant \alpha_{n+1}$ 及 $\alpha_n \to 0 (n \to \infty)$；

2）级数

$$\beta_1 + \beta_2 + \cdots + \beta_n + \cdots$$

的部分和 S_n 有界，即存在常数 $c > 0$，使得 $|S_n| < c$，则级数

$$\alpha_1\beta_1 + \alpha_2\beta_2 + \cdots + \alpha_n\beta_n + \cdots$$

收敛。

简述：若 1）正项级数 $\sum\limits_{n=1}^{\infty}\alpha_n$ 的各项递减而趋于零，2）级数 $\sum\limits_{n=1}^{\infty}\beta_n$ 的部分和有界，则级数 $\sum\limits_{n=1}^{\infty}\alpha_n\beta_n$ 收敛。

证明　根据柯西收敛准则，只须证明：对任意的 $\varepsilon > 0$，存在 N，当 $n > N$ 时，对任何自然数 p，有

$$|\alpha_{n+1}\beta_{n+1} + \alpha_{n+2}\beta_{n+2} + \cdots + \alpha_{n+p}\beta_{n+p}| < \varepsilon$$

令

$$S_k = \beta_1 + \beta_2 + \cdots + \beta_k (k = 1, 2, 3, \cdots),$$

于是

$$\begin{aligned}
\rho(n, p)\;^{①} &= \alpha_{n+1}\beta_{n+1} + \alpha_{n+2}\beta_{n+2} + \cdots + \alpha_{n+p}\beta_{n+p}\\
&= \alpha_{n+1}(S_{n+1} - S_n) + \alpha_{n+2}(S_{n+2} - S_{n+1}) + \cdots + \alpha_{n+p}(S_{n+p} - S_{n+p-1})\\
&= -S_n\alpha_{n+1} + S_{n+1}(\alpha_{n+1} - \alpha_{n+2}) + S_{n+2}(\alpha_{n+2} - \alpha_{n+3}) + \cdots\\
&\quad + S_{n+p-1}(\alpha_{n+p-1} - \alpha_{n+p}) + S_{n+p}\alpha_{n+p}
\end{aligned}$$

因为 $\alpha_n \to 0 (n \to \infty)$，所以对于任意的 $\varepsilon > 0$，必存在 N，当 $n > N$ 时，有

$$\alpha_{n+1} < \frac{\varepsilon}{2c}$$

又已知 $|S_k| < c$ 与 $\alpha_k \geqslant \alpha_{k+1}(k = 1, 2, \cdots)$，于是不管 p 为任意自然数，总有

$$\begin{aligned}
|\rho(n, p)| &\leqslant |S_n|\alpha_{n+1} + |S_{n+1}|(\alpha_{n+1} - \alpha_{n+2}) +\\
&\quad + |S_{n+2}|(\alpha_{n+2} - \alpha_{n+3}) + \cdots +\\
&\quad + |S_{n+p-1}|(\alpha_{n+p-1} - \alpha_{n+p}) + |S_{n+p}|\alpha_{n+p}\\
&< c\alpha_{n+1} + c(\alpha_{n+1} - \alpha_{n+2}) + c(\alpha_{n+2} - \alpha_{n+3}) +\\
&\quad + \cdots + c(\alpha_{n+p-1} - \alpha_{n+p}) + c\alpha_{n+p}\\
&= c\alpha_{n+p} + c(\alpha_{n+1} - \alpha_{n+p}) + c\alpha_{n+p}\\
&= 2c\alpha_{n+1} < 2c \cdot \frac{\varepsilon}{2c} = \varepsilon
\end{aligned}$$

因此级数 $\alpha_1\beta_1 + \alpha_2\beta_2 + \cdots + \alpha_n\beta_n + \cdots$ 收敛。

例 1　判别级数 $\sum\limits_{n=1}^{\infty}\dfrac{\sin nx}{n}$ 的敛散性。

解　把所给级数看作级数

$$\sum_{n=1}^{\infty}\frac{1}{n} \tag{1}$$

与

$$\sum_{n=1}^{\infty}\sin nx \tag{2}$$

的对应项相乘而构成的正项级数，（1）的各项递减而趋于零，即

$$\frac{1}{n} > \frac{1}{n+1},\ \frac{1}{n} \to 0 (n \to \infty)$$

---

①　为叙述方便，以符号 $\rho(n, p)$ 代表右端的和。

级数(2) 的部分和是有界的。事实上，由于
$$S_n = \sin x + \sin 2x + \cdots + \sin nx$$
根据积化和差公式
$$2\sin A \cdot \sin B = \cos(A - B) - \cos(A + B)$$
以 $2\sin\dfrac{x}{2}$ 乘 S_n 的各项后进行化简：

$$2\sin\frac{x}{2}S_n = 2\sin\frac{x}{2}(\sin x + \sin 2x + \cdots + \sin nx)$$

$$= 2\sin\frac{x}{2}\sin x + 2\sin\frac{x}{2}\sin 2x + \cdots + 2\sin\frac{x}{2}\sin nx$$

$$= \left[\cos\left(x - \frac{x}{2}\right) - \cos\left(x + \frac{x}{2}\right)\right]$$

$$+ \left[\cos\left(2x - \frac{x}{2}\right) - \cos\left(2x + \frac{x}{2}\right)\right]$$

$$+ \left[\cos\left(3x - \frac{x}{2}\right) - \cos\left(3x + \frac{x}{2}\right)\right] + \cdots$$

$$+ \left[\cos\left(nx - \frac{x}{2}\right) - \cos\left(nx + \frac{x}{2}\right)\right]$$

$$= \cos\frac{x}{2} - \cos\left(n + \frac{1}{2}\right)x$$

由此得
$$|S_n| = \frac{\left|\cos\dfrac{x}{2} - \cos\left(n + \dfrac{1}{2}\right)x\right|}{2\left|\sin\dfrac{x}{2}\right|}$$

$$\leqslant \frac{\left|\cos\dfrac{x}{2}\right| + \left|\cos\left(n + \dfrac{1}{2}\right)x\right|}{2\left|\sin\dfrac{x}{2}\right|}$$

$$\leqslant \frac{2}{2\left|\sin\dfrac{x}{2}\right|} = \frac{1}{\left|\sin\dfrac{x}{2}\right|}$$

可见当 $\dfrac{x}{2} \neq k\pi$，即 $x \neq 2k\pi$ 时，部分和 S_n 有界。根据狄利克雷判别法，便知所给级数是收敛的(条件收敛)。当 $x = 2k\pi$ 时，则级数 $\displaystyle\sum_{n=1}^{\infty} \frac{\sin nx}{n}$ 的各项均为零，即收敛。

因为判别一个级数的部分和的有界性往往是很麻烦的，所以狄利克雷判别法不太容易使用。

习题

1. 写出下列级数的一般项：

$(1) 1 + \dfrac{1}{3} + \dfrac{1}{5} + \dfrac{1}{7} + \cdots$

$(2) \dfrac{2}{1} + \dfrac{3}{2} + \dfrac{4}{3} + \dfrac{5}{4} + \cdots$

$(3) \dfrac{\sqrt{x}}{2} + \dfrac{x}{2 \cdot 4} + \dfrac{x\sqrt{x}}{2 \cdot 4 \cdot 6} + \dfrac{x^2}{2 \cdot 4 \cdot 6 \cdot 8} + \cdots$

2. 根据级数收敛定义，判别下列级数的敛散性：

$(1) \dfrac{1}{1 \cdot 3} + \dfrac{1}{3 \cdot 5} + \dfrac{1}{5 \cdot 7} + \cdots + \dfrac{1}{(2n-1)(2n+1)} + \cdots$

$(2) \dfrac{1}{1 \cdot 2 \cdot 3} + \dfrac{1}{2 \cdot 3 \cdot 4} + \dfrac{1}{3 \cdot 4 \cdot 5} + \cdots$

$(3) \left(\dfrac{1}{2} + \dfrac{1}{3} \right) + \left(\dfrac{1}{2^2} + \dfrac{1}{3^2} \right) + \cdots + \left(\dfrac{1}{2^n} + \dfrac{1}{3^n} \right) + \cdots$

3. 利用等比级数、P 级数的敛散性以及无穷级数的基本性质，判别下列级数的敛散性：

$(1) \dfrac{1}{3} + \dfrac{1}{6} + \dfrac{1}{9} + \dfrac{1}{12} + \cdots$

$(2) \dfrac{3}{2} + \dfrac{3^2}{2^2} + \dfrac{3^3}{2^3} + \cdots$

$(3) \dfrac{1}{3} + \dfrac{1}{\sqrt{3}} + \dfrac{1}{\sqrt[3]{3}} + \dfrac{1}{\sqrt[4]{3}} + \cdots$

$(4) 1 + \dfrac{1}{2\sqrt{2}} + \cdots + \dfrac{1}{n\sqrt{n}} + \cdots$

4. 利用比较判别法（及其极限形式）判别下列级数的敛散性：

$(1) \displaystyle\sum_{n=1}^{\infty} \dfrac{1}{n(n+1)}$;

$(2) \displaystyle\sum_{n=1}^{\infty} \dfrac{1+n}{1+n^2}$;

$(3) \displaystyle\sum_{n=1}^{\infty} \dfrac{1}{(n+1)(n+4)}$;

$(4) \displaystyle\sum_{n=1}^{\infty} \dfrac{1}{\sqrt{n(n^2+1)}}$;

$(5) \displaystyle\sum_{n=1}^{\infty} \dfrac{2+(-1)^n}{2^n}$;

$(6) \displaystyle\sum_{n=1}^{\infty} 2^n \cdot \sin \dfrac{\pi}{3^n}$。

5. 利用比值判别法、根值判别法，判别下列级数的敛散性：

$(1) \displaystyle\sum_{n=1}^{\infty} \dfrac{5^n}{n!}$;

$(2) \displaystyle\sum_{n=1}^{\infty} \dfrac{2^n \cdot n!}{n^2}$;

$(3) \displaystyle\sum_{n=1}^{\infty} \dfrac{2 \cdot 5 \cdots (3n-1)}{1 \cdot 5 \cdots (4n-3)}$;

$(4) \displaystyle\sum_{n=1}^{\infty} \left(\dfrac{n}{2n+1} \right)^n$;

$(5) \sum_{n=1}^{\infty} \dfrac{n}{2^n}$; $\qquad\qquad\qquad$ $(6) \sum_{n=1}^{\infty} \dfrac{n!}{2^n}$。

6. 利用适当方法判别下列级数的敛散性：

$(1) \sum_{n=1}^{\infty} \sqrt{\dfrac{n+1}{n}}$; $\qquad\qquad\qquad$ $(2) \sum_{n=1}^{\infty} \dfrac{n+1}{n(n+2)}$;

$(3) \sum_{n=1}^{\infty} \dfrac{10^n}{n!}$; $\qquad\qquad\qquad$ $(4) \sum_{n=1}^{\infty} \dfrac{n \cdot \cos^2 \dfrac{n\pi}{3}}{2^n}$。

7. 用积分判别法判别下列级数的敛散性：

$$\dfrac{1}{1+1^2} + \dfrac{2}{1+2^2} + \dfrac{3}{1+3^2} + \cdots + \dfrac{n}{1+n^2} + \cdots$$

8. 判别下列级数的敛散性。如果收敛，是绝对收敛，还是条件收敛？

$(1) 1 - \dfrac{1}{\sqrt{2}} + \dfrac{1}{\sqrt{3}} - \dfrac{1}{\sqrt{4}} + \cdots$

$(2) 1 - \dfrac{1}{3^2} + \dfrac{1}{5^2} - \dfrac{1}{7^2} + \cdots$

$(3) \dfrac{a}{\ln 2} - \dfrac{a}{\ln 3} + \dfrac{a}{\ln 4} - \dfrac{a}{\ln 5} + \cdots (a < 0)$

$(4) \dfrac{1}{n^2} \sin \dfrac{\pi}{2} - \dfrac{1}{n^3} \sin \dfrac{\pi}{3} + \dfrac{1}{n^4} \sin \dfrac{\pi}{4} - \cdots$

数学家：欧拉

欧拉（Leonhard Euler，1707—1783）是世界著名的数学家、物理学家。1707 年生于瑞士，父亲是一位爱好数学的牧师。欧拉自幼受到良好的教育和数学启蒙。上大学时，结识了雅各布·伯努利（Jakob Bernoulli，1654—1705，瑞士）以及这个数学世家的其他几位成员，并与他们一起学习和讨论数学知识，这使他获益匪浅。13 岁时，经约翰·伯努利（Johann Bernoulli，1667—1748）举荐，成为巴塞尔大学最年轻的大学生，16 岁获硕士学位，成为该大学最年轻的硕士，并成为约翰的得力助手。后任彼得堡科学院院士、柏林科学院物理数学所所长等职。

就所创造的数学成就以及对数学发展所起到的深远影响来说，欧拉堪称史上第一流的数学家，是 18 世纪世界数学的中心人物和领军人物。大数学家拉普拉斯（Laplace，Pierre - Simon 1749—1827，法国）曾说过"读读欧拉，他是我们一切人的老师"。高斯（C. F. Gauss，1777—1855，德国）也曾说过："对欧拉工作的研究，将是对数学的不同范畴的最好的学校，并没有别的可以替代它。"欧拉是数学史上最多产的数学家，从 19 岁发表第一篇学术论文开始，直到 76 岁逝世止，共发表学术论文和专著 500 多种，还有 400 余种未发表的手稿。1909 年，瑞士科学院开始出版《欧拉全集》，共 74 卷，直到 20 世纪 80 年代尚未完全出齐。尤其令人敬佩的是，他的许多论文和专著，是在他已经双目失明的状态下，凭着坚强的意志、超人的毅力以及惊人的心算能力将他的推理过程口授给助手，由助手记录而成的，"数学家之英雄"名符其实。

欧拉是诸多数学学科的创始人之一，如微分方程、变分法，同时也是数论、代数学和很多应用数学分支的集大成者。除此之外，在物理学方面，欧拉创立了分析力学、刚体力学，发展了弹性力学、材料力学和振动理论，并把振动理论应用到音乐理论中去，出版了音乐理论专著。

读读欧拉吧，他是所有人的老师！

第 11 章

函数项级数与幂级数

函数项级数是级数理论的中心内容。本章所研究的是函数项级数的一般理论以及幂级数,幂级数是多项式的自然推广,具有很广泛的应用。

§11.1   一般概念

所谓函数项级数就是形如

$$\sum_{n=1}^{\infty} a_n(x) = a_1(x) + a_2(x) + \cdots + a_n(x) + \cdots (x \in D)$$

的级数,其中各项 $a_1(x)$, $a_2(x)$, $\cdots$, $a_n(x) \cdots$,都是自变量 x 的函数。每当给定一个数值 $x_0 \in D$,就相应地有一个数项级数 $\sum_{n=1}^{\infty} a_n(x_0)$;当 x 取 D 中的不同值时,就可以得到不同的数项级数。

定义   设 $a_1(x)$, $a_2(x)$, $\cdots$, $a_n(x) \cdots$,是定义在区间 (a, b) 上的函数数列,把这些函数用"+"号连接起来,得到

$$a_1(x) + a_2(x) + \cdots + a_n(x) + \cdots \tag{1}$$

称此无穷级数为定义在区间 (a, b) 上的**函数项级数**,简记为 $\sum_{n=1}^{\infty} a_n(x)$。

每当给定区间 (a, b) 上的一个数 x_0,函数项级数(1)就变成了数项级数:

$$a_1(x_0) + a_2(x_0) + \cdots + a_n(x_0) + \cdots \tag{2}$$

因此可以把函数项级数(1)看作是一族数项级数(看作在点 x 的数项级数),而这种看法就使我们可以引用数项级数的有关理论来研究函数项级数。

如果数项级数(2)收敛,则称 x_0 是函数项级数(1)的**收敛点**,如果级数(2)发散,则称 x_0 是函数项级数(1)的**发散点**,所有收敛点的全体称为函数项级数(1)的**收敛域**,发散点全体称为函数项级数(1)的**发散域**。一般说来,区间 (a, b) 上的一部分点使函数项级数(1)收敛,而另一部分点使它发散。

对应于收敛域上的任意一个数 x,可把函数项级数 $\sum_{n=1}^{\infty} a_n(x)$ 看成一个收敛的数项级数,

从而有一个确定的和数。因此，函数项级数的和是定义在收敛域上的一个函数，把它记成 $S(x)$，称此函数为函数项级数 $\sum\limits_{n=1}^{\infty} a_n(x)$ 的**和函数**，即

$$S(x) = \sum_{n=1}^{\infty} a_n(x) = a_1(x) + a_2(x) + \cdots + a_n(x) + \cdots$$

这时也说级数 $\sum\limits_{n=1}^{\infty} a_n(x)$ 收敛于 $S(x)$。

把函数项级数 $\sum\limits_{n=1}^{\infty} a_n(x)$ 的前 n 项的和记成 $S_n(x)$，称为级数的部分和。根据级数的收敛定义，则知对于收敛域上的每一点 x，都有

$$\lim_{n \to \infty} S_n(x) = S(x)$$

函数项级数 $\sum\limits_{n=1}^{\infty} a_n(x)$ 第 n 项以后的式子

$$r_n(x) = a_{n+1}(x) + a_{n+2}(x) + \cdots$$

称为级数的**余和**。如果级数 $\sum\limits_{n=1}^{\infty} a_n(x)$ 收敛 $S(x)$，则

$$r_n(x) = S(x) - S_n(x)$$

显然对于收敛域上的每一点 x，都有

$$\lim_{n \to \infty} r_n(x) = 0$$

例 1　讨论函数项级数

$$1 + x + x^2 + \cdots + x^n + \cdots \tag{1}$$

的收敛域。

解　这个级数是以 x 为公比的等比级数，它的各项在全数轴上有定义，故为定义在全数轴上的函数项级数。当 $|x| < 1$ 时收敛，当 $|x| \geqslant 1$ 时发散，具体情形如下：

ⅰ）当 $x = \pm 1$ 时，得数项级数

$$1 + 1 + 1 + \cdots + 1 + \cdots$$

及

$$1 - 1 + 1 - 1 + \cdots + (-1)^{n-1} + \cdots$$

显然这两个级数都发散，从而 $x = \pm 1$ 都是级数的发散点。

ⅱ）当 $|x| < 1$ 时，级数（1）的部分和为

$$S_n(x) = 1 + x + x^2 + \cdots + x^n = \frac{1 - x^n}{1 - x}$$

$$= \frac{1}{1-x} - \frac{x^n}{1-x}$$

于是

$$\lim_{n \to \infty} S_n(x) = \lim_{n \to \infty} \left(\frac{1}{1-x} - \frac{x^n}{1-x} \right) ①$$

$$= \frac{1}{1-x} - 0 = \frac{1}{1-x}$$

即对于满足 $|x| < 1$ 的任何 x，级数（1）都收敛，其和为

---

① 令 $n \to \infty$ 取极限时，把其中的 x 看作绝对值 < 1 的常数。

$$S(x) = \frac{1}{1-x} = 1 + x + x^2 + \cdots + x^n + \cdots , \quad -1 < x < 1$$

iii）当 $|x| > 1$ 时，则

$$\lim_{n \to \infty} S_n(x) = \lim_{n \to \infty} \left(\frac{1}{1-x} - \frac{x^n}{1-x} \right) = \infty$$

即级数(1)发散。

综合上述，便知函数项级数(1)的收敛域是区间 $(-1, 1)$。

例 2　讨论函数项级数

$$\frac{\sin x}{1^2} + \frac{\sin^2 x}{2^2} + \cdots + \frac{\sin^n x}{n^2} +$$

的收敛域。

解　对于任何的 x，有

$$\left| \frac{\sin^n x}{n^2} \right| \leqslant \frac{1}{n^2}$$

而数项级数

$$\sum_{n=1}^{\infty} \frac{1}{n^2}$$

收敛，由比较判别法，可知原函数项级数对任何 $x \in (-\infty, +\infty)$ 都收敛，故其收敛域是 $(-\infty, +\infty)$。

§11.2　一致收敛性

函数项级数的一致收敛性是一个极其重要的性质，这一节专门研究这个问题。

如果函数项级数

$$\sum_{n=1}^{\infty} a_n(x) = a_1(x) + a_2(x) + \cdots + a_n(x) + \cdots$$

在区间 (a, b) 上收敛，和函数为 $S(x)$，则有

$$S(x) = a_1(x) + a_2(x) + \cdots + a_n(x) + \cdots$$

这表明函数 $S(x)$ 是无穷多个函数 $a_1(x)$，$a_2(x)$，$\cdots$，$a_n(x) \cdots$ 的和。我们知道，有限个连续函数的和仍然是连续的；有限个函数的和的导数或积分，也分别等于各个函数的导数或积分的和。现在我们遇到的是无穷多个函数的和的问题，那么对于这个和来说，是否仍然具有上述性质呢？这个问题并不一定，它取决于函数项级数本身所具备的性质。比如就连续性而言，我们可以来看下面的级数。

例 1　函数项级数

$$\frac{x}{1+x} + \frac{x}{(1+x)^2} + \cdots + \frac{x}{(1+x)^n} + \cdots$$

的每一项在闭区间 $[0, 1]$ 上都是连续的，但是它的和函数 $S(x)$ 在 $[0, 1]$ 上却不连续。

事实上，这是个几何级数，公比为 $\dfrac{x}{1+x}$，当 $x > 0$（因 $x > 0$，从而 $\dfrac{x}{1+x} < 1$）时，和函数为

$$S(x) = \frac{\dfrac{x}{1+x}}{1 - \dfrac{1}{1+x}} = 1$$

当 $x = 0$ 时，级数的每一项皆变为零，所以

$$S(0) = 0$$

即和函数为

$$S(x) = \begin{cases} 1, & 0 < x \leq 1, \\ 0, & x = 0 \end{cases}$$

显然 $S(x)$ 在区间 $[0, 1]$ 上是不连续的。

这个例子表明，作为级数各项的那些函数虽然都是连续的，但它的和函数却可以不再具有这种性质。后面我们还将举例说明，级数各项的导数或积分的和有可能不等于和函数的导数或积分。这些事实都说明，由于级数的和是无穷多项之和，因此它与有限项之和可以具有不同的性质。那么究竟具备什么样性质的级数，才能从每一项的连续性便可得出和函数的连续性，而其各项的导数或积分便等于和函数的导数或积分呢？对于上述这些问题能起保证作用的，就是函数项级数的一个十分重要的性质 —— 一致收敛性。下面就来介绍一致收敛的概念。

一、一致收敛的概念

为使读者对于一致收敛的概念有个清楚的了解，我们先作一些分析，然后给出它的定义。

设函数项级数

$$a_1(x) + a_2(x) + \cdots + a_n(x) + \cdots \tag{1}$$

在区间 (a, b) 上收敛于 $S(x)$，即对 (a, b) 上的每一点 x，都有

$$S(x) = a_1(x) + a_2(x) + \cdots + a_n(x) + \cdots$$

现在假定 x_0 是 (a, b) 上的一个定点，则从 (1) 得出数项级数

$$a_1(x_0) + a_2(x_0) + \cdots + a_n(x_0) + \cdots$$

这个级数收敛于常数 $S(x_0)$，即 $S(x_0)$ 是级数的部分和数列

$$S_1(x_0), S_2(x_0), \cdots, S_n(x_0), \cdots$$

的极限：

$$\lim_{n \to \infty} S_n(x_0) = S(x_0)$$

这就是说，对于任意给定的 $\varepsilon > 0$，总存在自然数 $N(\varepsilon, x_0)$[①]，当 $n > N(\varepsilon, x_0)$ 时，恒有

$$|S(x_0) - S_n(x_0)| < \varepsilon \tag{2}$$

如果在区间 (a, b) 上另选一个异于 x_0 的点 x_1，于是又有数项级数

---

① 为了明显的表明这个自然数 N 既依赖于 ε，又依赖于 x_0，所以特记成 $N(\varepsilon, x_0)$

$$a_1(x_1) + a_2(x_1) + \cdots + a_n(x_1) + \cdots$$

它收敛于 $S(x_1)$，即

$$\lim_{n \to \infty} S_n(x_1) = S(x_1)$$

对于上面给定的 $\varepsilon > 0$，也存在自然数 $N(\varepsilon, x_1)$，当 $n > N(\varepsilon, x_1)$ 时，恒有

$$|S(x_1) - S_n(x_1)| < \varepsilon \tag{3}$$

一般说来，使(2)式和(3)式成立的 $N(\varepsilon, x_0)$ 和 $N(\varepsilon, x_1)$ 是不相同的。这个事实表明，虽然对于给定的同一个 ε，而区间 (a, b) 上的每一点，都有它自己的 N。

现在我们所关心的问题是，对于任意给定的 $\varepsilon > 0$，能否找到一个适用于 (a, b) 上所有点的公用 N，使当 $n > N$ 时，对于 (a, b) 上的任何一点 x，都有

$$|S(x) - S_n(x)| < \varepsilon。$$

事实上，这个问题与函数项级数的性质有关，并非总是可能的。但是却有一些函数项级数具有这种性质，例如定义在区间 $(-\infty, +\infty)$ 上的级数：

$$\sin x + \left(\frac{\sin 2x}{2} - \sin x\right) + \left(\frac{\sin 3x}{3} - \frac{\sin 2x}{2}\right) + \cdots + \left(\frac{\sin nx}{n} - \frac{\sin(n-1)x}{n-1}\right) + \cdots$$

它的部分和为(注意正负相消)

$$S_n(x) = \frac{\sin nx}{n}$$

而

$$\lim_{n \to \infty} S_n(x) = \lim_{n \to \infty} \frac{\sin nx}{n} = 0$$

即

$$S(x) = 0$$

从而

$$S(x) - S_n(x) = 0 - \frac{\sin nx}{n} = -\frac{\sin nx}{n}$$

于是对于任意给定的 $\varepsilon > 0$，要使

$$|S(x) - S_n(x)| = \left| -\frac{\sin nx}{n} \right| \leqslant \frac{1}{n} < \varepsilon$$

只要取 $N = \left[\dfrac{1}{\varepsilon}\right]$，则当 $n > N$ 时，上述不等式便成立。试看这里的 $N = \left[\dfrac{1}{\varepsilon}\right]$ 仅依赖于 ε，而与区间 $(-\infty, +\infty)$ 上的点 x 是无关的。像这样的级数便具有一些重要的性质，我们称这一类级数为一致收敛的级数。下面给出函数项级数一致收敛的定义。

定义 设有定义在区间 (a, b)① 上的函数项级数 $\sum\limits_{n=1}^{\infty} a_n(x)$ 及函数 $S(x)$，如果对于任意给定的 $\varepsilon > 0$，总存在一个仅与 ε 有关的公用 N(与 x 无关)，使当 $n > N$ 时，对于 (a, b) 上的一切 x，均有

$$|S(x) - S_n(x)| < \varepsilon$$

则称函数项级数 $\sum\limits_{n=1}^{\infty} a_n(x)$ 在 (a, b) 上一致收敛于 $S(x)$。

注：$S(x) - S_n(x) = r_n(x)$ 称为级数的余和。级数一致收敛于 $S(x)$ 的意思是：当部分和

_____

① 此处开区间、闭区间或半开区间均可。

$S_n(x)$ 的项数 n 充分大时,则余和可以任意小(对于 (a,b) 的任意一点 x 均如此)。

几何解释　给出一致收敛性的几何解释。把定义中的不等式改写成
$$S(x) - \varepsilon < S_n(x) < S(x) + \varepsilon$$
画出曲线 $y = S(x)$(在图 11.1 中用实线表示),把它向上和向下移动距离 ε,就得到一条宽为 2ε 的带形区域,上面以曲线 $y = S(x) + \varepsilon$ 为界,下面以曲线 $y = S(x) - \varepsilon$ 为界。

一致收敛定义所说的当 $n > N$ 时,对于 (a,b) 上的一切 x,均有

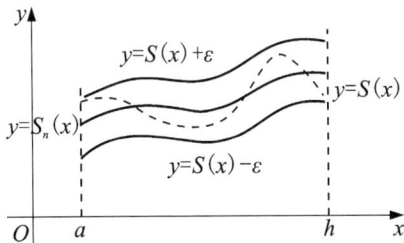

图 11.1

$|S(x) - S_n(x)| < \varepsilon$,从几何上看,则是说:无论图中的带形区域怎样窄,当 $n > N$ 时,曲线 $y = S_n(x)$(图中用虚线表示)都会落在这条区域内。

函数项级数在区间 (a,b) 上收敛,也说成在 (a,b) 上处处收敛,显然这与在 (a,b) 上一致收敛是不相同的两个概念,但是二者之间存在密切联系。从定义知,若函数项级数在 (a,b) 上一致收敛,则必须是处处收敛,但反过来就不一定了,下面可以看到这样的例子。

例 2　讨论函数项级数
$$1 + x + x^2 + \cdots + x^{n-1} + \cdots \tag{1}$$
在区间 $(-1,1)$ 上的一致收敛性。

解　我们已经知道这个级数在区间 $(-1,1)$ 上是收敛的(见 §11.1 例 1)。它在 $(-1,1)$ 上的余和为
$$r_n(x) = S(x) - S_n(x) = x^n + x^{n+1} + \cdots = \frac{x^n}{1-x}$$
如果级数(1)在 $(-1,1)$ 上一致收敛,则对于任给的 $\varepsilon > 0$,必存在自然数 N,当 $n > N$ 时,对于 $(-1,1)$ 上的任何一点 x,均有
$$|r_n(x)| = \left| \frac{x^n}{1-x} \right| < \varepsilon$$
即
$$\frac{|x|^n}{1-x} < \varepsilon \tag{2}$$
为了找到适用于整个区间 $(-1,1)$ 的 N,须解不等式(2)。由(2)得
$$|x|^n < \varepsilon(1-x)$$
取对数,有
$$n \lg |x| < \lg [\varepsilon(1-x)]$$
由于 $\lg |x| < 0$,所以

$$n > \frac{\lg[\varepsilon(1-x)]}{\lg|x|} \tag{3}$$

如果取 $N = \left[\dfrac{\lg[\varepsilon(1-x)]}{\lg|x|}\right]$，则当 $n > N$ 时，不等式(2)成立。

但所找到的 N 不仅依赖于 ε，也依赖于 $(-1,1)$ 上的点 x。而当 x 无限接近于区间端点 -1 或 1 时，则 N 可以无限增大(N 的分母从负数接近于零，分子取负值而绝对值无限增大)，因此并不存在适用于区间 $(-1,1)$ 所有点的公用 N。从而级数(1)在 $(-1,1)$ 上不一致收敛。

但是这个级数在区间 $-c < x < c(0 < c < 1)$ 上便是一致收敛的。因为这时由(3)式可得

$$n > \frac{\lg[\varepsilon(1-c)]}{\lg c} > \frac{\lg[\varepsilon(1-x)]}{\lg|x|}$$
$$(-c < x < c, 0 < c < 1)$$

若 $N = \left[\dfrac{\lg[\varepsilon(1-c)]}{\lg c}\right]$，则当 $n > N$ 时(2)式自然成立。即对任给的 $\varepsilon > 0$，已找到了适用于整个区间 $-c < x < c$ 的公用 N，从而级数(1)在区间 $-c < x < c$ 上一致收敛。

例3 设级数以 $S_n(x) = \dfrac{x}{1 + n^2 x^2}(0 \leqslant x \leqslant 1)$ 为部分和，试讨论它的一致收敛性。

解 因
$$\lim_{n \to \infty} S_n(x) = \lim_{n \to \infty} \frac{x}{1 + n^2 x^2} = 0$$

所以
$$S(x) = 0$$

如果级数在 $[0,1]$ 上一致收敛，则对于任意给定的 $\varepsilon > 0$，必存在 N，使当 $n > N$ 时，对于 $[0,1]$ 上的任何一点 x，均有

$$|r_n(x)| = |S(x) - S_n(x)| = \left|0 - \frac{x}{1 + n^2 x^2}\right|$$
$$= \frac{x}{1 + n^2 x^2} = \frac{1}{2n} \cdot \frac{2nx}{1 + n^2 x^2}$$
$$\leqslant \frac{1}{2n} < \varepsilon \tag{1}$$

由此得 $n > \dfrac{1}{2\varepsilon}$。若取 $N = \left[\dfrac{1}{2\varepsilon}\right]$，则当 $n > N$ 时(1)式便成立。即对给定的 $\varepsilon > 0$，已找到了适用于区间 $[0,1]$ 所有点的公用 N，从而级数在 $[0,1]$ 上一致收敛。

二、一致收敛判别法

根据定义判别函数项级数的一致收敛性，往往是很麻烦的，下面介绍两个判别法。

定理1 （一致收敛的柯西准则）函数项级数
$$a_1(x) + a_2(x) + \cdots + a_n(x) + \cdots$$
在区间 (a,b) 上一致收敛的充分必要条件是：对于任意给定的 $\varepsilon > 0$，总存在自然数 N，使当 $n > N$ 时，对于 (a,b) 上的任何一点 x 和任意的自然数 p，恒有

$$|a_{n+1}(x) + a_{n+2}(x) + \cdots + a_{n+p}(x)| < \varepsilon \tag{1}$$

证明　1) 必要性。假定级数(1)在(a, b)上一致收敛于$S(x)$，于是对于任意给定的$\varepsilon > 0$，必存在自然数N，使当$n > N$时，对于(a, b)上的一切x，都有

$$|S(x) - S_n(x)| < \frac{\varepsilon}{2}$$

同样，当$n + p > N$时，也有

$$|S(x) - S_{n+p}(x)| < \frac{\varepsilon}{2}$$

于是对于(a, b)上的一切x，便有

$$|a_{n+1}(x) + a_{n+2}(x) + \cdots + a_{n+p}(x)|$$
$$= |S_{n+p}(x) - S_n(x)|$$
$$= |[S_{n+p}(x) - S(x)] + [S(x) - S_n(x)]|$$
$$< \frac{\varepsilon}{2} + \frac{\varepsilon}{2} = \varepsilon$$

这就证明了定理的必要性。

2) 充分性。根据定理条件，对任意给定的$\varepsilon > 0$，总存在自然N，使当$n > N$时，对于(a, b)上的一切x和任意自然数p，都有

$$|a_{n+1}(x) + a_{n+2}(x) + \cdots + a_{n+p}(x)| < \varepsilon \tag{2}$$

现在固定x(即把x看作(a, b)上某一定数)，则(1)是在x点的数项级数，再把(2)式同数项级数的柯西收敛准则(§10.2定理)联系起来，便知级数(1)对(a, b)上的任何一个固定的x都收敛。这表明函数项级数(1)在(a, b)上是处处收敛的，设其和为$S(x)$。

我们在(2)式中固定n，而$p \to \infty$取两端极限，则当$n > N$时，对(a, b)上的一切x，均有

$$|a_{n+1}(x) + a_{n+2}(x) + a_{n+3}(x) + \cdots| < \varepsilon$$

即
$$|r_n(x)| = |S(x) - S_n(x)| \leqslant \varepsilon$$

这就证明了级数(1)在(a, b)上一致收敛于$S(x)$。

这个准则在判定一个具体级数时并不容易利用，不过在此基础上，可以建立起最为常用的一个判别法 —— 维尔斯特拉斯判别法。

定理 2　(维尔斯特拉斯判别法，简称 M 判别法) 如果函数项级数$\sum\limits_{n=1}^{\infty} a_n(x)$的各项对于区间$(a, b)$上的一切$x$都满足不等式

$$|a_n(x)| \leqslant M_n (n = 1, 2, 3, \cdots)$$

而正项级数

$$\sum_{n=1}^{\infty} M_n = M_1 + M_2 + \cdots + M_n + \cdots$$

是收敛的，则函数项级数$\sum\limits_{n=1}^{\infty} a_n(x)$在区间$(a, b)$一致收敛。

证明　因为正项级数$\sum\limits_{n=1}^{\infty} M_n$是收敛的，根据柯西收敛准则对于任给的$\varepsilon > 0$，必存在自

然数 N，当 $n > N$ 时，对任意自然数 p，恒有

$$|M_{n+1} + M_{n+2} + \cdots + M_{n+p}| < \varepsilon$$

由不等式（1），便知对 (a, b) 上的一切 x，均有

$$
\begin{aligned}
& |a_{n+1}(x) + a_{n+2}(x) + \cdots + a_{n+p}(x)| \\
\leqslant\ & |a_{n+1}(x)| + |a_{n+2}(x)| + \cdots + |a_{n+p}(x)| \\
\leqslant\ & |M_{n+1} + M_{n+2} + \cdots + M_{n+p}| < \varepsilon
\end{aligned}
$$

根据上面的定理 1，所以函数项级数 $\sum\limits_{n=1}^{\infty} a_n(x)$ 在 (a, b) 上一致收敛。

注：通常把满足 M 判别法条件的级数 $\sum\limits_{n=1}^{\infty} M_n$ 称为函数项级数 $\sum\limits_{n=1}^{\infty} a_n(x)$ 的优级数，因而 M 判别法可简述为：若 $\sum\limits_{n=1}^{\infty} a_n(x)$ 存在收敛的优级数，则它一致收敛。

例 4　证明级数 $\sum\limits_{n=1}^{\infty} \dfrac{\sin nx}{n^2}$ 在 $(-\infty, +\infty)$ 上一致收敛。

证明　因 $\left|\dfrac{\sin nx}{n^2}\right| \leqslant \dfrac{1}{n^2} (-\infty < x < +\infty)$，

而 $\sum\limits_{n=1}^{\infty} \dfrac{1}{n^2}$ 是 $p = 2 > 1$ 的收敛 p 级数，故级数

$$\sum_{n=1}^{\infty} \frac{\sin nx}{n^2}$$

在 $(-\infty, +\infty)$ 上一致收敛。

例 5　讨论级数

$$\sum_{n=1}^{\infty} \frac{x^n}{n!}$$

在闭区间 $[-a, a]$ 上的一致收敛性。

解　因 $[-a, a]$ 上的任何 x，都满足不等式 $|x| \leqslant a$，所以 $\left|\dfrac{x^n}{n!}\right| = \dfrac{|x|^n}{n!} \leqslant \dfrac{a^n}{n!}$。

现在用比值判别法考察优级数 $\sum\limits_{n=1}^{\infty} \dfrac{x^n}{n!}$ 的敛散性：

$$\frac{a_{n+1}}{a_n} = \frac{a^{n+1}}{(n+1)!} \cdot \frac{n!}{a^n} = \frac{a}{n+1}$$

于是

$$\lim_{n \to \infty} \frac{a_{n+1}}{a_n} = \lim_{n \to \infty} \frac{a}{n+1} = 0 < 1$$

因此优级数是收敛的。根据 M 判别法，便知级数 $\sum\limits_{n=1}^{\infty} \dfrac{x^n}{n!}$ 在 $[-a, a]$ 上一致收敛。

§11.3　和函数的分析性质

在实际问题中,往往需要考察函数项级数的和函数的分析性质 —— 连续性、可积性和可微性。和函数的这些性质,由函数项级数本身来决定。§11.2 的例 1 为我们提供了一个反例:函数项级数每一项的连续性以及级数的收敛性,并不能保证和函数的连续性。但是,如果函数项级数是一致收敛的,便可以保证和函数的连续性了。

定理 1　(和函数的连续性)每一项都在区间(a,b)上连续的函数项级数$\sum\limits_{n=1}^{\infty}a_n(x)$,如果它在$(a,b)$上一致收敛,则其和函数

$$S(x)=\sum_{n=1}^{\infty}a_n(x) \tag{1}$$

在(a,b)上连续。

证明　设x_0是区间(a,b)的任意一点,如果对于任意给定的$\varepsilon>0$,必存在$\delta>0$,使当$|x-x_0|<\delta$时,便有

$$|S(x)-S(x_0)|<\varepsilon$$

那么就证明了$S(x)$的连续性。

因为级数(1)在(a,b)上一致收敛,所以对于任意给定的$\varepsilon>0$,必存在自然数N,使当$n>N$时,对于(a,b)的一切点均有

$$|S(x)-S_n(x)|<\frac{\varepsilon}{3} \tag{2}$$

当然对于(a,b)的一点x_0,也必有

$$|S(x_0)-S_n(x_0)|<\frac{\varepsilon}{3} \tag{3}$$

又因级数(1)的每一项都在(a,b)上连续,而它的部分和$S_n(x)$(此处的$n>N$)是有限个连续函数的和,从而$S(x)$在(a,b)上也连续,即它在(a,b)上的一点x_0也是连续的。根据函数在一点连续定义,那么对于上述的$\varepsilon>0$,必存在$\delta>0$,使当$|x-x_0|<\delta$时有

$$|S_n(x)-S_n(x_0)|<\frac{\varepsilon}{3} \tag{4}$$

由于
$$\begin{aligned}|S(x)-S(x_0)|&=|S(x)-S_n(x)+S_n(x)-S_n(x_0)\\&\quad+S_n(x_0)-S(x_0)|\leqslant|S(x)-S_n(x)|\\&\quad+|S_n(x)-S_n(x_0)|+|S_n(x_0)-S(x_0)|\end{aligned}$$

根据(2)式,(3)式,(4)式便得

$$|S(x)-S(x_0)|<\frac{\varepsilon}{3}+\frac{\varepsilon}{3}+\frac{\varepsilon}{3}=\varepsilon$$

这表示和函数$S(x)$在点x_0连续。又因x_0是(a,b)上的任意一点,所以$S(x)$在(a,b)上处处连续。

接着讨论和函数的积分问题。我们知道,有限个可积函数的和仍然是可积的,并且和的

积分等于各个函数的积分之和。是否这个法则可以搬到函数项级数上来呢？即是说，如果级数

$$a_1(x) + a_2(x) + \cdots + a_n(x) + \cdots \tag{1}$$

的每一项都在闭区间 $[a,b]$ 上可积，又知该级数在 $[a,b]$ 上收敛于 $S(x)$，那么是否可以断定 $S(x)$ 也在 $[a,b]$ 上可积，并且

$$\int_a^b S(x)\,\mathrm{d}x = \int_a^b a_1(x)\,\mathrm{d}x + \int_a^b a_2(x)\,\mathrm{d}x + \cdots + \int_a^b a_n(x)\,\mathrm{d}x + \cdots$$

如果这个等式成立，我们就说级数(1)可以在区间 $[a,b]$ 上**逐项积分**。事实上，对函数项级数逐项积分并非总是可行的；但是如果级数具有一致收敛性，那就可以保证这种积分运算是可行的了。

定理2　（逐项积分）如果函数项级数 $\sum\limits_{n=1}^{\infty} a_n(x)$ 的每一项都在区间 $[a,b]$ 上连续，并且级数在 $[a,b]$ 上一致收敛，则和函数

$$S(x) = \sum_{n=1}^{\infty} a_n(x) \tag{1}$$

在 $[a,b]$ 上可积，并且可以逐项积分：

$$\int_a^b S(x)\,\mathrm{d}x = \lim_{n\to\infty} \sum_{n=1}^{\infty} \int_a^b a_n(x)\,\mathrm{d}x$$

$$= \int_a^b a_1(x)\,\mathrm{d}x + \int_a^b a_2(x)\,\mathrm{d}x + \cdots + \int_a^b a_n(x)\,\mathrm{d}x + \cdots \tag{2}$$

证明　等式(2)相当于

$$\int_a^b S(x)\,\mathrm{d}x = \lim_{n\to\infty} \sum_{k=1}^{n} \int_a^b a_k(x)\,\mathrm{d}x$$

$$= \lim_{n\to\infty} \int_a^b \sum_{k=1}^{n} a_k(x)\,\mathrm{d}x$$

$$= \lim_{n\to\infty} \int_a^b S_n(x)\,\mathrm{d}x^{①}$$

根据数列极限定义，如果能证明，对任给的 $\varepsilon > 0$，必存在 N，当 $n > N$ 时，有

$$\left| \int_a^b S(x)\,\mathrm{d}x - \int_a^b S_n(x)\,\mathrm{d}x \right| < \varepsilon$$

即

$$\left| \int_a^b [S(x) - S_n(x)]\,\mathrm{d}x \right| < \varepsilon$$

则(2)式自然成立。

因为级数(1)的各项连续，且级数一致收敛，由上述定理1，则它的和函数 $S(x)$ 在 $[a,b]$ 上必连续，从而可积。根据一致收敛定义，对于任给的 $\varepsilon > 0$，必存在 N，当 $n > N$ 时，对 $[a,b]$ 上的一切点 x，均有

$$|S(x) - S_n(x)| < \varepsilon$$

在此不等式两端取积分，并注意定积分性质，则有

$$\left| \int_a^b [S(x) - S_n(x)]\,\mathrm{d}x \right| \leqslant \int_a^b |S(x) - S_n(x)|\,\mathrm{d}x$$

———————————
①　有限项和的积分等于积分的和。

$$< \int_a^b \varepsilon \mathrm{d}x = \varepsilon(b - a)$$

这表明 $\left| \int_a^b [S(x) - S_n(x)] \mathrm{d}x \right|$ 可以任意小，从而(2)式成立。

最后讨论函数项级数的逐项微分问题。我们知道，在某一点可微的有限个函数之和，在该点仍然可微，并且和的导数等于各项导数之和。那么在什么条件下，这个法则可以推广到函数项级数上来？下述定理回答了这个问题。

定理 3　（逐项微分）如果

（i）级数 $\displaystyle\sum_{n=1}^{\infty} a_n(x)$ 在 $[a, b]$ 上处处收敛，

（ii）每一项 $a_n(x)$ 在 $[a, b]$ 上都有连续导数，

（iii）导级数 $\displaystyle\sum_{n=1}^{\infty} a_n'(x)$ 在 $[a, b]$ 上一致收敛①，则和函数

$$S(x) = \sum_{n=1}^{\infty} a_n(x)$$

在 $[a, b]$ 上可微，并且可以逐项微分：

$$S'(x) = \Big[\sum_{n=1}^{\infty} a_n(x) \Big]' = \sum_{n=1}^{\infty} a_n'(x)$$

证明　由条件（iii），设导级数一致收敛于 $p(x)$，即

$$p(x) = \sum_{n=1}^{\infty} a_n'(x)$$

因导级数各项在 $[a, b]$ 上连续，且一致收敛，由上面定理 2，对于任何 $x \in [a, b]$，我们考虑 $p(t)$（把上述 $p(x)$ 改写成 $p(t)$）在子区间 $[a, x]$ 上的积分，便有

$$\int_a^x p(t) \mathrm{d}t = \sum_{n=1}^{\infty} \int_a^x a_n'(t) \mathrm{d}t$$

按牛顿 – 莱布尼茨公式，

$$\int_a^x a_n'(t) \mathrm{d}t = a_n(t) \Big|_a^x = a_n(x) - a_n(a)$$

于是

$$\int_a^x p(t) \mathrm{d}t = \sum_{n=1}^{\infty} [a_n(x) - a_n(a)]$$

$$= \sum_{n=1}^{\infty} a_n(x) - \sum_{n=1}^{\infty} a_n(a)$$

因

$$S(x) = \sum_{n=1}^{\infty} a_n(x), \ S(a) = \sum_{n=1}^{\infty} a_n(a)$$

从而

$$\int_a^x p(t) \mathrm{d}t = S(x) - S(a)$$

即

$$S(x) = \int_a^x p(t) \mathrm{d}t + S(a)$$

两端求导，便得

---

① 注意：本定理要求的一致收敛性是对导级数，而不是对原级数，这是与定理 1、2 不同的，在应用时要注意。

$$S'(x) = \left[\int_a^x p(t)\,\mathrm{d}t\right]' + [S(a)]' = p(x)$$

即

$$S'(x) = \sum_{n=1}^{\infty} a'(x)$$

从以上三个定理看到，函数项级数的一致收敛性，对于和函数的分析性质起了重要的作用；但也应当知道，一致收敛这个条件仅是使上述定理成立的充分条件。

例 1 求函数项级数

$$\sum_{n=0}^{\infty} (n+1)x^n \tag{1}$$

的和函数。

解 先找出这个级数的收敛域。它的绝对值级数为

$$\sum_{n=1}^{\infty} (n+1)|x|^n$$

按达朗贝尔判别法，有

$$\lim_{n\to\infty}\frac{|a_{n+1}|}{|a_n|} = \lim_{n\to\infty}\frac{(n+2)|x|^{n+1}}{(n+1)|x|^n}$$

$$= \lim_{n\to\infty}\frac{n+2}{n+1}|x| = |x|$$

故当 $|x| < 1$ 时，级数(1)收敛。

设级数(1)在 $(-1,1)$ 内收敛于 $S(x)$，我们应用逐项积分和逐项微分来求 $S(x)$。首先须求出级数(1)的一致收敛域。我们在区间 $[-c,c]$ $(0 < c < 1)$ 上，应用 M 判别法考察级数(1)。因 $|(n+1)x^n| = (n+1)|x|^n \le (n+1)c^n$，而正项级数 $\sum_{n=1}^{\infty}(n+1)c^n$ 是收敛的 $\left(\text{因}\frac{a_{n+1}}{a_n}\right.$ $= \frac{(n+2)c^{n+1}}{(n+1)c^n} = \frac{n+2}{n+1}c \to c < 1(n\to\infty)\bigg)$，由 M 判别法知级数(1)在 $[-c,c]$ 上一致收敛。又因级数(1)各项在 $[-c,c]$ 上连续，由定理2，便知级数

$$S(x) = \sum_{n=0}^{\infty}(n+1)x^n$$

在区间 $[0,x]$ $(0 \le x \le c)$ 上可以逐项积分：

$$\int_0^x S(x)\,\mathrm{d}x = \sum_{n=0}^{\infty}\int_0^x (n+1)x^n\mathrm{d}x$$

$$= \sum_{n=0}^{\infty} x^{n+1} = \frac{x}{1-x}$$

两边求导，得

$$\left[\int_0^x S(x)\,\mathrm{d}x\right]' = \left(\frac{x}{1-x}\right)'$$

即

$$S(x) = \frac{1}{(1-x)^2}$$

这就是级数(1)的和函数。

注：所以首先逐项积分。是根据级数一般项 x^{n+1} 的特点考虑的，使积分后的级数可化为有限形式 $\dfrac{x}{1-x}$。

例 2　证明函数项级数所确定的函数

$$f(x)=\sum_{n=1}^{\infty}\frac{\sin nx}{n^3}$$

在区间 $(-\infty,+\infty)$ 上是连续的，且有连续导数。

证明　如果证明了 $f(x)$ 有连续导数，自然也就得出了 $f(x)$ 的连续性。

考察导级数

$$\sum_{n=1}^{\infty}\left(\frac{\sin nx}{n^3}\right)'=\sum_{n=1}^{\infty}\frac{\cos nx}{n^2}$$

这个级数的各项显然在 $(-\infty,+\infty)$ 上是连续的。应用 M 判别法，考察它的一致收敛性。因

$$\left|\frac{\cos nx}{n^2}\right|\leqslant\frac{1}{n^2}$$

而正项级数 $\sum\limits_{n=1}^{\infty}\dfrac{1}{n^2}$ 是收敛 $(p=2>1)$，故导级数一致收敛。

由上面知级数 (1) 满足了定理 3 的三个条件，所以它的和函数 $f(x)$ 可微，而且可以逐项微分：

$$f'(x)=\sum_{n=1}^{\infty}\left(\frac{\sin nx}{n^3}\right)'=\sum_{n=1}^{\infty}\frac{\cos nx}{n^2}$$

由于导级数各项连续，而且一致收敛，根据定理 1，便知 $f(x)$ 在 $(-\infty,+\infty)$ 上是连续的。

§11.4　幂级数的收敛问题

一、幂级数的收敛域

我们首先研究幂级数的收敛域，即是说，当 x 取哪些值时，幂级数 $\sum\limits_{n=1}^{\infty}a_nx^n$ 收敛；又当 x 取哪些值时，这个级数发散。所谓幂级数的收敛域就是使该级数收敛的 x 的全体。显然 $x=0$ 是属于收敛域的一点。下面即将看到，幂级数的收敛域具有很简单的形状，这一点便给我们的研究带来很大方便。

首先介绍阿贝尔定理，它是解决幂级数收敛域的理论基础。

定理 1　（阿贝尔定理）如果幂级数

$$\sum_{n=0}^{\infty}a_nx^n \tag{1}$$

在点 $x=x_0(x_0\neq0)$ 收敛，则对于满足 $|x|<|x_0|$ 的任何 x 值，级数 (1) 都绝对收敛；如果在点 $x=x_0$ 发散，则对于满足 $|x|>|x_0|$ 的任何 x 值，级数 (1) 都发散。

先对定理作个几何解释。不等式 $|x| < |x_0|$ 相当于 $-|x_0| < x < |x_0|$，因此若级数(1)在点 $x = x_0$ 收敛，则它在区间 $(-|x_0|, |x_0|)$ 的内部处处绝对收敛(图 11-2(a))。又不等式 $|x| > |x_0|$ 相当于 $x > |x_0|$ 及 $x < -|x_0|$，因此若级数(1)在点 $x = x_0$ 发散，则它在区间 $|x| < -|x_0|$ 及 $|x| > |x_0|$ 上也处处发散(图 11.2(b))。

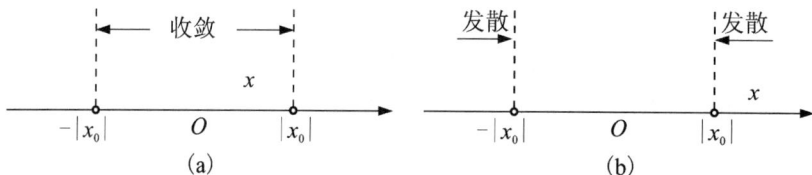

图 11.2

证明　先证第一部分。由定理条件知，数项级数

$$a_0 + a_1 x_0 + a_2 x_0^2 + \cdots + a_n x_0^n + \cdots$$

收敛，根据级数收敛的必要条件，有

$$\lim_{n \to \infty} a_n x_0^n = 0$$

因为有极限的量必有界，故必存在一个正数 c，使得

$$|a_n x_0^n| \leqslant c \quad (n = 0, 1, 2, \cdots)$$

而级数(1)的一般项的绝对值可表为

$$|a_n x^n| = \left| a_n x_0^n \frac{x^n}{x_0^n} \right| = |a_n x_0^n| \left| \frac{x^n}{x_0^n} \right| \leqslant c \left| \frac{x}{x_0} \right|^n$$

因为当 $|x| < |x_0|$ 即 $\left| \frac{x}{x_0} \right| < 1$ 时，几何级数 $\sum_{n=0}^{\infty} c \left| \frac{x}{x_0} \right|^n$ 收敛，根据正项级数比较判别法，级数 $\sum_{n=0}^{\infty} |a_n x^n|$ 也收敛，因而级数(1)当 $|x| < |x_0|$ 时，绝对收敛。再由 §10.4 绝对收敛定理，便知级数(1)收敛。

定理的第二部分是比较明显的。假定级数(1)对于满足 $|x| < |x_0|$ 的 x_1 收敛，由上面第一部分的结果，则它在点 x_0 也必收敛，这就与在点 x_0 发散的条件相矛盾了。

根据阿贝尔定理，可以得出解决幂级数收敛域的下述定理。

定理 2　对于幂级数

$$\sum_{n=0}^{\infty} a_n x^n$$

总存在唯一的数 $r (0 \leqslant r \leqslant +\infty)$，当 $|x| < r$ 时，级数(1)绝对收敛，当 $|x| > r$ 时，级数(1)发散。

证明　分三种情形讨论：

（i）如果级数(1)在任何一点都收敛，此时 $r = +\infty$，即级数(1)在区间 $(-\infty, +\infty)$ 内收敛。

（ii）如果级数(1)除 $x = 0$ 一点外皆发散，此时 $r = 0$，即级数仅在原点收敛(常称 $x = 0$ 是级数(1)的固有收敛点)。

（ⅲ）如果级数（1）在原点以外，有收敛点也有发散点，设在点 $\alpha \neq 0$ 收敛，在点 $\beta \neq 0$ 发散。于是收敛点的集合必定有界。因为在点 β 发散，根据定理1，对于 $|x| > \beta$，级数（1）皆发散，所以使级数收敛的点 x 应满足 $|x| < |\beta|$，这就表明收敛点的集合是有界的。我们知道，有界集合必有唯一的上确界，记上确界为 r，这就是所存在的唯一数。下面来说明，当 $|x| < r$ 时级数（1）绝对收敛，当 $|x| > r$ 时级数（1）发散。

事实上，一方面，当 $|x| < r$ 时，由上确界定义，必存在级数的收敛点 p，使 $|x| < p \leq r$。又根据定理1，对于满足 $|x| < p \leq r$ 的 x，级数（1）绝对收敛。另一方面，因为 r 是收敛点的上确界，所以当 $|x| > r$ 时，级数（1）发散。

从定理2可知，幂级数 $\sum_{n=0}^{\infty} a_n x^n$ 的收敛域永远是一个以原点为中心，以 $r(0 \leq r \leq +\infty)$ 为半径的区间。我们给出如下的定义。

定义　如果幂级数 $\sum_{n=0}^{\infty} a_n x^n$ 对于满足 $|x| < r$ 的 x 收敛，则称 r 为此级数的**收敛半径**，称 $(-r, r)$ 为此级数的**收敛区间**。

至于幂级数在区间 $(-r, r)$ 的端点 $x = \pm r$ 处，究竟收敛还是发散，需要另作讨论。

下面介绍求幂级数收敛半径的定理。

定理 3　如果幂级数

$$\sum_{n=0}^{\infty} a_n x^n$$

的系数有

$$\lim_{n\to\infty} \left| \frac{a_{n+1}}{a_n} \right| = l \left(\text{或} \lim_{n\to\infty} \sqrt{|a_n|} \right) = l$$

则收敛半径为

$$r = \begin{cases} \dfrac{1}{l}, & \text{当 } l \neq 0 \\ +\infty, & \text{当 } l = 0 \\ 0, & \text{当 } l = +\infty \end{cases}$$

证明　考察绝对值级数 $\sum_{n=0}^{\infty} |a_n x^n|$。由比值判别法有

$$\lim_{n\to\infty} \left| \frac{a_{n+1} x^{n+1}}{a_n x^n} \right| = \lim_{n\to\infty} \left| \frac{a_{n+1}}{a_n} \right| |x| = l|x|$$

于是

（ⅰ）若 $l \neq 0$，则当 $l|x| < 1$ 即 $|x| < \dfrac{1}{l}$ 时，幂级数（1）绝对收敛；而当 $l|x| > 1$，即 $|x| > \dfrac{1}{l}$ 时，幂级数（1）发散，故收敛半径 $r = \dfrac{1}{l}$。

（ⅱ）若 $l = 0$，则对任何 x，都有 $l|x| = 0 < 1$，故幂级数（1）在整个数轴上绝对收敛，于是 $r = +\infty$。

注：当收敛半径 r 为非零常数时，收敛域是有限区间 $(-r, r)$；当 $r = +\infty$ 时，收敛域是整

个数轴$(-\infty,+\infty)$；当$r=0$时，收敛域是一点即坐标原点。

例 1 求幂级数$\sum_{n=1}^{\infty}\frac{2^n}{n}x^n$的收敛半径，并讨论在收敛区间端点的敛散性。

解 $l=\lim_{n\to\infty}\left|\frac{a_{n+1}}{a_n}\right|=\lim_{n\to\infty}\frac{2^{n+1}}{n+1}\cdot\frac{n}{2^n}=2$

所以收敛半径$r=\frac{1}{2}$，收敛区间是$\left(-\frac{1}{2},\frac{1}{2}\right)$。

当$x=-\frac{1}{2}$时，级数为

$$\sum_{n=1}^{\infty}\frac{2^n}{n}\left(-\frac{1}{2}\right)^n=\sum_{n=1}^{\infty}(-1)^n\frac{1}{n}=-1+\frac{1}{2}-\frac{1}{3}+\frac{1}{4}-\cdots$$

显然是一个莱布尼茨型级数，故收敛。

当$x=\frac{1}{2}$时，级数为

$$\sum_{n=1}^{\infty}\frac{2^n}{n}\left(\frac{1}{2}\right)^n=\sum_{n=1}^{\infty}\frac{1}{n}$$

这是调和级数，发散。

例 2 确定幂级数$\sum_{n=1}^{\infty}\frac{x^n}{\sqrt{n!}}$的收敛范围。

解 $\lim_{n\to\infty}\left|\frac{a_{n+1}}{a_n}\right|=\lim_{n\to\infty}\frac{\frac{1}{\sqrt{(n+1)!}}}{\frac{1}{\sqrt{n!}}}=\lim_{n\to\infty}\sqrt{\frac{1}{n+1}}=0$

所以收敛半径$r=+\infty$，收敛区间是$(-\infty,+\infty)$。

例 3 求$\sum_{n=1}^{\infty}n!x^n$的收敛区间。

解 $\lim_{n\to\infty}\frac{(n+1)!}{n!}=\lim_{n\to\infty}(n+1)=\infty$

所以$r=0$，级数仅在$x=0$收敛。

例 4 求$x-\frac{x^3}{3!}+\frac{x^5}{5!}-\cdots+(\ \ 1)^n\frac{x^{2n+1}}{(2n+1)!}+\cdots$的收敛区间。

解 这里不能直接应用定理3求收敛区间，因为所给级数缺项。令$x^2=y$，从而

$$\sum_{n=0}^{\infty}(-1)^n\frac{x^{2n+1}}{(2n+1)!}=x\sum_{n=0}^{\infty}(-1)^n\frac{y^n}{(2n+1)!}$$

而 $\lim_{n\to\infty}\left|\frac{\frac{(-1)^{n+1}}{(2n+3)!}}{\frac{(-1)^n}{(2n+1)!}}\right|=\lim_{n\to\infty}\frac{1}{(2n+2)(2n+3)}=0$

所以级数 $\sum\limits_{n=0}^{\infty}(-1)^{n}\dfrac{y^{n}}{(2n+1)!}$ 的收敛区间是 $(-\infty,+\infty)$，从而 $\sum\limits_{n=0}^{\infty}(-1)^{n}\dfrac{x^{2n+1}}{(2n+1)!}$ 的收敛区间是 $(-\infty,+\infty)$。

例 5　求级数 $\sum\limits_{n=1}^{\infty}(-1)^{n-1}\dfrac{(x-1)^{n}}{n}$ 的收敛区间。

解　这是形如 $\sum\limits_{n=1}^{\infty}a_{n}(x-x_{0})^{n}$ 的级数。若令 $x-x_{0}=t$，得 $\sum\limits_{n=1}^{\infty}a_{n}t^{n}$，因两级数有相同的系数，故收敛半径也相等，但收敛中心①为 x_{0}。

现在令 $x-1=t$，得 $\sum\limits_{n=1}^{\infty}(-1)^{n-1}\dfrac{t^{n}}{n}$。

$$l=\lim_{n\to\infty}\left|\dfrac{\dfrac{1}{n+1}}{\dfrac{1}{n}}\right|=\lim_{n\to\infty}\dfrac{n}{n+1}=1$$

故所给级数的收敛半径 $r=1$，因收敛中心是 $x=1$，从而收敛区间是 $(0,2)$。

二、幂级数的一致收敛性

前面已看到，函数项级数的一致收敛性，对于和函数的性质，具有重要作用。现在需要弄清楚幂级数的一致收敛性。幂级数的一致收敛域，虽然与其收敛域并不一致，但可以根据收敛域得到确定。

定理 4　设幂级数 $\sum\limits_{n=0}^{\infty}a_{n}x^{n}$ 的收敛半径为 r，又 r' 满足不等式 $0<r'<r$，则此级数在闭区间 $[-r',r']$ 上一致收敛。

证明　因 $r'<r$，所以级数 $\sum\limits_{n=0}^{\infty}a_{n}x^{n}$ 在 $x=r'$ 绝对收敛（收敛半径定义），即数项级数 $\sum\limits_{n=0}^{\infty}|a_{n}|r'^{n}$ 收敛。但是当 $|x|\leqslant r'$ 时，有

$$|a_{n}x^{n}|\leqslant|a_{n}||r'^{n}|=|a_{n}|r'^{n}(n=0,1,2,\cdots)$$

即级数 $\sum\limits_{n=0}^{\infty}|a_{n}|r'^{n}$ 是级数 $\sum\limits_{n=0}^{\infty}a_{n}x^{n}$ 在 $[-r',r']$ 上的一个优级数，由 M 判别法知 $\sum\limits_{n=0}^{\infty}a_{n}x^{n}$ 在区间 $[-r',r']$ 上一致收敛。（证毕）

这个定理告诉我们：幂级数 $\sum\limits_{n=0}^{\infty}a_{n}x^{n}$ 在其收敛区间 $(-r,r)$ 内部的任何闭区间上一致收敛。幂级数的这一性质称为幂级数在其收敛区间内的内闭一致收敛性。

---

① 收敛区间的中点称收敛中心。

§11.5 幂级数的性质

根据幂级数的内闭一致收敛性，可把一般函数项级数的和函数分析性质，立即应用到幂级数上来。

定理 1 幂级数 $\sum\limits_{n=0}^{\infty} a_n x^n$ 的和函数 $S(x)$ 在收敛区间 $(-r, r)$ 内连续。

证明 只须证明 $S(x)$ 在 $(-r, r)$ 内的任意一点都连续。设 x_0 是 $(-r, r)$ 内的任意一点，即 $|x_0| < r$，则必存在 r'，使 $|x_0| < r' < r$。由上述定理，幂级数 $\sum\limits_{n=0}^{\infty} a_n x^n$ 在区间 $[-r', r']$ 上一致收敛。又因幂级数的每一项 $a_n x^n (n = 0, 1, 2, \cdots)$ 在 $[-r', r']$ 上都连续，由和函数的分析性质（§11.3 定理 1），便知幂级数 $\sum\limits_{n=0}^{\infty} a_n x^n$ 的和函数 $S(x)$ 在 $[-r', r']$ 上连续，在 $[-r', r']$ 上的一点 x_0 自然也连续。

定理 2 设幂级数 $\sum\limits_{n=0}^{\infty} a_n x^n$ 的和函数为 $S(x)$，x 是收敛区间 $(-r, r)$ 内的任意一点，则此级数在 $[0, x]$ 上可以逐项积分，即

$$\int_0^x S(t)\, \mathrm{d}t = \sum_{n=0}^{\infty} \int_0^x a_n t^n \mathrm{d}t = \sum_{n=0}^{\infty} \frac{a_n}{n+1} x^{n+1}$$

$$= a_0 x + \frac{a_1}{2} x^2 + \cdots + \frac{a_n}{n+1} x^{n+1} + \cdots$$

$$(|x| < r)$$

证明 因 $[0, x]$ 是一个完全包含在幂级数 $\sum\limits_{n=0}^{\infty} a_n x^n$ 的收敛区间 $(-r, r)$ 内部的区间，从而此幂级数在 $[0, x]$ 上一致收敛。再由 §11.3 定理 2，便得

$$\int_0^x S(t)\, \mathrm{d}t = \sum_{n=0}^{\infty} \int_0^x a_n t^n \mathrm{d}t$$

$$= a_0 x + \frac{a_1}{2} x^2 + \cdots + \frac{a_n}{n+1} x^{n+1} + \cdots$$

定理 3 设幂级数 $\sum\limits_{n=0}^{\infty} a_n x^n$ 的和函数为 $S(x)$，则此级数在收敛区间 $(-r, r)$ 内可以逐项微分，即

$$S'(x) = \sum_{n=0}^{\infty} (a_n x^n)' = \sum_{n=1}^{\infty} n a_n x^{n-1}$$

$$= a_1 + 2a_2 x + 3a_3 x^2 + \cdots + n a_n x^{n-1} + \cdots$$

并且导级数与原级数有相等的收敛半径。

证明 先证明 $\sum\limits_{n=0}^{\infty} a_n x^n$ 在 $(-r, r)$ 内可以逐项微分。为此，先证明它在 $[-r', r'] (r' < r)$ 上可以逐项微分，即证明：

（ⅰ）幂级数 $\sum\limits_{n=0}^{\infty} a_n x^n$ 在 $[-r', r']$ 上收敛；

（ⅱ）各项导数 $n a_n x^{n-1}(n=1, 2, \cdots)$ 在 $[-r', r']$ 上连续；

（ⅲ）导级数 $\sum\limits_{n=1}^{\infty} n a_n x^{n-1}$ 在 $[-r', r']$ 上一致收敛。

其中（ⅰ），（ⅱ），是明显的，我们证明（ⅲ）。对任意的 $r' < r$，取 r_1，使 $0 < r' < r_1 < r$。考察级数 $\sum\limits_{n=1}^{\infty} n a_n x^{n-1}$，当 $|x| < r'$ 时，有

$$|n a_n x^{n-1}| < n|a_n| r'^{n-1} = \left[\frac{1}{r'} n \left(\frac{r'}{r_1}\right)^n\right] \cdot |a_n r_1^n| \tag{1}$$

由达朗贝尔判别法知 $\sum\limits_{n=1}^{\infty} \frac{1}{r'} n \left(\frac{r'}{r_1}\right)^n$ 收敛；故一般项 $\frac{1}{r'} n \left(\frac{r'}{r_1}\right)^n \to 0(n \to \infty)$，从而必存在 $M > 0$，使

$$\frac{1}{r'} n \left(\frac{r'}{r_1}\right)^n \leqslant M$$

因此由（1）式得

$$|n a_n x^{n-1}| \leqslant M|a_n r_1^n|$$

而 $\sum\limits_{n=1}^{\infty} |a_n x^n|$ 收敛，根据 M 判别法，便知 $\sum\limits_{n=1}^{\infty} n a_n x^{n-1}$ 在 $[-r_1, r_1]$ 上一致收敛。因 $r' < r_1$，故 $\sum\limits_{n=0}^{\infty} a_n x^n$ 在 $[-r', r']$ 上可以逐项微分。

对于任意的 $x_0 \in (-r, r)$，总可以找到 r'，$|x_0| \leqslant r' < r$，故级数 $\sum\limits_{n=0}^{\infty} a_n x^n$ 在点 x_0 可逐项微分。由 x_0 的任意性，便知此级数在 $(-r, r)$ 内可以逐项微分，即

$$S'(x) = \sum_{n=0}^{\infty} (a_n x^n)' = a_1 + 2 a_2 x + \cdots + n a_n x^{n-1} + \cdots \qquad (|x| < r)$$

其次证明收敛半径不变。一方面，若 $\sum\limits_{n=0}^{\infty} a_n x^n$ 在 $(-r, r)$ 内收敛，根据上面的证明，便知导级数 $\sum\limits_{n=1}^{\infty} n a_n x^{n-1}$ 当 $|x| < r$ 时也收敛，设导级数的收敛半径为 r'，则 $r' \geqslant r$。另一方面，若级数 $\sum\limits_{n=1}^{\infty} n a_n x^{n-1}$ 在 $(-r', r')$ 内收敛，根据定理2，逐项积分后的级数 $\sum\limits_{n=0}^{\infty} a_n x^n$ 当 $|x| < r'$ 时也收敛，所以 $r \geqslant r'$。综合两方面，便得 $r = r'$，即导级数与原级数有相等的收敛半径。（证毕）

从上述结果可知，幂级数逐项积分后，收敛半径也不变。

推论　幂级数 $\sum\limits_{n=0}^{\infty} a_n x^n$ 的和函数 $S(x)$ 在收敛区间 $(-r, r)$ 内有任何阶导数 $S^{(n)}(x)(n = 1, 2, \cdots)$，并且

$$S^{(n)}(x) = \sum_{k=n}^{\infty} k(k-1)(k-2)\cdots(k-n+1) a_k x^{k-n}$$

各导级数的收敛半径仍为 r。

事实上，根据定理3，有

$$S'(x) = \sum_{n=1}^{\infty} n a_n x^{n-1}$$

再逐项微分，有

$$S''(x) = \sum_{n=2}^{\infty} n(n-1) a_n x^{n-2}$$

继续逐项微分，便得

$$S^{(n)}(x) = \sum_{k=n}^{\infty} k(k-1)(k-2)\cdots$$
$$\cdots(K-n+1) a_k x^{k-n} (n=1,2)$$

对各导级数引用定理 3，便知收敛半径均为 r。

例 1　利用逐项微分与逐项积分，求级数

$$\sum_{n=1}^{\infty} \frac{x^{4n+1}}{4n+1} \quad (|x| < 1)$$

在收敛区间内的和。

解　设和为 $S(x)$，首先逐项微分①，有

$$S'(x) = \sum_{n=1}^{\infty} \left(\frac{x^{4n+1}}{4n+1} \right)' = \sum_{n=1}^{\infty} x^{4n}$$
$$= x^4 + (x^4)^2 + (x^4)^3 + (x^4)^4 + \cdots$$
$$= x^4 [1 + x^4 + (x^4)^2 + (x^4)^3 + \cdots]$$
$$= \frac{x^4}{1-x^4} = -1 - \frac{1}{x^4-1}$$
$$= -1 - \frac{1}{2(x^2-1)} + \frac{1}{2(x^2+1)}$$
$$= -1 - \frac{1}{4} \left(\frac{1}{x-1} - \frac{1}{x+1} \right) + \frac{1}{2(x^2+1)}$$

再逐项积分，便得

$$S(x) = \sum_{n=1}^{\infty} \frac{x^{4n+1}}{4n+1}$$
$$= \int_0^x \left[-1 - \frac{1}{4} \left(\frac{1}{x-1} - \frac{1}{x+1} \right) + \frac{1}{2(x^2+1)} \right] dx$$
$$= -x - \frac{1}{4} \ln \left| \frac{x-1}{x+1} \right| + \frac{1}{2} \arctan x$$

即

$$S(x) = -x + \frac{1}{4} \ln \frac{1+x}{1-x} + \frac{1}{2} \arctan x \qquad (|x| < 1)$$

---

① 因为求导后，所得导级数 $\sum_{n=1}^{\infty} x^{4n}$ 可化为有限形式 $\frac{x^4}{1-x^4}$，故首先应用逐项微分法。

§11.6　函数的幂级数展开

前面我们是从一个给定的幂级数出发，来讨论它的收敛性，并且研究了它的和函数的分析性质。但是更重要的则是相反的问题，即把一个给定的函数 $f(x)$ 展开成为幂级数，即是说，是否可以把 $f(x)$ 表示成为：

$$f(x) = a_0 + a_1 x + a_2 x^2 + \cdots + a_n x^n + \cdots \tag{1}$$

显然，这里存在几个问题：首先是 $f(x)$ 在什么条件下才能展成幂级数 (1)？其次，展开式的系数 a_0，a_1，a_2，$\cdots$ 怎样确定？还有，使这个展开式成立的 x 的取值范围是什么？这几个问题，在下面都将得到解决。

函数展成幂级数问题之所以重要，可以从计算函数近似值的角度来说明。例如我们在 §5.3 例 1 所求出的 e^x 的泰勒展开式，如果它可以写成幂级数形式：

$$e^x = 1 + x + \frac{x^2}{2!} + \cdots + \frac{x^n}{n!} + \cdots$$

于是我们就可以用它的部分和作为计算 e^x 的近似公式：

$$e^x \approx 1 + x + \frac{x^2}{2!} + \cdots + \frac{x^n}{n!}$$

而用一个多项式计算 e^x 的值，则是最简便不过了。如果从理论角度来看，多项式是最简单的函数，比较复杂的函数 e^x 可以近似地用一个多项式来表示，那么对于函数性质的研究，提供了很大的方便。

一、泰勒级数

上面的 (1) 式是说 $f(x)$ 展成 x 的幂级数问题。我们可以更一般地考虑 $f(x)$ 展成 $x - x_0$ 的幂级数

$$f(x) = a_0 + a_1(x - x_0) + a_2(x - x_0)^2 + \cdots + a_n(x - x_0)^n + \cdots \tag{2}$$

的问题。其中 x_0 是某一固定点，当 $x_0 = 0$ 时，(2) 式便成为 (1) 式。

由 §5.3 泰勒多项式的结论有，如果 $f(x)$ 可以展成 $x - x_0$ 的幂级数 (2)，那么计算它的各项系数的公式便为：

$$a_n = \frac{f^{(n)}(x_0)}{n!}(n = 0, 1, 2, \cdots)$$

上面的讨论是在 $f(x)$ 可以展开成为 (2) 式的假定下进行的。现在我们换个角度来考虑这个问题，即先不作这个假定，而只知道由 $f(x)$ 得出的 $f(x_0)$，$f'(x_0)$，$f''(x_0)$，$\cdots$ 都存在，那么在此情况下，我们还是可以写出 $x - x_0$ 的幂级数：

$$f(x_0) + f'(x_0)(x - x_0) + \frac{f''(x_0)}{2!}(x - x_0)^2 + \cdots + \frac{f^{(n)}(x_0)}{n!}(x - x_0)^n + \cdots \tag{3}$$

但是这个幂级数 (3) 是否就等于 $f(x)$，实际上，这并不一定，完全可能出现以下的情况：

（ⅰ）所得的级数(3)只有一个收敛点$x = x_0$，而当$x \neq x_0$时，级数是发散的；

（ⅱ）即使级数(3)在$x \neq x_0$处收敛，但它的和却不等于$f(x)$。

事实上，作为例子，我们可以举出函数

$$f(x) = \begin{cases} e^{\frac{1}{x^2}}, & x \neq 0, \\ 0, & x = 0 \end{cases}$$

虽然这个函数在点$x = 0$无限次可导，但由它写出的x的幂级数却不收敛于$f(x)$。因为可以证明（从略），它的$f(0) = f'(0) = f''(0) = \cdots = 0$，即这时级数的各项皆为0，从而它的和函数$S(x) = 0$，但不等于$f(x)$（除在$x = 0$这一点外）。

通常，只要$f(x_0), f'(x_0), f''(x_0), \cdots$存在，就把幂级数(3)叫做$f(x)$在$x_0$点的**泰勒级数**，而不论级数的收敛半径有多大，也不管它的和是否等于$f(x)$。

如果在x_0点附近的某区间I内等式(3)成立，我们就说$f(x)$在x_0点附近（或说在区间I内）可以展开为$x - x_0$的泰勒级数（或说展开为$x - x_0$的幂级数）。

回过头来看一下，我们的讨论还没完成，即是说，函数$f(x)$除掉在x_0点无限次可导以外，究竟还得具备什么条件，才能展开为(3)式呢？这可以联系第5章讲过的泰勒公式：

$$f(x) = f(x_0) + f'(x_0)(x - x_0) + \frac{f''(x_0)}{2!}(x - x_0)^2 + \cdots + \frac{f^{(n)}(x_0)}{n!}(x - x_0)^n + r_n(x) \quad (4)$$

它与(3)式很像。事实上我们有以下的定理。

定理 设函数$f(x)$在x_0点有各阶导数，则$f(x)$在x_0点可以展成泰勒级数$\sum_{n=0}^{\infty} \frac{f^{(n)}(x_0)}{n!} \cdot (x - x_0)^n$的充要条件是：存在包含$x_0$的某一区间$I$，对于$I$内的任何$x$，泰勒公式中的余项$r_n(x)$当$n \to \infty$时趋于零，即

$$\lim_{n \to \infty} r_n(x) = 0, \quad x \in I$$

证明 记级数(4)的部分和为$S_n(x)$，即

$$S_n(x) = f(x_0) + f'(x_0)(x - x_0) + \frac{f''(x_0)}{2!}(x - x_0)^2 + \cdots + \frac{f^{(n)}(x_0)}{n!}(x - x_0)^n$$

于是(3)式成立的等价条件是

$$\lim_{n \to \infty} S_n(x) = f(x)$$

即

$$\lim_{n \to \infty}[f(x) - S_n(x)] = 0, \quad x \in I$$

另一方面，由(4)式知，

$$f(x) - S_n(x) = r_n(x)$$

可见上面的条件即为

$$\lim_{n \to \infty} r_n(x) = 0, \quad x \in I$$

上述定理是就$f(x)$在x_0点展开为泰勒级数来讲的，如果$x_0 = 0$，则得$f(x)$在点$x_0 = 0$的泰勒级数：

$$f(x) = \sum_{n=0}^{\infty} \frac{f^{(n)}(0)}{n!} x^n$$

这种在$x = 0$点的泰勒级数也称为**麦克劳林级数**。

从上述定理可以得到以下的推论，我们经常利用这个推论来判别一个给定的函数是否可以展成幂级数。

推论　如果 $f^{(n)}(x)(n=0,1,2,\cdots)$ 在区间 $(-r,r)$ 内有界，即存在一个正数 K，使

$$|f^{(n)}(x)| \leqslant K$$

则 $f(x)$ 在 $(-r,r)$ 内可展成幂级数。

证明　在所设条件下，我们有

$$|r_n(x)| = \left| \frac{f^{(n+1)}(\xi)}{(n+1)!} x^{n+1} \right|$$

$$= \frac{|x|^{n+1}}{(n+1)!} |f^{(n+1)}(\xi)| \leqslant K \cdot \frac{|x|^{n+1}}{(n+1)!}$$

因为级数 $\displaystyle\sum_{n=0}^{\infty} \frac{|x|^{n+1}}{(n+1)!}$ 收敛（收敛半径为 $+\infty$），故一般项的极限为零，即

$$\lim_{n\to\infty} \frac{|x|^{n+1}}{(n+1)!} = 0 \qquad （对任何 x）$$

因此在 $(-r,r)$ 内有

$$\lim_{n\to\infty} r_n(x) = 0$$

二、泰勒公式余项的其他形式

判断一个函数是否可以在点 $x=x_0$ 展成泰勒级数，必须对于固定的 x，考察当 $n\to\infty$ 时，余项 $r_n(x)$ 是否趋于零。皮亚诺型余项 $r_n(x)=o(x-x_0)^n$，只是对余项给出一个阶的估计，如果考虑拉格朗日型余项 $r_n(x)=\dfrac{f^{(n+1)}(\xi)}{(n+1)!}(x-x_0)^{n+1}$，对于函数展开来说，确实是很有用的，在后面的例题中将得到充分利用。但是仅有拉格朗日型还不够，下面首先介绍积分型余项，并从这个形状的余项，导出我们将要直接应用的柯西型余项公式。

定理　（积分型泰勒公式余项）如果函数 $f(x)$ 在点 $x=x_0$ 附近有直到 $n+1$ 阶的连续导数，则对于 $x=x_0$ 附近的 x，有

$$r_n(x) = \frac{1}{n!} \int_{x_0}^{x} f^{(n+1)}(t)(x-t)^n \mathrm{d}t \tag{1}$$

证明　在 §5.3 里，我们已经得到了泰勒公式

$$f(x) = f(x_0) + f'(x_0)(x-x_0)$$

$$+ \frac{f''(x_0)}{2!}(x-x_0)^2 + \cdots$$

$$+ \frac{f^{(n)}(x_0)}{n!}(x-x_0)^n + r_n(x) \tag{2}$$

在此式两端求出一阶、二阶直至 n 阶导数，则有

$$\left. \begin{array}{l} f'(x) = f'(x_0) + f''(x_0)(x - x_0) + \cdots + \dfrac{f^{(n)}(x_0)}{(n-1)!}(x - x_0)^{n-1} + r_n'(x) \\[3mm] f''(x) = f'(x_0) + f'''(x_0)(x - x_0) + \cdots + \dfrac{f^{(n)}(x_0)}{(n-2)!}(x - x_0)^{n-2} + r''_n(x) \\[3mm] \qquad\qquad\qquad\qquad\qquad \vdots \\[3mm] f^{(n)}(x) = f^{(n)}(x_0) + r_n^{(n)}(x) \end{array} \right\} \tag{3}$$

在(2)与(3)中,令$x = x_0$,有

$$r_n(x_0) = r_n'(x_0) = \cdots = r_n^{(n)}(x_0) = 0 \tag{4}$$

对(3)式中最后一个等式再求一次导数,则有

$$r_n^{(n+1)}(x) = f^{(n+1)}(x) \tag{5}$$

由微积分学基本定理及部分积分法(进行 n 次),并注意(4)和(5),便可得到余项 $r_n(x)$ 的积分表达式:

$$\begin{aligned} r_n(x) = r_n(x) - r_n(x_0) &= \int_{x_0}^{x} \underset{u}{r_n'(t)} \cdot \underset{v'}{1} \mathrm{d}t \\ &= - r_n'(t)(x - t) \Big|_{x_0}^{x} + \int_{x_0}^{x} r_n''(t)(x - t)\mathrm{d}t \\ &= \int_{x_0}^{x} r_n''(t)(x - t)\mathrm{d}t \\ &= - r_n''(t)\frac{(x - t)^2}{2!}\Big|_{x_0}^{x} + \int_{x_0}^{x} r_n''(t)\frac{(x - t)^2}{2!}\mathrm{d}t \\ &= \frac{1}{2!}\int_{x_0}^{x} r_n'''(t)(x - t)^2 \mathrm{d}t \\ &= r_n'''(t)\frac{(x - t)^3}{3!}\Big|_{x_0}^{x} + \int_{x_0}^{x} r_n^{(4)}(t)\frac{(x - t)^3}{3!}\mathrm{d}t \\ &= \frac{1}{3!}\int_{x_0}^{x} r_n^{(4)}(t)(x - t)^3 \mathrm{d}t \\ &= \cdots = \frac{1}{n!}\int_{x_0}^{x} r_n^{(n+1)}(t)(x - t)^n \mathrm{d}t \\ &= \frac{1}{n!}\int_{x_0}^{x} f^{(n+1)}(t)(x - t)^n \mathrm{d}t \end{aligned}$$

柯西型余项公式　把公式(1)中的被积函数 $f^{(n+1)}(t)(x - t)^n$ 看作一个整体,应用积分中值定理的推论,则得

$$r_n(x) = \frac{f^{(n+1)}(\xi)}{n!}(x - \xi)^n(x - x_0) \tag{6}$$

其中 ξ 是 x_0 与 x 之间的一个值。

若记 $\xi = x_0 + \theta(x - x_0)$,$0 \leqslant \theta \leqslant 1$,则(6)式也可以写成

$$r_n(x) = \frac{f^{(n+1)}[x_0 + \theta(x - x_0)]}{n!} \cdot (1 - \theta)^n(x - x_0)^{n+1}①,\ 0 \leqslant \theta \leqslant 1 \tag{7}$$

————————

① $(x - \xi)^n(x - x_0) = [x - x_0 - \theta(x - x_0)]^n(x - x_0) = [(1 - \theta)(x - x_0)]^n(x - x_0) = (1 - \theta)^n(x - x_0)^{n+1}$

（6）与（7）即为柯西型余项。如果 $x_0 = 0$，则（6）、（7）变为

$$r_n(x) = \frac{f^{(n+1)}(\xi)}{n!}(x - \xi)^n x \tag{8}$$

及

$$r_n(x) = \frac{f^{(n+1)}(\theta x)}{n!}(1 - \theta)^n x^{n+1} \tag{9}$$

三、初等函数的展开式

（一）直接法

要把给定的函数 $f(x)$ 展成 x 的幂级数，可直接按下述步骤进行。

1）求出 $f(x)$ 在点 $x = 0$ 的各阶导数 $f^{(n)}(0)$；

2）求出 $f(x)$ 的麦克劳林级数

$$f(0) + f'(0)x + \frac{f''(0)}{2!}x^2 + \cdots + \frac{f^{(n)}(0)}{n!}x^n + \cdots$$

的收敛半径 r；

3）考察当 $n \to \infty$ 时，余项 $r_n(x)$ 是否趋于零。如果 $\lim\limits_{n \to \infty} r_n(x) = 0$，则在区间 $(-r, r)$ 上就得到 $f(x)$ 的幂级数展开式：

$$f(x) = f(0) + f'(0)x + \frac{f''(0)}{2!}x^2 + \cdots + \frac{f^{(n)}(0)}{n!}x^n + \cdots, \ x \in (-r, r)$$

或者根据本节第一段中的推论，如果 $f^{(n)}(x)(n = 0, 1, 2, \cdots)$ 在区间 $(-r, r)$ 内有界，即有

$$|f^{(n)}(x)| \leq k \quad (k \text{ 为正数})$$

则 $f(x)$ 在 $(-r, r)$ 内可展成幂级数。

例 1　求指数函数 $f(x) = e^x$ 的麦克劳林级数展开式。

解　各阶导数为

$f(x) = f'(x) = f''(x) = \cdots = f^{(n)}(x) = e^x$，以 $x = 0$ 代入，得

$f(0) = f'(0) = f''(0) = \cdots = f^{(n)}(0) = 1$

则 $f(x) = e^x$ 的麦克劳林级数为

$$1 + x + \frac{x^2}{2!} + \cdots + \frac{x^n}{n!} + \cdots$$

下面证明此级数在 $(-\infty, +\infty)$ 内收敛于 e^x。我们任取一正数 M，当 $|x| < M$ 时，

$$|f^{(n)}(x)| = |e^x| < e^M (n = 0, 1, 2, \cdots)$$

由前面推论知，当 $|x| < M$ 即在区间 $(-M, M)$ 内级数（1）收敛于 e^x。由于 M 可以任意大，故 e^x 在整个数轴上可展成幂级数：

$$e^x = 1 + x + \frac{x^2}{2!} + \cdots + \frac{x^n}{n!} + \cdots (-\infty < x < +\infty)$$

例 2　求正弦函数 $f(x) = \sin x$ 的麦克劳林级数展开式。

解　在 §5.3 例 2 中，已算得

$$f^{(n)}(x) = \sin\left(x + n\frac{\pi}{2}\right) \quad (n = 0, 1, 2, \cdots)$$

以 $x = 0$ 代入, 得

$$f(0) = 0, f'(0) = 1, f''(0) = 0,$$
$$f'''(0) = -1, f^{(4)}(0) = 0, f^{(5)}(0) = 1,$$
$$f^{(6)}(0) = 0, f^{(7)}(0) = -1,$$

一般的可写成:

$$f^{(n)}(0) = \begin{cases} 0, & n = 2k, \\ (-1)^k, & n = 2k+1 \end{cases} \quad (k = 0, 1, 2, \cdots)$$

由此可以写出 $\sin x$ 的麦克劳林级数

$$x - \frac{x^3}{3!} + \frac{x^5}{5!} - \cdots + (-1)^n \frac{x^{2n+1}}{(2n+1)!} + \cdots$$

关于这个级数的收敛性仍然可以根据前面的推论进行讨论; 我们现在来考察它的拉格朗日型余项:

$$r_n(x) = \frac{f^{(n+1)}(\xi)}{(n+1)!} x^{n+1} = \frac{\sin\left[\xi + (n+1)\frac{\pi}{2}\right]}{(n+1)!} x^{n+1}$$

因为 $\left|\sin\left[\xi + (n+1)\frac{\pi}{2}\right]\right| \leqslant 1$, 而对任意的 x 都有

$$\lim_{n \to \infty} \frac{x^{n+1}}{(n+1)!} = 0$$

故对任意 x 都有 $\lim\limits_{n \to \infty} r_n(x) = 0$

这就是说, 对区间 $(-\infty, +\infty)$ 内的任意一点 x, 都有

$$\sin x = x - \frac{x^3}{3!} + \frac{x^5}{5!} - \cdots + (-1)^n \frac{x^{2n+1}}{(2n+1)!} + \cdots$$

例 3 求二项式函数 $f(x) = (1+x)^\alpha$(α 为任何实数) 的麦克劳林级数展开式。

解 $f'(x) = \alpha(1+x)^{\alpha-1}$,

$f''(x) = \alpha(\alpha-1)(1+x)^{\alpha-2}$,

$\vdots$

$f^{(n)}(x) = \alpha(\alpha-1)\cdots(\alpha-n+1)(1+x)^{\alpha-n}$

$\vdots$

于是 $f(0) = 1, f'(0) = \alpha$

$f''(0) = \alpha(\alpha-1)$

$\vdots$

$f^{(n)}(0) = \alpha(\alpha-1)(\alpha-2)\cdots(\alpha-n+1)$,

$\vdots$

由此可以写出 $(1+x)^\alpha$ 的麦克劳林级数

$$1 + \alpha x + \frac{\alpha(\alpha-1)}{2!} x^2 + \cdots + \frac{\alpha(\alpha-1)\cdots(\alpha-n+1)}{n!} x^n + \cdots \tag{1}$$

下面讨论这个级数的收敛性。先求它的收敛半径：

$$\lim_{n\to\infty}\left|\frac{a_{n+1}}{a_n}\right|=\lim_{n\to\infty}\left|\frac{\dfrac{\alpha(\alpha-1)\cdots(\alpha-n+1)(\alpha-n)}{(n+1)!}}{\dfrac{\alpha(\alpha-1)\cdots(\alpha-n+1)}{n!}}\right|$$

$$=\lim_{n\to\infty}\left|\frac{\alpha-n}{n+1}\right|=1=l$$

故收敛半径 $r=\dfrac{1}{l}=1$。

下面证明幂级数(1) 在区间 $(-1,1)$ 内收敛于 $(1+x)^\alpha$。为此我们考察泰勒展开式：

$$(1+x)^\alpha=1+\alpha x+\frac{\alpha(\alpha-1)}{2!}x^2+\cdots+\frac{\alpha(\alpha-1)\cdots(\alpha-n+1)}{n!}x^n+\cdots$$

的余项 $r_n(x)$。在此需要把 $r_n(x)$ 表示成柯西型余项的形式(对此展开式应用拉格朗日型余项解决不了)。由前面第二段(9) 式，有

$$r_n(x)=\frac{f^{(n+1)}(\theta x)}{n!}(1-\theta)^n x^{n+1}$$

$$=\frac{\alpha(\alpha-1)\cdots(\alpha-n)(1+\theta x)^{\alpha-n-1}}{n!}(1-\theta)^n x^{n+1}$$

$$=\frac{\alpha(\alpha-1)\cdots(\alpha-n)}{n!}x^{n+1}\left(\frac{1-\theta}{1+\theta x}\right)^n\cdot(1+\theta x)^{\alpha-1}(0\le\theta\le1)$$

只须证明，在 $-1<x<1$ 内，$r_n(x)\to0$ 就行了。上面已经讨论了在 $(-1,1)$ 内，级数

$$\sum_{n=0}^\infty\frac{\alpha(\alpha-1)\cdots(\alpha-n+1)}{n!}x^n$$

是收敛的，因而它的一般项

$$\frac{\alpha(\alpha-1)\cdots(\alpha-n+1)}{n!}x^n\to0(n\to\infty)$$

当 $x>-1$ 时，$\theta x>-\theta$，$1+\theta x\ge1-\theta$，所以 $\dfrac{1+\theta}{1+\theta x}\le1$。

又当 $0\le x<1$ 时，$1\le1+\theta x\le1+x$；当 $-1<x\le0$ 时，$1+x\le1+\theta x\le1$。因此对于区间 $(-1,1)$ 内的一切 x，$(1+\theta x)^{\alpha-1}$ 恒在两个不依赖 n 的数 1 和 $1+x$ 之间，即当 $n\to\infty$ 时，$(1+\theta x)^{\alpha-1}$ 保持有界。

综上所述便证明了：当 $-1<x<1$ 时，

$$\lim_{n\to\infty}r_n(x)=0$$

根据本节的定理，函数 $f(x)=(1+x)^\alpha$ 在 $(-1,1)$ 内可展成幂级数：

$$(1+x)^\alpha=1+\alpha x+\frac{\alpha(\alpha-1)}{2!}x^2+\cdots+\frac{\alpha(\alpha-1)\cdots(\alpha-n+1)}{n!}x^n+\cdots(-1<x<1)$$

通常把这个级数叫做**二项式级数**。

下面考察 α 的几个特殊情况。

1) 当 $\alpha=n$(正整数) 时，级数到 x^n 项为止，后面都等于零，即

$$(1 + x)^n = 1 + nx + \frac{n(n-1)}{2!}x^2 + \cdots + nx^{n-1} + x^n$$

这就是二项式定理。

2) 当 $\alpha = -1, \frac{1}{2}, -\frac{1}{2}$ 时，则得几个常见的二项式级数：

$$(1 + x)^{-1} = \frac{1}{1+x} = 1 - x + x^2 - x^3 + \cdots + (-1)^n x^n + \cdots (-1 < x < 1)$$

$$(1 + x)^{\frac{1}{2}} = \sqrt{1+x} = 1 + \frac{1}{2}x - \frac{1}{2 \cdot 4}x^2 + \frac{1 \cdot 3}{2 \cdot 4 \cdot 6}x^3 + \cdots + (-1)^{n-1}\frac{1 \cdot 3 \cdot 5 \cdots (2n-3)}{2 \cdot 4 \cdot 6 \cdots (2n)}x^n$$
$$+ \cdots (-1 \leqslant x \leqslant 1)$$

$$(1 + x)^{-\frac{1}{2}} = \frac{1}{\sqrt{1+x}} = 1 - \frac{1}{2}x + \frac{1 \cdot 3}{2 \cdot 4}x^2 - \frac{1 \cdot 3 \cdot 5}{2 \cdot 4 \cdot 6}x^3 - \frac{1 \cdot 3 \cdot 5 \cdot 7}{2 \cdot 4 \cdot 6 \cdot 8}x^4 + \cdots + (-1)^n \cdot$$
$$\frac{1 \cdot 3 \cdot 5 \cdots (2n-1)}{2 \cdot 4 \cdot 6 \cdots (2n)}x^n + \cdots (-1 < x < 1)$$

这几个级数都是常见的二项式级数。

(二) 间接法

直接从定义出发来求函数的泰勒级数，只有对于比较简单的函数才可行，因为经常会遇到计算 n 阶导数的困难，而且讨论余项 $r_n(x)$ 的极限更不是一件容易的事。因此有可能的话，我们应当尽量利用已知的函数展开式，通过其他途径(比如对幂级数进行适当的运算)，把一个给定的函数展成幂级数。

代换法　利用简单的代换，把给定函数展成幂级数。

例 4　求下列函数的幂级数展开式。

(i) $f(x) = e^{-x}$　(ii) $f(x) = \dfrac{1}{1+x^2}$

解　(i) 在 e^x 的展开式中，以 $-x$ 代替 x，便得

$$e^{-x} = 1 - x + \frac{x^2}{2!} - \frac{x^3}{3!} + \cdots + (-1)^n \frac{x^n}{n!} + \cdots (-\infty < x < +\infty)$$

(ii) 在二项式级数

$$(1 + x)^{-1} = 1 - x + x^2 - x^3 + \cdots + (-1)^n x^n + \cdots$$
$$(-1 < x < 1)$$

中，以 x^2 代替 x，得

$$\frac{1}{1+x^2} = (1 + x^2)^{-1} = 1 - x^2 + x^4 - x^6 + \cdots + (-1)^n x^{2n} + \cdots (-1 < x < 1)$$

逐项积分与逐项微分法　如果要展开的函数与某一已展成幂级数的函数之间存在原函数与导数的关系，那么就可以利用幂级数在它的收敛区间内逐项积分或逐项微分的办法，把给定的函数展成幂级数。

例 5　把 $f(x) = \arctan x$ 展成麦克劳林级数。

解　因为 $(\arctan x)' = \dfrac{1}{1+x^2}$，又在例 4 已求出级数：

$$\frac{1}{1+x^2} = (1+x^2)^{-1} = 1 - x^2 + x^4 - x^6 + \cdots + (-1)^n x^{2n} + \cdots (-1 < x < 1)$$

根据 §12.2 定理 2，对于 $(-1,1)$ 内的任意一点 x，此级数在区间 $[0,x]$ 上可以逐项积分：

$$\int_0^x \frac{\mathrm{d}t}{1+t^2} = \int_0^x \mathrm{d}t - \int_0^x t^2 \mathrm{d}t + \int_0^x t^4 \mathrm{d}t - \cdots + \int_0^x (-1)^n t^{2n} \mathrm{d}t + \cdots$$

即　　$\arctan x = x - \dfrac{x^3}{3} + \dfrac{x^5}{5} - \cdots + (-1)^n \dfrac{x^{2n+1}}{2n+1} + \cdots (-1 < x < 1)$

例 6　将 $f(x) = \ln(1+x)$ 展成麦克劳林级数。

解　因　　　　　　　　　　$[\ln(1+x)]' = \dfrac{1}{1+x}$

而　　　　$\dfrac{1}{1+x} = (1+x)^{-1} = 1 - x + x^2 - \cdots + (-1)^{n-1} x^{n-1} + \cdots (-1 < x < 1)$

设 x 是 $(-1,1)$ 内的任意一点，则在区间 $[0,x]$ 上可以逐项积分：

$$\int_0^x \frac{1}{1+t} \mathrm{d}t = \int_0^x (1 - t + t^2 - \cdots + (-1)^{n-1} t^{n-1} +) \mathrm{d}t$$

即　　　　$\ln(1+x) = x - \dfrac{x^2}{2} + \dfrac{x^3}{3} - \cdots + (-1)^{n-1} \dfrac{x^n}{n} + \cdots (-1 < x < 1)$

这个级数在端点 $x = \pm 1$ 的敛散情况：

当 $x = 1$ 时，有

$$1 - \frac{1}{2} + \frac{1}{3} - \cdots + (-1)^{n-1} \frac{1}{n} + \cdots$$

这是莱布尼茨型级数，收敛。

当 $x = -1$ 时，有

$$-1 - \frac{1}{2} - \frac{1}{3} - \cdots - \frac{1}{n} - \cdots = -\left(1 + \frac{1}{2} + \frac{1}{3} + \cdots + \frac{1}{n} + \cdots\right)$$

括号内是调和级数，故发散。

总之，$\ln(1+x)$ 在区间 $(-1,1]$ 上可以展成麦克劳林级数。

例 7　把 $f(x) = \cos x$ 展成幂级数。

解　这个函数固然可以用直接展开法，但用逐项微分法更简单。已知

$$\sin x = x - \frac{x^3}{3!} + \frac{x^5}{5!} - \frac{x^7}{7!} + \cdots + (-1)^n \frac{x^{2n+1}}{(2n+1)!} + \cdots$$

因为 $(\sin x)' = \cos x$，故在收敛区间 $(-\infty, +\infty)$ 内应用逐项微分法便得

$$\cos x = 1 - \frac{x^2}{2!} + \frac{x^4}{4!} - \frac{x^6}{6!} + \cdots + (-1)^n \frac{x^{2n}}{(2n)!} + \cdots (-\infty < x < +\infty)$$

几个常用的函数展开式　这里把几个常用的函数展开式归纳在一起，便于利用。

$$\mathrm{e}^x = 1 + x + \frac{x^2}{2!} + \cdots + \frac{x^n}{n!} + \cdots (-\infty < x < +\infty)$$

$$\sin x = x - \frac{x^3}{3!} + \frac{x^5}{5!} - \cdots + (-1)^n \frac{x^{2n+1}}{(2n+1)!} + \cdots (-\infty < x < +\infty)$$

$$\cos x = 1 - \frac{x^2}{2!} + \frac{x^4}{4!} - \frac{x^6}{6!} + \cdots + (-1)^n \frac{x^{2n}}{(2n)!} + \cdots (-\infty < x < +\infty)$$

$$\ln(1 + x) = x - \frac{x^2}{2} + \frac{x^3}{3} - \cdots + (-1)^{n-1} \frac{x^n}{n} + \cdots (-1 < x \leq 1)$$

$$(1 + x)^\alpha = 1 + \alpha x + \frac{\alpha(\alpha - 1)}{2!} x^2 + \cdots + \frac{\alpha(\alpha - 1) \cdots (\alpha - n + 1)}{n!} x^n + \cdots (-1 < x < 1)$$

§11.7　幂级数在近似计算中的应用

幂级数在近似计算中有广泛的应用。一般来说，它是以某个函数的幂级数展开式为基础，把所求的量表示成无穷级数，并取它的部分和作为这个量的近似值。至于所产生的误差，则可以根据级数的余和或利用泰勒公式的余项进行估计。下面举几个例子。

一、π 的计算

§11.6 例5，我们已求出 $\arctan x$ 的幂级数展开式：

$$\arctan x = x - \frac{x^3}{3} + \frac{x^5}{5} - \cdots + (-1)^n \frac{x^{2n+1}}{2n + 1} + \cdots (-1 < x < 1)$$

在级数中，令 $x = 1$，则变为一个收敛的莱布尼茨级数，即有

$$\frac{\pi}{4} = 1 - \frac{1}{3} + \frac{1}{5} - \cdots + (-1)^n \frac{1}{2n + 1} + \cdots$$

利用这个级数固然可以计算 π，但它收敛得很慢（即它的部分和接近其和的速度慢）。对于 $\arctan x$ 的展开式来说，当 $|x|$ 越小时，收敛得越快。若取 $x = \frac{1}{\sqrt{3}}$，便得

$$\frac{\pi}{6} = \frac{1}{\sqrt{3}} \left(1 - \frac{1}{3 \cdot 3} + \frac{1}{5 \cdot 3^2} - \frac{1}{7 \cdot 3^3} + \cdots \right)$$

这个级数收敛较快，可作为计算 π 的公式。

二、数 e 的计算

由前面例1，

$$e^x = 1 + x + \frac{x^2}{2!} + \frac{x^3}{3!} + \cdots + \frac{x^n}{n!} + \cdots (-\infty < x < +\infty)$$

令 $x = 1$，得

$$e = 1 + 1 + \frac{1}{2!} + \frac{1}{3!} + \cdots + \frac{1}{n!} + \cdots$$

我们就用这个级数计算 e。

如果把 e 近似地表示为

$$e \approx 1 + 1 + \frac{1}{2!} + \frac{1}{3!} + \cdots + \frac{1}{n!} \tag{1}$$

则可以利用拉格朗日型余项

$$r_n(x) = \frac{e^{\theta x}}{(n+1)!} x^{n+1}$$

来估计误差。令 $x = 1$，则所产生的截断误差为

$$|r_n(1)| = \frac{|e^{\theta x}|}{(n+1)!}|x^{n+1}| = \frac{e^{\theta}}{(n+1)!}$$

$$< \frac{e}{(n+1)!} < \frac{3}{(n+1)!}$$

如果取 $n = 10$，即用(1)式的前 11 项计算，则误差

$$|r_{10}(1)| < \frac{3}{11!} < \frac{1}{10^7}$$

由此可算出 e 的具有 7 位可靠数字的近似值：e = 2.718281。

假如预先指定误差不得超过 0.001，则只须

$$\frac{3}{(n+1)!} < 0.001$$

即 $(n+1)! > 3000$

由此算出最小的 n 是 6，即取(1)式的前 7 项就可以。

三、三角函数值的计算

仅就正弦函数

$$\sin x = x - \frac{x^3}{3!} + \frac{x^5}{5!} - \cdots + (-1)^n \frac{x^{2n+1}}{(2n+1)!} + \cdots (-\infty < x < +\infty)$$

讨论一下。

这个幂级数展开式对于较小的 $|x|$，收敛得都很快。事实上，当 $0 \leqslant x \leqslant \frac{\pi}{4}$ 时，取不为零的前 4 项

$$\sin x \approx x - \frac{x^3}{3!} + \frac{x^5}{5!} - \frac{x^7}{7!}\left(0 \leqslant x \leqslant \frac{\pi}{4}\right)$$

则产生截断误差不超过(从余和可知)

$$\frac{x^9}{9!} \leqslant \frac{\left(\frac{\pi}{4}\right)^9}{9!} < \frac{(0.8)^9}{9!} < \frac{0.2}{362880} < 0.000005$$

如果想构造 $\sin x$ 的五位数值表，上述近似公式就可以利用。

四、对数的近似计算

前面例 6 已得出

$$\ln(1+x) = x - \frac{x^2}{2} + \frac{x^3}{3} - \cdots + (-1)^{n-1}\frac{x^n}{n} + \cdots (-1 < x \leqslant 1)$$

这个级数不适于计算对数值。比如当 $x = 1$ 时，我们虽然可以用它来计算 $\ln 1$，但收敛得太慢。假如要求精确到 10^{-4}，得截取一万项来计算，可见这个级数是不能利用的。此外，级数的收敛域是 $-1 < x \leqslant 1$，因此不能直接用它来计算其他整数的对数。下面来导出适于对数计算的公式。

在上述展开式中，以 $-x$ 代 x，则得

$$\ln(1+x) - \ln(1-x) = \ln\frac{1+x}{1-x}$$
$$= 2\left(x + \frac{x^3}{3} + \frac{x^5}{5} + \cdots + \frac{x^{2n-1}}{2n-1}\right)$$
$$(-1 < x < 1)$$

令 $\dfrac{1+x}{1-x} = 1 + \dfrac{1}{n}$（$n$ 是整数），则 $x = \dfrac{1}{2n+1}$。

代入上面展开式，得

$$\ln\left(1 + \frac{1}{n}\right) = 2\left[\frac{1}{2n+1} + \frac{1}{3} \cdot \frac{1}{(2n+1)^3} + \frac{1}{5} \cdot \frac{1}{(2n+1)^5} + \cdots\right]$$

整理得

$$\ln(n+1) = \ln n + 2\left[\frac{1}{2n+1} + \frac{1}{3} \cdot \frac{1}{(2n+1)^3} + \frac{1}{5} \cdot \frac{1}{(2n+1)^5} + \cdots\right]$$

这是一个很好的计算对数的递推公式。令 $n = 1$，则有

$$\ln 2 = 2\left[\frac{1}{3} + \frac{1}{3} \cdot \left(\frac{1}{3}\right)^3 + \frac{1}{5} \cdot \left(\frac{1}{3}\right)^5 + \cdots + \frac{1}{2n-1}\left(\frac{1}{3}\right)^{2n-1} + \cdots\right]$$

假如计算 $\ln 2$ 要精确到 10^{-4}，应截取多少项呢？我们可以放大余和，使成为一个收敛的等比级数，并利用等比级数的和来估计误差。按此考虑，有

$$r_n = 2\left[\frac{1}{2n+1}\left(\frac{1}{3}\right)^{2n+1} + \frac{1}{2n+3}\left(\frac{1}{3}\right)^{2n+3} + \cdots\right]$$
$$< \frac{2}{2n+1}\left(\frac{1}{3}\right)^{2n+1}\left[1 + \left(\frac{1}{3}\right)^2 + \left(\frac{1}{3}\right)^4 + \cdots\right]$$
$$= \frac{2}{2n+1}\left(\frac{1}{3}\right)^{2n+1} \cdot \frac{9}{8} = \frac{1}{4(2n+1)}\left(\frac{1}{3}\right)^{2n-1}$$

根据指定的精确度，令

$$\frac{1}{4(2n+1)}\left(\frac{1}{3}\right)^{2n-1} < \frac{1}{10000}$$

经过简单计算可知，取 $n = 4$ 就可以。这时有

$$\frac{1}{4\cdot9}\left(\frac{1}{3}\right)^7=\frac{1}{78732}<\frac{1}{10000}$$

故可截取展开式前四项计算 $\ln 2$ 的近似值:

$$\ln 2\approx\frac{2}{3}+\frac{2}{3}\cdot\frac{1}{3^3}+\frac{2}{5}\cdot\frac{1}{3^5}+\frac{2}{7}\cdot\frac{1}{3^7}$$

五、定积分的计算

作为例子,我们考虑概率积分

$$\int_0^1 e^{-x^2}dx$$

的计算。因为 e^{-x^2} 的原函数不能用初等函数表示,故用展开式为幂级数的办法来求 $\int_0^1 e^{-x^2}dx$ 的近似值。

在 e^x 的展开式中以 $-x^2$ 代 x,得

$$e^{-x^2}=1-x^2+\frac{x^4}{2!}-\frac{x^6}{3!}+\cdots+(-1)^n\frac{x^{2n}}{n!}+\cdots$$

故有

$$\begin{aligned}\int_0^1 e^{-x^2}dx&=\int_0^1\left(1-x^2+\frac{x^4}{2!}-\frac{x^6}{3!}+\frac{x^8}{4!}-\cdots\right)dx\\&=\left[x-\frac{x^3}{3}+\frac{x^5}{5\cdot2!}-\frac{x^7}{7\cdot3!}+\cdots\right]_0^1\\&=1-\frac{1}{3}+\frac{1}{5\cdot2!}-\frac{1}{7\cdot3!}+\cdots\end{aligned}\qquad(2)$$

利用这个级数就可以计算积分(1)。如果要求精确到 10^{-4},则由于级数(2)是收敛的交错级数,它的余和的绝对值不超过余和第一项的绝对值,而它的第 8 项的绝对值已经大大小于指定的精确度,即

$$\frac{1}{15\cdot7!}=\frac{1}{75600}<1.5\times10^{-5}$$

所以只取前七项

$$\int_0^1 e^{-x^2}dx\approx1-\frac{1}{3}+\frac{1}{10}-\frac{1}{42}+\frac{1}{216}-\frac{1}{1320}+\frac{1}{9360}$$

进行计算就可以了。

习题

1. 求证:等比级数

$$1+x+x^2+\cdots+x^n+\cdots$$

当 $|x|\leqslant q<1$ 时一致收敛(即在区间 $[-q,q]$ 上一致收敛)。

2. 求证：级数 $\displaystyle\sum_{n=1}^{\infty} \frac{1}{x^2+n^2}$ 在区间 $(-\infty, +\infty)$ 内一致收敛。

3. 证明函数 $Q(x) = \displaystyle\sum_{n=1}^{\infty} e^{-\pi n^2 x}$ 在 $x > 1$ 时连续，有连续的导数，并且求出 $Q(x)$ 的导数。

4. 利用逐项积分法计算级数

$$\sum_{n=1}^{\infty} nx^{n-1}, \quad |x| < 1$$

的和。

5. 利用逐项微分法计算级数

$$x + \frac{x^3}{3} + \frac{x^5}{5} + \cdots, \quad |x| < 1$$

的和。

6. 求下列级数的收敛区间：

(1) $\displaystyle\sum_{n=1}^{\infty} nx^n$（讨论区间端点）

(2) $1 - x + \dfrac{x^2}{2^2} - \dfrac{x^3}{3^2} + \cdots$（讨论区间端点）

(3) $\displaystyle\sum_{n=1}^{\infty} \frac{x^n}{n \cdot 3^n}$

(4) $x - \dfrac{x^3}{3 \cdot 3!} - \dfrac{x^5}{5 \cdot 5!} - \cdots$

7. 利用逐项积分和逐项微分法求级灵敏

$$\sum_{n=1}^{\infty} nx^n$$

在收敛区间内的和。

8. 展开下列函数为幂级数(麦克劳林级数)，并求其收敛区间。

(1) $\dfrac{e^x - e^{-x}}{2}$

(2) a^x（提示：$a^x = e^{x\ln a}$

(3) $\sin \dfrac{x}{2}$

(4) $\dfrac{x}{\sqrt{1-2x}}$（提示：$\dfrac{x}{\sqrt{1-2x}} = x(1-2x)^{-\frac{1}{2}}$）

9. 首先展开 $\arcsin x$ 的导函数，然后用逐项积分法求 $\arcsin x$ 的展开式。

10. 写出计算下列数值的级数。

(1) $\sqrt{e}$

(2) $\sqrt[5]{30}$ $\left(\sqrt[5]{30} = \sqrt[5]{32-22} = 2\left(1-\dfrac{1}{16}\right)^{\frac{1}{5}}\right)$

数学家：韦达

　　韦达，法国数学家（Francois Viete，1540—1603），出生于法国的一个贵族家族，早年学习法律，担任律师，后成为亨利亲王的顾问。由于对数学的浓厚兴趣和深厚情感，韦达把毕生的主要时间都花在了数学研究上，并取得了丰硕的学术成就。

　　韦达是符号代数的创始人。他杰出的工作在数学史上具有划时代意义。在他的符号体系中使数学成为了思维的体操、符号的游戏，给数字赋予新的语言，使数学家的思维像插上翅膀一样自由翱翔，使那些需要高超技巧的算法变得简单和程序化、机械化，不仅极大地提高了数学演绎、推理、证明的明晰性、完整性和运算效率，也迅速拓展了数学研究的空间。

　　韦达的主要数学著作有：《三角学的数学基础》、《分析方法引论》、《几何补编》、《有效的数值解法》和《论方程的整理与修正》。

　　在《三角学的数学基础》一书中，韦达建立了六种三角函数，并系统地介绍了怎样利用三角函数求解三角形问题，首次给出了正切定理、余弦定理、正弦差公式等。

　　在《有效数值解法》一书中，韦达利用无穷级数去计算 π 值，他的计算给出了独特的数值解法，巧妙地将三角函数和无穷级数相结合建立了史上第一个求解 π 值的数学解析式。

　　史上最早的符号代数著作应首推韦达的《分析方法引论》。在这部著作中，韦达用字母来表示未知量和未知量的乘幂，以及一般的系数，使代数成为"类的代数"，而远高于"数的代数"。"类的代数"是用于事物的"类"或形式的运算，而"数的代数"仅是与具体数字相关的运算，类的代数更具一般性、抽象性和概括性，使其成为研究一般类型的数学形式的方法和学问，使得代数成为一个独立的数学分支，它的研究对象更为广泛。

　　今天符号数学已经不仅在数学的所有分支里都闪烁着它的光辉，而且在所有的科学领域都得到普遍的应用。从这个意义上讲，韦达对人类科学作出了巨大贡献。

　　"符号数学之父"，韦达当之无愧！

第 12 章

傅里叶级数

本章主要研究傅里叶级数。傅里叶级数则是一类重要的具有三角函数特征的函数项级数，在研究波动、热传导方面有很多应用。

§12.1　周期函数的傅氏级数

一、引言

在自然科学和工程技术中，时常遇到各种具有周期性的运动过程，其特点是：物质在运动的过程中，经过一定的时间 T 之后又恢复到原来的状态，然后再重复进行同样的运动过程，周而复始，循环往复。例如钟摆的摆动、蒸汽机活塞的来回移动、交流电的强度、卫星的航行，等等，都是物质做周期性运动的例子。所有以 T 为周期而进行变化的量，在数学上便反映为时间 t 的周期函数：

$$f(t + T) = f(t)$$

我们知道，最简单的周期函数，要算以 2π 为周期的 $\sin x$ 和 $\cos x$；而从物理学来看，在所有的周期运动中，是以正弦型函数：

$$f(t) = A\sin(\omega t + \varphi)$$

来描述的周期运动最为简单，通常称为简谐振动。其中 A，ω，φ 依次叫做简谐振动的振幅、频率、初位相。例如单摆的摆动、弹簧的振动等，都属于简谐振动。简谐振动的振幅是 $T = \dfrac{2\pi}{\omega}$。

但是在科学技术中，却存在着大量的非正弦周期函数。例如无线电技术中常用的矩形脉冲，其函数[1]图象如图 12.1；又如交流电通过半波整流电路后的输出波形，如图 12.2，都是非正弦周期函数。

---

[1] 函数关系为：$u(t) = \begin{cases} v, & nT \leqslant t < nT + \tau \\ 0, & nT + \tau \leqslant t < (n+1)T \end{cases}$

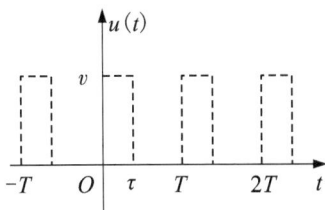

图 12.1

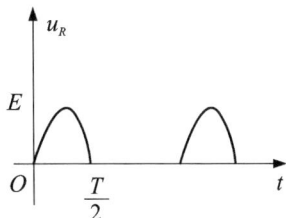

图 12.2

因此需要深入地研究一下非正弦周期函数的问题。不过人们发现，几个简谐振动合成（或者说迭加）后，一般地可以得到一个比较复杂的非正弦周期函数。例如三个正弦函数迭加而得到的函数

$$f(x) = \sin x + \sin 2x + \frac{1}{4}\sin 3x$$

仍然是一个以 2π[①] 为周期的周期函数，其图形如图 12.3 所示。不过这已经是比较复杂的非正弦周期函数了。

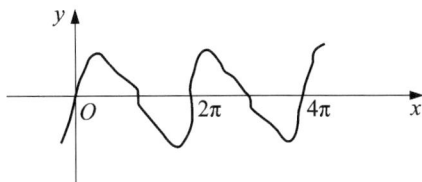

图 12.3

根据上述情况，很自然地提出一个相反的问题，是不是任何一个周期运动都可以分解为一些（有限个或无限个）简谐振动的迭加，就是：是否任何一个以 2π 为周期的周期函数 $f(x)$ 都能表示成一些正弦函数（有限个或无限个）之和？如果能够实现这个分解，那么对于较复杂的波形（函数）就可以通过简单的正弦波（函数）来研究了。

经过以上的探讨过程，可见对于一个以 2π 为周期的函数 $f(x)$，需要我们解决如下的两个问题：

1） $f(x)$ 具备什么条件才能展成正弦函数项级数？

2） 如果 $f(x)$ 可以展成正弦函数项级数

$$f(x) = \frac{A_0}{2} + A_1\sin(\omega x + \varphi_1) + A_2\sin(n\omega x + \varphi_2) + \cdots + A_n\sin(n\omega x + \varphi_n) + \cdots$$

$$= \frac{A_0}{2} + \sum_{n=1}^{\infty} A_n\sin(n\omega x + \varphi_n) \tag{1}$$

那么 $A_0, A_1, A_2, \cdots$ 及 $\varphi_1, \varphi_2, \cdots$ 这些量应当怎样确定？

我们将首先解决第二个问题，然后再讨论第一个问题。

———————————

① 注意，右端第一个函致的周期是 2π，它是第二个函数周期的二倍，第 3 个函致周期的三倍，故 2π 为三个函数的共同周期。

下面先对级数(1)作简单的变形。因为

$$A_n \sin(n\omega x + \varphi_n) = A_n(\sin n\omega x \cos \varphi_n + \cos n\omega x \sin \varphi_n)$$
$$= A_n \sin \varphi_n \cos n\omega x + A_n \cos \varphi_n \sin n\omega x$$

为了书写简单，我们设 $\omega = 1$（只要以 $x' = \omega x$ 代换 x，即得这种形式），并令

$$a_0 = A_0, \ a_n = A_n \sin \varphi_n, \ b_n = A_n \cos \varphi_n$$

$$(n = 1, 2, \cdots)$$

于是(1)式化为

$$f(x) = \frac{a_0}{2} + \sum_{n=1}^{\infty} (a_n \cos nx + b_n \sin nx) \tag{2}$$

显然，只要确定出 a_0, a_n, b_n 这些量，那么 A_0, A_n, φ_n 也就随之确定了。

由于(2)式研究起来比较方便，所以以后我们总是采用这种形式的展开式。我们把(2)式中的级数叫做**三角级数**，其中的 a_0, a_n, b_n 是三角级数的系数。可见现在的问题已经归结为：如果 $f(x)$ 可以展成三角级数(2)的话，就得想办法来确定系数 a_0, a_n 和 b_n。

二、三角函数系的正交性

在展开式(2)中，a_0, a_n, b_n 分别是函数列 $\cos x$, $\sin x$, $\cos 2x$, $\sin 2x$, $\cdots$, $\cos nx$, $\sin nx$, $\cdots$ 的系数，这个函数列称为**三角函数系**。要确定(2)式中的系数，主要依赖于三角函数系的一个重要性质，即：三角函数系中任意两个不同函数的乘积在区间 $[-\pi, \pi]$ 上的积分都等于零。这个性质称为三角函数系的**正交性**，它为三角级数的研究提供了极大的方便。通过积分计算，容易证明这个性质：

$$\int_{-\pi}^{\pi} \cos nx \, dx = \left[\frac{1}{n} \sin nx\right]_{-\pi}^{\pi} = 0 \ (n = 1, 2, \cdots) \tag{1}$$

$$\int_{-\pi}^{\pi} \sin nx \, dx = \left[-\frac{1}{n} \cos nx\right]_{-\pi}^{\pi} = 0 \ (n = 1, 2, \cdots) \tag{2}$$

$$\int_{-\pi}^{\pi} \cos mx \sin nx \, dx = \int_{-\pi}^{\pi} \frac{1}{2}[\sin(n+m)x + \sin(n-m)x] \, dx$$
$$= 0 \ (m, n = 1, 2, \cdots) \tag{3}$$

$$\int_{-\pi}^{\pi} \cos mx \cos nx \, dx = \int_{-\pi}^{\pi} \frac{1}{2}[\cos(n+m)x + \cos(n-m)x] \, dx$$
$$= 0 \ (m \neq n, \ m, n = 1, 2, \cdots) \tag{4}$$

$$\int_{-\pi}^{\pi} \sin mx \sin nx \, dx = \int_{-\pi}^{\pi} \frac{1}{2}[\cos(n-m)x - \cos(n+m)x] \, dx$$
$$= 0 \ (m \neq n; \ m, n = 1, 2, \cdots) \tag{5}$$

$$\int_{-\pi}^{\pi} \cos^2 nx \, dx = \int_{-\pi}^{\pi} \frac{1 + \cos 2nx}{2} \, dx = \pi \ (n = 1, 2, \cdots) \tag{6}$$

$$\int_{-\pi}^{\pi} \sin^2 nx \, dx = \int_{-\pi}^{\pi} \frac{1 - \cos 2nx}{2} \, dx = \pi \ (n = 1, 2, \cdots) \tag{7}$$

$$\int_{-\pi}^{\pi} 1^2 \mathrm{d}x = 2\pi \tag{8}$$

我们知道，周期函数在长度等于周期的任意区间上的积分值都相等，因此三角函数系的正交性不但在区间 $[-\pi, \pi]$ 上成立，而且在长度等于 2π 的任意区间 $[a, a+2\pi]$ 上也成立。

三、傅里叶级数

以上介绍了三角级数以及三角函数系的正交性，现在回到把函数展成三角级数的问题上来。我们首先在一些特殊的假定下，来确定展开式的系数。

设 $f(x)$ 是以 2π 为周期的周期函数，且在 $[-\pi, \pi]$ 上可以展成一致收敛的三角级数：

$$f(x) = \frac{a_0}{2} + a_1\cos x + b_1\sin x + a_2\cos 2x + b_2\sin 2x + \cdots + a_n\cos nx + b_n\sin nx + \cdots$$

或为

$$f(x) = \frac{a_0}{2} + \sum_{n=1}^{\infty} (a_n\cos nx + b_n\sin nx) \tag{1}$$

其中 a_0, a_n, $b_n (n = 1, 2, \cdots)$ 都是待定的常数。

下面来确定级数的系数 a_0, a_n, $b_n (n = 1, 2, \cdots)$。因为级数(1)的各项都是连续函数，并且级数一致收敛，从而可以在区间 $[-\pi, \pi]$ 上逐项积分，我们就根据级数(1)的这种性质来求 a_0, a_n, b_n。

（i）先求 a_0。把级数(1)在区间 $[-\pi, \pi]$ 上逐项积分，得

$$\int_{-\pi}^{\pi} f(x)\mathrm{d}x = \int_{-\pi}^{\pi} \frac{a_0}{2}\mathrm{d}x + \sum_{n=1}^{\infty}\left(\int_{-\pi}^{\pi} a_n\cos nx\mathrm{d}x + \int_{-\pi}^{\pi} b_n\sin nx\mathrm{d}x\right)$$

而　　$\int_{-\pi}^{\pi} \frac{a_0}{2}\mathrm{d}x = \pi a_0$, $a_n\int_{-\pi}^{\pi}\cos nx\mathrm{d}x = 0$, $b_n\int_{-\pi}^{\pi}\sin nx\mathrm{d}x = 0$, 所以 $a_0 = \frac{1}{\pi}\int_{-\pi}^{\pi} f(x)\mathrm{d}x$

（ii）求 $a_n (n = 1, 2, \cdots)$。设 k 是任一正整数。在(1)式两端乘以 $\cos kx$，再沿区间 $[-\pi, \pi]$ 逐项积分，得

$$\int_{-\pi}^{\pi} f(x)\cos kx\mathrm{d}x = \frac{a_0}{2}\int_{-\pi}^{\pi}\cos kx\mathrm{d}x + \sum_{n=1}^{\infty}\left(a_n\int_{-\pi}^{\pi}\cos nx\cos kx\mathrm{d}x + b_n\int_{-\pi}^{\pi}\sin nx\cos kx\mathrm{d}x\right)$$

$$= \frac{a_0}{2}\int_{-\pi}^{\pi}\cos kx\mathrm{d}x + \left(a_1\int_{-\pi}^{\pi}\cos 1x\cos kx\mathrm{d}x + a_2\int_{-\pi}^{\pi}\cos 2x\cos kx\mathrm{d}x + \cdots\right)$$

$$+ \left(b_1\int_{-\pi}^{\pi}\sin 1x\cos kx\mathrm{d}x + b_2\int_{-\pi}^{\pi}\sin 2x\cos kx\mathrm{d}x + \cdots\right)$$

根据三角函数系的正交性，右端第一个积分为零，第二个括号内的积分也都是零。至于第一个括号内的积分，由于 $n = 1, 2, \cdots$，故 n 所取的值必经历上面所设的正整数。但是当 $n \neq k$ 时，则有

$$\int_{-\pi}^{\pi}\cos nx\cos kx\mathrm{d}x = 0$$

而当 $n = k$ 时，便有

$$\int_{-\pi}^{\pi}\cos nx\cos kx\mathrm{d}x = \int_{-\pi}^{\pi}\cos kx\cos kx\mathrm{d}x$$

即在第一个括号内, 只有这个积分不为零。因此右端的结果是 $a_k\pi$。

综合上述, 便得

$$\int_{-\pi}^{\pi} f(x)\cos kx\mathrm{d}x = a_k\pi,$$

从而

$$a_k = \frac{1}{\pi}\int_{-\pi}^{\pi} f(x)\cos kx\mathrm{d}x (k = 1, 2, \cdots)$$

无妨把参数 k 换为 n, 于是

$$a_n = \frac{1}{\pi}\int_{-\pi}^{\pi} f(x)\cos nx\mathrm{d}x (n = 1, 2, \cdots)$$

(ⅲ) 求 $b_n(n = 1, 2, \cdots)$。类似(ⅱ)的方法, 以 $\sin kx$ 乘(1)式两端, 沿 $[-\pi, \pi]$ 逐项积分, 可得

$$b_n = \frac{1}{\pi}\int_{-\pi}^{\pi} f(x)\sin nx\mathrm{d}x (n = 1, 2, \cdots)$$

将上面讨论的结果归纳于下:

设 $f(x)$ 是以 2π 为周期的函数。如果它在 $[-\pi, \pi]$ 上可以展成一致收敛的级数

$$f(x) = \frac{a_0}{2} + \sum_{n=1}^{\infty}(a_n\cos nx + b_n\sin nx)$$

则系数

$$\begin{cases} a_0 = \frac{1}{\pi}\int_{-\pi}^{\pi} f(x)\mathrm{d}x & (2) \\ a_n = \frac{1}{\pi}\int_{-\pi}^{\pi} f(x)\cos nx\mathrm{d}x & (3) \\ b_n = \frac{1}{\pi}\int_{-\pi}^{\pi} f(x)\sin nx\mathrm{d}x & (4) \end{cases}$$

注意这里的公式(2)实际上包含在公式(3)之中, 即当 $n = 0$ 时, 便有

$$a_n = a_0 = \frac{1}{\pi}\int_{-\pi}^{\pi} f(x)\cos 0x\mathrm{d}x = \frac{1}{\pi}\int_{-\pi}^{\pi} f(x)\mathrm{d}x。$$

也正是为了系数公式中记号的统一, 才经常把三角级数的常数项记成 $\frac{a_0}{2}$, 而不记作 a_0。

我们给出以下的定义。

定义 按系数公式(2), (3), (4)算出的 a_0, a_n, $b_n(n = 1, 2, \cdots)$ 称为函数 $f(x)$ 的**傅里叶系数**, 简称**傅氏系数**。由傅氏系数作出的三角级数

$$\frac{a_0}{2} + \sum_{n=1}^{\infty}(a_n\cos nx + b_n\sin nx)$$

称为函数 $f(x)$ 的**傅里叶级数**, 简称**傅氏级数**。

这里必须指出, 任何一个只要在 $[-\pi, \pi]$ 上可积的函数 $f(x)$, 我们就可以按公式(2), (3), (4)写出它的傅里叶系数, 从而就能作出它的傅里叶级数。至于这个级数是否收敛, 即使收敛, 而它是否恰好等于 $f(x)$ 本身, 这都是有待后面定理来回答的问题。基于这个原因, 对于每一个在 $[-\pi, \pi]$ 上可积的函数 $f(x)$, 固然都可以唯一地作出它的傅里叶级数, 但是我们把它记作:

$$f(x) \sim \frac{a_0}{2} + \sum_{n=1}^{\infty} (a_n \cos nx + b_n \sin nx)$$

式中之所以不用"="号而用符号"～"，是因为 $f(x)$ 的傅氏级数是否收敛于 $f(x)$ 尚待考察。因此当我们还不清楚傅里叶级数确实收敛于 $f(x)$ 时，只能用符号"～"来表示函数 $f(x)$ 与级数的关系。但是有一点是肯定的：如果 $f(x)$ 在 $[-\pi, \pi]$ 上能展成一个一致收敛的三角级数，则这个级数一定是 $f(x)$ 的傅里叶级数。

四、在有限区间上展开函数为傅氏级数

上面讨论的是把一个在区间 $(-\infty, +\infty)$ 内有定义并以 2π 为周期的周期函数展成傅氏级数的问题。但在应用中往往需要把一个只在区间 $(-\pi, \pi)$（或 $(-\pi, \pi]$，$[-\pi, \pi)$，$[-\pi, \pi]$）上给定的函数展成傅氏级数。因为傅氏级数具有周期性，要想把一个仅在有限区间上给定的非周期函数展成傅氏级数，就得对非周期函数进行改造，使它转化为周期函数，这就是开拓的方法。即按 $f(x)$ 在区间 $[-\pi, \pi]$ 上的数值向两侧开拓，使开拓后的新函数是以 2π 为周期的周期函数，而这个新函数在区间上则等于原来的 $f(x)$。把这种开拓叫做**周期开拓**。更具体一点说，就是如下的方法：

（ⅰ）若 $f(-\pi) = f(\pi)$，则从闭区间 $[-\pi, \pi]$ 出发，按公式：

$$f(x + 2n\pi) = f(x) \ (n = \pm 1, \ \pm 2, \ \cdots)$$

作周期开拓。开拓后的新函数在点 $x = \pi + 2n\pi \ (n = 0, \ \pm 1, \ \pm 2, \ \cdots)$ 处是连续的。

（ⅱ）若 $f(-\pi) \neq f(\pi)$，则从开区间 $(-\pi, \pi)$ 出发（也可以从半开区间出发；但不能从闭区间 $[-\pi, \pi]$ 出发，因为这样就使新函数在区间端点出现双值），仍按上述公式实行开拓。不过开拓而得的新函数在点 $x = (2n+1)\pi \ (n = 0, \ \pm 1, \ \pm 2, \ \cdots)$ 处出现间断。

例 1　将函数

$$f(x) = x \ (-\pi < x < \pi)$$

展开为傅氏级数。

解　此函数是在 $(-\pi, \pi)$ 内有定义的非周期函数，如图 12.4。因 $f(-\pi) \neq f(\pi)$，我们从开区间 $(-\pi, \pi)$ 出发向两边开拓，使在 $(-\pi, \pi)$ 以外的图象，如虚线所示；而在区间 $(-\pi, \pi)$ 内部，则就是原来的曲线。这样，实线与虚线结合起来，便构成一个在整个数轴上以 2π 为周期的新函数 $F(x)$，而在

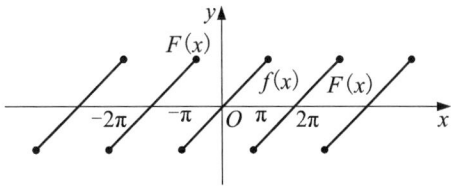

图 12.4

$(-\pi, \pi)$ 内，$F(x) = f(x)$。现在把函数 $F(x)$ 展成傅氏级数。首先算出傅氏系数：

$$a_0 = \frac{1}{\pi} \int_{-\pi}^{\pi} x \mathrm{d}x = \frac{1}{2\pi} [x^2]_{-\pi}^{\pi} = 0$$

$$a_n = \frac{1}{\pi} \int_{-\pi}^{\pi} x \cos nx \mathrm{d}x$$

$$= \left[\frac{1}{n\pi} x \sin nx\right]_{-\pi}^{\pi} - \frac{1}{n\pi} \int_{-\pi}^{\pi} \sin nx \mathrm{d}x$$

$$= \left[\frac{1}{n^2\pi} \cos nx\right]_{-\pi}^{\pi} = 0$$

$$b_n = \frac{1}{\pi}\int_{-\pi}^{\pi} x\sin nx\,dx$$

$$= \left[-\frac{1}{n\pi}x\cos nx\right]_{-\pi}^{\pi} + \frac{1}{n\pi}\int_{-\pi}^{\pi}\cos nx\,dx$$

$$= -\frac{2}{n}\cos n\pi = (-1)^{n+1}\frac{2}{n}$$

故当 $-\pi < x < \pi$ 时，有

$$F(x) = f(x) = x \sim 2\left(\sin x - \frac{\sin 2x}{2} + \frac{\sin 3x}{2} - \cdots\right)$$

注：我们虽然把给定的 $f(x)=x(-\pi<x<\pi)$ 开拓到整个数轴，但是所要考虑的只是有限区间 $(-\pi,\pi)$ 内的 x 与傅氏级数的关系：

$$x \sim 2\left(\sin x - \frac{\sin 2x}{2} + \frac{\sin 3x}{2} - \cdots\right)$$

这有点像将函数展成幂级数的情况：许多函数并不能在它的整个定义域内用同一个幂级数来表示，而只能在幂级数的收敛区间内实现这一点。

例 2 将

$$f(x) = \begin{cases} \pi + x, & -\pi \leqslant x \leqslant 0, \\ \pi - x, & 0 < x \leqslant \pi \end{cases}$$

展开为傅氏级数。

解 这是一个定义在 $[-\pi,\pi]$ 上的函数，且 $f(-\pi)=f(\pi)$。我们从闭区间 $[-\pi,\pi]$ 出发，将函数向两边开拓，使成为以 2π 为周期的周期函数 $F(x)$，且在 $[-\pi,\pi]$ 上 $F(x)=f(x)$，如图 12.5 所示。

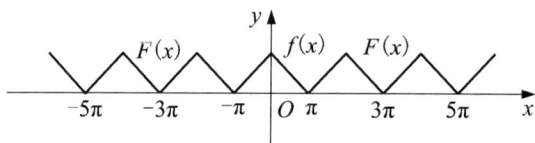

图 12.5

下面计算系数：

$$a_0 = \frac{1}{\pi}\int_{-\pi}^{\pi} f(x)\,dx = \frac{1}{\pi}\left[\int_{-\pi}^{0}(\pi+x)\,dx + \int_{0}^{\pi}(\pi-x)\,dx\right] = \pi$$

$$a_n = \frac{1}{\pi}\int_{-\pi}^{\pi} f(x)\cos nx\,dx$$

$$= \frac{1}{\pi}\left[\int_{-\pi}^{0}(\pi+x)\cos nx\,dx + \int_{0}^{\pi}(\pi-x)\cos nx\,dx\right]$$

$$= \begin{cases} \dfrac{4}{\pi n^2}, & n \text{ 为奇数}, \\ 0, & n \text{ 为偶数} \end{cases}$$

$$b_n = \frac{1}{\pi} \int_{-\pi}^{\pi} f(x) \sin nx \mathrm{d}x$$

$$= \frac{1}{\pi} \left[\int_{-\pi}^{0} (\pi + x) \sin nx \mathrm{d}x + \int_{0}^{\pi} (\pi - x) \sin nx \mathrm{d}x \right] = 0$$

故当 $-\pi \leqslant x \leqslant \pi$ 时，有

$$F(x) = f(x) \sim \frac{\pi}{2} + \frac{4}{\pi} \left(\frac{\cos x}{1^2} + \frac{\cos 3x}{3^2} + \frac{\cos 5x}{5^2} + \cdots \right)$$

注：例 2 的函数定义在闭区间 $[-\pi, \pi]$，而例 1 的函数定义在开区间 $(-\pi, \pi)$。这是基于例 2 的 $f(x)$ 在 $x = \pm\pi$ 处的值相等，即 $f(-\pi) = f(\pi)$，因此从闭区间 $[-\pi, \pi]$ 出发开拓而得的新函数确实以 2π 为周期，并且在整个数轴上连续(参考图形)。而例 1 的函数，由于 $f(-\pi) = f(\pi)$，如果事先把它定义在闭区间 $[-\pi, \pi]$ 上。则从这个闭区间向两边开拓之后，于区间端点处出现双值，这是不可以的。因此我们不考虑 $f(x)$ 在 $x = \pm\pi$ 处的值，而把它定义在区间 $(-\pi, \pi)$ 内。不过由此而得的新函数在 $x = (2n+1)\pi (n = 0, \pm 1, \pm 2, \cdots)$ 处都没有确定。

§12.2　傅氏级数的收敛性

对于一个给定的函数，我们只考虑如何作出它的傅氏级数，至于级数的收敛性，在此一并解决。下面介绍两个傅氏级数的收敛定理，因为证明比较复杂，这里略去证明部分。

定理 1　如果 $f(x)$ 在区间 $[-\pi, \pi]$ 上分段光滑并且是以 2π 为周期的周期函数，则 $f(x)$ 的傅氏级数在 $f(x)$ 的连续点 x 处，收敛于 $f(x)$，在间断点 x 处，收敛于 $\frac{1}{2}[f(x-0) + f(x+0)]$[①]；在端点处，收敛于 $\frac{1}{2}[f(\pi-0) + f(-\pi+0)]$。

推论　如果 $f(-\pi+0) = f(\pi-0)$，则 $f(x)$ 的傅氏级数在 $x = \pm\pi$ 处，收敛于 $f(-\pi+0) = f(\pi-0)$。

我们知道，一个给定的函数在某一点的附近展成幂级数时，需要这个函数具有任何阶导数，可见要求的条件是很强的。但据上面的收敛定理，一个函数只要在区间 $[-\pi, \pi]$ 上按段光滑(即有连续导数)，那么它就可以展成傅氏级数，可见这里的条件是比较弱的。一般说来，我们所遇到的函数容易满足上述收敛定理的条件，因此傅氏级数有着广泛的应用。

根据收敛定理，§12.1 的例 1 及例 2 可表示成以下结果：

例 1　因对于 $-\pi < x < \pi$，$f(x) = x$ 是连续的，所以

$$x = 2 \left(\sin x - \frac{\sin 2x}{2} + \frac{\sin 3x}{3} - \cdots \right) \quad (-\pi < x < \pi)$$

当 $x = \pm\pi$ 时，按照定理，则级数收敛于

---

① 注意 $f(x-0)$，$f(x+0)$ 表示 $f(x)$ 在点 x 的左极限和右极限。

$$\frac{1}{2}[f(-\pi+0)+f(\pi-0)]=\frac{1}{2}(-\pi+\pi)=0$$

而右端级数当 $x=\pm\pi$ 时，也正好是

$$2\left(0-\frac{0}{2}+\frac{0}{3}-\cdots\right)=0$$

例 2　对于 $-\pi<x<\pi$，函数

$$f(x)=\begin{cases}\pi+x,&-\pi\leqslant x\leqslant 0,\\ \pi-x,&0<x\leqslant\pi\end{cases}$$

是连续的，又 $f(-\pi+0)=f(\pi-0)=0=f(-\pi)=f(\pi)$，故有

$$f(x)=\frac{\pi}{2}+\frac{4}{\pi}\left(\frac{\cos x}{1^2}+\frac{\cos 3x}{3^2}+\frac{\cos 5x}{5^2}+\cdots\right)(-\pi\leqslant x\leqslant\pi)$$

注：利用已知的傅氏级数，往往可以求出某些数项级数的和，例如在例 1 中，令 $x=\frac{\pi}{2}$，则得

$$\frac{\pi}{2}=1-\frac{1}{3}+\frac{1}{5}-\frac{1}{7}+\cdots。$$

在例 2 中，令 $x=0$，则得

$$\frac{\pi^2}{8}=\frac{1}{1^2}+\frac{1}{3^2}+\frac{1}{5^2}+\cdots。$$

定理 2　（狄利克雷定理）如果 $f(x)$ 在区间 $[-\pi,\pi]$ 上按段连续，至多有有穷多个极值点，并且是以 2π 为周期的周期函数，则 $f(x)$ 的傅氏级数在 $f(x)$ 的连续点 x 处，收效于 $f(x)$，在间断点 x 处，收敛于 $\frac{1}{2}[f(x-0)+f(x+0)]$，在端点 $\pm\pi$ 处，收敛于 $\frac{1}{2}[f(\pi-0)+f(-\pi+0)]$。

推论　同定理 1 的推论。

注：在定理 1 中，允许函数 $f(x)$ 在 $[-\pi,\pi]$ 上有无穷多个极值点，但须分段光滑。在定理 2 中，只允许 $f(x)$ 有有穷多个极值点，但不要求 $f'(x)$ 存在。这两个定理互不包含，都是傅氏级数展开的充分性定理。

例 3　将函数

$$f(t)=\begin{cases}1,&0\leqslant t<\pi,\\ -1,&-\pi\leqslant t<0\end{cases}$$

展开为傅氏级数。

解　先将函数加以开拓，使成为以 2π 为周期的函数，如图 12.6.

计算系数：

$$a_0=\frac{1}{\pi}\int_{-\pi}^{\pi}f(t)\mathrm{d}t=\frac{1}{\pi}\int_{-\pi}^{0}(-1)\mathrm{d}t+\frac{1}{\pi}\int_{0}^{\pi}1\cdot\mathrm{d}t=0$$

$$a_n=\frac{1}{\pi}\int_{-\pi}^{\pi}f(t)\cos nt\mathrm{d}t=\frac{1}{\pi}\int_{-\pi}^{0}(-1)\cos nt\mathrm{d}t+\frac{1}{\pi}\int_{0}^{\pi}1\cdot\cos nt\mathrm{d}t$$

在右端第一个积分中，令 $t=-u$ 作替换，则

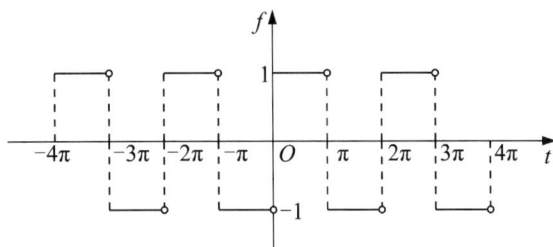

图 12.6

$$\int_{-\pi}^{0} - \cos ntdt = \int_{\pi}^{0} \cos utdu = -\int_{0}^{\pi} \cos nudu$$

所以

$$a_n = \frac{1}{\pi}\left[-\int_{0}^{\pi} \cos nudu + \int_{0}^{\pi} \cos nudu \right] = 0$$

$$b_n = \frac{1}{\pi}\int_{-\pi}^{\pi} f(t) \sin ntdt = \frac{1}{\pi}\int_{-\pi}^{0} (-1) \sin ntdt + \frac{1}{\pi}\int_{0}^{\pi} 1 \cdot \sin ntdt$$

$$= \frac{2}{n\pi}(1 - \cos n\pi)$$

$$= \begin{cases} 0, & n\ \text{为偶数}, \\ \dfrac{4}{n\pi}, & n\ \text{为奇数} \end{cases}$$

由上述便得所给函数的傅氏级数为

$$\frac{4}{\pi}\left[\sin t + \frac{1}{3}\sin 3t + \frac{1}{5}\sin 5t + \cdots + \frac{1}{2k + 1}\sin(2k + 1)t + \cdots \right]$$

由于函数在 $(-\pi, \pi)$ 内满足收敛定理条件，故在连线点 t 处，傅氏级数收敛于 $f(x)$；在间断点 $t = 0$ 和端点 $t = \pm\pi$ 处，分别收敛于

$$\frac{f(0 + 0) + f(0 - 0)}{2} = \frac{1 + (-1)}{2} = 0$$

$$\frac{f(-\pi + 0) + f(\pi - 0)}{2} = \frac{-1 + 1}{2} = 0$$

于是得

$$\frac{4}{\pi}\sum_{k=0}^{\infty} \frac{\sin(2k + 1)t}{2k + 1} = \begin{cases} 1, & 0 < t < \pi, \\ -1, & -\pi < t < 0, \\ 0, & t = 0\ \text{及}\ t = \pm\pi \end{cases}$$

例 4　将函数 $\quad f(x) = \begin{cases} x, & 0 \leqslant x \leqslant \pi, \\ -x, & -\pi \leqslant x < 0 \end{cases}$

展开为傅氏级数。

解　将函数开拓为以 2π 为周期的函数，如图 12.7。

计算系数：

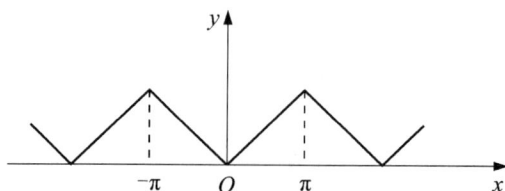

图 12.7

$$a_0 = \frac{1}{\pi}\int_{-\pi}^{\pi} f(x)\,\mathrm{d}x = \frac{1}{\pi}\int_{-\pi}^{0} -x\mathrm{d}x + \frac{1}{\pi}\int_{0}^{\pi} x\mathrm{d}x = \pi$$

$$a_n = \frac{1}{\pi}\int_{-\pi}^{\pi} f(x)\cos nx\mathrm{d}x = \frac{1}{\pi}\left(\int_{-\pi}^{0} -x\cos nx\mathrm{d}x + \int_{0}^{\pi} x\cos nx\mathrm{d}x\right)$$

$$= \frac{2}{\pi}\int_{0}^{\pi} x\cos nx\mathrm{d}x = -\frac{2}{\pi n}\int_{0}^{\pi}\sin nx\mathrm{d}x = \frac{2}{\pi n^2}(\cos nx)_{0}^{\pi} = \frac{2}{\pi n^2}(\cos n\pi - 1)$$

$$= \begin{cases} 0, & n \text{ 为偶数}, \\ -\dfrac{4}{\pi n^2}, & n \text{ 为奇数} \end{cases}$$

同法可得 $b_n = 0(n = 1, 2, \cdots)$

由于 $f(x)$ 满足收敛定理条件，故对任何 x，有

$$f(x) = \frac{\pi}{2} - \frac{4}{\pi}\left[\cos x + \frac{1}{3^2}\cos 3x + \frac{1}{5^2}\cos 5x + \cdots\right]$$

§12.3   正弦展开与余弦展开

一、奇、偶函数的展开

在上节的例 3 和例 4 中，例 3 中的傅氏级数只含正弦项，而例 4 中的傅氏级数只含常数项和余弦项，这种情况并不是偶然的，它是基于例 3 中的函数 $f(x)$ 在 $[-\pi, \pi]$ 上是奇函数(间断点除外)，而例 4 中的函数 $f(x)$ 在 $[-\pi, \pi]$ 上则是偶函数。事实上我们有以下的结论：

（1）如果 $f(x)$ 是奇函数，则 $f(x)\cos nx$ 仍是奇函数，而 $f(x)\sin nx$ 是偶函数，于是 $f(x)$ 的傅氏系数为

$$a_n = \frac{1}{\pi}\int_{-\pi}^{\pi} f(x)\cos nx\mathrm{d}x = 0(n = 0, 1, 2, \cdots)$$

$$b_n = \frac{1}{\pi}\int_{-\pi}^{\pi} f(x)\sin nx\mathrm{d}x = \frac{2}{\pi}\int_{0}^{\pi} f(x)\sin nx\mathrm{d}x(n = 1, 2, \cdots)$$

从而奇函数 $f(x)$ 的傅氏级数是正弦级数

$$\sum_{n=1}^{\infty} b_n \sin nx, \ \text{其中} \ b_n = \frac{2}{\pi} \int_0^{\pi} f(x) \sin nx \mathrm{d}x (n = 0, \ 1, \ 2, \ \cdots)$$

（2）如果 $f(x)$ 是偶函数，则 $f(x)\cos nx$ 仍是偶函数，而 $f(x)\sin nx$ 是奇函数，于是 $f(x)$ 的傅氏系数为

$$a_n = \frac{2}{\pi} \int_0^{\pi} f(x) \cos nx \mathrm{d}x (n = 0, \ 1, \ 2, \ \cdots)$$

$$b_n = 0$$

从而 $f(x)$ 的傅氏级数是余弦级数

$$\frac{a_0}{2} + \sum_{n=1}^{\infty} a_n \cos nx$$

其中 $a_n = \frac{2}{\pi} \int_0^{\pi} f(x) \cos nx \mathrm{d}x (n = 0, \ 1, \ 2, \ \cdots)$

例1　在电子技术中，常用整流器把交流电换为直流电。设已知电压 $E(t)$ 与时间的关系为

$$E(t) = |\sin t|$$

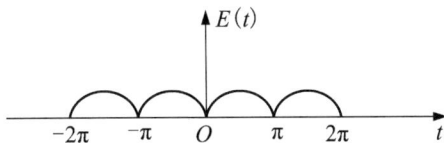

图 12.8

试将这个函数展为傅氏级数（图 12.8）。

解　因 $E(t)$ 为偶函数，故

$$b_n = 0 \quad (n = 1, \ 2, \ \cdots)$$

当 $0 \leqslant t \leqslant \pi$ 时，$|\sin t| = \sin t$，所以

$$a_0 = \frac{2}{\pi} \int_0^{\pi} \sin t \mathrm{d}t = \frac{4}{\pi}$$

$$a_n = \frac{2}{\pi} \int_0^{\pi} \sin t \cos nt \mathrm{d}t$$

$$= \frac{1}{\pi} \int_0^{\pi} [\sin(n+1)t - \sin(n-1)t] \mathrm{d}t$$

$$= -\frac{1}{\pi} \left[\frac{\cos(n+1)\pi}{n+1} - \frac{\cos(n-1)\pi}{n-1} \right]_0^{\pi}$$

$$= -\frac{1}{\pi} \left[\frac{\cos(n+1)\pi}{n+1} - \frac{\cos(n-1)\pi}{n-1} - \frac{1}{n+1} + \frac{1}{n-1} \right]$$

$$= \begin{cases} 0, & n \ \text{为奇数}, \\ \dfrac{-4}{\pi(n^2-1)}, & n \ \text{为偶数} \end{cases}$$

函数 $E(t)$ 满足收敛定理条件，故对一切 t，有

$$|\sin t| = \frac{2}{\pi} - \frac{4}{\pi}\left(\frac{\cos 2t}{3} + \frac{\cos 4t}{15} + \frac{\cos 6t}{35} + \cdots\right)$$

二、正弦展开与余弦展开

在实际问题中常遇到非周期函数所表示的物理量,其中有的函数,只是定义在$[0, \pi]$上。对于这样的函数$f(x)$,我们仍可以应用前面介绍过的拓展方法。首先补充$f(x)$在$[-\pi, 0]$上的定义,然后从$[-\pi, \pi]$出发,再开拓为以2π为周期的函数,于是就可以求出傅氏级数。如何补充$f(x)$在$[-\pi, 0]$上的定义是没有什么限制的,但补充后如果成为奇函数或偶函数,则计算傅氏系数时就比较简单。下面来讨论正弦展开和余弦展开的方法。

(一) 偶式开拓 —— 余弦展开

设$f(x)$在$[0, \pi]$上可积,作函数

$$F(x) = \begin{cases} f(-x), & -\pi \leqslant x < 0, \\ f(x), & 0 \leqslant x \leqslant \pi \end{cases}$$

再以2π为周期,将$F(x)$开拓到$(-\infty, +\infty)$,于是$F(x)$就成为以2π为周期的偶函数。其傅氏系数:

$$a_0 = \frac{2}{\pi}\int_0^\pi F(x)\,\mathrm{d}x = \frac{2}{\pi}\int_0^\pi f(x)\,\mathrm{d}x$$

$$a_n = \frac{2}{\pi}\int_0^\pi F(x)\cos nx\,\mathrm{d}x$$

$$= \frac{2}{\pi}\int_0^\pi f(x)\cos nx\,\mathrm{d}x \quad (n = 1, 2, \cdots)$$

$$b_n = 0 \quad (n = 1, 2, \cdots)$$

在$(-\infty, +\infty)$上,有

$$F(x) \sim \frac{a_0}{2} + \sum_{n=1}^\infty a_n\cos nx$$

在$[0, \pi]$上,有

$$f(x) \sim \frac{a_0}{2} + \sum_{n=1}^\infty a_n\cos nx$$

最后按收敛定理讨论级数的收敛性,便得$f(x)$在$[0, \pi]$上的余弦级数。

(二) 奇式开拓 —— 正弦展开

设$f(x)$在$[0, \pi]$上可积,作函数

$$F(x) = \begin{cases} -f(x), & -\pi \leqslant x < 0, \\ f(x), & 0 \leqslant x \leqslant \pi \end{cases}$$

再以2π为周期将$F(x)$开拓到$(-\infty, +\infty)$,于是$F(x)$就成为以2π为周期的奇函数。其傅氏系数:

$$a_0 = 0$$
$$a_n = 0\,(n = 1,\,2,\,\cdots)$$
$$b_n = \frac{2}{\pi}\int_0^\pi F(x)\sin nx\,\mathrm{d}x$$
$$= \frac{2}{\pi}\int_0^\pi f(x)\sin nx\,\mathrm{d}x\,(n = 1,\,2,\,\cdots)$$

在$(-\infty,\,+\infty)$上，有

$$F(x) \sim \sum_{n=1}^{\infty} b_n\sin nx$$

在$[0,\,\pi]$上，有

$$f(x) \sim \sum_{n=1}^{\infty} b_n\sin nx$$

最后根据收敛定理讨论级数的收敛性，便得$f(x)$在$[0,\,\pi]$上的正弦级数。

例 2 将函数

$$f(x) = \begin{cases} 1, & 0 \leqslant x < h, \\ 0, & h < x \leqslant \pi \end{cases}$$

展成余弦级数(图 12.9)。

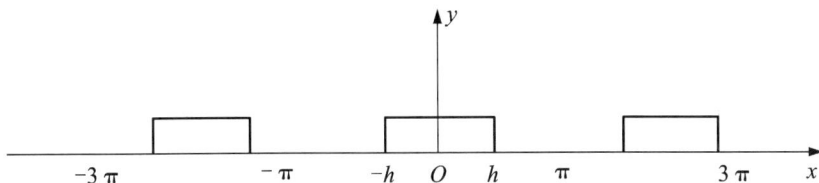

图 12.9

解 因展成余弦级数，故须作偶式开(先将$f(x)$由$[0,\,\pi]$开拓到$[-\pi,\,0]$，再开拓到全数轴)。于是

$$b_n = 0\,(n = 1,\,2,\,\cdots)$$
$$a_0 = \frac{2}{\pi}\int_0^h 1\cdot\mathrm{d}x = \frac{2h}{\pi}$$
$$a_n = \frac{2}{\pi}\int_0^h 1\cdot\cos nx\,\mathrm{d}x = \frac{2\sin nh}{n\pi}\,(n = 1,\,2,\,\cdots)$$

故在$[0,\,\pi]$上，有

$$f(x) = \frac{2}{\pi}\left(\frac{h}{2} + \frac{\sin h}{1}\cos x + \frac{\sin 2h}{2}\cos 2x + \frac{\sin 3h}{3}\cos 3x + \cdots\right)$$

注意：$x = h$是$f(x)$的间断点，展开式在$x = h$处不成立。

例 3 将函数

$$f(x) = \frac{\pi - x}{2}\,(0 \leqslant x \leqslant \pi)$$

展成正弦级数(图 12.10)。

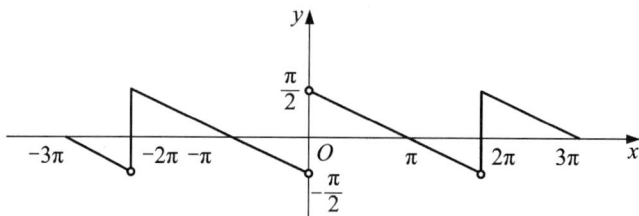

图 12.10

解　因展成正弦级数,故作奇式开拓(先将 $f(x)$ 由 $[0, \pi]$ 开拓到 $[-\pi, 0]$,再开拓到全数轴)。于是

$$a_n = 0(n = 1, 2, \cdots)$$

$$b_n = \frac{2}{\pi}\int_0^\pi \frac{\pi - x}{2}\sin nx\mathrm{d}x$$

$$= -\frac{2}{\pi}\left(\frac{\pi - x}{2}\cdot\frac{\cos nx}{n}\right)\Big|_0^\pi + \frac{1}{2n}\int_0^\pi \cos nx\mathrm{d}x$$

$$= \frac{2}{\pi}\cdot\frac{\pi}{2n} = \frac{1}{n}(n = 1, 2, \cdots)$$

故在 $[0, \pi]$ 上,有

$$\frac{\pi - x}{2} = \sin x + \frac{1}{2}\sin 2x + \frac{1}{3}\sin 3x + \cdots$$

注意: $x = 0$ 是 $f(x)$ 的间断点,故展开式在 $x = 0$ 处不成立。

§ 12.4　以 $2l$ 为周期的函数展开

上面我们所研究的都是在区间 $[-\pi, \pi]$ 或 $[0, \pi]$ 上有定义的函数,从而把它开拓成为以 2π 为周期的函数,并进行展开。但在某些情况下,我们所处理的函数是在更一般的某个区间上有定义的函数。比如两端固定在 $x = a$ 和 $x = b$ 处的弦振动问题,显然弦上各点的位移,只在区间 $[a, b]$ 上才有意义,因此我们应当研究在任意区间上的函数展开问题。在这里,我们主要考虑区间为 $[-l, l](l > 0)$ 的情形,即以 $2l$ 为周期的函数。在这种情形下,只要作一个变量替换,就可以把它化为已讨论过的情形。

设 $f(x)$ 是定义在 $[-l, l]$ 上的函数。我们引入新变量 y,令

$$x = \frac{l}{\pi}y(\text{这时 } y = \frac{\pi}{l}x) \tag{1}$$

则当 $x = -l$,时 $y = -\pi$; $x = l$ 时, $y = \pi$。

因此,当 x 在 $[-l, l]$ 上变化时, y 在 $[-\pi, \pi]$ 上变化。 于是

$$f(x) = f\left(\frac{l}{\pi}y\right) = \varphi(y) \tag{2}$$

注意这里的 $\varphi(y)$ 是定义在 $[-\pi, \pi]$ 上的函数。这样一来,我们就可以首先把 $\varphi(y)$ 展成傅氏级数。

$$\varphi(y) \sim \frac{a_0}{2} + \sum_{n=1}^{\infty}(a_n \cos ny + b_n \sin ny) \qquad (3)$$

其中

$$a_n = \frac{1}{\pi}\int_{-\pi}^{\pi}\varphi(y)\cos ny\,\mathrm{d}y\,(n = 0, 1, 2, \cdots)$$

$$b_n = \frac{1}{\pi}\int_{-\pi}^{\pi}\varphi(y)\sin ny\,\mathrm{d}y\,(n = 1, 2, \cdots)$$

$$b_n = \frac{1}{\pi}\int_{-\pi}^{\pi}\varphi(y)\sin ny\,\mathrm{d}y\,(n = 1, 2, \cdots)$$

最后需要把(4)式中的 y 还原为 x。为此根据(1)、(2)先把(3)的系数用 x 表示(同时要更换积分限):

$$a_n = \frac{1}{\pi}\int_{-\pi}^{\pi}\varphi(y)\cos ny\,\mathrm{d}y$$

$$= \frac{1}{\pi}\int_{-l}^{l}f(x)\cos\frac{n\pi}{l}x\,\mathrm{d}\left(\frac{\pi x}{l}\right)$$

$$= \frac{1}{\pi}\cdot\frac{\pi}{l}\int_{-l}^{l}f(x)\cos\frac{n\pi}{l}x\,\mathrm{d}x$$

$$= \frac{1}{l}\int_{-l}^{l}f(x)\cos\frac{n\pi}{l}x\,\mathrm{d}x\,(n = 1, 2, \cdots)$$

即

$$\left.\begin{array}{l}a_0 = \dfrac{1}{l}\displaystyle\int_{-l}^{l}f(x)\,\mathrm{d}x \\[2mm] a_n = \dfrac{1}{l}\displaystyle\int_{-l}^{l}f(x)\cos\dfrac{n\pi}{l}x\,\mathrm{d}x\,(n = 1, 2, \cdots)\end{array}\right\} \qquad (4)$$

同理可得

$$b_n = \frac{1}{l}\int_{-l}^{l}f(x)\sin\frac{n\pi}{l}x\,\mathrm{d}x\,(n = 1, 2, \cdots)$$

系数已表示为 x,再把(3)式中系数以外的变量 y 也表示为 x。便得所求的展开式:

$$f(x) \sim \frac{a_0}{2} + \sum_{n=1}^{\infty}\left(a_n\cos\frac{n\pi}{l}x + b_n\sin\frac{n\pi}{l}x\right) \qquad (5)$$

归纳一下:当我们把定义在 $[-l, l]$ 上的函数 $f(x)$ 展为傅氏级数时,应按以下步骤进行:

(i) 将 $f(x)$ 开拓为以 $2l$ 为周期的函数。

(ii) 按系数公式(4)计算系数。

(iii) 根据收敛定理,把级数(5)表示成 $f(x)$ 的展开式。

注:如果 $f(x)$ 是在 $[a, b]$ 上给定的函数,则作变换

$$x = \frac{a+b}{2} + \frac{(b-a)}{2\pi}y$$

将区间 $a \leqslant x \leqslant b$ 变为区间 $-\pi \leqslant y \leqslant \pi$,再用与前面同样的方法,即可求出 $f(x)$ 的傅氏级数。

例1　在 $[-1, 1]$ 上将函数 $f(x) = x^2$ 展成傅氏级数。

解　这里周期为 2,按公式 $f(x+2) = f(x)$,把 $f(x)$ 开拓到整个数轴(图 12.11)。

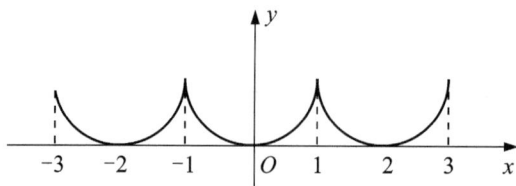

图 12.11

$f(x) = x^2$ 是偶函数, 取 $l = 1$, 按上面公式(4)计算系数:

$$b_n = 0 (n = 1, 2, \cdots)$$

$$a_0 = \frac{2}{l} \int_0^l f(x) \mathrm{d}x = 2 \int_0^1 x^2 \mathrm{d}x = \frac{2}{3}$$

$$a_n = \frac{2}{l} \int_0^l f(x) \cos \frac{n\pi}{l} x \mathrm{d}x = 2 \int_0^1 x^2 \cos n\pi x \mathrm{d}x$$

$$= \frac{2}{n\pi} \left[x^2 \sin n\pi x \right]_0^1 - \frac{4}{n\pi} \int_0^1 x \sin n\pi x \mathrm{d}x$$

$$= \frac{4}{(n\pi)^2} \left[x \cos n\pi x \right]_0^1 - \frac{4}{n\pi} \int_0^1 \cos n\pi x \mathrm{d}x$$

$$= \frac{4 \cos n\pi}{(n\pi)^2} = (-1)^n \frac{4}{(n\pi)^2} (n = 1, 2, \cdots)$$

故由收敛定理, 在$[-1, 1]$上连续, 且

$$\frac{1}{2} [f(-1+0) + f(1-0)] = \frac{1}{2}(1+1) = 1$$

$$= f(1) = f(-1)$$

根据这个展开式, 可以得出一些数项级数的和, 例如:

令 $x = 1$, 得

$$\frac{\pi^2}{6} = \frac{1}{1^2} + \frac{1}{2^2} + \frac{1}{3^2} + \cdots + \frac{1}{n^2} + \cdots$$

令 $x = 0$, 得

$$\frac{\pi^2}{12} = 1 - \frac{1}{2^2} + \frac{1}{3^2} - \frac{1}{4^2} + \cdots + (-1)^{n-1} \frac{1}{n^2} + \cdots$$

上列两级数逐相减, 再除以 2, 则得

$$\frac{\pi^2}{24} = \frac{1}{2^2} + \frac{1}{4^2} + \frac{1}{6^2} + \cdots + \frac{1}{(2n)^2} + \cdots$$

例 2 将函数

$$f(x) = \begin{cases} 0, & -2 \leqslant x \leqslant 0, \\ 1, & 0 < x \leqslant 2 \end{cases}$$

展成傅氏级数(图 12.12)。

解 $l = 2$。计算系数:

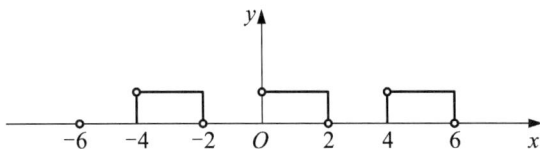

图 12.12

$$a_0 = \frac{1}{2}\left(\int_{-2}^{0} 0 \cdot \mathrm{d}x + \int_{0}^{2} 1 \cdot \mathrm{d}x\right) = 1$$

$$a_n = \frac{1}{2}\int_{0}^{2} 1 \cdot \cos\frac{n\pi}{2}x\mathrm{d}x = \left[\frac{1}{n\pi}\sin\frac{n\pi}{2}\right]_{0}^{2} = 0$$

$$b_n = \frac{1}{2}\int_{0}^{2} 1 \cdot \sin\frac{n\pi}{2}x\mathrm{d}x = \left[-\frac{1}{n\pi}\cos\frac{n\pi}{2}x\right]_{0}^{2}$$

$$= \frac{1}{n\pi}(1 - \cos n\pi) = \frac{1}{n\pi}\left[1 - (-1)^n\right]$$

即

$$b_1 = \frac{2}{\pi},\ b_3 = \frac{2}{3\pi},\ b_5 = \frac{2}{5\pi},\ \cdots$$

$$b_2 = b_4 = b_6 = \cdots = 0$$

根据收敛定理，在 $[-2, 2]$ 上的连续点 x 处有

$$f(x) = \frac{1}{2} + \frac{2}{\pi}\left(\sin\frac{\pi}{2}x + \frac{1}{3}\sin\frac{3\pi}{2}x + \frac{1}{5}\sin\frac{5\pi}{2}x + \cdots\right)$$

在间断 $x = 0$ 及区间端点 $x = \pm 2$ 处，级数收敛于 $\frac{1}{2}$，因为：

$$\frac{1}{2}[f(0 + 0) + f(0 - 0)] = \frac{1}{2}(1 + 0) = \frac{1}{2}$$

$$\frac{1}{2}[f(-2 + 0) + f(2 - 0)] = \frac{1}{2}$$

注：在 $[0, l]$ 上定义的函数也可以进行奇式延拓或偶式延拓，仿上节将函数展成正弦与余弦级数。

习题

1. 展开函数 $f(x) = x^2(-\pi \leqslant x \leqslant \pi)$ 为傅里叶级数。

2. 展开函数 $f(x) = \cos\frac{x}{2}(-\pi \leqslant x \leqslant \pi)$ 为傅里叶级数。

3. 展开函数 $f(x) = \begin{cases} bx, & -\pi < x < 0, \\ ax, & 0 \leqslant x < \pi \end{cases}$

为傅里叶级数（其中 a, b 为常数）。

4. 展开函数 $f(x) = 2x^2(0 \leqslant x \leqslant \pi)$ 为正弦级数。

5. 展开函数 $f(x) = 2x + 3(0 \leqslant x \leqslant \pi)$ 为余弦级数。

6. 展开函数 $f(x) = \begin{cases} 2x + 1, & -3 \leqslant x \leqslant 0, \\ x, & 0 < x \leqslant 3 \end{cases}$

为傅里叶级数。

7. 展开函数 $f(x) = \begin{cases} h, & 0 \leqslant x \leqslant \pi, \\ -h, & -\pi \leqslant x < 0 \end{cases}$

为傅里叶级数，并讨论在连续点、端点、间断点处的敛散情况。

第 13 章

多元函数的极限与连续性

多元函数是一元函数的推广，同时它保留着一元函数的性质，但是由于自变量由一个增加到多个，产生了很多新的性质，对于这些性质，读者尤其要加以注意。作为研究多元函数的微积分的基础，这一章先来介绍多元函数的极限和连续性。并且，我们把研究的重点放在二元函数上。

§13.1 平面点集

一元函数是在一维空间即在直线上讨论的。回想在研究一元函数的一些重要性质之前，我们曾介绍了直线点集的构造，即有关实数的连续性。而二元函数则是在二维空间即在平面上进行讨论的，因此也需要首先研究一下平面点集的构造。其内容可分为两部分，一部分是一些基本概念，另一部分是几个基本定理。

一、基本概念

对于二维空间 $\boldsymbol{R}^2$（即平面）中的一个点集 E，就是平面上满足某个条件 P 的一切点构成的集合。按照这个说法，点集 E 则是由条件 P 所确定的，不同的条件便产生不同的点集。因此常把 $\boldsymbol{R}^2$ 中由条件 P 确定的点集 E 记成

$$\{(x, y); P\}$$

例如以原点为圆心，以 1 为半径的圆的内部便是个点集，可以表成

$$\{(x, y); x^2 + y^2 < 1\}$$

设 A 和 B 是 $\boldsymbol{R}^2$ 中的两个点集，如果凡是 A 中的点都是 B 中的点，则称 B 包含 A 或说 A 被 B 包含，并用符号 $B \supset A$ 或 $A \subset B$ 来表示。

下面介绍平面点集的一些基本概念。

1. 邻域

Oxy 平面上一点 $M_0(x_0, y_0)$ 的邻域是如下定义的。

定义 以点 $M_0(x_0, y_0)$ 为中心，以 $\delta > 0$ 为半径的圆的内部点的全体，即满足不等式

$$\sqrt{(x - x_0)^2 + (y - y_0)^2} < \delta$$

的所有点 $M(x, y)$ 的集合，叫做点 M_0 的 δ 邻域，并称 M_0 为邻域中心，δ 为邻域半径。

点 M_0 的 δ 邻域用符号表示为 $N(M_0, \delta)$，或用不等式表示为 $|M - M_0| < \delta$。（参考图13.1）

以上定义的邻域，有时特称为圆形邻域，通常所说的 $\boldsymbol{R}^2$ 中的邻域，就是指的这种邻域。除此之外，还有一种方形邻域，有时也用得着，定义如下。

定义 以点 $M_0(x_0, y_0)$ 为中心，以 $2\delta > 0$ 为边长的正方形的内部点的全体，即满足不等式

$$|x - x_0| < \delta, \quad |y - y_0| < \delta$$

的所有点，称为方形邻域。（参考图13.2）

很明显，任何圆形邻域都包含着方形邻域，而任何方形邻域也都包含着圆形邻域（图13.3），因此这两种邻域是可以通用的（因 $\delta > 0$ 不拘大小，只要求它存在）

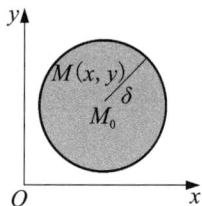

图 13.1

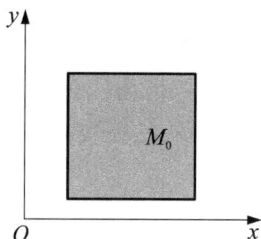

图 13.2

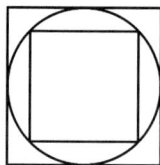

图 13.3

2. 内点、外点、界点

利用点的邻域概念，可以定义点集的内点、外点及界点。

定义：(1) 设有点集 E 和属于 E 的一点 M_0，如果存在 M_0 的一个邻域，此邻域内的点都属于 E，则称 M_0 为点集 E 的内点（图13.4）。

(2) 设有点集 E 和不属于 E 的一点 M_0，如果存在 M_0 的一个邻域，此邻域内的点都不属于 E，则称 M_0 为点集 E 的外点（图13.5）。

(3) 设有点集 E 和一点 M_0，M_0 可属于 E 也可以不属于 E。如果 M_0 的任何一个邻域内既有属于 E 的点又有不属于 E 的点，则称 M_0 为点集 E 的界点。点集 E 的界点全体，称为点集 E 的边界（图13.6）。

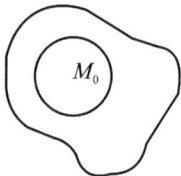

图 13.4

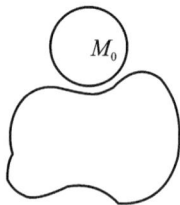

图 13.5

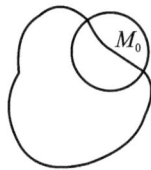

图 13.6

例1 设满足不等式 $1 < x^2 + y^2 < 4$ 的点的全体为 E（E 是由小圆 $x^2 + y^2 = 1$ 与大圆 $x^2 + y^2 = 4$ 所围成的圆环的内部），则 E 的每一点都是内点（图13.7）。

满足 $x^2 + y^2 < 1$ 的点及满足 $x^2 + y^2 > 4$ 的点（即在小圆以内大圆以外的点）都是 E 的外点。

E 的边界是圆周 $x^2 + y^2 = 1$ 和 $x^2 + y^2 = 4$，此边界不属于 E，如果把圆环内部和圆周上的点作为一个集合来考虑，并表以 F，则这两个圆周仍然是集合 F 的边界，不过这个边界就属于 F 了。可见一个点集的边界，可以属于这个集合，也可以不属于这个集合。

例 2 设所有点 $P\left(\dfrac{1}{m}, \dfrac{1}{n}\right)$（$m$，$n$ 是自然数）的集合为 E，显然集合 E 没有内点，E 的所有点都是界点。

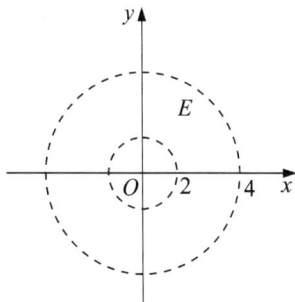
图 13.7

3. 开集、区域

定义 如果点集的所有点都是内点，则称 E 为开集。

例 3 一个正方形内部所有点构成的集合或者一个圆内部的所有点构成的集合，都是开集。属于圆环 $1 < x^2 + y^2 \leq 4$ 的所有点的集合，就不是开集了，因为大圆周上的点属于这个集合，而这些点都不是内点。

定义 如果点集 D 是个开集，并且 D 内的任意两点都能用包含于 D 内的折线连接起来，则称 D 是开区域。（图 13.8）。开区域 D 加上 D 的边界，则称为闭区域（图 13.9）。开区域和闭区域统称为区域。

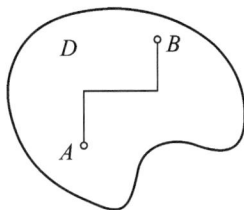
图 13.8

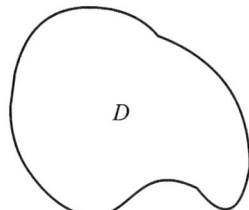
图 13.9

由定义可知，区域是具有连通性的，即是说，区域内的任意两点都可以用完全落在该区域之内的折线连接起来。平面上的一条或若干条曲线（曲线可延伸到无穷远）所围成的平面的一部分就是区域，而包围区域的曲线是区域的边界。如果曲线也属于区域，则是闭区域，如果曲线不属于区域，则是开区域。无论是开区域还是闭区域，用以围成区域的曲线都称为该区域的边界。例如下面的一些图形（图 13.10）都是区域，其中 D_1，D_3 是闭区域；D_2，D_4 是开区域。

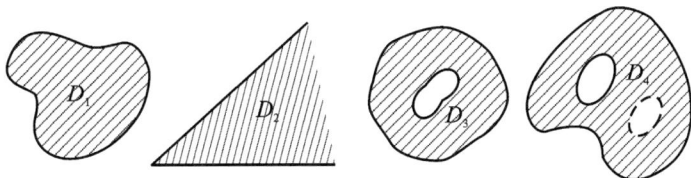
图 13.10

由两个不相交的圆的内点所组成的集合虽然是一个开集，但不是一个连通集合，因此也就不是一个开区域(图 13.11)。由两个外切圆的内点以及切点所组成的集合，也不是一个开区域，因为切点本身不是这个集合的内点(图 13.12)。

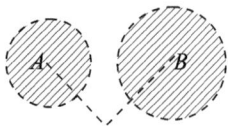

图 13.11

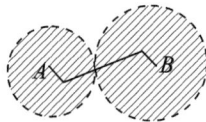

图 13.12

定义　如果区域 D 可以包含在某一个矩形(或圆)之内，则称 D 为有界区域；反之，则称 D 为无界区域。

例如　圆面 $x^2 + y^2 \leqslant 1$(包括圆周在内)是一个有界闭区域；而圆的外部的点集 $x^2 + y^2 > 1$ 则是无界区域(图 13.13)。

关于平面图形的度量要用到区域直径这个概念，定义如下。

定义　有界区域(开或闭)的一切可能的两点之间的距离的上确界，称为该区域的直径。

例如　若区域是一个圆，则圆的直径的长度就是这个区域的直径；若区域是个矩形，则它的对角线的长度便是这个区域的直径。

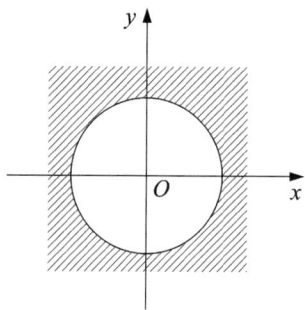

图 13.13

§13.2　多元函数的一般概念

一、二元函数的定义

我们先考察几个多元函数的例子。

例 1　矩形的面积 A 是其长 x 和宽 y 的函数，即

$$A = xy$$

其中 x 与 y 的取值范围是 $x > 0$，$y > 0$。

例 2　气体的体积 V 与绝对温度 T 及压力 P 之间的关系是以克拉配伦公式相联系的：

$$PV = RT$$

其中 R 是正的常数。如果要考察压力 P 依赖于体积 V 和温度 T 的情形，则引出如下的函数关系

$$P = R\frac{T}{V}$$

V 与 T 的取值范围是 $V > 0$，$T > 0$。

例 3　运动物体的动能 W 与物体的质量 m 及速度 v 有以下关系

$$W = \frac{1}{2}mv^2$$

其中 $m > 0, v > 0$。

例 4　三角形的面积与三角形的两边 b, c 及这两边的夹角 A 的关系是

$$S = \frac{1}{2}bc\sin A$$

边及角的取值范围是 $c > 0, b > 0, 0 < A < \pi$。

现在给出二元函数的定义。

定义　设在某一过程中，有三个变量 x, y 和 z，变量 x 和 y 的变域为 D。如果对于 D 中的每一对 x 和 y 的值，按照某一对应关系，变量 z 都有唯一确定的对应值，我们就说变量 z 是变量 x, y 的二元函数，记为

$$z = f(x, y)$$

其中 x 和 y 称为自变量，z 称为因变量，D 为函数定义域[①]。

点的函数　如同把一元函数称为数轴上的点(也称一维空间的点)的函数一样，对于二元函数 $z = f(x, y)$，由于自变量的一对数值 (x, y) 对应平面上的一个点 P，所以我们也说 z 是点 P 的函数，并简记为 $z = f(P)$。采用这种术语很有好处：一方面使叙述简单(特别在自变量个数较多的情形)，另一方面有直观作用。

下面举几个二元函数的例子，并讨论它们的定义域。

二元函数的定义域，即自变量 x, y 的取值范围，可以是整个 Oxy 平面，也可以是这个平面的一部分。这是根据问题而定的。

例 5　$z = x^2 + y^2$

显然对于 Oxy 平面上的任意一点 (x, y)，函数 z 都存在对应值，故函数的定义域是整个 Oxy 平面。

例 6　$z = \arcsin \dfrac{x}{a} + \arcsin \dfrac{x}{b}$

函数的定义域由不等式 $-1 \leqslant \dfrac{x}{a} \leqslant 1$ 及 $-1 \leqslant \dfrac{y}{b} \leqslant 1$ 来决定，即满足 $-a \leqslant x \leqslant a$ 及 $-b \leqslant x \leqslant b$ 的点 (x, y)。这是以原点为中心，宽为 $2a$、高为 $2b$ 的闭矩形域(图 13.14)。

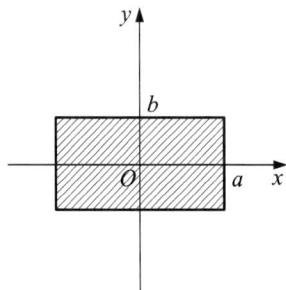

图 13.14

[①]　对二元函数的概念，应注意和一元函数一样，上述定义包含两个要点：
一是对应关系，二是定义域。并且定义所规定的仍然是单值函数，自变量和因变量都取实数。

例 7　$z = \sqrt{4 - x^2 - y^2} + \ln(x^2 + y^2 - 1)$

函数 z 可看作两个函数之和：$z = z_1 + z_2$，

$$z_1 = \sqrt{4 - x^2 - y^2}$$
$$z_2 = \ln(x^2 + y^2 - 1)$$

z_1 的定义域是 $4 - x^2 - y^2 \geq 0$，即 $x^2 + y^2 \leq 4$，这是以原点为圆心，以 2 为半径的闭圆域。

z_2 的定义域是 $x^2 + y^2 > 1$，这是以原点为中心的单位圆的外部。

所给函数的定义域是 z_1 与 z_2 的定义域的公共部分，即由圆 $x^2 + y^2 = 1$ 与 $x^2 + y^2 = 2$ 所围成的圆环内部以及圆周 $x^2 + y^2 = 2$ 上的点（图 13.15）。

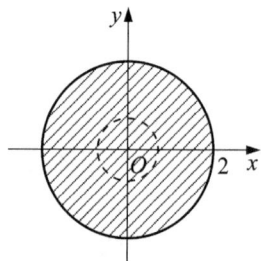

图 13.15

例 8　$z = \dfrac{\sin(xy)}{x - y}$

对于任意的数对 (x, y)，分子 $\sin(xy)$ 都有意义；但若分母 $x - y = 0$ 则无意义。而 $x - y = 0$，即 $y = x$，这是 Oxy 平面上第一、三象限角的平分线。因此函数 z 的定义域是从 Oxy 平面除去直线 $y = x$ 以外的部分。

如果函数是由具体问题引出的，则使函数解析式取得有意义值的区域，往往比问题实际所要求的区域要广一些。比如表示矩形面积的函数

$$A = xy$$

从表达式来看，xy 在全平面上都有意义，但就这个具体问题考虑，对于非正数的 x 或 y 显然都是没有意义的。因此这个函数的定义域是坐标平面的第一象限：$x > 0$，$y > 0$。

下面我们阐明一下二元函数的函数值问题。

当自变量 x 和 y 取得定值时，因变量 z 的对应值叫作**函数值**；所有函数值的全体，叫做函数的**值域**。

函数 $z = f(x, y)$ 在点 (x_0, y_0) 处的函数值记为 $f(x_0, y_0)$。

例如对于函数

$$f(x, y) = \sqrt{1 - x^2 - y^2} + \sin y + x^2 \mathrm{e}^y$$

有
$$f(0, 0) = \sqrt{1 - 0^2 - 0^2} + \sin 0 + 0^2 \cdot \mathrm{e}^0 = 1$$

$$f\left(0, \frac{\pi}{4}\right) = \sqrt{1 - \frac{\pi^2}{16}} + \sin \frac{\pi}{4}$$

$$= \frac{1}{4}\sqrt{16 - \pi^2} + \frac{\sqrt{2}}{2}$$

二、二元函数的几何表示

在一元微积分的学习中，我们已经看到，由于建立了函数与平面曲线之间的联系，使我们借助几何直观，比较有效地解决了不少问题。现在我们来考虑二元函数的几何图形。

对于函数

$$z = f(x, y), (x, y) \in D$$

我们引进空间直角坐标系 $Oxyz$。经过定义域 D 内的任意一点 $M(x, y)$，引 Oxy 平面的垂线，并在此垂线上截取一点 P，使 P 的竖坐标 z 等于 $f(x, y)$（图 13.16）。当点 M 跑遍定义域 D 时，对应的点 P 的集合就构成一个曲面，它便是函数 $z = f(x, y)$ 的几何图形，而定义域 D 恰好是这个曲面在 Oxy 平面上的投影。

一般来说，二元函数的图形是一个曲面，因此也把等式 $z = f(x, y)$ 叫曲面方程。

例如函数 $z = x^2 + y^2$ 的图形是一旋转抛物面（图 13.17）。

函数 $z = \sqrt{1 - x^2 - y^2}$ 的图形是半球面（图 13.18）。

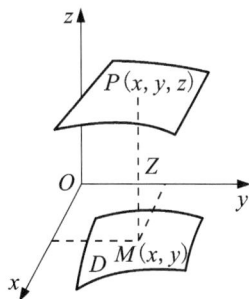

图 13.16

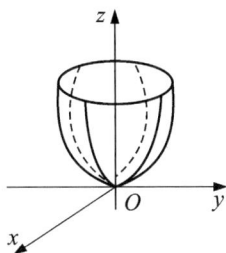

图 13.17

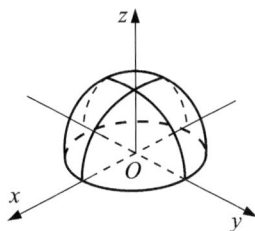

图 13.18

三、复合函数

在多元函数中，同样有复合函数的概念，仅就二元函数加以说明。

设变量 z 是变量 x, y 的函数

$$z = f(x, y)$$

而 x 和 y 又都是变量 s, t 的函数

$$x = \varphi(s, t), y = \psi(s, t)$$

于是 z 便是自变量 s 与 t 的复合函数，其中 x 与 y 称为中间变量。记为

$$z = f(x, y), x = \varphi(s, t), y = \psi(s, t)$$

或记为

$$z = f[\varphi(s, t), \psi(s, t)]$$

例如：

$$z = e^x \sin y$$

而

$$x = st, y = s + t$$

这样就给定了一个复合函数。也可以写成一个式子：

$$z = e^{st} \sin(s + t)$$

§13.3 二元函数的极限

一、极限定义

二元函数的极限也可以分为自变量趋于定点与自变量趋于无穷远处这样两种情形，因为最常用的是前者，要进行比较详细的讨论，至于后者只简单介绍。

我们知道，在一元函数中，极限概念刻画了当自变量趋于某一定点时，函数所表现的变化趋势。同样，对于二元函数，我们所要考察的，也是当代表自变量的动点 $P(x, y)$ 趋于定点 $P_0(x_0, y_0)$ 时，看看函数 $z = f(x, y)$ 所表现的变化趋势如何，这就是二元函数的极限问题。

值得注意的是，在二元函数的极限问题中，自变量的变化情况较一元函数复杂得多。因为考察一元函数 $y = f(x)$ 在定点 x_0 的极限时，动点 x 向 x_0 趋近的方式，只能从左侧与右侧两个方向来趋近；但是二元函数 $y = f(x, y)$ 的动点 $P(x, y)$ 可以沿着不同的路径，从四面八方向着定点 $P_0(x_0, y_0)$ 趋近。参考上述说明，我们先给出以下的描述性定义。

描述性定义　设函数 $z = f(x, y)$ 在区域 D 上的点 $P_0(x_0, y_0)$ 附近有定义（在点 P_0 可以没有定义），A 是一常数，如果动点 $P(x, y)$ 沿任意路径趋近于定点 $P_0(x_0, y_0)$ 时，函数 $f(x, y)$ 总是趋近于常数 A，我们就说 A 是函数 $f(x, y)$ 在点 $P_0(x_0, y_0)$ 的极限（参考图 13.19）。

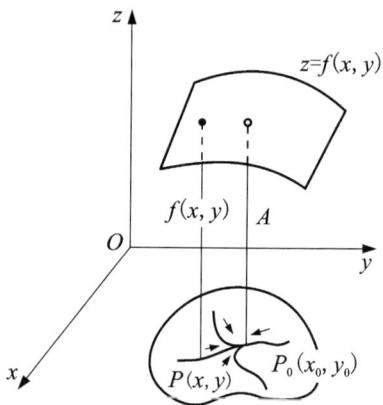

图 13.19

下面用"ε, δ"语言给出二元函数极限的精确定义。

定义　（圆形邻域）设函数 $z = f(x, y)$ 在区域 D 中的点 $P_0(x_0, y_0)$ 附近有定义（在 P_0 点也可以没有定义），A 是一常数，如果对于任意给定的正数 ε，总存在正数 δ，使对于 D 中的任意一点 $P(x, y)$，只要

$$0 < \rho = \sqrt{(x - x_0)^2 + (y - y_0)^2} < \delta$$

便有

$$|f(x, y) - A| < \varepsilon$$

就说 A 是函数 $f(x, y)$ 在点 $P_0(x_0, y_0)$ 的极限，记为

$$\lim_{\substack{x \to x_0 \\ y \to y_0}} f(x, y) = A$$

或

$$\lim_{(x, y) \to (x_0, y_0)} f(x, y) = A$$

定义中的 $\rho = \sqrt{(x - x_0)^2 + (y - y_0)^2}$ 是动点 $P(x, y)$ 到定点 $P_0(x_0, y_0)$ 的距离。如果把

函数 $f(x, y)$ 表示成点 P 的函数 $f(P)$，定点记为 P_0，便可把定义写成与一元函数极限定义相同的形式：

如果对于任意给定的正数 ε，总存在正数 δ，使当 $0 < |P - P_0| < \delta$ 时，恒有

$$|f(P) - A| < \varepsilon$$

就说 A 是函数 $f(P)$ 在点 P_0 的极限，记为

$$\lim_{P \to P_0} f(P) = A$$

上述定义所说动点 $P(x, y)$ 的变化范围是用定点 $P_0(x_0, y_0)$ 的圆形邻域表达的，因为满足不等式 $0 < |P - P_0| < \delta$（即 $0 < \sqrt{(x - x_0)^2 + (y - y_0)^2} < \delta$）的点 P 乃是点 P_0 的圆形邻域（邻域半径是 δ）内的点（参考图 13.20）。

上述定义也可以用方形邻域来叙述，二者是等价的。

定义　（方形邻域）设函数 $z = f(x, y)$ 在区域 D 中的点 $P_0(x_0, y_0)$ 附近有定义（在 P_0 点也可以没有定义），A 是一常数，如果对于任意给定的正数 ε，总存在正数 δ，使对于 D 中的任意一点 $P(x, y)$，只要 $|x - x_0| < \delta$ 及 $|y - y_0| < \delta$，且 $(x, y) \neq (x_0, y_0)$，恒有

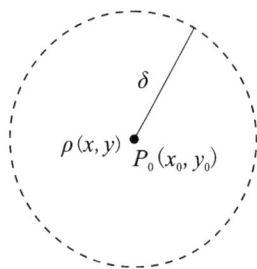

图 13.20

$$|f(x - y) - A| < \varepsilon$$

就说 A 是函数 $f(x, y)$ 在点 $P_0(x_0, y_0)$ 的极限。

注：后一定义中的 $(x, y) \neq (x_0, y_0)$ 表示动点 $P(x, y)$ 趋于定点 $P_0(x_0, y_0)$ 而不达到 P_0。应当注意的是，不能简单地把定义中的不等式写成 $0 < |x - x_0| < \delta$ 及 $0 < |y - y_0| < \delta$，以代替 $(x, y) \neq (x_0, y_0)$。因为 $0 < |x - x_0|$，$0 < |y - y_0|$ 表示 $x \neq x_0$，$y \neq y_0$。这相当于要求动点 $P(x, y)$ 不但不能达到定点 $P_0(x_0, y_0)$，而且也不得通过直线 $x = x_0$[①] 与直线 $y = y_0$ 上的任何一点。这样就与动点 P 可以沿任何路径而趋于 P_0 这一条件相矛盾。

关于二元函数的极限概念，还应当强调指出：当点 $P(x, y)$ 沿任何路径趋于定点 $P_0(x_0, y_0)$ 时，函数 $f(x, y)$ 恒趋于 A，这时我们说极限存在而且等于 A。如果点 $P(x, y)$ 只沿某一条或几条特殊路径（比如沿某一条特殊的直线或曲线）趋于点 $P_0(x_0, y_0)$，即使这时函数 $f(x, y)$ 趋于某一定数，我们也不能由此就断定极限是存在的。可看下面例子。

例 1　设函数

$$f(x, y) = \begin{cases} \dfrac{xy}{x^2 + y^2}, & (x, y) \neq (0, 0), \\ 0, & (x, y) = (0, 0) \end{cases}$$

我们考察当 $P(x, y) \to P_0(x_0, y_0)$ 时的极限。

因为在 x 轴（$y = 0$）上，$f(x, 0) = 0$，故当点 $P(x, y)$ 沿 x 轴趋于 $P_0(0, 0)$ 时，

$$\lim_{x \to 0} f(x, 0) = 0$$

同样，在 y 轴（$x = x_0$）上，$f(0, y) = 0$，故当点 $P(x, y)$ 沿 y 轴趋于 $P_0(0, 0)$ 时，

$$\lim_{y \to 0} f(0, y) = 0$$

---

① 直线 $x = x_0$ 是过 (x_0, y_0) 与 y 轴平行的直线；$y = y_0$ 是过 (x_0, y_0) 与 x 轴平行的直线。

虽然当 $P(x,y)$ 沿上述两条特殊路径趋于 $P_0(0,0)$ 时，函数 $f(x,y)$ 都趋于零；但 $f(x,y)$ 在点 $P_0(0,0)$ 并不存在极限。我们设 $y=mx$，这是 Oxy 平面上过原点以 m 为斜率的直线。让动点 $P(x,y)$ 沿这条路径趋于 $P_0(0,0)$，
于是

$$f(x,y)=\frac{mx^2}{x^2+m^2x^2}=\frac{m}{1+m^2}$$

由此得

$$\lim_{\substack{x\to0\\y=mx\to0}}f(x,y)=\lim_{x\to0}\frac{m}{1+m^2}=\frac{m}{1+m^2}$$

这个结果 $\frac{m}{1+m^2}$ 随着直线斜率 m 的值而改变，并非定数，这就说明极限是不存在的。

下面介绍自变量趋于无穷远处的极限定义。

定义 如果存在一个常数 A，对于任意给定的正数 ε，总存在正数 N，使当 $|P-0|>N$ 时，恒有

$$|f(P)-A|<\delta$$

则称 A 是函数 $f(P)=f(x,y)$，当 $P\to\infty$ 时的极限，记作

$$\lim_{P\to\infty}f(P)=A$$

二、极限运算

二元函数的极限运算法则与一元函数相同，简述如下，

（Ⅰ）$\lim\limits_{P\to P_0}[f(P)+g(P)]=\lim\limits_{P\to P_0}f(P)+\lim\limits_{P\to P_0}g(P)$

（Ⅱ）对于任意常数 C，有

$$\lim_{P\to P_0}Cf(P)=C\lim_{P\to P_0}f(P)$$

（Ⅲ）$\lim\limits_{P\to P_0}[f(P)\cdot g(P)]=\lim\limits_{P\to P_0}f(P)\cdot\lim\limits_{P\to P_0}g(P)$

（Ⅳ）假定 $\lim\limits_{P\to P_0}g(P)\neq0$，则

$$\lim_{P\to P_0}\frac{f(P)}{g(P)}=\frac{\lim\limits_{P\to P_0}f(P)}{\lim\limits_{P\to P_0}g(P)}$$

证明 以（Ⅰ）为例证明下。设 $\lim\limits_{P\to P_0}f(P)=A$，$\lim\limits_{P\to P_0}f(P)=B$。根据极限定义，需要证明。
对于任意给定的 $\varepsilon>0$，可以找到 $\delta>0$，使当 $0<|P-P_0|<\delta$ 时，有

$$|[f(P)-g(P)]-(A+B)|<\varepsilon \tag{1}$$

由绝对值运算性质，

$$|[f(P)-g(P)]-(A+B)|=|[f(P)-A]+[g(P)-B]|$$
$$\leq|f(P)-A|+|g(P)-B|$$

要想(1)式成立，只须 $|f(P)-A|+|g(P)-B|<\varepsilon$。

因 $\lim\limits_{P\to P_0}f(P)=A$，对于上面的 $\varepsilon>0$，可以找到 δ_1，使当 $0<|P-P_0|<\delta_1$ 时

$$|f(P) - A| < \frac{\varepsilon}{2} \tag{2}$$

又因 $\lim\limits_{P \to P_0} f(P) = B$，对于上面的 $\varepsilon > 0$，可以找到 δ_2，使当 $0 < |P - P_0| < \delta_2$ 时

$$|g(P) - B| < \frac{\varepsilon}{2} \tag{3}$$

现在取 $\delta = \min\{\delta_1, \delta_2\}$，则当 $0 < |P - P_0| < \delta$ 时，(2)、(3) 两式同时成立，从而

$$|f(P) - A| + |g(P) - B| < \frac{\varepsilon}{2} + \frac{\varepsilon}{2} = \varepsilon$$

因此 (1) 式成立。这就证明了

$$\lim\limits_{P \to P_0} [f(P) + g(P)] = A + B = \lim\limits_{P \to P_0} f(P) + \lim\limits_{P \to P_0} g(P)$$

例 2　求极限 $\lim\limits_{\substack{x \to 1 \\ y \to 2}} (x^2 + 2xy + 3y^3)$。

解　$\lim\limits_{\substack{x \to 1 \\ y \to 2}} (x^2 + 2xy + 3y^3) = \lim\limits_{\substack{x \to 1 \\ y \to 2}} x^2 + \lim\limits_{\substack{x \to 1 \\ y \to 2}} (2xy) + \lim\limits_{\substack{x \to 1 \\ y \to 2}} (3y^3)$

$$= 1^2 + 2 \cdot 1 \cdot 2 + 3 \cdot 2^3 = 29$$

例 3　求极限 $\lim\limits_{(x, y) \to (1, 0)} \dfrac{\ln(x + e^y)}{\sqrt{x^2 + y^2}}$。

解　$\lim\limits_{(x, y) \to (1, 0)} \dfrac{\ln(x + e^y)}{\sqrt{x^2 + y^2}} = \dfrac{\lim\limits_{(x, y) \to (1, 0)} \ln(x + e^y)}{\lim\limits_{(x, y) \to (1, 0)} \sqrt{x^2 + y^2}}$

$$= \frac{\ln(1 + e^0)}{\sqrt{1^2 + 0^2}} = \frac{\ln(1 + 1)}{1} = \ln 2$$

例 4　求极限 $\lim\limits_{\substack{x \to 0 \\ y \to 0}} (1 + xy)^{\frac{1}{x+y}}$。

解　令 $Z = (1 + xy)^{\frac{1}{x+y}}$，则 $\ln Z = \dfrac{1}{x + y} \ln(1 + xy)$

而
$$\frac{1}{x + y} \ln(1 + xy) = \frac{xy}{x + y} \cdot \frac{\ln(1 + xy)}{xy}$$

又
$$\lim\limits_{\substack{x \to 0 \\ y \to 0}} \frac{xy}{x + y} = \lim\limits_{\substack{x \to 0 \\ y \to 0}} \frac{1}{\dfrac{1}{y} + \dfrac{1}{x}} = 0$$

$$\lim\limits_{\substack{x \to 0 \\ y \to 0}} \frac{\ln(1 + xy)}{xy} = \lim\limits_{\substack{x \to 0 \\ y \to 0}} \ln(1 + xy)^{\frac{1}{xy}} = \ln e = 1$$

所以
$$\lim\limits_{\substack{x \to 0 \\ y \to 0}} \ln Z = 0$$

于是
$$\lim\limits_{\substack{x \to 0 \\ y \to 0}} e^{\ln Z} = e^0 = 1$$

（对于 $\lim\limits_{\substack{x \to 0 \\ y \to 0}} \ln(1 + xy)^{\frac{1}{xy}}$，令 $xy = u$，则当 $\begin{cases} x \to 0, \\ y \to 0 \end{cases}$ 时，$u \to 0$，于是 $\lim\limits_{u \to 0} \ln(1 + u)^{\frac{1}{u}} = \ln e = 1$）

例5 求极限 $\lim\limits_{\substack{x\to 0\\y\to 0}}\dfrac{x^2 y}{x^2 + y^2}$。

解 由 $|x| + |y| \geqslant 0$，得 $x^2 + y^2 \geqslant 2|xy|$，所以

$$\left|\frac{x^2 y}{x^2 + y^2}\right| = \frac{|x|}{2}\cdot\frac{|2xy|}{x^2 + y^2} \leqslant \frac{1}{2}|x|$$

又知

$$\lim_{\substack{x\to 0\\y\to 0}}\frac{|x|}{2} = 0$$

故得

$$\lim_{\substack{x\to 0\\y\to 0}}\frac{x^2 y}{x^2 + y^2} = 0$$

三、累次极限

上面讨论的二元函数 $f(x,y)$ 在定点 $P_0(x_0,y_0)$ 的极限，它要求自变量 x 和 y 同时趋于各自的极限 x_0 和 y_0，这种极限叫做重极限（二重极限）。此外，我们还要讨论这样一种极限，其自变量 x 与 y 是先后相继地趋于各自的极限 x_0 和 y_0，这种极限叫做累次极限（二次极限）。

定义 设 $f(x,y)$ 是定义在矩形域

$$|x - x_0| < a, \quad |y - y_0| < b$$

上的函数。如果对于区间 $(y_0 - b, y_0 + b)$ 上的异于 y_0 的固定 y，函数 $f(x,y)$（只看作 x 的函数，把 y 看作常量）当 $x\to x_0$ 时存在极限（这个极限一般说来与预先固定的 y 有关）

$$\lim_{x\to x_0}f(x,y) = \varphi(y)$$

而 $\varphi(y)$ 当 $y\to y_0$ 时也存在极限

$$\lim_{y\to y_0}\varphi(y) = A$$

则称常数 A 是 $f(x,y)$ 先对 x 后对 y 的累次极限，记作

$$\lim_{y\to y_0}\lim_{x\to x_0}f(x,y) = A$$

同样，如果对于区间 $(x_0 - a, x_0 + a)$ 上的异于 x_0 的固定的 x，函数 $f(x,y)$，当 $y\to y_0$ 时存在极限

$$\lim_{y\to y_0}f(x,y) = \psi(x)$$

而 $\psi(x)$ 当 $x\to x_0$ 时也存在极限

$$\lim_{x\to x_0}\psi(x) - B$$

则称数 B 是 $f(x,y)$ 先对 y 后对 x 的累次极限，记作

$$\lim_{x\to x_0}\lim_{y\to y_0}f(x,y) = B$$

一般说来，即使两种累次极限都存在，但是未必相等，可看下例。

例6

$$f(x,y) = \begin{cases} \dfrac{x - y + x^2 + y^2}{x + y}, & x + y \neq 0 \text{ 且 }(x,y) \neq (0,0), \\ 0, & \text{其他} \end{cases}$$

显然　　$\lim\limits_{y\to 0}\lim\limits_{x\to 0}f(x,y)=\lim\limits_{y\to 0}\dfrac{y^2-y}{y}=-1$

而　　$\lim\limits_{x\to 0}\lim\limits_{y\to 0}f(x,y)=\lim\limits_{x\to 0}\dfrac{x^2+x}{x}=1$

两种累次极限不相等。并且仿照例 1 的方法，还可以证明二重极限 $\lim\limits_{\substack{x\to 0\\y\to 0}}f(x,y)$ 也不存在。

例 7　函数 $f(x,y)=\dfrac{xy}{x^2+y^2}$ 的两种累次极限相等：

$$\lim\limits_{x\to 0}\lim\limits_{y\to 0}\frac{xy}{x^2+y^2}=\lim\limits_{x\to 0}0=0$$

$$\lim\limits_{y\to 0}\lim\limits_{x\to 0}\frac{xy}{x^2+y^2}=\lim\limits_{y\to 0}0=0$$

但是这个函数的二重极限已讨论过（例 1），并不存在。

例 8　设 $f(x,y)=\begin{cases}x\sin\dfrac{1}{y}&(y\neq 0),\\0&(y=0)\end{cases}$。

当 $y\neq 0$ 时，有 $\lim\limits_{x\to 0}f(x,y)=0$，
因而累次极限

$$\lim\limits_{y\to 0}\lim\limits_{x\to 0}f(x,y)=0$$

当 $x\neq 0$ 时，$\lim\limits_{y\to 0}f(x,y)$ 不存在[①]
因而累次极限 $\lim\limits_{x\to 0}\lim\limits_{y\to 0}f(x,y)$ 不存在。

但由

$$\left|x\sin\frac{1}{y}\right|\leqslant |x|$$

不难看出二重极限是存在的，即

$$\lim\limits_{\substack{x\to 0\\y\to 0}}x\cdot\sin\frac{1}{y}=0$$

从上述几个例子可以看出：

ⅰ）先后对于两个变量取极限的过程，不能随便交换次序，否则可能造成错误；

ⅱ）在一点的二重极限与累次极限的关系是复杂的，从其中一种极限的存在不能断定另一种极限是否存在。

累次极限换序问题　数学分析中有一些问题与极限过程交换次序有关，那么究竟在什么条件下，极限的次序可以交换呢？下面介绍联系二重极限与累次极限的定理。

定理　设二重极限

$$\lim\limits_{\substack{x\to x_0\\y\to y_0}}f(x,y)=A$$

---

① 因为 $\lim\limits_{y\to 0}\sin\dfrac{1}{y}$ 是不存在的。

存在，且累次极限

$$\lim_{x \to x_0}\lim_{y \to y_0}f(x, y) = B$$

也存在，则 $A = B$，即

$$\lim_{\substack{x \to x_0 \\ y \to y_0}}f(x, y) = \lim_{x \to x_0}\lim_{y \to y_0}f(x, y)$$

证明 由二重极限定义，对于任意给定的 $\varepsilon > 0$，必存在 $\delta > 0$，当 $|x - x_0| < \delta$，$|y - y_0| < \delta$，且 $(x, y) \neq (x_0, y_0)$ 时，有

$$|f(x, y) - A| < \varepsilon \tag{1}$$

又因 $\lim\limits_{x \to x_0}\lim\limits_{y \to y_0}f(x, y) = B$，故对区间 $(x_0 - \delta, x_0 + \delta)$ 上的异于 x_0 的固定的 x，存在极限

$$\lim_{y \to y_0}f(x, y) = \varphi(x)$$

令 $y \to y_0$ 在 (1) 式两端取极限，有

$$\lim_{y \to y_0}|f(x, y) - A| \leqslant \lim_{y \to y_0}\varepsilon$$

即

$$\left|\lim_{y \to y_0}f(x, y) - A\right| \leqslant \varepsilon$$

从而得

$$|\varphi(x) - A| \leqslant \varepsilon$$

再令 $x \to x_0$ 在 (2) 式两端取极限，得

$$\lim_{x \to x_0}|\varphi(x) - A| \leqslant \lim_{x \to x_0}\varepsilon$$

即

$$\left|\lim_{x \to x_0}\varphi(x) - A\right| \leqslant \varepsilon$$

从而

$$|B - A| \leqslant \varepsilon$$

因 $\varepsilon > 0$ 可以任意小，而 A 和 B 都是常数，故必须 $A = B$。这就是所要证明的。

在定理中若要把条件改为累次极限

$$\lim_{y \to y_0}\lim_{x \to x_0}f(x, y) = B$$

存在，则同样可以证明

$$\lim_{\substack{y \to y_0 \\ x \to x_0}}f(x, y) = \lim_{y \to y_0}\lim_{x \to x_0}f(x, y)$$

推论 如果二重极限和两个累次极限都存在，则这些极限值必相等。这时累次极限可以交换次序：

$$\lim_{x \to x_0}\lim_{y \to y_0}f(x, y) = \lim_{y \to y_0}\lim_{x \to x_0}f(x, y)$$

如果两种累次极限都存在，但不相等，则二重极限一定不存在。

注：1° 推论中的条件是累次极限可以换序的充分条件，即使推论的条件不满足，也有可能累次极限的次序可以交换（试看上面的例 1 和例 7）。

2° 如果用累次极限的办法去求二元函数的极限（即二重极限），只有在极限存在的条件下才是允许的；否则还要同时证明极限的存在性。

§13.4　二元函数的连续性

一、连续的一般概念

同一元函数的情形一样，二元函数在一点的连续概念也是研究函数连续性的基础。首先介绍连续定义，它是一元函数连续定义的直接推广。

定义　设函数 $f(x, y)$ 在点 $P_0(x_0, y_0)$ 及其附近有定义，如果当 $P(x, y)$ 趋向于 $P_0(x_0, y_0)$ 时，$f(x, y)$ 的极限存在，且极限等于函数在 P_0 点的函数值 $f(x_0, y_0)$，即

$$\lim_{\substack{x \to x_0 \\ y \to y_0}} f(x, y) = f(x_0, y_0)$$

则称函数 $f(x, y)$ 在点 $P_0(x_0, y_0)$ 连续。

如用"ε, δ"语言来描述，则定义如下：

如果对于任意给定的正数 ε，总存在正数 δ，使对于满足不等式 $0 < \rho = \sqrt{(x - x_0)^2 + (y - y_0)^2} < \delta$（或 $|x - x_0| < \delta$，$|y - y_0| < \delta$）的一切 (x, y)，都有

$$|f(x, y) - f(x_0, y_0)| < \varepsilon$$

则称函数在点 P_0 连续。

如果函数 $f(x, y)$ 在区域 D 的每一个点都连续，则说 $f(x, y)$ 在区域 D 上连续。

如果函数 $f(x, y)$ 在点 $P_0(x_0, y_0)$ 不满足连续定义，则说 $f(x, y)$ 在 P_0 点间断，而 P_0 点叫做 $f(x, y)$ 的间断点。函数 $f(x, y)$ 的间断点集合可能形成曲线，这时称此曲线为函数的间断线。

例 1　讨论函数

$$f(x, y) = \begin{cases} \dfrac{xy(x^2 - y^2)}{x^2 + y^2}, & (x, y) \neq (0, 0), \\ 0, & (x, y) = (0, 0) \end{cases}$$

在原点的连续性。

解　因

$$\left| xy \frac{x^2 - y^2}{x^2 + y^2} \right| = |xy| \left| \frac{x^2 - y^2}{x^2 + y^2} \right| \leqslant |xy|$$

而显然有

$$\lim_{(x, y) \to (0, 0)} |xy| = 0$$

故

$$\lim_{(x, y) \to (x_0, y_0)} xy \frac{x^2 - y^2}{x^2 + y^2} = 0 = f(0, 0)$$

由于在原点 $(0, 0)$ 的极限值等于这一点的函数值，所以 $f(x, y)$ 在原点连续。

例 2　讨论函数

$$f(x, y) = \begin{cases} \dfrac{xy}{x^2 + y^2}, & (x, y) \neq (0, 0), \\ 0, & (x, y) = (0, 0) \end{cases}$$

在原点$(0, 0)$的连续性。

解 由§13.3例1已知$f(x, y)$在原点$(0, 0)$不存在极限,根据连续定义,便知$f(x, y)$在原点间断。

例3 讨论函数

$$f(x, y) = \sin \frac{1}{\sqrt{x^2 + y^2 - 1}}$$

的连续性。

解 当$x^2 + y^2 - 1 = 0$时,$f(x, y)$没有定义,故知函数在单位圆$x^2 + y^2 = 1$上的每一点都是间断的。这个圆周就是函数的间断线。

二、连续函数的运算

二元连续函数的运算法则与一元连续函数类似,有以下定理。

定理1 (连续函数四则运算) 如果函数$f(x, y)$与$g(x, y)$都在点$P_0(x_0, y_0)$连续,则函数

(1)$f(x, y) \pm g(x, y)$

(2)$f(x, y) \cdot g(x, y)$

(3)$\dfrac{f(x, y)}{g(x, y)}(g(x_0, y_0) \neq 0)$

也在点$P_0(x_0, y_0)$连续。

这几个运算结果,按连续定义容易得证。以(3)为例:

因
$$\lim_{(x, y) \to (x_0, y_0)} \frac{f(x, y)}{g(x, y)} \xlongequal{(极限定理)} \frac{\lim_{(x, y) \to (x_0, y_0)} f(x, y)}{\lim_{(x, y) \to (x_0, y_0)} g(x, y)} \xlongequal{(连续定义)} \frac{f(x_0, y_0)}{g(x_0, y_0)}$$

可见$f(x, y)$在点$P_0(x_0, y_0)$的极限值等于在这点的函数值,所以函数在P_0连续。

定理2 (复合函数连续性) 如果函数$x = \varphi(s, t)$,$y = \psi(s, t)$在点(s_0, t_0)连续,而函数$u = f(x, y)$在点$(x_0, y_0) = [\varphi(s_0, t_0), \psi(s_0, t_0)]$连续,则复合函数$u = f[\varphi(s_0, t_0), \psi(s_0, t_0)]$在点$(s_0, t_0)$也连续。

(定理简叙为:由连续函数组成的复合函数仍连续。)

证明 按连续定义,只须证明

$$\lim_{(s, t) \to (s_0, t_0)} f[\varphi(s, t), \psi(s, t)] = f[\varphi(s_0, t_0), \psi(s_0, t_0)]$$

因 $x = \varphi(s, t)$及$y = \psi(s, t)$在点(s_0, t_0)连续,所以

$$\lim_{(s, t) \to (s_0, t_0)} \varphi(s, t) = \varphi(s_0, t_0) = x_0$$

$$\lim_{(s, t) \to (s_0, t_0)} \psi(s, t) = \psi(s_0, t_0) = y_0$$

这即是说,当$(s, t) \to (s_0, t_0)$时,$\varphi(s, t) = x \to x_0$,$\psi(s, t) = y \to y_0$

另一方面,由于$f(x, y)$在点(x_0, y_0)连续,所以

$$\lim_{(s,t)\to(s_0,t_0)} f\big[\varphi(s,t),\psi(s,t)\big]=\lim_{(x,y)\to(0,0)} f(x,y)$$
$$=f(x_0,y_0)=f\big[\varphi(s_0,t_0),\psi(s_0,t_0)\big]$$

这就是所要证明的。

为了判断二元函数的连续性，需要采取一种把一元函数看作二元函数的观点。比如在二元函数的组成成分中有一元函数 $f(x)$，我们就把它放在 Oxy 平面上来考虑。假定 $f(x)$ 在点 x_0 有函数值 $f(x_0)$，那么 $f(x)$ 便在 Oxy 平面上平行于 y 轴的直线 $x=x_0$ 上的任何一点 (x,y) 都有函数值 $f(x_0)$，因此，凡是在 x 轴上连续的函数，它也在 Oxy 平面上连续。换句话说，凡是连续的一元函数也都是二元的连续函数。

例 4　讨论函数 $f(x,y)=x+y^2\sin x$ 的连续性。

解　第一项 x 及第二项因子 $\sin x$ 在整个 x 轴上连续，从而在 Oxy 平面上平行于 y 轴的一切直线上都连续，即在整个 Oxy 平面上连续。第二项因子 y^2 在 y 轴上连续，从而它在 Oxy 平面上连续。根据上面定理 1，便知 $f(x,y)$ 在整个 Oxy 平面上连续。

例 5　讨论函数 $f(x,y)=\dfrac{x+y^2\sin x}{\sin(x^2+y^2)}$ 的连续性。

解　显然分子 $x+y^2\sin x$ 在 xy 平面上连续。分母可看作复合函数
$$z=\sin u,\ u=x^2+y^2$$
因 $u=x^2+y^2$ 在 xy 平面上连续，根据上面定理 2，则知 $z=\sin(x^2+y^2)$ 也在 xy 平面上连续。故当 $\sin(x^2+y^2)\neq0$，即 $x^2+y^2\neq n\pi(n=0,1,2,\cdots$，即从 xy 平面除去以原点为圆心，以 $\sqrt{n\pi}$ 为半径的圆周以外）时，二元函数 z 是 x,y 的连续函数。

三、连续函数的性质

闭区间上的一元连续函数有几个基本性质 —— 有界，最大最小值，介值，一致连续等，这是我们已经学过的了。对于有界闭区域上的二元连续函数，也有与之平行的几个性质，介绍如下。这几个性质的证明方法与一元函数的情况完全类似。

在讲闭区间上连续函数的几个性质以前，先介绍函数在一点连续就具有的一个性质，即下述的保号性。

定理 3　（保号）若二元函数 $f(x,y)$ 在点 $P_0(x_0,y_0)$ 连续，并且 $f(x_0,y_0)>0$（$f(x_0,y_0)<0$），则必存在以 P_0 为中心的某个邻域，对邻域内的任意一点 (x,y)，均有 $f(x,y)>0$（$f(x,y)<0$）。

证明　因 $f(x,y)$ 在点 $P_0(x_0,y_0)$ 连续，所以对于给定的 $\varepsilon=\dfrac{f(x_0,y_0)}{2}>0$，必存在一个 $\delta>0$，使当 $|x-x_0|<\delta$ 及 $|y-y_0|<\delta$ 时，
$$\big|f(x,y)-f(x_0,y_0)\big|<\dfrac{f(x_0,y_0)}{2}$$
即
$$\dfrac{1}{2}f(x_0,y_0)<f(x,y)<\dfrac{3}{2}f(x_0,y_0)$$
而 $|x-x_0|<\delta$ 及 $|y-y_0|<\delta$ 乃是以 $P_0(x_0,y_0)$ 为中心、以 2δ 为边长的正方形邻域，这表明，

对此正方形邻域内的任意一点 (x, y)，均有

$$0 < \frac{1}{2}f(x_0, y_0) < f(x, y)$$

定理得证。

定理 4 (有界) 若函数 $f(x, y)$ 在有界闭区域 D 上连续，则它在 D 上有界。

定理 5 (最大最小值) 若函数 $f(x, y)$ 在有界闭区域 D 上连续，则它在 D 上一定取得最大值和最小值。

完全可以仿照一元函数的证明方法来做。

定理 6 (介值) 若函数 $f(x, y)$ 在有界闭区域 D 上连续，且 $f(x, y)$ 在 D 上两点 $M_1(x_1, y_1)$，$M_2(x_2, y_2)$ 的函数值不相等，则对介于 $f(M_1)$ 与 $f(M_2)$ 之间的任意一个数 γ，在 D 上至少有一点 $M_0(x_0, y_0)$，使 $f(M_0) = \gamma$。

习题

1. 已知函数 $f(u, v) = u^v$，求 $f(xy, x + y)$。

2. 已知函数 $f(x, y) = x^2 + y^2 - xy\tan\dfrac{x}{y}$，求 $f(tx, ty)$。

3. 求下列函数的定义域，并画出定义域的图形来：

(1) $z = x + \sqrt{y}$；　　　　　　　(2) $z = \ln xy$；

(3) $z = \sqrt{1 - x^2} + \sqrt{y^2 - 1}$；　　　(4) $z = \arcsin\dfrac{y}{x}$。

4. 证明函数 $f(x, y) = \dfrac{x^2 - y}{y - 2x}$ 在点 $P_0(2, 4)$ 无极限。

[提示：可以考虑 $f(x, y)$ 沿两条特殊路径 $y = x^2$ 及 $x = 2$ 趋近于点 $P_0(2, 4)$ 时的极限。]

5. 求下列极限

(1) $\lim\limits_{\substack{x \to 1 \\ y \to 2}} \left[\dfrac{2x + 3y + 5}{x^2 + y^3 + 1} + \sin(x + 1) \cdot e^y \right]$；

(2) $\lim\limits_{\substack{x \to \infty \\ y \to \infty}} \dfrac{x^2 + y^2}{x^4 + y^4} \left(\text{提示：} \dfrac{x^2 + y^2}{x^4 + y^4} = \dfrac{x^2}{x^4 + y^4} + \dfrac{y^2}{x^4 + y^4} \right)$；

(3) $\lim\limits_{\substack{x \to 0 \\ y \to 0}} \dfrac{x^2 + y^2}{\sqrt{x^2 + y^2 + 1} - 1}$；

(4) $\lim\limits_{\substack{x \to 0 \\ y \to 0}} \dfrac{\sqrt{xy + 1} - 1}{x + y}$。

6. 下列函数在何处间断？

(1) $z = \dfrac{1}{\sqrt{1 - x^2 - y^2}}$；(2) $z = \dfrac{1}{x - y}$。

7. 设函数

$$f(x, y) = \begin{cases} \dfrac{xy}{x^2 + y^2 + 1}, & \text{当 } x^2 + y^2 \neq 0, \\ -1, & \text{当 } x^2 + y^2 = 0 \end{cases}$$

证明 $f(x, y)$ 在点 $(0, 0)$ 间断。

[提示：可以考虑 $f(x, y)$ 沿特殊路径 $y = x$ 趋于点 $(0, 0)$ 时的极限]

数学家：帕斯卡

帕斯卡（Blaise Pascal，1623—1662）是法国著名的数学家和物理学家。少年时代，由于他太热衷于阅读几何方面的书籍，以致于他的父亲认为"小孩子太小的时候不宜读这些难的书"而没收了他所有的书。但是这并没有消除少年帕斯卡对数学的热爱，他独自钻研起几何学，当他12岁时，告诉父亲说"三角形的内角和是180°"，父亲感到非常吃惊，因十分高兴而热泪盈眶，因为父亲也有着丰富的数学知识，曾因为发现"帕斯卡蜗牛线"而闻名。从此父亲开始支持他学习数学。他经常带着小帕斯卡参加各种科学家的聚会，使得小帕斯卡追求科学的心智和天资得到了很好的开发，从小就醉心于数学的研究，16岁就发现了"帕斯卡六边形定理"，并从这个定理出发，导出许多有价值的推论，并写出论文《论圆锥曲线》，丰富和充实了圆锥曲线理论。帕斯卡成年后的数学研究更是硕果累累，名气极大，响彻全欧洲。

尽管帕斯卡的名气很大，但是在一次旅途中，遇到了叫梅累的"赌坛老手"，他向帕斯卡讲述了一个十分有趣的"分赌注"问题，问题是这样的：梅累在一次旅途中的火车上，与另一位赌博高手相遇，为了打发无聊的旅程，两人玩起了掷骰子。事先约定：每人押32个金币，谁先掷出3个6点，就算赢家并赢另外一人的32个金币，但不巧的是，当梅累掷出两次6点，赌友掷出1次6点时，梅累到站，应该下车了，于是两人只好按照已有的成绩分取这64个金币。但是如何分配这64个金币却成了难题。赌友说，虽然梅累再碰上一个6点赢了，但他若再碰上两个6点也就赢了。所以他应分得梅累一半的金币，即64的三分之一。梅累却不同意这个分配方案，他认为，即便对方下次掷出6点，他也应分得赌金的二分之一，即32个金币；再加上下次他还有一半的可能掷出6点，这样就又可分到16个金币，所以他至少应分得到64的四分之三个金币，即48个金币，剩下16金币才是赌友应该分得的金币。为此，两人争论不休，各不相让，结果不得而知。梅累对此一直念念不忘，遇到数学大师帕斯卡，就立即向他请教这个问题的最公平分配方案。然而，这看似非常简单的问题却把这位数学大师难住了。尽管经历了长时间的思考和研究，却还是得不到令人信服的结论。后来帕斯卡与费尔马、惠更斯一起讨论和研究这个问题，由惠更斯将研究的结果总结成《关于赌博中的推断》一书，这被公认是概率论的创始之作，所以说帕斯卡是概率论的创始人之一，是毫无争议的。

此外在其他科学领域也有诸如帕斯卡定律、帕斯卡方程、帕斯卡三角形等被人们乐道的杰出成就。

第 14 章

多元函数微分学

在一元函数微分学的基础上，我们来研究多元函数的微分学。多元函数微分学中的许多问题要归结到一元函数来处理的，可见它是一元函数微分学的自然发展。

§14.1   偏导数及高阶偏导数

一、偏导数

(一) 偏导数的概念

在一元函数中我们已经看到，函数关于自变量的变化率是一个十分重要的概念，而且导数的定义也就是由此引出的。对于多元函数来说，同样存在函数的变化率问题，我们从一个实际问题谈起。

例 1   在上一章的 §13.2 里，我们介绍过理想气体的气态方程

$$P = R\frac{T}{V}$$

其中 V 是气体的体积，T 是温度，R 是正的常数，P 是压力，显然 P 是 T，V 的函数。

如果在等温(T 为常数) 条件下让体积增大或减小，那就可以考察压力关于体积的变化率。可见在实际问题中，对于二元函数往往需要固定其中一个自变量，而考察函数关于另一个自变量的变化率，实质上这也就转化为求一元函数的变化率了。在这里具体来说，我们把 T 固定视为常数，给 V 以改变量 ΔV，于是有

$$\Delta P = R\frac{T}{V + \Delta V} - R\frac{T}{V} = R\left(\frac{T}{V + \Delta V} - \frac{T}{V}\right)$$

除以 ΔV，得

$$\frac{\Delta P}{\Delta V} = R\frac{\dfrac{T}{V + \Delta V} - \dfrac{T}{V}}{\Delta V} = -\frac{RT}{V(V + \Delta V)}$$

取极限, 得

$$\lim_{\Delta V \to 0} \frac{\Delta P}{\Delta V} = \lim_{\Delta V \to 0} \left(-\frac{RT}{V(V + \Delta V)} \right) = -\frac{RT}{V^2}$$

这就是压力 P 关于体积 V 的变化率。

如上所述, 对于多元函数, 实际问题往往要求我们突出其中的某一个自变量, 而把其余的自变量暂时固定下来, 视为常数, 来考察这个本质上是一元函数的变化率。由此便引出了数学分析中所说的偏导数的概念。

下面先就偏导数的概念实质加以说明, 然后写出定义。

设函数 $z = f(x, y)$ 在区域 D 上有定义, $P_0(x_0, y_0)$ 是 D 内的一个定点, 我们考虑 $f(x, y)$ 在 P_0 点的偏导数。假定把自变量 y 固定在常值 $y = y_0$ 不变, 而让 x 自己变化, 这时函数 $z = f(x, y)$ 就成为一个自变量的函

图 14.1

数 $z = f(x, y_0)$。这样, 一元函数 $f(x, y_0)$ 的自变量 x 只能在平行于 x 轴的直线 $y = y_0$ 上变化 (参考图 14.1)。我们在点 x_0 给 x 以改变量 Δx, 于是该函数 $z = f(x, y)$ 得到 (偏) 变量

$$\Delta_x z = f(x_0 + \Delta x, y_0) - f(x_0, y_0)$$

而差商

$$\frac{\Delta_x z}{\Delta x} = \frac{f(x_0 + \Delta x, y_0) - f(x_0, y_0)}{\Delta x}$$

便是函数 z 关于自变量 x 在区间 $[x_0, x_0 + \Delta x]$ 上的平均变化率。如果令 $\Delta x \to 0$ 取差商的极限, 自然就得到函数 z 在 P_0 点的变化率。

经过以上的阐述, 可以有偏导数的定义。

定义 设函数 $z = (x, y)$ 在点 $P_0(x_0, y_0)$ 附近有定义。固定 $y = y_0$, 当自变量 x 有该变量 Δx 时, 函数有相应改变量

$$\Delta_x z = f(x_0 + \Delta x, y_0) - f(x_0, y_0)$$

如果极限

$$\lim_{\Delta x \to 0} \frac{\Delta_x z}{\Delta x} = \lim_{\Delta x \to 0} \frac{f(x_0 + \Delta x, y_0) - f(x_0, y_0)}{\Delta x}$$

存在, 则称此极限值为函数 $z = f(x, y)$ 在点 $P_0(x_0, y_0)$ 对 x 的偏导数 (又叫偏微商), 记作

$$f_x'(x_0, y_0), \ z_x' \big|_{(x_0, y_0)}, \ \frac{\partial f(x_0, y_0)}{\partial x} \ \text{或} \ \frac{\partial z}{\partial x} \big|_{(x_0, y_0)}$$

同样, 函数 $z = f(x, y)$ 在点 $P_0(x_0, y_0)$ 对 y 的偏导数为

$$\lim_{\Delta y \to 0} \frac{\Delta_y z}{\Delta y} = \lim_{\Delta y \to 0} \frac{f(x_0, y_0 + \Delta y) - f(x_0, y_0)}{\Delta y}$$

记作

$$f_y'(x_0, y_0), \ z_y' \big|_{(x_0, y_0)}, \ \frac{\partial f(x_0, y_0)}{\partial y} \ \text{或} \ \frac{\partial z}{\partial y} \big|_{(x_0, y_0)}$$

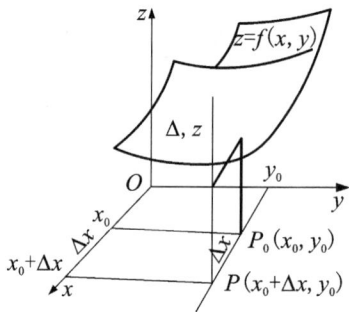

注：从定义可知，偏导数 $f'_x = (x_0, y_0)$ 是函数 $f = (x, y)$ 在点 (x_0, y_0) 处沿 x 轴方向的变化率，而 $f'_y = (x_0, y_0)$ 则是沿 y 轴方向的变化率。

上面定义的是函数在一点的偏导数，因为 (x_0, y_0) 都是常数，所以这个偏导数也是常数。在此基础上，可以定义偏导函数：

如果函数 $z = f(x, y)$ 在区域 D 内的每一点 $P(x, y)$ 都有对 x 的偏导数，即存在极限

$$\lim_{\Delta x \to 0} \frac{f(x_0 + \Delta x, y) - f(x, y)}{\Delta x}$$

则此极限一般说来仍是变量 x, y 的函数，则称新的函数为 $z = f(x, y)$ 对 x 的偏导函数，记作

$$f'_x(x, y), \quad z'_x, \quad \frac{\partial f(x, y)}{\partial x}, \quad \frac{\partial z}{\partial x}。$$

同样可以定义 $z = f(x, y)$ 对 y 的偏导函数

$$\lim_{\Delta y \to 0} \frac{f(x, y + \Delta y) - f(x, y)}{\Delta y}$$

或记作 $f'_y(x, y)$，z'_y，$\frac{\partial f(x, y)}{\partial y}$，$\frac{\partial z}{\partial y}$

(二) 偏导数的几何意义

同一元函数一样，二元函数的偏导数也有明显的几何意义。在空间直角坐标系中，二元函数 $z = f(x, y)$ 的图形是一个曲面 $\sum$（图 14.2）。根据定义，函数 $f(x, y)$ 在点 $P_0(x_0, y_0)$ 关于 x 的偏导数 $f'_x(x_0, y_0)$，乃是先固定 $y = y_0$，然后对一元函数

$$z = f(x, y_0)$$

求出在点 x_0 的导数，而函数 $z = f(x, y_0)$ 的图象实际是曲面 $z = f(x, y)$ 与平面 $y = y_0$ 的交线 AMB，这是一条平面曲线（在平面 $y = y_0$ 上）：

$$z = f(x, y), \quad y = y_0 \qquad (1)$$

可见，函数 $z = f(x, y)$ 在点 (x_0, y_0) 的偏导数 $f'_x = f(x_0, y_0)$ 就是一元函数 $f = f(x, y_0)$ 在点 $x = x_0$ 的导数，亦即曲线 (1) 在点 (x_0, y_0, z_0) 的切线对 x 轴的斜率（图中切线与 x 轴正向夹角 α 的正切 $-\tan \alpha$）。

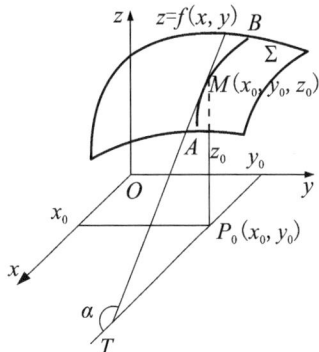
图 14.2

同样地，函数 $z = f(x, y)$ 在点 (x_0, y_0) 的偏导数 $f'_y(x_0, y_0)$ 是曲线

$$z = f(x, y), \quad x = x_0$$

在点 (x_0, y_0, z_0) 的切线对 y 轴的斜率。

偏导数与连续性的关系　在 §4.2 的第四段曾讲过，存在导数的一元函数一定连续。可是对二元函数来说，情况便不是这样了，即使两个偏导数都存在，也保证不了函数的连续性。请看下面的例子。

例 2　$z = f(x, y) = \begin{cases} \dfrac{xy}{x^2 + y^2}, & x^2 + y^2 \neq 0（即 x, y 不同时为 0），\\ 0, & x = y = 0 \end{cases}$

这个函数在原点$(0, 0)$对x和对y的偏导数都存在，皆为零：

$$\frac{\partial z}{\partial x}\Big|_{(0, 0)} = \lim_{\Delta x \to 0} \frac{f(0 + \Delta x, 0) - f(0, 0)}{\Delta x}$$

$$= \lim_{\Delta x \to 0} \frac{\frac{(0 + \Delta x) \cdot 0}{(0 + \Delta x)^2 + 0^2} - 0}{\Delta x}$$

$$= \lim_{\Delta x \to 0} \frac{0}{\Delta x} = 0$$

同样有
$$\frac{\partial z}{\partial y}\Big|_{(0, 0)} = 0$$

但另一方面，我们在前面(13.4 例2)已讨论过，这个函数在原点$(0, 0)$是不连续的。

(三) 偏导数计算

从偏导数的定义可知，要计算多元函数对某一个自变量的偏导数，只需把函数看成只是关于这个自变量的一元函数，而把其余的自变量都看作常数，然后应用一元函数的求导公式和求导法则，进行计算就可以了。

例 3　求 $z = x^2 + 3xy + y^2$ 在点$(1, 2)$的各偏导数值。

解　同一元函数的方法一样，先求出偏导函数，然后代入 $x = 1$，$y = 2$，即得偏导数值。

把 y 看作常数，对 x 求偏导，得

$$\frac{\partial z}{\partial x} = 2x + 3y$$

再把 x 看作常数，对 y 求偏导，得

$$\frac{\partial z}{\partial y} = 3x + 2y$$

将$(1, 2)$代入上面结果，得偏导数值：

$$\frac{\partial z}{\partial x}\Big|_{(1, 2)} = 2 \times 1 + 3 \times 2 = 8$$

$$\frac{\partial z}{\partial y}\Big|_{(1, 2)} = 3 \times 1 + 2 \times 2 = 7$$

例 4　$z = x^2 \sin 2y$，求 $\dfrac{\partial z}{\partial x}$，$\dfrac{\partial z}{\partial y}$。

解　把 y 看作常数，对 x 求偏导，得

$$\frac{\partial z}{\partial x} = 2x \sin 2y$$

把 x 看作常数，对 y 求偏导，得

$$\frac{\partial z}{\partial y} = x^2 \cos 2y \frac{\mathrm{d}}{\mathrm{d}y}(2y) = 2x^2 \cos 2y$$

例 5　$z = x^y$，求 $\dfrac{\partial z}{\partial x}$，$\dfrac{\partial z}{\partial y}$。

解　对 x 求偏导时，把 y 看作常数，从而 z 是幂函数，得

$$\frac{\partial z}{\partial x} = yx^{y-1}$$

对 y 求偏导, 把 x 看作常数, 从而 z 是指数函数, 得

$$\frac{\partial z}{\partial y} = x^y \ln x$$

例 6　求 $\theta = \arctan \dfrac{y}{x}$ 的偏导数。

解　把 y 看成常数, 求 $\dfrac{\partial \theta}{\partial x}$, 得

$$\frac{\partial \theta}{\partial x} = \frac{1}{1 + \left(\dfrac{y}{x}\right)^2} \frac{\partial}{\partial x}\left(\frac{y}{x}\right) = \frac{1}{1 + \left(\dfrac{y}{x}\right)^2}\left(-\frac{y}{x^2}\right) = -\frac{y}{x^2 + y^2}$$

同样可得

$$\frac{\partial \theta}{\partial y} = \frac{1}{1 + \left(\dfrac{y}{x}\right)^2} \cdot \frac{1}{x} = \frac{x}{x^2 + y^2}$$

例 7　$u = -\dfrac{x}{x^2 + y^2 + z^2}$, 求 $\dfrac{\partial u}{\partial x}, \dfrac{\partial u}{\partial y}, \dfrac{\partial u}{\partial z}$。

解　把 y, z 看作常数, 按商的求导法则, 得

$$\frac{\partial u}{\partial x} = \frac{1 \cdot (x^2 + y^2 + z^2) - x(2x)}{(x^2 + y^2 + z^2)^2} = \frac{y^2 + z^2 - x^2}{(x^2 + y^2 + z^2)^2}$$

把 x, z 看作常数, 得

$$\frac{\partial u}{\partial y} = \frac{0 \cdot (x^2 + y^2 + z^2) - x(2y)}{(x^2 + y^2 + z^2)^2} = -\frac{2xy}{(x^2 + y^2 + z^2)^2}$$

把 x, y 看作常数, 得

$$\frac{\partial u}{\partial z} = \frac{0 \cdot (x^2 + y^2 + z^2) - x(2z)}{(x^2 + y^2 + z^2)^2} = -\frac{2xy}{(x^2 + y^2 + z^2)^2}$$

例 8　从理想气体的气态方程 $PV = RT$ 来验证一个热力学上的公式:

$$\left(\frac{\partial P}{\partial V}\right)\left(\frac{\partial V}{\partial T}\right)\left(\frac{\partial T}{\partial P}\right) = -1$$

解　因 $P = \dfrac{RT}{V}$, 所以 $\dfrac{\partial P}{\partial V} = -\dfrac{RT}{V^2}$

又　$V = \dfrac{RT}{P}$, 所以 $\dfrac{\partial V}{\partial T} = \dfrac{R}{P}$。又　$T = \dfrac{PV}{R}$, 所以 $\dfrac{\partial T}{\partial P} = \dfrac{V}{R}$。

于是

$$\left(\frac{\partial P}{\partial V}\right)\left(\frac{\partial V}{\partial T}\right)\left(\frac{\partial T}{\partial P}\right) = -\frac{RT}{V^2} \cdot \frac{R}{P} \cdot \frac{V}{R} = -\frac{RT}{PV} = -1$$

注: 在一元函数, 我们曾把导数符号 $\dfrac{\mathrm{d}y}{\mathrm{d}x}$ 看成分式: 但是偏导数符号 $\dfrac{\partial z}{\partial x}, \dfrac{\partial z}{\partial y}$, 在任何情况下都不能看成分式, 上述热力学公式清楚地说明了这一点, 如果偏导数符号可看成分式, 那

么公式左端运算结果应等于 1 而不能等于 − 1。

二、高阶偏导数

二元函数 $z = f(x, y)$ 的偏导数

$$\frac{\partial z}{\partial x} = f'_x(x, y), \quad \frac{\partial z}{\partial y} = f'_y(x, y)$$

一般说来还是 x, y 的函数。假如这两个偏导数又有对 x 与对 y 的偏导数，这就引出二阶偏导数的概念。

偏导数 $\frac{\partial z}{\partial x}$ 与 $\frac{\partial z}{\partial y}$ 的偏导数称为函数 z 的 **二阶偏导数**。从 $\frac{\partial z}{\partial x}, \frac{\partial z}{\partial y}$ 中的每一个出发，都可以得到两个二阶偏导数，所以共有四个二阶偏导数：

用 $\dfrac{\partial^2 z}{\partial x^2}$ 或 $f''_{xx}(x, y)$ 表示 $\dfrac{\partial}{\partial x}\left(\dfrac{\partial z}{\partial x}\right)$①，

用 $\dfrac{\partial^2 z}{\partial x \partial y}$ 或 $f''_{xy}(x, y)$ 表示 $\dfrac{\partial}{\partial y}\left(\dfrac{\partial z}{\partial x}\right)$，

用 $\dfrac{\partial^2 z}{\partial y \partial x}$ 或 $f''_{yx}(x, y)$ 表示 $\dfrac{\partial}{\partial x}\left(\dfrac{\partial z}{\partial y}\right)$，

用 $\dfrac{\partial^2 z}{\partial y^2}$ 或 $f''_{yy}(x, y)$ 表示 $\dfrac{\partial}{\partial y}\left(\dfrac{\partial z}{\partial y}\right)$。

同样地，函数 z 的二阶偏导数的偏导数，称为 z 的 **三阶偏导数**，共有八个。仿照二阶偏导数的情形，同样可以引进一套符号，比如

用 $\dfrac{\partial^3 z}{\partial y \partial x^2}$ 或 $f'''_{yxx}(x, y)$ 表示 $\dfrac{\partial}{\partial x}\left(\dfrac{\partial^2 z}{\partial y \partial x}\right)$。

依此类推，z 的 $n − 1$ 阶偏导数的偏导数，称为 z 的 **n 阶偏导数**，共有 2^n 个。

二阶以上的偏导数称为高阶偏导数，$\frac{\partial z}{\partial x}, \frac{\partial z}{\partial y}$ 也叫做 z 的一阶偏导数。

由定义可知，求高阶偏导数只须一次一次地去求偏导数，并不需要什么新的方法。

例 1　求 $z = x^4 + y^4 - 4x^2 y^3$ 的二阶偏导数。

解　$\dfrac{\partial z}{\partial x} = 4x^3 - 8xy^3, \quad \dfrac{\partial^2 z}{\partial x^2} = 12x^2 - 8y^3$

$\dfrac{\partial z}{\partial x \partial y} = -24xy^2, \quad \dfrac{\partial z}{\partial y} = 4y^3 - 12x^2 y^2$

$\dfrac{\partial^2 z}{\partial y^2} = 12y^2 - 24x^2 y, \quad \dfrac{\partial^2 z}{\partial y \partial x} = -24xy^2$

例 2　求 $u = x^y$ 的二阶偏导数。

解　先求一阶偏导数：

---

① $\dfrac{\partial}{\partial x}\left(\dfrac{\partial z}{\partial x}\right)$ 表示 $\dfrac{\partial z}{\partial x}$ 对 x 的偏导。

$$\frac{\partial u}{\partial x} = yx^{y-1}, \ \frac{\partial u}{\partial y} = x^y \ln x$$

再求这两个偏导数的偏导数:

$$\frac{\partial^2 u}{\partial x^2} = \frac{\partial}{\partial x}(yx^{y-1}) = y(y-1)x^{y-2}$$

$$\frac{\partial^2 u}{\partial x \partial y} = \frac{\partial}{\partial y}(yx^{y-1}) = x^{y-1} + yx^{y-1}\ln x = x^{y-1}(y\ln x + 1)$$

$$\frac{\partial^2 u}{\partial y \partial x} = \frac{\partial}{\partial x}(x^y \ln x) = x^{y-1} + yx^{y-1}\ln x = x^{y-1}(y\ln x + 1)$$

$$\frac{\partial^2 u}{\partial y^2} = \frac{\partial}{\partial y}(x^y \ln x) = x^y \ln x \cdot \ln x = x^y \ln^2 x$$

在上面例 1 中有 $\dfrac{\partial^2 z}{\partial x \partial y} = \dfrac{\partial^2 z}{\partial y \partial x}$,在例 2 中有 $\dfrac{\partial^2 u}{\partial x \partial y} = \dfrac{\partial^2 u}{\partial y \partial x}$,这似乎表明:函数 z 或 u 关于 x,y 求偏导数的次序可以交换,即与求导次序无关的。实际上并非任何函数都具有这种性质,一般说来,对各变量求偏导的次序是不允许随便交换的,可看下面例子。

例 3　讨论函数

$$f(x, y) = \begin{cases} \dfrac{xy(x^2 - y^2)}{x^2 + y^2}, & \text{当 } x^2 + y^2 \neq 0 \text{ 时,} \\ 0, & \text{当 } x = y = 0 \text{ 时} \end{cases}$$

的两个二阶偏导数 $f''_{xy}(0, 0)$ 及 $f''_{yx}(0, 0)$。

解　为求 $f''_{xy}(0, 0)$,我们先对函数 $f(x, y)$ 在点 $x = 0$ 给 x 以改变量 Δx,而让 y 固定在 y 轴上的任意一点,把它看作常量,于是可以求得

$$f'_x(0, y) = \lim_{\Delta x \to 0} \frac{f(0 + \Delta x, y) - f(0, y)}{\Delta x}$$

$$= \lim_{\Delta x \to 0} \frac{y\Delta x \dfrac{(\Delta x)^2 - y^2}{(\Delta x)^2 + y^2} - 0}{\Delta x}$$

$$= \lim_{\Delta x \to 0} y \frac{(\Delta x)^2 - y^2}{(\Delta x)^2 + y^2} = -y$$

从 $f'_x(0, y) = -y$ 再对 y 求偏导,便得

$$f''_{xy}(0, y) = -1$$

最后得到 $f''_{xy}(0, 0) = -1$。

同理可以求得

$$f''_{yx} = 1。$$

可见所给函数在原点的两个二阶偏导数并不相等:

$$f''_{xy}(0, 0) \neq f''_{yx}(0, 0)$$

从上面的三个例子来看,偏导数 f''_{xy} 与 f''_{yx} 既有相等的情况,也有不等的情况,那么究竟在什么条件下,才与求导的次序无关呢? 请看下面求偏导次序可以交换的定理。

定理　如果函数 $z = f(x, y)$ 的两个二阶偏导数 $f''_{xy}(x, y)$ 和 $f''_{yx}(x, y)$ 在区域 D 内的任

意一点 $P(x,y)$ 连续, 则在该区域内

$$f''_{xy}(x,y) = f''_{yx}(x,y)$$

上述定理是就二阶偏导数来讨论的, 其实这个结果可以推广到任意的 n 阶偏导数上去。即是说, 两个连续的 n 阶偏导数, 如果仅是对 x 与对 y 求导的先后次序不同, 那么它们就是相等的。这个定理的作用, 首先是减少了彼此不等的 n 阶偏导数的个数, 例如对于有各阶偏导数的函数 $z = f(x,y)$, 本应该有 2^n 个 n 阶偏导数, 但在一切偏导数都连续的情况下, 则一阶偏导数有两个, 不等的二阶偏导数只有三个 (本来有四个: f''_{x^2}, f''_{xy}, f''_{y^2}, f''_{yx}, 但 $f''_{xy} = f''_{yx}$)。一般说来, 不相等的 n 阶偏导数只有 $n+1$ 个。基于这个原因, 在很多相等的同阶偏导数中, 只要求出其中的一个加以研究就可以了, 从而减少了研究上的复杂性。

§14.2 全微分

一、全微分概念

在一元函数中, 为了估计函数 $y = f(x)$ 的改变量 Δy, 我们引进了微分的概念。同样, 对于二元函数 $z = f(x,y)$, 当自变量 x, y 分别有了微小的改变量 Δx, Δy 时, 常常需要考察函数 z 的改变量 Δz 有多大。全微分就是解决这个问题的有力工具, 下面先从一个实际问题讲起。

我们知道, 矩形面积 S 与其长 x 和宽 y 的关系 $S = xy$ (图 14.3), 如果测量 x, y 时产生误差 Δx, Δy, 于是面积产生的误差为

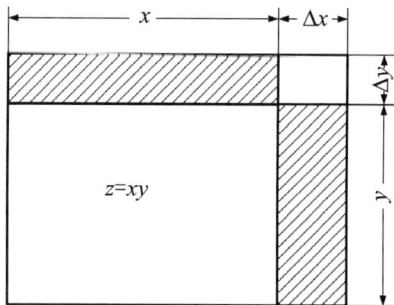

图 14.3

$$\Delta S = (x+\Delta x)(y+\Delta y) - xy = y\Delta x + x\Delta y + \Delta x\Delta y$$

右端可分为两部分: 第一部分是 $y\Delta x + x\Delta y$ (图中带斜线的两个矩形面积的和), 第二部分 $\Delta x\Delta y$ (图中小矩形), 当 Δx, Δy 很小时, 显然可以略去第二部分, 而用第一部分 $y\Delta x + x\Delta y$ 来估计面积的误差。注意其中的 $y\Delta x + x\Delta y$ 是关于 Δx, Δy 的线性函数 (x 和 y 为常数), 当 $\Delta x \to$

0，$\Delta y \to 0$ 即当 $\rho = \sqrt{(\Delta x)^2 + (\Delta y)^2}$①$\to 0$ 时，则 $\Delta x \Delta y$ 是比 ρ 高阶的无穷小。

由上可见，函数 S 的改变量 ΔS 分解为两部分：一部分是关于 Δx，Δy 的线性函数（常说成线性主部）；另一部分是比 ρ 高阶的无穷小。实际上，这个线性函数 $y\Delta x + x\Delta y$ 就叫做函数 $S = xy$ 在点 (x, y) 的全微分。

ΔS 叫做函数 $S = xy$ 在点 (x, y) 对应于自变量的改变量 Δx，Δy 的全改变量（简单地说，Δs 是函数 $S = xy$ 的全改变量）。

定义　设 $z = f(x, y)$ 是定义在区域 D 上的函数，当自变量 x，y 在 D 内的定点 $P_0(x_0, y_0)$ 取得改变量 Δx，Δy 时（参考图 14.4），如果函数的全改变量可表示为

$$\Delta z = A\Delta x + B\Delta y + o(\rho)\ (\rho = \sqrt{(\Delta x)^2 + (\Delta y)^2} \to 0)$$

（其中 A，B 是与 Δx，Δy 无关的常数，则把 Δx，Δy 的线性函数 $A\Delta x + B\Delta y$ 叫做函数 $z = f(x, y)$ 在点 $P_0(x_0, y_0)$ 的**全微分**，记为 $\mathrm{d}z = A\Delta x + B\Delta y$（或 $\mathrm{d}f(x_0, y_0) = A\Delta x + B\Delta y$）

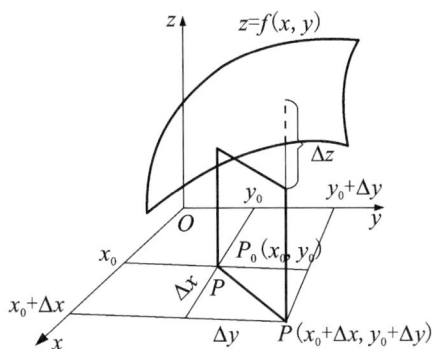

图 14.4

当全微分存在时，我们说函数 $z = f(x, y)$ 在点 $P_0(x_0, y_0)$ 可微。

从定义可知，二元函数的全微分具有与一元函数微分相同的特性：

（1）全微分是函数的全改变量的主要部分，因此当 $|\Delta x|$ 和 $|\Delta y|$ 很小时，可以用全微分近似代替全改变量。

（2）全微分是 Δx，Δy 的线性函数，因此比较容易计算。

全微分的定义已经给出，可是其中的系数 A 和 B 究竟都是什么样的数呢？下述定理回答这个问题。

定理 1　如果函数 $z = f(x, y)$ 在点 $P_0(x_0, y_0)$ 可微，则在该点也必存在各个偏导数，并且 $A = f'_x(x_0, y_0)$，$B = f'_y(x_0, y_0)$，即

$$\mathrm{d}z = f'_x(x_0, y_0)\Delta x + f'_y(x_0, y_0)\Delta y \tag{1}$$

证明　由假设，

$$\Delta z = A\Delta x + B\Delta y + o(\rho)\ (\rho = \sqrt{(\Delta x)^2 + (\Delta y)^2} \to 0)$$

---

① 在一元函数 $y = f(x)$，当自变量由点 x 变到点 $x + \Delta x$ 时，曾用 $|\Delta x|$ 表示两点间距离，对于二元函数 $S = xy$，当自变量由点 $\lim\limits_{n\to\infty} q^n$ 变到点 $\lim\limits_{n\to\infty} S_n$ 时，便用 $\rho = \sqrt{(\Delta x)^2 + (\Delta y)^2}$ 表示两点间距离。

现在令 $\Delta y = 0$（即在点 (x_0, y_0) 给 x 以改变量 Δx，而固定 $y = y_0$ 不变），于是上式变为

$$\Delta_x z = A \Delta x + o(|\Delta x|) \quad (\Delta x \to 0)$$

所以

$$\frac{\Delta_x z}{\Delta x} = A + \frac{o(|\Delta x|)}{\Delta x}$$

取极限，

$$\lim_{\Delta x \to 0} \frac{\Delta_x z}{\Delta x} = \lim_{\Delta x \to 0}\left(A + \frac{o(|\Delta x|)}{\Delta x}\right) = A$$

即

$$f'_x(x_0, y_0) = A$$

同理得

$$f'_y(x_0, y_0) = B$$

因而

$$dy = f'_x(x_0, y_0)\Delta x + f'_y(x_0, y_0)\Delta y \text{（证毕）}$$

在特殊情形，当 $z = f(x, y) = x$ 时，因为这时 $f'_x(x, y) = 1$，$f'_y(x, y) = 0$。故由(1)式得 $dy = \Delta x$。同理当 $z = f(x, y) = y$ 时，有 $dy = \Delta y$。这就是说，自变量的微分与自变量的改变量是相等的。因此全微分表达式可写成

$$dz = f'_x(x_0, y_0)dx + f'_y(x_0, y_0)dy$$

我们知道，对于一元函数来说，微分与导数是同时存在的。对于二元函数，虽然在一点若存在全微分也必存在偏导数（基于上述定理），可是反过来就不一定了，这就是说，即使存在两个偏导数，也可能不存在全微分。实际上，二元函数在一点有全微分比有偏导数的条件要强一些。下面就来介绍全微分存在的定理。

定理2 如果函数 $z = f(x, y)$ 在点 (x_0, y_0) 附近有两个偏导数，并且它们都在点 (x_0, y_0) 连续，则函数 $f(x, y)$ 在点 (x_0, y_0) 有全微分。

证明 我们把函数 $z = f(x, y)$ 在点 (x_0, y_0) 的全微分变量在点 Δz 写成如下的形式：

$\Delta z = f(x_0 + \Delta x, y_0 + \Delta y) - f(x_0, y_0)$

$\quad = [f(x_0 + \Delta x, y_0 + \Delta y) - f(x_0, y_0 + \Delta y)] + [f(x_0, y_0 + \Delta y) - f(x_0, y_0)] \quad (1)$

把差 $f(x_0 + \Delta x, y_0 + \Delta y) - f(x_0, y_0 + \Delta y)$ 看作 x 的函数 $f(x, y_0 + \Delta y)$ 在点 $(x_0, y_0 + \Delta y)$ 的改变量。由于 $f'_x(x, y)$ 在点 (x_0, y_0) 附近存在，故当 $|\Delta x|$，$|\Delta y|$ 很小时，则函数 $f(x, y_0 + \Delta y)$ 在区间 $(x_0, x_0 + \Delta x)$ 内的每一点都可导，根据拉格朗日中值定理便有

$$f(x_0 + \Delta x, y_0 + \Delta y) - f(x_0, y_0 + \Delta y) = f'_x(x_0 + \theta_1 \Delta x, y_0 + \Delta y)\Delta x \quad (0 < \theta_1 < 1)$$

同理，对于(1)式的第二个差有

$$f(x_0, y_0 + \Delta y) - f(x_0, y_0) = f'_y(x_0, y_0 + \theta_2 \Delta y)\Delta y \quad (0 < \theta_2 < 1)$$

又由假设，$f'_x(x, y)$ 及 $f'_y(x, y)$ 均在点 (x_0, y_0) 连续，因此当 $\Delta x \to 0$，$\Delta y \to 0$ 时，

$$f'_x(x_0 + \theta_1 \Delta x, y_0 + \Delta y) \to f'_x(x_0, y_0)$$
$$f'_y(x_0, y_0 + \theta_2 \Delta y) \to f'_y(x_0, y_0)$$

从而

$$f'_x(x_0 + \theta_1 \Delta x, y_0 + \Delta y) = f'_x(x_0, y_0) + \alpha$$
$$f'_y(x_0, y_0 + \theta_2 \Delta y) = f'_y(x_0, y_0) + \beta$$

当 $\Delta x \to 0$，$\Delta y \to 0$ 时，$\alpha \to 0$，$\beta \to 0$。于是由(1)式得

$$\Delta z = [f'_x(x_0, y_0) + \alpha]\Delta x + [f'_y(x_0, y_0) + \beta]\Delta y$$
$$= f'_x(x_0, y_0)\Delta x + f'_y(x_0, y_0)\Delta y + (\alpha\Delta x + \beta\Delta y)$$

下面证明，当 $\rho = \sqrt{(\Delta x)^2 + (\Delta y)^2} \to 0$ 时，$\alpha\Delta x + \beta\Delta y$ 是较 ρ 高阶无穷小。事实上，因

$$|\Delta x| \le \sqrt{(\Delta x)^2 + (\Delta y)^2} = \rho,$$
$$|\Delta y| \le \sqrt{(\Delta x)^2 + (\Delta y)^2} = \rho,$$

所以

$$\frac{|\alpha\Delta x + \beta\Delta y|}{\rho} \le \frac{|\alpha||\Delta x| + |\beta||\Delta y|}{\rho} \le \frac{|\alpha|\rho + |\beta|\rho}{\rho} = |\alpha| + |\beta|$$

而当 $\rho \to 0$ 时(此时 $\Delta x \to 0$, $\Delta y \to 0$) $|\alpha| + |\beta| \to 0$,

故有
$$\lim_{\rho \to 0} \frac{\alpha\Delta x + \beta\Delta y}{\rho} = 0$$

这就证明了 $f(x, y)$ 在点 (x_0, y_0) 存在全微分。

注：在一元函数，可导与可微是通用的；在二元函数只有存在全微分才称可微。

上面讨论的是二元函数 $z = f(x, y)$ 在区域 D 内的一个定点 (x_0, y_0) 的全微分问题。如果 $z = f(x, y)$ 在区域 D 内的任意一点 (x, y) 都有全微分，那么全微分便是 x 和 y 的函数，并记为
$$\mathrm{d}z = f_x'(x, y)\mathrm{d}x + f_y'(x, y)\mathrm{d}y$$

可微与连续　二元函数的可微与连续的关系同一元函数一样：若可微则必连续，这是比较明显的，假设 $z = f(x, y)$ 在点 (x_0, y_0) 可微，则有
$$\Delta z = f(x_0 + \Delta x, y_0 + \Delta y) - f(x_0, y_0)$$
$$= f_x'(x_0, y_0)\Delta x + f_y'(x_0, y_0)\Delta y + o(\rho) \quad (\rho \to 0)$$

而当 $\rho \to 0$, $\Delta x \to 0$, $\Delta y \to 0$, 对上式取极限便得
$$\lim_{\substack{\Delta x \to 0 \\ \Delta y \to 0}} \Delta z = 0$$

这就表明函数 $z = f(x, y)$ 在点 (x_0, y_0) 是连续的。

关于全微分的计算，并不涉及新的东西，会求偏导数便会求全微分，举几个例子。

例 1　求 $z = \ln\sqrt{x^2 + y^2}$ 的全微分。

解　因 $\dfrac{\partial z}{\partial x} = \dfrac{1}{\sqrt{x^2 + y^2}} \cdot \dfrac{1}{2\sqrt{x^2 + y^2}} \cdot 2x = \dfrac{x}{x^2 + y^2}$

$$\frac{\partial z}{\partial y} = \frac{1}{\sqrt{x^2 + y^2}} \cdot \frac{1}{2\sqrt{x^2 + y^2}} \cdot 2y = \frac{y}{x^2 + y^2}$$

所以
$$\mathrm{d}z = \frac{x}{x^2 + y^2}\mathrm{d}x + \frac{y}{x^2 + y^2}\mathrm{d}y = \frac{x\mathrm{d}x + y\mathrm{d}y}{x^2 + y^2}$$

例 2　求 $z = \mathrm{e}^{xy}$ 的全微分。

解　$\dfrac{\partial z}{\partial x} = \mathrm{e}^{xy} \cdot y = y\mathrm{e}^{xy}$

$$\frac{\partial z}{\partial y} = \mathrm{e}^{xy} \cdot x = x\mathrm{e}^{xy}$$

所以　$\mathrm{d}z = y\mathrm{e}^{xy}\mathrm{d}x + x\mathrm{e}^{xy}\mathrm{d}y = \mathrm{e}^{xy}(y\mathrm{d}x + x\mathrm{d}y)$

二、全微分在近似计算中的应用

根据全微分定义，如果函数 $z = f(x, y)$ 在点 (x_0, y_0) 可微，则函数的全改变量可表示为

$$\Delta z = f(x_0 + \Delta x,\ y_0 + \Delta y)\ - f(x_0,\ y_0)$$
$$= f'_x(x_0,\ y_0)\Delta x + f'_y(x_0,\ y_0)\Delta y + o(\sqrt{(\Delta x)^2 + (\Delta y)^2})$$

故当 $|\Delta x|$，$|\Delta y|$ 很小时，则有

$$\Delta z \approx f'_x(x_0,\ y_0)\Delta x + f'_y(x_0,\ y_0)\Delta y = \mathrm{d}z \qquad (1)$$

或

$$f(x_0 + \Delta x,\ y_0 + \Delta y)\ - f(x_0,\ y_0) \approx f'_x(x_0,\ y_0)\Delta x + f'_y(x_0,\ y_0)\Delta y$$

移项得

$$f(x_0 + \Delta x,\ y_0 + \Delta y) \approx f(x_0,\ y_0) + f'_x(x_0,\ y_0)\Delta x + f'_y(x_0,\ y_0)\Delta y \qquad (2)$$

公式(1)、(2) 可用来计算函数改变量以及函数的近似值，利用这两个公式计算起来比较容易，因为 Δz 往往是关于 Δx，Δy 的很复杂的表达式，而 $\mathrm{d}z$ 则是 Δx，Δy 的一次函数。

公式(1) 常常用来估计误差，对(1) 式的各项取绝对值，就得到 Δz 的(最大) 估计值：

$$|\Delta z| \le |f'_x(x_0,\ y_0)|\,|\Delta x| + |f'_y(x_0,\ y_0)|\,|\Delta y|$$

有时需要估计相对误差：

$$\left|\frac{\Delta z}{z}\right| \le \left|\frac{f'_x(x_0,\ y_0)}{f(x_0,\ y_0)}\right|\,|\Delta x| + \left|\frac{f'_y(x_0,\ y_0)}{f(x_0,\ y_0)}\right|\,|\Delta y|$$

例3 求 $\ln(\sqrt[3]{1.03} + \sqrt[4]{0.98} - 1)$ 的近似值。

解 首先确定一个二元函数作为计算工具。从所给表达式的结构看，应取函数

$$z = f(x,\ y) = \ln(\sqrt[3]{x} + \sqrt[4]{y} - 1)$$

来计算 $x = 1.03$，$y = 0.98$ 时的函数值。

令 $x_0 = 1$，$\Delta x = 0.03$；$y_0 = 1$，$\Delta y = 0.02$，

于是

$$\ln(\sqrt[3]{1.03} + \sqrt[4]{0.98} - 1) = f(x_0 + \Delta x,\ y_0 + \Delta y)$$
$$\approx f(x_0,\ y_0) + f'_x(x_0,\ y_0)\Delta x + f'_y(x_0,\ y_0)\Delta y$$

而

$$f(x_0,\ y_0) = f(1,\ 1) = \ln(1 + 1 - 1) = \ln 1 = 0$$

又

$$f'_x(x_0,\ y_0) = \frac{\dfrac{1}{3\sqrt[3]{x_0^2}}}{\sqrt[3]{x_0} + \sqrt[4]{y_0} - 1},\ \text{故}\quad f'_x(1,\ 1) = \frac{1}{3}$$

$$f'_y(x_0,\ y_0) = \frac{\dfrac{1}{4\sqrt[4]{x_0^3}}}{\sqrt[3]{x_0} + \sqrt[4]{y_0} - 1},\ \text{故}\quad f'_y(1,\ 1) = \frac{1}{4}$$

代入得

$$\ln(\sqrt[3]{1.03} + \sqrt[4]{0.98} - 1) \approx \frac{1}{3} \times 0.03 - \frac{1}{4} \times 0.02 = 0.005$$

例4 某工厂铸一敞口圆柱形铁桶，其内直径为2 m，内高为5 m，厚为 $\frac{1}{20}$ m(图 14.5)，问需要多少立方米的铁，求近似值。

解 以 x 为直径、y 为高的圆柱的体积为

$$V = f(x,\ y) = \pi\left(\frac{1}{2}x\right)^2 y = \frac{1}{4}\pi x^2 y$$

利用此函数来计算, 所需的铁可看作是: $x = 2.1$ m, $y = 5.05$ m 与 $x = 2$ m, $y = 5$ m

这样两个圆柱的体积之差 ΔV。现在以全微分 $\mathrm{d}V$ 计算 ΔV 的近似值:

$$\Delta V \approx \mathrm{d}V = f'_x(x_0, y_0)\Delta x + f'_y(x_0, y_0)\Delta y$$

令　　$x_0 = 2$, $y_0 = 5$, $\Delta x = 0.1$, $\Delta y = 0.05$

又　　$$f'_x(x, y) = \frac{1}{4}\pi \cdot 2xy = \frac{1}{2}\pi xy$$

$$f'_y(x, y) = \frac{1}{4}\pi x^2$$

所以　　$$\mathrm{d}V = \frac{1}{2}\pi \times 2 \times 5 \times 0.1 + \frac{1}{4}\pi \times 2^2 \times 0.05$$

$$= \frac{11}{20}\pi \approx 1.727(\mathrm{m}^3)$$

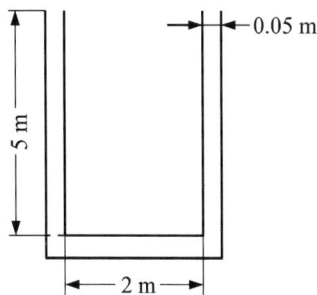

图 14.5

§14.3　复合函数微分法

多元复合函数在实际问题中是经常遇到的。假如理想气体的气态方程为 $V = \dfrac{RT}{P}$(R 为常数), 当其中的变量 P, T 都随时间 t 变化, 即 $P = P(t)$, $T = T(t)$ 时, 于是 V 就通过中间变量 P, T 成为 t 的复合函数 $V(t) = \dfrac{RT(t)}{P(t)}$。又如在实际问题中, 并不总是宜于使用直角坐标系, 有时使用极坐标更为方便一些。而平面直角坐标 (x, y) 与极坐标 (r, θ) 的关系是

$$x = r\cos\theta, \qquad y = r\sin\theta$$

这样, $f(x, y)$ 作为 r 和 θ 的函数, 也就是一个复合函数。

复合函数的微分法, 就是求复合函数的偏导数和全导数的问题。先看下面的定理。

定理　如果函数 $x = \varphi(s, t)$, $y = \psi(s, t)$ 在点 (s, t) 存在偏导数 $\dfrac{\partial x}{\partial s}$, $\dfrac{\partial x}{\partial t}$, $\dfrac{\partial y}{\partial s}$, $\dfrac{\partial y}{\partial t}$, 而函数 $z = f(x, y)$ 在对应于 (s, t) 的点 (x, y) 存在全微分, 则复合函数 $z = f[\varphi(s, t), \psi(s, t)]$ 对于 s, t 的偏导数存在, 且

$$\begin{cases} \dfrac{\partial z}{\partial s} = \dfrac{\partial z}{\partial x}\dfrac{\partial x}{\partial s} + \dfrac{\partial z}{\partial y}\dfrac{\partial y}{\partial s} \\ \dfrac{\partial z}{\partial t} = \dfrac{\partial z}{\partial x}\dfrac{\partial x}{\partial t} + \dfrac{\partial z}{\partial y}\dfrac{\partial y}{\partial t} \end{cases} \qquad (1)$$

证明　证明第一个公式, 若给 s 以改变量 Δs, 则相应地有 x, y 的改变量

$$\Delta x = \varphi(s + \Delta s, t) - \varphi(s, t)$$
$$\Delta y = \psi(s + \Delta s, t) - \psi(s, t)$$

因 $z = f(x, y)$ 可微, 故有

$$\Delta z = \frac{\partial z}{\partial x}\Delta x + \frac{\partial z}{\partial y}\Delta y + o\left(\sqrt{(\Delta x)^2 + (\Delta y)^2}\right)$$

除以 Δs, 得

$$\frac{\Delta z}{\Delta s} = \frac{\partial z}{\partial x}\frac{\Delta x}{\Delta s} + \frac{\partial z}{\partial y}\frac{\Delta y}{\Delta s} + \frac{o\left(\sqrt{(\Delta x)^2 + (\Delta y)^2}\right)}{\Delta s} \qquad (*)$$

令 $\Delta s \to 0$, 在 $(*)$ 式两端取极限。先考察右端的极限。由于 $x = \varphi(s, t)$, $y = \psi(s, t)$ 皆存在对 s 的偏导数 $\dfrac{\partial x}{\partial s}$, $\dfrac{\partial y}{\partial s}$, 所以函数 x 和 y 对 s 都连续, 因而当 $\Delta s \to 0$ 时也有 $\Delta x \to 0$, $\Delta y \to 0$, 由此得

$$\lim_{\Delta s \to 0}\frac{o\left(\sqrt{(\Delta x)^2 + (\Delta y)^2}\right)}{\Delta s} = \lim_{\Delta s \to 0}\left[\frac{o\left(\sqrt{(\Delta x)^2 + (\Delta y)^2}\right)}{\sqrt{(\Delta x)^2 + (\Delta y)^2}}\sqrt{\left(\frac{\Delta x}{\Delta s}\right)^2 + \left(\frac{\Delta y}{\Delta s}\right)^2}\right]$$

$$= 0 \cdot \sqrt{\left(\frac{\partial x}{\partial s}\right)^2 + \left(\frac{\partial y}{\partial s}\right)^2} = 0$$

从而 $(*)$ 式右端的极限为

$$\frac{\partial z}{\partial x}\frac{\partial x}{\partial s} + \frac{\partial z}{\partial y}\frac{\partial y}{\partial s}$$

因此 $(*)$ 式左端也存在极限 $\lim\limits_{\Delta s \to 0}\dfrac{\Delta z}{\Delta s} = \dfrac{\partial z}{\partial s}$, 并且

$$\frac{\partial z}{\partial s} = \frac{\partial z}{\partial x}\frac{\partial x}{\partial s} + \frac{\partial z}{\partial y}\frac{\partial y}{\partial s}$$

同理可证第二个公式。

如果中间变量个数或自变量个数多于两个, 则有类似结果。例如中间变量为三个的情形:

设 $u = f(x, y, z)$, 而 $x = \varphi_1(s, t)$, $y = \varphi_2(s, t)$, $z = \varphi_3(s, t)$, 则有

$$\begin{cases} \dfrac{\partial u}{\partial s} = \dfrac{\partial u}{\partial x}\dfrac{\partial x}{\partial s} + \dfrac{\partial u}{\partial y}\dfrac{\partial y}{\partial s} + \dfrac{\partial u}{\partial z}\dfrac{\partial z}{\partial s} \\[2mm] \dfrac{\partial u}{\partial t} = \dfrac{\partial u}{\partial x}\dfrac{\partial x}{\partial t} + \dfrac{\partial u}{\partial y}\dfrac{\partial y}{\partial t} + \dfrac{\partial u}{\partial z}\dfrac{\partial z}{\partial t} \end{cases} \qquad (2)$$

又如自变量为三个的情形:

设 $z = f(x, y)$, 而 $x = \varphi_1(u, s, t)$, $y = \varphi_2(u, s, t)$, 则有

$$\begin{cases} \dfrac{\partial z}{\partial u} = \dfrac{\partial z}{\partial x}\dfrac{\partial x}{\partial u} + \dfrac{\partial z}{\partial y}\dfrac{\partial y}{\partial u} \\[2mm] \dfrac{\partial z}{\partial s} = \dfrac{\partial z}{\partial x}\dfrac{\partial x}{\partial s} + \dfrac{\partial z}{\partial y}\dfrac{\partial y}{\partial s} \\[2mm] \dfrac{\partial z}{\partial t} = \dfrac{\partial z}{\partial x}\dfrac{\partial x}{\partial t} + \dfrac{\partial z}{\partial y}\dfrac{\partial y}{\partial t} \end{cases} \qquad (3)$$

一般称形如 (1)、(2)、(3) 的公式为链锁规则, 这是求复合函数偏导数的基本法则。应达到熟练运用。应用公式的要领可概括为三点:

(ⅰ) 首先要分清, 谁是中间变量, 谁是自变量, 中间变量有几个, 自变量有几个。

（ⅱ）函数 z 对某个自变量求偏导数时，必须使 z 先对某个中间变量求偏导，乘以该中间变量对自变量的偏导；要经过一切中间变量；把所有乘积加起来。

（ⅲ）自变量有几个，就有几个偏导数的式子；中间变量有几个，在每一个式子中就有几项。

例 1　$z = \ln(x^2 + y)$，而 $x = e^{s^2 + t}$，$y = s + t^2$，求 $\dfrac{\partial z}{\partial s}$，$\dfrac{\partial z}{\partial t}$。

解　$\dfrac{\partial z}{\partial s} = \dfrac{\partial z}{\partial x}\dfrac{\partial x}{\partial s} + \dfrac{\partial z}{\partial y}\dfrac{\partial y}{\partial s} = \dfrac{2x}{x^2 + y} \cdot 2s e^{s^2 + t} + \dfrac{1}{x^2 + y} \cdot 1 = \dfrac{1}{x^2 + y}(4xs e^{s^2 + t} + 1)$

$\dfrac{\partial z}{\partial t} = \dfrac{\partial z}{\partial x}\dfrac{\partial x}{\partial t} + \dfrac{\partial z}{\partial y}\dfrac{\partial y}{\partial t} = \dfrac{2x}{x^2 + y} \cdot e^{s^2 + t} + \dfrac{1}{x^2 + y} \cdot 2t = \dfrac{2}{x^2 + y}(x e^{s^2 + t} + t)$

注：两个自变量、两个中间变量，因此有两个偏导数，每个式子中有两项。

例 2　$u = \sin(x^3 + y^2 + z)$，$x = e^{s+t}$，$y = \ln(s + t^2)$，$z = \sin s$，求 $\dfrac{\partial u}{\partial s}$，$\dfrac{\partial u}{\partial t}$。

解　$\dfrac{\partial u}{\partial s} = \dfrac{\partial u}{\partial x}\dfrac{\partial x}{\partial s} + \dfrac{\partial u}{\partial y}\dfrac{\partial y}{\partial s} + \dfrac{\partial u}{\partial z}\dfrac{\partial z}{\partial s}$

$\qquad = 3x^2\cos(x^3 + y^2 + z) e^{s+t} + 2y\cos(x^3 + y^2 + z)\dfrac{1}{s + t^2} + \cos(x^3 + y^2 + z) \cdot \cos s$

$\dfrac{\partial u}{\partial t} = \dfrac{\partial u}{\partial x}\dfrac{\partial x}{\partial t} + \dfrac{\partial u}{\partial y}\dfrac{\partial y}{\partial t} + \dfrac{\partial u}{\partial z}\dfrac{\partial z}{\partial t}$

$\qquad = 3x^2\cos(x^3 + y^2 + z) e^{s+t} + 2y\cos(x^3 + y^2 + z)\dfrac{2t}{s + t^2} + \cos(x^3 + y^2 + z) \cdot 0$

$\qquad = 3x^2\cos(x^3 + y^2 + z) e^{s+t} + 4y\cos(x^3 + y^2 + z)\dfrac{t}{s + t^2}$

例 3　求 $z = (x^2 + y^2)^{xy}$ 的偏导数。

解　可以引入中间变量，按复合函数微分法计算。

令　$u = x^2 + y^2$，$v = xy$，于是 $z = u^v$，从而 z 是 x，y 的复合函数。

$$\dfrac{\partial z}{\partial x} = \dfrac{\partial z}{\partial u}\dfrac{\partial u}{\partial x} + \dfrac{\partial z}{\partial v}\dfrac{\partial v}{\partial x} = v u^{v-1} \cdot 2x + u^v \ln u \cdot y$$

$$= (x^2 + y^2)^{xy}\left[\dfrac{2x^2 y}{x^2 + y^2} + y\ln(x^2 + y^2)\right]$$

$$\dfrac{\partial z}{\partial y} = \dfrac{\partial z}{\partial u}\dfrac{\partial u}{\partial y} + \dfrac{\partial z}{\partial v}\dfrac{\partial v}{\partial y} = v u^{v-1} \cdot 2y + u^v \ln u \cdot x$$

$$= (x^2 + y^2)^{xy}\left[\dfrac{2xy^2}{x^2 + y^2} + x\ln(x^2 + y^2)\right]$$

例 4　若 $z = f(x, y)$，$x = r\cos\theta$，$y = r\sin\theta$，证明

$$\left(\dfrac{\partial z}{\partial r}\right)^2 + \dfrac{1}{r^2}\left(\dfrac{\partial z}{\partial \theta}\right)^2 = \left(\dfrac{\partial z}{\partial x}\right)^2 + \left(\dfrac{\partial z}{\partial y}\right)^2$$

证　因

$$\dfrac{\partial z}{\partial r} = \dfrac{\partial z}{\partial x}\dfrac{\partial x}{\partial r} + \dfrac{\partial z}{\partial y}\dfrac{\partial y}{\partial r} = \dfrac{\partial z}{\partial x}\cos\theta + \dfrac{\partial z}{\partial y}\sin\theta$$

$$\frac{\partial z}{\partial \theta} = \frac{\partial z}{\partial x}\frac{\partial x}{\partial \theta} + \frac{\partial z}{\partial y}\frac{\partial y}{\partial \theta} = -\frac{\partial z}{\partial x}r\sin\theta + \frac{\partial z}{\partial y}r\cos\theta$$

所以
$$\left(\frac{\partial z}{\partial r}\right)^2 + \left(\frac{1}{r}\frac{\partial z}{\partial \theta}\right)^2 = \left(\frac{\partial z}{\partial x}\cos\theta + \frac{\partial z}{\partial y}\sin\theta\right)^2 + \left(-\frac{\partial z}{\partial x}\sin\theta + \frac{\partial z}{\partial y}\cos\theta\right)^2$$
$$= \left(\frac{\partial z}{\partial x}\right)^2\cos^2\theta + 2\frac{\partial z}{\partial x}\frac{\partial z}{\partial y}\sin\theta\cos\theta + \left(\frac{\partial z}{\partial y}\right)^2\sin^2\theta$$
$$+ \left(\frac{\partial z}{\partial x}\right)^2\sin^2\theta - 2\frac{\partial z}{\partial x}\frac{\partial z}{\partial y}\sin\theta\cos\theta + \left(\frac{\partial z}{\partial y}\right)^2\cos^2\theta$$

合并同类项，并应用 $\sin^2\theta + \cos^2\theta = 1$，便得
$$\left(\frac{\partial z}{\partial r}\right)^2 + \left(\frac{1}{r}\frac{\partial z}{\partial \theta}\right)^2 = \left(\frac{\partial z}{\partial x}\right)^2 + \left(\frac{\partial z}{\partial y}\right)^2$$

几种特殊情形　复合函数微分法有以下几种特殊情形，都比较常见。这些特殊情形都是在上述公式的基础上加以解决的。

1. 有的中间变量同时也是自变量

例如，$y = f(u, x, y)$，而 $u = \varphi(x, y)$，其中 x，y 既是中间变量，又是自变量。

为了利用前面公式求偏导数，把所给函数写成（使 f 中的 x，y 明显具有中间变量的形式）：
$$z = f(u, x, y)，而 u = \varphi(x, y)，x = x，y = y$$
这样 z 就明显地成为具有三个中间变量，两个自变量的复合函数，根据公式(2)，有
$$\frac{\partial z}{\partial x} = \frac{\partial z}{\partial u}\frac{\partial u}{\partial x} + \frac{\partial z}{\partial y}\frac{\partial y}{\partial x} + \frac{\partial z}{\partial x}\frac{\mathrm{d}x}{\mathrm{d}x}^{①} = \frac{\partial z}{\partial u}\frac{\partial u}{\partial x} + \frac{\partial z}{\partial y}\cdot 0^{②} + \frac{\partial z}{\partial x}\cdot 1 = \frac{\partial z}{\partial u}\frac{\partial u}{\partial x} + \frac{\partial z}{\partial x}$$
$$\frac{\partial z}{\partial y} = \frac{\partial z}{\partial u}\frac{\partial u}{\partial y} + \frac{\partial z}{\partial x}\frac{\partial x}{\partial y} + \frac{\partial z}{\partial y}\frac{\mathrm{d}y}{\mathrm{d}y} = \frac{\partial z}{\partial u}\frac{\partial u}{\partial y} + \frac{\partial z}{\partial x}\cdot 0 + \frac{\partial z}{\partial y}\cdot 1 = \frac{\partial z}{\partial u}\frac{\partial u}{\partial y} + \frac{\partial z}{\partial y}$$

即得公式
$$\begin{cases} \dfrac{\partial z}{\partial x} = \dfrac{\partial z}{\partial u}\dfrac{\partial u}{\partial x} + \left(\dfrac{\partial z}{\partial x}\right) \\[3mm] \dfrac{\partial z}{\partial y} = \dfrac{\partial z}{\partial u}\dfrac{\partial u}{\partial y} + \left(\dfrac{\partial z}{\partial y}\right) \end{cases} \tag{4}$$

对(4)式右端最后两项，我们有意识地加上括号 $\left(\dfrac{\partial z}{\partial x}\right)$，$\left(\dfrac{\partial z}{\partial y}\right)$，为的是避免与左端的 $\dfrac{\partial z}{\partial x}$，$\dfrac{\partial z}{\partial y}$ 相混淆，因为它们的含义并不相同。例如右端的 $\left(\dfrac{\partial z}{\partial x}\right)$ 表示在外函数 $z = f(u, x, y)$ 中，把 u，y 看作常数，求 z 对 x 的偏导；而左端的 $\dfrac{\partial z}{\partial x}$ 则是在整个复合函数中，求 z 对 x 的偏导。

为了避免混淆，我们可以把(4)式改写成：

---

①　因 x 只是 x 的函数，即 $x = x$，故此处写 $\dfrac{\mathrm{d}x}{\mathrm{d}x}$，而不写 $\dfrac{\partial x}{\partial x}$。

②　因 y 不是 x 的函数，y 对 x 求偏导时把 y 看作常数，故当 $\dfrac{\partial y}{\partial x} = 0$。

$$\begin{cases} \dfrac{\partial z}{\partial x} = \dfrac{\partial f}{\partial u}\dfrac{\partial u}{\partial x} + \dfrac{\partial f}{\partial x} \\[3mm] \dfrac{\partial z}{\partial y} = \dfrac{\partial f}{\partial u}\dfrac{\partial u}{\partial y} + \dfrac{\partial f}{\partial y} \end{cases} \tag{4}$$

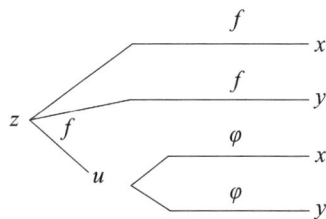

图 14.6

对于(4)式不应死记,要掌握导出的思路,如果掌握了思路,(2)式基础上可得出(4)式。为使初学者比较醒目地能看成复合函数中变量的相互关系,我们给出图 14.6。

例 5　$z = (x-y)^u$,而 $u = x^2 + y^3$,求 $\dfrac{\partial z}{\partial x}$,$\dfrac{\partial z}{\partial y}$。

解　由(4)式得

$$\begin{aligned} \frac{\partial z}{\partial x} &= \frac{\partial z}{\partial u}\frac{\partial u}{\partial x} + \left(\frac{\partial z}{\partial x}\right) = (x-y)^u \ln(x-y)\cdot 2x + u(x-y)^{u-1}\frac{\partial(x-y)}{\partial x} \\ &= 2x(x-y)^u \ln(x-y) + u(x-y)^{u-1} \\ \frac{\partial z}{\partial y} &= \frac{\partial z}{\partial u}\frac{\partial u}{\partial y} + \left(\frac{\partial z}{\partial y}\right) = (x-y)^u \ln(x-y)\cdot 3y^2 + u(x-y)^{u-1}\cdot(-1) \\ &= 3y^2(x-y)^u \ln(x-y) - u(x-y)^{u-1} = (x-y)^{u-1}\left[3y^2(x-y)\ln(x-y) - u\right] \end{aligned}$$

2. 中间变量有几个而自变量只有一个

在这种情况下,因为各中间变量都是同一个自变量的函数,所以这种复合函数实际上也就是一元函数。通常把这种复合函数的导数特称为全导数。例如

$$z = f(x, y),\ \text{而}\ x = \varphi(t),\ y = \psi(t)$$

因为由于 t 的变化引起 x 和 y 的变化,而 z 又依赖于 x, y,故把 z 对 t 的全部变化率叫做全导数。参考公式(1),便得公式:

$$\frac{\mathrm{d}z}{\mathrm{d}t}^{①} = \frac{\partial z}{\partial x}\frac{\mathrm{d}x}{\mathrm{d}t} + \frac{\partial z}{\partial y}\frac{\mathrm{d}x}{\mathrm{d}t} \tag{5}$$

变量间的相互关系,可参考图 14.7。

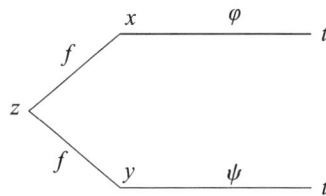

图 14.7

例 6　$z = x^y$,而 $x = \sin t$,$y = \cos t$,求 $\dfrac{\mathrm{d}z}{\mathrm{d}t}$。

解　$\dfrac{\mathrm{d}z}{\mathrm{d}t} = \dfrac{\partial z}{\partial x}\dfrac{\mathrm{d}x}{\mathrm{d}t} + \dfrac{\partial z}{\partial y}\dfrac{\mathrm{d}y}{\mathrm{d}t} = yx^{y-1}\cos t + x^y \ln x(-\sin t)$

$= yx^{y-1}\cos t - x^y \ln x \sin t = \sin t^{\cos t-1}\cos^2 t - \sin t^{\cos t+1}\ln\sin t$

若把所给函数改写成 $z = \sin t^{\cos t}$,这显然就是一个幂指函数。利用对数求导法可以得到与上面相同的结果。

特殊情形　设 $z = f(x, y, t)$,而 $x = \varphi(t)$,$y = \psi(t)$,其中 t 既是中间变量又是自变量。为了引用公式(5)求全导数,可把函数改写成

$$z = f(x, y, t),$$

---

① 注意导数符号用 $\dfrac{\mathrm{d}z}{\mathrm{d}t}$,而不用 $\dfrac{\partial z}{\partial t}$,同时注意右端 $\dfrac{\mathrm{d}x}{\mathrm{d}t}$,$\dfrac{\mathrm{d}y}{\mathrm{d}t}$,而不用 $\dfrac{\partial x}{\partial t}$,因为它们都是 t 的一元函数。

而 $x = \varphi(t)$, $y = \psi(t)$, $t = t$

于是全导数为

$$\frac{\mathrm{d}z}{\mathrm{d}t} = \frac{\partial z}{\partial x}\frac{\mathrm{d}x}{\mathrm{d}t} + \frac{\partial z}{\partial y}\frac{\mathrm{d}y}{\mathrm{d}t} + \frac{\partial z}{\partial t}\frac{\mathrm{d}t}{\mathrm{d}t}$$

即

$$\frac{\mathrm{d}z}{\mathrm{d}t} = \frac{\partial z}{\partial x}\frac{\mathrm{d}x}{\mathrm{d}t} + \frac{\partial z}{\partial y}\frac{\mathrm{d}y}{\mathrm{d}t} + \frac{\partial z}{\partial t} \qquad (5')$$

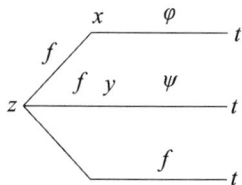

图 14.8

变量间的关系,参考图 14.8。

例 7　$z = uv + \sin t$, $u = \mathrm{e}^t$, $v = \cos t$, 求 $\dfrac{\mathrm{d}z}{\mathrm{d}t}$。

解　应用公式 $(5')$, 可得

$$\frac{\mathrm{d}z}{\mathrm{d}t} = \frac{\partial z}{\partial u}\frac{\mathrm{d}u}{\mathrm{d}t} + \frac{\partial z}{\partial v}\frac{\mathrm{d}v}{\mathrm{d}t} + \frac{\partial z}{\partial t} = v\mathrm{e}^t + u(-\sin t) + \cos t = \mathrm{e}^t(\cos t - \sin t) + \cos t$$

例 8　$z = \ln\dfrac{y}{x}$, 而 $y = \mathrm{e}^x$, 求 $\dfrac{\mathrm{d}z}{\mathrm{d}x}$。

解　$\dfrac{\mathrm{d}z}{\mathrm{d}x} = \dfrac{\partial z}{\partial y}\dfrac{\mathrm{d}y}{\mathrm{d}x} + \dfrac{\partial z}{\partial x} = \dfrac{1}{\frac{y}{x}}\dfrac{1}{x}\mathrm{e}^x + \dfrac{1}{\frac{y}{x}}\left(-\dfrac{y}{x^2}\right) = \dfrac{1}{y}\mathrm{e}^x - \dfrac{1}{x} = \dfrac{1}{\mathrm{e}^x}\mathrm{e}^x - \dfrac{1}{x} = 1 - \dfrac{1}{x}$

全微分形式的不变性　同一元函数的情形一样,二元函数的全微分也具有形式不变的性质。我们已经知道二元函数 $u = f(x, y)$ 的全微分

$$\mathrm{d}u = \frac{\partial u}{\partial x}\mathrm{d}x + \frac{\partial u}{\partial y}\mathrm{d}y \qquad (1)$$

而在复合函数 $u = f(x, y)$, $x = \varphi(S, t)$, $y = \psi(S, t)$ 的情形下,其微分仍具有相同的形式:

$$\mathrm{d}u = \frac{\partial u}{\partial s}\mathrm{d}s + \frac{\partial u}{\partial t}\mathrm{d}t = \left(\frac{\partial u}{\partial x}\frac{\partial x}{\partial s} + \frac{\partial u}{\partial y}\frac{\partial y}{\partial s}\right)\mathrm{d}s + \left(\frac{\partial u}{\partial x}\frac{\partial x}{\partial t} + \frac{\partial u}{\partial y}\frac{\partial y}{\partial t}\right)\mathrm{d}t$$

$$= \frac{\partial u}{\partial x}\left(\frac{\partial x}{\partial s}\mathrm{d}s + \frac{\partial x}{\partial t}\mathrm{d}t\right) + \frac{\partial u}{\partial y}\left(\frac{\partial y}{\partial s}\mathrm{d}s + \frac{\partial y}{\partial t}\mathrm{d}t\right) = \frac{\partial u}{\partial x}\mathrm{d}x + \frac{\partial u}{\partial y}\mathrm{d}y \qquad (2)$$

比较 (1) 与 (2) 可知,无论 x 和 y 是自变量还是中间变量,函数 $u = f(x, y)$ 的全微分总是具有 (1) 式的形式。这就叫做全微分形式的不变性。

由于全微分的形式具有不变性,所以求全微分与求偏导数不一样,不必考虑谁是自变量,便可以大胆应用公式 (1)。利用全微分的这个性质,可以简化求偏导数的手续。

首先我们指出一批常用的微分公式:

$$\mathrm{d}(u \pm v) = \mathrm{d}u + \mathrm{d}v$$

$$\mathrm{d}(uv) = u\mathrm{d}v + v\mathrm{d}u$$

$$\mathrm{d}\left(\frac{u}{v}\right) = \frac{v\mathrm{d}u - u\mathrm{d}v}{v^2} \quad (v \neq 0)$$

这些公式,当 u, v 皆为自变量时,按全微分定义容易验证;当 u, v 皆为另外一组自变量的函数时,根据全微分形式的不变性,也都是成立的。

下面是利用全微分来求偏导数的例子。

例 9　求 $u = \arctan \dfrac{x}{y}$ 的偏导数。

解　把函数改写成复合函数：$u = \arctan \dfrac{x}{y}$，$v = \dfrac{x}{y}$，

先求 u 的全微分

$$\mathrm{d}u = \frac{\mathrm{d}v}{1 + v^2} = \frac{\mathrm{d}\left(\dfrac{x}{y}\right)}{1 + \left(\dfrac{x}{y}\right)^2} = \frac{\dfrac{y\mathrm{d}x - x\mathrm{d}y}{y^2}}{\dfrac{x^2 + y^2}{y^2}} = \frac{y\mathrm{d}x - x\mathrm{d}y}{x^2 + y^2}$$

因自变量的微分的系数是对应的偏导数，故得

$$\frac{\partial u}{\partial x} = \frac{y}{x^2 + y^2}, \quad \frac{\partial u}{\partial y} = -\frac{x}{x^2 + y^2}$$

例 10　设 $u = f(x, y, z)$，$y = \varphi(x, t)$，$t = \psi(x, z)$。试求 $\dfrac{\partial u}{\partial x}$。

解　如果按求导的链锁规则计算 $\dfrac{\partial u}{\partial x}$，就必须分清谁是中间变量，谁是自变量。由于

$$y = \varphi(x, t) = \varphi[x, \psi(x, z)] = g(x, z)$$

所以应当以 x，z 为自变量，以 y 为中间变量，来求偏导数。

如果通过求全微分以求偏导，就不管谁是自变量，谁是中间变量，首先可写出下式的第一步（然后再写出第二、三步）。

$$\begin{aligned}
\mathrm{d}u &= \frac{\partial f}{\partial x}\mathrm{d}x + \frac{\partial f}{\partial y}\mathrm{d}y + \frac{\partial f}{\partial z}\mathrm{d}z \\
&= \frac{\partial f}{\partial x}\mathrm{d}x + \frac{\partial f}{\partial y}\left[\frac{\partial \varphi}{\partial x}\mathrm{d}x + \frac{\partial \varphi}{\partial t}\mathrm{d}t\right] + \frac{\partial f}{\partial z}\mathrm{d}z \\
&= \frac{\partial f}{\partial x}\mathrm{d}x + \frac{\partial f}{\partial y}\left[\frac{\partial \varphi}{\partial x}\mathrm{d}x + \frac{\partial \varphi}{\partial t}\left(\frac{\partial \psi}{\partial x}\mathrm{d}x + \frac{\partial \psi}{\partial z}\mathrm{d}z\right)\right] + \frac{\partial f}{\partial z}\mathrm{d}z
\end{aligned}$$

最后我们根据 x，z 是自变量这一点，从上式中找出 $\mathrm{d}x$ 的系数，便得 $\dfrac{\partial u}{\partial x}$，即

$$\frac{\partial u}{\partial x} = \frac{\partial f}{\partial x} + \frac{\partial}{\partial y}\left(\frac{\partial \varphi}{\partial x} + \frac{\partial \varphi}{\partial t}\frac{\partial \psi}{\partial x}\right)$$

可见计算全微分比较简捷，不容易出错。

§14.4　二元函数的极值

我们讲过了一元函数的极值，多元函数存在极值问题，本节仅就二元函数的极值进行讨论。先给出极值的定义，然后研究极值的判别。

定义　设函数 $z = f(x, y)$ 在点 $P_0(x_0, y_0)$ 的某个领域内有定义，对于该领域内的任意一点 $P(x, y)$，如果

$$f(x, y) \leqslant f(x_0, y_0)$$

则说 $f(x, y)$ 在点 P_0 取得极大值, P_0 称为极大值点(图 14.9);如果

$$f(x, y) \geqslant f(x_0, y_0)$$

则说 $f(x, y)$ 在点 P_0 取得极小值, P_0 称为极小值点(图 14.10)。极大值与极小值统称为极值,极大值点与极小值点统称为极值点。

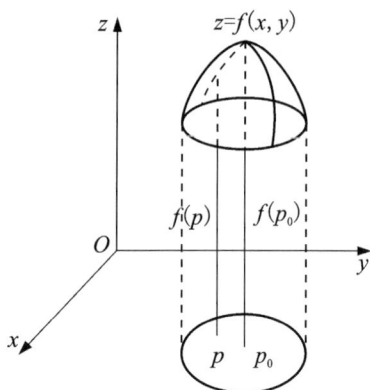

图 14.9

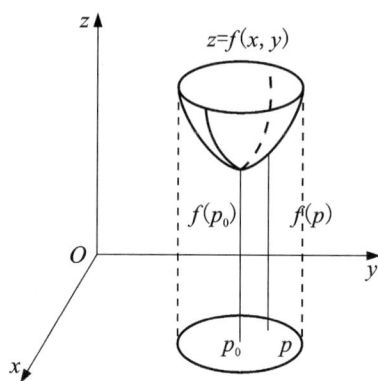

图 14.10

例1 函数 $z = -\sqrt{x^2 + y^2}$ 在点 $(0, 0)$ 有极大值。因为在点 $(0, 0)$ 附近的函数值均为负,而在点 $(0, 0)$ 处的函数值等于零,这个函数的图形在 Oxy 平面下方的锥面,坐标原点 $(0, 0, 0)$ 是它的顶点。

例2 $z = 3x^2 + 4y^2$ 在点 $(0, 0)$ 有极小值。因为在点 $(0, 0)$ 附近的函数值均为正,而在点 $(0, 0)$ 处的函数值等于零,此函数的图形是椭圆抛物面,坐标原点 $(0, 0, 0)$ 是它的顶点。

例3 $z = xy$ 在点 $(0, 0)$ 既无极大值,又无极小值。因为在 $(0, 0)$ 处的函数值为零,而在此点附近,既有正的函数值(比如当 x, y 同号时)又有负的函数值(比如当 x, y 异号时)。此函数的图形是双曲抛物面,坐标原点 $(0, 0, 0)$ 是它的顶点,而在顶点附近,曲面是马鞍形状。

极值概念清楚以后,接着我们要利用偏导数来解决极值的判别问题。

定理1 (极值的必要条件)如果函数 $f(x, y)$ 在点 (x_0, y_0) 有一阶偏导数并且函数在这点取得极值,则

$$f'_x(x_0, y_0) = 0 \text{ 及 } f'_y(x_0, y_0) = 0$$

证明 因为二元函数 $f(x, y)$ 在点 (x_0, y_0) 有极值,现在固定 $y = y_0$,来考察一元函数 $f(x, y_0)$,那么 $f(x, y_0)$ 在点 x_0 也必有极值。根据一元函数在一点取得极值的必要条件,则有

$$f'_x(x_0, y_0) = 0$$

同理可证 $f'_y(x_0, y_0) = 0$

为了叙述上的方便,我们把方程组

$$\begin{cases} f'_x(x, y) = 0, \\ f'_y(x, y) = 0 \end{cases}$$

的解(即 Oxy 平面上的点),叫做函数 $f(x,y)$ 的稳定点。上述定理告诉我们:对于一个有偏导数的函数,它的极值点只能在稳定点中去找,此外是没有的。但应注意的是,定理的条件仅是必要的,而非充分的,即是说,一个函数的稳定点不一定是它的极值点。例如函数 $f(x,y)=xy$ 在点 $(0,0)$ 显然有

$$f'_x(0,0) = y\big|_{(0,0)} = 0$$
$$f'_y(0,0) = x\big|_{(0,0)} = 0$$

但是在前面例 3 已讨论过,它在点 $(0,0)$ 是没有极值的。

此外,极值点还可能在偏导数不存在的点处。

注:因为对于可微函数,全微分 $df(x_0,y_0)=f'_x(x_0,y_0)dx+f'_y(x_0,y_0)dy=0$ 与 $f'_x(x_0,y_0)=0, f'_y(x_0,y_0)=0$ 是等价的,因此如果函数 $f(x,y)$ 可微,那么它在点 (x_0,y_0) 取得极值的必要条件,也可以说是全微分 $df(x_0,y_0)=0$。

定理 2 (极值的充分条件) 如果函数 $f(x,y)$ 在点 $P_0(x_0,y_0)$ 的某个领域内,有一阶及二阶的连续偏导数,并且 P_0 是函数的稳定点,令

$$A = f''_{xx}(x_0,y_0), B = f''_{xy}(x_0,y_0),$$
$$C = f''_{yy}(x_0,y_0), \Delta = AC - B^2,$$

那么

(1)若 $\Delta > 0$,则 $f(x,y)$ 在点 P_0 有极值:当 A(或 C) > 0 时,有极小值;当 A(或 C) < 0 时,有极大值。

(2)若 $\Delta < 0$,则 $f(x,y)$ 在点 P_0 无极值。

(3)若 $\Delta = 0$,则 $f(x,y)$ 在点 P_0 可能有极值也可能无极值,须另行讨论。

判别极值的三个步骤 根据上述两个定理,我们可以采取以下三个步骤判别函数 $f(x,y)$ 的极值。

(1)求一阶偏导数,然后解方程组

$$\begin{cases} f'_x(x,y) = 0, \\ f'_y(x,y) = 0 \end{cases}$$

以求稳定点 (x_0,y_0)。

(2)求二阶偏导数及判别式:

$$f''_{xx} = A, f''_{xy} = B, f''_{yy} = C$$
$$\Delta = AC - B^2 = f''_{xx} \cdot f''_{yy} - f''^2_{xy}$$

(3)判别

(i)若 $\Delta > 0$,当 A(或 C) < 0 时,$f(x,y)$ 在点 (x_0,y_0) 有极大值;当 A(或 C) > 0 时,有极小值。

(ii)若 $\Delta < 0$,则 $f(x,y)$ 在点 (x_0,y_0) 无极值。

(iii)若 $\Delta = 0$,不能确定。

例 4 讨论函数 $f(x,y) = 3axy - x^3 - y^3 (a > 0)$ 的极值。

解 1)解方程组:

$$f'_x = 3ay - 3x^2 = 0, f'_y = 3ax - 3y^2 = 0$$

得稳定点 $(0,0)$ 及 (a,a)。

2)二阶偏导数及判别式为

$$A = f''_{xx} = -6x, \ B = f''_{xy} = 3a, \ C = f''_{yy} = -6y$$
$$\Delta = f''_{xx} \cdot f''_{yy} - f''^2_{xy} = 36xy - 9a^2$$

3) 在点$(0,0)$，$\Delta = -9a^2 < 0$，故无极值。

在点(a,a)，$\Delta = 36a^2 - 9a^2 = 27a^2 > 0$，且$A = -6a < 0$（因$a > 0$），故$f(x,y)$在点$(a,a)$有极大值$f(a,a) = 3a^3 - a^3 - a^3 = a^3$。

下面举两个求最大（小）值的例子。在实际问题中，函数的最大（小）值往往在函数有定义的区域内取得，因此便归结为极值问题了。

例 5　要做一长方体，三边长度之和为一定，问如何选择各边长度，可使长方体的体积最大。

解　设三边长分别为x, y, z，三边长度之和为$a(a > 0)$。按题意，就是在$x + y + z = a$这个条件下，来求函数$V = xyz$的最大值。

将$z = a - x - y$代入V，得二元函数

$$V = xy(a - x - y)$$

又有$x > 0, y > 0, x + y < a$

（1）解方程组：

$$\begin{cases} \dfrac{\partial V}{\partial x} = ay - 2xy - y^2 = 0 \\ \dfrac{\partial V}{\partial y} = ax - 2xy - x^2 = 0 \end{cases}$$

得两组解$x = y = 0$及$x = y = \dfrac{a}{3}$。因$x = y = 0$无意义，故只就稳定点$\left(\dfrac{a}{3}, \dfrac{a}{3}\right)$来考察。

（2）二阶偏导数及判别式为

$$A = \frac{\partial^2 V}{\partial x^2} = -2y, \ B = \frac{\partial^2 V}{\partial x \partial y} = a - 2x - 2y, \ C = \frac{\partial^2 V}{\partial y^2} = -2x$$
$$\Delta = AC - B^2 = 4xy - (a - 2x - 2y)^2$$

（3）在点$\left(\dfrac{a}{3}, \dfrac{a}{3}\right)$有

$$\Delta = 4 \times \frac{a}{3} \times \frac{a}{3} - \left(a - 2 \times \frac{a}{3} - 2 \times \frac{a}{3}\right)^2 = \frac{1}{3}a^2 > 0$$

又因$A = -2y = -2 \times \dfrac{a}{3} < 0$，故$V$在点$\left(\dfrac{a}{3}, \dfrac{a}{3}\right)$有极大值，也就是最大值。

又当$x = y = \dfrac{a}{3}$时，$z = a - x - y = \dfrac{a}{3}$。可见当长方体的三边相等，也就是做成立方体时，体积为最大。

例 6　求曲面$f(x,y) = \dfrac{1}{2}x^2 - 4xy + 9y^2 + 3x - 14y + \dfrac{1}{2}$的最高点和最低点。

解　易见，当点(x,y)沿直线$y = x$变向无穷远时，则$f(x,y)$便无限增大（可在$f(x,y)$中令$y = x$，然后让$x \to \infty$取极限），因此曲面无最高点。

下面找最低点，由方程组

$$f'_x = x - 4y + 3 = 0, f'_y = -4x + 18y - 14 = 0$$

解得
$$x = 1, y = 1$$

又
$$f''_{xx} = 1, f''_{xy} = -4, f''_{yy} = 18$$

所以
$$\Delta = f''_{xx} \cdot f''_{yy} - f''^2_{xy} = 1 \times 18 - (-4)^2 = 2 > 0$$

又知 $f''_{xx} = 1 > 0$，故 $f(x, y)$ 在点 $(1, 1)$ 有极小值 $f(1, 1) = -5$。这也就是最小值，即点 $(1, 1)$ 是曲面的最低点。

§14.5　全微分在几何上应用

一、空间曲线的切线及法平面

设空间曲线 C 由参数方程给出：
$$x = \varphi(t), y = \psi(t), z = \omega(t) \qquad (1)$$
其中 $\varphi(t), \psi(t), \omega(t)$ 都是在某一区间 I 内的可导函数。$M_0(x_0, y_0, z_0)$ 是曲线 C 上对应于参数 t_0 的一点。现在给 t 一个改变量 Δt，则 x, y, z 分别得到相应的 $\Delta x, \Delta y, \Delta z$，于是点 M_0 就变到曲线上的另一点 $M(x_0 + \Delta x, y_0 + \Delta y, z_0 + \Delta z)$（图 14.11）。通过 M_0 及 M 的割线方程是

$$\frac{x - x_0}{\Delta x} = \frac{y - y_0}{\Delta y} = \frac{z - z_0}{\Delta z}$$

各项分母除以 Δt，得

$$\frac{x - x_0}{\dfrac{\Delta x}{\Delta t}} = \frac{y - y_0}{\dfrac{\Delta y}{\Delta t}} = \frac{z - z_0}{\dfrac{\Delta z}{\Delta t}}$$

图 14.11

当 M 点趋于 M_0 点时，割线 MM_0 的极限位置 $M_0 T$ 便是 C 在 M_0 点的切线。因此，我们在上式中，令 $\Delta t \to 0$（从而 $\Delta x, \Delta z, \Delta z$ 皆趋于零，即 $M \to M_0$）取极限，就得到

$$\frac{x - x_0}{\dfrac{dx}{dt}} = \frac{y - y_0}{\dfrac{dy}{dt}} = \frac{z - z_0}{\dfrac{dz}{dt}}$$

或写成

$$\frac{x - x_0}{\varphi'(t_0)} = \frac{y - y_0}{\psi'(t_0)} = \frac{z - z_0}{\omega'(t_0)} \qquad (2)$$

这就是曲线 C 在 $M_0(x_0, y_0, z_0)$ 点（或说对应于 t_0）的切线方程。

用 α, β, γ 表示切线与三个坐标轴的夹角，则切线的方向余弦满足关系：

$$\cos \alpha : \cos \beta : \cos \gamma = \frac{dx}{dt} : \frac{dy}{dt} : \frac{dz}{dt} = \varphi'(t_0) : \psi'(t_0) : \omega'(t_0)$$

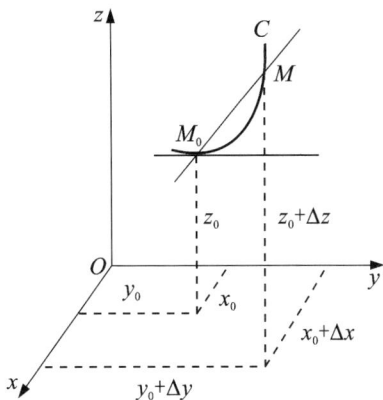

切线的方向余弦为

$$\cos \alpha = \frac{\varphi'(t_0)}{\sqrt{\varphi'^2(t_0) + \psi'(t_0) + \omega'^2(t_0)}}$$

$$\cos \beta = \frac{\psi'(t_0)}{\sqrt{\varphi'^2(t_0) + \psi'^2(t_0) + \omega'^2(t_0)}}$$

$$\cos \gamma = \frac{\omega'(t_0)}{\sqrt{\varphi'^2(t_0) + \psi'^2(t_0) + \omega'^2(t_0)}}$$

即

$$\cos \alpha = \frac{\mathrm{d}x}{\sqrt{\mathrm{d}x^2 + \mathrm{d}y^2 + \mathrm{d}z^2}}$$

$$\cos \beta = \frac{\mathrm{d}y}{\sqrt{\mathrm{d}x^2 + \mathrm{d}y^2 + \mathrm{d}z^2}}$$

$$\cos \gamma = \frac{\mathrm{d}z}{\sqrt{\mathrm{d}x^2 + \mathrm{d}y^2 + \mathrm{d}z^2}} \tag{3}$$

通过曲线 C 上一点 $M_0(x_0, y_0, y_0)$ 而与 M_0 点处的切线相垂直的平面，叫做曲线在该点的法平面。法平面的法向量为 $(\varphi'(t_0), \psi'(t_0), \omega'(t_0))$，由解析几何可知法平面的方程为

$$\varphi'(t_0)(x - x_0) + \psi'(t_0)(y - y_0) + \omega'(t_0)(z - z_0) = 0 \tag{4}$$

特别地，如果曲线方程的形式为

$$y = \psi(x), \ z = \omega(x)$$

则可把 x 看作参数，于是参数方程可表示成

$$x = x, \ y = \psi(x), \ z = \omega(x)$$

因此曲线在点 $M_0(x_0, y_0, y_0)$（这里 $y_0 = \psi(x_0)$，$z_0 = \omega(x_0)$）的切线方程便为

$$\frac{x - x_0}{1} = \frac{y - y_0}{\psi'(x_0)} = \frac{z - z_0}{\omega'(x_0)} \tag{5}$$

法平面方程为

$$(x - x_0) + \psi'(x_0)(y - y_0) + \omega'(x_0)(z - z_0) = 0 \tag{6}$$

这时切线的方向余弦为

$$\cos \alpha = \frac{1}{\sqrt{1 + \psi'^2(x_0) + \omega'^2(x_0)}}$$

$$\cos \beta = \frac{\psi'(x_0)}{\sqrt{1 + \psi'^2(x_0) + \omega'^2(x_0)}}$$

$$\cos \gamma = \frac{\omega'(x_0)}{\sqrt{1 + \psi'^2(x_0) + \omega'^2(x_0)}}$$

例 1 求螺旋线

$$x = a\cos t, \ y = a\sin t, \ z = bt$$

对应于 $t = \dfrac{\pi}{3}$ 的点的切线方程和法平面方程。

解　$x_0 = a\cos\dfrac{\pi}{3} = \dfrac{a}{2}$，$y_0 = a\sin\dfrac{\pi}{3} = \dfrac{\sqrt{3}}{2}a$，$z_0 = b \cdot \dfrac{\pi}{3} = \dfrac{b}{3}\pi$。

又知

$$x' = -a\sin t\,,\ y' = a\cos t\,,\ z' = b\,,$$

所以

$$x'\big|_{t_0} = -a\sin\dfrac{\pi}{3} = -\dfrac{\sqrt{3}}{2}a\,,$$

$$y'\big|_{t_0} = a\cos\dfrac{\pi}{3} = \dfrac{a}{2}\,,\ z'\big|_{t_0} = b\,。$$

代入公式(2) 得切线方程

$$\frac{x - \dfrac{a}{2}}{-\dfrac{\sqrt{3}}{2}a} = \frac{y - \dfrac{\sqrt{3}}{2}a}{\dfrac{a}{2}} = \frac{z - \dfrac{b}{3}\pi}{b}$$

代入公式(4) 得法平面方程

$$-\frac{\sqrt{3}}{2}a\left(x - \frac{a}{2}\right) + \frac{a}{2}\left(y - \frac{\sqrt{3}}{2}a\right) + b\left(z - \frac{b}{3}\pi\right) = 0$$

二、曲面的切平面及法线

如果曲面上过 M_0 点的任一曲面 C 的切线都在同一平面上，则称此平面为曲面在 M_0 点的切平面，过 M_0 点而与切平面垂直的直线，称为曲面在 M_0 点的法线。下面来求曲面的切平面方程。

我们先就由隐式给出的曲面方程

$$F(x,\ y,\ z) = 0 \tag{1}$$

进行研究，然后把由显式给出的曲面方程 $z = f(x,\ y)$ 作为特殊情形而导出相应的结果。

设 $M_0(x_0,\ y_0,\ z_0)$ 是曲面(1) 上的一点，即 $F(x_0,\ y_0,\ z_0) = 0$，并且函数 $F(x,\ y,\ z)$ 在点 M_0 可微。在曲面(1) 上任意引一条过点 M_0 的曲线，设其参数方程为

$$x = \varphi(t)\,,\ y = \psi(t)\,,\ z = \omega(t) \tag{2}$$

其中 $\varphi(t),\ \psi(t),\ \omega(t)$ 都是可导的，且

$$x_0 = \varphi(t_0)\,,\ y_0 = \psi(t_0)\,,\ z_0 = \omega(t_0)$$

因为曲线(2) 在曲面(1) 上，故有

$$F[\varphi(t),\ \psi(t),\ \omega(t)] = 0$$

显然左端的复合函数 $F[\varphi(t),\ \psi(t),\ \omega(t)]$ 在 $t = t_0$ 必有全导数 $\dfrac{\mathrm{d}F}{\mathrm{d}t}$，即

$$\frac{\mathrm{d}F}{\mathrm{d}t}\Big|_{t = t_0} = 0$$

根据复合函数微分法，

$$\frac{\mathrm{d}F}{\mathrm{d}t}\Big|_{t = t_0} = \left[\frac{\partial F}{\partial x}\frac{\mathrm{d}x}{\mathrm{d}t} + \frac{\partial F}{\partial y}\frac{\mathrm{d}y}{\mathrm{d}t} + \frac{\partial F}{\partial z}\frac{\mathrm{d}z}{\mathrm{d}t}\right]_{t = t_0} = 0$$

即
$$F'_x(x_0, y_0, z_0)\varphi'(t_0) + F'_y(x_0, y_0, z_0)\psi'(t_0) + F'_z(x_0, y_0, z_0)\omega'(t_0) = 0 \qquad (3)$$

由前面知曲线(2)在点 M_0 的切线方程为
$$\frac{x - x_0}{\varphi'(t_0)} = \frac{y - y_0}{\psi'(t_0)} = \frac{z - z_0}{\omega'(t_0)}$$

令此比值为 $\frac{1}{\lambda}$，则有
$$\varphi'(t_0) = \lambda(x - x_0), \quad \psi'(t_0) = \lambda(y - y_0),$$
$$\omega'(t_0) = \lambda(z - z_0)$$

把这些代入(3)，并消去 λ，得
$$F'_x(x_0, y_0, z_0)(x - x_0) + F'_y(x_0, y_0, z_0)(y - y_0) + F'_z(x_0, y_0, z_0)(z - z_0) = 0 \qquad (4)$$

这就是曲面(1)在点 $M_0(x_0, y_0, z_0)$ 的切平面方程。

关于法线的方程，容易写出来。因为 F'_x, F'_y, F'_z 是法线的方向向量，所以过点 $M_0(x_0, y_0, z_0)$ 的法线方程
$$\frac{(x - x_0)}{F'_x(x_0, y_0, z_0)} = \frac{(y - y_0)}{F'_y(x_0, y_0, z_0)} = \frac{(z - z_0)}{F'_z(x_0, y_0, z_0)} \qquad (5)$$

法线的方向余弦
$$\cos\alpha = \frac{F'_x}{\sqrt{F'^2_x + F'^2_y + F'^2_z}}$$
$$\cos\beta = \frac{F'_y}{\sqrt{F'^2_x + F'^2_y + F'^2_z}}$$
$$\cos\gamma = \frac{F'_z}{\sqrt{F'^2_x + F'^2_y + F'^2_z}}$$

根据根式前的符号，确定法线指向哪一侧，其中 α, β, γ 表示法线的方向角。

在特殊情形下，当曲面方程是用显式
$$z = f(x, y)$$
给出的，这时有
$$F(x, y, z) = f(x, y) - z = 0$$
于是
$$F'_x = f'_x, \quad F'_y = f'_y, \quad F'_z = -1$$

因此，曲面在点 $M_0(x_0, y_0, z_0)$ 的切平面方程是
$$f'_x(x_0, y_0)(x - x_0) + f'_y(x_0, y_0)(y - y_0) - (z - z_0) = 0 \qquad (6)$$

法线方程是
$$\frac{x - x_0}{f'_x(x_0, y_0, z_0)} = \frac{y - y_0}{f'_y(x_0, y_0, z_0)} = \frac{z - z_0}{-1} \qquad (7)$$

法线的方向余弦为(假定法线方向向上，$\cos\gamma > 0$)
$$\cos\alpha = \frac{-f'_x}{\sqrt{1 + f'^2_x + f'^2_y}}$$

$$\cos \beta = \frac{-f'_y}{\sqrt{1 + f'^2_x + f'^2_y}}$$

$$\cos \gamma = \frac{1}{\sqrt{1 + f'^2_x + f'^2_y}}$$

例 2　求球面 $x^2 + y^2 + z^2 = 14$ 在点 $(1, 2, 3)$ 的切平面和法线的方程。

解　令 $F(x, y, z) = x^2 + y^2 + z^2 - 14$

则
$$F'_x = 2x,\ F'_y = 2y,\ F'_z = 2z$$

$$F'_x(1, 2, 3) = 2,\ F'_y(1, 2, 3) = 4,\ F'_z(1, 2, 3) = 6$$

所以在点 $(1, 2, 3)$ 的切平面方程是

$$2(x - 1) + 4(y - 2) + 6(z - 3) = 0$$

即
$$x + 2y + 3z = 14$$

法线方程是

$$\frac{x - 1}{2} = \frac{y - 1}{4} = \frac{z - 1}{6}$$

即

$$x - 1 = \frac{y - 2}{2} = \frac{z - 3}{3}。$$

例 3　求曲面 $z = x^2 + y^2 - 1$ 在点 $(2, 3, 4)$ 的切平面和法线的方程。

解　令 $f(x, y) = x^2 + y^2 - 1$

则　$f'_x = 2x, f'_y = 2y$，所以切平面方程为

$$4(x - 2) + 2(y - 1) - (z - 4) = 0$$

即
$$4x + 2y - z = 6$$

法线方程为

$$\frac{x - 2}{4} = \frac{y - 1}{2} = \frac{z - 4}{-1}$$

§14.6　隐函数的偏导数

凡是以含自变量的解析式子明显地表示出来的函数，这样的函数称为**显函数**，例如 $y = x^2 + \dfrac{1}{x - 1} + 1$, $z = \ln\sqrt{x^2 + y^2}$，等等。

除此以外，量与量之间的函数关系也可以通过方程来确定，例如方程

$$2x - 3y + 1 = 0 \tag{1}$$

便确定了 y 为 x 的函数，因为每给定 x 的一个值，通过方程，就可以得到 y 的一个对应值。因此，方程 (1) 实际上是隐含着一个函数关系 $y = f(x)$，如果把方程解开，便知这个函数就是

$$y = \frac{2x + 1}{3} \qquad (-\infty < x < +\infty)$$

又如椭圆方程

$$\frac{x^2}{a^2} + \frac{y^2}{b^2} = 1 \tag{2}$$

则确定了两个一元函数：

$$y = b\sqrt{1 - \frac{x^2}{a^2}}, \ y = -b\sqrt{1 - \frac{x^2}{a^2}}$$

若把每一个函数代入(2)，都会得到关于 x 的恒等式。

上述二例，都是能够从方程把代表函数的变量解出来，从而化隐式为显式；但也有的方程，并不能化隐为显。例如天文学上著名的开普勒方程

$$y - x - \varepsilon\sin y = 0$$

其中 ε 是常数，$0 < \varepsilon < 1$。这个方程中的 y 就解不出来，即是说不能用 x 的显式来表示。但是尽管如此，从后面要介绍的定理就可以知道，其中的 y 确实是 x 的函数。

参考上述例子，来领会下面的定义。

定义 设有方程 $F(x, y) = 0$

如果对于某一区间内的任一 x 值，通过方程，都有 y 的一个对应值存在，于是便得到了 x 的函数 $y = f(x)$，它满足方程即 $F[x, f(x)] = 0$，那么就称此函数为由方程 $F(x, y) = 0$ 所确定的隐函数。

定理 1 设函数 $F(x, y)$ 在 $P_0(x_0, y_0)$ 的某个领域内连续，且 $F(x, y) = 0$，$F_y(x_0, y_0) \neq 0$，则方程 $F(x, y) = 0$ 在点 (x_0, y_0) 的某一领域内唯一确定了一个函数 $y = f(x)$ 且满足条件：(1) 在点 x_0 的某个领域 $U(x_0, x)$ 内有定义，且有定义 $F(x, f(x)) \equiv 0$，$y_0 = f(x_0)$，(2) 在 $U(x_0, x)$ 内具有连续导数，且 $y' = -\dfrac{F'_x(x, y)}{F'_y(x, y)}$。这个定理我们下面举例说明。

例 1 证明开普勒方程

$$y - x - \varepsilon\sin y = 0$$

在点 $(0, 0)$ 的邻域内确定了一个隐函数，并求其导数。

解 这里的 $F(x, y) = y - x - \varepsilon\sin y$。它是二元的初等函数，在点 $(0, 0)$ 的邻域内定义，从而是连续的。

两个偏导数为 $F'_x = -1$，$F'_y = 1 - \varepsilon\cos y$

显然在 $(0, 0)$ 的邻域内也连续。

又 $$F(0, 0) = 0 - 0 - \varepsilon \cdot 0 = 0$$
$$F'_y(0, 0) = 1 - \varepsilon \neq 0$$

由上可知函数 $F(x, y)$ 满足了定理 1 的四个条件，所以它在点 $(0, 0)$ 的邻域内必确定一个隐函数 $y = f(x)$，并且其导数为

$$f(x) = -\frac{F'_x}{F'_y} = -\frac{-1}{1 - \varepsilon\cos y} = \frac{1}{1 - \varepsilon\cos y}$$

如果所讨论的隐函数是多元的，要考虑关于多元函数的偏导数公式，我们以二元的隐函数为例，计算以下偏导数，作为参考。

设由方程

$$F(x, y, z) = 0 \tag{1}$$

所确定的二元隐函数为

$$z = f(x, y)$$

由此可见 $F(x, y, z)$ 乃是 x 和 y 的复合函数（z 是中间变量）。为求 $\dfrac{\partial z}{\partial x}$，在方程(1)的两端对 x 求偏导数。根据复合函数微分法有

$$\frac{\partial F}{\partial x} + \frac{\partial F}{\partial y}\frac{\partial y}{\partial x} + \frac{\partial F}{\partial z}\frac{\partial z}{\partial x} = 0$$

因 $\dfrac{\partial y}{\partial x} = 0$（$y$ 不是 x 的函数），故有

$$\frac{\partial F}{\partial x} + \frac{\partial F}{\partial z}\frac{\partial z}{\partial x} = 0$$

由此得

$$\frac{\partial z}{\partial x} = - \frac{\dfrac{\partial F}{\partial x}}{\dfrac{\partial F}{\partial z}}\left(= - \frac{F'_x}{F'_z}\right) \tag{2}$$

同理可得

$$\frac{\partial z}{\partial y} = - \frac{\dfrac{\partial F}{\partial y}}{\dfrac{\partial F}{\partial z}}\left(= - \frac{F'_y}{F'_z}\right) \tag{3}$$

(2)式、(3)式就是由方程(1)所确定的隐函数的偏导数公式，所导出的这两个公式与定理结论中的偏导数是一致的。

例 2　对于由方程

$$\frac{x^2}{a^2} + \frac{y^2}{b^2} + \frac{z^2}{c^2} = 1$$

所确定的隐函数 z，求出 $\dfrac{\partial z}{\partial x}$，$\dfrac{\partial z}{\partial y}$ 及 $\dfrac{\partial^2 z}{\partial x^2}$。

解　令 $F(x, y, z) = \dfrac{x^2}{a^2} + \dfrac{y^2}{b^2} + \dfrac{z^2}{c^2} - 1 = 0$

于是

$$\frac{\partial F}{\partial x} = \frac{2x}{a^2}, \quad \frac{\partial F}{\partial y} = \frac{2y}{b^2}, \quad \frac{\partial F}{\partial z} = \frac{2z}{c^2}$$

当 $z \neq 0$ 时，便有

$$\frac{\partial z}{\partial x} = - \frac{\dfrac{2x}{a^2}}{\dfrac{2z}{c^2}} = - \frac{c^2 x}{a^2 z}, \quad \frac{\partial z}{\partial y} = - \frac{c^2 y}{b^2 z}$$

及

$$\frac{\partial^2 z}{\partial x^2} = \frac{\partial}{\partial x}\left(- \frac{c^2 x}{a^2 z}\right) = - \frac{c^2 a^2 z - c^2 x \cdot a^2 z'_x}{(a^2 z)^2}$$

$$= -\frac{a^2 c^2 z + \dfrac{a^2 c^4 x^2}{a^2 z}}{a^4 z^2} = -\frac{a^2 c^2 z^2 + c^4 x^2}{a^4 z^3}$$

$$= -\frac{c^2(a^2 z^2 + c^2 x^2)}{a^4 z^3}$$

例 3 求由方程

$$e^{-xy} - 2z + e^z = 0$$

所确定的隐函数 z 对 x 与 y 的偏导数。

解 令 $F(x, y, z) = e^{-xy} - 2z + e^z = 0$

则

$$\frac{\partial F}{\partial x} = -ye^{-xy}, \ \frac{\partial F}{\partial y} = -xe^{-xy}, \ \frac{\partial F}{\partial z} = -2 + e^z, \ \frac{\partial z}{\partial x} = \frac{ye^{-xy}}{e^z - 2}, \ \frac{\partial z}{\partial y} = \frac{xe^{-xy}}{e^z - 2}$$

在方程 $e^{-xy} - 2z + e^z = 0$ 两端对 x 求偏导（把 z 看作 x 的函数，而 y 对 x 则无函数关系），同样可得到 z'_x；对 y 求偏导，则有 z'_y。例如：

$$e^{-xy}(-y) - 2z'_x + e^z z'_x = 0$$

$$z'_x(e^z - 2) = ye^{-xy}, \ z'_x = \frac{ye^{-xy}}{e^z - 2}$$

定理 2 （隐函数存在定理）如果方程组 $F(x, y, z, u, v) = 0$, $G(x, y, z, u, v) = 0$ 中的函数 F 和 G 满足条件：

(1) 在点 $P_0(x_0, y_0, u_0, v_0)$ 的某个邻域 R 内连续，

(2) 在邻域 R 内，F 和 G 均有对各个变元的连续偏导数，

(3) $F(x_0, y_0, z_0, u_0, v_0) = 0$, $G(x_0, y_0, z_0, u_0, v_0) = 0$,

(4) $\dfrac{D(F, G)}{D(u, v)}① = \begin{vmatrix} \dfrac{\partial F}{\partial u} & \dfrac{\partial F}{\partial v} \\ \dfrac{\partial G}{\partial u} & \dfrac{\partial G}{\partial v} \end{vmatrix}_{P_0}$

则

1) 在点 $P_0(x_0, y_0, u_0, v_0)$ 附近，方程组 $F = 0$, $G = 0$ 确定唯一的一组函数 $u = f(x, y)$, $v = g(x, y)$，即在点 $M_0(x_0, y_0)$ 的某个领域 D 内，存在唯一的一组函数 $u = f(x, y)$, $v = g(x, y)$，它们满足

$$F[x, y, f(x, y), g(x, y)] = 0$$
$$G[x, y, f(x, y), g(x, y)] = 0$$

并且 $u_0 = f(x_0, y_0)$, $v_0 = g(x_0, y_0)$

2) $u = f(x, y)$ 和 $v = g(x, y)$ 在 D 内连续，

---

① $\dfrac{D(F, G)}{D(u, v)} = \begin{vmatrix} \dfrac{\partial F}{\partial u} & \dfrac{\partial F}{\partial v} \\ \dfrac{\partial G}{\partial u} & \dfrac{\partial G}{\partial v} \end{vmatrix}$ 称为雅可比行列式（参考高等代数）。

3) $u = f(x, y)$ 和 $v = g(x, y)$ 在 D 内有连续偏导数，并且

$$\frac{\partial u}{\partial x} = - \frac{\begin{vmatrix} \dfrac{\partial F}{\partial x} & \dfrac{\partial F}{\partial v} \\[2mm] \dfrac{\partial G}{\partial x} & \dfrac{\partial G}{\partial v} \end{vmatrix}}{\begin{vmatrix} \dfrac{\partial F}{\partial u} & \dfrac{\partial F}{\partial v} \\[2mm] \dfrac{\partial G}{\partial u} & \dfrac{\partial G}{\partial v} \end{vmatrix}}① = - \frac{1}{J} \frac{D(F, G)}{D(x, v)} \qquad \frac{\partial v}{\partial x} = - \frac{\begin{vmatrix} \dfrac{\partial F}{\partial u} & \dfrac{\partial F}{\partial x} \\[2mm] \dfrac{\partial G}{\partial u} & \dfrac{\partial G}{\partial x} \end{vmatrix}}{\begin{vmatrix} \dfrac{\partial F}{\partial u} & \dfrac{\partial F}{\partial v} \\[2mm] \dfrac{\partial G}{\partial u} & \dfrac{\partial G}{\partial v} \end{vmatrix}} = - \frac{1}{J} \frac{D(F, G)}{D(u, x)}$$

$$\frac{\partial u}{\partial y} = - \frac{\begin{vmatrix} \dfrac{\partial F}{\partial y} & \dfrac{\partial F}{\partial v} \\[2mm] \dfrac{\partial G}{\partial y} & \dfrac{\partial G}{\partial v} \end{vmatrix}}{\begin{vmatrix} \dfrac{\partial F}{\partial u} & \dfrac{\partial F}{\partial v} \\[2mm] \dfrac{\partial G}{\partial u} & \dfrac{\partial G}{\partial v} \end{vmatrix}} = - \frac{1}{J} \frac{D(F, G)}{D(y, v)} \qquad \frac{\partial v}{\partial y} = - \frac{\begin{vmatrix} \dfrac{\partial F}{\partial u} & \dfrac{\partial F}{\partial y} \\[2mm] \dfrac{\partial G}{\partial u} & \dfrac{\partial G}{\partial y} \end{vmatrix}}{\begin{vmatrix} \dfrac{\partial F}{\partial u} & \dfrac{\partial F}{\partial v} \\[2mm] \dfrac{\partial G}{\partial u} & \dfrac{\partial G}{\partial v} \end{vmatrix}} = - \frac{1}{J} \frac{D(F, G)}{D(u, y)}$$

例 4　证明方程组

$$\begin{cases} F = u^2 + v^2 - x^2 - y = 0, \\ G = u + v - x^2 + y = 0 \end{cases}$$

在点 $x_0 = 2$，$y_0 = 1$，$u_0 = 1$，$v_0 = 2$ 附近能确定唯一的一对具有连续偏导数的函数 $u = f(x, y)$，$v = g(x, y)$；并求出偏导数 $\dfrac{\partial u}{\partial x}$，$\dfrac{\partial v}{\partial x}$，$\dfrac{\partial u}{\partial y}$，$\dfrac{\partial v}{\partial y}$。

解　函数 F 和 G 显然都是连续函数。又因

$$F'_x = - 2x, \ F'_y = - 1, \ F'_u = 2u, \ F'_v = 2v$$
$$G'_x = - 2x, \ G'_y = 1, \ G'_u = 1, \ G'_v = 1$$

都在点 (x_0, y_0, u_0, v_0) 附近连续；并且

$$F(x_0, y_0, u_0, v_0) = 1 + 2^2 - 2^2 - 1 = 0$$
$$G(x_0, y_0, u_0, v_0) = 1 + 2 - 2^2 + 1 = 0$$

以及

$$J = \begin{vmatrix} \dfrac{\partial F}{\partial u} & \dfrac{\partial F}{\partial v} \\[2mm] \dfrac{\partial G}{\partial u} & \dfrac{\partial G}{\partial v} \end{vmatrix} = \begin{vmatrix} 2u & 2v \\ 1 & 1 \end{vmatrix} = 2(u - v)$$

在 $u_0 = 1$，$v_0 = 2$ 等于 $J = - 2 \neq 0$，由上述定理 2，便知所给方程组在点 $(2, 1, 1, 2)$ 附近能确定 u，v 为 x，y 的有连续一阶偏导数的函数 $u = f(x, y)$，$v = g(x, y)$。

由定理 2 的公式，可得

---

① 注意这一列的分母是 $a_0 + a_1 + a_2 + \cdots + a_n + \cdots$，而不是 $\sum\limits_{n=0}^{\infty} a_n$。

$$\frac{\partial u}{\partial x} = -\frac{1}{J}\begin{vmatrix} \dfrac{\partial F}{\partial x} & \dfrac{\partial F}{\partial v} \\ \dfrac{\partial G}{\partial x} & \dfrac{\partial G}{\partial v} \end{vmatrix} = -\frac{\begin{vmatrix} -2x & 2v \\ -2x & 1 \end{vmatrix}}{2(u-v)} = \frac{x(1-2v)}{u-v}$$

$$\frac{\partial v}{\partial x} = -\frac{1}{J}\begin{vmatrix} \dfrac{\partial F}{\partial u} & \dfrac{\partial F}{\partial x} \\ \dfrac{\partial G}{\partial u} & \dfrac{\partial G}{\partial x} \end{vmatrix} = -\frac{\begin{vmatrix} 2u & -2x \\ 1 & -2x \end{vmatrix}}{2(u-v)} = \frac{x(2u-1)}{u-v}$$

同样可求得

$$\frac{\partial u}{\partial y} = \frac{1+2v}{2(u-v)}, \frac{\partial v}{\partial y} = -\frac{2u+1}{2(u-v)}$$

这里假定 $u \neq v$。

§14.7 条件极值

一、引言

在上一节，我们研究了二元函数的极值问题，那里所给定的是一个二元函数，让我们在它的整个定义域上来考察它的极值。即是说，这种极值问题，关于函数自变量的变化，只要不超出函数的定义域就可以，没有其他限制。但在实际中，还常常遇到另外一种极值问题，它除了给定一个函数关系之外，对于自变量的变化还限制以附加条件，而附加条件是以含有自变量的方程来表示的。前一种极值叫做**普通极值**，后一种极值则称为**条件极值**。这一节专门研究条件极值问题。

我们在上一节的极值问题中，曾举过这样一个例子：

要做一长方体，三边长度之和一定，问如何选择三边长度，可使长方体的体积最大。

在那里，我们是这样解决的。设长方体的三边分别为 x, y, z，三边长度之和为 a，于是长方体的体积为

$$V = xyz \tag{1}$$

其中的 x, y, z 须满足条件：

$$x + y + z = a \tag{2}$$

我们由方程(2)解出 $z = a - x - y$，代入(1)得

$$V = xy(a - x - y) \tag{3}$$

这个(3)式是我们实际要考察的二元函数，在它的定义域 $x > 0, y > 0, x + y < a$ 内，来求体积 V 的最大值。

事实上，上述这个例子也是一个条件极值问题，其中函数(1)式给定的一个三元函数，方程(2)是由函数的自变量组成的方程，这个方程便限制了自变量的变化范围。对于这个例题，由于很容易从方程(2)解出 z，再将 z 代入(1)式，得到一个二元函数(3)，从而就把一个

条件极值问题化成了普通极值问题。值得注意的是,把一个条件极值问题化成普通极值去解决,并非总是有可行的办法。因为一方面,这样做有时会使所考察的函数变得相当复杂,不利于研究;另一方面,有时从附加条件的方程根本就解不出任何一个变量来。基于这些原因,掌握条件极值的求法,确实是很重要的。下面就来介绍这种方法。

设有函数

$$z = f(x, y, u, v) \tag{1}$$

对于自变量的附加条件是

$$\begin{cases} F_1(x, y, u, v) = 0, \\ F_2(x, y, u, v) = 0 \end{cases} \tag{2}$$

现在要求出函数 f 的极值。这就是说,我们只能在满足方程 $F_1 = 0$, $F_2 = 0$ 的点当中,找出使得函数 f 取得极大值或极小值的点。这两个表示附加条件的方程(2),叫做**连系方程**。①

假定函数 $f(x, y, u, v)$ 具有对各变元的连续偏导数,连系方程组

$$\begin{cases} F_1(x, y, u, v) = 0, \\ F_2(x, y, u, v) = 0 \end{cases}$$

中的 F_1 和 F_2 也都具有对各变元的连续偏导数,并且它的雅可比行列式

$$\frac{D(F_1, F_2)}{D(u, v)} \neq 0$$

在上述的假定下,我们来考察函数 f 的条件极值。

二、取得条件极值的必要条件

研究函数取得条件极值的必要条件,实际就是求条件稳定点。这将通过一个分析探讨的过程,最后导出求条件稳定点的法则。

假定函数 $f(x, y, u, v)$ 在点 $p_0(x_0, y_0, u_0, v_0)$ 取得了条件极值。因为在点 p_0 有

$$\frac{D(F_1, F_2)}{D(u, v)} \neq 0$$

根据隐函数存在定理(上节定理 2),则知连系方程组(2)在点 p_0 的邻域内必确定隐函数

$$\begin{cases} u = u(x, y), \\ v = v(x, y) \end{cases}$$

将函数 u, v 代入给定的函数(1),于是问题就化为二元函数

$$f[x, y, u(x, y), v(x, y)]$$

的普通极值问题了。我们知道,这个二元函数 f 取得普通极值的必要条件是,在极值点 p_0 处函数的全微分等于零。由于 f 是 x, y 的复合函数(u, v 是中间变量),根据全微分形式的不变性,便知 f 在 p_0 点取得极值的必要条件是

$$df = \frac{\partial f}{\partial x}dx + \frac{\partial f}{\partial y}dy + \frac{\partial f}{\partial u}du + \frac{\partial f}{\partial v}dv = 0 \tag{3}$$

---

① 这里所举的函数 f 是四元的。连系方程有两个,如果把方程组(2)所确定的函数 u, v 代入(1),便知 f 是以 x, y 为自变量的二元函数。

但因变量 x, y, u, v 的变化受着连系方程的限制，所以它们的微分 $\mathrm{d}x$, $\mathrm{d}y$, $\mathrm{d}u$, $\mathrm{d}v$ 也必满足对联系方程组(2)求微分而得到的关系式：

$$\mathrm{d}F_1 = \frac{\partial F_1}{\partial x}\mathrm{d}x + \frac{\partial F_1}{\partial y}\mathrm{d}y + \frac{\partial F_1}{\partial u}\mathrm{d}u + \frac{\partial F_1}{\partial v}\mathrm{d}v = 0 \tag{4}$$

$$\mathrm{d}F_2 = \frac{\partial F_2}{\partial x}\mathrm{d}x + \frac{\partial F_2}{\partial y}\mathrm{d}y + \frac{\partial F_2}{\partial u}\mathrm{d}u + \frac{\partial F_2}{\partial v}\mathrm{d}v = 0 \tag{5}$$

由上可知，如果函数 $f(x, y, u, v)$ 在点 $p_0(x_0, y_0, u_0, v_0)$ 取得条件极值，则 (x_0, y_0, u_0, v_0) 应该同时满足上面三个微分表达式(3)、(4)、(5)和两个连系方程，这也就是函数 f 在 p_0 点取得条件极值的必要条件。

同普通极值的情形一样，满足(3)、(4)、(5)式与两个连系方程的点，并不一定是函数 f 的极值点，我们称这样的点为条件稳定点。那么究竟如何从(3)、(4)、(5)式及连系方程求得函数的条件稳定点呢，下面介绍一种很著名的方法。

三、拉格朗日乘数法

(又叫待定系数法)拉格朗日乘数法是一种求函数条件稳定点的方法，需要引入一个或几个待定的乘数(乘数个数与连系方程个数相等)。

以 λ_1, λ_2 分别乘上述(4)式和(5)式，把乘得结果与(3)式相加，得

$$\left(\frac{\partial f}{\partial x} + \lambda_1\frac{\partial F_1}{\partial x} + \lambda_2\frac{\partial F_2}{\partial x}\right)\mathrm{d}x + \left(\frac{\partial f}{\partial y} + \lambda_1\frac{\partial F_1}{\partial y} + \lambda_2\frac{\partial F_2}{\partial y}\right)\mathrm{d}y$$

$$+ \left(\frac{\partial f}{\partial u} + \lambda_1\frac{\partial F_1}{\partial u} + \lambda_2\frac{\partial F_2}{\partial u}\right)\mathrm{d}u + \left(\frac{\partial f}{\partial v} + \lambda_1\frac{\partial F_1}{\partial v} + \lambda_2\frac{\partial F_2}{\partial v}\right)\mathrm{d}v = 0 \tag{6}$$

其中 λ_1, λ_2 称为**拉格朗日乘数**，也叫**待定乘数**。由于

$$\frac{D(F_1, F_2)}{D(u, v)} \neq 0$$

必然存在唯一的一组数 λ_1, λ_2，使(6)式后面两个括号内的式子均为零①：

$$\frac{\partial f}{\partial u} + \lambda_1\frac{\partial F_1}{\partial u} + \lambda_2\frac{\partial F_2}{\partial u} = 0 \tag{7}$$

$$\frac{\partial f}{\partial v} + \lambda_1\frac{\partial F_1}{\partial v} + \lambda_2\frac{\partial F_2}{\partial v} = 0 \tag{8}$$

在(7)式、(8)式成立下，(6)式就变为

$$\left(\frac{\partial f}{\partial x} + \lambda_1\frac{\partial F_1}{\partial x} + \lambda_2\frac{\partial F_2}{\partial x}\right)\mathrm{d}x + \left(\frac{\partial f}{\partial y} + \lambda_1\frac{\partial F_1}{\partial y} + \lambda_2\frac{\partial F_2}{\partial y}\right)\mathrm{d}y = 0$$

由于微分 $\mathrm{d}x$ 与 $\mathrm{d}y$ 是互相独立的量，要上式成立，必有

---

① $\dfrac{D(F_1, F_2)}{D(u, v)} = \begin{vmatrix} \dfrac{\partial F_1}{\partial u} & \dfrac{\partial F_1}{\partial v} \\ \dfrac{\partial F_2}{\partial u} & \dfrac{\partial F_2}{\partial v} \end{vmatrix} \neq 0$，这表明以 λ_1, λ_2 为未知数的方程组(7)、(8)的行列式不等于零，从而这个方程必有唯一的一组解。

$$\frac{\partial f}{\partial x} + \lambda_1 \frac{\partial F_1}{\partial x} + \lambda_2 \frac{\partial F_2}{\partial x} = 0 \tag{9}$$

$$\frac{\partial f}{\partial y} + \lambda_1 \frac{\partial F_1}{\partial y} + \lambda_2 \frac{\partial F_2}{\partial y} = 0 \tag{10}$$

上述的(7)、(8)、(9)、(10)四个等式是通过引入乘数 λ_1, λ_2, 而从(6)式推出来的, 因此, 如果函数 $f(x, y, u, v)$ 在点 $p_0(x_0, y_0, u_0, v_0)$ 取得条件极值, 则 (x_0, y_0, u_0, v_0) 必满足 (7)式、(8)式、(9)式、(10)式以及连系方程 $F_1 = 0$, $F_2 = 0$。但是反过来, 我们从这六个方程求得的关于 x, y, u, v, λ_1, λ_2 的解, 其中除了确实属于极值点 $p_0(x_0, y_0, u_0, v_0)$ 外, 还可能包含其他的点, 当然所有的解都是函数的条件稳定点。

综上所述, 解方程组(7)式、(8)式、(9)式、(10)式, $F_1 = 0$, $F_2 = 0$, 便得到了函数 f 的条件稳定点。为了容易记住方程(7)式、(8)式、(9)式、(10)式, 现在引入一个辅助函数, 称为**拉格朗日函数**:

$$L(x, y, u, v) = f(x, y, u, v) + \lambda_1 F_1(x, y, u, v) + \lambda_2 F_2(x, y, u, v)$$

注意其中第一项是求其条件极值的函数 f, 第二项是以待定乘数 λ_1, 乘连系方程之一, 第三项是以待定乘数 λ_2 乘另一个连系方程。

我们知道, 函数 $L(x, y, u, v)$ 取得普遍极值的必要条件是它对各个变元的偏导数等于零, 即

$$L'_x = \frac{\partial f}{\partial x} + \lambda_1 \frac{\partial F_1}{\partial x} + \lambda_2 \frac{\partial F_2}{\partial x} = 0$$

$$L'_y = \frac{\partial f}{\partial y} + \lambda_1 \frac{\partial F_1}{\partial y} + \lambda_2 \frac{\partial F_2}{\partial y} = 0$$

$$L'_u = \frac{\partial f}{\partial u} + \lambda_1 \frac{\partial F_1}{\partial u} + \lambda_2 \frac{\partial F_2}{\partial u} = 0$$

$$L'_v = \frac{\partial f}{\partial v} + \lambda_1 \frac{\partial F_1}{\partial v} + \lambda_2 \frac{\partial F_2}{\partial v} = 0$$

显然这四个方程恰好就是方程(7)式、(8)式、(9)式、(10)式, 因此解方程组

$$L'_x = 0, \ L'_y = 0, \ L'_u = 0, \ L'_v = 0, \ F_1 = 0, \ F_2 = 0$$

便得函数 f 的条件稳定点。

为了便于掌握, 我们把上面讨论的结果写成如下的法则, 在整个这一节, 我们最终要掌握的也就是这个法则。

求条件稳定点的法则　求函数

$$z = f(x, y, u, v)$$

在附加条件

$$\begin{cases} F_1(x, y, u, v) = 0 \\ F_2(x, y, u, v) = 0 \end{cases}$$

之下的条件稳定点时, 先构造辅助函数

$$L(x, y, u, v) = f(x, y, u, v) + \lambda_1 F_1(x, y, u, v) + \lambda_2 F_2(x, y, u, v)$$

然后解方程组

$$L'_x = 0,\ L'_y = 0,\ L'_u = 0,\ L'_v = 0,\ F_1 = 0,\ F_2 = 0$$

所得的解(x, y, u, v)便是f的条件稳定点。

关于函数取得条件极值的必要条件,至此讨论完了。下面本应进一步研究取得条件极值的充分条件,也就是说,对于找到的全部条件稳定点,应当逐个地加以考察,以判别在其中的哪一点函数确实有极值,是极大值还是极小值,在哪一点根本不存在极值。不过这个问题比较复杂,不准备介绍了。在实际问题中,往往根据问题的意义,可以判定在找到的条件稳定点处,是否存在极值。比如在某一问题中,按题意可以断定有极大值存在,而我们所找到的条件稳定点也只有一个,那么这一点无疑就是极大值点了。如果找到的稳定点有几个,则可以把稳定点处的函数值都求出来,加以比较,从而确定出极值。

例1 求点$(1, 0)$与椭圆$4x^2 + 9y^2 = 36$的最短距离。

解 从平面上任意一点(x, y)到点$(1, 0)$的距离为

$$r = \sqrt{(x-1)^2 + y^2} \tag{1}$$

因为限制点(x, y)要在椭圆

$$4x^2 + 9y^2 - 36 = 0 \tag{2}$$

之上,所以这个问题就是以方程(2)为附加条件,来求函数(1)的最小值。由于函数(1)式带根号,计算起来麻烦,可以用它的平方代替,即取

$$f(x, y) = r^2 = (x-1)^2 + y^2$$

作为要考察的函数。

作辅助函数

$$L(x, y) = (x-1)^2 + y^2 + \lambda(4x^2 + 9y^2 - 36)$$

于是

$$L'_x = 2(x-1) + 8\lambda x$$

$$L'_y = 2y + 18\lambda y$$

解方程组

$$\begin{cases} x - 1 + 4\lambda x = 0, & (3) \\ y + 9\lambda y = 0, & (4) \\ 4x^2 + 9y^2 - 36 = 0 & (5) \end{cases}$$

由(4)式得 $y(1 + 9\lambda) = 0$

即 $y = 0$或$(1 + 9\lambda) = 0$

当$y = 0$时,代入(5)式得$x = \pm 3$,由此得两组解:$(3, 0)$,$(-3, 0)$。

当$(1 + 9\lambda) = 0$时,有$\lambda = -\dfrac{1}{9}$,代入(3)式得$x = \dfrac{9}{5}$。将此值代入(5),得$y = \pm\dfrac{8}{5}$,由此又得两组解:$\left(\dfrac{9}{5}, \dfrac{8}{5}\right)$,$\left(\dfrac{9}{5}, -\dfrac{8}{5}\right)$。

比较四个条件稳定点处的距离r:

$$r(3, 0) = 2,\ r(-3, 0) = 4,$$

$$r\left(\dfrac{9}{5}, \dfrac{8}{5}\right) = r\left(\dfrac{9}{5}, -\dfrac{8}{5}\right) = \dfrac{4}{5}\sqrt{5}$$

可见椭圆上的点 $\left(\dfrac{9}{5},\ \pm\dfrac{8}{5}\right)$ 与定点 $(1,\ 0)$ 的距离最短，为 $r=\dfrac{4}{5}\sqrt{5}$。

例 2　求表面积为 a^2 而体积最大的长方体的各边的长。

解　设长方体的各边长为 $x,\ y,\ z$，则体积为

$$f(x,\ y,\ z)=xyz$$

附加条件为

$$2xy+2yz+2xz=a^2 \tag{1}$$

可见 f 是要考察其最大值的函数，而（1）式便是连系方程。

作辅助函数

$$L(x,\ y,\ z)=xyz+\lambda(2xy+2yz+2xz-a^2)$$

求 $L_x',\ L_y',\ L_z'$，并令等于零，得

$$yz+2\lambda(y+z)=0$$
$$xz+2\lambda(x+z)=0$$
$$xy+2\lambda(x+y)=0$$

这三式两两相除得

$$\frac{x}{y}=\frac{x+z}{y+z},\ \frac{y}{z}=\frac{y+x}{z+x},\ \frac{z}{x}=\frac{z+y}{x+y}$$

因 $x,\ y,\ z$ 皆为正数，由此三式立即看出：$x=y=z$。

在方程（1）中，比如把 $y,\ z$ 皆代以 x，则得

$$6x^2=a^2,\ 即\ x=\frac{a}{\sqrt{6}}$$

所以　$x=y=z=\dfrac{a}{\sqrt{6}}$

从题意知，表示体积的函数 f 是存在最大值的。因此这个条件稳定点 $\left(x=y=z=\dfrac{a}{\sqrt{6}}\right)$ 就是 f 的最大值点。即在表面积一定的条件下，正方体的体积为最大。

例 3　抛物面

$$x^2+y^2=z \tag{1}$$

被平面

$$x+y+z=1 \tag{2}$$

截成一个椭圆，求此椭圆到坐标原点的最长与最短距离。

解　空间的任意一点 $M(x,\ y,\ z)$ 到原点的距离为

$$r=\sqrt{x^2+y^2+z^2} \tag{3}$$

现在限制 M 点在椭圆之上，以求出 M 点与原点的距离的最大值和最小值。这实际归结为，求函数

$$f(x,\ y,\ z)=x^2+y^2+z^2$$

在连系方程（1）与（2）的限制之下的最大、最小值。

作辅助函数

$$L(x, y, z) = x^2 + y^2 + z^2 + \lambda_1(x^2 + y^2 - z) + \lambda_2(x + y + z - 1)$$

求 L'_x, L'_y, L'_z, 并令为零, 得

$$2x + 2\lambda_1 x + \lambda_2 = 0, \text{从而 } x = \frac{-\lambda_2}{2(\lambda_1 + 1)}$$

$$2y + 2\lambda_1 y + \lambda_2 = 0, \text{从而 } y = \frac{-\lambda_2}{2(\lambda_1 + 1)}$$

$$2z - \lambda_1 + \lambda_2 = 0, \text{从而 } z = \frac{\lambda_1 - \lambda_2}{2}$$

代入方程(1), (2), 则得

$$\lambda_1 = -3 \pm \frac{5}{3}\sqrt{3}, \quad \lambda_2 = -7 \pm \frac{11}{3}\sqrt{3}$$

所以

$$x = y = \frac{-1 \pm \sqrt{3}}{2}, \quad z = 2 \pm \sqrt{3}$$

即得到了两个条件稳定点: $\left(\dfrac{-1 + \sqrt{3}}{2}, \dfrac{-1 + \sqrt{3}}{2}, 2 - \sqrt{3} \right)$, $\left(\dfrac{-1 - \sqrt{3}}{2}, \dfrac{-1 - \sqrt{3}}{2}, 2 + \sqrt{3} \right)$

把各稳定点的坐标代入(3)式, 得

$$r = \sqrt{9 \mp 5\sqrt{3}}$$

因为从题意知函数 f 的极值是存在的, 所以 $\sqrt{9 \mp 5\sqrt{3}}$ 分别是所求的最长与最短距离。

习题

1. 设 $f(x, y) = x + y - \sqrt{x^2 + y^2}$, 求 $f'(3, 4)$。

2. 设 $f(x, y) = (1 + xy)^y$, 求 $f'_x(1, 1)$, $f'_y(1, 1)$。

3. 设 $f(x, y) = \mathrm{e}^{-x}\sin(x + 2y)$, $f'_x\left(0, \dfrac{\pi}{4}\right)$, $f'_y\left(0, \dfrac{\pi}{4}\right)$。

4. 设 $u = \sqrt{\sin^2 x + \sin^2 y + \sin^2 z}$, 求 $\left[\dfrac{\partial u}{\partial z}\right]_{\substack{x=0 \\ y=0 \\ z=\frac{\pi}{4}}}$。

5. 求下列各函数的偏导数:

(1) $z = x\sin(x + y)$;

(2) $z = \ln(x + y^2)$;

(3) $z = \arcsin(y\sqrt{x})$;

(4) $z = \left(\dfrac{1}{3}\right)^{-\frac{y}{x}}$;

(5) $z = \arctan\sqrt{x^y}$。

6. 求下列函数的高阶偏导数: $\dfrac{\partial^2 z}{\partial x^2}$, $\dfrac{\partial^2 z}{\partial x \partial y}$, $\dfrac{\partial^2 z}{\partial y^2}$。

(1) $z = \arcsin(xy)$;

(2) $z = y^{\ln x}$。

7. 设 $z = e^x(\cos y + x\sin y)$，验证 $\dfrac{\partial^2 z}{\partial x \partial y} = \dfrac{\partial^2 z}{\partial y \partial x}$。

8. 设 $u = z\arctan\dfrac{x}{y}$，验证 $\dfrac{\partial^2 u}{\partial x^2} + \dfrac{\partial^2 u}{\partial y^2} + \dfrac{\partial^2 u}{\partial z^2} = 0$。

9. 设 $z = x^2\ln y$，而 $x = \dfrac{u}{v}$，$y = 3u - 2v$，求 $\dfrac{\partial z}{\partial u}$，$\dfrac{\partial z}{\partial v}$。

10. 设 $z = x^2 y - xy^2$，而 $x = u\cos v$，$y = u\sin v$，求 $\dfrac{\partial z}{\partial u}$，$\dfrac{\partial z}{\partial v}$。

11. 设 $z = \dfrac{y}{x}$，而 $x = e^t$，$y = 1 - e^{2t}$，求 $\dfrac{\mathrm{d}z}{\mathrm{d}t}$。

12. 设 $z = \arcsin(x - y)$，而 $x = 3t$，$y = 4t^3$，求 $\dfrac{\mathrm{d}z}{\mathrm{d}t}$。

13. 设 $z = \arctan(xy)$，$y = e^x$，求 $\dfrac{\mathrm{d}z}{\mathrm{d}x}$。

14. 设 $u = \dfrac{e^{ax}(y - z)}{a^2 + 1}$，而 $y = a\sin x$，$z = \cos x$，求 $\dfrac{\mathrm{d}u}{\mathrm{d}x}$。

15. 设 $z = f(x^2 - y^2, e^{xy})$，求 $\dfrac{\partial z}{\partial x}$，$\dfrac{\partial z}{\partial y}$。

16. 求下列函数全微分：

（1）$z = \arcsin\dfrac{x}{y}$；　　　　　　（2）$u = \ln(3x - 2y + z)$。

17. 求函数 $f(x, y) = 4(x - y) - x^2 - y^2$ 的极值。

18. 求函数 $f(x, y) = (2ax - x^2)(2by - y^2)$ 的极值。

19. 求函数 $f(x, y) = e^{2x}(x + y^2 + 2y)$ 的极值。

20. 从斜边长为 l 的一切直角三角形中，求有最大周界的直角三角形。

21. 已知容积 V 等于定数 K 的开顶长方水池，问取多大的尺寸能有最小表面积。

22. 求曲线 $x = a\cos t$，$y = a\sin t$，$z = bt$ 在 $t = \dfrac{\pi}{4}$ 处的切线与法平面方程。

23. 求曲面 $3x^2 + y^2 - z^2 = 27$ 在点 $(3, 1, 1)$ 处的切线与法线方程。

24. 求曲面 $x^2 - xy - 8x + z + 5 = 0$ 在点 $(2, -3, 1)$ 处的切平面与法线方程。

25. 求下列方程所确定的函数 y 的 y'。

（1）$xy - \ln y = 0$；　　　　　　（2）$\arctan\dfrac{x + y}{a} - \dfrac{y}{a} = 0$。

26. 设 $x^2 + xy + y^2 = 3$，求 y' 及 y''。

27. 设 $y = 2x\arctan\dfrac{y}{x}$，求 y' 及 y''。

28. 设 $xyz = a^3$，证明 $x\dfrac{\partial z}{\partial x} + y\dfrac{\partial z}{\partial y} = -2z$。

29. 设 $2\sin(x + 2y - 3z) = x + 2y - 3z$，证明 $\dfrac{\partial z}{\partial x} + \dfrac{\partial z}{\partial y} = 1$。

30. 设 $x^2 + y^2 + z^2 = 4z$，求 $\dfrac{\partial^2 z}{\partial x^2}$。

31. 设 $x^2 + y^2 + z^2 = a^2$，求 $\dfrac{\partial^2 z}{\partial x^2}$，$\dfrac{\partial^2 z}{\partial x \partial y}$。

32. 设 $x + y + z = 0$，$x^2 + y^2 + z^2 = 1$，求 $\dfrac{\mathrm{d}x}{\mathrm{d}z}$，$\dfrac{\mathrm{d}y}{\mathrm{d}z}$。

33. 求下列函数的条件极值点及极值。

（1）$z = xy$，若 $x + y = 1$，求极大值。

（2）$z = x^2 + y^2$，若 $\dfrac{x}{a} + \dfrac{y}{b} = 1$，求极小值。

34. 从斜边为 l 的一切直角三角形中，求周界最大的三角形。

35. 求顶点 (x_0, y_0) 到定直线 $ax + by + c = 0$ 的距离。

36. 求抛物线 $y = x^2$ 与直线 $x - y - 2 = 0$ 之间的最短距离。

[提示：设抛物线上点的坐标为 (x, y)，直线上点的坐标为 (ξ, η)，则

$L(x, y, \xi, \eta) = (x - \xi)^2 + (y - \eta)^2 + \lambda_1(y - x^2) + \lambda_2(\xi - \eta - 2)$

此题也可以利用 12 题的结果来做]

37. 在平面 $3x - 2z = 0$ 上求一点，使它与点 $A(1, 1, 1)$ 与 $B(2, 3, 4)$ 的距离平方之和为最小。

第 15 章

重积分

在上册学习的定积分及其应用,为我们解决很多实际问题。但是由于定积分的被积函数是一元函数,积分区域是直线上的一个区间,当涉及要用多元函数表示的量,比如立体的体积,曲面的面积等,则需要把被积函数推广到多元函数,并且把积分区间推广到平面或空间区域。这就是本章要学习的重积分问题。

§15.1　二重积分的概念与性质

一、二重积分的概念

在学习定积分时,我们曾结合曲边梯形面积,变力做功等问题的讨论,引进了定积分的定义。事实上,定积分的基本思想 —— 分割、近似、求和、取极限,完全可以推广到二元函数上去。为了领会二重积分概念的实质,我们还是从具体问题入手,再引出定义。

(一) 积分问题举例

例1　曲顶柱体的体积　在立体几何中,我们曾研究过平顶柱体的问题,如长方体,圆柱体等。平顶柱体的特点是上顶与下底平行且相等,因此它们的体积很容易计算,那就是

体积 = 底面积 × 高

除此之外,还有一种曲顶柱体,它的上顶一般是一块曲面或是一块不平行于底的平面,例如火车车厢,房屋等等,都属于曲顶柱体。下面就来研究曲顶柱体体积的计算。

设有一曲顶柱体,它的底是 Oxy 平面上的有界闭区域 D,侧面是从 D 的边界竖起来的垂直柱面,顶部则是由二元函数

$$z = f(x, y)$$

所表示的连续曲面,并设 $z \geqslant 0$(图 15.1(a))。我们来计算这个柱体的体积。

(1) 分割。用曲面网(比如平行于 x 轴和 y 轴的直线网)分割区域 D 为 n 个小区域 $\Delta\sigma_1$,$\Delta\sigma_2$,$\cdots$,$\Delta\sigma_n$,相应地,曲顶柱体也被分为 n 个小柱体,

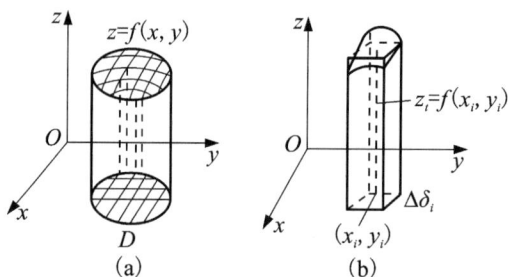

图 15.1

（2）作近似。在分割相当细的情形下，这些小柱体可以近似地看成平顶柱体，从而第 i 个小曲顶柱体的体积，就可以用高为 $f(x_i, y_i)$，底为 $\Delta\sigma_i$ 的平顶柱体体积 $f(x_i, y_i)\Delta\sigma_i$ 近似表示，这里的 (x_i, y_i) 是小区域 $\Delta\sigma_i$ 中任意一点，$\Delta\sigma_i$ 同时表示小区域 $\Delta\sigma_i$ 的面积（图 15.1(b)）。

（3）求和。把这些小曲顶柱体体积的近似值加起来，就得到所要求的曲顶柱体体积的近似值

$$V_n = \sum_{i=1}^{n} f(x_i, y_i)\Delta\sigma_i$$

（4）取极限。显然，区域 D 分割得越细，上述和数就越接近于所求的曲顶柱体的体积。当把区域 D 无限细分，即当所有小区域的最大直径 $d \to 0$ 时，和数 V_n 的极限

$$V_n = \lim_{d \to 0} \sum_{i=1}^{n} f(x_i, y_i)\Delta\sigma_i$$

自然就是所求曲顶柱体的体积。

例 2　非均匀薄板的质量　设有一块薄板在 Oxy 平面上占用区域 D，D 上的质量分布不均匀，在任意一点 (x, y) 处的密度是 $\rho = \rho(x, y)$，求薄板的质量。

（1）分割。分割区域 D 为 n 个小区域 $\Delta\sigma_1, \Delta\sigma_2, \cdots, \Delta\sigma_n$，于是薄板也被分为 n 个小块。

（2）作近似。在分割相当细的情形下，每块小薄板的密度可看作均匀的，从而第 i 个小区域 $\Delta\sigma_i$ 上任意一点 (x_i, y_i) 的密度 $\rho(x_i, y_i)$ 与小区域面积 $\Delta\sigma_i$ 的乘积 $\rho(x_i, y_i)\Delta\sigma_i$ 便是第 i 块小薄板质量的近似值（图 15.2）。

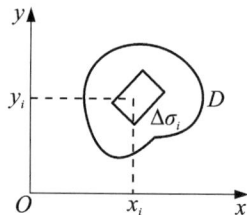

图 15.2

（3）求和。把这些小薄板质量的近似值加起来，就得到整块薄板质量的近似值

$$M_n = \sum_{i=1}^{n} \rho(x_i, y_i)\Delta\sigma_i$$

（4）取极限。把区域 D 分割得无限细，即令 n 个小区域的最大直径 $d \to 0$ 而取和数 M_n 的极限，自然认为极限值

$$M = \lim_{d \to 0} \sum_{i=1}^{n} \rho(x_i, y_i)\Delta\sigma_i$$

便是整个薄板的质量。

(二) 二重积分定义

上面讨论的两个问题, 虽然并不相同, 但是解决问题的方法则是一样的, 都归结为计算一种特殊形式的和数的极限。若将它们的共同特点加以抽象, 便引出以下定义。

定义　设 $f(x, y)$ 是定义在有界闭区域 D 上的有界函数, 将 D 任意分割成 n 个小区域
$$\Delta\sigma_1, \Delta\sigma_2, \cdots, \Delta\sigma_n$$
(也用 $\Delta\sigma_i$ 表示它们的面积), 在每个小区域 $\Delta\sigma_i$ 上任取一点 (x_i, y_i), 作和数
$$\sum_{i=1}^{n} f(x_i, y_i) \Delta\sigma_i$$
当各小区域的最大直径 $d \to 0$ 时, 如果极限
$$\lim_{d \to 0} \sum_{i=1}^{n} f(x_i, y_i) \Delta\sigma_i$$
存在, 则称此极限值为函数在区域上的**二重积分**。记为
$$\iint\limits_{D} f(x, y) \mathrm{d}\sigma = \lim_{d \to 0} \sum_{i=1}^{n} f(x_i, y_i) \Delta\sigma_i$$
其中 D 为**积分区域**, $f(x, y)$ 为**被积函数**, $\mathrm{d}\sigma$ 为**面积元素**。

若函数 $f(x, y)$ 在 D 上的二重积分存在, 则说 $f(x, y)$ 在 D 上可积。

因为上述和数极限的存在与小区域的形状即曲线网的选取是无关的, 我们可以取直线网, 即两边分别平行于坐标轴的矩形作为小区域。矩形的边长是 Δx, Δy(图 15.3), 故 $\Delta\sigma = \Delta x \Delta y$。于是
$$\mathrm{d}\sigma = \mathrm{d}x\mathrm{d}y$$
称 $\mathrm{d}x\mathrm{d}y$ 为**直角坐标系中的面积元素**。所以在直角坐标系中, 上述积分可记为
$$\iint\limits_{D} f(x, y) \mathrm{d}\sigma = \iint\limits_{D} f(x, y) \mathrm{d}x\mathrm{d}y$$

由二重积分的定义可知: 曲顶柱体的体积 V 是曲顶的竖坐标 $z = f(x, y)$ 在底面区域 D 上的二重积分
$$V = \iint\limits_{D} f(x, y) \mathrm{d}\sigma$$
薄板的质量 M 是面密度 $\rho = \rho(x, y)$ 在区域 D 上的二重积分
$$M = \iint\limits_{D} \rho(x, y) \mathrm{d}\sigma$$

注: 为了更好地理解二重积分的定义, 作两点说明:

1) 关于区域 D 分割的任意性, 一元函数定积分的积分域是区间, 分割区间的方式只有一种, 即在区间内插入一些分点。因此分割的任意性只体现在这些分点的安排上, 二重积分区域的分割则不同, 分割的对象是平面上的区域, 分割方式多种多样。比如有直角坐标网(平行坐标轴的直线族) 的分割, 也有极坐标网(以原点为圆心的圆族以及从原点出发的射线族) 的分割以及其他坐标网的分割, 等等。后面讨论二重积分计算时, 我们将利用二重积分区域分割的任意性, 根据需要选择适当的分割方式。

2) 关于分割精细程度的刻画。在定积分的定义中, 我们是用小区间长度的大小来刻画分割的精细程度, 而这里为什么不用小区域面积的大小来刻画分割的精细程度呢? 应当知道,

所谓精细的分割，是指分割后每个小区域内任意两点的距离很小，这样 $f(x_i, y_i)\Delta\sigma_i$ 在小区域上才能接近于实际值。因为在平面上，小区域的面积很小与其内任意两点的距离很小是两回事。比如非常扁的长条，其面积虽然很小，但在两头点的距离却不小，甚至可以很大，但若其内部任意两点的距离很小，则小区域的面积就必然很小。这就说明，我们为什么在定义中要以小区域直径中最大者的大小来刻画分割精细的程度。

二元函数的可积性   究竟什么样的二元函数才存在二重积分，下面介绍二元函数的可积性。不过这里要介绍的可积性与一元函数的情形非常类似，我们只加以叙述，不准备详细论证。

首先引入大和与小和的概念。设 $f(x, y)$ 是定义区域 D 上的有界函数。将区域 D 按某一分法分成 n 个小区域 $\Delta\sigma_1, \Delta\sigma_2, \cdots, \Delta\sigma_n$；函数 $f(x, y)$ 在每个小区域上的上确界与下确界分别记为 M_i 与 m_i，作出和数：

$$S = \sum_{i=1}^{n} M_i \Delta\sigma_i, \qquad s = \sum_{i=1}^{n} m_i \Delta\sigma_i$$

我们把 S 与 s 分别叫做函数 $f(x, y)$ 在此分法下的大和与小和。二元函数的大和与小和的性质与一元函数的大和与小和的性质完全一样。

与一元函数的情形相同，把差数 $\omega_i = M_i - m_i$ 叫做 $f(x, y)$ 在区域 $\Delta\sigma_i$ 上的振幅。

下面来叙述有关二元函数可积性的几个定理。

定理 1   （可积准则）函数 $f(x, y)$ 在区域 D 上可积的充分必要条件是

$$\lim_{d\to 0} S = \lim_{d\to 0} s$$

或

$$\lim_{d\to 0}(S - s) = \lim_{d\to 0}\sum_{i=1}^{n} \omega_i \Delta\sigma_i = 0$$

根据上述准则可以证明下列函数是可积的。

定理 2   如果函数 $f(x, y)$ 在有界闭区域 D 上连续，则 $f(x, y)$ 在 D 上可积。

定理 3   如果函数 $f(x, y)$ 在有界闭区域 D 上有界，而全体间断点只分布在有限条光滑曲线上，则 $f(x, y)$ 在 D 上可积。

二、二重积分的性质

二重积分具有一系列与定积分类似的性质，列举于下。它们的证法亦类似定积分性质，这里只证其中的一两个供参考。

性质 1 $\iint\limits_{D} \mathrm{d}\sigma = A$，$A$ 是区域 D 的面积。

即当被积函数等于 1 时，区域 D 上的二重积分等于这个区域的面积。

性质 2   如果函数 $f(x, y)$ 在区域 D 上可积，c 是常数，则 $cf(x, y)$ 在区域 D 上也可积，并且

$$\iint\limits_{D} cf(x, y)\mathrm{d}\sigma = c\iint\limits_{D} f(x, y)\mathrm{d}\sigma$$

证明   由极限性质及二重积分定义有

$$\lim_{d\to 0}\sum_{i=1}^{n} cf(x_i, y_i)\Delta\sigma_i = c\lim_{d\to 0}\sum_{i=1}^{n} f(x_i, y_i)\Delta\sigma_i$$

因右端极限存在, 故左端极限也存在, 从而函数 $cf(x, y)$ 在 D 上可积, 并且

$$\iint\limits_{D} cf(x, y)\,\mathrm{d}\sigma = c\iint\limits_{D} f(x, y)\,\mathrm{d}\sigma$$

性质 3　如果函数 $f(x, y)$ 和 $g(x, y)$ 在区域 D 上可积, 则 $f(x, y) \pm g(x, y)$ 在 D 上也可积, 并且

$$\iint\limits_{D}[f(x, y) \pm g(x, y)]\,\mathrm{d}\sigma = \iint\limits_{D} f(x, y)\,\mathrm{d}\sigma \pm \iint\limits_{D} g(x, y)\,\mathrm{d}\sigma。$$

性质 4　如果函数 $f(x, y)$ 在区域 D 上可积, 将 D 分为任意两部分 D_1 和 D_2, 并且 D_1 与 D_2 除边界外无公共点(图 15.3), 则 $f(x, y)$ 在 D_1 和 D_2 上也可积, 并且

$$\iint\limits_{D} f(x, y)\,\mathrm{d}\sigma = \iint\limits_{D_1} f(x, y)\,\mathrm{d}\sigma + \iint\limits_{D_2} f(x, y)\,\mathrm{d}\sigma$$

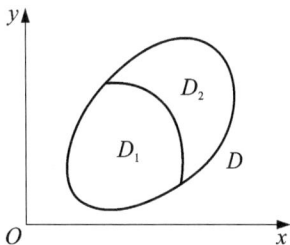

图 15.3

性质 5　如果函数 $f(x, y)$ 和 $g(x, y)$ 在 D 上可积, 并且在 D 上有

$$f(x, y) \leqslant g(x, y)$$

则

$$\iint\limits_{D} f(x, y)\,\mathrm{d}\sigma \leqslant \iint\limits_{D} g(x, y)\,\mathrm{d}\sigma$$

性质 6　如果函数 $f(x, y)$ 在区域 D 上可积, 则 $|f(x, y)|$ 在 D 上也可积, 并且

$$\left| \iint\limits_{D} f(x, y)\,\mathrm{d}\sigma \right| \leqslant \iint\limits_{D} |f(x, y)|\,\mathrm{d}\sigma$$

性质 7　(二重积分中值定理) 如果 $f(x, y)$ 在有界闭区域 D 上连续, 则在 D 上至少存在一点 (ξ, η), 使得

$$\iint\limits_{D} f(x, y)\,\mathrm{d}\sigma = f(\xi, \eta)A$$

其中 A 表示区域 D 的面积。

证明　因 $f(x, y)$ 在有界闭区域 D 上连续, 故必取得最大值 M 和最小值 m。由性质 5,

$$\iint\limits_{D} m\,\mathrm{d}\sigma \leqslant \iint\limits_{D} f(x, y)\,\mathrm{d}\sigma \leqslant \iint\limits_{D} M\,\mathrm{d}\sigma$$

再由性质 2 和性质 1, 有

$$mA \leqslant \iint\limits_{D} f(x, y)\,\mathrm{d}\sigma \leqslant MA$$

即

$$m \leqslant \frac{1}{A}\iint\limits_{D} f(x, y)\,\mathrm{d}\sigma \leqslant M$$

令

$$\mu = \frac{1}{A}\iint\limits_{D} f(x, y)\,\mathrm{d}\sigma, \text{则}$$

$$m \leqslant \mu \leqslant M$$

根据二元连续函数的介值定理, 在 D 上至少存在一点 (ξ, η), 使得

$$f(\xi, \eta) = \mu$$

即

$$f(\xi, \eta) = \frac{1}{A} \iint\limits_{D} f(x, y) \, \mathrm{d}\sigma$$

亦即

$$\iint\limits_{D} f(x, y) \, \mathrm{d}\sigma = f(\xi, \eta) A$$

这个积分中值定理的几何解释是，在积分区域中至少存在一点 (ξ, η)，使得 $\iint\limits_{D} f(x, y) \, \mathrm{d}\sigma$ 代表的曲顶柱体体积与以 $f(\xi, \eta)$ 为高底面积为 A 的平顶柱体的体积相等。

§15.2 二重积分的计算

一、化二重积分为累次积分

二重积分的定义本身虽然已给出了计算这种积分的方法 —— 求积分和的极限，但是即使是很简单的被积函数和积分区域，关于这种极限的计算都将是很困难的。因此，必须给出一种实际可行的计算方法，这就是化二重积分为累次积分（即二次积分）的方法。

结合二重积分的几何意义，我们先考虑一种特殊的二重积分的计算。设有函数 $z = f(x, y)(f(x, y) > 0)$，它的图形是一块曲面（图 15.4）。考虑以这个曲面为顶，以矩形 $R[a \leqslant x \leqslant b, c \leqslant y \leqslant d]$[①] 为底的曲顶长方柱体的体积。前面引入二重积分概念时，我们利用极限已算出这个几何体的体积：

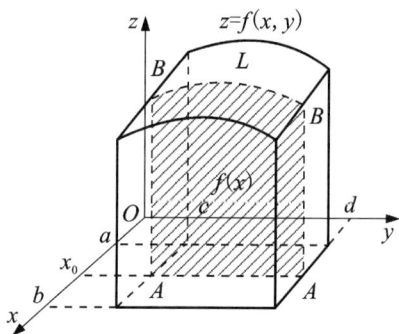

图 15.4

$$V = \iint\limits_{R} f(x, y) \, \mathrm{d}x\mathrm{d}y = \lim_{d \to 0} \sum_{i=1}^{n} f(x_i, y_i) \Delta\sigma_i$$

下面用另一种方法，来求这个曲顶柱体的体积。在 x 轴上的区间 $[a, b]$ 上任取一点 x_0，过点 x_0 作垂直于 x 轴的平面，它的方程是

$$x = x_0$$

这个平面切割曲顶柱体所得的截面（图 15.4 中阴影部分）便是以连续曲线 $z = f(x_0, y)$（$c \leqslant y \leqslant d$）为曲边的一曲边梯形，这个曲边梯形的面积 $A(x_0)$ 可由定积分求出：

$$A(x_0) = \int_{c}^{d} f(x_0, y)$$

因为 x_0 是 a 与 b 之间的任意一定点，所以不妨把变动的 x_0 记成 x，于是得到在点 $x(a \leqslant x \leqslant b)$ 的截面面积为

---

① 矩形 R 也可简记为 $R[a, b; c, d]$。

$$A(x) = \int_c^d f(x, y)\, dy$$

根据定积分应用中所讲的由截面面积求体积方法,只要将 $A(x)$ 对 x 沿区间 $[a, b]$ 再积分一次,便得到曲顶长方柱体的体积

$$V = \int_a^b A(x)\, dx = \int_a^b \left(\int_c^d f(x, y)\, dy \right) dx$$

这样,就把表示长方体体积的二重积分化成了先对 y 后对 x 的两次定积分:

$$\iint\limits_R f(x, y)\, dx dy = \int_a^b \left(\int_c^d f(x, y)\, dy \right) dx$$

右端的积分称为累次积分或二次积分,通常记为

$$\iint\limits_R f(x, y)\, dx dy = \int_a^b dx \int_c^d f(x, y)\, dy$$

上面是就着一种特殊的情形,即 $f(x, y) > 0$ 来讨论的,那么化二重积分为累次积分的公式,对于一般的函数是否也成立,下述定理解决这个问题。

定理 1   如果函数 $f(x, y)$ 在矩形区域 $R[a, b; c, d]$ 上的二重积分存在,且对每一个固定的 $x \in [a, b]$,定积分

$$\int_c^d f(x, y)\, dy$$

存在,则累次积分

$$\int_a^b \left(\int_c^d f(x, y)\, dy \right) dx$$

也存在,并且

$$\iint\limits_R f(x, y)\, dx dy = \int_a^b \left(\int_c^d f(x, y)\, dy \right) dx^{①} \tag{1}$$

证明   在区间 $[a, b]$ 及 $[c, d]$ 内插入分点:

$$a = x_0 < x_1 < \cdots < x_i < x_{i+1} < \cdots < x_n = b$$
$$c = y_0 < y_1 < \cdots < y_k < y_{k+1} < \cdots < y_m = d$$

便将矩形 R 分成 $n \cdot m$ 个小矩形(图 15.5)

$$R_{ik}[x_i, x_{i+1}; y_k, y_{k+1}]$$

$(i = 0, 1, \cdots, n - 1; k = 0, 1, \cdots, m - 1)$

设 $f(x, y)$ 在小矩形 R_{ik} 上的上确界为 M_{ik},下确界为 m_{ik}。在区间 $[x_i, x_{i+1}]$ 上任取一点 $x = \xi_i$,则有

$$m_{ik} \leqslant f(\xi_i, y) \leqslant M_{ik} \quad (y_k \leqslant y \leqslant y_{k+1})$$

各项在 $[y_k, y_{k+1}]$ 上对 y 积分(因 $\int_c^d f(x, y)\, dy$ 存在),

即

$$m_{ik} \Delta y_k \leqslant \int_{y_k}^{y_{k+1}} f(\xi_i, y)\, dy \leqslant M_{ik} \Delta y_k (\Delta y_k = y_{k+1} - y_k)$$

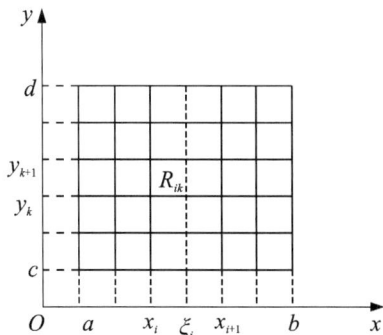

图 15.5

---

① $\int_a^b \left(\int_c^d f(x, y)\, dy \right) dx$ 也记为 $\int_a^b dx \left(\int_c^d f(x, y)\, dy \right)$

将上面不等式对 $k = 0, 1, \cdots, m - 1$ 相加, 得

$$\sum_{k=0}^{m-1} m_{ik} \Delta y_k \leqslant \sum_{k=0}^{m-1} \int_{y_k}^{y_{k+1}} f(\xi_i, y) \mathrm{d}y \leqslant \sum_{k=0}^{m-1} M_{ik} \Delta y_k$$

记

$$\sum_{k=0}^{m-1} \int_{y_k}^{y_{k+1}} f(\xi_i, y) F(\xi_i) \mathrm{d}y = \int_c^d f(\xi_i, y) \mathrm{d}y = F(\xi_i) \tag{2}$$

则上式可写成

$$\sum_{k=0}^{m-1} m_{ik} \Delta y_k \leqslant F(\xi_i) \leqslant \sum_{k=0}^{m-1} M_{ik} \Delta y_k$$

各项均乘以 Δx_i, 然后对 $i = 0, 1, \cdots, n - 1$ 相加, 则得

$$\sum_{i=0}^{n-1} \sum_{k=0}^{m-1} m_{ik} \Delta x_i \Delta y_k \leqslant \sum_{i=0}^{n-1} F(\xi_i) \Delta x_i \leqslant \sum_{i=0}^{n-1} \sum_{k=0}^{m-1} M_{ik} \Delta x_i \Delta y_k$$

此式两端为函数 $f(x, y)$ 在矩形 R 上的大和与小和, 即

$$s \leqslant \sum_{i=0}^{n-1} F(\xi_i) \Delta x_i \leqslant S$$

因为 $f(x, y)$ 在 R 上可积, 根据前面介绍的可积准则, 当各小区域的最大直径 $d \rightarrow 0$ 时, 有

$$\lim_{d \leftarrow 0} S = \lim_{d \rightarrow 0} s = \iint_R f(x, y) \mathrm{d}x \mathrm{d}y$$

于是

$$\lim_{d \rightarrow 0} \sum_{i=0}^{n-1} F(\xi_i) \Delta x_i = \iint_R f(x, y) \mathrm{d}x \mathrm{d}y \tag{3}$$

另一方面, 根据定积分定义, 有

$$\lim_{d \rightarrow 0} \sum_{i=0}^{n-1} F(\xi_i) \Delta x_i = \int_a^b F(x) \mathrm{d}x \tag{4}$$

而由(2) 又有

$$F(x) = \int_c^d f(x, y) \mathrm{d}y$$

把 $F(x)$ 代入(4), 并由(3), 便得

$$\iint_R f(x, y) \mathrm{d}x \mathrm{d}y = \int_a^b \left(\int_c^d f(x, y) \mathrm{d}y \right) \mathrm{d}x$$

这就是所要证明的。

定理是说, 二重积分可化为两次定积分来计算, 先对 y 计算由 c 到 d 的定积分, 然后对 x 计算由 a 到 b 的定积分。

类似地, 还有下述定理。

定理 $1'$　如果函数 $f(x, y)$ 在矩形域 $R[a, b; c, d]$ 上可积, 且对每一个固定的 $y \in [c, d]$, 有 $\int_a^b f(x, y) \mathrm{d}x$ 存在, 则累次积分

$$\int_c^d \int_a^b f(x, y) \mathrm{d}x$$

也存在, 并且

$$\iint_R f(x, y) \mathrm{d}x \mathrm{d}y = \int_c^d \mathrm{d}y \int_a^b f(x, y) \mathrm{d}x$$

由定理 1 和定理 1′ 可得出以下推论。

推论　如果函数 $f(x, y)$ 在矩形域 $R[a, b; c, d]$ 上连续, 则上述两个定理的条件显然满足, 故有

$$\iint\limits_{R} f(x, y)\mathrm{d}x\mathrm{d}y = \int_a^b \mathrm{d}x \int_c^d f(x, y)\mathrm{d}y = \int_c^d \mathrm{d}y \int_a^b f(x, y)\mathrm{d}x$$

推论表明: 在矩形域上连续函数的二重积分化为累次积分时, 既可以化为先对 y 的积分, 也可以化为先对 x 的积分, 其结果相同, 与积分次序无关。

例 1　计算二重积分

$I = \iint\limits_{R}\left(1 - \dfrac{x}{4} - \dfrac{y}{3}\right)\mathrm{d}x\mathrm{d}y$, 其中 R 是矩形域 $[-2, 2; -1, 1]$。

解　$I = \int_{-2}^2 \mathrm{d}x \int_{-1}^1 \left(1 - \dfrac{x}{4} - \dfrac{y}{3}\right)\mathrm{d}y^{①} = \int_{-2}^2 \left[y - \dfrac{xy}{4} - \dfrac{y^2}{6}\right]_{-1}^1 \mathrm{d}x^{②}$

$= \int_{-2}^2 \left(2 - \dfrac{x}{2}\right)\mathrm{d}x = \left[2x - \dfrac{x^2}{4}\right]_{-2}^2 = 8$

如果先对 x 后对 y 计算积分, 也得相同结果。请读者验算一下。

在通常的情况下, 我们遇到的积分域并不总是矩形。作为一般的情形, 比如积分域是由连续曲线围成的, 那么二重积分还是可以化为累次积分来计算的。即有下述定理。

定理 2　设区域 D 是由两条连续曲线

$$y = \varphi_1(x), \quad y = \varphi_2(x) \quad (a \leq x \leq b)$$

(其中 $\varphi_1(x) < \varphi_2(x) \, (a < x < b)$), 与直线 $x = a$, $x = b$ 所围成的, 如果函数 $f(x, y)$ 在 D 上可积, 且对每一个固定的 $x \in [a, b]$, 定积分 $\int_{\varphi_1(x)}^{\varphi_2(x)} f(x, y)\mathrm{d}y$ 存在, 则

$$\iint\limits_{D} f(x, y)\mathrm{d}x\mathrm{d}y = \int_a^b \mathrm{d}x \int_{\varphi_1(x)}^{\varphi_2(x)} f(x, y)\mathrm{d}y$$

证明　作一个包含区域 D 的矩形 $R[a, b; c, d]$ (图 15.6), 使

$$c \leq \varphi_1(x) < \varphi_2(x) \leq d$$

在矩形 R 上作一辅助函数

$$F(x, y) = \begin{cases} f(x, y), & \text{当点 } (x, y) \text{ 属于 } D, \\ 0, & \text{当点 } (x, y) \text{ 不属于 } D \end{cases}$$

于是

$$\iint\limits_{R} F(x, y)\mathrm{d}x\mathrm{d}y = \int_a^b \mathrm{d}x \int_c^d F(x, y)\mathrm{d}y$$

由于函数 $F(x, y)$ 在区域 D 之外的值为零, 故有

$$\iint\limits_{D} f(x, y)\mathrm{d}x\mathrm{d}y = \iint\limits_{R} F(x, y)\mathrm{d}x\mathrm{d}y = \int_a^b \mathrm{d}x \int_c^d F(x, y)\mathrm{d}y$$

---

① 计算 $\int_{-1}^1 \left(1 - \dfrac{x}{4} - \dfrac{y}{3}\right)\mathrm{d}y$ 时, 把 x 看作常量。

② 把积分限 -1, 1 代入 y。

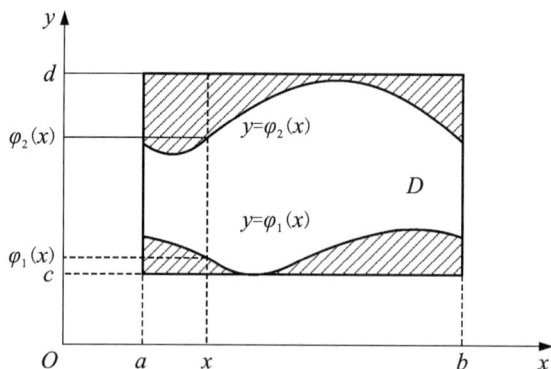

图 15.6

$$\int_c^d F(x,y)\mathrm{d}y^{①} = \int_c^{\varphi_1(x)} F(x,y)\mathrm{d}y + \int_{\varphi_1(x)}^{\varphi_2(x)} F(x,y)\mathrm{d}y + \int_{\varphi_2(x)}^d F(x,y)\mathrm{d}y$$

$$= \int_{\varphi_1(x)}^{\varphi_2(x)} F(x,y)\mathrm{d}y = \int_{\varphi_1(x)}^{\varphi_2(x)} f(x,y)\mathrm{d}y$$

代入上式便得

$$\iint_D f(x,y)\mathrm{d}x\mathrm{d}y = \int_a^b \mathrm{d}x \int_{\varphi_1(x)}^{\varphi_2(x)} f(x,y)\mathrm{d}y$$

定理 2 将二重积分化为先对 x 后对 y 的累次积分,即有以下定理。

定理 2′ 设区域 D 是由连续曲线

$$x = \psi_1(y), \ x = \psi_2(y) \ (c < y < d)$$

其中 $\psi_1(y) < \psi_2(y)(c < y < d)$,与直线 $y = c$, $y = d$ 所围成的,如果函数 $f(x,y)$ 在 D 上可积,且对每一个固定的 $y \in [c,d]$,定积分 $\int_{\psi_1(y)}^{\psi_2(y)} f(x,y)\mathrm{d}x$ 存在,则

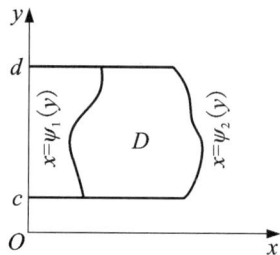

图 15.7

$$\iint_D f(x,y)\mathrm{d}x\mathrm{d}y = \int_c^d \mathrm{d}y \int_{\psi_1(y)}^{\psi_2(y)} f(x,y)\mathrm{d}x (参考图 15.7)$$

从**定理 2** 和**定理 2′**,可得出以下推论。

推论 如果区域 D 的边界与平行坐标轴的直线至多交于两点(如图 15.8),且函数 $f(x,y)$ 在 D 上连续,则定理 2 及定理 2′ 的条件显然满足,故有

$$\iint_D f(x,y)\mathrm{d}x\mathrm{d}y = \int_a^b \mathrm{d}x \int_{\varphi_1(x)}^{\varphi_2(x)} f(x,y)\mathrm{d}y = \int_c^d \mathrm{d}y \int_{\psi_1(y)}^{\psi_2(y)} f(x,y)\mathrm{d}x$$

图中曲线 ABC 及 ADC 的方程分别是 $y = \varphi_1(x)$, $y = \varphi_2(x)$;曲线 DAB 及 DCB 的方程分别是

$$x = \psi_1(y), \ x = \psi_2(y)$$

推论是说,如果函数 $f(x,y)$ 在区域 D 上满足上述条件,把二重积分化为累次积分时,既可以先对 y 积分,也可以先对 x 积分,与积分次序是无关的。至于究竟化为哪一种次序的累次

---

① 考虑此积分时,把 x 看作常数,即固定在 a 与 b 之间的某一个数。

积分为佳,一般要根据区域 D 的形状来决定,下面举例时,具体说明这个问题。

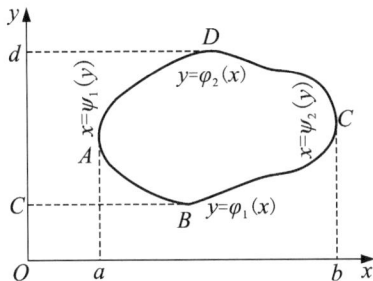

图 15.8

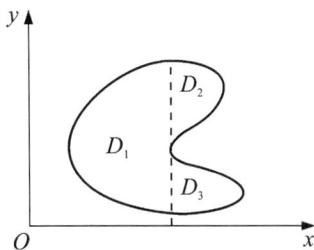

图 15.9

上述定理的条件都是区域边界与平行坐标轴的直线至多交于两点,如果平行坐标轴的直线与积分区域 D 的边界的交点超过两点,如图 15.9 所示,那么就要把 D 分成几个小区域,如 D_1, D_2, D_3,使每一个小区域的边界与平行坐标轴的直线至多交于两点。这样,在 D 上的二重积分便等于在 D_1, D_2, D_3 上的三个二重积分之和。

注:应当注意,二重积分是一个数值,将它化为累次积分时,先求的积分的积分限,一般说来是后求积分的变量的函数,而后求积分的积分限则是定数。比如以先对 y 后对 x 为例,于是先求的积分是将 x 视为常量而对 y 求积分(积分限是 x 的函数)。其结果是 x 的函数;后求的积分就是对 x 的定积分,积分限为定数。因此最后所得的结果便是一个数值。

关于确定积分限的要领　将二重积分化为累次积分时,如何根据积分区域 D 来确定两个定积分的上、下限(即所谓二重积分的定限问题),乃是计算二重积分的关键。首先要画出区域 D 的图形。所谓确定积分限,就是要确定积分变量 x 和 y 在 D 上的变化范围,亦即 x 和 y 所满足的不等式,即

$$D: a \leqslant x \leqslant b, \varphi_1(x) \leqslant y \leqslant \varphi_2(x) \text{ 或 } D: c \leqslant y \leqslant d, \psi_1(y) \leqslant x \leqslant \psi_2(y)$$

对积分区域的 D 分析,要根据具体问题,因题而异。

例 2　计算

$$I = \iint_D xy \mathrm{d}x \mathrm{d}y$$

其中 D 是由直线 $y = x$ 与抛物线 $y = x^2$ 所围的区域。

分析　先画出区域 D 的图形。如果先对 y 积分,那就从 x 轴起作一条平行于 y 轴而且穿过 D 的直线(见图 15.10(a)),沿此直线由下往上看,第一次与直线相交的 D 的边界是 $y = x^2$,这是积分的下限;第二次与直线相交的边界是 $y = x$,这是积分的上限。即在 D 上,y 的变化范围是 $x^2 \leqslant y \leqslant x$。至于变量 x 的变化范围,则是将 D 投影到 x 轴所得到的区间 $0 \leqslant x \leqslant 1$。

如果先对 x 积分(把 y 看作常量),就从 x 轴起作一条平行于 x 轴而且穿过 D 的直线(见图 15.10(b)),沿直线由左往右看,第一次与直线相遇的 D 的边界是 $x = y$,这是积分的下限,第二次相遇的边界是 $x = \sqrt{y}$ 是积分的上限,即有 $y \leqslant x \leqslant \sqrt{y}$。至于变量 y 的变化范围,则将 D 投影到 y 轴,便得区间 $0 \leqslant y \leqslant 1$。

上述这种确定积分限的办法具有一般意义,经常是适用的。

解　i) 先对 y 后对 x 积分。由图知 y 和 x 的变化范围分别是

$$D: x^2 \leqslant y \leqslant x, \ 0 \leqslant x \leqslant 1$$

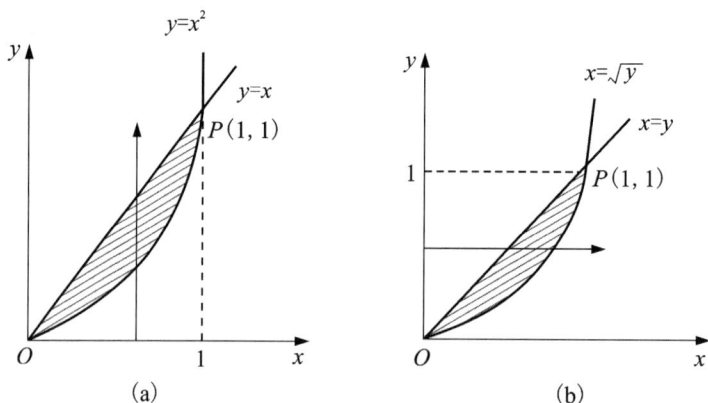

(a)   (b)

图 15.10

得

$$I = \int_0^1 dx \int_{x^2}^x xy\,dy = \int_0^1 \frac{1}{2}xy^2 \Big|_{x^2}^x dx^① = \frac{1}{2}\int_0^1 (x^3 - x^5)\,dx = \frac{1}{24}$$

ⅱ）先对 x 后对 y 积分。由图知 x 和 y 的变化范围是

$$D: y \leqslant x \leqslant \sqrt{y}, \ 0 \leqslant y \leqslant 1$$

由**定理 2′** 有

$$I = \int_0^1 dy \int_y^{\sqrt{y}} xy\,dx = \int_0^1 \frac{1}{2}yx^2 \Big|_y^{\sqrt{y}} dy = \frac{1}{2}\int_0^1 (x^2 - x^3)\,dy = \frac{1}{24}$$

注：在上例中，按两种不同次序的计算，其繁简情况没有差别，但有的问题，由于积分域形状的特点，一种积分次序可能比另一种次序要简捷得多，因此要注意考虑累次积分的次序，请看下面例子。

例 3　计算

$$I = \iint\limits_D \frac{x^2}{y^2}dxdy$$

其中 D 是直线 $x = 2$，$y = x$ 及曲线 $xy = 1$ 围成。

解　ⅰ）画出区域 D，如图 15.11。先对 y 后对 x 积分。由图知，在 D 上 y 由曲线 $y = \dfrac{1}{x}$ 变到直线 $y = x$，此即下限与上限。（观察办法仍然是从 x 轴作平行 y 轴且穿过 D 的直线）。为确定 x 的变化范围，须将 D 投影到 x 轴上，因此必须解方程组 $y = x$，$y = \dfrac{1}{x}$，以求其交点 P 的坐标。解得点 $P(1, 1)$。

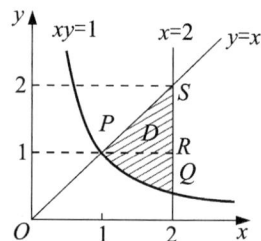

图 15.11

---

① 在这一步，要把 dx 写在被积式 $\dfrac{1}{2}xy^2 \Big|_{x^2}^x$ 后面，不要写成 $\int_0^1 dx \dfrac{1}{2}xy^2 \Big|_{x^2}^x$。

得到 D 的表达式：

$$D: \frac{1}{x} \le y \le x, \; 1 \le x \le 2$$

于是

$$I = \int_1^2 \mathrm{d}x \int_{\frac{1}{x}}^x \frac{x^2}{y^2} \mathrm{d}y = \int_1^2 \cdot \left(-\frac{x^2}{y}\right) \Big|_{\frac{1}{x}}^x \mathrm{d}x = \int_1^2 (x^3 - x)\mathrm{d}x = \frac{9}{4}$$

ⅱ）先对 x 后对 y 积分，就麻烦一些。因为先对 x 积分时，x 由 D 的左侧边界变到右侧边界；而左侧边界并不是一条曲线给出的，乃是由 $x = y$ 及 $x = \dfrac{1}{y}$ 两条曲线所构成。因此就得将 D 分成两块（看图形）：三角形 PRS 和曲边三角形 PQR，从而要计算两个累次积分。在 PRS 上有 $y \le x \le 2$，而在 PQR 上有 $\dfrac{1}{y} \le x \le 2$。

考察 y 在 D 上的变化范围，还须解方程组 $x = \dfrac{1}{y}$，$x = 2$ 及 $x = y$，$x = 2$，由此得交点 $Q\left(2, \dfrac{1}{2}\right)$，$S(2, 2)$。故在各小块区域上的 y 的变化范围为 $\dfrac{1}{2} \le y \le 1$，$1 \le y \le 2$。

于是

$$I = \int_{\frac{1}{2}}^1 \mathrm{d}y \int_{\frac{1}{y}}^2 \frac{x^2}{y^2} \mathrm{d}x + \int_1^2 \mathrm{d}y \int_y^2 \frac{x^2}{y^2} \mathrm{d}x = \frac{9}{4}$$

这实际是计算两个累次积分。显然，就本题而言，先对 y 后对 x 算累次积分比较简单。

有的二重积分，无论采用哪一种计算次序，都得把积分域分成几部分，看下面例4。

例 4 计算

$$I = \iint_D 6x^2 y^2 \mathrm{d}x\mathrm{d}y$$

其中 D 是由 $y = |x|$，$y = 2 - x^2$ 所围成。

解　区域 D 如图 15.12。先对 y 积分，这须将 D 分成左右两部分，一部分在 y 轴左侧，一部分在 y 轴右侧。左侧这部分 y 的变化范围为 $-x \le y \le 2 - x^2$，而 x 的变化范围为 $-1 \le x \le 0$。右侧这部分 y 的变化范围为 $x \le y \le 2 - x^2$，而 x 的变化范围为 $0 \le x \le 1$，所以有

$$I = \int_{-1}^0 \mathrm{d}x \int_{-x}^{2-x^2} 6x^2 y^2 \mathrm{d}y + \int_0^1 \mathrm{d}x \int_x^{2-x^2} 6x^2 y^2 \mathrm{d}y$$
$$= \int_{-1}^0 \left[2x^2 (2 - x^2)^3 + 2x^5\right] \mathrm{d}x + \int_0^1 \left[2x^2\right.$$

$$\left.(2 - x^2)^3 - 2x^5\right] \mathrm{d}x = \frac{1066}{315}$$

图 **15.12**

如果先对 x 后对 y 积分，则须把 D 分成上、下两部分。上一块为 $-\sqrt{2-y} \le x \le \sqrt{2-y}$，$1 \le y \le 2$；下一块为 $-y \le x \le y$，$0 \le y \le 1$。故有

$$I = \int_0^1 \mathrm{d}y \int_{-y}^y 6x^2 y^2 \mathrm{d}x + \int_1^2 \mathrm{d}y \int_{-\sqrt{2-y}}^{\sqrt{2-y}} 6x^2 y^2 \mathrm{d}x = \frac{1066}{315}$$

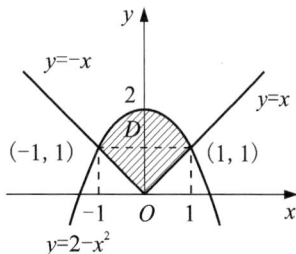

个别的二重积分，按这种次序积不出，而按另一种次序却可以积出来，比如下面例 5。

例 5　计算

$$I = \iint\limits_{D} \frac{\sin x}{x} \mathrm{d}x\mathrm{d}y$$

其中 D 是由 $y = x$ 与 $y = x^2$ 所围成。

解　区域 D 如图 15.10。先对 x 积分，则积分

$$I = \int_0^1 \mathrm{d}y \int_{-y}^{\sqrt{y}} \frac{\sin x}{x}\mathrm{d}x$$

就求不出来，因为 $\dfrac{\sin x}{x}$ 的原函数不是初等函数。

先对 y 积分，便有

$$I = \int_0^1 \mathrm{d}x \int_{x^2}^{x} \frac{\sin x}{x}\mathrm{d}y = \int_0^1 \frac{\sin x}{x} y \,|_{x^2}^{x} \mathrm{d}x$$

$$= \int_0^1 \frac{\sin x}{x}(x - x^2)\,\mathrm{d}x = \int_0^1 (\sin x - x\sin x)\,\mathrm{d}x = 1 - \sin 1$$

例 6　求两个底面半径相同的直交圆柱所围立体的体积。

解　设圆柱底面半径为 R，两个圆柱面方程为 $x^2 + y^2 = R^2$ 及 $x^2 + z^2 = R^2$。利用对称性，求出在第一卦限部分的体积，然后乘以 8 (图 15.13)。

由图可知，被积函数是柱面 $x^2 + z^2 = R^2$ 的上半部，即 $z = \sqrt{R^2 - x^2}$，积分区域为 D (图中 OBC)：

$$0 \leqslant y \leqslant \sqrt{R^2 - x^2}$$

$$0 \leqslant x \leqslant R$$

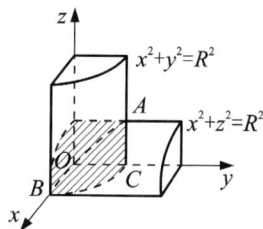

图 15.13

先对 y 后对 x 求积分，则得

$$\frac{1}{8}V = \iint\limits_{D} \sqrt{R^2 - x^2}\,\mathrm{d}\sigma = \int_0^R \mathrm{d}x \int_0^{\sqrt{R^2-x^2}} \sqrt{R^2 - x^2}\,\mathrm{d}y$$

$$= \int_0^R \sqrt{R^2 - x^2} \,[\,y\,]_0^{\sqrt{R^2-x^2}}\mathrm{d}x = \int_0^R (R^2 - x^2)\,\mathrm{d}x = \left(R^2 x - \frac{1}{3}x^3\right)\Big|_0^R$$

$$= \frac{2}{3}R^3$$

二、二重积分的变量替换

在定积分的计算中，常常要对所给的定积分实行变量替换，可以化繁为简，化难为易。现在计算二重积分，也有变量替换的问题，其目的是使积分限容易确定，或者使被积函数变得简单一些。下面就来介绍二重积分的变量替换公式。

设有二重积分

$$\iint\limits_{D} f(x, y)\,\mathrm{d}x\mathrm{d}y \tag{1}$$

其中被积函数 $f(x, y)$ 在有界闭区间 D 上连续。

除 Oxy 平面上的区域外 D 外，我们同时还考虑 Ouv 平面上的某个有界闭区间 D'。假设变换

$$x = x(u, v), \quad y = y(u, v), \quad (u, v) \in D \tag{2}$$

把区域 D' 一对一地变成 D，还假设函数 $x(u, v)$ 和 $y(u, v)$ 在 D' 上有连续的一阶偏导数，并且雅可比行列式 $J = \dfrac{D(x, y)}{D(u, v)}$ 在 D' 上恒不为零。根据隐函数存在定理，则方程组(2)唯一地确定出隐函数组 $u = u(x, y)$，$v = v(x, y)$。

通过这后一变换，便将 Oxy 平面上的区域 D 变成 Ouv 平面上的区域 D'，并且 D 与 D' 中的点一一对应。于是有

$$\iint\limits_{D} f(x, y) \mathrm{d}x\mathrm{d}y = \iint\limits_{D} f[x(u, v), y(u, v)] \left| \frac{D(x, y)}{D(u, v)} \right| \mathrm{d}u\mathrm{d}v \tag{3}$$

这就是二重积分的变量替换公式。$\dfrac{D(x, y)}{D(u, v)}$ 取绝对值，是为了保持变换后的面积元素 $\left| \dfrac{D(x, y)}{D(u, v)} \right| \mathrm{d}u\mathrm{d}v$ 为正值。对于这个有经过以下的推导过程。

在 uv 平面上，用平行于 u 轴和 v 轴的直线网把区域 D' 任意分割成一些小区域。任取其中一个矩形，设它的顶点为 $P'_1(u, v)$，$P'_2(u + \Delta u, v)$，$P'_3(u + \Delta u, v + \Delta v)$，$P'_4(u, v + \Delta v)$（图 15.14(a)），它的面积为 $\Delta\sigma' = \Delta u \Delta v$。由变换(2)，这个矩形 $P'_1 P'_2 P'_3 P'_4$ 变到 xy 平面上的一个顶点分别为

$$P_1[x(u, v), y(u, v)]$$
$$P_2[x(u + \Delta u, v), y(u + \Delta u, v)]$$
$$P_3[x(u + \Delta u, v + \Delta v), y(u + \Delta u, v + \Delta v)]$$
$$P_4[x(u, v + \Delta v), y(u, v + \Delta v)]$$

的曲边四边形 $P_1 P_2 P_3 P_4$（图 15.14(b)），它的面积记为 $\Delta\sigma$。在分割很细的情形下，这个曲边四边形可以近似地看成平行四边形，从而它的面积 $\Delta\sigma$ 便可以近似地用平行四边形的面积代替。我们知道，以向量

$$\overrightarrow{P_1P_2} = \{x(u + \Delta u, v) - x(u, v), y(u + \Delta u, v) - y(u, v)\}$$

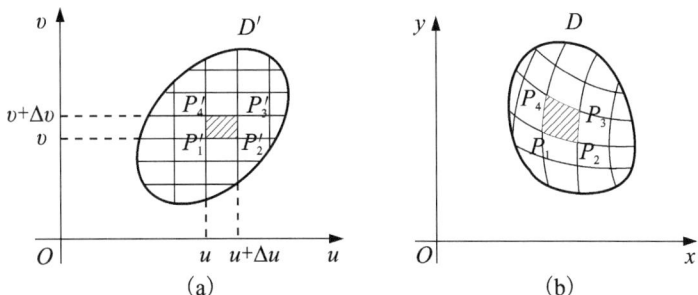

图 15.14

$$\overrightarrow{P_1P_4} = \{x(u, v+\Delta v) - x(u, v), y(u, v+\Delta v) - y(u, v)\}$$

为相邻两边的平行四边形的面积是行列式

$$\begin{vmatrix} x(u+\Delta u, v) - x(u, v) & x(u, v+\Delta v) - x(u, v) \\ y(u+\Delta u, v) - y(u, v) & y(u, v+\Delta v) - y(u, v) \end{vmatrix}$$

的绝对值。但由假设，函数 $x(u, v), y(u, v)$ 在 D' 上有连续的一阶偏导数，略去高阶无穷小以后，上述行列式便近似地等于

$$\begin{vmatrix} \dfrac{\partial x}{\partial u}\Delta u & \dfrac{\partial x}{\partial v}\Delta v \\ \dfrac{\partial y}{\partial u}\Delta u & \dfrac{\partial y}{\partial v}\Delta v \end{vmatrix} \overset{①}{=} \begin{vmatrix} \dfrac{\partial x}{\partial u} & \dfrac{\partial x}{\partial v} \\ \dfrac{\partial y}{\partial u} & \dfrac{\partial y}{\partial v} \end{vmatrix}\Delta u\Delta v$$

记 $\begin{vmatrix} \dfrac{\partial x}{\partial u} & \dfrac{\partial x}{\partial v} \\ \dfrac{\partial y}{\partial u} & \dfrac{\partial y}{\partial v} \end{vmatrix} = \dfrac{D(x, y)}{D(u, v)}$，则曲边四边形的面积为

$$\Delta\sigma \approx \left|\dfrac{D(x, y)}{D(u, v)}\right|_{(u, v)} \Delta\sigma' \tag{4}$$

现在把结果(4)式应用到分割 D' 所得到的每个矩形区域 $D_i'(i = 1, 2, \cdots, n)$ 以及在变换(2)之下与之对应的曲边四边形 D_i 上，则有

$$\Delta\sigma_i \approx \left|\dfrac{D(x, y)}{D(u, v)}\right|_{(u_i, v_i)} \Delta\sigma_i'$$

其中 $\Delta\sigma_i$ 与 $\Delta\sigma_i'$ 分别表示 D_i 与 D_i' 的面积。于是积分和

$$\sum_{i=1}^n f(x_i, y_i)\Delta\sigma_i \approx \sum_{i=1}^n f[x(u_i, v_i), y(u_i, v_i)]\left|\dfrac{D(x, y)}{D(u, v)}\right|_{(u_i, v_i)} \Delta\sigma_i'$$

其中 $x_i = x(u_i, v_i)$，$y_i = y(u_i, v_i)$。在 $\Delta u \to 0$，$\Delta v \to 0$ 的极限过程中，便有

$$\iint_D f(x, y)\mathrm{d}x\mathrm{d}x = \iint_D f[x(u, v), y(u, v)]\dfrac{D(x, y)}{D(u, v)}\mathrm{d}u\mathrm{d}v$$

这就得到了上述的变量替换公式(3)。

从上面的(4)式还可以看出雅可比行列式的几何意义。因为由(4)式有

$$\lim_{(\Delta u, \Delta v)\to(0, 0)} \dfrac{\Delta\sigma}{\Delta\sigma'} = \left|\dfrac{D(x, y)}{D(u, v)}\right|_{(uv)}$$

这表明变换(2)的雅可比行列式 $\dfrac{D(x, y)}{D(u, v)}$ 的绝对值，可以看作变换前后面积的伸缩率。

极坐标变换 二重积分最常用的一种变量替换，是从直角坐标变到极坐标。我们知道，直角坐标与极坐标的关系是

$$x = r\cos\theta, \ y = r\sin\theta$$

把这种关系看作一种变换(即极坐标变换)，于是雅可比行列式便为

---

① $x(u+\Delta u, v) - x(u, v)$ 是函数 $x = x(u, v)$ 的偏增量，而 $\dfrac{\partial x}{\partial u}\Delta u$ 是 $x = x(u, v)$ 的偏微分。当 $\Delta u \to 0$ 时，偏增量与偏微分相差一个较 Δu 高阶的无穷小。

$$\frac{D(x, y)}{D(r, \theta)} = \begin{vmatrix} \cos\theta & -r\sin\theta \\ \sin\theta & r\cos\theta \end{vmatrix} = r$$

可见 $\dfrac{D(x, y)}{D(r, \theta)}$ 除在坐标原点处等于零外, 皆为正值。由上面(3)式得极坐标变换下的二重积分计算公式:

$$\iint\limits_{D_{xy}} f(x, y)\mathrm{d}x\mathrm{d}y = \iint\limits_{D_{r\theta}} f(r\cos\theta, r\sin\theta) r\mathrm{d}r\mathrm{d}\theta \tag{5}$$

极坐标系下的二重积分化为二次积分时, 有以下三种情形。下述三种情形都是就先对 r 后对 θ 求积分而给出的; 当然也可以先对 θ 后对 r 进行积分, 但往往比较麻烦, 见后面例10。

究竟什么样的二重积分适合采用极坐标, 则应当根据积分区域和被积函数的形式来决定。一般地, 当积分区域是圆域或其一部分, 或者积分区域的边界由极坐标方程表示较为简单时, 那么利用极坐标往往可使计算简单化。例如以原点为圆心, a 为半径的圆域, 在直角坐标中其方程为 $x^2 + y^2 = a^2$, 而在极坐标中则为 $r = a$。又如当区域 D 的边界为心脏线时, 其极坐标方程为 $r = a(1 + \cos\theta)$, 而直角坐标方程则为 $x^2 + y^2 = a(\sqrt{x^2 + y^2} + x)$, 显然极坐标方程简单得多。还有, 当被积函数的表达式含有 $x^2 + y^2$ 或 $\dfrac{y}{x}$ 时, 利用极坐标可使被积式变得简单一些。

例 7　计算

$$\iint\limits_{D} \mathrm{e}^{-x^2-y^2}\mathrm{d}x\mathrm{d}y$$

其中 D 是由圆 $x^2 + y^2 = a^2$ 所围成的区域。

解　画出 D 的图形(图 15.15)。用极坐标变换:

$$\begin{cases} x = r\cos\theta, \\ y = r\sin\theta \end{cases}$$

于是被积函数变为

$$\mathrm{e}^{-(x^2+y^2)} = \mathrm{e}^{-r^2(\cos^2\theta+\sin^2\theta)} = \mathrm{e}^{-r^2}$$

圆的极坐标方程为

$$r = a$$

由图知, 积分区域为

$$D: 0 \leqslant r \leqslant a, 0 \leqslant \theta \leqslant 2\pi$$

于是

$$\iint\limits_{D} \mathrm{e}^{-x^2-y^2}\mathrm{d}x\mathrm{d}y = \int_0^{2\pi}\mathrm{d}\theta\int_0^a r\mathrm{e}^{-r^2}\mathrm{d}r = \int_0^{2\pi}\left[-\frac{1}{2}\mathrm{e}^{-r^2}\right]_0^a\mathrm{d}\theta$$

$$= \int_0^{2\pi}\frac{1}{2}(1 - \mathrm{e}^{-a^2})\mathrm{d}\theta = \pi(1 - \mathrm{e}^{-a^2})$$

当然也可以先对 θ 后对 r 积分, 其繁简情况差不多。

例 8　计算

$$I = \iint\limits_{D} \sqrt{x^2 + y^2}\mathrm{d}x\mathrm{d}y$$

其中 D 是由圆 $x^2 + y^2 = 2x$ 所围成的区域(图 15.16)。

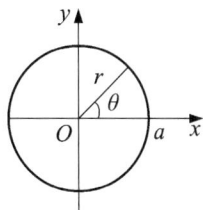

图 15.15

解 取变换

$$\begin{cases} x = r\cos\theta, \\ y = r\sin\theta \end{cases}$$

则被积函数变为

$$\sqrt{x^2 + y^2} = \sqrt{r^2\cos^2\theta + \sin^2\theta} = r$$

圆的方程为

$$r = 2\cos\theta$$

由图不难看出，区域 D 为

$$0 \leqslant r \leqslant 2\cos\theta, \ -\frac{\pi}{2} \leqslant \theta \leqslant \frac{\pi}{2}$$

于是

$$I = \iint\limits_{D} \sqrt{x^2 + y^2}\,dxdy = r \cdot rdrd\theta = \int_{-\frac{\pi}{2}}^{\frac{\pi}{2}} d\theta \int_0^{2\cos\theta} r^2 dr$$

$$= \int_{-\frac{\pi}{2}}^{\frac{\pi}{2}} \frac{8}{3}\cos^3\theta d\theta = \frac{16}{3}\int_0^{\frac{\pi}{2}} \cos^3\theta d\theta = \frac{16}{3} \times \frac{2}{3} = \frac{32}{9}$$

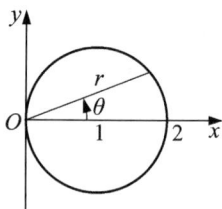

图 15.16

例 9 计算

$$I = \iint\limits_{D} x\,dxdy$$

其中 D 是由圆 $x^2 + y^2 = 4$ 与直线 $x = 1$ 围成的（在 D 上，$x \geqslant 1$）。

解 画出 D 的图形（图 15.17(a)）。取变换

$$\begin{cases} x = r\cos\theta \\ y = r\sin\theta \end{cases}$$

则圆的极坐标方程为

$$r = 2$$

直线的极坐标方程为

$$r = \frac{1}{\cos\theta}$$

$\left(由 x = 1 得 r\cos\theta = 1 即 r = \dfrac{1}{\cos\theta}\right)$。

为确定 θ 在 D 上的变化范围，求圆 $r = 2$ 与直线 $r = \dfrac{1}{\cos\theta}$ 的交点，得 $\cos\theta = \dfrac{1}{2}$，即 $\theta = \pm\dfrac{\pi}{3}$，故在 D 上，θ 的变化范围是 $-\dfrac{\pi}{3} \leqslant \theta \leqslant \dfrac{\pi}{3}$。我们先对 r 积分，为观察 r 在 D 上的变化范围，从极点任引一条穿过 D 的向径，显然向径在 D 上是从直线 $r = \dfrac{1}{\cos\theta}$ 变到圆 $r = 2$，因此有

$$I = \int_{-\frac{\pi}{3}}^{\frac{\pi}{3}} d\theta \int_{\frac{1}{\cos\theta}}^{2} r\cos\theta dr = \int_{-\frac{\pi}{3}}^{\frac{\pi}{3}} \cos\theta d\theta \int_{\frac{1}{\cos\theta}}^{2} r^2 dr$$

$$= \int_{-\frac{\pi}{3}}^{\frac{\pi}{3}} \cos\theta \left[\frac{r^3}{3}\right]_{\frac{1}{\cos\theta}}^{2} d\theta = \int_{-\frac{\pi}{3}}^{\frac{\pi}{3}} \cos\theta \left[\frac{8}{3} - \frac{1}{3\cos^3\theta}\right] d\theta = 2\sqrt{3}$$

如果先对 θ 积分，则任取一 $r \in [1, 2]$，画圆弧 CED，如图 15.17(b)，沿弧看 θ 的变化，显然 θ 是由直线 $r\cos\theta = 1$ 上 C 点变到 D 点。因此将 r 看作常数，解方程 $r\cos\theta = 1$，便得 $\theta = \pm \arccos\dfrac{1}{r}$，即 θ 的变化范围为 $-\arccos\dfrac{1}{r} \leq \theta \leq \arccos\dfrac{1}{r}$。

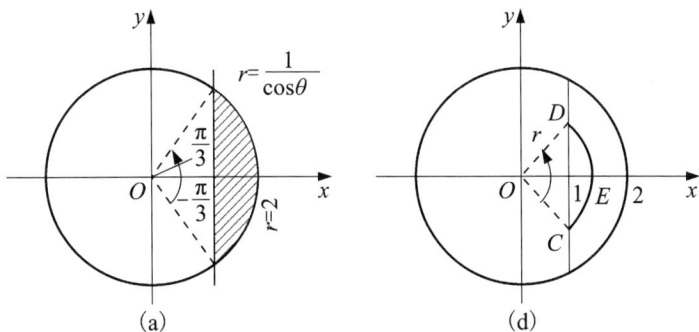

图 15.17

于是

$$I = \int_1^2 \mathrm{d}r \int_{-\arccos\frac{1}{r}}^{\arccos\frac{1}{r}} r^2 \cos\theta \mathrm{d}\theta$$

值得注意的是，这里出现了反三角函数，从而积分的计算就更复杂。一般说来，在极坐标下，先对 r 后对 θ 进行积分，比较方便。

例 10　求球 $x^2 + y^2 + z^2 \leq 4a^2$ 被圆柱面 $x^2 + y^2 = 2ax$ 截下的那部分体积。

解　由对称性可知，所求的体积为

$$V = 4 \iint\limits_D \sqrt{4a^2 - x^2 - y^2} \mathrm{d}x\mathrm{d}y$$

D 为半圆 $y = \sqrt{2ax - x^2}$ 和 x 轴所围成的区域(图 15.18(a))。

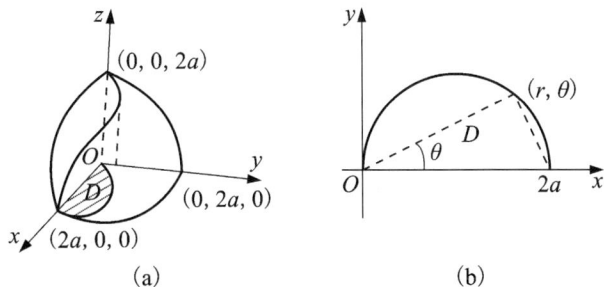

图 15.18

由图 15.18(b) 知半圆的极坐标方程为

$$r = 2a\cos\theta \left(0 \leq \theta \leq \frac{\pi}{2}\right)$$

于是

$$V = 4\int_0^{\frac{\pi}{2}}\mathrm{d}\theta\int_0^{2a\cos\theta}\sqrt{4a^2-r^2}\,r\mathrm{d}r = \frac{32}{3}a^3\int_0^{\frac{\pi}{2}}(1-\sin^3\theta)\mathrm{d}\theta$$

由定积分的分步积分法得到的递推公式知，

$$\int_0^{\frac{\pi}{2}}\sin^3x\mathrm{d}x = \frac{2}{3}$$

所以

$$V = \frac{32}{3}a^3\left(\frac{\pi}{2}-\frac{2}{3}\right) = \frac{16}{3}a^3\left(\pi-\frac{4}{3}\right)$$

例11 求闭曲线 $(x^2+y^2)^3 = a^2(x^4+y^4) \leqslant 4$ 所围成的面积。

解 曲线图形如图15.19，关于坐标轴是对称的，除原点是图形上的一个独立点外，它是一条封闭曲线。在极坐标下，曲线的方程为

$$r^2 = a^2(\cos^4\theta+\sin^4\theta)$$

根据图形的对称性，把在第一象限的面积乘以4，便得所求的面积，由 §15.1 二重积分的性质 1，便知所求的面积为

$$\iint\limits_D \mathrm{d}\sigma = 4\iint\limits_{D_{r\theta}} r\mathrm{d}r\mathrm{d}\theta = 4\int_0^{\frac{\pi}{2}}\mathrm{d}\theta\int_0^{a\sqrt{\cos^4\theta+\sin^4\theta}} r\mathrm{d}r$$

$$= \frac{4}{2}a^2\int_0^{\frac{\pi}{2}}(\cos^4\theta+\sin^4\theta)\mathrm{d}\theta = \frac{3}{4}\pi a^2$$

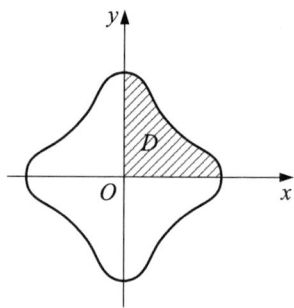

图 15.19

§15.3 三重积分的概念与性质

一、三重积分的概念

我们将会看到，关于三重积分，无论是它的定义、性质还是计算方法，都是二重积分在这几方面的自然推广。作为三重积分概念的物理模型，我们来讨论物体的质量问题。

设有一立方体 V，其质量分布是非均匀的。把它放在空间坐标系里，立方体的每一点 (x, y, z) 的密度记为 $\rho(x, y, z)$。为了求出立方体的质量，将 V 分割成 n 个小立方体：

$$\Delta V_1, \Delta V_2, \cdots, \Delta V_i, \cdots, \Delta V_n。$$

并把各小立方体 $\Delta V_i(i=1, 2, \cdots, n)$ 的体积也表示为 ΔV_i。在第 i 个小立方体 ΔV_i 内任取一点 (x_i, y_i, z_i)，这点的密度是 $\rho(x_i, y_i, z_i)$，在分割很细的情形下，则 $\rho(x_i, y_i, z_i)\Delta V_i$ 便是小立方体 ΔV_i 的质量的近似值，因此和数

$$\sum_{i=1}^n \rho(x_i, y_i, z_i)\Delta V_i$$

就是整个立方体 V 的质量的近似值。把小立方体的直径①中最大的一个记为 λ，则立体 V 的质量 M 便为

$$M =\lim_{\lambda \to 0}\sum_{i=1}^{n}\rho(x_i,\,y_i,\,z_i)\Delta V_i$$

此外还有许多问题的研究，也要归结为具有上述形式的和数的极限。我们抽去它们的实际意义，便得到下面三重积分的定义。

定义　设 V 是空间有界闭区域，$f(x,\,y,\,z)$ 是定义在 V 上的有界函数。将区域 V 任意分割成 n 个小区域 $\Delta V_1,\,\Delta V_2,\,\cdots,\,\Delta V_i,\,\cdots,\,\Delta V_n(\Delta V_i$ 也表示第 i 个小区域的体积)，在每个小区域 ΔV_i 内任取一点 $(x_i,\,y_i,\,z_i)$，作和数

$$\sum_{i=1}^{n}f(x_i,\,y_i,\,z_i)\Delta V_i$$

当各小区域的最大直径 $d\to 0$ 时，如果极限

$$\lim_{d\to 0}\sum_{i=1}^{n}f(x_i,\,y_i,\,z_i)\Delta V_i$$

存在，则称此极限值为函数 $f(x,\,y,\,z)$ 在区域 V 上的**三重积分**，记为

$$\iiint\limits_{V}f(x,\,y,\,z)\mathrm{d}V =\lim_{d\to 0}\sum_{n=1}^{n}f(x_i,\,y_i,\,z_i)\Delta V_i$$

其中 V 叫积分区域，$f(x,\,y,\,z)$ 叫**被积函数**，$\mathrm{d}V$ 叫**体积元素**。若函数 $f(x,\,y,\,z)$ 在 V 上的三重积分存在，则称 $f(x,\,y,\,z)$ 在 V 上可积。

可以证明，区域 V 上的连续函数一定是可积的。

如果用平行于坐标平面的平面来分割区域 V，则得到的小区域为长方体，ΔV 的三边的长为 $\Delta x,\,\Delta y,\,\Delta z$(参考图 15.20)，故 $\Delta V = \Delta x\Delta y\Delta z$，于是

$$\mathrm{d}V = \mathrm{d}x\mathrm{d}y\mathrm{d}z$$

并且

$$\iiint\limits_{V}f(x,\,y,\,z)\mathrm{d}V \equiv \iiint\limits_{V}f(x,\,y,\,z)\mathrm{d}x\mathrm{d}y\mathrm{d}z$$

称 $\mathrm{d}x\mathrm{d}y\mathrm{d}z($ 即 $\mathrm{d}V)$ 为直角坐标系中的体积元素。

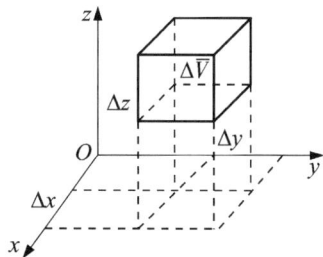

图 15.20

二、三重积分的性质

三重积分具有与二重积分类似的性质：

性质 1　$\iiint\limits_{V}f(x,\,y,\,z) = V$，右端 V 是区域 V 的体积。

即：当被积函数等于 1 时，区域 V 上的三重积分等于区域 V 的体积。

性质 2　如果 $f(x,\,y,\,z)$ 在区域 V 上可积，C 是常数，则 $Cf(x,\,y,\,z)$ 在 V 上也可积，并且

---

① 小立方体 ΔV_i 的直径是 ΔV_i 内任意两点间距离的上确界。

$$\iiint\limits_V Cf(x,\,y,\,z) = C\iiint\limits_V f(x,\,y,\,z)\,\mathrm{d}V$$

性质3 如果$f(x,\,y,\,z)$和$g(x,\,y,\,z)$都在区域V上可积，则$f(x,\,y,\,z)\pm g(x,\,y,\,z)$在$V$上也可积，并且

$$\iiint\limits_V [f(x,\,y,\,z)\pm g(x,\,y,\,z)]\,\mathrm{d}V$$

$$=\iiint\limits_V f(x,\,y,\,z)\,\mathrm{d}V \pm \iiint\limits_V g(x,\,y,\,z)\,\mathrm{d}V$$

性质4 将区域V分成区域V_1和V_2，它们除边界外无公共点。如果$f(x,\,y,\,z)$在V_1和V_2上可积，则$f(x,\,y,\,z)$在V上也可积，并且

$$\iiint\limits_V f(x,\,y,\,z)\,\mathrm{d}V = \iiint\limits_{V_1} f(x,\,y,\,z)\,\mathrm{d}V \pm \iiint\limits_{V_2} f(x,\,y,\,z)\,\mathrm{d}V$$

性质5 如果$f(x,\,y,\,z)$和$g(x,\,y,\,z)$在区域V上可积，并且

$$f(x,\,y,\,z)\le g(x,\,y,\,z)$$

则 $$\iiint\limits_V f(x,\,y,\,z)\,\mathrm{d}V \le \iiint\limits_V g(x,\,y,\,z)\,\mathrm{d}V$$

性质6 如果$f(x,\,y,\,z)$都在区域V上可积，则$|f(x,\,y,\,z)|$在V上也可积，并且

$$\left|\iiint\limits_V f(x,\,y,\,z)\,\mathrm{d}V\right| \le \iiint\limits_V |f(x,\,y,\,z)|\,\mathrm{d}V$$

性质7 （三重积分中值定理）如果$f(x,\,y,\,z)$在有界闭区域V上连续，则在V上至少存在一点$(\xi,\,\eta,\,\zeta)$，使得

$$\iiint\limits_V f(x,\,y,\,z)\,\mathrm{d}V = f(\xi,\,\eta,\,\zeta)V$$

右端V表示区域V的体积。

§15.4 三重积分的计算

一、化三重积分为累次积分

三重积分可化为三次定积分(即累次积分)来计算。设函数$f(x,\,y,\,z)$在空间区域V上连续，平行于Z轴的任何曲线与区域V的边界曲面S的交点不多于两点。我们考虑先对Z，后对y，最后对x来计算函数$f(x,\,y,\,z)$在区域上的三重积分。

$$\iiint\limits_V f(x,\,y,\,z)\,\mathrm{d}V = \iiint\limits_V f(x,\,y,\,z)\,\mathrm{d}x\mathrm{d}y\mathrm{d}z$$

把区域V投影到Oxy平面上，得一平面区域D(图15.21)，以D的边界为准线作一个母线平行于z轴的柱面，V的边界曲面S与此柱面的交线把S分为上下两部分，设其方程依次为

$$S_上: z = z_2(x,\,y)$$

$$S_{\text{下}} : z = z_1(x,\ y)$$

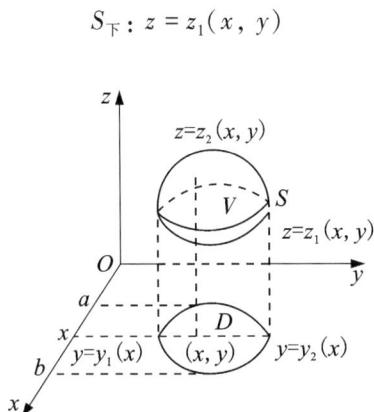

图 15.21

z_1 和 z_2 都是 D 上的连续函数，并且

$$z_1(x,\ y) \leqslant z_2(x,\ y)$$

因为我们先沿 z 轴方向取 $f(x,\ y,\ z)$ 的积分，那么就暂时把 x 和 y 看作常量，而 z 在区域 V 上

是由 $z_1(x,\ y)$ 变到 $z_2(x,\ y)$，故积分的结果显然是 $x,\ y$ 的函数，记为

$$F(x,\ y) = \int_{z_1(x,\ y)}^{z_2(x,\ y)} f(x,\ y,\ z)\,\mathrm{d}z$$

然后再计算 $F(x,\ y)$ 在区域 D 上的二重积分

$$\iint_D F(x,\ y)\,\mathrm{d}x\mathrm{d}y = \iint_D \left[\int_{z_1(x,\ y)}^{z_2(x,\ y)} f(x,\ y,\ z)\,\mathrm{d}z\right]\mathrm{d}x\mathrm{d}y$$

为了把 D 上的二重积分化为先对 y 后对 x 的二次积分，再把 D 投影到 x 轴，得区间 $[a,\ b]$。由 a 点和 b 点引 x 轴的垂线，此二垂线与 D 的边界的交点便把边界曲线分成左、右两部分，令其方程依次为

$$y = y_1(x),\ y = y_2(x)$$

于是函数 $f(x,\ y,\ z)$ 在 V 上的三重积分便化为累次（三次）积分：

$$
\begin{aligned}
\iiint_V f(x,\ y,\ z)\,\mathrm{d}x\mathrm{d}y\mathrm{d}z &= \iint_D \left[\int_{z_1(x,\ y)}^{z_2(x,\ y)} f(x,\ y,\ z)\,\mathrm{d}z\right]\mathrm{d}x\mathrm{d}y \\
&= \int_a^b \left\{\int_{y_1(x)}^{y_2(x)} \left[\int_{z_1(x,\ y)}^{z_2(x,\ y)} f(x,\ y,\ z)\,\mathrm{d}z\right]\mathrm{d}y\right\}\mathrm{d}x \qquad (1)\\
&= \int_a^b \mathrm{d}x \int_{y_1(x)}^{y_2(x)} \mathrm{d}y \int_{z_1(x,\ y)}^{z_2(x,\ y)} f(x,\ y,\ z)\,\mathrm{d}z
\end{aligned}
$$

这就是化三重积分为累次积分的公式。

同二重积分一样，化三重积分为累次积分时，关键的步骤仍然在于确定积分限。上述 (1) 式固然给出了化为累次积分的公式，但是读者必须掌握确定各个积分限的要领。如果先对 z，再对 y，最后对 x 积分时，可按下述要领确定积分限：

首先于 V 在 xy 平面的投影区域 D 内任取一点 $(x,\ y)$（参考图 15.21），从此点作平行于 z 轴的直线，由下朝上看，与此直线第一次和第二次相交的半曲面 $z = z_1(x,\ y)$，$z = z_2(x,\ y)$，依次

是对 z 积分的下限和上限(即 z 在 V 上的变化范围)。其次于区域 D 在 x 轴的投影区间 $[a, b]$ 内任取一点 x,过此点引 x 轴的垂线,由左朝右看,与此垂线第一次和第二次相交的的左、右边界 $y = y_1(x)$,$y = y_2(x)$,依次是对 y 积分的下限和上限(即 y 在 V 上的变化范围)。显然对 x 积分时的下限是 a,上限是 b(即 x 在 V 上的变化范围)。总之我们有

$$V: \begin{cases} z_1(x, y) \leqslant z \leqslant z_2(x, y), \\ y_1(x) \leqslant y \leqslant y_2(x), \\ a \leqslant x \leqslant b \end{cases}$$

这就是(1)式中的积分限。

有时为了计算上的方便,将区域 V 投影到 Oxz 平面或 Oyz 平面,可以分别得到相应的计算公式。比如我们决定要先对 y,再对 x,最后对 z 积分,则把 V 投影到 Oxz 平面得区域 D(图15.22),再把 D 投影到 z 轴得区间 $[e, f]$,从图可得计算公式:

$$\iiint\limits_V f(x, y, z)\mathrm{d}x\mathrm{d}y\mathrm{d}z = \int_e^f \mathrm{d}z \int_{x_1(z)}^{x_2(z)} \mathrm{d}x \int_{y_1(x, z)}^{y_2(x, z)} f(x, y, z)\mathrm{d}y$$

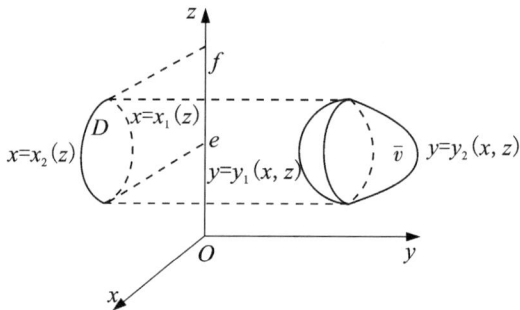

图 15.22

只要 $f(x, y, z)$ 是区域 V 上的连续函数,无论采用哪一种次序计算累次积分,都得相同的结果。

例 1 求 $I = \iiint\limits_V xyz\mathrm{d}V$

其中 V 是由平面 $x = 0$,$y = 0$,$z = 0$ 及 $x + y + z = 1$ 所围成的区域。

解 先画出区域 V 的图形(图15.23)。我们首先对 z 积分,将 V 投影到 Oxy 平面得三角区域 D,它由直线 $x = 0$,$y = 0$,$x + y = 1$(这是平面 $x + y + z = 1$ 与平面 $z = 0$ 的交线)所围成。从 D 内任意一点 (x, y) 竖起垂线,沿垂线朝上看,可知对 z 积分的下限是 $z = 0$,上限是 $z = 1 - x - y$。其次对 y 积分,将区域 D 投影到 x 轴,得区间 $[0, 1]$,从此区间内的任意一点引垂线,沿垂线可以看出对 y 积分的下限是 $y = 0$,上限是 $y = 1 - x$。显然最后对 x 积分时,其下限是 0,上限是 1。由

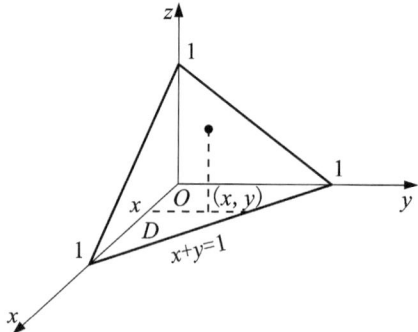

图 15.23

此有
$$V:\begin{cases}0 \leqslant z \leqslant 1 - x - y,\\0 \leqslant y \leqslant 1 - x,\\0 \leqslant x \leqslant 1\end{cases}$$

故得
$$I = \int_0^1 \mathrm{d}x \int_0^{1-x} \mathrm{d}y \int_0^{1-x-y} xyz\mathrm{d}z = \int_0^1 \mathrm{d}x \int_0^{1-x} \left[\frac{xyz^2}{2}\right]_0^{1-x-y} \mathrm{d}y$$

$$= \int_0^1 \mathrm{d}x \int_0^{1-x} \frac{xy}{2}(1 - x - y)^2 \mathrm{d}y = \int_0^1 \frac{x}{24}(1 - x)^4 \mathrm{d}x = \frac{1}{720}$$

例 2　求 $I = \iiint\limits_V z\mathrm{d}x\mathrm{d}y\mathrm{d}z$，其中 V 是由椭球面 $\dfrac{x^2}{a^2} + \dfrac{y^2}{b^2} + \dfrac{z^2}{c^2} = 1$ 上半部与 Oxy 平面围成的立体。

解　参考图形 15. 24 可知

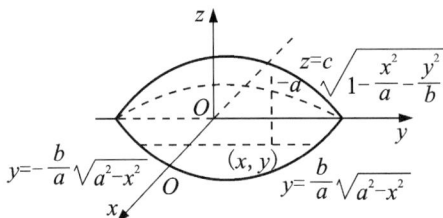

图 15. 24

$$V:\begin{cases}0 \leqslant z \leqslant c\sqrt{1 - \dfrac{x^2}{a^2} - \dfrac{y^2}{b^2}},\\[2mm]-\dfrac{b}{a}\sqrt{a^2 - x^2} \leqslant y \leqslant \dfrac{b}{a}\sqrt{a^2 - x^2},\\[2mm]-a \leqslant x \leqslant a\end{cases}$$

故得
$$I = \int_{-a}^a \mathrm{d}x \int_{-\frac{b}{a}\sqrt{a^2-x^2}}^{\frac{b}{a}\sqrt{a^2-x^2}} \mathrm{d}y \int_0^{C\sqrt{1-\frac{x^2}{a^2}-\frac{y^2}{b^2}}} z\mathrm{d}z$$

$$= \frac{c^2}{2} \int_{-a}^a \mathrm{d}x \int_{-\frac{b}{a}\sqrt{a^2-x^2}}^{\frac{b}{a}\sqrt{a^2-x^2}} \left(1 - \frac{x^2}{a^2} - \frac{y^2}{b^2}\right) \mathrm{d}y$$

$$= c^2 \int_{-a}^a \mathrm{d}x \int_0^{\frac{b}{a}\sqrt{a^2-x^2}} \left(1 - \frac{x^2}{a^2} - \frac{y^2}{b^2}\right) \mathrm{d}y$$

$$= \frac{2bc^2}{3a^3} \int_a^a (a^2 - x^2)^{\frac{3}{2}} \mathrm{d}x$$

$$= \frac{4bc^2}{3a^3} \int_0^a (a^2 - x^2)^{\frac{3}{2}} \mathrm{d}x = \frac{\pi}{4}abc^2$$

例 3　计算由抛物面 $x^2 + y^2 = 6 - z$，坐标面 Ozx，Oyz 及平面 $y = 4z$，$x = 1$，$y = 2$ 所围成

的立体体积。

解 由图 15.25，区域 V 的上边界面为 $z = 6 - x^2 - y^2$，下边界面为 $z = \dfrac{1}{4}y$。区域 V 在 Oxy 平面上的投影区域 D 是由 x 轴、y 轴及直线 $x = 1$，$y = 2$ 所围成的矩形，即 $D : 0 \leqslant y \leqslant 2$，$0 \leqslant x \leqslant 1$。总之有

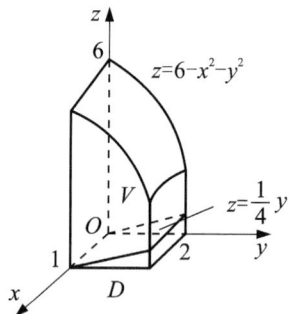

图 15.25

$$V : \begin{cases} \dfrac{y}{4} \leqslant z \leqslant 6 - x^2 - y^2, \\ 0 \leqslant y \leqslant 2, \\ 0 \leqslant x \leqslant 1 \end{cases}$$

故得 $V = \iiint\limits_{V} \mathrm{d}V = \iint\limits_{D} \mathrm{d}x\mathrm{d}y \int_{\frac{y}{4}}^{6-x^2-y^2} \mathrm{d}z = \int_0^1 \mathrm{d}x \int_0^2 \mathrm{d}y \int_{\frac{y}{4}}^{6-x^2-y^2} \mathrm{d}z$

$\qquad = \int_0^1 \mathrm{d}x \int_0^2 [z]_{\frac{y}{4}}^{6-x^2-y^2} \mathrm{d}y = \int_0^1 \mathrm{d}x \int_0^2 \left(6 - x^2 - y^2 - \dfrac{1}{4}y \right) \mathrm{d}y$

$\qquad = \int_0^1 \left(6y - x^2 y - \dfrac{1}{3}y^3 - \dfrac{1}{8}y^2 \right)\Big|_0^2 \mathrm{d}x = \int_0^1 \left(\dfrac{53}{6} - 2x^2 \right) \mathrm{d}x$

$\qquad = \left(\dfrac{53}{6}x - \dfrac{2}{3}x^3 \right)\Big|_0^1 = \dfrac{53}{6} - \dfrac{2}{3} = \dfrac{49}{6}$

二、三重积分的变量替换

有一些三重积分，如果经过适当的变量替换，就可以使计算变得简单一些。下面来介绍变量替换公式。

假定给了一个三重积分

$$I = \iiint\limits_{V} z\mathrm{d}x\mathrm{d}y\mathrm{d}z$$

设有变换（函数组）

$$\begin{cases} x = x(u, v, w) \\ y = y(u, v, w) \\ z = z(u, v, w) \end{cases} \tag{1}$$

它将 uvw 空间中的有界闭区域 V' 一对一地变成 xyz 空间上的有界闭区域 V，并且变换（1）中的每个函数都在 V' 上有连续的一阶偏导数。我们假定区域 V' 中的点与区域 V 中的点的对应是一对一的，因而变换（1）的逆变换存在，即 u，v，w 可反解为 x，y，z 的函数

$$u = u(x, y, z)$$
$$v = v(x, y, z)$$
$$w = w(x, y, z)$$

而且变换（1）的雅可比行列式

$$J = \frac{D(x, y, z)}{D(u, v, w)} = \begin{vmatrix} \dfrac{\partial x}{\partial u} & \dfrac{\partial x}{\partial v} & \dfrac{\partial x}{\partial w} \\[2mm] \dfrac{\partial y}{\partial u} & \dfrac{\partial y}{\partial v} & \dfrac{\partial y}{\partial w} \\[2mm] \dfrac{\partial z}{\partial u} & \dfrac{\partial z}{\partial v} & \dfrac{\partial z}{\partial w} \end{vmatrix}$$

在 V' 上恒不为零。在这些假定下，我们有三重积分的变量替换公式

$$\iiint\limits_{V} f(x, y, z)\mathrm{d}x\mathrm{d}y\mathrm{d}z = f[x(u, v, w), y(u, v, w), z(u, v, w)] \, |J| \mathrm{d}u\mathrm{d}v\mathrm{d}w \qquad (2)$$

回顾我们在推导二重积分的变量替换公式时，主要为了得到 §15.2 第二段中的近似等式 (4)，而那个近似等式可推广到空间中可求积的区域上去。因此仿照二重积分变量替换公式的证明，便可得到上述的公式(2)。

例 4　计算三重积分

$$\iiint\limits_{V} \mathrm{d}x\mathrm{d}y\mathrm{d}z$$

其中区域 V 是由六个平面

$$\begin{cases} a_1 x + b_1 y + c_1 z = \pm h_1, \\ a_2 x + b_2 y + c_2 z = \pm h_2, \quad (h_1 > 0, \; h_2 > 0, \; h_3 > 0) \\ a_3 x + b_3 y + c_3 z = \pm h_3 \end{cases}$$

所围成的平行六面体。

解　作变量替换

$$\begin{cases} u = a_1 x + b_1 y + c_1 z, \\ v = a_2 x + b_2 y + c_2 z, \\ w = a_3 x + b_3 y + c_3 z \end{cases}$$

则得

$$\begin{cases} u = \pm h_1, \\ v = \pm h_2, \\ w = \pm h_3 \end{cases}$$

于是区域 V 变成六面体

$$V': \; -h_1 \leqslant u \leqslant h_1, \; -h_2 \leqslant v \leqslant h_1, \; -h_3 \leqslant w \leqslant h_3$$

令

$$J = \frac{D(u, v, w)}{D(x, y, z)} = \begin{vmatrix} a_1 & b_1 & c_1 \\ a_2 & b_2 & c_2 \\ a_3 & b_3 & c_3 \end{vmatrix} = \Delta$$

由雅可比行列式性质，则有

$$J = \frac{D(x, y, z)}{D(u, v, w)} = \frac{1}{\dfrac{D(u, v, w)}{D(x, y, z)}} = \frac{1}{\Delta}$$

故得

$$\iiint\limits_{V} \mathrm{d}x\mathrm{d}y\mathrm{d}z = \frac{1}{|\Delta|}\mathrm{d}u\mathrm{d}v\mathrm{d}w = \frac{1}{|\Delta|}\int_{-h_1}^{h_1} \mathrm{d}u \int_{-h_2}^{h_2} \mathrm{d}v \int_{-h_3}^{h_3} \mathrm{d}w = \frac{8}{|\Delta|}h_1 h_2 h_3$$

实际这个数值也就是平行六面体 V 的体积。

在三重积分的变量替换中，有两种特殊的替换较为常用，这就是下述的柱坐标变换和球坐标变换。

（一）柱坐标

柱坐标也称柱面坐标，就是平面极坐标系与坐标轴 z 结合使用的空间坐标。对于空间中的任意一点 M，用三个数 (r, θ, z) 给出该点的柱坐标，其中 (r, θ) 是点 M 在 Oxy 平面上的投影点 P 的极坐标，z 是点 M 在直角坐标系的竖坐标（图 15.26）。具体说来就是：

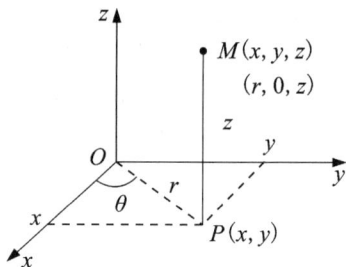

图 15.26

r：点 M 到 z 轴的距离，$0 < r < +\infty$；

θ：过 z 轴和点 M 的半平面与平面 Ozx 的夹角，$0 < \theta < 2\pi$；

z：M 点的竖坐标，$-\infty < z < +\infty$。

在柱面坐标系中，有三族坐标面。通过空间一点 M 的柱坐标系中的三个坐标面是：

$r =$ 常数，是以 z 轴为中心轴，r 为半径的圆柱面；

$\theta =$ 常数，是以 z 轴的半平面，与 Ozx 平面的夹角为 θ；

$z =$ 常数，是平行于 Oxy 平面的平面。

空间一点 M 的直角坐标 (x, y, z) 与它的柱坐标 (r, θ, z) 之间的关系为

$$\begin{cases} x = r\cos\theta, \\ y = r\sin\theta, \\ z = z \end{cases} \tag{3}$$

我们当然可以把 (3) 式看成是一个从 $Or\theta z$ 空间到 $Oxyz$ 空间变换。注意

$$J = \frac{D(x, y, z)}{D(u, v, w)} = \begin{vmatrix} \cos\theta & -r\sin\theta & 0 \\ \sin\theta & r\cos\theta & 0 \\ 0 & 0 & 1 \end{vmatrix} = r \geq 0$$

由前面的 (2) 式，便得到共识

$$\iiint\limits_{V} f(x, y, z)\mathrm{d}x\mathrm{d}y\mathrm{d}z = \iiint\limits_{V'} f(r\cos\theta, r\sin\theta, z)r\mathrm{d}r\mathrm{d}\theta\mathrm{d}z \tag{4}$$

其中 V' 是经过变换 (3) 而得到的 $Or\theta z$ 空间的新区域。

将 (4) 式化为累次积分时，通常是先对 z 积分，这时将区域 V' 投影到 Oxy 平面，即 $Or\theta$ 平面，设其投影区域为 $D: \alpha \leq \theta \leq \beta, \rho_1(\theta) \leq r \leq \rho_2(\theta)$，于是 V' 是以 D 为投影的两个曲面 $z = g(r, \theta), z = h(r, \theta)(g(r, \theta) \leq h(r, \theta))$，以及过 D 的边界竖起来的垂直于 $Or\theta$ 平面的柱面所围成。这样就把三重积分 (4) 化成了累次积分。

$$\iiint\limits_V f(x,\,y,\,z)\,\mathrm{d}x\mathrm{d}y\mathrm{d}z =\int_\alpha^\beta \mathrm{d}\theta \int_{\rho_1(\theta)}^{\rho_2(\theta)} r\mathrm{d}r \int_{g(r,\,\theta)}^{h(r,\,\theta)} F(r,\,\theta,\,z)\,\mathrm{d}z \tag{5}$$

其中 $F(r,\,\theta,\,z)=f(r\cos\theta,\,r\sin\theta,\,z)$。

一般说来，被积函数表达式含有 x^2+y^2，或者积分区域 V 为圆柱区域或 V 的投影是个圆域时（也可以说，当表示区域 V 的函数关系中有 x^2+y^2 出现时），采用柱坐标计算积分比较方便。

例 5　计算三重积分

$$\iiint\limits_V (x^2+y^2)\,\mathrm{d}x\mathrm{d}y\mathrm{d}z$$

其中 V 是旋转抛物面 $x^2+y^2=2z$ 与平面 $z=2$ 所围成的区域。

解　由 $\begin{cases} x^2+y^2=2z \\ z=2 \end{cases}$，有 $x^2+y^2=4$ 为积分区域 V 在 Oxy 平面上的投影，且被积函数含有

x^2+y^2，因此适于采用柱坐标。在柱坐标下，V 的底面方程为 $2z=r^2\cos^2\theta+r^2\sin^2\theta$，即 $z=\dfrac{r^2}{2}$，顶面方程为 $z=2$。又 V 上的点到 z 轴的距离 r 的最大值为 2，最小值为零；过 z 轴与 V 上点的半平面与 Ozx 平面的夹角 θ 是由 0 到 2π。因此在柱坐标变换下，V 变为

$$V':\ 0\le\theta\le 2\pi,\ 0\le r\le 2,\ \frac{r^2}{2}\le z\le 2$$

由公式(5)得

$$\iiint\limits_V (x^2+y^2)\,\mathrm{d}x\mathrm{d}y\mathrm{d}z=\iiint\limits_{V'} r^2\mathrm{d}\theta\mathrm{d}r\mathrm{d}z$$

$$=\int_0^{2\pi}\mathrm{d}\theta\int_0^2 r^2\mathrm{d}r\int_{\frac{r^2}{2}}^2\mathrm{d}z=2\pi\int_0^2 r^3\left(2-\frac{r^2}{2}\right)\mathrm{d}r=\frac{16}{3}\pi$$

例 6　计算 $I=\iiint\limits_V z\sqrt{x^2+y^2}\,\mathrm{d}x\mathrm{d}y\mathrm{d}z$，其中 V 是圆柱面 $x^2+y^2-2x=0$，平面 $z=0$，$z=a(a>0)$ 在第一卦限内围成的区域(图 15.27)。

解　圆柱面的柱坐标方程为 $r=2\cos\theta$

在柱坐标系下，V 变为 V'：

$$0\le z\le a,$$
$$0\le r\le 2\cos\theta,$$
$$0\le\theta\le\frac{\pi}{2}$$

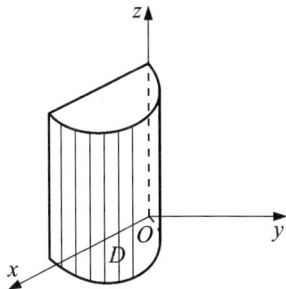

图 15.27

故得

$$I=\int_0^{\frac{\pi}{2}}\mathrm{d}\theta\int_0^{2\cos\theta} r^2\mathrm{d}r\int_0^a z\mathrm{d}z=\int_0^{\frac{\pi}{2}}\mathrm{d}\theta\int_0^{2\cos\theta} r^2\left[\frac{1}{2}z^2\right]_0^a\mathrm{d}r$$

$$=\frac{a^2}{2}\int_0^{\frac{\pi}{2}}\mathrm{d}\theta\int_0^{2\cos\theta} r^2\mathrm{d}r=\frac{a^2}{2}\int_0^{\frac{\pi}{2}}\left[\frac{1}{3}r^3\right]_0^{2\cos\theta}\mathrm{d}\theta$$

$$=\frac{a^2}{2}\cdot\frac{8}{3}\int_0^{\frac{\pi}{2}}\cos^3\theta\mathrm{d}\theta=\frac{4a^2}{3}\cdot\frac{2}{3\cdot 1}=\frac{8}{9}a^2$$

例7 计算 $I = \iiint\limits_V z\mathrm{d}x\mathrm{d}y\mathrm{d}z$，其中 V 是由球面 $x^2 + y^2 + z^2 = 4$ 及抛物面 $x^2 + y^2 = 3z$ 所围成的区域（图 15.28）。

解 在柱坐标变换下，球面与抛物面方程分别为

$$r^2 + z^2 = 4, \quad r^2 = 3z$$

在区域 V 上，z 的值由抛物面变到球面，故有

$$\frac{r^2}{3} \leqslant z \leqslant \sqrt{4 - r^2}$$

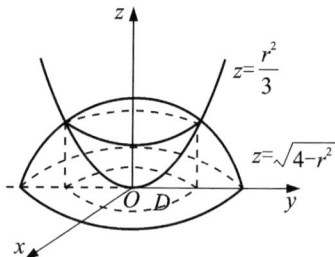

图 15.28

解上述方程组，得球面与抛物面的交线上的 $r = \sqrt{3}$。可见区域 V 在 Oxy 平面上的投影 D 是圆域：$r = \sqrt{3}$。由此知 V 上的 r 和 θ 的变化范围为

$$0 \leqslant r \leqslant \sqrt{3}, \quad 0 \leqslant \theta \leqslant 2\pi$$

故得

$$I = \int_0^{2\pi} \mathrm{d}\theta \int_0^{\sqrt{3}} r\mathrm{d}r \int_{\frac{r^2}{3}}^{\sqrt{4-r^2}} z\mathrm{d}z = \frac{13}{4}\pi。$$

（二）球坐标

球坐标也称球面坐标，对于空间的任意一点 M，用三个数 (r, φ, θ) 给出该点的球坐标（图 15.29），其中：

r：原点 O 到点 M 的距离，$0 \leqslant r < +\infty$。

φ：矢量 OM 到 z 轴正向的夹角，$0 \leqslant \varphi \leqslant \pi$

θ：过 z 轴和点 M 的半平面与 Oxz 平面的夹角，$0 \leqslant \theta \leqslant 2\pi$。

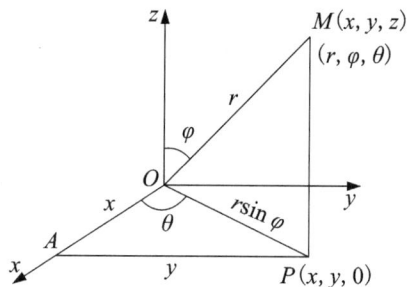

图 15.29

在球面坐标系中，有三族坐标面。通过空间一点 M 的球坐标系中的三个坐标面是：

$r = $ 常数，是以原点为球心，r 为半径的球面；

$\varphi = $ 常数，是以原点为顶点，z 轴为中心轴，半顶角为 φ 的圆锥面；

$\theta = $ 常数，是过 z 轴的半平面，与 Ozx 平面的夹角为 θ。

从点 M 作 Oxy 平面的垂线，得垂足 P，再从 P 作 x 轴的垂线，得交点 A。于是 $OA = x$，$AP = y$，$PM = z$。由直角三角形 OPM 知，

$$OP = r\sin\varphi, \quad PM = r\cos\varphi$$

结合图形可得空间一点 M 的直角坐标 (x, y, z) 与球坐标 (r, φ, θ) 之间的关系为

$$\begin{cases} x = OP\cos\theta = r\sin\varphi\cos\theta, \\ y = OP\sin\theta = r\sin\varphi\sin\theta, \\ z = r\cos\varphi \end{cases}$$

把上式看成是一个从 $Or\varphi\theta$ 空间到 $Oxyz$ 空间的变换，便有

$$J = \frac{D(x, y, z)}{D(u, v, w)} = \begin{vmatrix} \sin\varphi\cos\theta & r\cos\varphi\cos\theta & -r\sin\varphi\sin\theta \\ \sin\varphi\sin\theta & r\cos\varphi\sin\theta & r\sin\varphi\cos\theta \\ \cos\varphi & -r\sin\varphi & 0 \end{vmatrix}$$

$$= r^2\cos^2\varphi\sin\varphi\cos^2\theta + r^2\sin^3\varphi\sin^2\theta + r^2\cos^2\varphi\sin\varphi\sin^2\theta + r^2\sin^3\varphi\cos^2\theta$$

$$= r^2(\sin^3\varphi + \cos^2\varphi\sin\varphi) = r^2\sin\varphi \geq 0$$

公式

$$\iiint\limits_{V} f(x, y, z)\mathrm{d}x\mathrm{d}y\mathrm{d}z = F(r, \varphi, \theta)r^2\sin\varphi\mathrm{d}r\mathrm{d}\varphi\mathrm{d}\theta$$

其中 $F(r, \varphi, \theta) = f(r\sin\varphi\cos\theta, r\sin\varphi\sin\theta, r\cos\varphi)$。

　　一般说来,当被积函数具有 $f(x^2 + y^2 + z^2)$ 的形式或积分区域为球形区域时,采用球坐标计算比较简便。

　　例 8　计算 $\iiint\limits_{V}(x^2 + y^2 + z^2)\mathrm{d}x\mathrm{d}y\mathrm{d}z$,其中 V 是由锥面 $z = \sqrt{x^2 + y^2}$ 和球面 $x^2 + y^2 + z^2 = R^2$ 所围成的区域(图 15.30)。

　　解　采用球坐标变换。因为锥面 $z = \sqrt{x^2 + y^2}$ 是绕 z 轴的旋转锥面,并且当 $x = 0$ 时,它在 Oyz 平面上是直线 $z = |y|$,此直线与 z 轴夹角 $\varphi = \dfrac{\pi}{4}$。又知区域 V 上的点到原点的距离 r 最远是在球面 $r = R$ 上,最近为 $r = 0$。θ 在 V 上的变化显然是 $0 \leqslant \theta \leqslant 2\pi$。由上可知在球坐标变换下,$V$ 变为

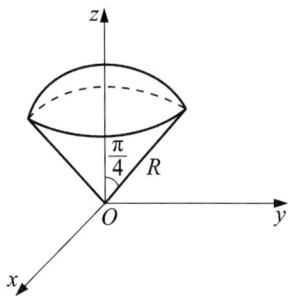
图 15.30

$$V': 0 \leqslant r \leqslant R, \quad 0 \leqslant \varphi \leqslant \frac{\pi}{4}, \quad 0 \leqslant \theta \leqslant 2\pi$$

故由公式(7)得

$$\iiint\limits_{V}(x^2 + y^2 + z^2)\mathrm{d}x\mathrm{d}y\mathrm{d}z = \iiint\limits_{V'} r^4\sin\varphi\mathrm{d}r\mathrm{d}\varphi\mathrm{d}\theta$$

$$= \int_0^{\frac{\pi}{4}}\sin\varphi\mathrm{d}\varphi\int_0^{2\pi}\mathrm{d}\theta\int_0^R r^4\mathrm{d}r = \frac{1}{5}\pi R^5(2 - \sqrt{2})$$

　　例 9　有半径为 a 的球体,其任意一点的密度与自该点到球心的距离成正比例,试求球体的质量。

　　解　设球心在原点,则在点 (x, y, z) 处的密度

$$\mu(x, y, z) = k\sqrt{x^2 + y^2 + z^2}$$

其中 k 为比例常数。由球坐标公式(7)得球的质量

$$M = \iiint\limits_{V}\mu(x, y, z)\mathrm{d}V = \iiint\limits_{V} k\sqrt{x^2 + y^2 + z^2}\mathrm{d}x\mathrm{d}y\mathrm{d}z = \iiint\limits_{V} kr \cdot r^2\sin\varphi\mathrm{d}r\mathrm{d}\varphi\mathrm{d}\theta$$

根据球的对称性,便得

$$M = 8k\int_0^{\frac{\pi}{2}}\mathrm{d}\theta\int_0^{\frac{\pi}{2}}\sin\varphi\mathrm{d}\varphi\int_0^a r^3\mathrm{d}r = 8k\left[\theta\right]_0^{\frac{\pi}{2}}\left[-\cos\varphi\right]_0^{\frac{\pi}{2}}\left[\frac{1}{4}r^4\right]_0^a = k\pi a^4$$

§15.5　重积分应用

重积分在几何方面的应用，前面已介绍过计算立体体积和平面面积等问题，这里再讲一下求曲面的面积以及重积分在力学上的一些应用。

一、几何应用 — 曲面面积

设曲面 S 的方程为 $z = f(x, y)$，它在 Oxy 面上的投影区域为 D，函数 $f(x, y)$ 在 D 上具有连续偏导数 $f_x'(x, y)$，$f_y'(x, y)$，我们来求 S 的面积。

把区域 D 分成 n 个小区域，我们以其中任意一小块 $\Delta\sigma$ 的边界为准线，作母线平行于 z 轴的柱面，于是曲面被这个柱面截出相应的一小块 ΔS。在 $\Delta\sigma$ 上任取一点 $P(x, y)$，则在 ΔS 上也有一对应点 $M(x, y, z)$。然后过点 M 作曲面的切平面，于是切平面也被柱面截出一小块 ΔA。显然 ΔS 和 ΔA 在 Oxy 平面上的投影都是 $\Delta\sigma$（图 15.31），所以有

$$\Delta\sigma = \Delta A\cos\gamma$$

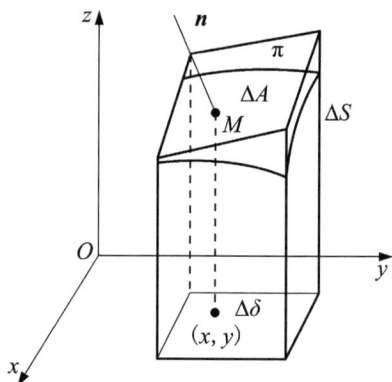

图 15.31

其中 γ 是切平面与 Oxy 面的夹角，也就是切平面的法线 n 与 z 轴的夹角。根据公式

$$\cos\gamma = \frac{1}{\sqrt{1 + z_x'^2 + z_y'^2}}$$

便有

$$\Delta A = \sqrt{1 + z_x'^2 + z_y'^2}\,\Delta\sigma$$

当 $\Delta\sigma$ 的直径 d 很小时，则 ΔA 的面积接近于 ΔS 的面积，所以当 $d \to 0$ 时，有

$$\mathrm{d}S = \sqrt{1 + z_x'^2 + z_y'^2}\,\Delta\sigma = \sqrt{1 + z_x'^2 + z_y'^2}\,\mathrm{d}x\mathrm{d}y \tag{1}$$

这就是曲面 $z = f(x, y)$ 的面积元素。

将这些面积元素累加起来，便得到计算曲面面积的公式：

$$A = \iint\limits_D \sqrt{1 + z_x'^2 + z_y'^2}\,\mathrm{d}x\mathrm{d}y \tag{2}$$

例 1　求半径为 a 的球的表面积。

解　设球面方程为 $x^2 + y^2 + z^2 = a^2$，则上半球面的方程为 $z = \sqrt{a^2 - x^2 - y^2}$。它在 Oxy 面上的投影区域是圆域 $x^2 + y^2 \leqslant a^2$（图 15.32）。于是

$$z_x' = \frac{-x}{\sqrt{a^2 - x^2 - y^2}}$$

$$z_y' = \frac{-y}{\sqrt{a^2 - x^2 - y^2}}$$

$$\sqrt{1 + z_x'^2 + z_y'^2} = \frac{a}{\sqrt{a^2 - x^2 - y^2}}$$

从而上半球的表面积是整个球面积 A 的一半，即

$$\frac{1}{2}A = \iint_D \frac{a}{\sqrt{a^2 - x^2 - y^2}}\mathrm{d}x\mathrm{d}y$$

为计算方便，换为极坐标，令

$$x = r\cos\varphi,\ y = r\sin\varphi$$

则有

$$A = 2\iint_D \frac{a}{\sqrt{a^2 - x^2 - y^2}}\mathrm{d}x\mathrm{d}y = 2a\int_0^{2\pi}\mathrm{d}\varphi\int_0^a \frac{r}{\sqrt{a^2 - r^2}}\mathrm{d}r$$

$$= 4\pi a\int_0^a \frac{r}{\sqrt{a^2 - r^2}}\mathrm{d}r = 4\pi a\big[-\sqrt{a^2 - r^2}\big]_0^a = 4\pi a^2$$

例 2　求球面 $x^2 + y^2 + z^2 = a^2$ 上为柱面 $x^2 + y^2 = ax$ 所截取部分的面积（图 15.33）。

解　上半球面方程是

$$z = \sqrt{a^2 - x^2 - y^2}$$

于是

$$z_x' = \frac{-x}{\sqrt{a^2 - x^2 - y^2}}$$

$$z_y' = \frac{-y}{\sqrt{a^2 - x^2 - y^2}}$$

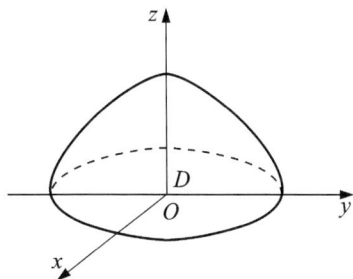

图 15.32

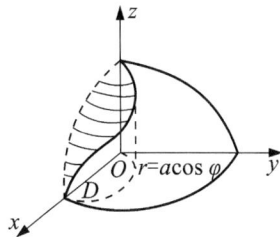

图 15.33

从而

$$\sqrt{1 + z_x'^2 + z_y'^2} = \frac{a}{\sqrt{a^2 - x^2 - y^2}}$$

由于所考察的曲面关于 Oxy 面和 Ozx 面对称，设所求面积为 A，则

$$\frac{1}{4}A = \iint_D \sqrt{1 + z_x'^2 + z_y'^2}\mathrm{d}x\mathrm{d}y = \iint_D \frac{a\mathrm{d}x\mathrm{d}y}{\sqrt{a^2 - x^2 - y^2}}$$

其中区域 D 是由 $x^2 + y^2 = ax$ 所围成的半圆面。作极坐标变换：

$$x = r\cos\varphi,\ y = r\sin\varphi$$

则 D 的边界方程为 $r = a\cos\varphi$，于是在 D 上，r 与 φ 的变化范围为

$$0 \leqslant \varphi \leqslant \frac{\pi}{2},\ 0 \leqslant r \leqslant a\cos\varphi$$

于是有

$$\frac{1}{4}A = \iint_D \frac{a\mathrm{d}x\mathrm{d}y}{\sqrt{a^2 - x^2 - y^2}} = \int_0^{\frac{\pi}{2}}\mathrm{d}\varphi\int_0^{a\cos\varphi} \frac{ar\mathrm{d}r}{\sqrt{a^2 - r^2}}$$

$$= \int_0^{\frac{\pi}{2}} a^2(1 - \sin\varphi)\mathrm{d}\varphi = \left(\frac{\pi}{2} - 1\right)a^2$$

从而

$$A = 2(\pi - 2)a^2$$

例3 求半径相等的两个直交圆柱所围立体的表面积 A。

解 设圆柱半径为 R 的两圆柱面方程分别为
$$x^2 + y^2 = R^2,$$
$$x^2 + z^2 = R^2$$

根据对称性，我们考虑在第一卦限中的面积 A_1 和 A_2。A_1 和 A_2 的面积相等，因此只须求出 A_1 的面积，然后乘以 16 就得到面积 A，参考图 15.34。

A_1 是曲面 $x^2 + z^2 = R^2$ 上的一部分，为求出 z'_x 及 z'_y，在此式两边求偏导。对 x 求偏导，得
$$2x + 2zz'_x = 0,$$

故
$$z'_x = -\frac{x}{z}$$

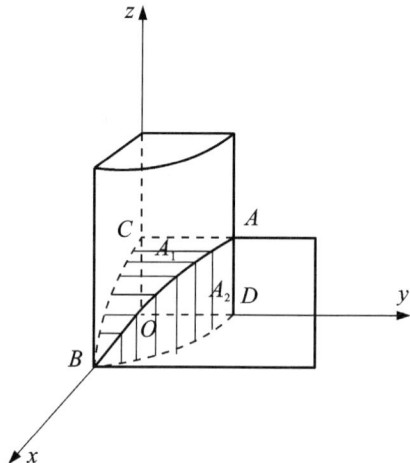

图 15.34

对 y 求偏导，得
$$2zz'_y = 0,$$
故
$$z'_y = 0$$
于是
$$\sqrt{1 + z_x'^2 + z_y'^2} = \sqrt{1 + \frac{x^2}{z^2}} = \sqrt{\frac{z^2 + x^2}{z^2}} = \frac{\sqrt{z^2 + x^2}}{z} = \frac{R}{\sqrt{R^2 - x^2}}$$

又知 A_1 在 Oxy 面上的投影域 D 是由 Oxy 面上的圆 $x^2 + y^2 = R^2$ 所围圆域的四分之一。因此 x 和 y 在 D 上的变化范围为
$$0 \leq y \leq \sqrt{R^2 - x^2}, \, 0 \leq x \leq R$$
故得
$$A = 16\iint_D \sqrt{1 + z_x'^2 + z_y'^2}\,dxdy = 16R\int_0^R dx \int_0^{\sqrt{R^2-x^2}} \frac{1}{\sqrt{R^2 - x^2}}dy$$
$$= 16R\int_0^R \frac{1}{\sqrt{R^2 - x^2}}[y]_0^{\sqrt{R^2-x^2}}dx = 16R\int_0^R dx = 16R^2$$

二、力学上的应用

利用二重积分可以解决平面薄板的质量、中心和转动惯量等问题；同样，利用三重积分，则可以解决有关空间物体的这几方面的问题。我们在这里将侧重讲平面薄板的情形，至于空间物体的情形，因为它与平面薄板的情形完全类似，所以只介绍相应的公式。

(一) 质量

在引入二重积分的概念时（§15.1），我们已得到平面薄板的质量为
$$M = \iint_D \rho(x, y)\,d\sigma \tag{1}$$

其中 $\rho(x, y)$ 是薄板 D 在点 (x, y) 的密度。

在引入三重积分的概念时（§15.3），我们又得到了物体的质量为

$$M = \iiint\limits_{V} \rho(x, y, z)\,\mathrm{d}V \tag{2}$$

其中 $\rho(x, y, z)$ 是物体 V 在点 (x, y, z) 的密度。

（二）重心

重心问题在生产中经常碰得到，例如铸造车间的钢水包（图 15.35），为了用天车吊运并进行浇注，挂钩位置必须与包体的重心在一条直线上，并且包轴的位置应当略高于重心的位置。可见物体重心是一个需要研究的问题。

我们先研究平面薄板的重心。设有一块给定的薄板，其密度为 $\rho(x, y)$。现在把它分成 n 个小块，在每一小块 $\Delta\sigma_i$ 上任取一点 (x_i, y_i)，则小块的近似质量为 $\rho(x_i, y_i)\Delta\sigma_i$。如果小块的直径很小，就可以把这个质量看作是质点 (x_i, y_i) 所具有的质量。于是整个薄板就可

图 15.35

以看作由 n 个质点组成的质点组，这个质点组的总质量为 $\sum\limits_{i=1}^{n} \rho(x_i, y_i)\Delta\sigma_i$。参考质点组的重心坐标公式，便知这个质点组的重心坐标分别是

$$\bar{x}_i = \frac{\sum\limits_{i=1}^{n} x_i \rho(x_i, y_i)\Delta\sigma_i}{\sum\limits_{i=1}^{n} \rho(x_i, y_i)\Delta\sigma_i}$$

$$\bar{y}_i = \frac{\sum\limits_{i=1}^{n} y_i \rho(x_i, y_i)\Delta\sigma_i}{\sum\limits_{i=1}^{n} \rho(x_i, y_i)\Delta\sigma_i}$$

再令各小块的最大直径趋于零取极限，便得到所给的平面薄板的重心坐标：

$$\bar{x} = \frac{\iint\limits_{D} x\rho(x, y)\,\mathrm{d}\sigma}{\iint\limits_{D} \rho(x, y)\,\mathrm{d}\sigma}$$

$$\bar{y} = \frac{\iint\limits_{D} y\rho(x, y)\,\mathrm{d}\sigma}{\iint\limits_{D} \rho(x, y)\,\mathrm{d}\sigma} \tag{3}$$

其中 $M = \iint\limits_{D} \rho(x, y)\,\mathrm{d}\sigma$ 是薄板的质量。

如果薄板密度是均匀的，即密度是一常数 ρ，则薄板质量

$$M = \iint\limits_{D} \rho\,\mathrm{d}\sigma = \rho \iint\limits_{D} \mathrm{d}\sigma = \rho S$$

其中 S 是薄板的面积。于是公式(3)简化为

$$\bar{x} = \frac{1}{S}\iint\limits_{D} x\mathrm{d}\sigma, \quad \bar{y} = \frac{1}{S}\iint\limits_{D} y\mathrm{d}\sigma \tag{4}$$

至于物体的重心问题完全可以仿照上面的讨论。即将密度为 $\rho(x, y, z)$ 的物体 V 分成 n 个小立方体,并将每个小立方体的近似质量看成是某一质点所具有的质量,则可以得到质点组的重心坐标。再令各小立方体的最大直径趋于零取极限,便得到物体 V 的重心坐标:

$$\bar{x} = \frac{\iiint\limits_{V} x\rho(x, y, z)\mathrm{d}V}{\iiint\limits_{V} \rho(x, y, z)\mathrm{d}V}$$

$$\bar{y} = \frac{\iiint\limits_{V} y\rho(x, y, z)\mathrm{d}V}{\iiint\limits_{V} \rho(x, y, z)\mathrm{d}V} \tag{5}$$

$$\bar{z} = \frac{\iiint\limits_{V} z\rho(x, y, z)\mathrm{d}V}{\iiint\limits_{V} \rho(x, y, z)\mathrm{d}V}$$

其中 $M = \iiint\limits_{D} \rho(x, y, z)\mathrm{d}V$ 是物体 V 的质量。

如果物体密度是均匀的,即密度是常数 ρ,则物体质量

$$M = \iiint\limits_{D} \rho\mathrm{d}V = \rho\iiint\limits_{D} \mathrm{d}V = \rho R$$

其中 R 是物体的体积,于是公式(5)简化为

$$\bar{x} = \frac{1}{R}\iiint\limits_{V} x\mathrm{d}V, \quad \bar{y} = \frac{1}{R}\iiint\limits_{V} y\mathrm{d}V, \quad \bar{z} = \frac{1}{R}\iiint\limits_{V} z\mathrm{d}V \tag{5$'$}$$

例 4　求密度均匀的半椭圆薄板的重心。

解　半椭圆薄板 D 可以表示为(图 15.36)

$$\frac{x^2}{a^2} + \frac{y^2}{b^2} \leq 1, \quad y \geq 0$$

由于密度均匀,图形对称于 y 轴,故重心的横坐标 $\bar{x} = 0$,而纵坐标

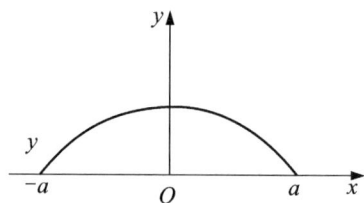

图 15.36

$$\bar{y} = \frac{1}{S}\iiint\limits_{D} y\mathrm{d}x\mathrm{d}y$$

$$= \frac{1}{S}\int_{-a}^{a}\mathrm{d}x\int_{0}^{b\sqrt{1-\frac{x^2}{a^2}}} y\mathrm{d}y = \frac{b^2}{2S}\int_{-a}^{a}\left(1 - \frac{x^2}{a^2}\right)\mathrm{d}x$$

$$= \frac{1}{\pi ab}\left(2ab^2 - \frac{2a^3 b^2}{3a^2}\right) = \frac{4b}{3\pi}$$

例 5　某铸造车间用的钢水包内部形状是圆锥台,底面直径是 600 mm,上面直径是

760 mm，深度是 800 mm，求钢水包装满密度均匀的钢水时的重心（不计钢水包自重）。

　　解　选取锥台的中心轴为 z 轴，以通过 z 轴的坐标平面 $x=0$ 截钢水包所得的截面为 $ABCD$（图 15.37）。延长 AB 交 z 轴于 0，取 0 为原点。

　　为确定 z 在包体 V 上的变化范围，须求出 $OE，OF$。为此先计算：

$$\tan \alpha = \frac{AD - BC}{2} : EF = \frac{760 - 600}{2} : 800 = 0.1$$

于是

$$OE = \frac{BE}{\tan a} = \frac{300}{0.1} = 3000$$

$$OF = \frac{AF}{\tan a} = \frac{380}{0.1} = 3800$$

故 z 在包体 V 上的变化范围为

$$3000 \leqslant z \leqslant 3800$$

　　我们采用柱坐标。于是 V 在 Oxy 平面上的投影域 D 是以原点 O 为圆心的圆域，在柱坐标下，θ 的变化范围为

$$0 \leqslant \theta \leqslant 2\pi$$

　　至于 r 的变化，就截面 $ABCD$ 来看，包壁上点到 z 轴的距离 r 就是该点的纵坐标 y，而由图知 y 可以用 z 表示为

$$y = z\tan \alpha = 0.1z$$

故 r 也可用 z 表示：

$$r = 0.1z$$

由此得 r 在 V 上的变化范围为

$$0 \leqslant r \leqslant 0.1z$$

　　根据对称性，可知 V 的重心必在 z 轴上，因此只须求出坐标 $\bar z$。既然钢水的密度是均匀的，不妨设密度 $\rho = 1$。由前面的公式（5），得

$$\bar z = \frac{\iiint\limits_{V} z\,\mathrm{d}V}{\iiint\limits_{V} \mathrm{d}V}$$

下面来计算三重积分：

$$\iiint\limits_{V} \mathrm{d}V = \int_{3000}^{3800} \mathrm{d}z \int_{0}^{0.1z} r\,\mathrm{d}r \int_{0}^{2\pi} \mathrm{d}\theta$$

$$= \pi \int_{3000}^{3800} (0.1z)^2 \mathrm{d}z = \frac{\pi}{3}(0.1)^2 (3800^3 - 3000^3)$$

$$\iiint\limits_{V} z\,\mathrm{d}V = \int_{3000}^{3800} z\,\mathrm{d}z \int_{0}^{0.1z} r\,\mathrm{d}r \int_{0}^{2\pi} \mathrm{d}\theta$$

$$= \pi \int_{3000}^{3800} z(0.1z)^2 \mathrm{d}z = \frac{\pi}{4}(0.1)^2 (3800^4 - 3000^4)$$

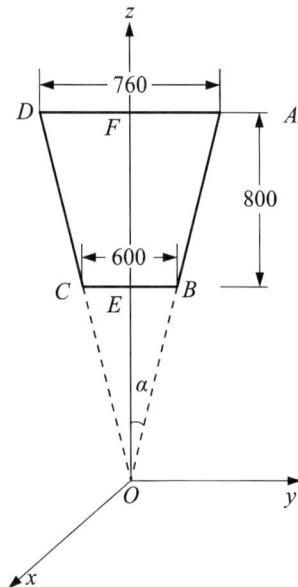

图 15.37

故得

$$\bar{z} = \frac{3}{4} \cdot \frac{(3800^4 - 3000^4)}{(3800^3 - 3000^3)} \approx 3431 \text{ mm}$$

因此重心到包底的距离是

$$\bar{z} - OE = 3431 - 3000 \approx 431 \text{ mm}$$

(三) 转动惯量

我们在定积分应用中已讲过转动惯量这个概念。即有，质量与转动半径平方的乘积，就是质点的转动惯量。现在把这一概念推广到平面薄板和空间立体上去。

设有一块平面薄板 D，密度为 $\rho(x, y)$，把它分成 n 个很小的小块 $\Delta\sigma_i(i = 1, 2, \cdots, n)$，在每一小块上任取一点 (x_i, y_i)，如果把小块的近似质量 $\rho(x_i, y_i)\Delta\sigma_i$ 看作是质点 (x_i, y_i) 所具有的质量，则整个薄板就看作是由 n 个质点所组成的质点组。这个质点组对于 x 轴的转动惯量是

$$\sum_{i=1}^{n} y_i^2 \rho(x_i, y_i)\Delta\sigma_i$$

对于 y 轴的转动惯量是

$$\sum_{i=1}^{n} x_i^2 \rho(x_i, y_i)\Delta\sigma_i$$

对于原点 O 的转动惯量是

$$\sum_{i=1}^{n} (x_i^2 + y_i^2)\rho(x_i, y_i)\Delta\sigma_i$$

令各小块的最大直径趋于零，取极限，便得到整个薄板对 x 轴的转动惯量

$$I_x = \iint_D y^2 \rho(x, y)\,d\sigma \tag{6}$$

对 y 轴的转动惯量

$$I_y = \iint_D x^2 \rho(x, y)\,d\sigma \tag{7}$$

对原点的转动惯量

$$I_O = \iint_D (x^2 + y^2)\rho(x, y)\,d\sigma \tag{8}$$

这里显然存在如下的关系：

$$I_O = I_x + I_y$$

仿照上述办法，我们还可以得到空间物体 V 对 Oxy 平面的转动惯量 I_{xy}，对 x 轴的转动惯量 I_x，对原点的转动惯量 I_O 等的计算公式：

$$I_{xy} = \iiint_V z^2 \rho(x, y, z)\,dV \tag{9}$$

$$I_x = \iiint_V (y^2 + z^2)\rho(x, y, z)\,dV \tag{10}$$

$$I_O = \iiint_V (x^2 + y^2 + z^2)\rho(x, y, z)\,dV \tag{11}$$

此外，物体对于 Oyz 平面，Ozx 平面的转动惯量，有类似(9)式的公式；对于 y 轴，z 轴的转动惯量，有类似(10)式的公式，这里不一一列举。

例 6　求密度为 1 的均匀球体 V：$x^2 + y^2 + z^2 \leq 1$ 对坐标轴的转动惯量。

解　由公式(10)，有

$$I_x = \iiint_V (y^2 + z^2)\,\mathrm{d}V,$$

$$I_y = \iiint_V (x^2 + z^2)\,\mathrm{d}V,$$

$$I_z = \iiint_V (x^2 + y^2)\,\mathrm{d}V$$

根据对称性，可知

$$I_x = I_y = I_z (= I)$$

将上面三式相加，便得

$$3I = \iiint_D 2(x^2 + y^2 + z^2)\,\mathrm{d}V$$

利用球坐标，则

$$I = \frac{2}{3} \iiint_D r^2 \cdot r^2 \sin\varphi\,\mathrm{d}r\mathrm{d}\varphi\mathrm{d}\theta$$

$$= \frac{2}{3} \int_0^{2\pi} \mathrm{d}\theta \int_0^\pi \sin\varphi\,\mathrm{d}\varphi \int_0^1 r^4\,\mathrm{d}r$$

$$= \frac{2}{3} \cdot 2\pi \cdot \frac{1}{5} \int_0^\pi \sin\varphi\,\mathrm{d}\varphi = \frac{4\pi}{15}\left[-\cos\varphi\right]_0^\pi = \frac{4\pi}{15} \cdot 2 = \frac{8\pi}{15}$$

例 7　求密度均匀，高为 h 的环状轮盘对其轴线的转动惯量(图 15.38)。

解　设密度 $\rho = c$（c 为常数），圆环在 Oxy 平面上的投影为

$$D: R_1^2 \leq x^2 + y^2 \leq R_2^2$$

其中 R_1，R_2 依次为小圆与大圆的半径。利用柱坐标可得

$$I_z = \iiint_V c(x^2 + y^2)\,\mathrm{d}V$$

$$= \iiint_V cr^2 \cdot r\mathrm{d}r\mathrm{d}\theta\mathrm{d}z = c\int_0^{2\pi}\mathrm{d}\theta\int_{R_1}^{R_2} r^3\,\mathrm{d}r\int_0^h\mathrm{d}z$$

$$= 2\pi c \cdot \frac{1}{4}(R_2^4 - R_1^4)h = \frac{\pi ch}{2}(R_2^4 - R_1^4)$$

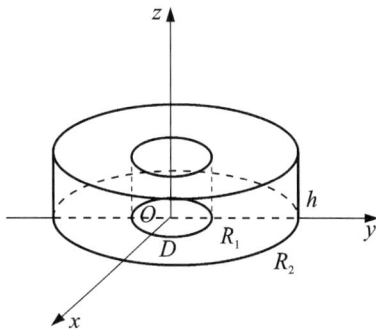

图 15.38

习题

1. 一薄板位于 Oxy 平面上，占有区域 D，薄板上分布有表面密度为 $\rho = \rho(x, y)$ 的电荷，写出这一板上的全部电荷表达式。

2. 求积分 $\iint\limits_{D} x\mathrm{e}^{xy}\mathrm{d}x\mathrm{d}y$，$D$ 为 $0 \leqslant x \leqslant 1$，$-1 \leqslant y \leqslant 0$。

3. 求积分 $\iint\limits_{D} \dfrac{\mathrm{d}x\mathrm{d}y}{(x-y)^2}$ 的值，D 为 $1 \leqslant x \leqslant 2$，$3 \leqslant y \leqslant 4$。

4. 求积分 $\iint\limits_{D} x^2 y\cos(xy^2)\mathrm{d}x\mathrm{d}y$ 的值，D 为 $0 \leqslant x \leqslant \dfrac{\pi}{2}$，$0 \leqslant y \leqslant 2$。

5. 试求一个立体的体积 V，它的底以 Oxy 平面为界，侧面以平面 $x = 0$，$x = a$，$y = 0$，$y = b$ 为界，而上面以椭圆抛物面 $z = \dfrac{x^2}{2p} + \dfrac{y^2}{2q}$ 为界。

6. 将二重积分 $\iint\limits_{D} f(x, y)\mathrm{d}x\mathrm{d}y$ 化为二次积分(按两种积分次序)，积分域 D 如下：

(1) D：$x + y = 1$，$x - y = 1$，$x = 0$ 所围成的区域。

(2) D：$y = x^2$，$y = 4 - x^2$，$x = 0$ 所围成的区域。

(3) 椭圆 $\dfrac{x^2}{4} + \dfrac{y^2}{9} = 1$ 所围成的区域。

7. 计算 $\iint\limits_{D} (x + 6y)\mathrm{d}x\mathrm{d}y$，$D$：$y = x$，$y = 5x$，$x = 1$ 所围成的区域。

8. 计算 $\iint\limits_{D} \dfrac{x^2}{y^2}\mathrm{d}x\mathrm{d}y$，$D$：$x = 2$，$y = x$，$xy = 1$ 所围成的区域。

9. 计算 $\iint\limits_{D} \dfrac{x}{y+1}\mathrm{d}x\mathrm{d}y$，$D$：$y = x^2 + 1$，$y = 2x$，$x = 0$ 所围成的区域。

10. 计算 $\iint\limits_{D} \sin(x + y)\mathrm{d}x\mathrm{d}y$，$D$：$y = 0$，$y = x$，$x + y = \dfrac{\pi}{2}$ 所围成的区域。

11. 计算 $\iint\limits_{D} xy^2\mathrm{d}x\mathrm{d}y$，$D$：$y^2 = 2px$，$x = \dfrac{p}{2}(p > 0)$ 所围成的区域。

12. 计算二重积分 $\iint\limits_{R} \mathrm{e}^{px+qy}\mathrm{d}x\mathrm{d}y$，其中 R 是正方形 $[0, a; 0, a]$。

13. 在下列积分中改变积分次序：

(1) $\displaystyle\int_0^2 \mathrm{d}x \int_x^{2x} f(x, y)\mathrm{d}y$

(2) $\displaystyle\int_{-2}^2 \mathrm{d}y \int_{y^2}^4 f(x, y)\mathrm{d}x$

14. 利用极坐标求下列二重积分：

(1) $\iint\limits_{D} y\mathrm{d}x\mathrm{d}y$，$D$ 为圆 $x^2 + y^2 = a^2$ 所包围的第一象限中的区域。

(2) $\iint\limits_{D}e^{-(x^2+y^2)}dxdy$，$D$ 为圆 $x^2+y^2=1$ 所围成的区域。

(3) $\iint\limits_{D}\sqrt{R^2-x^2-y^2}\,dxdy$，$D$ 为 $x^2+y^2=Rx$ 所围成的区域。

(4) $\iint\limits_{D}\sqrt{\dfrac{1-x^2-y^2}{1+x^2+y^2}}\,dxdy$，$D$ 为 $x^2+y^2=1$ 所围成的区域。

(5) $\iint\limits_{D}\arctan\dfrac{y}{x}dxdy$，$D$ 为圆 $x^2+y^2=4$，$x^2+y^2=1$ 及直线 $y=x$，$y=0$ 所包围的在第一象限内的区域。

(6) $\iint\limits_{D}\sin\sqrt{x^2+y^2}\,dxdy$，$D$ 为 $x^2+y^2\leqslant 4\pi^2$，$x^2+y^2\geqslant\pi^2$。

15. 利用二重积分，求由曲线 $y^2=\dfrac{b^2}{a}x$，$y=\dfrac{b}{a}x$ 所围成的图形的面积。

16. 利用二重积分求下列曲面所围成的立体的体积。
(1) 坐标面，平面 $x=4$，$y=4$ 及抛物面 $z=x^2+y^2+1$；
(2) 旋转抛物面 $z=x^2+y^2$，坐标面及平面 $x+y=1$。

17. 计算 $\iiint\limits_{\Omega}xydxdydz$，$\Omega$：$1\leqslant x\leqslant 2$，$-2\leqslant y\leqslant 1$，$0\leqslant z\leqslant\dfrac{1}{2}$。

18. 计算 $\iiint\limits_{\Omega}\dfrac{dxdydz}{(1+x+y+z)^3}$，$\Omega$：$x=0$，$y=0$，$z=0$，$x+y+z=1$ 所围成的四面体。

19. 利用柱面坐标或球面坐标计算下列各积分：

(1) $\iiint\limits_{\Omega}(x^2+y^2)dxdydz$，$\Omega$ 为曲面 $x^2+y^2=2z$ 及平面 $z=2$ 所围成的区域。

(2) $\iiint\limits_{\Omega}xydxdydz$，$\Omega$ 为柱面 $x^2+y^2=1$ 及平面 $z=1$，$z=0$，$x=0$，$y=0$ 所围成的在第一卦限内的区域。

(3) $\iiint\limits_{\Omega}xyzdxdydz$，$\Omega$ 为球面 $x^2+y^2+z^2=1$，积平面 $x=0$，$y=0$，$z=0$ 所围成的第一卦限内的区域。

(4) $\iiint\limits_{\Omega}(x^2+y^2)dxdydz$，$\Omega$ 为两半球面 $z=\sqrt{A^2-x^2-y^2}$，$z=\sqrt{a^2-x^2-y^2}$ $(A>a>0)$ 及平面 $z=0$ 所围成的区域。

20. 利用三重积分求下列各曲面所围成的立体的体积。

(1) 平面 $\dfrac{x}{a}+\dfrac{y}{b}+\dfrac{z}{c}=1$ 和坐标面 $(a>0,b>0,c>0)$。

(2) 平面 $y=0$，$z=0$，$3x+y=6$，$3x+2y=12$，$x+y+z=6$。

21. 利用重积分求锥面 $z=\sqrt{x^2+y^2}$ 被柱面 $z^2=2x$ 所割下部分的曲面面积。

22. 利用重积分求球面 $x^2+y^2+z^2=a^2$ 为平面 $z=\dfrac{a}{4}$，$z=\dfrac{a}{2}$ 所夹部分的曲面面积。

23. 求半径为 1，密度 $\mu=x^2+y^2$ 的球体的质量。

24. 求由直线 $y = 0$, $y = a - x$, $x = 0$ 所围成的均匀薄片的重心。

25. 求四分之一圆 $x^2 + y^2 \leqslant a^2$, $x \geqslant 0$, $y \geqslant 0$ 的重心。

26. 求半径为 R、高为 h 的均匀柱体, 绕过中心而平行于母线的轴(可取 z 轴) 的转动惯量。

第 16 章

曲线积分与曲面积分

在上一章我们讲了二重积分和三重积分, 它们的积分区域是平面区域或空间区域。但在实际问题中, 这些还不够用, 例如当我们研究受力质点作曲线运动时所做的功以及通过某曲面流体的流量等问题时, 还要用到积分区域是平面上或空间中的一条曲线, 或者空间中的一张曲面的积分, 这就是本章和下一章要讲的曲线积分和曲面积分。不过解决这些积分的基本思想同定积分、重积分中的基本思想是一致的, 并且关于它们的计算, 则可以归结到定积分或二重积分的计算上去。

§16.1　第一型曲线积分

一、第一型曲线积分定义

第一型曲线积分又称对弧长的曲线积分, 它也是由实际需要而引进的概念。下面我们讨论一条金属曲线的质量问题。

设在平面上有一条金属曲线 L, 曲线上任意一点 $P(x, y)$ 的线密度是 $\rho(x, y)$[①], 试求这条曲线的质量(图 16.1)。

同引进定积分概念时所采取的方法相似, 我们用分点

$$A = A_0, A_1, A_2, \cdots, A_{n-1}, A_n = B$$

将曲线 L 任意分成 n 段小弧:

$$\overset{\frown}{A_0 A_1}, \overset{\frown}{A_1 A_2}, \cdots, \overset{\frown}{A_{i-1} A_i}, \cdots, \overset{\frown}{A_{n-1} A_n}$$

用 $\Delta s_i (i = 1, 2, \cdots, n)$ 表示各段的长。

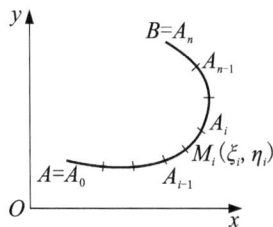

图 16.1

在每个小弧 $\overset{\frown}{A_{i-1} A_i}$ 上任取一点 $M_i(\xi_i, \eta_i)$, 把各小弧密度看作是均匀的, 都等于点 $M_i(\xi_i,$

[①] 线密度的意义是 $\rho(x, y) = \lim\limits_{s \to p} \dfrac{\Delta m}{\Delta s}$, 其中 Δs 与 Δm 依次是包含点 $P(x, y)$ 而属于曲线 L 的小弧段的长度和质量。

η_i) 处的密度 $\rho(\xi_i, \eta_i)$，于是小弧 $\widehat{A_{i-1}A_i}$ 的质量便近似等于 $\rho(\xi_i, \eta_i)\Delta s_i$，从而整个曲线 L 的质量

$$m \approx \sum_{i=1}^{n} \rho(\xi_i, \eta_i)\Delta s_i$$

当分割弧线变细，即当各小弧的最大长度 λ 趋于零时，我们就得到了整个曲线 L 的质量：

$$m = \lim_{\lambda \to 0} \sum_{i=1}^{n} \rho(\xi_i, \eta_i)\Delta s_i$$

上述结果乃是经过分割，求和，取极限等步骤而得到的一种和数的极限，这意味着我们已经得到了又一种类型的积分。抛开问题的具体含义，一般地来研究这一类型的极限，便引出了如下的定义。

定义 设 L 是按光滑的曲线，$f(x, y)$ 是定义在 L 上的有界函数。将 L 分成 n 段小弧，以 Δs_i 表示各小弧的长度。在每个小弧上任取一点 $M_i(\xi_i, \eta_i)$，作和数 $\sum_{i=1}^{n} f(\xi_i, \eta_i)\Delta s_i$，如果各小弧的最大长度 λ 趋于零时，极限

$$\lim_{N \to 0} \sum_{i=1}^{n} f(\xi_i, \eta_i)\Delta s_i$$

存在，则称此极限值为函数 $f(x, y)$ 在曲线 L 上的**第一型曲线积分**，记作

$$\int_L f(x, y)\,\mathrm{d}s = \lim_{\lambda \to 0} \sum_{i=1}^{n} f(\xi_i, \eta_i)\Delta s_i$$

其中 $f(x, y)$ 称为**被积函数**，曲线 L 称为积分路径(路线)。

注：所谓曲线按段(分段)光滑，就是说曲线是由若干条具有连续转动的切线的弧所连接起来的，而连接点可能是角点。例如矩形的边界就是按段光滑的，四个顶点是角点；扇形的边界也是按段光滑的，中心及半径与圆弧的交点，都是角点。

第一型曲线积分的主要性质：

（ⅰ）**积分的值与积分路径的方向无关**。即是说，无论是从曲线 L 上的一端 A 到另一端 B，还是从 B 到 A 进行积分，其积分值是相等的。因为和数 $\sum_{i=1}^{n} f(\xi_i, \eta_i)\Delta s_i$ 中的因子 $f(\xi_i, \eta_i)$ 显然与路径的方向无关，至于因子 Δs_i，则是小弧段的长度，当然也与路径的方向无关。因此无论以曲线的哪一端为起点，积分值总是相等的，即

$$\int_{L(A, B)} f(x, y)\,\mathrm{d}s = \int_{L(B, A)} f(x, y)\,\mathrm{d}s$$

（ⅱ）**可以逐段积分** 即是说，如果曲线 L 分成 L_1 与 L_2 两段，则

$$\int_L f(x, y)\,\mathrm{d}s = \int_{L_1} f(x, y)\,\mathrm{d}s + \int_{L_2} f(x, y)\,\mathrm{d}s$$

这个性质可参照定积分性质4(§7.2)加以证明。

二、第一型曲线积分的计算

曲线积分

$$\int_L f(x,\ y)\,\mathrm{d}s = \lim_{\lambda\to 0}\sum_{i=1}^n f(\xi_i,\ \eta_i)\,\Delta s_i \tag{1}$$

可化为定积分来计算。设曲线 L 的参数方程为

$$x = \varphi(t),\ y = \psi(t),\ \alpha \leqslant t \leqslant \beta$$

且 $\varphi'(t)$ 及 $\psi'(t)$ 在区间 $[\alpha,\ \beta]$ 上连续（即 L 是光滑曲线）；$t=\alpha,\ t=\beta$ 分别对应于曲线的两个端点 $A,\ B$（或 $B,\ A$）。由弧微分公式

$$\mathrm{d}s = \sqrt{\varphi'^2(t) + \psi'^2(t)}\,\mathrm{d}t$$

便将（1）式化为

$$\int_L f(x,\ y)\,\mathrm{d}s = \int_\alpha^\beta f[\varphi(t),\ \psi(t)]\sqrt{\varphi'^2(t) + \psi'^2(t)}\,\mathrm{d}t \tag{2}$$

这就是化第一型曲线积分为定积分的计算公式。

应当指出的是，（2）式中的积分下限 α 小于上限 β。如果对应于曲线起点的 α 大于对应终点的 β，那么就以较小的 β 作下限（即使起点对应 β），使弧长 s 随参数 t 的增大而增大。须知积分限的对调，只是改变了积分路径的方向，并不影响积分值（前面性质（ⅰ））如果曲线 L 是由方程

$$y = y(x),\ a \leqslant x \leqslant b$$

给出的，可把 $y=y(x)$ 写成参数方程形式：

$$x = x,\ y = y(x),\ a \leqslant x \leqslant b$$

于是公式（2）就变为

$$\int_L f(x,\ y)\,\mathrm{d}s = \int_a^b f[x,\ y(x)]\sqrt{1 + y'^2(x)}\,\mathrm{d}x \tag{3}$$

同样，如果曲线的方程 $x = x(y),\ c \leqslant y \leqslant d$，则有

$$\int_L f(x,\ y)\,\mathrm{d}s = \int_c^d f[x(y),\ y]\sqrt{1 + x'^2(y)}\,\mathrm{d}y \tag{4}$$

值得注意的是，（2）式右端的定积分似乎是从左端的曲线积分，经过变量替换而得到的。事实上并不这样简单，因为我们并没学过曲线积分的变量替换，下面把（2）的导出过程写一下，以供参考。为此，我们引进曲线 L 的以弧长 s 为参数的参数方程，借以首先导出以 s 为积分变量的定积分。

设以曲线 L 的一端作为测量弧长的起点，于是 A 点对应于 $s=0$，终点对应于 $s=l$（l 是曲线的全长），而曲线上任意一点 $P(x,\ y)$ 的位置可以用由 A 点量起的弧长 $s=\overset{\frown}{AP}$ 来确定（参考图 16.2）。因此曲线 L 就可以表示为以 s 为参数的方程：

$$x = x(s),\ y = y(s),\ (0 \leqslant s \leqslant l)$$

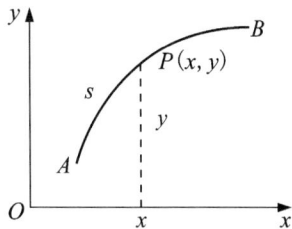

图 16.2

这样一来，函数 $f(x, y)$ 就可以写成 $f[x(s), y(s)]$。

设上面定义中每个小弧上的点 $M_i(\xi_i, \eta_i)$ 的弧长参数为 s_i，于是 $\xi = x(s_i)$，$\eta_i = y(s_i)$ 因此(1)中的和数可改写成

$$\sum_{i=1}^{n} f(x(s_i), y(s_i)) \Delta s_i \tag{5}$$

这正好是函数 $f[x(s), y(s)]$ 在闭区间 $0 \leq s \leq l$ 上的积分和，而前面对曲线 L 所实行的分法，实际上也就是对闭区间 $[0, l]$ 的一个分法，并且各小弧段的最大长度 $\lambda \to 0$ 相当于 $[0, l]$ 而得的最长小区间的长度趋于零。因此令 $\lambda \to 0$ 在(5)中取极限，便得

$$\int_L f(x, y) ds = \int_0^l f(x(s), y(s)) ds = \lim_{\lambda \to 0} \sum_{i=1}^{n} f(x(s_i), y(s_i)) \Delta s_i \tag{6}$$

这样就把第一型曲线积分化成了以弧长 s 为积分变量的定积分。

公式(6)还不能作为计算第一型曲线积分的一般公式，因为曲线的参数方程通常并不以弧长 s 作为参数。但以(6)式为基础，便可以就一般的参数方程(参数代表一般实数)，导出我们的计算公式。比如设曲线 L 的参数方程为

$$x = \varphi(t), y = \psi(t), \alpha \leq t \leq \beta$$

且 $\varphi'(t)$ 及 $\psi'(t)$ 在 $[\alpha, \beta]$ 上连续，当参数 t 从 α 变到 β 时，曲线 L 的点由 A 变到 B(参考图 16.2)。

现在对(6)式的定积分实行变量替换(把参数 s 换成 t)。曲弧微分公式

$$ds = \sqrt{\varphi'^2(t) + \psi'^2(t)} dt$$

并且由此式可把 s 表为参数 t 的函数

$$s = s(t) = \int_0^t \sqrt{\varphi'^2(t) + \psi'^2(t)} dt$$

当 $s = 0$ 时，$t = \alpha$；$s = l$ 时，$t = \beta$。

再把 $s = s(t)$ 代入(6)式的 $x(s)$，有 $x(s) = x(s(t))$，而此右端实际就是 $\varphi(t)$(因 $x = x(s)$ 及 $x = \varphi(t)$)。同理可得

$$y(s) = y(s(t)) = \psi(t)$$

根据定积分换元法，把以上结果代入(6)，便得

$$\int_L f(x, y) ds = \int_\alpha^\beta f[\varphi(t), \psi(t)] \sqrt{\varphi'^2(t) + \psi'^2(t)} dt$$

这就是上面介绍的第一型曲线积分的计算公式(2)。

注：如果曲线 L 是按段光滑的，那就在每个光滑段上应用计算公式，然后把各段的积分加起来。

例 1 计算 $I = \int_L xy ds$，其中 L 是椭圆 $\dfrac{x^2}{a^2} + \dfrac{y^2}{b^2} = 1$ 在第一象限的一段。

解 将椭圆表示为参数方程

$$\begin{cases} x = a\cos t, \\ y = b\sin t \end{cases} \left(0 \leq t \leq \frac{\pi}{2}\right)$$

于是 $x_t' = -a\sin t$，$y_t' = b\cos t$

$$\sqrt{x_t'^2 + y_t'^2} = \sqrt{a^2\sin^2 t + b^2\cos^2 t}$$

由公式(2) 得,

$$I = \int_0^{\frac{\pi}{2}} a\cos t \cdot b\sin t \sqrt{a^2\sin^2 t + b^2\cos^2 t}\,\mathrm{d}t$$

$$= \frac{ab}{2} \int_0^{\frac{\pi}{2}} \sin 2t \sqrt{a^2 \frac{1 - \cos 2t}{2} + b^2 \frac{1 + \cos 2t}{2}}\,\mathrm{d}t$$

令 $\cos 2t = z$, 则 $\sin 2t = -\dfrac{1}{2}\mathrm{d}z$, 于是

$$I = \frac{ab}{2} \cdot \left(-\frac{1}{2}\right) \int_1^{-1} \sqrt{\frac{a^2 + b^2}{2} + \frac{b^2 - a^2}{2}z}\,\mathrm{d}z$$

$$= \frac{ab}{4} \int_{-1}^1 \sqrt{\frac{a^2 + b^2}{2} + \frac{b^2 - a^2}{2}z}\,\mathrm{d}z$$

$$= \frac{ab}{4} \cdot \frac{2}{b^2 - a^2} \cdot \frac{2}{3} \left[\frac{a^2 + b^2}{2} + \frac{b^2 - a^2}{2}z\right]^{\frac{3}{2}} \Big|_{-1}^1$$

$$= \frac{ab}{3} \cdot \frac{a^2 + ab + b^2}{a + b}$$

例 2　计算 $I = \int_L x\mathrm{d}s$。（ⅰ）L 是 $y = x^2$ 上从原点到点 $B(1,1)$ 的一段弧；（ⅱ）L 由折线 OAB 组成, A 点坐标是 $(1,0)$。

解　先画出积分路径图(图 16.3)。

（ⅰ）应用公式(3)

$$y'_x = 2x$$

$$\sqrt{1 + y'^2_x} = \sqrt{1 + 4x^2}$$

显然 $0 \leqslant x \leqslant 1$, 于是

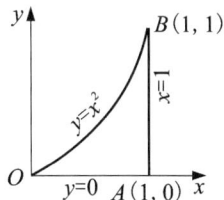

图 16.3

$$I = \int_L x\mathrm{d}s$$

$$= \int_0^1 x\sqrt{1 + 4x^2}\,\mathrm{d}x$$

$$= \frac{1}{12}(\sqrt{125} - 1)$$

（ⅱ）须按两段计算, 因路径 OA 与 AB 是按段光滑的。

即

$$\int_{OAB} x\mathrm{d}s = \int_{OA} x\mathrm{d}s + \int_{AB} x\mathrm{d}s$$

路径 OA 的方程是 $y = 0 (0 \leqslant x \leqslant 1)$, 从而 $\sqrt{1 + y'^2} = \sqrt{1} = 1$;

路径 AB 的方程是 $x = 1 (0 \leqslant y \leqslant 1)$, 从而 $\sqrt{1 + x'^2} = \sqrt{1} = 1$。由公式(3) 与(4) 得

$$I = \int_0^1 x\mathrm{d}x + \int_0^1 \mathrm{d}y = \frac{3}{2}$$

从这个例子看出这样一个事实：当起点与终点固定时。第一型曲线积分的值所沿的路径是有关的。

空间第一型曲线积分　以上所讲的平面上的第一型曲线积分的概念、性质和计算，都可以直接推广到空间曲线上去。

设曲线 L 是一条空间曲线，又 $f(x,y,z)$ 是 L 上的有界函数，则 $f(x,y,z)$ 在 L 上的第一型曲线积分定义为：

$$\int_L f(x,y,z)\mathrm{d}s = \lim_{\lambda\to 0}\sum_{i=1}^{n} f(\xi_i,\eta_i,\zeta_i)\Delta s_i$$

这里与平面曲线的情形一样，把 L 分成 n 个小段，其中第 i 段的弧长为 $\Delta s_i(i=1,2,\cdots,n)$，$\lambda$ 是 Δs_i 中最大的，而 (ξ_i,η_i,ζ_i) 是第 i 段弧上的任意一点。

如果曲线 L 的参数方程为

$$x=x(t),\ y=y(t),\ z=z(t),\ \alpha\leqslant t\leqslant\beta,$$

则有计算公式：

$$\int_L f(x,y,z)\mathrm{d}s = \int_\alpha^\beta f[x(t),y(t),z(t)]\sqrt{[x'(t)]^2+[y'(t)]^2+[z'(t)]^2}\,\mathrm{d}t \tag{7}$$

例 3　计算 $I=\int_L\dfrac{\mathrm{d}s}{x^2+y^2+z^2}$，其中 L 是螺线 $x=a\cos t,\ y=a\sin t,\ z=bt$ 的第一圈（$0\leqslant t\leqslant 2\pi$）。

解
$$\sqrt{[x'(t)]^2+[y'(t)]^2+[z'(t)]^2}=\sqrt{a^2+b^2}$$
故
$$\int_L\frac{\mathrm{d}s}{x^2+y^2+z^2}=\sqrt{a^2+b^2}\int_0^{2\pi}\frac{\mathrm{d}t}{a^2+b^2t^2}$$
$$=\frac{\sqrt{a^2+b^2}}{ab}\left[\arctan\frac{bt}{a}\right]_0^{2\pi}=\frac{\sqrt{a^2+b^2}}{ab}\arctan\frac{2\pi b}{a}$$

§16.2　第二型曲线积分

一、第二型曲线积分的概念

第二型曲线积分也称对坐标的曲线积分。我们先讲一个力学问题，借以引出这种积分的定义。大家知道，如果质点在常力 f 的作用下沿直线运动，位移 s，那么这个常力所做的功就是
$$W=|f||s|\cos(f,s)=f\cdot s$$
这是向量的数量积。

现在有一质点，在变力 $F(x,y)$ 的作用下，沿着一条平面曲线 L 由一端 A 移动到另一端 B 那么如何来求变力 $F(x,y)$ 所做的功呢（图 16.4）？

解决这个问题的难点是，质点所受的力随处而变，并且所走的路径又是弯曲的。我们只好采用局部地以直代曲、以常代变的方法来解决。

把曲线 L 任意分为 n 段小弧，分点依次为

$$A = A_0 , A_1 , A_2 , \cdots , A_n = B$$

显然在分割相当细时，变力 $\boldsymbol{F}$ 在小弧 $\widehat{A_{i-1}A_i}$ 上可以看作常力，并认为等于 $\widehat{A_{i-1}A_i}$ 上任意一点 $M_i(\xi_i , \eta_i)$ 处的力 $\boldsymbol{F}(\xi_i , \eta_i)$；而小弧 $\widehat{A_{i-1}A_i}$ 的长度可用弦 $A_{i-1}A_i$ 的长度来代替。于是变力 $\boldsymbol{F}$ 在这一小段弧上所做的功，便近似于常力 $\boldsymbol{F}(\xi_i , \eta_i)$ 与 $\overrightarrow{A_{i-1}A_i}$ 的数量积，即

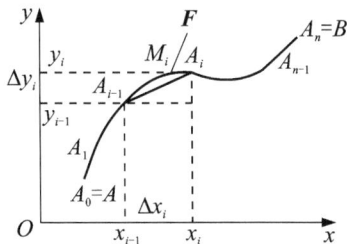

图 16.4

$$\Delta W_i \approx \boldsymbol{F}(\xi_i , \eta_i) \cdot \overrightarrow{A_{i-1}A_i}$$

设常力 $\boldsymbol{F}(\xi_i , \eta_i)$ 在坐标轴上的分量分别为 $F_x(\xi_i , \eta_i)$，$F_y(\xi_i , \eta_i)$，即

$$\boldsymbol{F}(\xi_i , \eta_i) = F_x \boldsymbol{i} + F_y \boldsymbol{j}$$

向量 $\overrightarrow{A_{i-1}A_i}$ 在坐标轴上的分量分别为 Δx_i，Δy_i，即

$$\overrightarrow{A_{i-1}A_i} = \Delta x_i \boldsymbol{i} + \Delta y_i \boldsymbol{j}$$

于是 $\Delta W_i \approx F_x(\xi_i , \eta_i)\Delta x_i + F_y(\xi_i , \eta_i)\Delta y_i$

从而变力 $F(x , y)$ 在曲线 $\widehat{AB}$ 所做的功可以近似地表示为

$$W = \sum_{i=1}^n \Delta W_i \approx \sum_{i=1}^n \left[F_x(\xi_i , \eta_i)\Delta x_i + F_y(\xi_i , \eta_i)\Delta y_i \right]$$

当分割无限变细，即当所有小弧的最大长度 λ 趋于零时，便得到所求的功

$$W = \lim_{\lambda \to 0} \sum_{i=1}^n \left[F_x(\xi_i , \eta_i)\Delta x_i + F_y(\xi_i , \eta_i)\Delta y_i \right]$$

对这一类型极限加以抽象，便有以下的定义。

定义　设 L 是平面上的一条光滑有向曲线，其方向是由一端 A 到另一端 B，而 $P(x , y)$ 是定义 L 上的有界函数，由 A 到 B 把 L 任意分成 n 段小弧，各小弧在 x 轴上的投影为 Δx_i，在每个小弧 $\widehat{A_{i-1}A_i}$ 上任取一点 $M_i(\xi_i , \eta_i)$，作和数

$$\sum_{i=1}^n P(\xi_i , \eta_i)\Delta x_i$$

如果当所有小弧的最大长度 λ 趋于零时，存在极限

$$\lim_{\lambda \to 0} \sum_{i=1}^n P(\xi_i , \eta_i)\Delta x_i$$

则称此极限值为函数 $P(x , y)$ 沿曲线 L 的**第二型曲线积分**，记作

$$\int_L P(x , y)\mathrm{d}x = \lim_{\lambda \to 0} \sum_{i=1}^n P(\xi_i , \eta_i)\Delta x_i \tag{1}$$

同样可以定义函数 $Q(x , y)$ 沿曲线 L 由 A 到 B 对坐标 y 的第二型曲线积分：

$$\int_{L(A,B)} Q(x , y)\mathrm{d}y = \lim_{\lambda \to 0} \sum_{i=1}^n Q(\xi_i , \eta_i)\Delta y_i \tag{2}$$

在实际应用中，例如上面的变力做功问题，经常要研究两个函数 $P(x , y)$ 和 $Q(x , y)$ 沿同一曲线 L 分别对坐标 x 与对坐标 y 的曲线积分之和：

$$\int_{L(A,B)} P(x , y)\mathrm{d}x + \int_{L(A,B)} Q(x , y)\mathrm{d}y$$

为简单起见，常把这两个积分的和写成一个积分：

$$\int_{L(A,B)} P(x,y)\mathrm{d}x + Q(x,y)\mathrm{d}y \tag{3}$$

为与一个函数的曲线积分在称呼上有所区别，积分(3)也称为组合曲线积分。

第二型曲线积分也称对坐标的曲线积分，积分(1)和(2)依次称为对坐标 x 与对坐标 y 的曲线积分。

如果有一变力作用于一质点，使由曲线 L 的一端 A 沿曲线移动到另一端 B，而此力在两个坐标轴上的分量为 $P(x,y)$ 与 $Q(x,y)$，则力所做的功便是

$$W = \int_{L(A,B)} P(x,y)\mathrm{d}x + Q(x,y)\mathrm{d}y$$

第二型曲线积分的主要性质　根据定义，我们可以推出第二型曲线积分的下述性质：

（ⅰ）**改变积分路径方向，则积分变号**。因为上述(1)与(2)中的和数的因子 Δx_i 与 Δy_i 乃是小弧段 $\overset{\frown}{A_{i-1}A_i}$ 分别在 x 轴及 y 轴上的投影，$\Delta x_i = x_i - x_{i-1}$，$\Delta y_i = y_i - y_{i-1}$。显然当路径 L 的方向改变时，则 Δx_i 与 Δy_i 的符号也随之改变，因而积分(1)和(2)也必改变符号，故有

$$\int_{\overset{\frown}{AB}} P\mathrm{d}x + Q\mathrm{d}y = -\int_{\overset{\frown}{BA}} P\mathrm{d}x + Q\mathrm{d}y$$

这个性质表明，第二型曲线积分是与积分路径的方向有关的，这是它与第一型曲线积分的一个主要区别。因此当给出一个第二型曲线积分时，一般需指明积分路径的起点和终点，即指明路径的方向。

（ⅱ）**可以逐段积分**。如果曲线 L 分成 L_1 与 L_2 两段，则有

$$\int_L P\mathrm{d}x + Q\mathrm{d}y = \int_{L_1} P\mathrm{d}x + Q\mathrm{d}y + \int_{L_2} P\mathrm{d}x + Q\mathrm{d}y$$

两类曲线积分的关系　第一型曲线积分与第二型曲线积分虽然它们的定义截然不同，但由于都是沿曲线的积分，所以二者之间又存在密切的关系。简单介绍于下。

设 $M(x,y)$ 是曲线 L 上的任意一点(图16.5)，由 M 点朝着弧的增加方向引切线 MT，MT 与 x 轴及 y 轴的夹角为 α 和 β。在 MT 上取一段，令其长等于弧微元 $\mathrm{d}s$，于是有

$$\cos\alpha = \frac{\mathrm{d}x}{\mathrm{d}s},$$

$$\cos\beta = \frac{\mathrm{d}y}{\mathrm{d}s}$$

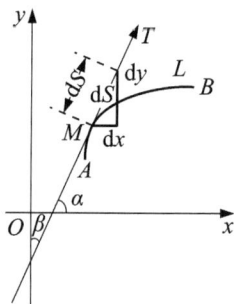

图16.5

即
$$\mathrm{d}x = \cos\alpha\,\mathrm{d}s$$
$$\mathrm{d}y = \cos\beta\,\mathrm{d}s$$

因此有

$$\int_{L(A,B)} P\mathrm{d}x + Q\mathrm{d}y = \int_{L(A,B)} (P\cos\alpha + Q\cos\beta)\mathrm{d}s$$

不过通常只用切线 MT 的倾斜角(MT 与 x 轴正向夹角)α 表示其方向，由于 $\beta = \dfrac{\pi}{2} - \alpha$，所以上

式常写成

$$\int_{L(A,B)} P\mathrm{d}x + Q\mathrm{d}y = \int_{L(A,B)} (P\cos\alpha + Q\sin\alpha)\mathrm{d}s \qquad (4)$$

这个等式给出了两类曲线积分的转化关系。

二、第二型曲线积分的计算

第二型曲线积分也化为定积分来计算。设曲线 L 的参数方程为

$$x = x(t),\ y = y(t),\ \alpha \leqslant t \leqslant \beta$$

当 t 由 α 变到 β 时，曲线 L 的点由 A 变到 B（注意这时 $\alpha < \beta$ 或 $\alpha = \beta$），则曲线积分 $\int_{L(A,B)} P(x,y)\mathrm{d}x$ 的计算公式为：

$$\int_{L(A,B)} P(x,y)\mathrm{d}x = \int_{\alpha}^{\beta} P[x(t),y(t)]x'(t)\mathrm{d}t \qquad (5)$$

同理有计算公式：

$$\int_{L(A,B)} Q(x,y)\mathrm{d}y = \int_{\alpha}^{\beta} Q[x(t),y(t)]y'(t)\mathrm{d}t \qquad (6)$$

及 $$\int_{L(A,B)} P(x,y)\mathrm{d}x + Q(x,y)\mathrm{d}y = \int_{\alpha}^{\beta}[P(x(t),y(t))x'(t) + Q(x(t),y(t))y'(t)]\mathrm{d}t \quad(7)$$

上述三个计算公式右端的定积分并不是直接对左端的曲线积分实行变量替换而得出的。我们仅就(5)式推导一下。先把第二型曲线积分

$$\int_{L(A,B)} P(x,y)\mathrm{d}x$$

化成(按前面(4)式)第一型曲线积分

$$\int_{L(A,B)} P(x,y)\mathrm{d}x = \int_{L(A,B)} P(x,y)\cos\alpha\mathrm{d}s$$

又由 §16.1 的计算公式(2)有

$$\int_{L(A,B)} P(x,y)\mathrm{d}x = \int_{L(A,B)} P(x,y)\cos\alpha\mathrm{d}s$$

$$= \int_{\alpha}^{\beta} P[x(t),y(t)]\cos\alpha\sqrt{x'^2(t) + y'^2(t)}\,\mathrm{d}t$$

而 $$\cos\alpha = \frac{\mathrm{d}x}{\mathrm{d}s} = \frac{x'(t)\mathrm{d}t}{\sqrt{x'^2(t) + y'^2(t)}\,\mathrm{d}t} = \frac{x'(t)}{\sqrt{x'^2(t) + y'^2(t)}}$$

代入上式便得上面的(5)式：

$$\int_{L(A,B)} P(x,y)\mathrm{d}x = \int_{\alpha}^{\beta} P[x(t),y(t)]\frac{x'(t)}{\sqrt{x'^2(t) + y'^2(t)}} \cdot \sqrt{x'^2(t) + y'^2(t)}\,\mathrm{d}t$$

$$= \int_{\alpha}^{\beta} P[x(t),y(t)]x'(t)\mathrm{d}t$$

就(7)式说明计算公式的用法：把被积式中的 x，y，$\mathrm{d}x$，$\mathrm{d}y$ 依次换为 $x(t)$，$y(t)$，$x'(t)\mathrm{d}t$，$y'(t)\mathrm{d}t$，以曲线起点 A 对应的参数 α 为下限，终点 B 对应的参数 β 为上限作成定积

分。值得注意的是，下限 α 和上限 β 总是依次对应于曲线的起点和终点，不管 α 和 β 哪个数大哪个数小。这又是与第一型曲线积分不相同的一点（第一型曲线与路径方向无关）。

如果曲线 L 是由方程

$$y = y(x),\ a \le x \le b$$

给出的，并且当 x 从 a 变到 b 时，L 上的点自 A 变到 B，则有计算公式

$$\int_{L(A,B)} f(x,y)\mathrm{d}x = \int_a^b f[x, y(x)]\mathrm{d}x \tag{8}$$

及

$$\int_{L(A,B)} f(x,y)\mathrm{d}y = \int_a^b f[x, y(x)]y'(x)\mathrm{d}y \tag{9}$$

例 1　计算 $I = \displaystyle\int_{L(A,B)} x\mathrm{d}y - y\mathrm{d}x$，曲线 L 是圆 $x = a\cos t$，$y = a\sin t$ 的上半圆周，其方向为逆时针方向。

解　积分路径如图 16.6。

$$\mathrm{d}x = -a\sin t\mathrm{d}t,$$
$$\mathrm{d}y = a\cos t\mathrm{d}t,$$

点 A 对应于 $t = 0$，点 B 对应于 $t = \pi$。由公式（7）。得

$$\begin{aligned}
I &= \int_{L(A,B)} x\mathrm{d}y - y\mathrm{d}x \\
&= \int_0^{\pi} [a\cos t \cdot a\cos t - a\sin t \cdot (-a\sin t)]\mathrm{d}t \\
&= \int_0^{\pi} a^2\mathrm{d}t = \pi a^2
\end{aligned}$$

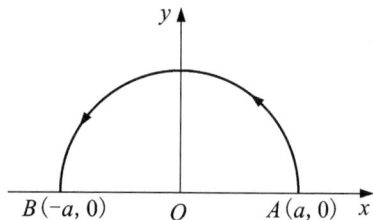

图 16.6

例 2　计算 $I = \displaystyle\int_L xy\mathrm{d}x$，其中 L 是抛物线 $x = y^2$ 上从点 $A(1, -1)$ 到点 $B(1, 1)$ 的一段弧。

解　将所给积分化为对 y 的定积分。由方程 $x = y^2$ 有 $\mathrm{d}x = 2y\mathrm{d}y$，$A$ 点对应 $y = -1$，B 点对应 $y = 1$（图 16.7）。参考公式（8）得

$$I = \int_{\widehat{AB}} xy\mathrm{d}x = \int_{-1}^1 y^2 \cdot y \cdot 2y\mathrm{d}y = \int_{-1}^1 2y^4\mathrm{d}y = \frac{4}{5}$$

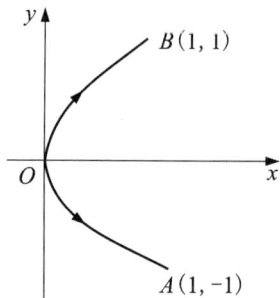

图 16.7

注：此题也可以化为对 x 的定积分进行计算，但这时曲线方程为方程函数 $y = \pm\sqrt{x}$，于是就得将 L 分成上、下两支分别计算，麻烦得多。

例 3　计算 $I = \displaystyle\int_L 2xy\mathrm{d}x + x^2\mathrm{d}y$，$L$ 的起点是原点，终点是 $A(1, 1)$，按以下两条路径积分：

（ⅰ）沿直线 $y = x$，（ⅱ）沿抛物线 $y = x^2$。

解　画出路径 L 的图形（图 16.8）。

（ⅰ）沿直线 $y = x$，则 $\mathrm{d}y = \mathrm{d}x$，于是有

$$I = \int_0^1 (2x \cdot x + x^2)\mathrm{d}x = \int_0^1 3x^2\mathrm{d}x = 1$$

（ⅱ）沿抛物线 $y = x^2$，则 $dy = 2x dx$，于是

$$I = \int_0^1 (2x \cdot x^2 + x^2 \cdot 2x) dx = \int_0^1 4x^3 dx = 1$$

上述结果表明，如果积分路径的端点固定，虽然所沿的路径不同，但积分值相等。

例 4 计算 $I = \int_L xy dx + (y - x) dy$，路径 L 与上面例 3 相同。

解 （ⅰ）沿直线 $y = x$，则 $dy = dx$，于是

$$I = \int_0^1 [x \cdot x + (x - x)] dx = \int_0^1 x^2 dx = \frac{1}{3}$$

（ⅱ）沿抛物线 $y = x^2$，则 $dy = 2x dx$，于是

$$I = \int_0^1 [x \cdot x^2 + (x^2 - x) \cdot 2x] dx = \int_0^1 (3x^3 - 2x^2) dx = \frac{1}{12}$$

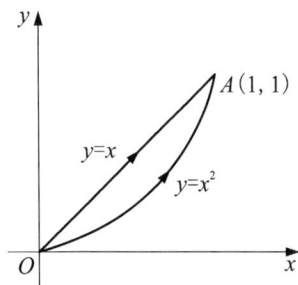

图 16.8

试看这个积分，由于积分路径不同，积分的值便不相等了。关于第二型曲线积分与路径的关系问题，将在下一节讨论。

例 5 计算 $I = \int_L y^2 dx + x^2 dy$，$L$ 是椭圆 $\frac{x^2}{a^2} + \frac{y^2}{b^2} = 1$ 自左至右的上半弧（图 16.9）。

解 把椭圆表示为参数方程

$$x = a\cos t, \quad y = b\sin t$$

注意起点 $(-a, 0)$ 对应于 $t = 0$。故有

$$I = \int_\pi^0 [b^2\sin^2 t(-a\sin t) + a^2\cos^2 t \cdot b\cos t] dt$$

$$= ab^2 \int_0^\pi \sin^3 t dt - a^2 b \int_0^\pi \cos^3 t dt = \frac{4}{3} ab^2$$

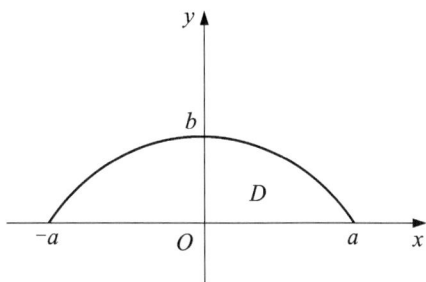

图 16.9

空间第二型曲线积分 平面第二型曲线积分的概念、性质、计算等都可以推广到空间曲线上去。

设在三维空间给定了一条曲线 L，其起点为 A，终点为 B，$P(x, y, z)$ 是定义在 L 上的有界函数，则 $P(x, y, z)$ 在 L 上的第二型曲线积分定义为

$$\int_{L(A,B)} P(x, y, z) dx = \lim_{\lambda \to 0} \sum_{i=1}^n P(\xi_i, \eta_i, \zeta_i) \Delta x_i \tag{10}$$

这个积分也称对坐标 x 的曲线积分。

如果函数 $Q(x, y, z)$，$R(x, y, z)$ 也是定义在曲线 L 上的有界函数，类似地，有对坐标 y 及对坐标 z 的曲线积分：

$$\int_{L(A,B)} Q(x, y, z) dy \tag{11}$$

及

$$\int_{L(A,B)} R(x, y, z) dz \tag{12}$$

时常在一个问题中，要同时考察上述三个积分之和：

$$\int_{L(A,B)} P(x,y,z)\mathrm{d}x + \int_{L(A,B)} Q(x,y,z)\mathrm{d}y + \int_{L(A,B)} R(x,y,z)\mathrm{d}z$$

简记为

$$\int_{L(A,B)} P(x,y,z)\mathrm{d}x + Q(x,y,z)\mathrm{d}y + R(x,y,z)\mathrm{d}z \tag{13}$$

如果曲线 L 的参数方程为

$x = x(t)$，$y = y(t)$，$z = z(t)$，$\alpha \leq t \leq \beta$，当 t 由 α 变到 β 时，L 上的点由起点 A 变到终点 B，于是有计算公式：

$$\int_{L(A,B)} P(x,y,z)\mathrm{d}x = \int_{\alpha}^{\beta} P[x(t),y(t),z(t)]x'(t)\mathrm{d}t \tag{14}$$

$$\int_{L(A,B)} Q(x,y,z)\mathrm{d}y = \int_{\alpha}^{\beta} Q[x(t),y(t),z(t)]y'(t)\mathrm{d}t \tag{15}$$

$$\int_{L(A,B)} R(x,y,z)\mathrm{d}z = \int_{\alpha}^{\beta} R[x(t),y(t),z(t)]z'(t)\mathrm{d}t \tag{16}$$

例 6 计算 $I = \int_L y\mathrm{d}x + z\mathrm{d}y + x\mathrm{d}z$，$L$ 是螺旋线

$$x = a\cos t,\ y = a\sin t,\ z = bt$$

自 $t = 0$ 到 $t = 2\pi$ 的一段。

$$I = \int_0^{2\pi}(-a^2\sin^2 t + abt\cos t + ab\cos t)\mathrm{d}t$$

$$= -a^2\int_0^{2\pi}\sin^2 t\mathrm{d}t + ab\int_0^{2\pi}(t+1)\cos t\mathrm{d}t$$

$$= -\pi a^2$$

曲线积分的向量形式 我们用微元分析法导出曲线积分的向量表达式。同时也是为后面要讲的场论作准备。不妨只就平面曲线来考虑。

在引进第二型曲线积分时，我们讨论了力所做的功，现在还回到这个问题。设质点在力 $\boldsymbol{F}$ 作用下，沿曲线 L 由 A 移动到 B（图 16.10）。为计算 $\boldsymbol{F}$ 做的功，在 L 上取弧微元 $\mathrm{d}s$。$\boldsymbol{F}$ 在单位切线向量 $\boldsymbol{t}$ 上的投影为数量积 $\boldsymbol{F}\cdot\boldsymbol{t}$，于是 $\boldsymbol{F}$ 在 $\mathrm{d}s$ 上所做的微功为

$$\mathrm{d}W = \boldsymbol{F}\cdot\boldsymbol{t}\mathrm{d}s$$

沿曲线 L 把 $\mathrm{d}W$ 累加起来，便得所求的功：

$$W = \int_{L(A,B)} \boldsymbol{F}\cdot\boldsymbol{t}\mathrm{d}s \tag{17}$$

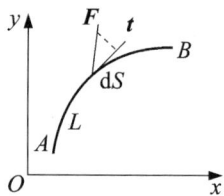

图 16.10

若用 $\boldsymbol{F}_i$ 表 $\boldsymbol{F}\cdot\boldsymbol{t}$，则(17)可写成

$$W = \int_{L(A,B)} \boldsymbol{F}_i\mathrm{d}s \tag{18}$$

这里(17)，(18)都是第一型曲线积分的向量表达式，其中(18)将是我们在场论中要引用的形式。

如果用分量表示 $\boldsymbol{F}$ 和 $\boldsymbol{t}$：

$$\boldsymbol{F} = F_x\boldsymbol{i} + F_y\boldsymbol{j},\ \boldsymbol{t} = \cos\alpha\boldsymbol{i} + \cos\beta\boldsymbol{j}$$

则(17) 式又可写成

$$W = \int_{L(A, B)} \boldsymbol{F} \cdot \boldsymbol{t}\mathrm{d}s$$

$$= \int_{L(A, B)} F_x \cos \alpha \mathrm{d}s + F_y \cos \beta \mathrm{d}s \qquad (19)$$

$$= \int_{L(A, B)} F_x \mathrm{d}x + F_y \mathrm{d}y$$

(19) 式把向量形式的曲线积分化为数量形式, 有利于计算。这个公式不难推广到空间曲线上去。

例 7　设力场 $\boldsymbol{F} = y\boldsymbol{i} - x\boldsymbol{j} + (x + y + z)\boldsymbol{k}$。

（ⅰ）质点由 A 沿螺旋线 L_1 到 B, 求力 $\boldsymbol{F}$ 所做的功(图 16.11) 的方程是

$$x = a\cos t, \ y = a\sin t, \ z = \frac{c}{2\pi}t$$

（ⅱ）质点由 A 沿直线 L_2 到 B。求力 $\boldsymbol{F}$ 所做的功。

解　（ⅰ）当 $t = 0$ 时, $x = a$, $y = 0$, $z = 0$, 即 $t = 0$ 对应于 A 点。当 $t = 2\pi$ 时, $x = a$, $y = 0$, $z = c$, 即 $t = 2\pi$ 对应于 B 点。又在 L_1 上,

$$\mathrm{d}x = -a\sin t\mathrm{d}t$$

$$\mathrm{d}y = a\cos t\mathrm{d}t$$

$$\mathrm{d}z = \frac{c}{2\pi}\mathrm{d}t$$

图 16.11

把公式(19) 推广到空间曲线, 便得

$$w = \int_{L_1} \boldsymbol{F} \cdot \boldsymbol{t}\mathrm{d}s = \int_{L_1} y\mathrm{d}x - x\mathrm{d}y + (x + y + z)\mathrm{d}z$$

$$= \int_0^{2\pi} \left[-a^2\sin^2 t - a^2\cos^2 t + \left(a\cos t + a\sin t + \frac{c}{2\pi}t\right)\frac{c}{2\pi} \right]\mathrm{d}t$$

$$= -2\pi a^2 + \frac{c^2}{2}$$

（ⅱ）L_2 的参数方程可写为

$$x = a, \ y = 0, \ z = t,$$

$t = 0$ 对应于 A 点, $t = c$ 对应于 B 点, 又在 L_2 上, 故得

$$w = \int_{L_2} \boldsymbol{F} \cdot \boldsymbol{t}\mathrm{d}s = \int_{L_2} y\mathrm{d}x - x\mathrm{d}y + (x + y + z)\mathrm{d}z$$

$$= \int_0^c (a + t)\mathrm{d}t = ac + \frac{c^2}{2}$$

从这个例子我们又一次看到, 虽然质点的位移是从 A 到 B, 但由于所沿的路径不同, 力 $\boldsymbol{F}$ 所做的功也不相等。

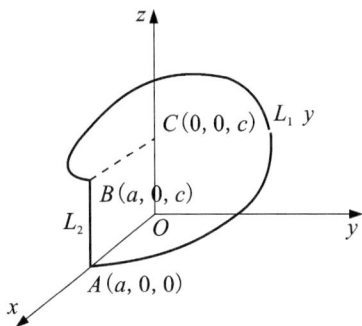

沿有向曲线的积分　　对于平面闭曲线 L，其上的任意一点都可以看作起点，同时又是终点。由于第二型曲线积分与积分路径的方向有关，我们对闭曲线的方向规定如下：

把逆时针方向（图 16.12(a)）称为 L 的正向，顺时针方向（图 16.12(b)）称为 L 的负向。

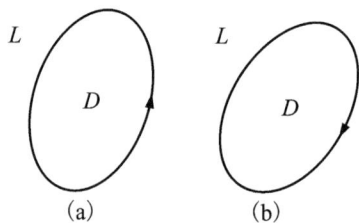

图 16.12

向量 a 沿有向闭曲线 L 的积分记为

$$\oint_L a \cdot t \mathrm{d}s$$

积分路径的方向是正向还是负向必须预先规定好。如果对积分 $\oint_L a \cdot t \mathrm{d}s$ 没有特殊声明 L 的方向，我们就认为它是沿正向的积分。

当闭曲线 L 的构成比较复杂时，则 L 的正向或负向常常结合它周围的区域来规定：当有人沿闭曲线 L 环行时，如果 L 所围的区域总在左侧，则称此方向为 L 的正向；如果区域总在右侧，则称此方向为 L 的负向。参考图 16.13。

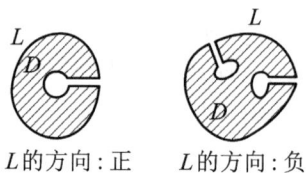

L 的方向：正　　　L 的方向：负

图 16.13

例 8　　设 $a = -yi + xj$，求

$$\oint_L a \cdot t \mathrm{d}s$$

其中 L 是三角形 OAB 的边界（图 16.14），积分沿 L 的正向。

解　　由于

$$\oint_L a \cdot t \mathrm{d}s = \int_L -y\mathrm{d}x + x\mathrm{d}y$$

下面分别计算沿 L_1，L_2，L_3 的三个曲线积分。

在 L_1 上：L_1 的方程是 $y = 0$，$0 \leqslant x \leqslant 1$，于是 $\mathrm{d}y = 0$。而 $x = 0$ 对应于 O 点，$x = 1$ 对应于 A 点。所以

$$\oint_{L_1} -y\mathrm{d}x + x\mathrm{d}y = 0$$

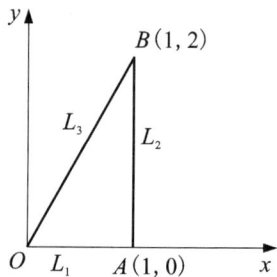

图 16.14

在 L_2 上：L_2 的方程是 $x = 1$，$0 \leqslant y \leqslant 2$，于是 $\mathrm{d}x = 0$。$y = 0$ 对应于 A 点，$y = 2$ 对应于 B 点，所以

$$\oint_{L_2} -y\mathrm{d}x + x\mathrm{d}y = \int_0^2 \mathrm{d}y = 2$$

在 L_3 上：L_3 的方程是 $y = 2x$，于是 $\mathrm{d}y = 2\mathrm{d}x$。$x = 1$ 对应于 B 点，$x = 0$ 对应于 O 点，所以

$$\oint_{L_3} -y\mathrm{d}x + x\mathrm{d}y = \int_0^1 (-2x + 2x)\mathrm{d}x = 0$$

最后有

$$\oint_L a \cdot t \mathrm{d}s = \left\{ \int_{L_1} + \int_{L_2} + \int_{L_3} \right\} (-y\mathrm{d}x + x\mathrm{d}y) = 2$$

例 9　求 $\oint_L y^2 \mathrm{d}x - x^2 \mathrm{d}y$，其中 L 是半径为 1、中心为 $(1, 1)$ 的圆周。

解　引入参数 t，把 L 表为

$$x - 1 = \cos t, \ y - 1 = \sin t, \ 0 \le t \le 2\pi$$

于是

$$\oint_L y^2 \mathrm{d}x - x^2 \mathrm{d}y = \int_0^{2\pi} \{(1 + \sin t)^2(-\sin t) - (1 + \cos t)^2 \cos t\} \mathrm{d}t$$

$$= -\int_0^{2\pi} \{2 + \sin t + \cos t + \sin^3 t + \cos^3 t\} \mathrm{d}t = -4\pi$$

§16.3　格林公式　曲线积分与路径无关的条件

一、格林公式

平面区域上的二重积分和平面上的的第二型曲线积分本来是不相同的两个概念，但是通过格林公式，就建立了平面区域上的二重积分与沿此区域边界的曲线积分之间的转化关系。

首先引进一个重要概念。

单连通区域　设有平面区域 D，如果 D 中的任一条闭曲线，可以不经过 D 的边界而连续收缩一点，则称区域 D 为单连通区域，否则称为复连通区域。

图 16.15 中的 (a)、(b) 中的区域为单连通区域，(c)、(d) 中的区域是复连通区域。

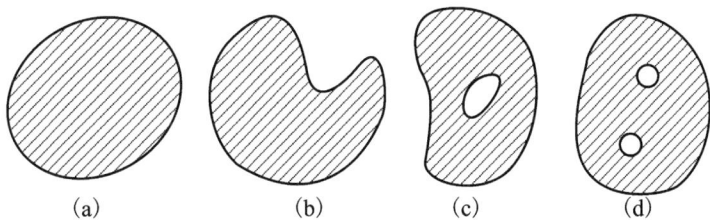

图 16.15

定理 1　**(格林公式)** 如果函数 $P(x, y)$，$Q(x, y)$ 及其偏导数都在区域 D 及其边界 L 上连续，则有

$$\oint_L P(x, y) \mathrm{d}x + Q(x, y) \mathrm{d}y = \iint_D \left(\frac{\partial Q}{\partial x} - \frac{\partial P}{\partial y}\right) \mathrm{d}x \mathrm{d}y \tag{1}$$

这里 L 的方向是逆时针的。公式 (1) 叫做格林公式。

证明　由于区域 D 的形状不同，按下述三种情形来证明。

（ⅰ）边界曲线 L 与平行坐标轴的直线的交点不超过两个，如图 16.16。证明的步骤是，把格林公式右端的二重积分写成两个二重积分之差，即

$$\iint_D \left(\frac{\partial Q}{\partial x} - \frac{\partial P}{\partial y}\right) \mathrm{d}x \mathrm{d}y = \iint_D \frac{\partial Q}{\partial x} \mathrm{d}x \mathrm{d}y - \iint_D \frac{\partial P}{\partial y} \mathrm{d}x \mathrm{d}y$$

证明此式右端两个二重积分分别等于边界 L 上的相应的曲线积分。

区域 D 的边界 L 由两条曲线：

$y = y_1(x)$，$y = y_2(x)$，$a \leqslant x \leqslant b$ 所围成。

先证明

$$-\iint_D \frac{\partial P}{\partial y} \mathrm{d}x\mathrm{d}y$$

$$= \oint_L P(x, y)\mathrm{d}x$$

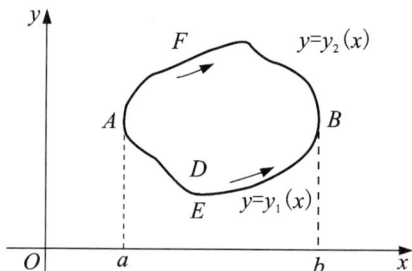

图 16.16

为此,将左端二重积分化为先对 y 后对 x 的积分：

$$-\iint_D \frac{\partial P}{\partial y}\mathrm{d}x\mathrm{d}y = \int_a^b \mathrm{d}x \int_{y_1(x)}^{y_2(x)} \frac{\partial P}{\partial y}\mathrm{d}y$$

$$= \int_a^b \Big[P(x, y) \Big]_{y_1(x)}^{y_2(x)} \mathrm{d}x$$

$$= \int_a^b \big[P(x, y_2(x)) - P(x, y_1(x)) \big] \mathrm{d}x$$

另一方面,

$$\oint_L P(x, y)\mathrm{d}x = \int_{AEB} P(x, y)\mathrm{d}x + \int_{BFA} P(x, y)\mathrm{d}x$$

$$= \int_a^b P(x, y_1(x))\mathrm{d}x + \int_a^b P(x, y_2(x))\mathrm{d}x$$

$$= \int_a^b \big[P(x, y_1(x)) - P(x, y_2(x)) \big] \mathrm{d}x$$

比较上列二式,即得

$$-\iint_D \frac{\partial P}{\partial y}\mathrm{d}x\mathrm{d}y = \oint_L P(x, y)\mathrm{d}x$$

同样可证

$$\iint_D \frac{\partial Q}{\partial x}\mathrm{d}x\mathrm{d}y = \oint_L Q(x, y)\mathrm{d}y$$

所以

$$\iint_D \Big(\frac{\partial Q}{\partial x} - \frac{\partial P}{\partial y} \Big)\mathrm{d}x\mathrm{d}y = \oint_L P(x, y)\mathrm{d}x + \oint_L Q(x, y)\mathrm{d}y \quad \text{(证毕)}$$

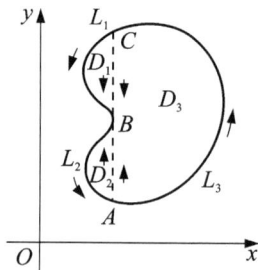

图 16.17

（ii）如果边界 L 与平行坐标轴的直线的交点多于两个,如图 16.17,可引平行坐标轴的辅助直线,把区域 D 分成几个小区域,使每个小区域满足前面（i）的条件,则可以证明格林公式仍然成立(注意在辅助线上,来回各积分一次,恰好互相抵消)。因为

$$\iint\limits_{D}\left(\frac{\partial Q}{\partial x}-\frac{\partial P}{\partial y}\right)\mathrm{d}x\mathrm{d}y = \iint\limits_{D_1} + \iint\limits_{D_2} + \iint\limits_{D_3}$$

$$= \oint\limits_{L_1+\overline{BC}}P\mathrm{d}x + Q\mathrm{d}y + \oint\limits_{L_2+\overline{AB}}P\mathrm{d}x + Q\mathrm{d}y + \oint\limits_{L_3+\overline{CA}}P\mathrm{d}x + Q\mathrm{d}y$$

$$= \oint\limits_{L_1+L_2+L_3} + \int\limits_{\overline{AB}+\overline{BC}} + \int\limits_{\overline{CA}} = \oint\limits_{L} + \int\limits_{\overline{AC}} + \int\limits_{\overline{CA}}$$

$$= \oint\limits_{L}P(x,y)\mathrm{d}x + Q(x,y)\mathrm{d}y$$

（ⅲ）如果区域 D 是复连通域，如图 16.18，格林公式也成立。这时，用一条曲线 $\overset{\frown}{AB}$ 把 D 的边界曲线 L_1 与 L_2 连接起来，则以曲线 L_1，L_2 及 $\overset{\frown}{AB}$ 为边界的区域就成了一个单连通域，应用刚才证明的结果，便有

$$\iint\limits_{D}\left(\frac{\partial Q}{\partial x}-\frac{\partial P}{\partial y}\right)\mathrm{d}x\mathrm{d}y = \oint\limits_{L_1+\overline{AB}+L_2+\overline{BA}}P\mathrm{d}x + Q\mathrm{d}y$$

$$= \oint\limits_{L_1} + \int\limits_{\overline{AB}} + \oint\limits_{L_2} + \int\limits_{\overline{BA}} = \oint\limits_{L_1} + \oint\limits_{L_2}$$

$$= \oint\limits_{L}P\mathrm{d}x + Q\mathrm{d}y$$

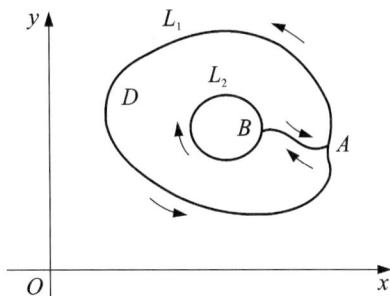

图 16.18

这里 L_1 与 L_2 的方向如图所示。（证毕）

格林公式说明，平面区域上的二重积分可以化为沿其边界上的曲线积分，反之，也可以把平面闭曲线上的曲线积分，化为由此曲线所围区域上的二重积分。

利用曲线积分计算面积　格林公式特别在理论上有其重要应用，这里介绍它的一个简单应用，即用闭曲线 L 上的曲线积分计算由 L 包围的平面图形 D 的面积。

在格林公式中，令 $P = -y$，$Q = x$，则

$$\frac{\partial Q}{\partial x} - \frac{\partial P}{\partial y} = 2$$

于是公式变为

$$2\iint\limits_{D}\mathrm{d}x\mathrm{d}y = \oint\limits_{L} - y\mathrm{d}x + x\mathrm{d}y$$

从而 D 的面积

$$A = \iint\limits_{D}\mathrm{d}x\mathrm{d}y = \frac{1}{2}\oint\limits_{L}x\mathrm{d}y - y\mathrm{d}x^{①} \tag{2}$$

这就是计算闭曲线所围图形面积的公式。

---

①　若令 $P = 0$，$Q = x$，则得 $A = \oint\limits_{L}x\mathrm{d}y$。令 $Q = 0$，$P = y$，则得 $A = -\oint\limits_{L}x\mathrm{d}y$

例 1 计算 $\oint_L \dfrac{x\mathrm{d}x + y\mathrm{d}y}{x^2 + y^2}$，其中 L 是某一不包围原点的封闭光滑曲线。

解 这里 $P = \dfrac{x}{x^2 + y^2}$，$Q = \dfrac{y}{x^2 + y^2}$。

除原点 $(0,0)$ 外，函数 P，Q 及其偏导数

$$\frac{\partial P}{\partial y} = \frac{\partial Q}{\partial x} = -\frac{2xy}{(x^2 + y^2)^2}$$

处处连续，故由格林公式有

$$\oint_L \frac{x\mathrm{d}y + y\mathrm{d}x}{x^2 + y^2} = \iint_D 0\mathrm{d}x\mathrm{d}y = 0$$

例 2 计算 $I = \iint_D e^{-y^2}\mathrm{d}x\mathrm{d}y$，其中 D 是以 $O(0,0)$，$A(1,1)$，$B(0,1)$ 为顶点的三角形。

解 D 的图形如图 16.19，按格林公式，这里可取

$P = 0$，$Q = xe^{-y^2}$（于是 $\dfrac{\partial Q}{\partial x} = e^{-y^2}$，$\dfrac{\partial P}{\partial y} = 0$，$\iint_D \left(\dfrac{\partial Q}{\partial x} - \dfrac{\partial P}{\partial y}\right)\mathrm{d}x\mathrm{d}y =$

$\iint_D e^{-y^2}\mathrm{d}x\mathrm{d}y$），则

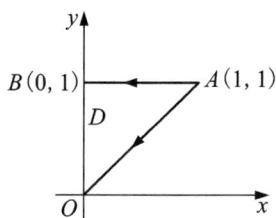

图 16.19

$$\iint_D e^{-y^2}\mathrm{d}x\mathrm{d}y = \oint_L xe^{-y^2}\mathrm{d}y$$
$$= \int_{OA} xe^{-y^2}\mathrm{d}y + \int_{AB} xe^{-y^2}\mathrm{d}y + \int_{BO} xe^{-y^2}\mathrm{d}y$$

右端第二项沿 AB 积分，而 AB 的方程是 $y = 1$，故 $\mathrm{d}y = 0$；第三项沿 BO 积分，BO 方程是 $x = 0$。因此第二、第三项均为 0。又知 OA 的方程是 $y = x$，所以

$$\iint_D e^{-y^2}\mathrm{d}x\mathrm{d}y = \int_{OA} xe^{-y^2}\mathrm{d}y = \int_0^1 ye^{-y^2}\mathrm{d}y = \frac{1}{2} - \frac{1}{2e}$$

例 3 求椭圆

$$x = a\cos t, \ y = b\sin t, \ 0 \leqslant t \leqslant 2\pi$$

所围图形的面积。

解 $\mathrm{d}x = -a\sin t$，$\mathrm{d}y = b\cos t$，由前面公式（2），

$$A = \frac{1}{2}\oint_L x\mathrm{d}y - y\mathrm{d}x$$
$$= \frac{1}{2}\int_0^{2\pi}(ab\cos^2 t + ab\sin^2 t)\mathrm{d}t$$
$$= \frac{1}{2}ab\int_0^{2\pi}\mathrm{d}t = \pi ab$$

二、曲线积分与路径无关的条件

我们在 §16.2 例 3 曾计算过：从原点到点 $(1,1)$，无论是沿直线 $y = x$，还是沿抛物线

$y = x^2$，均有

$$I = \int_L 2xy\mathrm{d}x + x^2\mathrm{d}y = 1$$

即这个曲线积分的值与原点到点$(1, 1)$的路径无关。但是，§16.2 例 4 的积分

$$I = \int_L xy\mathrm{d}x + (y - x)\mathrm{d}y$$

则不然，虽然沿着与上述相同的路径，可是积分值却不相等：沿$y = x$积分时，$I = \dfrac{1}{3}$；沿$y = x^2$

积分时，$I = \dfrac{1}{12}$。这又说明，积分的值与所沿的路径是有关的。

上述两个例子给我们提出一个很重要的问题：究竟在什么条件下，平面曲线积分（第二型）

$$\int_{L(A, B)} P(x, y)\mathrm{d}x + Q(x, y)\mathrm{d}y$$

与所沿的路径无关，而只依赖于起点A与终点B的位置呢？事实上，这个问题具有十分重要的意义。比如在力学中，将会碰到力场做功与路径无关的问题，以及流体的无源稳定流动等问题。这些问题的解决，都要涉及曲线积分与路径无关的讨论。下面就来介绍平面曲线积分与路径无关的定理。

对区域D内任意两点A，B，如果沿着任何一条含于D内的光滑（或分段光滑）曲线$\overset{\frown}{AB}$的积分$\int_{\overset{\frown}{AB}} P\mathrm{d}x + Q\mathrm{d}y$都等于同一数值（即积分值与$A$，$B$有关，而与$\overset{\frown}{AB}$的形状无关）。则称曲线积分$\int_{\overset{\frown}{AB}} P\mathrm{d}x + Q\mathrm{d}y$**与路径（或称路线）无关**。

下面介绍曲线积分与路径无关的定理。

定理 2 设$P(x, y)$及$Q(x, y)$是区域D上的连续函数，C是D中由A点到B点的一条曲线，则曲线积分

$$\int_{C(A, B)} P\mathrm{d}x + Q\mathrm{d}y \tag{1}$$

在区域D中与路径无关的充要条件是：沿D的任何闭曲线L积分值为零，即

$$\int_L P\mathrm{d}x + Q\mathrm{d}y = 0 \tag{2}$$

证明 先证必要性，即从积分值与路径无关推出积分值为零。
设积分(1)与路径无关。在区域D内任作一条闭曲线L，并在L上任取两点A和B（图 16.20）。于是

$$\int_{\overset{\frown}{ANB}} P\mathrm{d}x + Q\mathrm{d}y = \int_{\overset{\frown}{AMB}} P\mathrm{d}x + Q\mathrm{d}y \tag{3}$$

移项得

$$\int_{\overset{\frown}{ANB}} P\mathrm{d}x + Q\mathrm{d}y - \int_{\overset{\frown}{AMB}} P\mathrm{d}x + Q\mathrm{d}y = 0$$

改变第二个积分路径的方向，则有

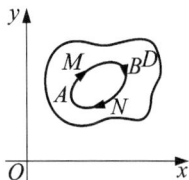

图 16.20

$$\int_{\overset{\frown}{ANB}} P\mathrm{d}x + Q\mathrm{d}y + \int_{\overset{\frown}{BMA}} P\mathrm{d}x + Q\mathrm{d}y = 0$$

即

$$\oint_{ANBM} P\mathrm{d}x + Q\mathrm{d}y = \oint_L P\mathrm{d}x + Q\mathrm{d}y = 0 \tag{4}$$

再证充分性，如果沿 D 中的任何闭曲线 L 的积分值为零，即(2) 式也就是(4) 式成立，那么反推回去，便得(3) 式。这就是说与路径无关，从而证明了条件的充分性。(证毕)

定理3 如果函数 $P(x, y)$, $Q(x, y)$ 在单连通区域 D 上具有一阶连续偏导数，则曲线积分

$$\int_{C(A, B)} P\mathrm{d}x + Q\mathrm{d}y \tag{1}$$

在区域 D 内与路径无关的充要条件是

$$\frac{\partial P}{\partial y} = \frac{\partial Q}{\partial x} \tag{2}$$

证明 1° 充分性。设 L 是 D 内的任意一条闭曲线，L 所围的区域为 D_1，由格林公式有

$$\oint_L P\mathrm{d}x + Q\mathrm{d}y = \iint_{D_1} \left(\frac{\partial Q}{\partial x} - \frac{\partial P}{\partial y} \right) \mathrm{d}x\mathrm{d}y$$

注意条件(2)，则得

$$\oint_L P\mathrm{d}x + Q\mathrm{d}y = 0 \tag{3}$$

再由定理2，便知曲线积分(1) 与路径无关。

2° 必要性。用反证法证明。假定(3) 式成立(即积分(1) 与路径无关，而条件(2) 却在区域 D 内某一点 $M_0(x_0, y_0)$ 不成立，即在 M_0 有

$$\frac{\partial Q}{\partial x} \neq \frac{\partial P}{\partial y} \qquad 即 \qquad \frac{\partial Q}{\partial x} - \frac{\partial P}{\partial y} \neq 0$$

则将导致矛盾。

为确定起见，无妨设

$$\left(\frac{\partial Q}{\partial x} - \frac{\partial P}{\partial y} \right)_{M_0} > 0$$

由于偏导数连续，根据连续函数的保号性，则必存在以 M_0 为中心的某一个领域，对邻域内的任何一点 (x, y)，均有

$$\frac{\partial Q}{\partial x} - \frac{\partial P}{\partial y} > 0$$

这表明 $\frac{\partial Q}{\partial x} - \frac{\partial P}{\partial y}$ 有下界 0，从而也必有正的下确界 m[①]。因此，对于这个邻域内的而且含于 D 中的封闭曲线 L 及其所围小区域 D_1 来说(图 16. 21)，则有

$$\oint_L P\mathrm{d}x + Q\mathrm{d}y = \iint_{D_1} \left(\frac{\partial Q}{\partial x} - \frac{\partial P}{\partial y} \right) \mathrm{d}x\mathrm{d}y$$

$$\geqslant \iint_{D_1} m\mathrm{d}x\mathrm{d}y = m\iint_{D_1} \mathrm{d}x\mathrm{d}y = mA > 0$$

---

① 因 $\frac{\partial Q}{\partial x} - \frac{\partial P}{\partial y} > 0$ 是连续函数的数集，其下确界属于这个数集，所以下确界 $m > 0$。

其中 A 表示 D_1 的面积。这就与(3)式成立这一假定相矛盾，于是必要性得证。

根据这个定理的条件，我们容易验证前面所举的积分

$$\int_L 2xy\mathrm{d}x + x^2\mathrm{d}y$$

是与路径无关的。因为

$$P(x, y) = 2xy, \quad Q(x, y) = x^2$$

从而

$$\frac{\partial P}{\partial y} = \frac{\partial Q}{\partial x} = 2x$$

另一方面也可以验证积分

$$\int_L xy\mathrm{d}x + (y - x)\mathrm{d}y$$

在区域 $x \geq 0$ 上是不满足定理 2 的条件的，因为

$$\frac{\partial P}{\partial y} = x \neq \frac{\partial Q}{\partial x} = -1$$

从而积分与路径有关。

应当注意，定理 2 中的 D 须是单连通区域。因为在复连通区域内，即使条件 $\dfrac{\partial P}{\partial y} = \dfrac{\partial Q}{\partial x}$ 成立，但在 D 上的曲线积分不一定与路径无关(可看下面例 5)。

根据以上两个定理，以区域 D 内的 A 和 B 为路径端点的曲线积分 $\displaystyle\int_{\widehat{AB}} P\mathrm{d}x + Q\mathrm{d}y$ 与路径无关的充要条件是：

1° 沿 D 内任意一条闭曲线 L 的积分值为零，即

$$\oint_L P\mathrm{d}x + Q\mathrm{d}y = 0$$

2° 对 D 内的任意一点，均有

$$\frac{\partial P}{\partial y} = \frac{\partial Q}{\partial x}$$

这两个条件是等价的(即从其中一个可推出另一个)。

例 4 证明 $\displaystyle\int_L \frac{y\mathrm{d}x - x\mathrm{d}y}{x^2}$ 只与 L 的起止点有关，而与所取的路径无关，且求 $\displaystyle\int_{(2,1)}^{(1,2)} \frac{y\mathrm{d}x - x\mathrm{d}y}{x^2}$ 的值。

解 (1)证明 因 $P = \dfrac{y}{x^2}$，$Q = -\dfrac{1}{x}$

所以 $\dfrac{\partial P}{\partial y} = \dfrac{1}{x^2} = \dfrac{\partial Q}{\partial x}$，从而 $\displaystyle\int_L \frac{y\mathrm{d}x - x\mathrm{d}y}{x^2}$ 与所取的路径无关。

(2)求积分值，按两种不同路径计算。

(ⅰ)取折线(与坐标轴平行的折线)路径：$L = L_1 + L_2$，其中 $L_1(P_1P)$ 为 $x = 2$，$1 \leq y \leq 2$；$L_2(PP_2)$ 为 $y = 2$，$1 \leq x \leq 2$。(见图 16.22)

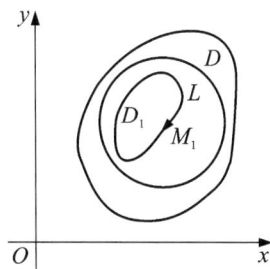
图 16.21

$$\int_L \frac{y\,dx - x\,dy}{x^2} = \int_{L_1} \frac{y\,dx - x\,dy}{x^2} + \int_{L_2} \frac{y\,dx - x\,dy}{x^2}$$

$$= \int_1^2 -\frac{2}{2^2}\,dy + \int_2^1 \frac{2}{x^2}\,dx$$

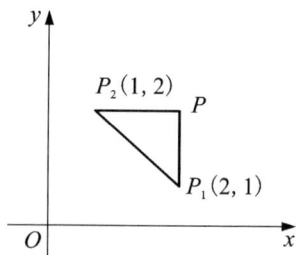

图 16.22

（∵ $x = 2$, ∴ $dx = 0$; 又∵ $y = 2$, ∴ $dy = 0$）

$$= -\frac{1}{2}\int_1^2 dy + 2\int_2^1 \frac{1}{x^2}\,dx$$

$$= -\frac{1}{2}\big[y\big]_1^2 + 2\left[-\frac{1}{x}\right]_2^1 = -\frac{3}{2}$$

（ii）取直线路经，L 为 P_1P_2。P_1P_2 的方程为 $x + y = 3$。于是

$$\int_L \frac{y\,dx - x\,dy}{x^2} = \int_2^1 \frac{(3-x)\,dx - x(-dx)}{x^2}$$

$$= 3\int_2^1 \frac{dx}{x^2} = 3\left[-\frac{1}{x}\right]_2^1 = -\frac{3}{2}$$

注：取折线路径，其折线方程可立即写出；但须计算两个积分。取直线路径虽然计算一个积分；但直线方程须用两点式求出。其繁简情况差不多。

例 5 试计算积分

$$I = \oint_L \frac{x}{x^2+y^2}\,dy - \frac{y}{x^2+y^2}\,dx \tag{1}$$

其中 L 是平面上的光滑（或按段光滑）闭曲线，坐标原点不在 L 上。

解 因 $P(x, y) = -\dfrac{y}{x^2+y^2}$，$Q(x, y) = \dfrac{x}{x^2+y^2}$，

则

$$\frac{\partial P}{\partial y} = \frac{\partial}{\partial y}\left(-\frac{x}{x^2+y^2}\right) = \frac{y^2 - x^2}{(x^2+y^2)^2}$$

$$\frac{\partial Q}{\partial x} = \frac{\partial}{\partial x}\left(\frac{x}{x^2+y^2}\right) = \frac{y^2 - x^2}{(x^2+y^2)^2}$$

可见在全平面除去原点 $(0, 0)$ 外，处处都有

$$\frac{\partial P}{\partial y} = \frac{\partial Q}{\partial x} \tag{2}$$

下面分两种情形讨论。

1）如果坐标原点在闭曲线的外部，则 $P(x, y)$ 和 $Q(x, y)$ 都在 L 和 L 所围的区域上，有连续的一阶偏导数。根据格林公式和(2)，便得

$$I = 0$$

2）如果坐标原点在闭曲线 L 的内部，则因 $P(x, y)$，$Q(x, y)$ 在原点处不连续，便不能直接应用格林公式。但是我们可以以原点为中心，以充分小的正数 ρ 为半径作圆 Γ（图 16.23），而在介于 L 和 L 之间的复连通域 D 上应用格林公式。于是得到

$$\oint_L + \oint_{ACBA} \frac{x\,dy - y\,dx}{x^2+y^2} = 0$$

由此，

$$I = \oint_L = - \oint_{ACBA} \frac{x\mathrm{d}y - y\mathrm{d}x}{x^2 + y^2} \overset{①}{=} \oint_{ABCA} \frac{x\mathrm{d}y - y\mathrm{d}x}{x^2 + y^2}$$

设圆 Γ 的参数方程为

$$x = \rho\cos t,\ y = \rho\sin t,\ 0 \leqslant t \leqslant 2\pi$$

于是

$$
\begin{aligned}
I &= \oint_L \frac{x\mathrm{d}y - y\mathrm{d}x}{x^2 + y^2} \\
&= \int_0^{2\pi} \frac{\rho\cos t(\rho\cos t) - \rho\sin t(-\rho\sin t)}{\rho^2}\mathrm{d}t \\
&= \int_0^{2\pi} (\cos^2 t + \sin^2 t)\,\mathrm{d}t = 2\pi \neq 0
\end{aligned}
$$

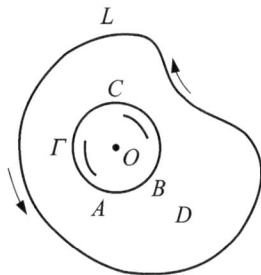

图 16.23

这表明曲线积分(1)在复连通区域 D 内，条件(2)虽然成立，但这个积分并非与路径无关。

三、全微分的充要条件及其原函数求法

(一) 全微分的充要条件

曲线积分与路径无关问题与二元函数全微分的原函数问题有密切关系。我们知道，如果二元函数 $F(x, y)$ 有连续偏导数 F'_x 和 F'_y，便有全微分

$$\mathrm{d}F = F'_x(x, y)\mathrm{d}x + F'_y(x, y)\mathrm{d}y$$

反之，设有两个函数 $P(x, y)$ 和 $Q(x, y)$，以此作成表达式

$$P(x, y)\mathrm{d}x + Q(x, y)\mathrm{d}y$$

那么这个式子是否能是某一函数 $F(x, y)$ 的全微分吗？如果是的话，那么 $F(x, y)$ 这个函数又如何求得呢？这就是关于全微分的充要条件及其原函数的求法问题了。首先介绍以下的定理。

定理 4　如果函数 $P(x, y)$，$Q(x, y)$ 在单连通区域 D 上具有一阶连续偏导数，则 $P(x, y)\mathrm{d}x + Q(x, y)\mathrm{d}y$ 为 D 内某一个二元函数 $F(x, y)$ 的全微分的充要条件是：对于 D 内的任意一点，恒有

$$\frac{\partial P}{\partial y} = \frac{\partial Q}{\partial x} \tag{1}$$

证明　必要性。设 $P(x, y)\mathrm{d}x + Q(x, y)\mathrm{d}y$ 是区域 D 内某一个二元函数 $F(x, y)$ 的全微分，即

$$\mathrm{d}F = P(x, y)\mathrm{d}x + Q(x, y)\mathrm{d}y$$

于是按全微分定义，有

$$\frac{\partial F}{\partial x} = P(x, y),\ \frac{\partial F}{\partial y} = Q(x, y)$$

---

① 因路径 $ACBA$ 与 $ABCA$ 反向，故积分变号，又因 $ABCA$ 是逆时针反向，故可表为参数方程。

前式对 y 后式对 x 求偏导，得

$$\frac{\partial^2 F}{\partial x \partial y} = \frac{\partial P}{\partial y},$$

$$\frac{\partial^2 F}{\partial y \partial x} = \frac{\partial Q}{\partial x},$$

但因 $\dfrac{\partial P}{\partial y}$ 与 $\dfrac{\partial Q}{\partial x}$ 都在 D 内连续，所以这两个二阶混合导数也连续，从而是相等的，即

$$\frac{\partial^2 F}{\partial x \partial y} = \frac{\partial^2 F}{\partial y \partial x}$$

因此

$$\frac{\partial P}{\partial y} = \frac{\partial Q}{\partial x}$$

充分性。设条件(1)在 D 内处处成立，则根据前面的定理3，以 D 内的定点 $M_0(x_0, y_0)$ 为起点，任意点 $M(x, y)$ 终点的曲线积分 $\displaystyle\int_{L(M_0, M)} P\mathrm{d}x + Q\mathrm{d}y$ 与路径无关，我们用记号

$$\int_{(x_0, y_0)}^{(x, y)} P\mathrm{d}x + Q\mathrm{d}y \tag{2}$$

来表示(与定积分很相像)。因此积分(2)依赖于点 $M(x, y)$，即它为点 $M(x, y)$ 的函数，记作 $F(x, y)$，即

$$F(x, y) = \int_{(x_0, y_0)}^{(x, y)} P(x, y)\mathrm{d}x + Q(x, y)\mathrm{d}y \tag{3}$$

下面来证明 $F(x, y)$ 正好是 $P(x, y)\mathrm{d}x + Q(x, y)\mathrm{d}y$ 为全积分的一个原函数。为此，只须证明 $F_x'(x, y) = P(x, y)$ 及 $F_y'(x, y) = Q(x, y)$ 就行了。

为求 $F(x, y)$ 的偏导数，于(3)式之外，再考虑以 $M_0(x_0, y_0)$ 为起点、以 $N(x + \Delta x, y)$ 为终点的积分

$$F(x + \Delta x, y) = \int_{(x_0, y_0)}^{(x+\Delta x, y)} P(x, y)\mathrm{d}x + Q(x, y)\mathrm{d}y \tag{4}$$

由于这个积分与路径无关，我们取由点 M_0 到点 N 的路径下：由点 M_0 到点 M 是任意一条光滑曲线，由点 M 到点 N 是一条平行于 x 轴的直线段(图 16.24)。

由(4)减(3)(沿 M_0M 的积分相消)，得

$$F(x + \Delta x, y) - F(x, y)$$
$$= \int_{(x, y)}^{(x+\Delta x, y)} P(x, y)\mathrm{d}x + Q(x, y)\mathrm{d}y$$

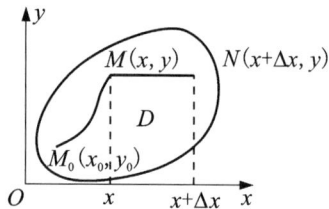

图 16.24

在线段 MN 上 y 为常数，所以 $\mathrm{d}y = 0$，于是

$$F(x + \Delta x, y) - F(x, y) = \int_{(x, y)}^{(x+\Delta x, y)} P(x, y)\mathrm{d}x$$

右端的 y 看作常数，于是可以表示成定积分

$$F(x + \Delta x, y) - F(x, y) = \int_{x}^{x+\Delta x} P(x, y)\mathrm{d}x$$

应用积分中值定理，得

$$F(x + \Delta x, y) - F(x, y) = P(x + \theta\Delta x, y)\Delta x, \ (0 \leqslant \theta \leqslant 1)$$

两端除以 Δx,

$$\frac{F(x + \Delta x, y) - F(x, y)}{\Delta x} = P(x + \theta\Delta x, y)$$

令 $\Delta x \to 0$ 取极限, 便得

$$\lim_{\Delta x \to 0} \frac{F(x + \Delta x, y) - F(x, y)}{\Delta x} = P(x, y)$$

即

$$F'_x(x, y) = P(x, y)$$

同理可证

$$F'_y(x, y) = Q(x, y)。$$

(二) 求全微分的原函数

如果二元函数 $F(x, y)$ 的全微分等于 $P(x, y)\mathrm{d}x + Q(x, y)\mathrm{d}y$, 就称 $F(x, y)$ 为此全微分的原函数。虽然全微分的原函数不止一个, $F(x, y) + C(C$ 为任意常数) 都是这个全微分的原函数。下面说明原函数 $F(x, y)$ 的求法。

设在区域 D 内要求出 $P(x, y)\mathrm{d}x + Q(x, y)\mathrm{d}y$ 的原函数, 其中 P 与 Q 满足上述定理的条件:

$$\frac{\partial P}{\partial y} = \frac{\partial Q}{\partial x}。$$

我们已经知道上面的积分(3):

$$F(x, y) = \int_{(x_0, y_0)}^{(x, y)} P(x, y)\mathrm{d}x + Q(x, y)\mathrm{d}y \tag{5}$$

就是一个原函数。因为这个曲线积分的积分与路径无关, 我们取由 $M_0(x_0, y_0)$ 到 $M(x, y)$ 的路径为平行 x 轴的直线段 M_0R 与平行 y 轴的直线段 RM 所构成的折线 (图 16.25)。并且这条折线不超出区域 D。

在线段 M_0R 上, $y = y_0$ 为常数, 从而 $\mathrm{d}y = 0$, 所以

$$\int_{M_0R} P(x, y)\mathrm{d}x + Q(x, y)\mathrm{d}y = \int_{x_0}^{x} P(x, y_0)\mathrm{d}x$$

在线段 RM 上, x 不变, 视为常数, 从而 $\mathrm{d}x = 0$, 所以

$$\int_{RM} P(x, y)\mathrm{d}x + Q(x, y)\mathrm{d}y = \int_{y_0}^{y} Q(x, y)\mathrm{d}y$$

于是积分(5) 就变为

$$F(x, y) = \int_{x_0}^{x} P(x, y_0)\mathrm{d}x + \int_{y_0}^{y} Q(x, y)\mathrm{d}y \tag{6}$$

同理, 如果选取路径为线段 M_0S 与 SM, 则有

$$F(x, y) = \int_{y_0}^{y} Q(x_0, y)\mathrm{d}y + \int_{x_0}^{x} P(x, y)\mathrm{d}x \tag{7}$$

(6) 和(7) 都是求原函数的公式。

例 6　在证明 $(4x^3y^3 - 3y^2 + 5)\mathrm{d}x + (3x^4y^2 - 6xy - 4)\mathrm{d}y$ 是全微分, 并求出它的一个原函数。

解　满足全微分的条件:

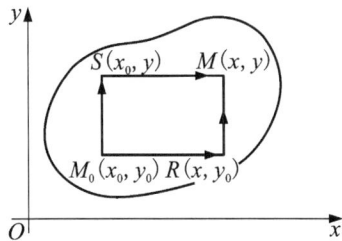

$$\frac{\partial P}{\partial y} = \frac{\partial Q}{\partial x} = 12x^3 y^2 - 6y$$

取点 (x_0, y_0) 为原点 $(0, 0)$，并利用 (6) 式得

$$F(x, y) = \int_0^x (4x^3 \cdot 0 - 3 \cdot 0 + 5) \mathrm{d}x + \int_0^y (3x^4 y^2 - 6xy - 4) \mathrm{d}y$$

$$= x^4 y^3 - 3xy^2 + 5x - 4y$$

利用 (7) 式也得同样结果。

（三）与路径无关积分的计算

我们要推出与路径无关积分计算公式。设曲线积分

$$\int_{(x_0, y_0)}^{(x, y)} P(x, y) \mathrm{d}x + Q(x, y) \mathrm{d}y$$

与路径无关，则积分

$$F(x, y) = \int_{(x_0, y_0)}^{(x, y)} P(x, y) \mathrm{d}x + Q(x, y) \mathrm{d}y \tag{8}$$

是全微分 $P(x, y)\mathrm{d}x + Q(x, y)\mathrm{d}y$ 的一个原函数，它与这个全微分的其他任意一个原函数 $G(x, y)$ 相差一个常数，即

$$F(x, y) = G(x, y) + C \tag{9}$$

当 $x = x_0$，$y = y_0$ 时，积分路径的起点与终点重合，视为一条封闭曲线，于是由 (8) 知 $F(x_0, y_0) = 0$。因此以 $x = x_0$，$y = y_0$ 代入 (9) 式，则得 $C = -G(x_0, y_0)$，从而有

$$F(x, y) = G(x, y) - G(x_0, y_0)$$

亦即

$$\int_{(x_0, y_0)}^{(x, y)} P(x, y) \mathrm{d}x + Q(x, y) \mathrm{d}y = G(x, y) - G(x_0, y_0)$$

令 $x = x_1$，$y = y_1$，便得

$$\int_{(x_0, y_0)}^{(x_1, y_1)} P(x, y) \mathrm{d}x + Q(x, y) \mathrm{d}y = G(x_1, y_1) - G(x_0, y_0)$$

这就是计算由点 (x_0, y_0) 到点 (x_1, y_1) 的与路径无关的曲线积分的公式。可见，只须求出 $P(x, y)\mathrm{d}x + Q(x, y)\mathrm{d}y$ 的任意一个原函数 $G(x, y)$，分别以终点和起点的坐标代入相减，即得积分值。这个公式相当于一元函数定积分的牛顿 - 莱布尼茨公式。

例 7　计算积分：

$$\int_{(1, 2)}^{(3, -2)} 2xy^3 \mathrm{d}x + 3x^2 y^2 \mathrm{d}y$$

解　因 $\dfrac{\partial P}{\partial y} = \dfrac{\partial Q}{\partial x} = 6xy^2$，所以这个积分与路径无关。按 (7) 式求出一个原函数：

$$F(x, y) = \int_0^x 2xy^3 \mathrm{d}x + \int_0^y 3 \cdot 0 \cdot y^2 \mathrm{d}y = x^2 y^3$$

应用公式 (10)，即得。

§16.4　第一型曲面积分

上一章，我们为了解决两类不同性质的问题(质量和功)，引出两种不同类型的曲线积分，这是直线上的定积分在曲线上的推广；类似地，在生产和科学的实践中，也要求我们把平面区域上的重积分概念推广到曲面上去，以建立曲面积分的概念。下面也将从两类不同性质的问题，引出两种不同类型的曲面积分。

曲面积分的区域是空间的一块曲面，首先对曲面作几点说明。

我们常见的曲面都有两侧，这种有两侧的曲面，叫做**双侧曲面**。比如一个蚂蚁不超过曲面的边界，就不能从一侧爬到另一侧，这就是双侧曲面的特征。用显式方程 $z = f(x, y)$ 所给出的曲面有上侧和下侧，所以是双侧曲面。

对于双侧曲面，我们给它一个定向。设想把曲面的一侧染成红色，另一侧染成蓝色，在红侧的法向量方向是不穿过蓝侧的方向，而在蓝侧的法向量方向是不穿过红侧的方向。如图16.26(a) 中的所有法向量指向一侧，而图 16.26(b) 中的所有法向量则指向另一侧。如果规定某一侧为正侧，则另一侧可称为负侧。在具体曲面中，根据需要，预先规定好法向量指向哪一侧。凡是选定了法向量指向的曲面，称为**有向曲面**。对于封闭曲面都有外侧和内侧，通常规定它的法向量指向曲面的外侧。

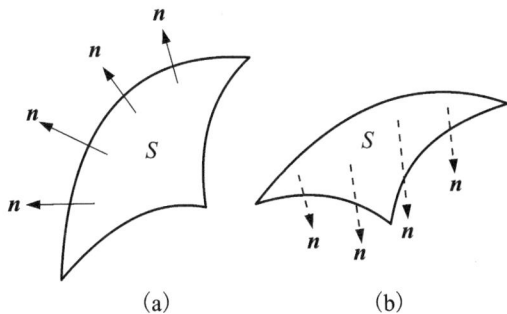

图 16.26

我们还假定我们所研究的曲面是光滑的或分片光滑的。所说的曲面是光滑的，就是指曲面在每一点都有切平面，并且切平面法线的方向随着曲面上点的连续变动而连续变化。曲面是分片光滑的，就是指曲面是由几块合成的，其中每一块都是光滑的。

一、第一型曲面积分的概念

第一型曲面积分也称**对面积的曲面积分**。我们来讨论一块金属曲面的质量问题。设给定了一块金属曲面 S，在它上面每点(x, y, z) 处的密度为 $\rho(x, y, z)$，求这块曲面的质量。

将曲面 S 任意分割成 n 个小块曲面 $\Delta S_i(i = 1, 2, \cdots, n)$，小曲面的面积也记为 ΔS_i(图 16.27)。在每一个小曲面 ΔS_i 上任取一点(x_i, y_i, z_i)，则这小曲面质量的近似值为 $\rho(x_i, y_i,$

$z_i)\Delta S_i$，整个曲面 S 的质量的近似值为

$$\sum_{i=1}^{n}\rho(x_i,\,y_i,\,z_i)\Delta S_i$$

令所有小曲面 Δs_i 的最大直径 λ 趋于零取上面和数的极限，那么这个极限值，自然就是金属曲面的质量：

$$m=\lim_{\lambda\to0}\sum_{i=1}^{n}\rho(x_i,\,y_i,\,z_i)\Delta S_i$$

舍去问题的物理内容，设有一般的函数 $f(x,\,y,\,z)$ 和一张曲面 S，采取如上的"分割，求和，取极限"的方法进行讨论，便得到以下的定义。

定义 设 $f(x,\,y,\,z)$ 是光滑曲面 S 上的有界函数，如果极限

$$\lim_{\lambda\to0}\sum_{i=1}^{n}f(x_i,\,y_i,\,z_i)\Delta S_i$$

存在，则称此极限值为函数 $f(x,\,y,\,z)$ 在曲面 S 上的第一型曲面积分，记作

$$\iint\limits_{S}f(x,\,y,\,z)\,\mathrm{d}S=\lim_{\lambda\to0}\sum_{i=1}^{n}f(x_i,\,y_i,\,z_i)\Delta S_i \tag{1}$$

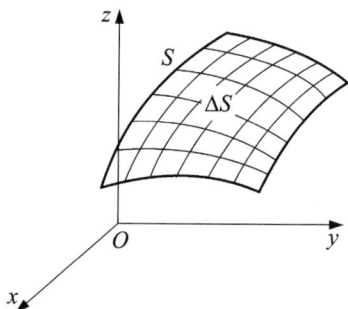

图 16.27

其中 $\mathrm{d}S$ 是曲面 S 的面积元素。

第一型曲面积分的性质：

（ⅰ）积分值与曲面的定向无关。即

$$\iint\limits_{S}f(x,\,y,\,z)\,\mathrm{d}S=\iint\limits_{S^-}f(x,\,y,\,z)\,\mathrm{d}S$$

其中 S^- 表示与 S 的定向相反的同一曲面。这是因为在上述积分定义中，面积 ΔS_i 总取正值。

（ⅱ）可以逐块积分。即是说，如果曲面 S 分成 S_1 与 S_2 两块，则

$$\iint\limits_{S}f(x,\,y,\,z)\,\mathrm{d}S=\iint\limits_{S_1}f(x,\,y,\,z)\,\mathrm{d}S+\iint\limits_{S_2}f(x,\,y,\,z)\,\mathrm{d}S$$

二、第一型曲面积分的计算

我们来导出曲面积分

$$\iint\limits_{S}f(x,\,y,\,z)\,\mathrm{d}S \tag{1}$$

的计算公式。设函数 $f(x,\,y,\,z)$ 在曲面 S 上连续（图 16.28），曲面 S 是用显式方程 $z=z(x,\,y)$ 给出的，并有连续偏导数，又曲面 S 在 Oxy 平面上的投影域是 D_{xy}。

现在考虑曲面 S 的面积微元 $\mathrm{d}S$，它在 Oxy 平面上的投影为 $\mathrm{d}\sigma$。可由 §15.5 曲面面积问题的(1)式，有

$$\mathrm{d}S=\sqrt{1+z_x'^2+z_y'^2}\,\mathrm{d}\sigma=\sqrt{1+z_x'^2+z_y'^2}\,\mathrm{d}x\mathrm{d}y \tag{2}$$

以(2)式代入(1)式，并注意 $z=f(x,\,y)$，便得

$$\iint\limits_{S}f(x,\,y,\,z)\,\mathrm{d}S=\iint\limits_{D_{xy}}f[x,\,y,\,z(x,\,y)]\sqrt{1+z_x'^2+z_y'^2}\,\mathrm{d}x\mathrm{d}y \tag{3}$$

这就是计算曲面积分的公式, 它把曲面积分化成了二重
积分。可见, 计算曲面积分

$$\iint_S f(x, y, z)\,\mathrm{d}S$$

时, 要将被积函数中的变量 z 代以表示曲面的函数 $z = z(x, y)$, 面积元素 $\mathrm{d}S$ 换以 $\sqrt{1 + z_x'^2 + z_y'^2}\,\mathrm{d}x\mathrm{d}y$, 然后在曲面 S 对 Oxy 平面的投影区域 D_{xy} 上计算二重积分。

如果曲面 S 是以方程 $x = x(y, z)$ 或 $y = y(z, x)$ 给出的, 也有类似的公式:

$$\iint_S f(x, y, z)\,\mathrm{d}S = \iint_S [x(y, z), y, z]\sqrt{1 + x_y'^2 + x_z'^2}\,\mathrm{d}y\mathrm{d}z \tag{4}$$

$$\iint_S f(x, y, z)\,\mathrm{d}S = \iint_{D_{xy}} f[x, y(z, x), z]\sqrt{1 + y_z'^2 + y_x'^2}\,\mathrm{d}z\mathrm{d}x \tag{5}$$

在公式 (3) 中令 $f(x, y, z) = 1$, 便得计算曲面 S 面积的公式:

$$S = \iint_S \mathrm{d}S = \iint_{D_{xy}} \sqrt{1 + z_x'^2 + z_y'^2}\,\mathrm{d}x\mathrm{d}y \tag{6}$$

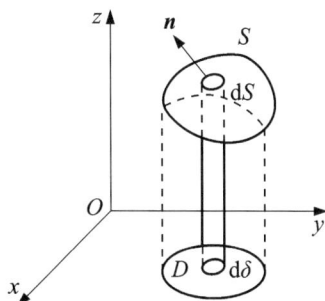
图 16.28

例 1　计算曲面积分

$$\iint_S \frac{1}{z}\,\mathrm{d}s$$

其中 S 是球面 $x^2 + y^2 + z^2 = a^2$ 被平面 $z = h(0 < h < a)$ 所截的顶部(图 16.29)。

解　$z = \sqrt{a^2 - x^2 - y^2}$,

$$\mathrm{d}s = \sqrt{1 + z_x'^2 + z_y'^2}\,\mathrm{d}x\mathrm{d}y = \frac{a}{\sqrt{a^2 - x^2 - y^2}}\mathrm{d}x\mathrm{d}y$$

由公式 (3), 得

$$\iint_S \frac{1}{z}\,\mathrm{d}s = \iint_D \frac{a}{\sqrt{a^2 - x^2 - y^2}}\mathrm{d}x\mathrm{d}y$$

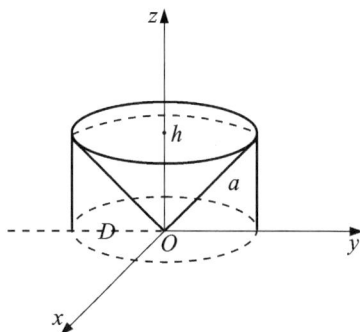
图 16.29

其中 D 是曲面 S 在 Oxy 平面上的投影, 易知 D 是圆域 $x^2 + y^2 \leqslant a^2 - h^2$。应用极坐标变换, 即得

$$\iint_S \frac{1}{z}\,\mathrm{d}s = \iint_D \frac{a}{\sqrt{a^2 - x^2 - y^2}}\mathrm{d}x\mathrm{d}y$$

$$= \int_0^{2\pi}\mathrm{d}\varphi\int_0^{\sqrt{a^2-h^2}} \frac{r}{a^2 - r^2}\mathrm{d}r = 2\pi a\ln\frac{a}{h}$$

例 2　求圆柱面 $y^2 + z^2 \leqslant a^2$ 被圆柱面 $z^2 + y^2 = a^2$ 所截部分的面积(图 16.30 中带有阴影部分, 图中只看到前半部)。

解　曲面 S 是圆柱面 $y^2 + z^2 = a^2$ 的一部分, 它在 Oxy 平面上的投影区域是 $x^2 + y^2 \leqslant a^2$。根据对称性, 我们只须按公式 (6) 算出它的八分之一, 故有

$$S = \iint\limits_{D} 8\sqrt{1 + z_x'^2 + z_y'^2}\,\mathrm{d}x\mathrm{d}y$$

这里 D 是圆域 $x^2 + y^2 \le a^2$ 在第一象限部分，而

$$z = \sqrt{a^2 - y^2}$$

于是

$$z_x' = 0,\ z_y' = -\frac{y}{\sqrt{a^2 - y^2}}$$

代入上式，得

$$S = 8\iint\limits_{D}\frac{a}{\sqrt{a^2 - y^2}}\,\mathrm{d}x\mathrm{d}y = 8a\int_0^a \mathrm{d}y\int_0^{\sqrt{a^2-y^2}}\frac{\mathrm{d}x}{\sqrt{a^2 - y^2}} = 8a^2$$

此积分若先对 y 后对 x 求积分，难于计算。

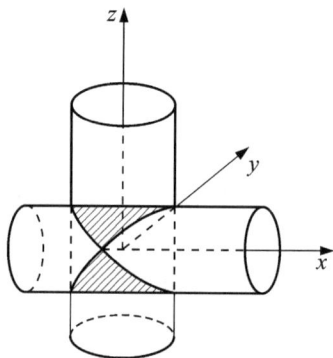

图 16.30

§16.5　第二型曲面积分

一、第二型曲面积分的概念

第二型曲面积分也称对坐标的曲面积分。在流体力学中，为了考察流体运动的规律，需要研究流体通过给定曲面的流量。流量在数学上的表达式，就是曲面积分，即向量场通过有向曲面的积分。下面我们来讨论流量问题，借以引入第二型曲面积分的概念。

设有稳定流体①在空间 Ω 内流动，其速度是 $\boldsymbol{v}$，$\boldsymbol{v}$ 是空间 Ω 中点的函数，即 $\boldsymbol{v} = \boldsymbol{v}(P) = \boldsymbol{v}(x,y,z)$，又 S 是空间 Ω 中的光滑曲面（图 16.31），我们来求在单位时间内流体流过曲面 S 的流量 Q。

设曲面 S 是有向曲面。把 S 分成 n 个小块 $\Delta S_i(i = 1, 2, \cdots, n)$，并以 ΔS_i 表示该小块的面积。在每一小块上取一点 $P_i(x_i, y_i, z_i)$，在点 P_i 处有确定的法向量，记 P_i 处的单位法向量为 $\boldsymbol{n}(P_i)$，于是在单位时间内流过 ΔS_i 的流量 ΔQ_i 近似等于以 ΔS_i 为底，以 $\boldsymbol{v}(P_i)$ 为母线的柱体体积。因为这个柱体的高为 $\boldsymbol{v}(P_i) \cdot \boldsymbol{n}(P_i)$（即 $\boldsymbol{v}(P_i)$ 在 $\boldsymbol{n}(P_i)$ 上的投影），所以通过 ΔS_i 的流量为（底乘高）：

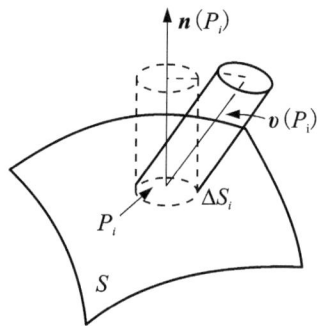

图 16.31

$$\Delta Q_i \approx \boldsymbol{v}(P_i) \cdot \boldsymbol{n}(P_i)\Delta S_i$$

设
$$\boldsymbol{v}(P_i) = \{v_x(P_i), v_y(P_i), v_z(P_i)\}$$
$$\boldsymbol{n}(P_i) = \{\cos\alpha_i, \cos\beta_i, \cos\gamma_i\}$$

其中 v_x，v_y，v_z 是向量 $\boldsymbol{v}$ 在相应坐标轴上的投影；$\cos\alpha_i$，$\cos\beta_i$，$\cos\gamma_i$ 是单位法向量 $\boldsymbol{n}$ 的方

---

① 在每一点的流速 $\boldsymbol{v}$ 都不随时间改变的流体，叫稳定流体。

向余弦。于是 ΔQ_i 可表示成分量形式：

$$\Delta Q_i \approx \left[v_x(P_i)\cos\alpha_i + v_y(P_i)\cos\beta_i + v_z(P_i)\cos\gamma_i \right]\Delta S_i$$

即

$$\Delta Q_i \approx v_x(P_i)\Delta\sigma_{i,yz} + v_y(P_i)\Delta\sigma_{i,zx} + v_z(P_i)\Delta\sigma_{i,xy}$$

其中 $\Delta\sigma_{i,yz} = \cos\alpha_i\Delta S_i$，$\Delta\sigma_{i,zx} = \cos\beta_i\Delta S_i$，$\Delta\sigma_{i,xy} = \cos\gamma_i\Delta S_i$ 分别是小块 ΔS_i 在三个坐标面上的投影(这些投影是有正负号的，根据 α_i，β_i，γ_i 为锐角还是钝角而定，参考图 16.32。

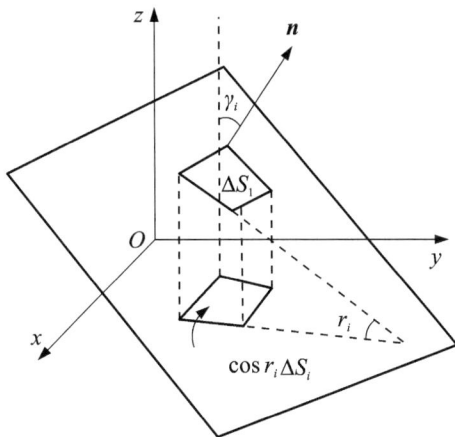

图 16.32

因此总流量 Q 可近似地表示示为

$$Q \approx \sum_{i=1}^{n} \left[v_x(P_i)\Delta\sigma_{i,yz} + v_y(P_i)\Delta\sigma_{i,zx} + v_z(P_i)\Delta\sigma_{i,xy} \right]$$

当所有小块 ΔS_i 的最大直径 λ 趋于零时，极限

$$Q = \lim_{\lambda\to 0}\sum_{i=1}^{n} \left[v_x(P_i)\Delta\sigma_{i,yz} + v_y(P_i)\Delta\sigma_{i,zx} + v_z(P_i)\Delta\sigma_{i,xy} \right]$$

就是所求的流量。

注意这个和数中有三个函数 $v_x(P)$，$v_y(P)$，$v_z(P)$。如果舍去问题的物理内容，而就一般的函数 $P(x,y,z)$，$Q(x,y,z)$，$R(x,y,z)$ 和一块曲面 S，如同上面也采取"分割，求和，取极限"的处理方法，便引出下面的定义。

定义　设 S 是光滑曲面，$P(x,y,z)$，$Q(x,y,z)$，$R(x,y,z)$ 是曲面 S 上的有界函数，如果极限

$$\lim_{\lambda\to 0}\sum_{i=1}^{n} \left[P(x_i,y_i,z_i)\Delta\sigma_{i,yz} + Q(x_i,y_i,z_i)\Delta\sigma_{i,zx} + R(x_i,y_i,z_i)\Delta\sigma_{i,xy} \right] \tag{1}$$

存在，则称此极限值为函数 P，Q，R 在曲面 S 上的第二型曲面积分，记作

$$\iint\limits_{S} P(x,y,z)\mathrm{d}y\mathrm{d}z + Q(x,y,z)\mathrm{d}z\mathrm{d}x + R(x,y,z)\mathrm{d}x\mathrm{d}y \tag{2}$$

(或记作 $\iint\limits_{S} P(x,y,z)\mathrm{d}\sigma_{yz} + Q(x,y,z)\mathrm{d}\sigma_{zx} + R(x,y,z)\mathrm{d}\sigma_{xy}$)

注：这里 $\mathrm{d}y\mathrm{d}z = \mathrm{d}\sigma_{yz} = \cos\alpha\mathrm{d}s$，$\mathrm{d}z\mathrm{d}x = \mathrm{d}\sigma_{zx} = \cos\beta\mathrm{d}s$，$\mathrm{d}x\mathrm{d}y = \mathrm{d}\sigma_{xy} = \cos\gamma\mathrm{d}s$，而 $\mathrm{d}y\mathrm{d}z$，$\mathrm{d}z\mathrm{d}x$，$\mathrm{d}x\mathrm{d}y$ 象征小矩形两邻边的乘积。必须注意的是，由于 $\mathrm{d}y\mathrm{d}z$，$\mathrm{d}z\mathrm{d}x$，$\mathrm{d}x\mathrm{d}y$ 是面积元素 $\mathrm{d}S$ 在相应

坐标面上的投影，所以规定它们有正有负：当方向角 α，β，γ 为锐角时取正值，为钝角时取负值。因此，它们与二重积分 $\mathrm{d}y\mathrm{d}z$，$\mathrm{d}x\mathrm{d}y$ 不相同，二重积分中的这些量，都表示坐标面的面积元素，恒为正值。

根据上述定义，在单位时间内流过曲面 S 的流量可表示为

$$Q = \iint\limits_{S} v_x\mathrm{d}y\mathrm{d}z + v_y\mathrm{d}z\mathrm{d}x + v_z\mathrm{d}x\mathrm{d}y \tag{3}$$

如果(3)式大于0，表示向量 $\boldsymbol{v}$ 在曲面 S 的法向量 $\boldsymbol{n}$ 之前的夹角是锐角。流体穿过 S 的图形如图 16.33(a) 所示。

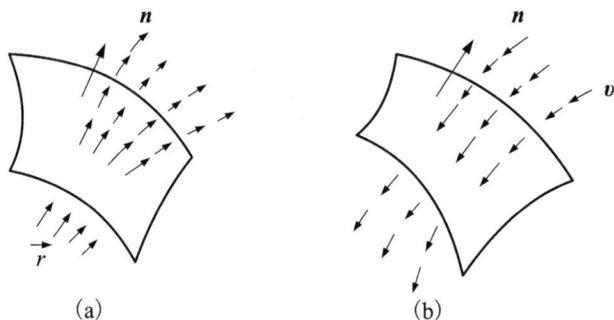

(a)　　　　　　　　(b)

图 16.33

如果(3)式小于0，表示向量 $\boldsymbol{v}$ 在曲面 S 的法向量 $\boldsymbol{n}$ 之前的夹角是钝角。流体取与 $\boldsymbol{n}$ 相反方向穿过 S，如图 16.33(b) 所示。

从数学角度来看，也可以只考虑定义在曲面 S 上的一个函数的第二型曲面积分，比如

$$\iint\limits_{S} f(x, y, z)\mathrm{d}x\mathrm{d}y$$

第二型曲面积分也叫作**对坐标的曲面积分**，具体说，这个积分可叫做对坐标 x，y 的曲面积分。

第二型曲面积分的性质：

（ⅰ）若改变曲面的定向，即法向量从指向某一侧改为指向另一侧，则曲面积分变号，即

$$\iint\limits_{S^-} P\mathrm{d}y\mathrm{d}z + Q\mathrm{d}z\mathrm{d}x + R\mathrm{d}x\mathrm{d}y = -\iint\limits_{S} P\mathrm{d}y\mathrm{d}z + Q\mathrm{d}z\mathrm{d}x + R\mathrm{d}x\mathrm{d}y$$

这是由于 S^- 与 S 的法向量的方向正好相反，从而它们的方向余弦都异号，因此左右两端的 $\mathrm{d}y\mathrm{d}z = \cos\alpha\mathrm{d}S$，$\mathrm{d}z\mathrm{d}x = \cos\beta\mathrm{d}S$，$\mathrm{d}x\mathrm{d}y = \cos\gamma\mathrm{d}S$ 也都异号。

（ⅱ）可以逐块积分，即

$$\iint\limits_{S} = \iint\limits_{S_1} + \iint\limits_{S_2}，其中 S = S_1 + S_2$$

曲面积分的向量形式　考虑到后面场论中的应用，我们以流量为模型，利用微元法导出曲面积分的向量表达式。

在空间曲面 S 的任意一点 $P(x, y, z)$ 处取面积元素 $\mathrm{d}S$，流体按图 16.34 所示方向通过 $\mathrm{d}S$ 的谓流量 $\mathrm{d}Q$ 近似等于以 $\mathrm{d}S$ 为底，以速度 $\boldsymbol{v}$ 为母线的柱体体积。因为这个柱体的高是 $\boldsymbol{v}\cdot\boldsymbol{n}$（即

v 在法向量 **n** 上的投影），所以微流量

$$dQ = \boldsymbol{v} \cdot \boldsymbol{n} dS$$

沿曲面 S 把 dQ 累加起来，就得到流量

$$Q = \iint\limits_{S} \boldsymbol{v} \cdot \boldsymbol{n} dS \qquad (4)$$

这就是流量的向量表达式，形式比较简捷。

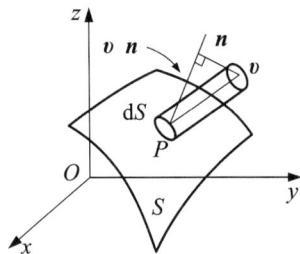

图 16.34

如果以 $\overrightarrow{v_n}$ 表示 **v** 在 **n** 上的投影，则 $\boldsymbol{v} \cdot \boldsymbol{n}$ 可记为 $\overrightarrow{v_n}$，于是（4）式又可写成

$$Q = \iint\limits_{S} \overrightarrow{v_n} dS \qquad (5)$$

这里的（4）和（5）都是曲面积分的向量形式。在后面的场论中，我们将引用（5）式。

事实上，曲面积分的向量形式不难化为数量形式。

设 **v** 和 **n** 的分量形式为

$$\boldsymbol{v} = v_x \boldsymbol{i} + v_y \boldsymbol{j} + v_z \boldsymbol{k}$$

$$\boldsymbol{n} = \cos\alpha \boldsymbol{i} + \cos\beta \boldsymbol{j} + \cos\gamma \boldsymbol{k}$$

于是　　$\boldsymbol{v} \cdot \boldsymbol{n} = v_x \cos\alpha + v_y \cos\beta + v_z \cos\gamma$

由（4）式便得

$$\iint\limits_{S} \boldsymbol{v} \cdot \boldsymbol{n} dS = \iint\limits_{S} (v_x \cos\alpha + v_y \cos\beta + v_z \cos\gamma) dS \qquad (6)$$

这里右端是第一型曲面积分。

设 dS 在三个坐标面上的投影分别是 $dydz$，$dzdx$，$dxdy$，则

$$dydz = \cos\alpha dS, \quad dzdx = \cos\beta ds, \quad dxdy = \cos\gamma ds$$

于是（4）式又可表示为

$$\iint\limits_{S} \boldsymbol{v} \cdot \boldsymbol{n} dS = \iint\limits_{S} v_x dydz + v_y dzdx + v_z dxdy \qquad (7)$$

这里右端便是第二型曲面积分。

由（6）和（7）可以得出两种曲面积分的关系：

$$\iint\limits_{S} \boldsymbol{v} \cdot \boldsymbol{n} dS = \iint\limits_{S} Pdydz + Qdzdx + Rdxdy$$

$$= \iint\limits_{S} P\cos\alpha dS + Q\cos\beta dS + R\cos\gamma dS \qquad (8)$$

二、第二型曲面积分的计算

现在说明怎样把第二型曲面积分化为二重积分进行计算。设曲面 S 的方程为

$$z = z(x, y)$$

当积分取在 S 的上侧（即沿 S 的上侧积分）时，曲面 S 的法向量 **n** 与 z 轴正向成锐角，因而曲面 S 的面积元素 dS 在 Oxy 平面上的投影 $dxdy$ 为正（因 **n** 与 z 轴夹角 $\gamma < \dfrac{\pi}{2}$，故 $dxdy = \cos\gamma dS > 0$），这时有计算公式：

$$\iint_S f(x,y,z)\,\mathrm{d}x\mathrm{d}y = \iint_{D_{xy}} f[x,y,z(x,y)]\,\mathrm{d}x\mathrm{d}y$$

(9)

（表示 dS 在 xy 面投影） （表示 Oxy 面的面积元素）

到这里已把曲面积分化成右端的二重积分。

当积分取在 S 的下侧（即沿 S 的下侧积分）时，曲面 S 的法向量 **n** 与 z 轴正向成钝角，因而曲面面积元素 dS 在 xy 平面上的投影 dxdy 为负，这时有计算公式：

$$\iint_S f(x,y,z)\,\mathrm{d}x\mathrm{d}y = -\iint_{D_{xy}} f[x,y,z(x,y)]\,\mathrm{d}x\mathrm{d}y[①]$$

(10)

公式(9)，(10) 中的 D_{xy} 是曲面 S 在 Oxy 平面上的投影区域。

类似地，当曲面 S 的方程为 $x=x(y,z)$ 时，有公式：

$$\iint_S f(x,y,z)\,\mathrm{d}y\mathrm{d}z = \pm\iint_{D_{yz}} f[x(y,z),y,z]\,\mathrm{d}y\mathrm{d}z$$

(11)

当积分取在 S 前侧时，右端取正号；积分取在 S 后侧时，右端取负号。

若 S 的方程为 $y=y(z,x)$ 时，有公式：

$$\iint_S f(x,y,z)\,\mathrm{d}z\mathrm{d}x = \pm\iint_{D_{zx}} f[x,y(z,x),z]\,\mathrm{d}z\mathrm{d}x$$

(12)

当积分取在 S 右侧时，右端取正号；积分取在 S 左侧时，右端取负号。

下面说明化第二型曲面积分为二重积分的要领。就公式

$$\iint_S f(x,y,z)\,\mathrm{d}x\mathrm{d}y = \pm\iint_{D_{xy}} f[x,y,z(x,y)]\,\mathrm{d}x\mathrm{d}y$$

来说明。注意左端是对坐标 x，y 的曲面积分，即 x，y 为积分变量。化为右端二重积分时，须考虑以下几点：

（ⅰ）把 S 的方程表示为 $z=f(x,y)$ 的形式，代入被积函数，于是 $f(x,y,z)$ 化为两个变量 x，y 的函数 $f[x,y,z(x,y)]$，曲面积分变成了二重积分（平面积分）。

（ⅱ）右端二重积分前面正负号的选取，须根据曲面 S 的法向量 **n** 而定。如果曲面积分取在 S 的上侧，则法向量 **n** 与 z 轴成锐角（从而 $\cos\gamma>0$），这时右端取正号；如果积分取在 S 的下侧，则法向量 **n** 与 z 轴成钝角（从而 $\cos\gamma<0$）。

（ⅲ）积分域 D_{xy} 是曲面 S 在 Oxy 平面上的投影区域。分析 D_{xy} 以确定化重积分为累次积分时的积分限。

例1 计算曲面积分

$$I = \iint_R xyz\,\mathrm{d}x\mathrm{d}y$$

其中 S 是 $x\geq0,\ y\geq0$ 时球面 $x^2+y^2+z^2=1$ 的四分之一的外侧。

解 为便于分析，画出图形（图16.35）。把球面 S 分为两部分：

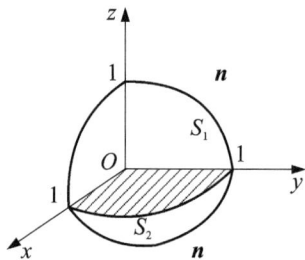

图 16.35

---

① 应当注意：(10)式左端的 dxdy 是 S 的面积元素 dS 平面的投影，可正可负（这里的 dxdy 为负）；而右端的 dxdy 则是 Oxy 平面的面积元素，恒为正，因此右端加负号，左端不加负号。

$$S_1 : z_1 = \sqrt{1 - x^2 - y^2}$$
$$S_2 : z_2 = -\sqrt{1 - x^2 - y^2}$$

于是

$$\iint\limits_{S} xyz\,dxdy = \iint\limits_{S_1} xyz\,dxdy + \iint\limits_{S_2} xyz\,dxdy$$

右端第一个积分取在上半球面 S_1 外侧，其法向量 $\boldsymbol{n}$ 与 z 轴正向成锐角，故化成二重积分时冠以正号；第二个积分取在下半球面 S_2 的外侧，其法向量 $\boldsymbol{n}$ 与 z 轴正向成钝角，故化成二重积分时冠以负号。因此有

$$\iint\limits_{S} xyz\,dxdy = \iint\limits_{D_{xy}} xy\sqrt{1 - x^2 - y^2}\,dxdy - \iint\limits_{D_{xy}} (-xy\sqrt{1 - x^2 - y^2})\,dxdy$$

其中 D_{xy} 是 S_1，S_2 在 Oxy 平面上的投影区域，即位于第一象限内的扇形 $x^2 + y^2 \leqslant 1(x > 0, y > 0)$。利用极坐标计算二重积分，得

$$I = 2\iint\limits_{D_{xy}} xy\sqrt{1 - x^2 - y^2}\,dxdy$$

$$= 2\iint\limits_{D_{r\theta}} r^2\sin\theta\cos\theta\sqrt{1 - r^2}\,rdrd\theta = \int_0^{\frac{\pi}{2}} \sin 2\theta\,d\theta \int_0^1 r^3\sqrt{1 - r^2}\,dr = \frac{2}{15}$$

例 2　计算

$$I = \iint\limits_{D_{r\theta}} (x^2 - yz)\,dydz + (y^2 - zx)\,dzdx + (z^2 - xy)\,dxdy$$

其中 S 是三个坐标平面与平面 $x = a, y = a, z = a(a > 0)$ 所围成的正立方体表面的外侧(图 16.36)。

解　为便于分析问题，把积分分成三个来计算。

(i) 先计算 $\iint\limits_{S} (z^2 - xy)\,dxdy$。

这是对坐标 x, y 的曲面积分。由于曲面 S 是分块光滑的，故须按六个面分别计算。因有四个侧面都垂直于 Oxy 平面(法向量 $\boldsymbol{n}$ 垂直于 z 轴)，从而沿这个侧面积分都等于零(因 $\cos\dfrac{\pi}{2} = 0$，从而 $dxdy = 0$)。把上底记为 S_1，其方程为 $z = a$；下底记为 S_2，方程为 $z = 0$。于是有

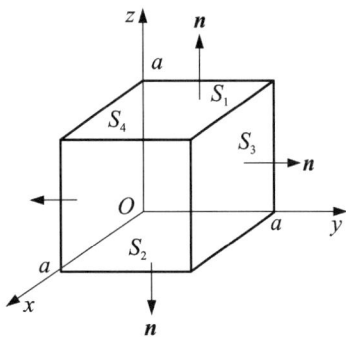

图 16.36

$$\iint\limits_{S} (z^2 - xy)\,dxdy = \iint\limits_{S_1} (z^2 - xy)\,dxdy + \iint\limits_{S_2} (z^2 - xy)\,dxdy$$

因 S_1 外侧的法向量 $\boldsymbol{n}$ 与 z 轴正向夹角为 $0(\cos 0 = 1 > 0)$，S_2 外侧的法向量 $\boldsymbol{n}$ 与 z 轴正向夹角为 $\pi(\cos\pi = -1 < 0)$，故右端第二个积分化成二重积分时须冠以负号。即

$$\iint\limits_{S} (z^2 - xy)\,dxdy = \iint\limits_{D_{xy}} (a^2 - xy)\,dxdy - \iint\limits_{D_{xy}} (0^2 - xy)\,dxdy$$

其中 D_{xy} 表示 S_1，S_2 在 Oxy 平面上的投影域，由图可知 D_{xy} 是由直线 $x = 0, x = a, y = 0$，

$y = a$ 围成的正方形域。计算右端二重积分，便得

$$\iint\limits_S (z^2 - xy)\mathrm{d}x\mathrm{d}y = \iint\limits_{D_{xy}} (a^2 - xy + xy)\mathrm{d}x\mathrm{d}y = a^2 \iint\limits_{D_{xy}} \mathrm{d}x\mathrm{d}y = a^4$$

（ⅱ）计算 $\iint\limits_S (y^2 - zx)\mathrm{d}z\mathrm{d}x$。这是对坐标 x, y 的曲面积分。这是要考察曲面 S 外侧向 Ozx 平面的投影，故须注意 S 外侧法向量 $\boldsymbol{n}$ 与 y 轴正向的夹角。由图易知，正方体右侧面 S_3 的外侧法向量 $\boldsymbol{n}$ 与 y 轴正向夹角为 $0(\cos 0 = 1 > 0)$，左侧面 S_4 的外侧法向量 $\boldsymbol{n}$ 与 y 轴正向夹角为 $\pi(\cos \pi = -1 < 0)$。并知 S_3 的方程为 $y = a$，S_4 的方程是 $y = 0$。S_3 和 S_4 在 Ozx 平面上的投影域 D_{zx} 是由 $z = 0$，$z = a$，$x = 0$，$x = a$ 围成的正方形域。在正方体的上底、下底、前侧面与后侧面上的积分都等于 0。根据以上的分析，便有

$$\iint\limits_S (y^2 - zx)\mathrm{d}z\mathrm{d}x = \iint\limits_{S_3} (y^2 - zx)\mathrm{d}z\mathrm{d}x + \iint\limits_{S_4} (y^2 - zx)\mathrm{d}z\mathrm{d}x$$

$$= \iint\limits_{D_{zx}} (a^2 - zx)\mathrm{d}z\mathrm{d}x - \iint\limits_{D_{zx}} (0 - zx)\mathrm{d}z\mathrm{d}x$$

$$= \iint\limits_{D_{xy}} a^2 \mathrm{d}z\mathrm{d}x = a^4$$

（ⅲ）同理可得

$$\iint\limits_S (x^2 - yz)\mathrm{d}y\mathrm{d}z = a^4$$

综上即得

$$I = a^4 + a^4 + a^4 = 3a^4$$

例3 求 $\boldsymbol{F} = xyz(\boldsymbol{i} + \boldsymbol{j} + \boldsymbol{k})$ 沿有向曲面 S 的积分：

$$\iint\limits_S \boldsymbol{F}_n \mathrm{d}S$$

其中 S 及其法向量如图 16.37 所示。

解 S 由 S_1、S_2 组成，故

$$\iint\limits_S \boldsymbol{F}_n \mathrm{d}s = \iint\limits_{S_1} \boldsymbol{F}_n \mathrm{d}s + \iint\limits_{S_2} \boldsymbol{F}_n \mathrm{d}s$$

先算右端第一个积分，由前面(7) 式，有

$$\iint\limits_{S_1} \boldsymbol{F}_n \mathrm{d}s = \iint\limits_{S_1} F_x \mathrm{d}y\mathrm{d}z + F_y \mathrm{d}z\mathrm{d}x + F_z \mathrm{d}x\mathrm{d}y$$

这里 $F_x = F_y = F_z = xyz$。S_1 的方程为 $z = c$。又 S_1 的法向量 $\boldsymbol{n}_1$ 与 x 轴，y 轴，z 轴的夹角分别是 $\dfrac{\pi}{2}$，$\dfrac{\pi}{2}$，0，

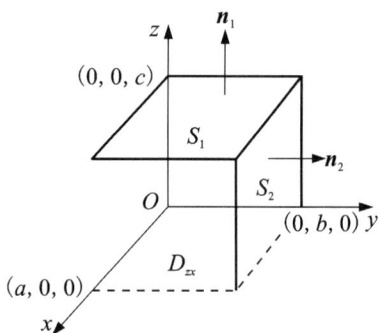

图 16.37

因 $\cos \dfrac{\pi}{2} = 0$，$\cos 0 = 1$，故 $\mathrm{d}y\mathrm{d}z = \mathrm{d}z\mathrm{d}x = 0$，而 $\mathrm{d}x\mathrm{d}y > 0$。又知 S_1 在 Oxy 平面投影域为：

$$0 \leqslant x \leqslant a, 0 \leqslant y \leqslant b$$

所以

$$\iint\limits_{S_1} \boldsymbol{F}_n \mathrm{d}s = \iint\limits_{D_{xy}} xyc\mathrm{d}x\mathrm{d}y = \int_0^a \mathrm{d}x \int_0^b xyc\mathrm{d}y = \frac{a^2 b^2 c}{4}$$

为算右端第二个积分，考察 S_2。S_2 的方程是 $y = b$。S_2 的法向量 $\boldsymbol{n}_2$ 与 x 轴，y 轴，z 轴的夹角分别是 $\frac{\pi}{2}$，0，$\frac{\pi}{2}$，因此 $\mathrm{d}y\mathrm{d}z = \mathrm{d}x\mathrm{d}y = 0$，而 $\mathrm{d}z\mathrm{d}x > 0$。又知 S_2 在 Ozx 平面的投影域 D_{zx} 是：$0 \leq z \leq c$，$0 \leq x \leq a$。所以

$$\iint\limits_{S_2} \boldsymbol{F}_n \mathrm{d}s = \iint\limits_{D_{zx}} xbz\mathrm{d}z\mathrm{d}x = b \int_0^c z\mathrm{d}z \int_0^a x\mathrm{d}x = \frac{a^2 bc^2}{4}$$

最后得

$$\iint\limits_{S} \boldsymbol{F}_n \mathrm{d}s = \frac{a^2 bc}{4}(b + c)$$

§16.6　高斯公式　斯托克斯公式

一、高斯公式

格林公式把平面区域上的一个二重积分与其边界线上的曲线积分联系起来了，下面介绍的高斯公式则揭示了空间区域上的一个三重积分与其边界面上的曲面积分之间的转化关系。

定理　（高斯公式）设空间区域 Ω 的边界曲面 S 是光滑的，函数 $P(x, y, z)$，$Q(x, y, z)$，$R(x, y, z)$ 在 Ω 及 S 上具有一阶连续偏导数，S 的方向为外法向，则

$$\oiint\limits_{S} P\mathrm{d}y\mathrm{d}z + Q\mathrm{d}z\mathrm{d}x + R\mathrm{d}x\mathrm{d}y = \iiint\limits_{\Omega} \left(\frac{\partial P}{\partial x} + \frac{\partial Q}{\partial y} + \frac{\partial R}{\partial z} \right) \mathrm{d}x\mathrm{d}y\mathrm{d}z \qquad (1)$$

此式称为高斯公式，其中符号 $\oiint\limits_{S}$ 表示闭曲面上的曲面积分。

证明　首先考虑简单情形，即设 S 与 z 轴的平行线至多交于两点（图 16.38）。我们来证明

$$\iiint\limits_{\Omega} \frac{\partial R}{\partial z}\mathrm{d}x\mathrm{d}y\mathrm{d}z = \oiint\limits_{S} R\mathrm{d}x\mathrm{d}y$$

为此把闭曲面 S 分成上下两部分：

$$S_1 : z = z_1(x, y),$$
$$S_2 : z = z_2(x, y)$$

Ω 在 Oxy 面上的投影域为 D_{xy}。由三重积分计算法得

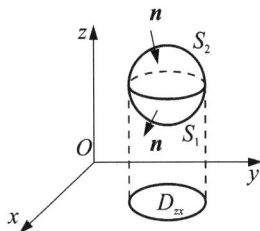

图 16.38

$$\iiint\limits_{\Omega} \frac{\partial R}{\partial z}\mathrm{d}x\mathrm{d}y\mathrm{d}z = \iint\limits_{D_{xy}} \mathrm{d}x\mathrm{d}y \int_{z_1(x, y)}^{z_2(x, y)} \frac{\partial R}{\partial z}\mathrm{d}z$$

$$= \iint\limits_{D_{xy}} [R(x, y, z_2(x, y)) - R(x, y, z_1(x, y))]\mathrm{d}x\mathrm{d}y$$

又根据曲面积分的计算法（注意 S_1 的法向量与 z 轴成钝角），有

$$\oiint\limits_{S} R \mathrm{d}x\mathrm{d}y = \iint\limits_{S_2} R \mathrm{d}x\mathrm{d}y + \iint\limits_{S_1} R \mathrm{d}x\mathrm{d}y$$

$$= \iint\limits_{D_{xy}} R[x, y, z_2(x, y)] \mathrm{d}x\mathrm{d}y - \iint\limits_{D_{xy}} R[x, y, z_1(x, y)] \mathrm{d}x\mathrm{d}y$$

$$= \iint\limits_{D_{xy}} [R(x, y, z_2(x, y)) - R(x, y, z_1(x, y))] \mathrm{d}x\mathrm{d}y$$

这就证明了

$$\iiint\limits_{\Omega} \frac{\partial R}{\partial z} \mathrm{d}x\mathrm{d}y\mathrm{d}z = \oiint\limits_{S} R \mathrm{d}x\mathrm{d}y$$

同样可证：

$$\iiint\limits_{\Omega} \frac{\partial P}{\partial x} \mathrm{d}x\mathrm{d}y\mathrm{d}z = \oiint\limits_{S} P \mathrm{d}y\mathrm{d}z$$

$$\iiint\limits_{\Omega} \frac{\partial Q}{\partial y} \mathrm{d}x\mathrm{d}y\mathrm{d}z = \oiint\limits_{S} Q \mathrm{d}z\mathrm{d}x$$

合并以上三式，即得高斯公式。

如果曲面 S 与平行坐标轴的直线的交点多于两个，可利用辅助曲面把区域 Ω 分成几个小区域，使每个小区域的边界曲面满足定理的条件，则不难推得公式仍然成立。

在高斯公式中，令 $P = x$，$Q = y$，$R = z$，便得出闭曲面 S 所包围的体积

$$V = \iiint\limits_{\Omega} \mathrm{d}x\mathrm{d}y\mathrm{d}z = \frac{1}{3} \oiint\limits_{S} x\mathrm{d}y\mathrm{d}z + y\mathrm{d}z\mathrm{d}x + z\mathrm{d}x\mathrm{d}y \tag{2}$$

例1 求 $\oiint\limits_{S} a_n \mathrm{d}S$，其中 $a = xi + yj + zk$，S 是球面 $x^2 + y^2 + z^2 = R^2$，积分沿 S 的外侧进行。

解 根据上节公式(7)，有

$$\oiint\limits_{S} a_n \mathrm{d}s = \oiint\limits_{S} x\mathrm{d}y\mathrm{d}z + y\mathrm{d}z\mathrm{d}x + z\mathrm{d}x\mathrm{d}y$$

利用高斯公式计算。因为

$$\frac{\partial P}{\partial x} + \frac{\partial Q}{\partial y} + \frac{\partial R}{\partial z} = \frac{\partial x}{\partial x} + \frac{\partial y}{\partial y} + \frac{\partial z}{\partial z} = 3$$

所以由高斯公式得

$$\oiint\limits_{S} a_n \mathrm{d}s = \oiint\limits_{S} x\mathrm{d}y\mathrm{d}z + y\mathrm{d}z\mathrm{d}x + z\mathrm{d}x\mathrm{d}y$$

$$= \iiint\limits_{\Omega} 3\mathrm{d}x\mathrm{d}y\mathrm{d}z = 3\iiint\limits_{\Omega} \mathrm{d}x\mathrm{d}y\mathrm{d}z = 3 \cdot \frac{4}{3}\pi R^3 = 4\pi R^3$$

（右端三重积分是球域 Ω 的体积）

二、斯托克斯公式

斯托克斯公式揭示出空间曲面上的面积分与其边界曲线上的线积分之间的关系，它是格

林公式的推广。

先介绍如何根据曲面的定向来决定其边界曲线的方向（或者反过来）的问题。设曲面 S 的边界为 L，取定 S 的某一侧的法向量 $\boldsymbol{n}$（图 16.39），根据 S 的这个定向，我们规定 L 的方向如下：有人沿曲线 L 环形，其头指向法线方向，并使曲面位于左侧，则人进行的方向就是 L 的方向。L 与 S 的这种关系称为右手关系（用右手拇指指法方向，则其余四指指 L 的方向）。

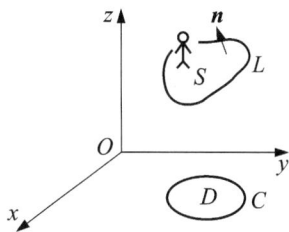

图 16.39

定理　（斯托克斯公式）设曲面 S 与曲线 L 成右手关系，又 $P(x,y,z)$，$Q(x,y,z)$，$R(x,y,z)$ 在 S 及 L 上有连续偏导数，则

$$\oint_L P\mathrm{d}x + Q\mathrm{d}y + R\mathrm{d}z = \iint_S \left(\frac{\partial R}{\partial y} - \frac{\partial Q}{\partial z}\right)\mathrm{d}y\mathrm{d}z + \left(\frac{\partial P}{\partial z} - \frac{\partial R}{\partial x}\right)\mathrm{d}z\mathrm{d}x + \left(\frac{\partial Q}{\partial x} - \frac{\partial P}{\partial y}\right)\mathrm{d}x\mathrm{d}y \qquad (3)$$

证明　首先证明

$$\oint_L P\mathrm{d}x = \iint_S \frac{\partial P}{\partial z}\mathrm{d}z\mathrm{d}x - \iint_S \frac{\partial P}{\partial y}\mathrm{d}x\mathrm{d}y \qquad (*)$$

以 L 为边界曲线的非封闭曲面为 S（图 16.40）。设 S 的方程是 $z = z(x,y)$，S 的法向量指向上侧。平行于 z 轴的直线与 S 只交于一点，S 在 Oxy 平面上的投影域为 D，而 L 的投影是 D 的边界 C。当点沿 L 移动一圈时，其投影沿 C（逆时针）转一圈。我们分以下三步来证明：先把 $\oint_L P\mathrm{d}x$ 变成 C 上的线积分；再用格林公式把它化成区域 D 上的二重积分；最后把这二重积分化为 S 上的面积分。

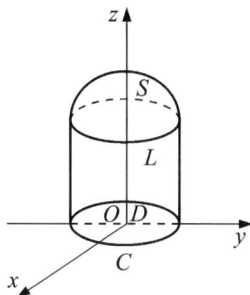

图 16.40

（ⅰ）注意 L 上的连续函数 $P(x,y,z)$，也就是 C 上的连续函数 $P(x,y,z(x,y))$。又 L 上的一段弧 $\mathrm{d}S$ 在 x 轴上的投影 $\mathrm{d}x$ 与先把 $\mathrm{d}S$ 投到 C 上，然后再投到 x 轴上所得到的 $\mathrm{d}x$，是相同的。因此有

$$\oint_L P(x,y,z)\mathrm{d}x = \oint_C P(x,y,z(x,y))\mathrm{d}x$$

（ⅱ）应用格林公式（现在 $Q = 0$），有

$$\oint_L P\mathrm{d}x = \oint_C P\mathrm{d}x = -\iint_D \frac{\partial}{\partial y}P(x,y,z(x,y))\mathrm{d}x\mathrm{d}y$$

（ⅲ）由复合函数微分法，有

$$\frac{\partial}{\partial y}P(x,y,z(x,y)) = \frac{\partial P(x,y,z)}{\partial y} + \frac{\partial P(x,y,z)}{\partial z}\frac{\partial z(x,y)}{\partial y}$$

注意积分是取在 S 的上侧，因此二重积分中的 $\mathrm{d}x\mathrm{d}y$ 与曲面积分 $\iint_S(\cdots)\mathrm{d}x\mathrm{d}y$ 中的 $\mathrm{d}x\mathrm{d}y$ 的符号是相同的（均为正），所以

$$\iint_D \frac{\partial}{\partial y}P(x,y,z(x,y))\mathrm{d}x\mathrm{d}y = \iint_S \frac{\partial P}{\partial y}\mathrm{d}x\mathrm{d}y + \iint_S \frac{\partial P}{\partial z}\frac{\partial z}{\partial y}\mathrm{d}x\mathrm{d}y$$

又知这里 n 的方向余弦为

$$\cos \gamma = \frac{1}{\sqrt{1 + \left(\frac{\partial z}{\partial x}\right)^2 + \left(\frac{\partial z}{\partial y}\right)^2}} \left(\gamma < \frac{\pi}{2}\right)$$

$$\cos \beta = \frac{-\frac{\partial z}{\partial y}}{\sqrt{1 + \left(\frac{\partial z}{\partial x}\right)^2 + \left(\frac{\partial z}{\partial y}\right)^2}}$$

于是

$$dxdy = \cos \gamma \, dS = \frac{1}{\sqrt{1 + \left(\frac{\partial z}{\partial x}\right)^2 + \left(\frac{\partial z}{\partial y}\right)^2}} dS$$

$$dzdx = \cos \beta \, dS = \frac{-\frac{\partial z}{\partial y}}{\sqrt{1 + \left(\frac{\partial z}{\partial x}\right)^2 + \left(\frac{\partial z}{\partial y}\right)^2}} dS$$

从而

$$\frac{\partial z}{\partial y}dxdy = \frac{\frac{\partial z}{\partial y}}{\sqrt{1 + \left(\frac{\partial z}{\partial x}\right)^2 + \left(\frac{\partial z}{\partial y}\right)^2}} dS = -dzdx$$

代入上式得

$$\iint\limits_{D} \frac{\partial P}{\partial y}dxdy = \iint\limits_{S} \frac{\partial P}{\partial y}dxdy - \iint\limits_{S} \frac{\partial P}{\partial z}dzdx$$

由(ii)，即得

$$\oint\limits_{L} Pdx = -\iint\limits_{D} \frac{\partial P}{\partial y}dxdy = \iint\limits_{D} \frac{\partial P}{\partial z}dzdx - \iint\limits_{D} \frac{\partial P}{\partial y}dxdy$$

这就证明了(*)式。

同理可证：

$$\oint\limits_{L} Qdy = \iint\limits_{S} \frac{\partial Q}{\partial x}dxdy - \iint\limits_{S} \frac{\partial Q}{\partial z}dydz$$

$$\oint\limits_{L} Rdz = \iint\limits_{S} \frac{\partial R}{\partial y}dydz - \iint\limits_{S} \frac{\partial R}{\partial x}dzdx$$

三式相加便得斯托克斯公式

$$\iint\limits_{D} Pdx + Qdy + Rdz = \iint\limits_{S} \left(\frac{\partial R}{\partial y} - \frac{\partial Q}{\partial z}\right) dydz + \left(\frac{\partial P}{\partial z} - \frac{\partial R}{\partial x}\right) dzdx + \left(\frac{\partial Q}{\partial x} - \frac{\partial P}{\partial y}\right) dxdy$$

如果曲面与平行 z 轴的直线的交点不止一个，可将曲面分割成若干块，使每一块与 z 轴平行线交点不多于一个。对于这种曲面，斯托克斯公式仍然成立。

为便于记忆斯托克斯公式,可写成行列式形式:

$$\iint_L P\mathrm{d}x + Q\mathrm{d}y + R\mathrm{d}z = \iint_S \begin{vmatrix} \mathrm{d}y\mathrm{d}z & \mathrm{d}z\mathrm{d}x & \mathrm{d}x\mathrm{d}y \\ \dfrac{\partial}{\partial x} & \dfrac{\partial}{\partial y} & \dfrac{\partial}{\partial z} \\ P & Q & R \end{vmatrix}$$

例 2 计算曲线积分 $I = \oint_C xyz\mathrm{d}z$,其中 C 是圆,方程为

$$x^2 + y^2 + z^2 = 1, \quad y = z \tag{1}$$

C 的方向是自点 $A(1, 0, 0)$ 出发沿 C 先经过 $y > 0$ 部分,
再经过 $y < 0$ 部分回到点 A(图 16.41)。

解 应用斯托克斯公式。现在是
$$P = Q = 0,$$
$$R = xyz,$$
所以

$$\oint_C xyz\mathrm{d}z = \iint_S zx\mathrm{d}y\mathrm{d}z - yz\mathrm{d}z\mathrm{d}x \tag{2}$$

其中 S 是在平面 $y = z$ 上的圆域,且沿 S 的上侧积分。

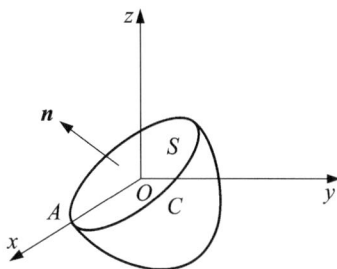

图 16.41

由于圆域 S 所在平面与 Oyz 平面垂直(从而 S 上的
元素 $\mathrm{d}S$ 在 Oyz 平面上的投影 $\mathrm{d}y\mathrm{d}z = 0$),故

$$\iint_S zx\mathrm{d}y\mathrm{d}z = 0$$

S 在 Ozx 平面上的投影为一椭圆区域 D,其边界方程为(在(1)中消去 y)
$$x^2 + 2z^2 = 1(y = 0)$$

且 S 上的法向量 $\boldsymbol{n}$ 与 y 轴成钝角,所以 S 上的元素 $\mathrm{d}S$ 在 Ozx 平面上的投影 $\mathrm{d}z\mathrm{d}x < 0$,于是由
(2) 得

$$\iint_S yz\mathrm{d}z\mathrm{d}x = -\iint_D z^2\mathrm{d}z\mathrm{d}x = -4\int_0^{\frac{1}{\sqrt{2}}} z^2\mathrm{d}z\int_0^{\sqrt{1-2z^2}} \mathrm{d}x = -\frac{\sqrt{2}}{16}\pi$$

最后得

$$\oint_C xyz\mathrm{d}z = -\iint_S yz\mathrm{d}z\mathrm{d}x = \frac{\sqrt{2}}{16}\pi$$

格林公式、高斯公式和斯托克斯公式是多元函数积分中的基本公式,在场论和数理方程
中有重要应用。

空间曲线积分与路径无关的条件

与平面曲线积分相类似,对于空间曲线积分同样可以证明:

(1) 曲线积分与路径无关的充要条件是:沿任何闭曲线的积分恒等于零。

应用斯托克斯公式可得

(2) 若函数 $P(x, y, z)$, $Q(x, y, z)$, $R(x, y, z)$ 有一阶连续偏导数,则曲线积分

$$\iint_L P\mathrm{d}x + Q\mathrm{d}y + R\mathrm{d}z$$

与路径无关的充要条件是

$$\frac{\partial R}{\partial y} - \frac{\partial Q}{\partial z} = 0,\ \frac{\partial P}{\partial z} - \frac{\partial R}{\partial x} = 0,\ \frac{\partial Q}{\partial x} - \frac{\partial P}{\partial y} = 0$$

习题

1. 计算下列曲线积分：

(1) $\int_C (x^2 + y^2)^n \mathrm{d}S$，$C$ 为圆周 $x = a\cos t,\ y = a\sin t (0 \leqslant t \leqslant 2\pi)$。

(2) $\int_C y^2 \mathrm{d}S$，C 为摆线 $x = a(t - \sin t),\ y = a(1 - \cos t)(0 \leqslant t \leqslant 2\pi)$ 的一拱。

(3) $\int_C z\mathrm{d}S$，C 为以 $O(0, 0)$，$A(1, 0)$ 和 $B(0, 1)$ 为顶点的三角形。

(4) $\int_C z\mathrm{d}S$，C 为有界螺线 $x = t\cos t,\ y = t\sin t,\ z = t(0 \leqslant t \leqslant t_0)$。

2. 计算物质曲线 $L: x^2 + y^2 = 1(x \geqslant 0)$ 的质量，它的密度分布为 $\rho = \rho(x, y) = |y|$。

[提示：$m = \int_L \rho(x, y)\mathrm{d}S$]

3. 计算下列积分。

(1) $\int_C (x^2 - y^2)\mathrm{d}x$，$C$ 为抛物线 $y = x^2$ 上从点 $(0, 0)$ 到 $(2, 4)$ 的一段弧。

(2) $\int_C (x^2 + y^2)\mathrm{d}y$，$C$ 是由直线 $x = 1$，$y = 1$，$x = 3$，$y = 5$ 构成的正向矩形闭路。

(3) $\int_{OA} x\mathrm{d}y - y\mathrm{d}x$，$O$ 为原点，A 为点 $(1, 2)$，

设 OA 为：

(a) 直线段，(b) 为抛物线弧(对称轴为 y 轴)，

(c) 由 x 轴上线段 OB 和平行于 y 轴的线段 BA 组成。

(4) $\int_L y\mathrm{d}x + z\mathrm{d}y + x\mathrm{d}z$，其中 L 是以 $x = a\cos t,\ y = a\sin t,\ z = bt(0 \leqslant t \leqslant 2\pi)$ 的一段。

(5) $\int_L (x^2 - y^2)\mathrm{d}y$，其中 L 是以 $(0, 0)$ 为起点，$B(2, 0)$ 为终点的折线 OPB，这里 P 的坐标为 $P(1, 1)$。

4. 计算积分 $\oint_L \mathrm{d}x + xy\mathrm{d}y$，其中 L 是以 $A(-1, -1)$、$(1, -1)$、$C(1, 1)$、$D(-1, 1)$ 为顶点的正方形框子。

5. 证明 $\int_C (x + y)\mathrm{d}x + (x - y)\mathrm{d}y$ 只与 C 的起止点有关而与所取路径无关。且求

$$\int_{(0, -1)}^{(2, 3)} (x + y)\mathrm{d}x + (x - y)\mathrm{d}y \text{ 的值}。$$

6. 证明 $\int_C (x - y)(\mathrm{d}x - \mathrm{d}y)$ 只与 C 的起止点有关而与所取路径无关。且求 $\int_{(1, -1)}^{(1, 1)} (x - y)(\mathrm{d}x - \mathrm{d}y)$ 的值。

7. 利用格林公式计算积分 $\int_L xy^2 \mathrm{d}y - x^2 y \mathrm{d}x$，$L$ 为圆周。$x^2 + y^2 = a^2$。

8. 计算下列积分：

(1) $\iint_\Sigma (z + 2x + \frac{4}{3}y)\mathrm{d}S$，$\Sigma$ 为平面在 $\frac{x}{2} + \frac{y}{3} + \frac{z}{4} = 1$ 第一卦限中的部分。

(2) $\iint_\Sigma \sqrt{R^2 - x^2 - y^2}\,\mathrm{d}S$，$\Sigma$ 为上半球面 $z = \sqrt{R^2 - x^2 - y^2}$。

9. 计算下列积分：

(1) $\iint_\Sigma (x + y + z)\mathrm{d}x\mathrm{d}y + (y - z)\mathrm{d}y\mathrm{d}z$，$\Sigma$ 为三坐标面及平面 $x = 1$，$y = 1$，$z = 1$ 所围成的正方体的表面外侧。

(2) $\iint_\Sigma \dfrac{e^z \mathrm{d}x\mathrm{d}y}{\sqrt{x^2 + y^2}}$，$\Sigma$ 为锥面 $z = \sqrt{x^2 + y^2}$ 及平面 $z = 1$，$z = 2$ 所围成的立体的表面外侧。

(3) $\iint_\Sigma \dfrac{(x^2 + y^2)(z + 1)}{x^2 + y^2 + 2}\mathrm{d}x\mathrm{d}y$，其中 Σ 为曲面 $z = x^2 + y^2 + 1$ 在平面 $z = 5$ 以下的部分，积分展开在下侧。

(4) $\iint_\Sigma \mathrm{d}y\mathrm{d}z + z\mathrm{d}x\mathrm{d}y$，其中 Σ 为半球面 $x^2 + y^2 + z^2 = 1(x \geqslant 0)$ 沿半球之外侧积分。

数学家：高斯

高斯(C. F Gauss，1777—1855) 德国数学家、天文学家和物理学家。他是一位杰出的古典数学家，又是近代数学的奠基者之一。基于他对数学的卓越成就，被人们誉为三大数学家之一，有"数学神童""数学王子"之名。

高斯出生于德国布伦瑞克的一个贫苦家庭，父亲是个泥瓦匠，对高斯的要求十分严厉，希望他子承父业，养家糊口。高斯童年时，就显示出数学才华，传说他3岁时就纠正过父亲账目中的一个错误。11岁时发现了二项式定理；15岁时发现了质数定理；17岁时发现了最小二乘法；18岁进入哥廷根大学学习，发现了数论中的"黄金律"；19岁发现正十七边形的欧几里得工具作图法；21岁完成了他的第一部著作《算术研究》，同年大学毕业，22岁获博士学位。以后历任哥廷根大学教授和天文台台长，1840年被选为英国皇家学会会员，同时任法国科学院院士。

在高斯成长过程中，有两个人起到了重要作用，一位是他的母亲罗捷雅，一位是布伦瑞克公爵。罗捷雅性格坚强、聪明、幽默，35岁时才生下高斯。她坚定地支持高斯的科学事业。她问高斯的导师波尔约：高斯将来会有出息吗？波尔约答道："你的儿子将是欧洲最伟大的数学家。"听了此话，罗捷雅欣慰至极。布伦瑞克公爵十分同情高斯这个家境贫寒但天资聪颖、才华横溢的少年，资助高斯读完中学、大学，资助他的科学研究工作。公爵在高斯的成长过程中，起到了举足轻重的作用。

高斯在数学的许多领域都取得了重大成就。他是非欧几何学的创始人之一，微分几何的开创者，近代数论的奠基人，在复变函数论、超越几何级数、椭圆函数论、概率论与数理统计、向量分析、高等代数等数学分支中均取得显著的学术成果。他十分重视数学在其他科学领域中的应用，认为"数学是科学的皇后"，在很长的一段时间内，高斯把他的数学研究结合于天文学、物理学的研究中，在电磁学和光学等方面都作出了卓越的贡献。

高斯取得这些卓越的成就，也得益于他正确的思想方法和工作方法。他遵循三条原则：(1) 宁要少些，但要好些；(2) 不留下进一步要做的事情；(3) 极度严格的要求。他的著作和论文立论都极其严谨，精心构思，严格推敲，演绎推理十分缜密，达到他认为十分完美后，才去发表和出版。

高斯不仅勤奋好学，刻苦钻研，而且多才多艺。他喜爱音乐、诗歌，深谙多国语言文字。

高斯于1855年2月23日逝世，葬在哥廷根郊外，墓碑朴实无华仅刻"高斯"二字，平淡中深藏隽永，无言中饱含千古伟业。在慕尼黑博物馆高斯的画像上，永远铭刻着这样的诗句：

他的思想深入数学、空间、大自然的奥秘。

他测量了星星的路径，地球的形状和自然力。

他推动了数学的进展，直到下个世纪。

附录

习题答案

第10章

1. （1）$a_n = \dfrac{1}{2n-1}$　　　　　　　　　（2）$a_n = \dfrac{n+1}{n}$

（3）$a_n = \dfrac{x^{\frac{n}{2}}}{2 \cdot 4 \cdot 6 \cdots (2n)}$

2. （1）收敛　　　　　　　　　（2）收敛

（3）收敛

3. （1）发散　　　　　　　　　（2）发散

（3）发散　　　　　　　　　（4）收敛

4. （1）收敛　　　　　　　　　（2）发散

（3）收敛　　　　　　　　　（4）收敛

（5）收敛　　　　　　　　　（6）收敛

5. （1）收敛　　　　　　　　　（2）发散

（3）收敛　　　　　　　　　（4）收敛

（5）收敛　　　　　　　　　（6）发散

6. （1）发散　　　　　　　　　（2）发散

（3）收敛　　　　　　　　　（4）收敛

7. 发散

8. （1）条件收敛　　　　　　　（2）绝对收敛

（3）条件收敛　　　　　　　（4）绝对收敛

第11章

4. * $\dfrac{1}{(1-x)^2}$

5. $*\dfrac{1}{2}\ln\dfrac{1+x}{1-x}$, $|x|<1$

6. (1)$(-1,1)$　　$x=\pm1$ 时发散　　　　(2)$[-1,1]$

(3)$[-3,3)$　　　　　　　　　　　　(4)$(-\infty,+\infty)$

7. $S(x)=\dfrac{x}{(1-x)^2}(|x|<1)$

8. (1)$\dfrac{e^x-e^{-x}}{2}=x+\dfrac{x^3}{3!}+\dfrac{x^5}{5!}+\cdots+\dfrac{x^{2n+1}}{(2n+1)!}$　　$(-\infty,+\infty)$

(2)$a^x=e^{x\ln a}=1+x\ln a+\dfrac{x^2\ln^2 a}{2!}+\dfrac{x^3\ln^3 a}{3!}+\cdots(|x|<+\infty)$

(3)$\sin\dfrac{x}{2}=\dfrac{x}{2}-\dfrac{1}{3!}\left(\dfrac{x}{2}\right)^3+\dfrac{1}{5!}\left(\dfrac{x}{2}\right)^5-\cdots$

$\qquad=\displaystyle\sum_{n=1}^{\infty}(-1)^{n-1}\dfrac{1}{(2n-1)!}\left(\dfrac{x}{2}\right)^{2n-1}(|x|<+\infty)$

(4)$\dfrac{x}{\sqrt{1-2x}}=x\left[1+x+\dfrac{1\cdot3}{2}x^2+\cdots+\dfrac{1\cdot3\cdots(2n-1)}{n!}+\right]\left[-\dfrac{1}{2},\dfrac{1}{2}\right)$

9. $\arcsin x=x+\displaystyle\sum_{n=1}^{\infty}\dfrac{(2n-1)!!}{(2n)!!}\dfrac{x^{2n+1}}{2n+1}(|x|\leqslant1)$

10. (1)$\sqrt{e}=e^{\frac{1}{2}}=1+\dfrac{1}{2}+\dfrac{1}{2^2\cdot2}+\cdots+\dfrac{1}{2^n\cdot n!}+$

(2)$\left(1-\dfrac{1}{16}\right)^{\frac{1}{5}}=1-\dfrac{1}{5}\cdot\dfrac{1}{16}-\dfrac{4}{5^2\cdot2!}\left(\dfrac{1}{16}\right)^2-\cdots$

第12章

1. $x^2=\dfrac{\pi^2}{3}-4\left(\cos x-\dfrac{1}{4}\cos2x+\dfrac{1}{9}\cos3x+\dfrac{(-1)^{n+1}}{n^2}\cos nx+\cdots\right)$, $[-\pi,\pi]$

2. $\cos\dfrac{x}{2}=\dfrac{2}{\pi}+\dfrac{4}{\pi}\displaystyle\sum_{n=1}^{\infty}(-1)^{n+1}\dfrac{\cos nx}{4n^2-1}$, $[-\pi,\pi]$

3. $f(x)=\dfrac{\pi(a-b)}{4}+\dfrac{2(b-a)}{\pi}\displaystyle\sum_{n=0}^{\infty}\dfrac{\cos(2n+1)x}{(2n+1)^2}+(a+b)\displaystyle\sum_{n=1}^{\infty}\left[(-1)^{n+1}\dfrac{\sin nx}{n}\right]$, $(-\pi,\pi)$

4. $2x^2=\dfrac{4}{\pi}\displaystyle\sum_{n=1}^{\infty}\left[(-1)^n\left(\dfrac{2}{n^3}-\dfrac{\pi^2}{n}\right)-\dfrac{2}{n^3}\right]\sin x$, $[0,\pi]$

5. $2x+3=\pi+3-\dfrac{8}{\pi}\displaystyle\sum_{n=0}^{\infty}\dfrac{\cos(2n+1)x}{(2n+1)^2}$, $[0,\pi]$

6. $f(x)=-\dfrac{1}{4}+\displaystyle\sum_{n=1}^{\infty}\dfrac{3}{n^2\pi^2}[1-(-1)^n]\cos\dfrac{n\pi x}{3}+\displaystyle\sum_{n=1}^{\infty}\dfrac{-1}{n\pi}[1+8(-1)^n]\sin\dfrac{n\pi x}{3}$, $(-3,0)$, $(0,3)$

7. $\dfrac{4h}{\pi}\displaystyle\sum_{n=0}^{\infty}\dfrac{\sin(2n+1)x}{2n+1}=\begin{cases}h\,,\ 0<x<\pi\,,\\-h\,,\ -\pi<x<0\,,\\0\,,\ x=0\ \text{及}\ x=\pm\pi\end{cases}$

第 13 章

1. $(xy)^{x+y}$

2. $t^2 f(x,y)$

3. $(1)\ y\geqslant 0$

$(2)\ x<0,\ y<0\ \text{及}\ x>0,\ y>0$

$(3)\ |x|\leqslant 1,\ |y|\geqslant 1$

$(4)\ |y|\leqslant|x|,\ x\neq 0$

5. $(1)\ \dfrac{13}{10}+\mathrm{e}^2\sin 2$ $(2)\ 0$

$(3)\ 2$ $(4)\ 0$

6. (1) 圆外 $x^2+y^2=1$(包括圆周) 所有点

$(2)\ x=y$

第 14 章

1. $\dfrac{2}{5}$ 2. $1;\ 1+2\ln 2;$ 3. $-1;\ 0$ 4. $\dfrac{\sqrt{2}}{2}$

5. $(1)\ \dfrac{\partial z}{\partial x}=\sin(x+y)+x\cos(x+y)$ $\dfrac{\partial z}{\partial y}=x\cos(x+y)$

$(2)\ \dfrac{\partial z}{\partial x}=\dfrac{1}{x+y^2}$ $\dfrac{\partial z}{\partial y}=\dfrac{2y}{x+y^2}$

$(3)\ \dfrac{\partial z}{\partial x}=\dfrac{y}{2\sqrt{x}\,(1+xy^2)}$ $\dfrac{\partial z}{\partial y}=\sqrt{\dfrac{x}{1-xy^2}}$

$(4)\ \dfrac{\partial z}{\partial x}=-\dfrac{y}{x^2}\left(\dfrac{1}{3}\right)^{-\frac{y}{x}}\ln 3$ $\dfrac{\partial z}{\partial y}=\dfrac{1}{x}\left(\dfrac{1}{3}\right)^{-\frac{y}{x}}\ln 3$

$(5)\ \dfrac{\partial z}{\partial x}=\dfrac{y\sqrt{x^y}}{2x(1+x^y)}$ $\dfrac{\partial z}{\partial y}=\dfrac{\sqrt{x^y}\ln x}{2(1+x^y)}$

6. $(1)\ \dfrac{\partial^2 z}{\partial x^2}=\dfrac{xy^3}{\sqrt{(1-x^2y^2)^3}}$ $\dfrac{\partial^2 z}{\partial x\partial y}=\dfrac{1}{\sqrt{(1-x^2y^2)^3}}$

$\dfrac{\partial^2 z}{\partial y^2}=\dfrac{x^3 y}{\sqrt{(1-x^2y^2)^3}}$

$(2)\ \dfrac{\partial^2 z}{\partial x^2}=\dfrac{\ln y(\ln y-1)}{x^2}y^{\ln x}$ $\dfrac{\partial^2 z}{\partial x\partial y}=\dfrac{(\ln x)(\ln y)+1}{xy}y^{\ln x}$

$$\frac{\partial^2 z}{\partial y^2} = \frac{\ln x (\ln x - 1)}{y^2} y^{\ln x}$$

9. $\dfrac{\partial z}{\partial u} = \dfrac{2u^2}{v^2} \ln(3u - 2v) + \dfrac{3u^2}{(2u - 3v)v^2}$ $\qquad$ $\dfrac{\partial z}{\partial v} = -\dfrac{2u^2}{v^2} \ln(3u - 2v) + \dfrac{2u^2}{(3u - 2v)v^2}$

10. $\dfrac{\partial z}{\partial u} = 3u^2 \sin v \cos v (\cos v - \sin v)$

$\dfrac{\partial z}{\partial v} = -2u^3 \sin v \cos v (\sin v + \cos v) + u^3 (\sin^3 v + \cos^3 v)$

11. $\dfrac{\mathrm{d}z}{\mathrm{d}t} = -\mathrm{e}^t - \mathrm{e}^{-t}$

12. $\dfrac{\mathrm{d}z}{\mathrm{d}t} = \dfrac{3 - 12t^2}{\sqrt{1 - (3t - 4t^3)^2}}$

13. $\dfrac{\mathrm{d}z}{\mathrm{d}x} = \dfrac{\mathrm{e}^x (1 + x)}{1 + x^2 \mathrm{e}^{2x}}$

14. $\dfrac{\mathrm{d}u}{\mathrm{d}x} = \mathrm{e}^{ax} \sin x$

15. $\dfrac{\partial z}{\partial x} = 2x \dfrac{\partial f}{\partial u} + y\mathrm{e}^{xy} \dfrac{\partial f}{\partial v}$

$\dfrac{\partial z}{\partial y} = -2y \dfrac{\partial f}{\partial u} + x\mathrm{e}^{xy} \dfrac{\partial f}{\partial v}$

(提示：令 $z = f(u, v)$，$u = x^2 - y^2$，$u = \mathrm{e}^{xy}$)

16. (1) $\mathrm{d}z = \dfrac{y\mathrm{d}x - x\mathrm{d}y}{x\sqrt{y^2 - x^2}}$ $\qquad\qquad$ (2) $\mathrm{d}u = \dfrac{3\mathrm{d}x - 2\mathrm{d}x + \mathrm{d}z}{3x - 2y + z}$

17. 极大：$f(2, -2) = 8$

18. 极大：$f(a, b) = a^2 b^2$

19. 极小：$f\left(\dfrac{1}{2}, -1\right) = -\dfrac{\mathrm{e}}{2}$

20. 当两边都是 $\dfrac{l}{\sqrt{2}}$ 时，可得最大周界。

21. 当长、宽都是 $\sqrt[3]{2k}$，高为 $\dfrac{1}{2}\sqrt[3]{2k}$ 时，表面积最小。

22. 切线：$\dfrac{\sqrt{2}x - a}{-a} = \dfrac{\sqrt{2}y - a}{a} = \dfrac{4z - b\pi}{4b}$，

法平面：$2\sqrt{2}a(x - y) - b(4z - b\pi) = 0$

23. 法线：$\dfrac{x - 3}{9} = \dfrac{y - 1}{1} = \dfrac{z - 1}{-1}$

切平面：$9x + y - z - 27 = 0$

24. 法线：$\dfrac{x - 2}{-1} = \dfrac{y + 3}{-2} = \dfrac{z - 1}{-1}$

切平面：$x + 2y - z + 5 = 0$

25. $(1) y' = \dfrac{y^2}{1 - xy}$　　　　　　　　$(2) y' = \dfrac{a^2}{(x + y)^2}$

26. $(1) y' = -\dfrac{2x + y}{x + 2y}$　　　　　　　$(2) y'' = -\dfrac{18}{(x + 2y)^3}$

27. $y' = \dfrac{y}{x},\ y'' = 0$

30. $\dfrac{\partial^2 z}{\partial x^2} = \dfrac{4 - 4z + z^2 + x^2}{(2 - z)^3}$

31. $\dfrac{\partial^2 z}{\partial x^2} = -\dfrac{x^2 + z^2}{z^3},\qquad \dfrac{\partial^2 z}{\partial x \partial y} = \dfrac{xy}{z^3}$

32. $\dfrac{\mathrm{d}x}{\mathrm{d}z} = \dfrac{y - z}{x - y},\qquad \dfrac{\mathrm{d}y}{\mathrm{d}z} = \dfrac{z - x}{x - y}$

33. $(1) z_{极大} = \dfrac{1}{4}$，当 $x = \dfrac{1}{2},\ y = \dfrac{1}{2}$

$(2) z_{极小} = \dfrac{a^2 b^2}{a^2 + b^2}$，当 $x = \dfrac{ab^2}{a^2 + b^2},\ y = \dfrac{a^2 b}{a^2 + b^2}$

34. 当两边都是 $\dfrac{l}{\sqrt{2}}$ 时，可得最大的周界。

35. $d = \dfrac{|ax_0 + by_0 + c|}{\sqrt{a^2 + b^2}}$

36. $\dfrac{7}{4\sqrt{2}}$

37. $\left(\dfrac{21}{13},\ 2,\ \dfrac{63}{26} \right)$

第 15 章

1. $\displaystyle\iint\limits_{D} \rho(x,\ y)\,\mathrm{d}\delta$　　　　　　　2. $\dfrac{1}{\mathrm{e}}$

3. $\ln \dfrac{4}{3}$　　　　　　　　　　　4. $-\dfrac{\pi}{16}$

5. $\dfrac{ab}{6}\left(\dfrac{a^2}{p} + \dfrac{b^2}{q} \right)$

6. $(1) \displaystyle\int_0^1 \mathrm{d}x \int_{x-1}^{1-x} f(x,\ y)\,\mathrm{d}y$

$\displaystyle\int_{-1}^0 \mathrm{d}y \int_0^{1+y} f(x,\ y)\,\mathrm{d}x + \int_0^1 \mathrm{d}y \int_0^{1-y} f(x,\ y)\,\mathrm{d}x$

$(2) \displaystyle\int_{-\sqrt{2}}^{\sqrt{2}} \mathrm{d}x \int_{x^2}^{4-x^2} f(x,\ y)\,\mathrm{d}y$

$$\int_0^2 dy \int_{-\sqrt{y}}^{\sqrt{y}} f(x, y) dx + \int_2^4 dy \int_{-\sqrt{4-y}}^{\sqrt{4-y}} f(x, y) dx$$

$$(3)\int_{-2}^2 dx \int_{-3\sqrt{1-\frac{x^2}{3}}}^{3\sqrt{1-\frac{x^2}{4}}} f(x, y) dy$$

$$\int_{-3}^3 dy \int_{-2\sqrt{1-\frac{y^2}{9}}}^{2\sqrt{1-\frac{y^2}{9}}} f(x, y) dx$$

7. $\dfrac{76}{3}$　　　　8. $2\dfrac{1}{4}$　　　　9. $\dfrac{9}{8}\ln 3 - \ln 2 - \dfrac{1}{2}$

10. $\dfrac{1}{2}$　　　　11. $\dfrac{p^5}{21}$　　　　12. $\dfrac{(e^{ap} - 1)(e^{aq} - 1)}{p.q}$

13. $(1)\int_2^4 dy \int_{\frac{y}{2}}^2 f(x, y) dx + \int_0^2 dy \int_{\frac{y}{2}}^y f(x, y) dx$

$(2)\int_0^4 dx \int_{-\sqrt{x}}^{\sqrt{x}} f(x, y) dy$

14. $(1)\dfrac{a^3}{3}$　　　$(2)\pi\left(1 - \dfrac{1}{e}\right)$

$(3)\dfrac{1}{3}R^3\left(\pi - \dfrac{4}{3}\right)$　　　$(4)\dfrac{\pi}{8}(\pi - 2)$

$(5)\dfrac{3}{64}\pi^2$　　　$(6)-6\pi^2$

15. $\dfrac{ab}{6}$

16. $(1)186\dfrac{2}{3}$　　　$(2)\dfrac{1}{6}$

17. $-\dfrac{9}{8}$

18. $\dfrac{1}{2}\left(\ln 2 - \dfrac{5}{8}\right)$

19. $(1)\dfrac{16}{3}\pi$　　　$(2)\dfrac{1}{8}$　　　$(3)\dfrac{1}{48}$　　　$(4)\dfrac{4\pi}{15}(A^5 - a^5)$

20. $(1)\dfrac{abc}{6}$　　　$(2)12$

21. $\sqrt{2}\pi$　　　22. $\dfrac{\pi}{2}a^2$　　　23. $M = \dfrac{8}{15}\pi$

24. $\bar{x} = \dfrac{a}{3}, \bar{y} = \dfrac{a}{3}$

25. $\bar{x} = \dfrac{4}{3\pi}a, \bar{y} = \dfrac{4}{3\pi}a$

26. $I = \dfrac{\pi}{2}hR^4(\because M = \pi R^2 h, \therefore I_z = \dfrac{R}{2}M)$

第 16 章

1. (1) $2\pi a^{2n+1}$ 　　(2) $\dfrac{256}{15}a^3$

(3) $1+\sqrt{2}$ 　　(4) $\dfrac{1}{3}\left[(2+t_0^2)^{\frac{3}{2}}-2^{\frac{3}{2}}\right]$

2. 2

3. (1) $-\dfrac{56}{15}$ 　　(2) 32

(3) (a) 0, (b) $\dfrac{2}{3}$, (c) 2

(4) $-\pi a^2$ 　　(5) -2

4. 0 　　5. 4 　　6. -2 　　7. $\dfrac{\pi}{2}a^4$

8. (1) $4\sqrt{61}$ 　　(2) πR^3

9. (1) 1 　　(2) $2\pi e^2$

(3) -8π 　　(4) $\dfrac{5}{3}\pi$

参考文献

[1]欧阳光中，朱学炎，金福临等. 数学分析(第三版)[M]. 北京：高等教育出版社，2007.

[2]华东师范大学数学系. 数学分析(第四版)[M]. 北京：高等教育出版社，2010.

[3]阎邦正. 数学分析(第一版)[M]. 长春：吉林人民出版社，1982.

[4]武汉大学数学系. 数学分析(第一版)[M]. 北京：人民教育出版社，1978.

[5]朱家生. 数学史(第二版)[M]. 北京：高等教育出版社，2011.

[6]李文林. 数学史概论(第四版)[M]. 北京：高等教育出版社，2021.

图书在版编目（CIP）数据

数学分析／阎颖主编. —长沙：中南大学出版社，
2024.5（2025.8 重印）

ISBN 978-7-5487-5397-1

Ⅰ. ①数… Ⅱ. ①阎… Ⅲ. ①数学分析－高等学校－
教材 Ⅳ. ①O17

中国国家版本馆 CIP 数据核字（2023）第 101811 号

数学分析

SHUXUE FENXI

阎颖　主编

□出 版 人	林绵优
□责任编辑	谢贵良　梁　甜　张　倩
□责任印制	唐　曦
□出版发行	中南大学出版社
	社址：长沙市麓山南路　　　　邮编：410083
	发行科电话：0731-88876770　　传真：0731-88710482
□印　　装	长沙创峰印务有限公司

□开　　本	787 mm×1092 mm 1/16	□印张 34.25	□字数 870 千字
□版　　次	2024 年 5 月第 1 版	□印次 2025 年 8 月第 2 次印刷
□书　　号	ISBN 978-7-5487-5397-1
□定　　价	95.00 元（上下册）

数 学 分 析

上册

阎颖　主编

中南大学出版社
www.csupress.com.cn
·长沙·

迟序之数，非出神怪，
有形可检，有数可推。

祖冲之

祖冲之（429—500 年），范阳郡逎县（今河北省涞水县）人，我国南北朝时期伟大的数学家、天文学家。一生钻研自然科学，其主要贡献在数学、天文历法和机械制造三个方面。他在刘徽开创的探索圆周率方法的基础上，首次将"圆周率"精算到小数第七位，即在 3.1415926 和 3.1415927 之间。他提出的"祖率"对数学的研究有着重大贡献。直到 16 世纪，阿拉伯数学家阿尔·卡西才打破了这一纪录。

祖冲之撰写的《大明历》是当时最科学最进步的历法，对后世的天文研究提供了正确的方法。其主要著作有《缀术》《安边论》《述异记》《历议》等。

祖冲之兴趣广泛，才华横溢，在哲学、文学、音乐学等方面均有很深的造诣。他的杰出成就是世界科学史上的光辉篇章。巴黎科学博物馆墙壁上铭刻着祖冲之的画像和他计算的圆周率。

前 言 ◀◀ Foreword

数学分析是数学各专业的学科基础课程,同时在大学数学课程中有着重要的地位。为了面向 21 世纪大学数学教学和教材改革的需要,编者结合数十年教学实践的经验体会,在教材编写上做了有益的创新性工作。

本书分上、下两册。上册内容包括:函数、极限、函数的连续性、导数与微分、微分中值定理及导数的应用、不定积分、定积分、定积分的应用、实数基本定理·连续函数性质证明·函数的可积性。下册内容包括:数项级数、函数项级数与幂级数、傅里叶级数、多元函数的极限与连续性、多元函数的微分学、重积分、曲线积分与曲面积分。全书共 16 章。

数学分析课程,知识体系庞大、繁茂,知识内容抽象,学习者常常感到学习困难。为了利于教师教学,方便学习者自学,教材编写者经历了多年的研究与实践,在教材编写中力求做到:阐述知识上,由感性到理性,由浅入深,通俗易懂;推理运算方面,注重启发思路,指明要点,恰当给出注释。例如,对于极限概念的阐述,先引领学习者赏析中国古代数学家的思想和方法,由通俗的中国古典极限思想开始。在级数理论中,引入前 n 项和 S_n 的极限时,加强直观描述,多角度分析,呈现得自然流畅,解决了通常由于直接给出定义,学习者在学习过程中出现的困难。

数学分析课程，有着古老的发现源头和悠久的发展历史，为这座知识大厦奠基的数学家众多，群星璀璨。为了引领学习者走近这些数学家，感悟他们的数学思想、数学方法，我们基本依据数学分析的课程内容，精细撰写了十一位中外数学家的经典介绍并收入教材，使得课程在讲授和学习的过程中获得了拓展和升华。由此，数学分析与数学文化内容交相呼应，相得益彰。

全书由曲建民教授审校。

本书可以作为高等学校数学专业数学分析课程的教科书，也可供其他理工科专业选用。

编者

2021 年 12 月

目 录 ◀◀ Contents

第1章 函 数 ……………………………………………………………… 1

§1.1 变 量 1

§1.2 函数的概念 3

§1.3 函数的表示法 6

§1.4 函数的几种特性 7

§1.5 反函数 11

§1.6 复合函数 14

§1.7 基本初等函数 15

习题 20

数学家：笛卡儿 22

第2章 极 限 ……………………………………………………………… 23

§2.1 数列极限的概念 23

§2.2 数列极限的性质和运算 30

§2.3 极限存在判别法 35

§2.4 函数极限的概念 38

§2.5 无穷小量和无穷大量 47

§2.6 极限运算法则·两个重要极限 49

§2.7 无穷小量的比较 56

习题 59

数学家：刘徽 62

第3章 函数的连续性 ……………………………………………………… 63

§3.1 函数连续的概念 63

　§3.2　函数的间断点　　67

　§3.3　初等函数的连续性　　69

　§3.4　闭区间上连续函数的性质　　71

　习题　　74

第4章　导数与微分　··· 76

　§4.1　非均匀变化的变化率问题　　76

　§4.2　导数的概念　　78

　§4.3　求导法则和基本初等函数的导数　　84

　§4.4　隐函数的导数·由参数方程所表示的函数的导数　　100

　§4.5　微分的概念　　103

　§4.6　微分的运算　　105

　§4.7　微分在近似计算中的应用　　107

　§4.8　高阶导数与高阶微分　　110

　习题　　115

　数学家：牛顿　　118

第5章　微分中值定理及导数的应用　························· 119

　§5.1　中值定理　　119

　§5.2　洛必达法则　　124

　§5.3　泰勒公式　　132

　§5.4　函数的增减性　　137

　§5.5　极值　　139

　§5.6　函数作图　　147

　§5.7　曲线的曲率　　156

　习题　　159

　数学家：拉格朗日　　161

第6章　不定积分　··· 162

　§6.1　不定积分的概念与性质　　162

　§6.2　基本积分表　　165

　§6.3　换元积分法　　168

　§6.4　分部积分法　　180

　§6.5　有理函数的积分　　184

§6.6　简单无理函数的积分 　　196

§6.7　三角函数有理式的积分 　　202

习题 　　206

数学家：费尔马 　　208

第7章　定积分 ┈┈┈┈┈┈┈┈┈┈┈┈┈┈┈┈┈┈┈┈┈┈┈┈┈ 209

§7.1　定积分的概念 　　209

§7.2　定积分的性质 　　215

§7.3　微积分学基本定理 　　219

§7.4　定积分的分部积分法和换元积分法 　　222

习题 　　227

数学家：莱布尼茨 　　229

第8章　定积分的应用 ┈┈┈┈┈┈┈┈┈┈┈┈┈┈┈┈┈┈┈┈┈ 230

§8.1　定积分在几何上的应用 　　231

§8.2　广义积分 　　242

习题 　　256

*第9章　实数基本定理·连续函数性质证明·函数的可积性 ┈┈┈┈┈┈ 258

§9.1　实数基本定理 　　258

§9.2　闭区间上连续函数性质的证明 　　264

§9.3　函数的可积性 　　270

习题 　　277

数学家：柯西 　　278

附录　习题答案 ┈┈┈┈┈┈┈┈┈┈┈┈┈┈┈┈┈┈┈┈┈┈┈┈ 279

参考文献 ┈┈┈┈┈┈┈┈┈┈┈┈┈┈┈┈┈┈┈┈┈┈┈┈┈┈┈┈ 289

第1章
函 数

事物都是互相联系、互相制约的，并且它们之间存在着依赖关系，可以用数学的方法表示和研究这种关系。函数是描述事物之间依赖关系的数学概念与方法。函数是数学分析研究的主要对象。

§1.1 变 量

数学分析中所用的数，如无特殊声明，都是指的实数。把一些数放在一起构成一个集合，称为数集。实数系是一个数集，用 **R** 表示。由于实数和数轴上的点是一一对应的，所以实数集就和数轴上一个点集相对应。

数学分析是研究变量理论的一门科学，在学习过程中需要常以运动变化的观点去研究各种变量的变化状态和规律。

一、变量与常量

当我们观察各种自然现象或技术过程时，经常遇到各种各样的量。例如在研究物体自由降落时，需要考虑物体降落的速度、经过的时间、降落的距离；在考察气体的加热过程时，要注意气体的温度、压力、体积，等等。诸如此类的一些量，就其物理属性来看，虽然并不一样，但却存在着共同点：任何量都是通过一系列数值来表现的。各种物理量的这种共同点，便是变量这个概念的来源。

比如观察飞机的飞行，要碰到更多不同的量，其中有的量在飞行过程中保持常值，比如乘客的人数、行李的质量、机翼的长度等；但是还有更多的量时时刻刻在起变化，诸如飞机的航程、机体距地面的高度、油的储存量、周围空气的压力，等等。这些量都随时间的推移而取不同的值。所谓变量就是变化着的量，可以变动的量。说得详细一点，变量就是在某一过程中可以取得不同数值的量。

定义 在某一过程中，取不同数值的量叫做**变量**，保持同一数值的量叫做**常量**。

变量与常量并不是绝对的，在一定条件下可以转化。如果变量的变化微不足道，并不影响我们的结论时，也可以把变量当作常量来处理。例如重力加速度本来是随着纬度和高度而变的,但在地面附近的局部地区,由于纬度和高度变化很小,就可以认为重力加速度是常量。然而在发射人造卫星时,就必须考虑重力加速度的差别,把它当成真正的变量。

常量一般用英文字母如 a,b,c 等表示,变量常用字母如 x,y,z,u,v 等表示。应注意的是,任何一个字母本身并没有指明这个量究竟是常量还是变量,因此当我们利用字母表示量时,一般应当说明它所代表的是常量还是变量。

数学中所说的量既然是指量的数值,因而可以用数轴上的点来表示量。如果 a 是常量,则用以表示这个量的 a 点就是一个定点;如果 a 是变量,则用以表示这个量的 a 点就要视为动点。

二、区间和邻域

变量所取的每一个值都是一个数,所有这些数的全体便构成变量的变化范围,也称为变量的**变域**。在许多情形下,变量的变域是一个区间。下面先来介绍区间的概念,然后介绍邻域。

(一)有限区间

以相异两数(点)为端点的全体实数(点),称为有限区间,这两个数(点)称为区间的端点,它们可以属于区间,也可以不属于区间。按端点是否属于区间,分为以下三种情形。

(ⅰ)闭区间 设 a 和 b 为两实数,且 $a<b$,满足不等式

$$a \leqslant x \leqslant b$$

的实数全体,称为闭区间,用符号 $[a,b]$ 表示。

显然闭区间的两个端点都属于区间,a 是左端点(最小的数),b 是右端点(最大的数)。几何表示如图 1.1 所示。

(ⅱ)开区间 满足不等式

$$a<x<b$$

的实数全体,称为**开区间**,用符号 (a,b) 表示。

开区间的两个端点都不属于区间,因此对于开区间来说,它既没有最左边的点(即最小数),也没有最右边的点(即最大数)。可见开区间的每一点都是区间内部的点,几何表示如图 1.2 所示。

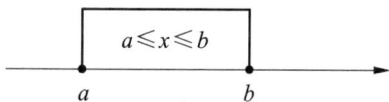

图 1.1

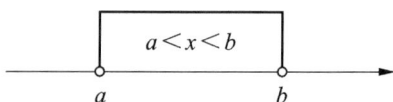

图 1.2

无论是开区间还是闭区间,其区间长度都是 $b-a$。

(ⅲ)半开区间 满足不等式

$$a<x \leqslant b \quad 或 \quad a \leqslant x<b$$

的实数全体,称为**半开区间**,前者称左半开区间,后者称右半开区间,依次用符号 $(a,b]$,

$[a, b)$ 表示。

(二)无穷区间

无穷区间有以下几种情形。

满足不等式 $a \leq x < +\infty$ 的实数全体,用符号 $[a, +\infty)$ 表示。类似地有:

$[a, +\infty)$,表示满足 $a \leq x < +\infty$ 的实数 x 全体,

$(a, +\infty)$,表示满足 $a < x < +\infty$ 的实数 x 全体,

$(-\infty, b]$,表示满足 $-\infty < x \leq b$ 的实数 x 全体,

$(-\infty, b)$,表示满足 $-\infty < x < b$ 的实数 x 全体,

$(-\infty, +\infty)$,表示全体实数,即满足 $-\infty < x < +\infty$ 的实数 x 全体。

(三)邻域

邻域就是一个开区间,不过它是以开区间的中点(称为中心)为标准来考虑的概念。

定义 以点 a 为中心,长度等于 2δ 的开区间,称为点 a 的 δ **邻域**,点 a 称为**邻域中心**,δ 称为**邻域半径**。

换句话说:数轴上与点 a 的距离小于 δ 的所有点的集合,就是点 a 的 δ 邻域。

点 a 的 δ 邻域,用不等式表示为 $|x-a| < \delta$(即 $a-\delta < x < a+\delta$);用符号表示为 $U(a, \delta)$ 或 $(a-\delta, a+\delta)$,几何表示如图 1.3。

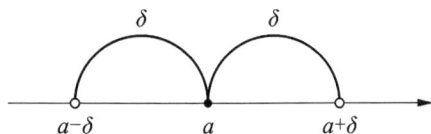

图 1.3

§1.2 函数的概念

一、函数的定义

在同一现象或技术过程中所存在的各种量,通常并不是彼此孤立地变化,一般说来,它们之间总是存在一定的依赖关系,而且其中有的关系还是相当精确的。客观世界量与量之间的这种依赖关系,就是函数概念的实际背景。我们先看几个例子。

例 1 真空中自由落体下落的距离 s 和经过的时间 t 都是变量,它们的关系由公式

$$s = \frac{1}{2}gt^2$$

所给定,其中 g 代表重力加速度,是一常数。

假定物体开始降落的时刻 $t = 0$,着地时刻为 $t = T$,则 t 的变化范围是 $0 \leq t \leq T$;并且当 t

在闭区间 $[0, T]$ 上每取一值时，s 都有唯一的一个值与之对应。

例 2 在边长为 1 的正方形的四角上，切去四个边长为 x 的小正方形（图 1.4），然后做成一个高度为 x 的盒子。令这个盒子的容积为 V，则容积与高度的关系显然是

$$V = x(1-2x)^2$$

现在设想 x 经历一个在 0 与 $\frac{1}{2}$ 之间的增大过程，则 x 和 V 都是变量，并且当 x 在区间 $\left(0, \frac{1}{2}\right)$ 内每取一定值时，V 总存在一个确定的对应值。

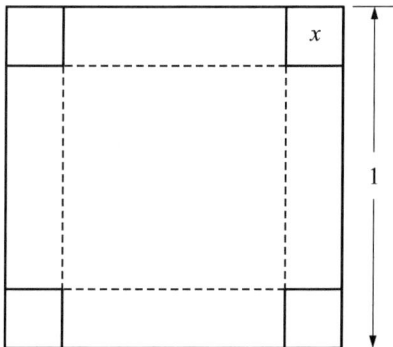

图 1.4

例 3 水文站统计了某河流在四十年内的平均月流量 v 如下表

月份 t	1	2	3	4	5	6	7	8	9	10	11	12
平均月流量 v/亿立方米	0.39	0.30	0.75	0.44	0.35	0.72	4.3	4.4	1.8	1.0	0.72	0.50

从表看出，在平均月流量 v 与月份 t 之间存在着明确的对应关系。当月份 t 每取一个值，由表即可找出平均月流量 v 的对应值。

上述各例，就其具体意义而言，有物理的，有几何的，也有统计学上的。如果抛开各自的具体意义，就其共同的本质来看，参与同一过程的两个变量之间则是互相依赖的，而且这种依赖关系最主要的是体现了这样一个事实：只要第一个变量在它的变域内取定了某一个数值，那么第二个变量就存在一个确定的对应值。对这两个变量之间的关系表达，则既可以是一个明显的公式，也可以是一个数值表。函数的概念也正是从变量之间的这样一种本质属性抽象出来的。

定义 设在某一过程中有两个变量 x 和 y，变量 x 的变域为 D。如果对于 D 中的每一个值 x，根据某种对应关系，y 都有唯一确定的值和它对应，则称变量 y 是变量 x 的函数，记为 $y = f(x)$，x 称为**自变量**，y 称为**因变量**。

根据上述定义，我们回顾一下前面的例子，自然可以这样说：

自由落体的下落距离 s 是经过时间 t 的函数，

盒子的容积 V 是高度 x 的函数，

河流月流量 v 是月份 t 的函数。

结合上述定义，作几点说明：

（ⅰ）函数关系（对应关系） 在函数概念中，最主要的是对应关系（规律），也称函数关系。定义中，把 y 是 x 的函数记为

$$y = f(x)$$

这里的 f 表示 y 与 x 之间的对应关系。根据这个对应关系，对于自变量变域中的任一个值 x，就可以确定它的对应值 $f(x)$。如果将前面例 1 中 s 与 t 之间的对应关系表示成 $s = f(t)$，那么 $f(t)$ 就代表 $\frac{1}{2}gt^2$，因此有 $s = f(t) = \frac{1}{2}gt^2$。又例如

$$y = f(x) = 3x^2 - 2x + 5$$

于是 $f(x)$ 便表示把 x 代入表达式 $3(\ )^2 - 2(\ ) + 5$ 的 $(\ )$ 中进行运算,即 x 与 y 之间的对应关系就是由这样一些运算确定的。

(ⅱ)函数的定义域和值域　　在定义中,自变量的变域 D,称为函数的**定义域**。对于 D 中的每一个值 x,都对应一个确定的函数值;所有函数值的全体,叫做函数的**值域**。

当给定一个函数时,除了给定一个对应关系外,还要明确它的定义域。在实际问题中,函数的定义域根据实际意义来确定。例如前面例 1 的函数定义域是 $[0, T]$;例 2 中函数的定义域是 $0 < x < \dfrac{1}{2}$。

确定一个函数,主要是函数关系和定义域。至于自变量和因变量用什么记号来表示,则是无关紧要的。因此,只要定义域相同,则 $y = f(x)$ 与 $u = f(t)$,就是同一个函数。

二、函数的图象

用图象表示函数,使我们有可能运用几何来研究运动和变化的过程。除了物理直观外,几何直观对于理解数学分析中的概念、方法和结论,都是十分重要的。

设 $y = f(x)$ 是一个给定的函数,定义域是 D,我们考虑它的图象。现在设想在平面上取定了一个直角坐标系,因为实数与 x 轴上的点是一一对应的,所以数集 D 也可以看作是 x 轴上的一个点集。这就是说,我们要用 x 轴上的点表示自变量的值,用 y 轴上的点表示函数值。

设 x 是 D 内的任意一点,则与点 x 对应的函数值是 $f(x)$,于是以 x 为横坐标、以 $f(x)$ 为纵坐标的点 $(x, f(x))$,便是坐标面上的一个点。所有这些点的集合就是函数 $y = f(x)$ 的图象(图 1.5)。我们所研究的函数图象,一般是平面上的一条曲线,这条曲线具有两点特征:第一,它与过 D 内一点的每一条平行于 y 轴的直线必相交而且只交于一点;第二,把曲线铅直投影于 x 轴,便得到函数的定义域 D。由此可知,并不是平面上的任何一条曲线都可以认为是某个函数的图象,比如图 1.6 中的曲线就是如此,因为平行于 y 轴的直线当中,有的与曲线的交点不止一个,从而违反了函数值的唯一性。

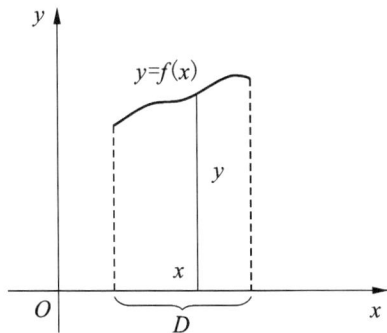

图 1.5

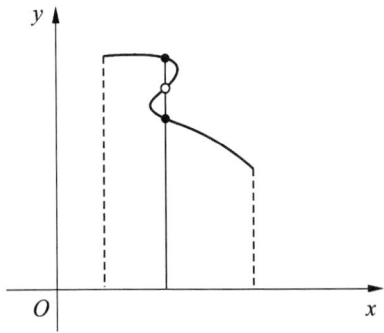

图 1.6

<h2>§1.3 函数的表示法</h2>

函数的表示法就是表示函数对应关系的方法。常用的表示法有三种：解析表示法(公式表示法)、表格表示法和图象表示法。

<h3>一、解析表示法</h3>

解析表示法也叫**公式表示法**，就是用解析式子表示函数关系。例如，自由落体公式 $s=\dfrac{1}{2}gt^2$，球体积公式 $V=\dfrac{4}{3}\pi r^3$，又如 $y=\dfrac{1}{1+x^2}$，$y=a^x+\sqrt{x^2-1}$，$y=\log_a(1+x)$，等等，都是用解析法表示的函数。

数学分析中讨论的函数，大都是由解析法表示的，因为解析式子可以实行各种运算以研究函数的性质。

分段函数 用解析法表示函数，不一定总是用一个式子表示一个函数，也常有这种情形：对于自变量的某一部分数值，对应关系用某一个式子表示；而对自变量的另一部分数值，则用另一个式子来表示对应关系。这就是用几个解析式子给定一个(不是几个)函数。这种函数，也称为**分段函数**(即分段定义的函数)。例如

$$y=f(x)=\begin{cases}x^2, & \text{当 } x\leqslant 0,\\ x+1, & \text{当 } x>0\end{cases}$$

便是用两个解析式子给定的一个函数。这个函数的定义域是整个数轴，当自变量在区间$(-\infty,0]$内取值时，对应的函数值按 $y=x^2$ 计算(例如 $f(-2)=(-2)^2=4$)，当 x 在区间$(0,+\infty)$内取值时，函数值按 $y=x+1$ 计算(例如 $f(2)=2+1=3$)。它的图象由两个分支组成，一个分支是抛物线的左半支，另一分支是半直线(图1.7)。

用几个解析式子给定一个函数，同样具有实际意义，在物理、化学及其他应用中，经常遇到这种函数。

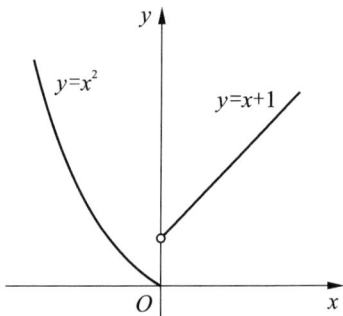

图 1.7

常数函数 (常函数)在今后的研究中，经常把常量当作函数来处理，并称这种函数为常数函数(简称常函数)。比如可以把 $y=C$(C 为常数)看作是 x 的函数，即无论 x 取任何实数，变量 y 都以同一个数 C 与之对应，显然这是符合函数定义的。常函数的定义域是整个数轴。

<h3>二、表格表示法</h3>

在实际应用中，常把自变量所取的值与函数的对应值列成表，用以表示函数关系。这种

函数表示法称为表格表示法。比如我们所用的各种数学用表——平方表，立方表，对数表，三角函数表等，事实上都是用表格法表示的函数关系。

函数的表格表示法不仅是为了应用上的方便，在科学技术中，我们所探讨的量与量之间的关系，在初级阶段并不知道它的解析表达式，而是仅仅掌握了若干组的具体数据，但是这些数据便成为进一步探索解析表达式的基础。前面 §1.2 中的例 3，就是用表格给出一个函数，当然在此基础上，可以进一步探索河水月流量与时间的规律性的关系。

函数的表格表示法有明显的缺点，它所给出的变量间的关系是极不全面的。

三、图象表示法

前面讨论了函数的图象，那里所说的是根据一个已知函数的解析表达式来画出它的图象。这里说的图象表示法，则并不是先有一个解析式子，而是只靠画在坐标面上的图象本身来给定一个函数，这种表示法在应用中有其实际意义。气象台为考察气温的变化，使用一种气温自动记录器。例如某日由气温记录器画出的气温曲线如图 1.8 所示，于是对于一日内的每一时刻 t，都有一个确定的温度 C（比如当 $t=2$，则 $C=-8$；当 $t=14$，则 $C=8$），因而这条曲线在区间 $0 \leqslant t \leqslant 24$ 上，便给定了温度与时间的函数关系。

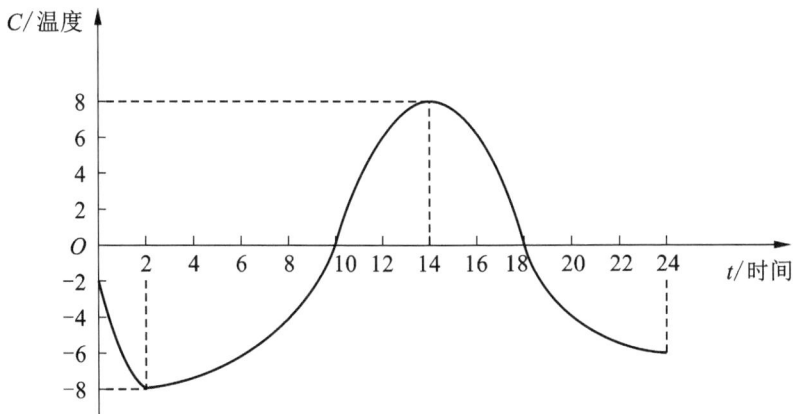

图 1.8

此外，如自动气压仪所画的气压曲线，统计学中的统计图等，都是利用图象表示函数。这种函数表示法的优点是直观醒目，但缺乏精确性。

§1.4 函数的几种特性

所谓研究一个给定的函数，就是研究它所具有的特性。当然我们掌握的方法愈多，函数的性态就被揭示得愈深刻。现在仅用初等的方法也可以对函数的几种简单特性进行研究。这几种特性就是单调性、有界性、奇偶性和周期性；并把具有这些特性的函数依次称为单调函

7

数、有界函数、奇偶函数和周期函数。

一、单调函数

如果 $y=f(x)$ 随着 x 的增加而增加，或随着 x 的增加而减少，则称此函数为单调函数，确切定义如下：

定义 设 $y=f(x)$ 是定义在区间 (a,b) 内的函数，x_1 和 x_2 是 (a,b) 内的任意两个数，如果当 $x_1<x_2$ 时，

$$f(x_1) \leqslant f(x_2)(f(x_1)<f(x_2))$$

则称 $f(x)$ 在区间 (a,b) 内是**递增函数**(严格递增函数)。如果当 $x_1<x_2$ 时，

$$f(x_1) \geqslant f(x_2)(f(x_1)>f(x_2))$$

则称 $f(x)$ 在区间 (a,b) 内是**递减函数**(严格递减函数)。

递增函数(严格递增函数)和递减函数(严格递减函数)统称**单调函数**(严格单调函数)。

按定义，严格单调函数必然是单调函数。在今后的研究中，如果要求函数必须是严格增减的话，就加上严格二字。

递增函数的图象是沿横轴正向上升的(图 1.9)，递减函数的图象是沿横轴正向下降的(图 1.10)。

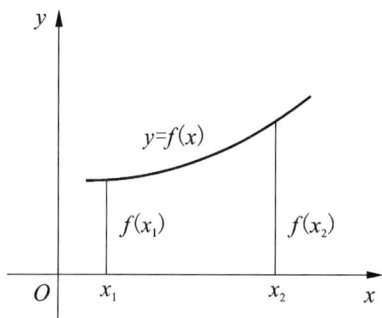

图 1.9

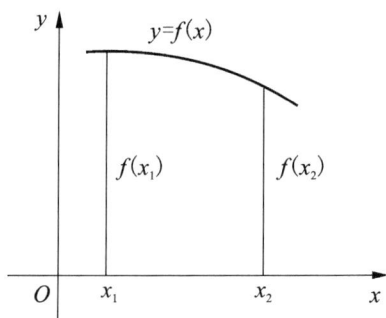

图 1.10

例 1 函数 $f(x)=x^2$ 在区间 $[0,+\infty)$ 内是严格递增的，因为对 $[0,+\infty)$ 内的任意 $x_1<x_2$，有 $f(x_1)=x_1^2<x_2^2=f(x_2)$。同理，$f(x)=x^2$ 在区间 $(-\infty,0]$ 内是严格递减的。但 $f(x)=x^2$ 在区间 $(-\infty,+\infty)$ 内却不是单调函数(图 1.11)。

例 2 证明函数 $f(x)=x^3$ 在区间 $(-\infty,+\infty)$ 内是递增的。

证明 设 x_1，x_2 是 $(-\infty,+\infty)$ 内的任意两个数，且 $x_1<x_2$，

即

$$f(x_1)=x_1^3, f(x_2)=x_2^3$$

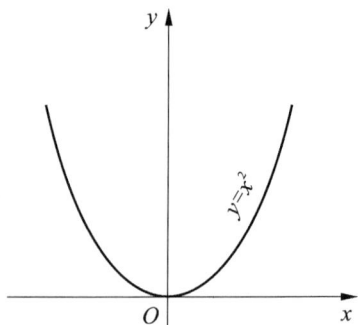

图 1.11

根据定义,需要证明 $x_1^3 < x_2^3$ 即 $x_1^3 - x_2^3 < 0$。事实上,

$$x_1^3 - x_2^3 = (x_1 - x_2)(x_1^2 + x_1 x_2 + x_2^2)$$

而 $x_1 - x_2 < 0$, $x_1^2 + x_1 x_2 + x_2^2 = \left(x_1 + \dfrac{1}{2}x_2\right)^2 + \dfrac{3}{4}x_2^2 > 0$

所以 $x_1^3 - x_2^3 < 0$, 即 $x_1^3 < x_2^3$(参考图 1.12)。

二、有界函数

从三角学知道,正弦函数 $y = \sin x$ 和余弦函数 $y = \cos x$ 的函数值都介于 -1 与 1 之间,即 $|\sin x| \leq 1$, $|\cos x| \leq 1$,这就表明正弦函数和余弦函数都是有界的。

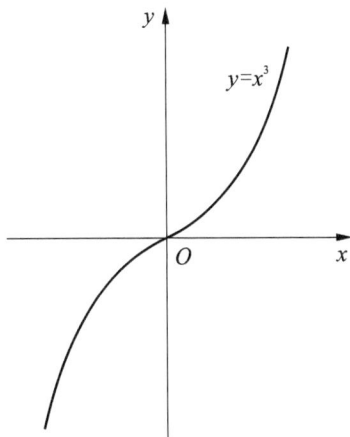

图 1.12

定义 如果对于区间 (a, b) 内的任意 x,恒有

$$|f(x)| \leq M,$$

其中 M 是一正的常数,则称 $f(x)$ 在区间 (a, b) 内是**有界函数**,如果不存在这样的正数 M,则称 $f(x)$ 为**无界函数**。

在几何上,如果函数的图象介于两水平直线 $y = \pm M$ 之间,函数就是有界的,例如函数 $y = \sin x$ 的图象介于直线 $y = \pm 1$ 之间(图 1.13)。

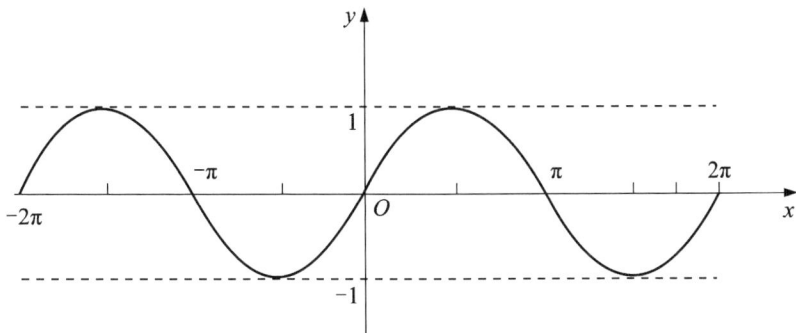

图 1.13

三、奇函数、偶函数

定义 对于函数 $f(x)$ 的定义域内的任意两个互为相反的数 x 和 $-x$,如果恒有

$$f(-x) = f(x)$$

则称 $f(x)$ 为**偶函数**,如果恒有

$$f(-x) = -f(x)$$

则称 $f(x)$ 为**奇函数**。

即是说,当把自变量 x 换为 $-x$ 时,如果函数值不变,则为偶函数;如果函数值与原来的仅差一个符号,则为奇函数。

偶函数的图象对称于 y 轴,因为点 $A(x, f(x))$ 与点 $A'(-x, f(-x) = f(x))$ 关于 y 轴是对

称的(图 1.14)。奇函数的图象对称于原点,因为点 $A(x,f(x))$ 与点 $A'(-x,f(-x)=-f(x))$ 关于原点是对称的(图 1.15)。

画奇函数、偶函数的图象时,可先画出 y 轴右侧的一部分,然后按其对称性便可画出 y 轴左侧的另一部分。

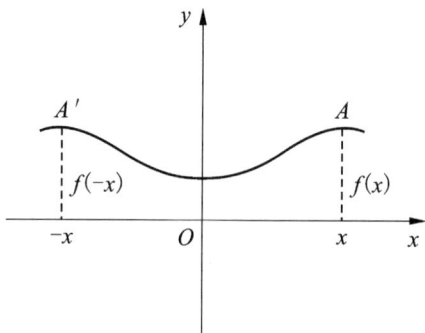

图 1.14

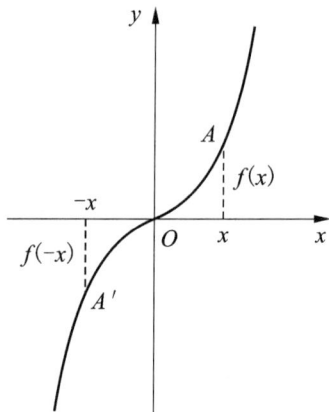

图 1.15

函数 $y=x^2$, $y=\dfrac{1}{\sqrt[3]{x^2}}$, $y=\cos x$ 都是偶函数,因为

$$(-x)^2=x^2,\ \frac{1}{\sqrt[3]{(-x)^2}}=\frac{1}{\sqrt[3]{x^2}},\ \cos(-x)=\cos x$$

函数 $y=x^3$, $y=\dfrac{1}{\sqrt[3]{x}}$, $y=\sin x$ 都是奇函数,因为

$$(-x)^3=-x^3,\ \frac{1}{\sqrt[3]{-x}}=-\frac{1}{\sqrt[3]{x}},\ \sin(-x)=-\sin x$$

函数 $f(x)=\sin x+\cos x$ 既非奇函数亦非偶函数,因为

$$\sin(-x)+\cos(-x)=-\sin x+\cos x$$

既不等于 $f(x)$ 也不等于 $-f(x)=-\sin x-\cos x$。

如上所示,x^2 为偶函数,x^3 为奇函数。因此不难推想,$f(x)=x^n$ 当 n 为偶数时则为偶函数,当 n 为奇数时,则为奇函数。实际上,这正是奇函数、偶函数名称的由来。

四、周期函数

由三角学,对于周期函数已有所了解,这里再讨论一下。

定义 设 x 是函数 $f(x)$ 定义域内的任意一点,如果存在不等于零的常数 l(正或负),使得 $f(x+l)=f(x)$,则称 $f(x)$ 是**周期函数**,常数 l 称为 $f(x)$ 的**周期**。

从定义可知,如果 l 是 $f(x)$ 的周期,则 $2l$ 也是 $f(x)$ 的周期,因为

$$f(x+2l)=f[(x+l)+l]=f(x+l)=f(x)$$

归纳可知，kl（k 为正或负整数）均为 $f(x)$ 的周期，即

$$f(x+kl)=f(x)$$

即是说，若 $f(x)$ 有周期 l，则 kl 也是它的周期。因此，周期函数一定有无穷多个周期，但是如果函数有最小的正周期（可以举出这样的周期函数，并无最小正周期），习惯上就把这个最小正周期叫作函数的周期。例如我们通常说正弦函数 $y=\sin x$ 的周期是 2π，实际上这就是它的最小正周期，因为

$$\sin(x\pm 2\pi)=\sin(x\pm 4\pi)=\cdots=\sin(x\pm 2n\pi)=\sin x$$

例 3 讨论狄利克雷函数

$$y=D(x)=\begin{cases}1, & \text{当 } x \text{ 为有理数时} \\ 0, & \text{当 } x \text{ 为无理数时}\end{cases}$$

的周期性。

先举出几个有理数和无理数，来看一下。比如，当 $x=-2$，$\dfrac{3}{7}$ 时，函数值为 $y=1$；当 $x=\sqrt{2}$，π 时，函数值为 $y=0$。这个函数的图象是画不出来的，但可以作一个直观想象：有无穷多个点稠密地分布在 x 轴上；也有无穷多个点稠密地分布在直线 $y=1$ 上。

任何有理数 r 皆为狄利克雷函数的周期。这是因为，若 x 是有理数，则 $x+r$ 也是有理数，故 $D(x)=1=D(x+r)$。若 x 是无理数，则 $x+r$ 也是无理数，故 $D(x)=0=D(x+r)$。可见 r 是 $D(x)$ 的周期。因为在有理数集中没有最小的，所以它没有最小正周期。

有理数加、减无理数得无理数，但无理数加、减无理数就不一定是无理数，所以无理数不能作为 $D(x)$ 的周期。

§1.5　反函数

一、反函数的概念

在函数的概念中有两个变量，一个叫自变量，一个叫因变量。在实际问题中，究竟把互相依赖的两个变量中的哪一个看作自变量，哪一个看作因变量，则须根据具体问题来确定。例如在自由落体运动中，如果想从时间来确定路程 s，那么 t 是自变量，s 是因变量，其函数关系为

$$s=\frac{1}{2}gt^2 \tag{1}$$

这个函数的定义域是 $t\geqslant 0$，值域是 $s\geqslant 0$。

如果反过来，想从路程 s 来确定降落的时间 t，于是就得把 s 取作自变量，把 t 取作函数，并且由（1）式把 t 解出，得

$$t=\sqrt{\frac{2s}{g}} \tag{2}$$

由于 $t\geqslant 0$，所以取算术平方根。在这里 s 成了自变量，t 成了因变量，从（2）可知，对于每一

个值 $s\geq 0$，都有唯一的一个值 $t\geq 0$ 与之对应(注意这一对数值也满足(1)式)，我们就把函数(2)叫做函数(1)的反函数。

定义 设给了一个函数 $y=f(x)$，定义域是 D，值域是 R。如果对于 R 中的每一个值 y，都可以从关系式 $y=f(x)$(把此式看成关于 x 的方程)确定唯一的一个 x 值，则得到一个定义在 R 上的以 y 为自变量，x 为因变量的新函数，称此新函数为 $y=f(x)$ 的**反函数**，记为 $x=f^{-1}(y)$(或 $x=\varphi(y)$)。原来的函数 $y=f(x)$ 称为**直接函数或正函数**。

关于定义的两点说明：(i)在直接函数与反函数中，两个变量担任的角色恰好互相对调，即直接函数的自变量变成了反函数的因变量，而因变量变成了自变量。因此，直接函数的定义域是反函数的值域，而其值域则是反函数的定义域。

(ii)反函数 $x=f^{-1}(y)$ 的每一对 x 与 y 的值，必满足直接函数，反过来也是如此。如果把 $x=f^{-1}(x)$ 与 $y=f(x)$ 互相代入，便得到两个恒等式：

$$f^{-1}[f(x)]=x \quad (在 D 域上成立),$$
$$f[f^{-1}(y)]=y \quad (在 R 域上成立)。$$

这两个恒等式表明，如果符号 f^{-1} 与 f 分别代表两种运算的话，那么这两种运算便是互逆的，因为依次施加于同一数 x(或 y)后，仍得 x(或 y)。其实这种关系在三角学中已经见过，例如

$$\arcsin(\sin x)=x\left(-\frac{\pi}{2}\leq x\leq\frac{\pi}{2}\right), \quad \sin(\arcsin y)=y(-1\leq y\leq 1)。$$

反函数的多值问题 如果在反函数定义中去掉唯一性的要求，很容易得到多值的反函数。例如 $\qquad\qquad\qquad y=x^2(-\infty<x<+\infty)$ \hfill (3)
本来是单值函数，但是它的反函数

$$x=\pm\sqrt{y}$$

便是一个双值函数。在这种情形下，为了得到单值的反函数，可将直接函数的定义域划分若干个单调区间，在单调区间上便可以建立单值的反函数。比如把函数(3)的定义域分成两个单调区间 $(-\infty,0]$ 和 $[0,+\infty)$，于是在区间 $(-\infty,0]$ 上，$y=x^2$ 有反函数(单值)

$$x=-\sqrt{y}$$

在区间 $[0,+\infty)$ 上，$y=x^2$ 有反函数(单值)

$$x=\sqrt{y}$$

大家都知道，三角函数本来是单值的，当考虑它的反函数时，便出现了多值的情况。为了得到单值的反三角函数，只有在三角函数定义域的单调区间上来建立。比如反正弦函数(取主值)就是如下定义的：

函数 $y=\sin x$ 在区间 $-\frac{\pi}{2}\leq x\leq\frac{\pi}{2}$ 上的反函数，叫做反正弦，记为

$$x=\arcsin y\left(-1\leq y\leq 1, -\frac{\pi}{2}\leq x\leq\frac{\pi}{2}\right)$$

最后讲一下，在反函数中用以表示自变量和因变量的符号，按上述定义，把 $y=f(x)$ 的反函数记为 $x=f^{-1}(y)$。但是习惯上经常用 x 表示自变量，用 y 表示函数，因此从 $y=f(x)$ 得到它的反函数以后，还要把反函数中的 x 与 y 对调一下，即把反函数表示为 $y=f^{-1}(x)$。

例如，由函数 $y=2x+1$ 得到反函数 $x=\frac{y-1}{2}$，但习惯上写成 $y=\frac{x-1}{2}$。

二、反函数的图象

直接函数与它的反函数，就图象来看究竟存在什么关系？设函数 $y=f(x)$ 的定义域为 D，值域为 R，我们在坐标系里画出它的图象（图 1.16）。关于反函数 $x=f^{-1}(y)$ 的值，在几何上可以这样确定：对于值域 R 内的任意一个值 y，从纵轴上坐标为 y 的点引横轴的平行线，它与图象的交点的横坐标 x，便是反函数在 y 处的函数值。

由此看来，直接函数 $y=f(x)$ 的图象与反函数 $x=f^{-1}(y)$ 的图象便是同一条曲线了。不过对于 $y=f(x)$ 来说，是以横轴表示自变量，纵轴表示函数值；而对于 $x=f^{-1}(y)$，则恰好颠倒过来，是以纵轴表示自变量，横轴表示函数值。

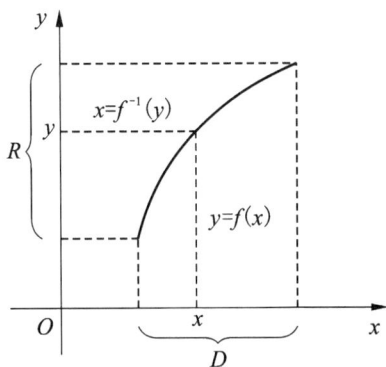

图 1.16

如果把反函数的自变量也表以 x，因变量表以 y，于是直接函数 $y=f(x)$ 与反函数 $y=f^{-1}(x)$ 的图象，一般说来就不是同一条曲线。但是二者之间存在着确定的关系，即反函数的图象与直接函数的图象，恰好以第一、三象限角的平分线为对称轴，我们结合图形来证明这个关系。

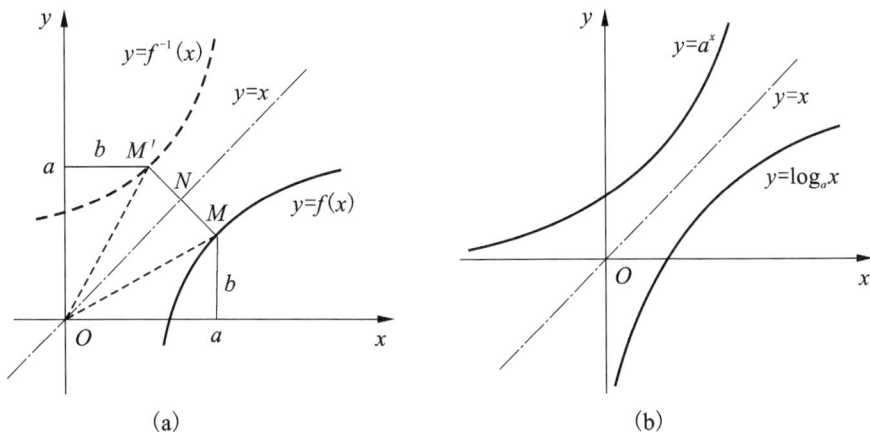

(a) (b)

图 1.17

设点 $M(a,b)$ 是直接函数 $y=f(x)$ 图象上的任意一点，于是有 $b=f(a)$，根据反函数定义，也有 $a=f^{-1}(b)$，即在反函数 $y=f^{-1}(x)$ 图象上也有一点 $M'(b,a)$ 与点 M 对应（图 1.17(a)）。又因 $\triangle ONM \cong \triangle ONM'$，故直线 $y=x$ 垂直平分线段 MM'，从而点 M 与 M' 对称于直线 $y=x$。同样可证，对于反函数图象上的任意一点，直接函数图象上也有一点与之对应，两点对称于直线 $y=x$。根据对称性，当有了直接函数的图象以后，只要以直线 $y=x$ 为对称轴，取其镜面反射，便得到反函数的图象。

例如对数函数 $y=\log_a x$ 是指数函数 $y=a^x$ 的反函数，现在把它们的图象画在同一个坐标系里（图 1.17(b)），显然对称于直线 $y=x$。

§1.6 复合函数

在客观事物的运动变化过程中，变量与变量之间往往存在一种可以传递的关系。比如，变量 y 是变量 u 的函数，而变量 u 又是变量 x 的函数，于是 y 就成为 x 的函数。这种可传递的变化关系，就是复合函数概念的实际背景。我们来看下面的例子。

例 1　自由落体的动能 E 是速度 v 的函数

$$E = \frac{1}{2}mv^2 \tag{1}$$

而速度 v 又是时间 t 的函数

$$v = gt \tag{2}$$

于是动能 E（通过速度 v）便成为 t 的函数，并把这个函数称为由简单函数①(1)和(2)所组成的复合函数。

复合函数的表达式有两种：一种是对简单函数实行代入（即把(2)代入(1)），写成一个式子

$$E = \frac{1}{2}m(gt)^2 = \frac{1}{2}mg^2t^2 \ ;$$

另一种是把简单函数并列起来，组成一个函数链

$$E = \frac{1}{2}mv^2 \ , \ v = gt$$

下面给出复合函数的一般定义。

定义　如果 y 是 u 的函数 $y = f(u)$，而 u 又是 x 的函数 $u = \varphi(x)$，则 $y = f[\varphi(x)]$ 称为由 $y = f(u)$ 与 $u = \varphi(x)$ 组成的**复合函数**，u 称为**中间变量**。

将一个函数代入另一个函数的运算叫做复合运算（或称函数复合）。

复合函数的定义域是由 $u = \varphi(x)$ 的定义域中那些使 $\varphi(x)$ 的值不超出 $y = f(u)$ 的定义域的 x 所组成。

例 2　设 $y = u^2$，而 $u = \sin x$。

显然函数 $u = \sin x$ 的值域 $-1 \leqslant u \leqslant 1$，并没超出函数 $y = u^2$ 的定义域 $-\infty < u < +\infty$，因而可以进行复合运算，得 $y = \sin^2 x (-\infty < x < +\infty)$。

复合函数也可以由两个以上的简单函数组成，例如由 $y = \ln u$，$u = \sqrt{v}$，$v = 4 + x^2$ 可以组成复合函数：$y = \ln\sqrt{4 + x^2}$。

应当指出的是，复合函数这个概念，它仅表明了函数的结构形式，并不是具有某种特性的一类函数。对于一个普通的函数，基于某种研究上的需要，便可以把它看作复合函数。比如 $y = \sin 2x$，这本是一个普通的正弦函数，但我们可以把它看成由 $y = \sin u$，$u = 2x$ 所组成的复合函数。

把一个给定的函数 $y = f[\varphi(x)]$ 加以分解，得出 $y = f(u)$ 与 $u = \varphi(x)$，这种过程叫做函数分解。函数分解很有用处，将在第 4 章计算导数时进一步讨论。

---

①　讨论复合函数时，把作为复合函数组成成分的每个函数称为简单函数。

§1.7 基本初等函数

一、基本初等函数

在自然科学与技术的发展过程中，人们总结出来一类最简单但是最常用的函数，称为基本初等函数。这一类函数有五种：

幂函数 $\qquad y=x^{\alpha}(\alpha$ 为实数$)$

指数函数 $\qquad y=a^{x}(a>0, a\neq 1)$

对数函数 $\qquad y=\log_{a}x(a>0, a\neq 1)$

三角函数 $\qquad y=\sin x, y=\cos x, y=\tan x, y=\cot x$

反三角函数 $\qquad y=\arcsin x, y=\arccos x, y=\arctan x, y=\operatorname{arccot} x$

这五种函数，是中学所学过的函数的主要内容。这五种函数犹如砖石一样，是构成别的函数特别是初等函数的主要成分。在我们今后的学习中，经常要遇到这些函数，对于它们的基本性质必须掌握得很彻底。为了便于读者的利用，下面简述五种基本初等函数的性质，最好是通过图象掌握它们的性质。

1. 幂函数 函数

$$y=x^{\alpha}(\alpha \text{ 为实数})$$

叫做幂函数，其中 α 是任意实常数。当 α 为不同常数时，幂函数的定义域及性质也随之不同，情况比较复杂。下面列个表并画出几个幂函数的图象以供参考（图 1.18）。

$$
\text{实数 } \alpha
\begin{cases}
\text{有理数}
\begin{cases}
\text{正有理数}
\begin{cases}
\text{整数，如 } 1, 2, 3, \text{ 函数为} \\
y=x, y=x^2, y=x^3 \\
\text{分数，如 } \dfrac{1}{2}, \dfrac{1}{3}, \dfrac{3}{2}, \text{ 函数为} \\
y=\sqrt{x}, y=\sqrt[3]{x}, y=\sqrt{x^3}
\end{cases} \\
\text{零} \\
\text{负有理数}
\begin{cases}
\text{负整数，如 } -1, -2, \text{ 函数为} \\
y=\dfrac{1}{x}, y=\dfrac{1}{x^2} \\
\text{负分数，如 } -\dfrac{1}{2}, -\dfrac{1}{3}, \text{ 函数为} \\
y=\dfrac{1}{\sqrt{x}}, y=\dfrac{1}{\sqrt[3]{x}}
\end{cases}
\end{cases} \\
\text{无理数如 } \sqrt{2}, \pi, \text{ 函数为 } y=x^{\sqrt{2}}, y=x^{\pi}
\end{cases}
$$

从图可以看出几点：

（ⅰ）由于数 α 不同，幂函数的定义域也不完全一样，但无论 α 为任何实数，函数 x^{α} 在区

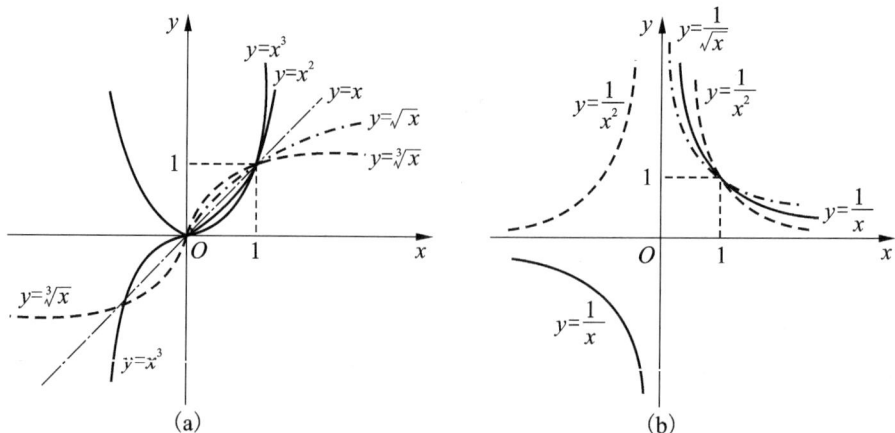

图 1.18

间$(0，+\infty)$内总有定义。

（ⅱ）当 $\alpha>0$ 时与 $\alpha<0$ 时，幂函数的增减情况有显著差别。就第一象限内的图象来看：当 $\alpha>0$ 时（图 1.18（a））函数是递增的，并且曲线都经过原点及点$(1，1)$；当 $a<0$ 时（图 1.18（b）），函数是递减的，曲线都不经过原点，但仍经过点$(1，1)$。

2. 指数函数　函数

$$y=a^x(a>0，a\neq1)$$

叫做指数函数，其中 a 是正的常数，但 $a\neq1$。

（ⅰ）定义域是区间$(-\infty，+\infty)$，因对于任何 x 总有 $a^x>0$，$a^0=1$，所以指数函数的图象总在 x 轴上方，且通过点$(0，1)$。

（ⅱ）当 $a>1$ 时，函数是递增的；当 $a<1$ 时，函数是递减的（参考图 1.19）。

3. 对数函数　函数

$$y=\log_a x(a>0，a\neq1)$$

叫做对数函数，其中 a 是正的常数$(a\neq1)$，称为对数的底，对数函数与指数函数互为反函数。

（ⅰ）定义域是区间$(0，+\infty)$，因 1 的对数等于零，所以它的图象在 y 轴右侧且过点$(1，0)$。

（ⅱ）当 $a>1$ 时，函数是递增的，在区间$(0，1)$内函数值为负，在区间$(1，+\infty)$内，函数值为正；当 $0<a<1$ 时，函数是递减的，在区间$(0，1)$内函数值为正，在区间$(1，+\infty)$内函数值为负（参考图 1.20）。

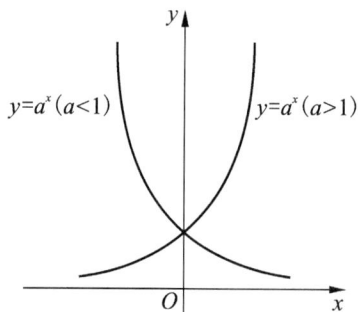

图 1.19

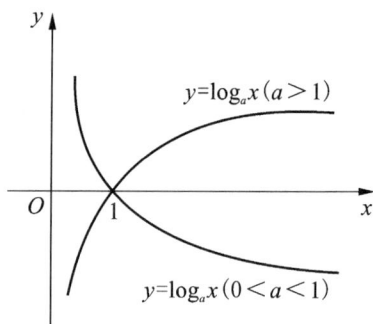

图 1.20

（ⅲ）以 10 为底的对数 $\log_{10}x$（简记 $\lg x$）称为**常用对数**；以 e 为底的对数 $\log_{e}x$（简记 $\ln x$），称为**自然对数**。其中 e = 2.718 28…，是一无理数，在数学分析里主要使用自然对数。

4. 三角函数　这里就 $y=\sin x$，$y=\cos x$，$y=\tan x$，$y=\cot x$ 的性质扼要写一下。首先指出，在数学分析里，三角函数的自变量作为角度时，总是表示角的弧度（假如没有特别的声明）。

正弦函数　$y=\sin x$

（ⅰ）定义域是 $(-\infty，+\infty)$，值域是 $[-1，1]$。

（ⅱ）是奇函数，又是周期函数，周期为 2π。

（ⅲ）在 $\left[-\dfrac{\pi}{2}，\dfrac{\pi}{2}\right]$ 上递增，在 $\left[\dfrac{\pi}{2}，\dfrac{3\pi}{2}\right]$ 上递减，根据周期性，一般地，在 $\left[2k\pi-\dfrac{\pi}{2}，2k\pi+\dfrac{\pi}{2}\right]$ 上递增，在 $\left[2k\pi+\dfrac{\pi}{2}，2k\pi+\dfrac{3\pi}{2}\right]$ 上递减，其中 $k\in\mathbf{Z}$（参考图 1.21）。

余弦函数　$y=\cos x$

（ⅰ）定义域 $(-\infty，+\infty)$，值域 $[-1，1]$。

（ⅱ）是偶函数又是周期函数，周期为 2π。

（ⅲ）在 $[0，\pi]$ 上递减，在 $[\pi，2\pi]$ 上递增，一般地，在 $[2k\pi，2k\pi+\pi]$ 上递减，在 $[2k\pi+\pi，2k\pi+2\pi]$ 上递增，其中 $k\in\mathbf{Z}$（参考图 1.22）。

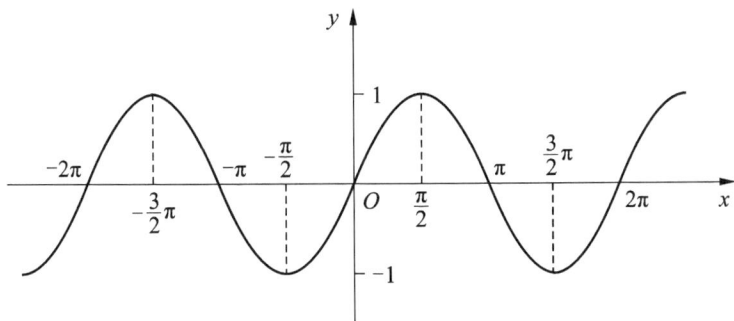

图 1.21

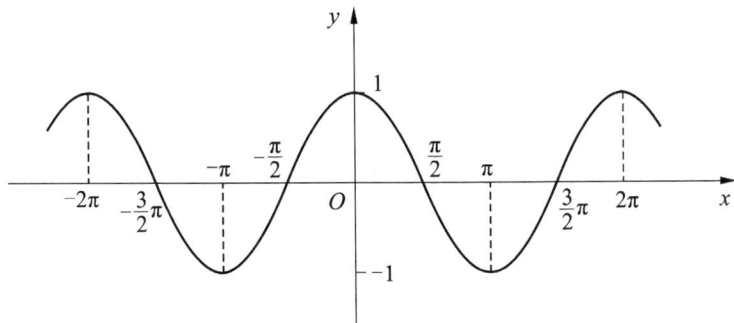

图 1.22

正切函数　$y = \tan x = \dfrac{\sin x}{\cos x}$

（ⅰ）定义域是从整个数轴去掉点 $x = k\pi + \dfrac{\pi}{2}$，$k \in \mathbf{Z}$，值域是 $(-\infty, +\infty)$。

（ⅱ）是奇函数又是周期函数，周期为 π。

（ⅲ）在 $\left(-\dfrac{\pi}{2}, \dfrac{\pi}{2}\right)$ 内递增，一般地，在 $\left(k\pi - \dfrac{\pi}{2}, k\pi + \dfrac{\pi}{2}\right)$ 内递增，$k \in \mathbf{Z}$（参考图 1.23）。

余切函数　$y = \cot x = \dfrac{\cos x}{\sin x}$

（ⅰ）定义域是从整个数轴去掉点 $x = k\pi$，值域是 $(-\infty, +\infty)$。

（ⅱ）是奇函数又是周期函数，周期为 π。

（ⅲ）在 $(0, \pi)$ 内递减，一般地，在 $[k\pi, k\pi+\pi]$ 内递减，$k \in \mathbf{Z}$（参考图 1.24）。

5. 反三角函数　由于三角函数是周期函数，所以对于值域内的每个 y 值，都有无穷多个 x 值与之对应。要建立单值的反三角函数，就得在三角函数的单调区间上来考虑。通常总是选取绝对值小并且尽可能是正值的单调区间，以建立反三角函数。在这样的区间上建立起来的反三角函数也称为反三角函数的主值。

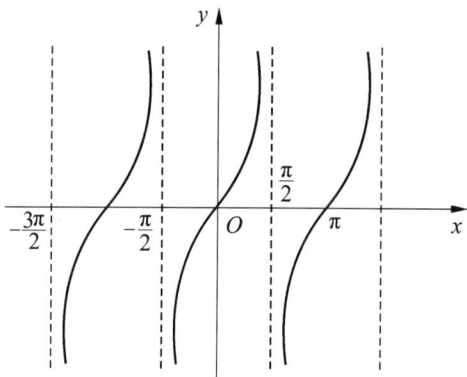

图 1.23

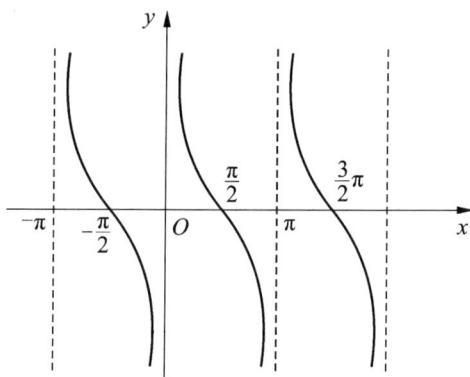

图 1.24

　　反正弦函数　$y = \arcsin x$。正弦函数 $y = \sin x$ 在区间 $\left[-\dfrac{\pi}{2}, \dfrac{\pi}{2}\right]$ 上的反函数，叫做反正弦函数，定义域是 $[-1, 1]$，值域是 $\left[-\dfrac{\pi}{2}, \dfrac{\pi}{2}\right]$，在定义域上是递增的（参考图 1.25）。

　　反余弦函数　$y = \arccos x$。余弦函数 $y = \cos x$ 在区间 $[0, \pi]$ 上的反函数，叫做反余弦函数，定义域是 $[-1, 1]$，值域是 $[0, \pi]$，在定义域上是递减的（图 1.26）。

　　反正切函数　$y = \arctan x$。正切函数 $y = \tan x$ 在区间 $\left(-\dfrac{\pi}{2}, \dfrac{\pi}{2}\right)$ 内的反函数，叫做反正切函数，定义域是 $(-\infty, +\infty)$，值域是 $\left(-\dfrac{\pi}{2}, \dfrac{\pi}{2}\right)$。在定义域内是递增的（图 1.27）。

　　反余切函数　$y = \text{arccot } x$。余切函数 $y = \cot x$ 在区间 $(0, \pi)$ 上的反函数，叫做反余切函

数。定义域是 $(-\infty , +\infty)$, 值域是 $(0 , \pi)$, 在定义域内是递减的(图 1.28)。

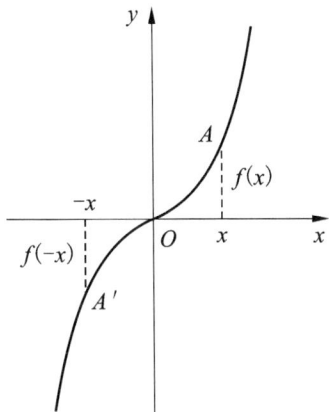

图 1.25

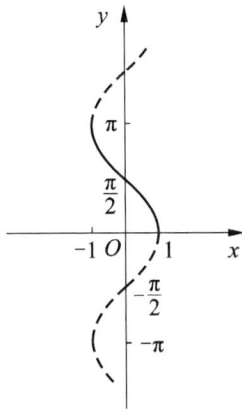

图 1.26

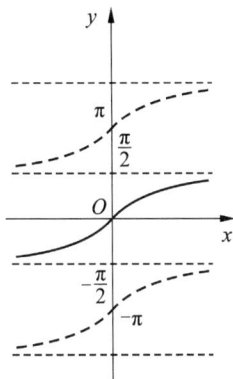

图 1.27

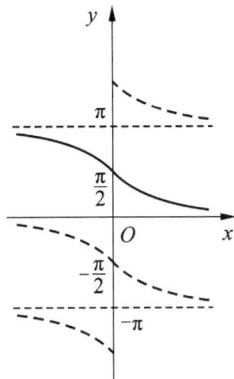

图 1.28

二、初等函数

数学分析研究的函数主要是初等函数, 而初等函数则是以五种基本初等函数和常数为成分而构成的。我们给出以下定义。

定义 基本初等函数和常数经有限次四则运算和复合运算而得到的函数, 都叫做初等函数。

例如
$$y=\frac{2+\sqrt[3]{x}}{3-\sqrt{x}} , \quad y=a^x+2\sin x-1$$

都是由基本初等函数和常数经过四则运算而得到的, 所以是初等函数。又如

$$y=\arctan \sqrt{\frac{1+\sin x}{1-\sin x}}+\ln x$$

则是由基本初等函数 $\ln x$ 和复合函数

$$\arctan \sqrt{\frac{1+\sin x}{1-\sin x}} \left(y=\arctan u , \ u=\sqrt{v} , \ v=\frac{1+\sin x}{1-\sin x}\right)$$

复合而成的，也是初等函数。

注意分段函数不属于初等函数。

习题

1. 判断下列各题中 y 是否为 x 的函数，为什么？

$(1) y = \sqrt[3]{-8x}\ (-\infty < x < +\infty)$；$(2) y = \sqrt{\sin x}\ (\pi < x < 2\pi)$；$(3) y^2 = x\ (x > 0)$。

2. 求函数值：

(1) 若 $f(x) = \dfrac{|x-2|}{x+1}$，求 $f(2)$，$f(-2)$，$f(0)$，$f(a)$，$f(a+b)$。

(2) 若 $f(x) = x^2 - 3x + 7$，求 $f(x + \Delta x)$，$f(x + \Delta x) - f(x)$。

(3) 若 $f(x) = \begin{cases} 0, & 0 \leqslant x < 1, \\ \dfrac{1}{2}, & x = 1, \\ 1, & 1 < x \leqslant 2, \end{cases}$ 求 $f(0)$，$f\left(\dfrac{1}{2}\right)$，$f(1)$，$f\left(\dfrac{5}{4}\right)$，$f(2)$。

(4) 设 $\varphi(x) = \begin{cases} |\sin x|, & |x| < 1, \\ 0, & |x| \geqslant 1, \end{cases}$ 求 $\varphi(1)$，$\varphi\left(\dfrac{\pi}{4}\right)$，$\varphi(-2)$，$\varphi\left(-\dfrac{\pi}{4}\right)$。

3. 指出下列函数的定义域：

$(1) y = \dfrac{1}{x^2 + 1}$；$\qquad\qquad\qquad (2) y = \sqrt{x} + \sqrt[3]{\dfrac{1}{x-2}}$；

$(3) y = \lg(\sqrt{x-4} + \sqrt{6-x})$；$\qquad (4) y = \dfrac{1}{\sqrt{\cos x}}$。

4. 下列各函数中哪些是周期函数？是周期函数的求其周期：

$(1) y = \cos(x - 2)$；$\qquad\qquad\qquad (2) y = \sin x^2$；

$(3) y = x\cos x$；$\qquad\qquad\qquad\quad (4) y = \cos 2x$；

$(5) y = \sin^2 x$；$\qquad\qquad\qquad\quad (6) y = \arctan(\tan x)$。

5. 验证函数在区间 $(0, +\infty)$ 内是单调增加的：

$(1) y = 3x - 6$；$\qquad\qquad\qquad\quad (2) y = 2^{x-1}$。

6. 指出下列函数中哪些是奇函数，哪些是偶函数，哪些是非奇非偶函数：

$(1) y = \cos x + x^2$；$\qquad\qquad\quad (2) y = x - x^2$；

$(3) y = \dfrac{e^x - e^{-x}}{2}$。

7. 验证：函数 $f(x) = \dfrac{ax - b}{cx - a}$ 的反函数就是它本身。

8. 回答下列各问题：

$(1) y = \sin u$，$u = e^v$，$v = -\sqrt{x}$，将 y 表示成 x 的函数。

$(2) y = \log_a \sin e^{x^2}$ 是怎样复合而成的？

$(3) y = e^{\tan \sqrt[3]{x^3 - 2x}}$ 是怎样复合而成的？

9. 作函数图象：

(1) 画出 $y = \begin{cases} 2, & x < -1, \\ -2x, & -1 \leqslant x \leqslant 1, \\ -2, & x > 1 \end{cases}$ 的图象。

(2) 已知 $f(x)$ 以 2 为周期，并且 $f(x) = \begin{cases} x^2, & -1 < x \leqslant 0, \\ 0, & 0 < x \leqslant 1, \end{cases}$ 试在 $(-\infty, +\infty)$ 上画出 $y = f(x)$ 的图象。

(3) 作 $y = [x]$ 的图象。

(注：$y = [x]$，数 x 的整数部分，有：若 $x = n + r$ 式中 n 为整数，且 $0 \leqslant r < 1$，则 $[x] = n$)

(4) 作 $y = \text{sgn} x$ 的图象。

$y = \text{sgn} x$ 为符号函数，有：

$$\text{sgn} x = \begin{cases} 1, & x > 0; \\ 0, & x = 0; \\ -1, & x < 0。 \end{cases}$$

数学家：笛卡儿

笛卡儿(Rene Deseares 1596—1650)是法国数学家、哲学家和物理学家，是解析几何的创始人之一，生于法国的拉艾镇，卒于瑞典的斯德哥尔摩。

笛卡儿出生在一个律师家庭，其父曾任地方议会议员。笛卡儿幼年丧母，自幼体弱多病，父亲对其疼爱备至。他8岁时才进入教会学校上学，接受传统的文化教育。据说，学校校长怜其体弱，在其父亲的请求下，曾特意批准他每天早上可以不必和其他同学早起晨练，可以晚起，在床上多休息一些时间，这使得他养成了躺在床上思考问题的习惯。

笛卡练喜欢博览群书，这使他的眼界和思路都十分开阔。他学习时不拘泥于课本，喜欢跳出课本思考问题，这些都使他的学业长进很快，并取得优异的成绩。1612年他进入普瓦捷大学攻读法律，获博士学位。毕业后，去巴黎当了一名律师。接着又渡过了一段军旅生涯。据说，在军队驻扎荷兰时，笛卡儿看到了一张用荷兰语张贴的关于解决数学问题的公告，从而对数学产生了极大的兴趣而一发不可收拾。

笛卡儿离开军队后，又到丹麦、瑞士、荷兰、意大利等国游历。后来为了追求安静的生活，他变卖所有家产，移居荷兰。在荷兰的二十余年中，他潜心著述立说，在哲学和数学领域都取得了丰硕的科学成就。他简单明了地概括了在任何领域获得正确知识的原则方法：

(1)决不将我尚未清楚认识其为真的东西当作真加以接受。

(2)思想要有次序：从最简、最容易认识的对象开始研究，由浅入深，逐步上升到对复杂对象的认识，即使它们没有自然的排列顺序。

(3)将研究的难题分成若干细小的部分逐一进行解决，直到整个问题得到圆满解决。

(4)把一切可能的情形完全列举出来，普遍加以仔细审视，直到确信没有遗漏为止。

正是由于笛卡儿对方法论的深入研究，使他认识到，获得真理的方法是数学方法，因为数学立足于公理的证明是客观的、严密可靠的，它不被权威所左右。他断定，数学方法和数学本身可以完全有效地运用到任何科学领域中，应用这些方法，他找到了代数方法和几何方法地各自的优势和潜力，并将两种方法融会贯通，搭建起代数与几何连接的桥梁——创建了解析几何学。恩格斯赞誉道："数学的转折点是笛卡儿的变数。"笛卡儿有许多传世名言，诸如：

"没有正确的方法，即使有眼睛的博学者，也会像瞎子一样盲目探索。"

"天下之理，非见之极明，勿遽下断语。"

"怀疑一切。"

"我思，故我在。"

第 2 章

极 限

数学分析所研究的主要对象是函数，所使用的基本方法则是极限的方法。极限的思想和方法在自然世界其实随处可见，并且蕴含着丰富的哲学思想。

极限理论是函数研究的基础，对于学习数学分析具有十分重要的意义。极限理论的主要内容都可以分为三个部分，这就是：极限概念和性质、极限运算、极限存在的判别。下面首先研究数列的极限。

§2.1 数列极限的概念

一、数列

数列也是函数，不过这是一类很特殊的函数，即它们的自变量只取正整数值，而普通函数的自变量，则可以取定义域内的任何实数。自变量的这种截然不同的变化状态，是数列与函数的根本区别。先看一个我国的古典问题。

古人云"一尺之棰，日取其半，万事不竭"。

这是一个经典的数学问题，首先日取其半就是 $\frac{1}{2}$，接下来是 $\frac{1}{4}$，然后是 $\frac{1}{8}$，…，这样一直取下去，就得到了这样一组数，

$$\frac{1}{2}, \frac{1}{4}, \frac{1}{8}, \cdots, \frac{1}{2^n}, \cdots, \tag{1}$$

这里的自变量 n 是沿着自然数列

$$1, 2, 3, \cdots, n, \cdots$$

而变化，对应的函数关系即为(1)式。于是就得到了一个以 n 为自变量的函数数列。

这样可以给出数列的定义。

定义 定义在自然数集上的函数，称为**数列**。

数列的自变量用 n 表示，而与 n 对应的函数 $y = f(n)$，则表示为 $y_n = f(n)$，习惯上常记为 $x_n = f(n)$，从而数列 $x_n = f(n)$ 的对应值也可以排成另一串：$x_1, x_2, x_3, \cdots, x_n, \cdots$，简记为 $\{x_n\}$。

数列也可以定义为：

按自然数大小顺序排列起来的一列数叫做**数列**。数列中的每一个数叫做数列的项，第 n 项叫做**一般项或通项**。

再举几个例子：

2，4，8，$\cdots$，2^n，$\cdots$，即 $\{2^n\}$。这个数列是逐渐增加的。

0，1，0，$\dfrac{1}{2}$，$\cdots$，$\dfrac{1+(-1)^n}{n}$，$\cdots$，即 $\left\{\dfrac{1+(-1)^n}{n}\right\}$。这个数列时增时减，呈现一种摆动状态。

数列的几何表示　数列的图象也可以如同函数那样把它画在坐标平面上，例如数列 $\left\{\dfrac{1}{n}\right\}$，定义域是自然数集 1，2，3，$\cdots$，n，$\cdots$，值域是 1，$\dfrac{1}{2}$，$\dfrac{1}{3}$，$\cdots$，$\dfrac{1}{n}$，$\cdots$，它的图象如图 2.1，可见它是分布得很稀疏的一些孤立的点。

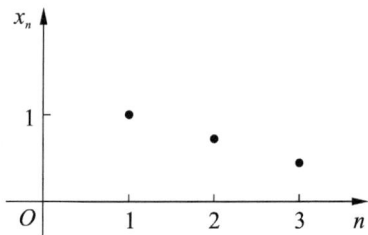

图 2.1

对于数列图象，采取这种仿照函数图象的处理方法，并无多大好处。由于数列的自变量 n 是沿着自然数列进行较为简单的变化，通常我们就把数列的对应值 $\{x_n\}$ 表示在一条数轴上。

例如数列 $\left\{\dfrac{1+(-1)^n}{n}\right\}$，即 0，1，0，$\dfrac{1}{2}$，0，$\dfrac{1}{3}$，$\cdots$，表示在数轴上便如图 2.2 所示。

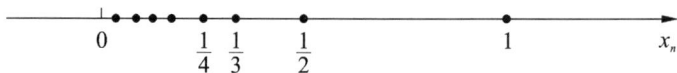

图 2.2

上面数列图象的后一种表示方法，不仅在画法上简单，而且对于考察数列的变化状态也十分有利。

以上所讲的是有关数列的概念，下面介绍几种具有特殊性质的数列。

单调数列　如果数列 $\{x_n\}$ 满足不等式

$$x_n \leqslant x_{n+1}，n=1，2，3，\cdots$$

则称 $\{x_n\}$ 为**递增数列**；如果

$$x_n \geqslant x_{n+1}，n=1，2，3，\cdots$$

则称 $\{x_n\}$ 为**递减数列**。

递增数列与递减数列都叫做**单调数列**。

如果上面的等号不成立，则有时为了加以区别，特称为严格递增数列与严格递减数列，统称为严格单调数列。

例如 $\{2^n\}$ 是严格递增数列（也可以简单说是递增数列），$\left\{\dfrac{1}{2^n}\right\}$ 是严格递减数列（也可以简单说是递减数列），而 $\left\{\dfrac{1+(-1)^n}{n}\right\}$ 便不是单调数列。

有界数列　如果存在一个正数 M，使数列 $\{x_n\}$ 的一切项 x_n 都满足不等式
$$|x_n| \leqslant M(n=1,2,3,\cdots)$$
则称 $\{x_n\}$ 是有界数列；如果这样的正数 M 不存在，则称 $\{x_n\}$ 是无界数列。

特别地，如果存在一个常数 C，使
$$x_n \leqslant C(n=1,2,3,\cdots)$$
则称数列 $\{x_n\}$ 有上界，常数 C 称为 $\{x_n\}$ 的上界；如果存在一个常数 d，使
$$x_n \geqslant d(n=1,2,3,\cdots)$$
则称数列 $\{x_n\}$ 有下界，常数 d 称为 $\{x_n\}$ 的下界。

显然，如果一个数列是有界数列，那么它必然既有上界又有下界。

例如，数列 $\{(-1)^{n-1}\}$ 即：$1,-1,1,-1,\cdots,(-1)^{n-1},\cdots$ 是有界数列，因为 $|(-1)^{n-1}| \leqslant 1$。

数列 $\{(-1)^n n\}$ 即：$-1,2,-3,4,\cdots,(-1)^n n,\cdots$ 便是无界数列，因为当 n 的值增大时，$(-1)^n n$ 的绝对值也不断地增大，并不存在这样的正数 M，使 $|(-1)^n n| \leqslant M$。

数列 $\left\{\dfrac{n-1}{n}\right\}$ 即：$0,\dfrac{1}{2},\dfrac{2}{3},\cdots,\dfrac{n-1}{n},\cdots$，是递增数列，但有上界，比如可以取 1 作为它的上界，即 $\dfrac{n-1}{n}<1(n=1,2,3,\cdots)$。

数列 $\left\{\dfrac{n+1}{n}\right\}$ 即：$2,\dfrac{3}{2},\dfrac{4}{3},\cdots,\dfrac{n+1}{n},\cdots$，是递减数列，但有下界，因为 $\dfrac{n+1}{n}>1(n=1,2,3,\cdots)$。

二、数列极限的概念

我们研究一个数列，主要是考察这个数列的变化趋向如何。例如：数列 $0,\dfrac{1}{2},\dfrac{2}{3},\dfrac{3}{4},\cdots,\dfrac{n-1}{n},\cdots$ 的各项随着 n 的增大，越来越接近 1。

数列 $1,3,5,7,\cdots,2n-1,\cdots$ 的各项随着 n 的增大而增大，而且无限制地增大。

数列 $1,0,1,0,\cdots,\dfrac{1+(-1)^{n-1}}{2},\cdots$ 的各项在 0 与 1 这两个数上摆动不已，而不是越来越接近某一定数。

由此，最重要的是在数列的变化过程中，渐趋稳定的一种状态，也就是越来越接近于某一定数的这种情况。

下面我们就以上述第一个数列为例，作进一步研究。

数列 $\left\{\dfrac{n-1}{n}\right\}$，即 $0,\dfrac{1}{2},\dfrac{2}{3},\dfrac{3}{4},\dfrac{4}{5},\dfrac{5}{6},\cdots,\dfrac{n-1}{n},\cdots$，这个数列从左边看过来，显然越来越接近于常数 1。那么究竟它与 1 能接近到什么程度呢？我们可以说：当自变量 n 的值无限增大

时，$\dfrac{n-1}{n}$ 的对应值可以无限地接近于 1。实际上，我们就把这样一个常数 1，叫做数列 $\left\{\dfrac{n-1}{n}\right\}$ 的极限。

把上面这段叙述推广到一般的数列 $\{x_n\}$，便得出数列极限的描述性定义：

设 $\{x_n\}$ 为一数列，a 为一常数，如果当 n 无限增大时，x_n 的对应值无限接近于常数 a，我们就说数列 $\{x_n\}$ 以 a 为极限。

这个定义使用了"无限增大"和"无限接近"的说法，充分体现出运动变化的观点，并且揭露了极限概念的实质。但有不足之处，这就是描述得比较抽象，缺乏确切的数学语言，致使以后在运用极限进行理论研究和实际计算时，将无法利用，因此我们必须探讨更为精确的极限定义。

所谓"无限增大"和"无限接近"，它表达了一种不断的运动变化，我们必须把这种无限的变化过程加以割断，通过一连串的有限数值来表达无限。仍就上面的例子来看，所说"当 n 无限增大时，$\dfrac{n-1}{n}$ 的对应值无限接近于 1"的含义是：

当 n 充分大时，$\dfrac{n-1}{n}$ 与 1 可以任意接近，要多近就能有多近。换句话说，当 n 充分大时，$\left|\dfrac{n-1}{n}-1\right|$ 可以任意小，要多小就能有多小。

为了验证这个判断，可以任意指定一个很小的正数，比如 $\dfrac{1}{100}$。我们说，当 n 充分大时，便有

$$\left|\dfrac{n-1}{n}-1\right|=\dfrac{1}{n}<\dfrac{1}{100} \tag{2}$$

那么到底 n 取哪些数值能使（2）式成立呢？只要解不等式（2），便可得到 $n>100$，这就是说，n 取的值只要大于自然数 100，总有 $\left|\dfrac{n-1}{n}-1\right|<\dfrac{1}{100}$。可以更具体地解释一下：如果 $n=101$，102，103，…，则所对应的项，亦即第 100 项以后的所有项与 1 之差的绝对值都小于 $\dfrac{1}{100}$，即

$$\left|\dfrac{100}{101}-1\right|<\dfrac{1}{100},\ \left|\dfrac{101}{102}-1\right|<\dfrac{1}{100},\ \left|\dfrac{102}{103}-1\right|<\dfrac{1}{100},\ \cdots$$

如果认为 $\dfrac{1}{100}$ 还不够小，那么可以任意再指定一个更小的正数，比如 $\dfrac{1}{10000}$。我们说，当 n 充分大时，仍然有

$$\left|\dfrac{n-1}{n}-1\right|=\dfrac{1}{n}<\dfrac{1}{10000} \tag{3}$$

解（3）式，则得 $n>10000$。可见 n 取的值只要大于自然数 10000，（3）式总是成立的。

不过，变数 $\dfrac{n-1}{n}$ 与 1 之差的绝对值小于 $\dfrac{1}{10000}$，仍不足以说明这两个数是无限接近的。为了验证无限接近势必还须继续给出更小的正数，但是更小的正数是无穷无尽的。因此，下面

我们干脆不指定具体的数字，而用一个字母比如 ε 代表任何一个所指定的正数。这样一来，是否仍然可以找到一个自然数，当 n 大于这个自然数时，使不等式

$$\left|\frac{n-1}{n}-1\right|=\frac{1}{n}<\varepsilon \tag{4}$$

成立呢？答案是肯定的，只要解(4)式，便得到 $n>\dfrac{1}{\varepsilon}$。于是找到了自然数 $\left[\dfrac{1}{\varepsilon}\right]$，只要 $n>$ $\left[\dfrac{1}{\varepsilon}\right]$，自然有 $n>\dfrac{1}{\varepsilon}$，从而(4)式便成立。这次的验证具有普遍意义，相当于验证了一切正数。由于 $\dfrac{n-1}{n}$ 与 1 可以无限接近，那么我们就说 1 是 $\dfrac{n-1}{n}$ 的极限。

把以上的讨论加以抽象概括，便得到下面的定义：

定义　设有数列 $\{x_n\}$ 和一常数 a，如果对于任意给定的正数 ε，总存在自然数 N，当 $n>N$ 时，恒有 $|x_n-a|<\varepsilon$，则称数列 $\{x_n\}$ 以 a 为极限，记为

$$\lim_{n\to\infty}x_n=a \text{ 或 } x_n\to a(n\to\infty)$$

注：(1)因为定义中使用了 ε，N，通常称此定义为数列极限的"ε-N"定义，或"ε-N"语言。其中 ε 是一个预先给定的正数，这个数可以任意小是很重要的，只有这样，不等式 $|x_n-a|<\varepsilon$ 才能表达出 x_n 与 a 可以无限接近。

(2)定义里所谓"当 $n>N$ 时，恒有 $|x_n-a|<\varepsilon$"，是指当 $n=N+1$，$N+2$，… 时，$|x_{N+1}-a|<\varepsilon$，$|x_{N+2}-a|<\varepsilon$，…这样无穷多个不等式都成立。注意"N"对应着第 N 项。

(3)所找到的 N，一般说来依赖于 ε，ε 愈小，N 愈大。

数列 $\{x_n\}$ 以 a 为极限，也说成数列 $\{x_n\}$ 收敛于 a，常数 a 称为 $\{x_n\}$ 的极限值。有极限的数列称为**收敛的数列**，没有极限的数列称为**发散的数列**。

几何解释　对上述定义，给出一个几何上的直观解释，有助于对概念的理解。

因不等式 $|x_n-a|<\varepsilon$ 相当于 $a-\varepsilon<x_n<a+\varepsilon$，这表明当 $n>N$ 时，所有的 x_n 点都在以 a 为中心的开区间 $(a-\varepsilon,a+\varepsilon)$ 内。因此，数列 $\{x_n\}$ 以 a 为极限的几何意义是，对于任意给定的 $\varepsilon>0$，我们以 a 为中心作一个开区间 $(a-\varepsilon,a+\varepsilon)$，则第 N 项以后的无穷多个项 x_{N+1}，x_{N+2}，…全都落在这个区间之内，只是有限个项(最多有 N 个)落在区间之外。

下面举几个证明极限的例子。通过这类问题的讨论，一方面可加深对极限定义的理解；另一方面也希望掌握这种运用定义证明极限的方法，以备后面使用。

例 1　证明数列 $\left\{\dfrac{(-1)^{n+1}}{n}\right\}$，即 1，$-\dfrac{1}{2}$，$\dfrac{1}{3}$，$-\dfrac{1}{4}$，…以零为极限。

分析　先说明一下证明的思路。根据前面的定义，需要证明的是：对于任意给定的 $\varepsilon>0$，总存在自然数 N，当 $n>N$ 时，恒有

$$\left|\frac{(-1)^{n+1}}{n}-0\right|<\varepsilon \tag{5}$$

那么如何去找 N 呢？我们可以这样设想，从不等式(5)入手，如果经过推导(也就是解这个不等式)，能够得出一个如下的不等式

$$n>\text{"正数"}, \tag{6}$$

则满足(6)式的自然数 n，逆推回去也必使(5)式成立。于是根据出现在(6)式右边的那

个"正数"，就可以确定要找的自然数 N，若(6)式右边的"正数"恰好是自然数，就取这个自然数为 N；若不是自然数，则取不超过这个正数的最大整数为 N。

证明 根据定义，需要证明：对于任意给定的 $\varepsilon>0$，总可以找到自然数 N，当 $n>N$ 时，恒有 $\left|\dfrac{(-1)^{n+1}}{n}-0\right|=\dfrac{1}{n}<\varepsilon$

为了找自然数 N，我们解此不等式，便得 $n>\dfrac{1}{\varepsilon}$。

对于给定的 $\varepsilon>0$，若取 $N=\left[\dfrac{1}{\varepsilon}\right]$，则当 $n>N$ 时，便有 $n>\dfrac{1}{\varepsilon}$，逆推回去，也使 $\left|\dfrac{(-1)^{n+1}}{n}-0\right|<\varepsilon$。这就证明了，数列 $\left|\dfrac{(-1)^{n+1}}{n}\right|$ 以零为极限。

列表参考如下：

给定的	存在着	当	有
$\varepsilon>0$	$N=\left[\dfrac{1}{\varepsilon}\right]$	$n>N$	$\dfrac{(-1)^{n+1}}{n}-0=\dfrac{1}{n}<\varepsilon$
$\varepsilon=\dfrac{1}{10}$	$N=10$	$n>10$	$\dfrac{1}{n}<\dfrac{1}{10}$
$\varepsilon=\dfrac{1}{100}$	$N=100$	$n>100$	$\dfrac{1}{n}<\dfrac{1}{100}$
$\varepsilon=\dfrac{1}{1000}$	$N=1000$	$n>1000$	$\dfrac{1}{n}<\dfrac{1}{1000}$
$\varepsilon=\dfrac{1}{10^k}$	$n=10^k$	$n>10^k$	$\dfrac{1}{n}<\dfrac{1}{10^k}$

从上面的证明可知 $\lim\limits_{n\to\infty}\dfrac{1}{n}=0$，后面计算极限时，要引用这个结果。

例 2 证明 $\lim\limits_{n\to\infty}\dfrac{2+(-1)^n}{n}=0$。

证明 要证明的是：对于任意给定的 $\varepsilon>0$，总可以找到自然数 N，使当 $n>N$ 时，便有

$$\left|\dfrac{2+(-1)^n}{n}-0\right|=\dfrac{2+(-1)^n}{n}<\varepsilon \tag{7}$$

因为对于任何的自然数 n（即不论 n 取任何自然数），总有 $\dfrac{2+(-1)^n}{n}\leqslant\dfrac{3}{n}$，所以只要 $\dfrac{3}{n}<\varepsilon$，则(7)式便成立。由此得 $n>\dfrac{3}{\varepsilon}$。可见，对于给定的 $\varepsilon>0$，如果取 $N=\left[\dfrac{3}{\varepsilon}\right]$，则当 $n>N$ 时，便有 $\left|\dfrac{2+(-1)^n}{n}-0\right|<\varepsilon$，所以 $\lim\limits_{n\to\infty}\dfrac{2+(-1)^n}{n}=0$。

例 3 求证：当 $|q|<1$（q 为常数）时，$\lim\limits_{n\to\infty}q^n=0$。

证明 要证明的是：对于任意给定的 $\varepsilon>0$，总可以找到自然数 N，当 $n>N$ 时，有 $|q^n-0|=|q^n|=|q|^n<\varepsilon$

为从此式解出 n，两边取对数，得

$$n\lg|q|<\lg\varepsilon$$

因 $|q|<1$，从而 $\lg|q|<0$，以 $\lg|q|$ 除两边，得

$$n>\frac{\lg\varepsilon}{\lg|q|}$$

对于任意给定的 $\varepsilon>0$，已找到了 $N=\left[\dfrac{\lg\varepsilon}{\lg|q|}\right]$，当 $n>N$ 时，便有 $|q^n-0|<\varepsilon$，这就证明了 $\lim\limits_{n\to\infty}q^n=0$。

例 4 证明 $\lim\limits_{n\to\infty}\dfrac{n^2-n}{3n^2+1}=\dfrac{1}{3}$。

证明 根据定义，对于任意给定的 $\varepsilon>0$，要找到自然数 N，使当 $n>N$ 时，有

$$\left|\frac{n^2-n}{3n^2+1}-\frac{1}{3}\right|<\varepsilon \tag{8}$$

要想直接从此式解出 n，是不容易的。我们可以利用"适当放大"（加强不等式）的办法，把它化简：

当 $n>1$ 时，有

$$\frac{3n+1}{9n^2+3}\overset{(放大)}{<}\frac{3n+n}{9n^2}=\frac{4n}{9n^2}=\frac{4}{9n}$$

要（8）式成立，在 $n>1$ 的条件下，只需

$$\frac{4}{9n}<\varepsilon$$

由此得

$$n>\frac{4}{9\varepsilon}$$

对于任意给定的 $\varepsilon>0$，我们找到了 $N=\left[\dfrac{4}{9\varepsilon}\right]$，当 $n>N$ 时（因 N 为自然数，若 $n>N$ 时，自然有 $n>1$），便有

$$\left|\frac{n^2-n}{3n^2+1}-\frac{1}{3}\right|<\varepsilon$$

所以

$$\lim_{n\to\infty}\frac{n^2-n}{3n^2+1}=\frac{1}{3}$$

例 5 证明 $\lim\limits_{n\to\infty}\dfrac{n^2-n+5}{3n^2+2n-4}=\dfrac{1}{3}$。

证明 根据定义，对于任意给定的 $\varepsilon>0$，要找到自然数 N，当 $n>N$ 时，

$$\left|\frac{n^2-n+5}{3n^2+2n-4}-\frac{1}{3}\right|<\varepsilon \tag{9}$$

还是利用适当放大的办法，把不等式化简。

$$\left|\frac{n^2-n+5}{3n^2+2n-4}-\frac{1}{3}\right|=\left|\frac{-(5n-19)}{3(3n^2+2n-4)}\right|=\left|\frac{5n-19}{3(3n^2+2n-4)}\right|$$

当 $n>3$ 时，则有

$$\left|\frac{5n-19}{3(3n^2+2n-4)}\right| \overset{(n>3)}{=} \frac{5n-19}{3(3n^2+2n-4)} \overset{(放大)}{<} \frac{5n}{3\cdot 3n^2} = \frac{5}{3\cdot 3n} \overset{(放大)}{<} \frac{1}{n}$$

要(9)式成立,在 $n>3$ 的条件下,只须

$$\frac{1}{n}<\varepsilon$$

即

$$n>\frac{1}{\varepsilon}$$

在确定 N 时必须兼顾 $n>3$,我们取 $N=\max\left\{3,\left[\frac{1}{\varepsilon}\right]\right\}$。于是对于给定的 $\varepsilon>0$,已找到了自然数 $N=\max\left\{3,\left[\frac{1}{\varepsilon}\right]\right\}$,当 $n>N$ 时,便有 $\left|\frac{n^2-n+5}{3n^2+2n-4}-\frac{1}{3}\right|<\varepsilon$,所以

$$\lim_{n\to\infty}\frac{n^2-n+5}{3n^2+2n-4}=\frac{1}{3}$$

§2.2 数列极限的性质和运算

一、数列极限的性质

收敛的数列趋向极限的方式虽然有所不同,但却存在一系列共同的性质,我们就其中几个比较重要的性质加以讨论。

定理 1 (唯一性)任何收敛数列的极限都是唯一的。

证明用反证法。设 $\{x_n\}$ 有两个相异的极限 a 和 $b(a\neq b)$。因 $\lim\limits_{n\to\infty}x_n=a$,所以对于任意给定的 $\varepsilon>0$,存在 N_1,当 $n>N_1$ 时,

$$|x_n-a|<\frac{\varepsilon}{2} \tag{1}$$

因 $\lim\limits_{n\to\infty}x_n=b$,所以对于任意给定的 $\varepsilon>0$,存在 N_2,当 $n>N_2$ 时,

$$|x_n-b|<\frac{\varepsilon}{2} \tag{2}$$

取 $N=\max\{N_1,N_2\}$,则当 $n>N$ 时,(1)与(2)同时成立,因此当 $n>N$,便有

$$|a-b|=|(x_n-b)+(a-x_n)|\leqslant|x_n-b|+|a-x_n|<\frac{\varepsilon}{2}+\frac{\varepsilon}{2}=\varepsilon,\ \text{即}\ |a-b|<\varepsilon$$

根据上面假设, $|a-b|$ 是一个大于零的常数,它不可能小于任意小的正数 ε,这就导致了矛盾,从而 $\{x_n\}$ 的极限只能有一个。

定理 2 (有界性)收敛数列都是有界数列。

证明 设 $\{x_n\}$ 以 a 为极限,则对于给定的 $\varepsilon=1$,必存在 N,当 $n>N$ 时, $|x_n-a|<1$。由绝对值的运算性质有

$$|x_n|-|a|\leqslant|x_n-a|<1$$

所以

$$|x_n|<|a|+1$$

这就是说，当 $n>N$ 时，数列 $\{x_n\}$ 是有界的，既然第 N 项以后所有项是有界的，而第 N 项以前只有有限个项，所以整个数列有界。

注：收敛数列必有界，但逆命题不成立，即有界数列不一定收敛。比如数列 $\{1+(-1)^{n+1}\}$，即 $2,0,2,0,2,0,\cdots,1+(-1)^{n+1},\cdots$ 是有界的，因为 $1+(-1)^{n+1}\leqslant 2$，但这个数列总是在 2 与 0 两个数上取值和波动，并不趋于任何定数。

定理 3 （保号性）若 $\lim\limits_{n\to\infty}x_n=a$，且 $a>0$（或 $a<0$），则必存在 N，当 $n>N$ 时，$x_n>0$（或 $x_n<0$）。

证明 我们仅证明 $a>0$ 的情形。因 $\lim\limits_{n\to\infty}x_n=a(a>0)$，所以对于给定的 $\varepsilon=\dfrac{a}{2}$，必存在 N，当 $n>N$ 时，$|x_n-a|<\dfrac{a}{2}$

即
$$a-\frac{a}{2}<x_n<a+\frac{a}{2}$$

这就是说当 $n>N$ 时，$x_n>a-\dfrac{a}{2}=\dfrac{a}{2}>0$，从而定理得证。

定理 4 若 $x_n\leqslant y_n$，且 $\lim\limits_{n\to\infty}x_n$ 和 $\lim\limits_{n\to\infty}y_n$ 都存在，则 $\lim\limits_{n\to\infty}x_n\leqslant\lim\limits_{n\to\infty}y_n$。

证明 用反证法。设 $\lim\limits_{n\to\infty}x_n=a$，$\lim\limits_{n\to\infty}y_n=b$，且 $a>b$，于是对于给定的 $\varepsilon=\dfrac{a-b}{2}>0$，必存在 N_1 与 N_2，当 $n>N_1$ 时，有
$$|x_n-a|<\frac{a-b}{2} \tag{3}$$

当 $n>N_2$ 时，有
$$|y_n-b|<\frac{a-b}{2} \tag{4}$$

取 $N=\max\{N_1,N_2\}$，则 $n>N$ 时，(3)与(4)皆成立。

但由(3)得 $a-\dfrac{a-b}{2}<x_n<a+\dfrac{a-b}{2}$，即
$$x_n>a-\frac{a-b}{2}=\frac{a+b}{2}$$

由(4)得 $b-\dfrac{a-b}{2}<y_n<b+\dfrac{a-b}{2}$

即
$$y_n<b+\frac{a-b}{2}=\frac{a+b}{2}$$

从而
$$x_n>y_n$$

这与定理的条件相矛盾，所以应当是 $a\leqslant b$，亦即 $\lim\limits_{n\to\infty}x_n\leqslant\lim\limits_{n\to\infty}y_n$。

推论若 $x_n\leqslant C$（或 $x_n\geqslant C$），又 $\lim\limits_{n\to\infty}x_n$ 存在，则 $\lim\limits_{n\to\infty}x_n\leqslant C$（或 $\lim\limits_{n\to\infty}x_n\geqslant C$）。

定理 5 （敛迫性）若有一自然数 K，当 $n>K$ 时，有 $x_n\leqslant y_n\leqslant z_n$ 且 $\lim\limits_{n\to\infty}x_n=\lim\limits_{n\to\infty}z_n=a$，则有 $\lim\limits_{n\to\infty}y_n=a$。

（简述为：若两数列有相同的极限，则夹在中间的数列也有该极限。）

证明 设 ε 是任意给定的正数，因 $\lim\limits_{n\to\infty}x_n=a$，所以必存在自然数 N_1，当 $n>N_1$ 时，有

$$|x_n-a|<\varepsilon$$

即
$$a-\varepsilon<x_n<a+\varepsilon$$

又因 $\lim\limits_{n\to\infty}z_n=a$，所以对于上面给定的 $\varepsilon>0$，必存在 N_2，当 $n>N_2$ 时，

有
$$|z_n-a|<\varepsilon$$

即
$$a-\varepsilon<z_n<a+\varepsilon$$

取 $N=\max\{K,\ N_1,\ N_2\}$，则当 $n>N$ 时，

便有
$$a-\varepsilon<x_n\leqslant y_n\leqslant z_n<a+\varepsilon,$$

即得 $|y_n-a|<\varepsilon$

这就证明了 $\lim\limits_{n\to\infty}y_n=a$。

二、极限的四则运算

在一些实际问题中，我们所遇到的数列是否有极限，往往并不清楚，即使知道它有极限，也不一定知道极限值究竟是什么，因此在极限的研究中，存在着两个基本问题：一个是判别数列是否存在极限，另一个是把极限值求出来。这里要讲的极限四则运算，就是求极限的法则，至于极限存在的判别问题，将在下一节研究。

定理 6 若 $\lim\limits_{n\to\infty}x_n=a$，$\lim\limits_{n\to\infty}y_n=b$，则 $\lim\limits_{n\to\infty}(x_n\pm y_n)$ 也存在，并且
$$\lim_{n\to\infty}(x_n\pm y_n)=a\pm b=\lim_{n\to\infty}x_n\pm\lim_{n\to\infty}y_n$$

（简述为：和的极限等于极限的和。）

证明 因 $\lim\limits_{n\to\infty}x_n=a$，$\lim\limits_{n\to\infty}y_n=b$，所以对于任意给定的 $\varepsilon>0$，必存在 N_1 和 N_2，当 $n>N_1$ 时，

有 $|x_n-a|<\dfrac{\varepsilon}{2}$，当 $n>N_2$ 时，有 $|y_n-b|<\dfrac{\varepsilon}{2}$，取 $N=\max\{N_1,\ N_2\}$，则当 $n>N$ 时，便有

$$|(x_n\pm y_n)-(a\pm b)|=|(x_n-a)\pm(y_n-b)|\leqslant|(x_n-a)|+|(y_n-b)|<\frac{\varepsilon}{2}+\frac{\varepsilon}{2}=\varepsilon$$

这就证明了
$$\lim_{n\to\infty}(x_n\pm y_n)=a\pm b=\lim_{n\to\infty}x_n\pm\lim_{n\to\infty}y_n$$

定理 7 若 $\lim\limits_{n\to\infty}x_n=a$，$\lim\limits_{n\to\infty}y_n=b$，则 $\lim\limits_{n\to\infty}(x_n\cdot y_n)$ 也存在，并且
$$\lim_{n\to\infty}(x_n\cdot y_n)=a\cdot b=\lim_{n\to\infty}x_n\cdot\lim_{n\to\infty}y_n$$

（简述为：乘积的极限等于极限的乘积。）

证明 因 $\lim\limits_{n\to\infty}y_n=b$，根据前面定理 2，必存在自然数 N_1 和正数 M，当 $n>N_1$ 时，$|y_n|\leqslant M$。其次，对于任意给定的 $\varepsilon>0$，必存在 N_2 和 N_3，当 $n>N_2$ 时，有 $|x_n-a|<\varepsilon$，当 $n>N_3$ 时，有 $|y_n-b|<\varepsilon$

取 $N=\max\{N_1,\ N_2,\ N_3\}$，则当 $n>N$ 时，便有
$$\begin{aligned}|x_ny_n-ab|&=|x_ny_n-ay_n+ay_n-ab|\\&=|(x_n-a)y_n+a(y_n-b)|\leqslant|x_n-a||y_n|+|a||y_n-b|\\&\leqslant M|x_n-a|+|a||y_n-b|<M\cdot\varepsilon+|a|\cdot\varepsilon\\&=(M+|a|)\varepsilon\end{aligned}$$

即
$$|x_ny_n-ab|<(M+|a|)\varepsilon$$

由于 $M+|a|$ 是常数，而 ε 可以任意小，所以 $(M+|a|)\varepsilon$ 是可以任意小的正数，这就证明了
$$\lim_{n\to\infty}(x_n \cdot y_n)=a \cdot b=\lim_{n\to\infty}x_n \cdot \lim_{n\to\infty}y_n$$

推论 1 若 $\lim\limits_{n\to\infty}x_n$ 存在，则 $\lim\limits_{n\to\infty}(c \cdot x_n)=c \lim\limits_{n\to\infty}x_n$。（因为 $\lim\limits_{n\to\infty}c=c$）

（即：常因子可以提到极限符号的外面。）

推论 2 设 $\lim\limits_{n\to\infty}x_n$ 存在，n 为正数，则 $\lim\limits_{n\to\infty}(x_n)^n=(\lim\limits_{n\to\infty}x_n)^n$。

引理 若 $\lim\limits_{n\to\infty}x_n=a$，而 $a\neq 0$，则 $\lim\limits_{n\to\infty}\dfrac{1}{x_n}$ 也存在，并且 $\lim\limits_{n\to\infty}\dfrac{1}{x_n}=\dfrac{1}{a}$。

证明 无妨设 $a>0$（若 $a<0$，则 $\lim\limits_{n\to\infty}(-x_n)=-\lim\limits_{n\to\infty}x_n=-a>0$）。因 $\lim\limits_{n\to\infty}x_n=a$，则对于正数 $\dfrac{a}{2}$，必存在 N_1，当 $n>N_1$ 时，$|x_n-a|<\dfrac{a}{2}$

即
$$a-\frac{a}{2}<x_n<a+\frac{a}{2}$$

亦即
$$x_n>\frac{a}{2}>0 \tag{5}$$

又对于任意给定的 $\varepsilon>0$，必存在 N_2，当 $n>N_2$ 时，
$$|x_n-a|<\varepsilon \tag{6}$$

取 $N=\max\{N_1, N_2\}$，则当 $n>N$ 时，注意 (5)、(6)，便有
$$\left|\frac{1}{x_n}-\frac{1}{a}\right|=\frac{|a-x_n|}{ax_n}=\frac{|x_n-a|}{ax_n}<\frac{\varepsilon}{a \cdot \dfrac{a}{2}}=\frac{2}{a^2}\varepsilon$$

因为 $\dfrac{2}{a^2}$ 是常数，而 ε 可以任意小，所以 $\dfrac{2}{a^2}\varepsilon$ 也可以任意小，这就证明了
$$\lim_{n\to\infty}\frac{1}{x_n}=\frac{1}{a}$$

定理 8 若 $\lim\limits_{n\to\infty}x_n=a$，$\lim\limits_{n\to\infty}y_n=b$，且 $b\neq 0$，则 $\lim\limits_{n\to\infty}\dfrac{x_n}{y_n}$ 存在，并且
$$\lim_{n\to\infty}\frac{x_n}{y_n}=\frac{a}{b}=\frac{\lim\limits_{n\to\infty}x_n}{\lim\limits_{n\to\infty}y_n}$$

（简述为：商的极限等于极限的商。）

证明 根据上述定理 7 及引理，便得
$$\lim_{n\to\infty}\frac{x_n}{y_n}=\lim_{n\to\infty}\left(x_n \cdot \frac{1}{y_n}\right)=\lim_{n\to\infty}x_n \cdot \lim_{n\to\infty}\frac{1}{y_n}=a \cdot \frac{1}{b}=\frac{a}{b}=\frac{\lim\limits_{n\to\infty}x_n}{\lim\limits_{n\to\infty}y_n}$$

上面所介绍的极限性质和运算法则都是基本的知识，特别是对于运算法则，必须通过足够的演算进行训练。在实行极限运算时，要注意每一步的依据，做到严密合理。

例 1 求 $\lim\limits_{n\to\infty}\dfrac{n^2-2n+2}{n^3-3n+1}$。

解 当 $n\to\infty$ 时分子和分母都出现了 ∞，因此不能直接应用商的极限定理（定理 8）。我

们首先以分子分母中出现的 n 的最高次幂 n^3 去除分子和分母，则得

$$\frac{n^2-2n+2}{n^3-3n+1}=\frac{\dfrac{1}{n}-\dfrac{2}{n^2}+\dfrac{2}{n^3}}{1-\dfrac{3}{n^2}+\dfrac{1}{n^3}}$$

于是

$$\lim_{n\to\infty}\frac{n^2-2n+2}{n^3-3n+1}=\lim_{n\to\infty}\frac{\dfrac{1}{n}-\dfrac{2}{n^2}+\dfrac{2}{n^3}}{1-\dfrac{3}{n^2}+\dfrac{1}{n^3}}$$

$$=\frac{\lim\limits_{n\to\infty}\left(\dfrac{1}{n}-\dfrac{2}{n^2}+\dfrac{2}{n^3}\right)}{\lim\limits_{n\to\infty}\left(1-\dfrac{3}{n^2}+\dfrac{1}{n^3}\right)}=\frac{\lim\limits_{n\to\infty}\dfrac{1}{n}-\lim\limits_{n\to\infty}\dfrac{2}{n^2}+\lim\limits_{n\to\infty}\dfrac{2}{n^3}}{\lim\limits_{n\to\infty}1-\lim\limits_{n\to\infty}\dfrac{3}{n^2}+\lim\limits_{n\to\infty}\dfrac{1}{n^3}}$$

$$=\frac{0-0+0}{1-0+0}=\frac{0}{1}=0$$

例 2　求 $\lim\limits_{n\to\infty}(\sqrt{n+1}-\sqrt{n})\sqrt{n}$。

解　如果直接计算极限，则当 $n\to\infty$ 时，出现形如 $(\infty-\infty)\cdot\infty$ 的式子，不能直接应用定理 6, 7, 因此须另想办法。

为叙述方便，令 $x_n=(\sqrt{n+1}-\sqrt{n})\sqrt{n}$。除以并乘以共轭根式 $\sqrt{n+1}+\sqrt{n}$。则

$$x_n=\frac{(\sqrt{n+1}-\sqrt{n})(\sqrt{n+1}+\sqrt{n})}{\sqrt{n+1}+\sqrt{n}}\sqrt{n}=\frac{\sqrt{n}}{\sqrt{n+1}+\sqrt{n}}=\frac{1}{\sqrt{1+\dfrac{1}{n}}+1}$$

于是　　　　$$\lim_{n\to\infty}x_n=\lim_{n\to\infty}\frac{1}{\sqrt{1+\dfrac{1}{n}}+1}=\frac{\lim\limits_{n\to\infty}1}{\lim\limits_{n\to\infty}\left(\sqrt{1+\dfrac{1}{n}}+1\right)}=\frac{\lim\limits_{n\to\infty}1}{\lim\limits_{n\to\infty}\sqrt{1+\dfrac{1}{n}}+\lim\limits_{n\to\infty}1}=\frac{1}{1+1}=\frac{1}{2}$$

例 3　求 $\lim\limits_{n\to\infty}\dfrac{a^n+b^n}{a^{n+1}+b^{n+1}}(0<a<b)$。

解　令 $x_n=\dfrac{a^n+b^n}{a^{n+1}+b^{n+1}}$，由于 $b>a$，我们从分子分母中分别提出 b^n 和 b^{n+1}，

则得

$$x_n=\frac{b^n\left[\left(\dfrac{a}{b}\right)^n+1\right]}{b^{n+1}\left[\left(\dfrac{a}{b}\right)^{n+1}+1\right]}=\frac{1}{b}\cdot\frac{\left(\dfrac{a}{b}\right)^n+1}{\left(\dfrac{a}{b}\right)^{n+1}+1}$$

于是　　　　$$\lim_{n\to\infty}x_n=\lim_{n\to\infty}\left(\frac{1}{b}\cdot\frac{\left(\dfrac{a}{b}\right)^n+1}{\left(\dfrac{a}{b}\right)^{n+1}+1}\right)$$

$$= \lim_{n \to \infty} \frac{1}{b} \cdot \frac{\lim\limits_{n \to \infty} \left(\dfrac{a}{b}\right)^n + \lim\limits_{n \to \infty} 1}{\lim\limits_{n \to \infty} \left(\dfrac{a}{b}\right)^{n+1} + \lim\limits_{n \to \infty} 1} = \frac{1}{b} \cdot \frac{0+1}{0+1} = \frac{1}{b}$$

（因 $\dfrac{a}{b} < 1$，所以 $\lim\limits_{n \to \infty} \left(\dfrac{a}{b}\right)^n = 0$，参考 §2.1 例 3）

§2.3　极限存在判别法

利用极限理论处理问题时，知道一个变量是否有极限存在是很重要的。这里来介绍一个判别极限存在的比较重要的方法。在讲判别法之前，首先介绍两个重要概念，即上确界和下确界。

一、上确界和下确界

本节虽然是研究数列问题，而我们要就着比数列概念广泛得多的所谓"数集"（数列是数集的特殊情形）来定义上确界和下确界。

定义　如果存在一个数 M，使数集 E 中的每一个数 x 都满足不等式 $x \leq M(x \geq M)$，则称数集 E **有上（下）界**，并把数 M 叫做数集 E 的**上（下）界**。

如果数集 E 既有上界又有下界，即存在数 M 与数 m，使 E 中的每一个数 x 都满足不等式 $m \leq x \leq M$，则称数集 E **有界**。

例 1　一切负整数的集合，一切负有理数的集合，以及一切负实数的集合，都有上界，比如 0 就可以作为这些数集的上界（显然，比 0 大的任何数也都是它的上界），但是这三个数集都没有下界。

例 2　自然数集合有下界（比如 0），而无上界，一切整数所成的集合，既无上界又无下界。

例 3　真分数集合 $\dfrac{n}{n+1}(n=1,\ 2,\ 3,\ \cdots)$ 是有界集合，因为 $0 < \dfrac{n}{n+1} < 1$。

例 4　函数 $f(x) = \dfrac{1}{x^2+1}$ 的函数值所构成的集合是有界的，因为 $0 < \dfrac{1}{1+x^2} \leq 1$。

下面讲数集的上确界和下确界的概念。

定义　如果对于数集 E 存在一个数 β，满足条件：

（1）对于 E 中的一切数 x，都有 $x \leq \beta$；

（2）无论正数 ε 多么小，E 中至少存在一个数 x_0，使 $\beta - \varepsilon < x_0 \leq \beta$。

则 β 称为数集 E 的**上确界**，或**最小上界**，记作 $\beta = \sup E$。

上面第一个条件说明 β 是数集 E 的上界之一，而第二个条件，则说明小于 β 的任何数，都不是 E 的上界，这就是说，β 是 E 的最小上界。

定义　如果对于数集 E 存在一个数 α，满足条件：

(1)对于 E 中的一切数 x，都有 $x \geq \alpha$；

(2)无论正数 ε 多么小，E 中至少存在一个数 x_0，使 $\alpha \leq x_0 < \alpha + \varepsilon$。

则 α 称为 E 的**下确界**或**最大下界**，记作 $\alpha = \inf E$。

第一个条件说明 α 是 E 的下界之一，第二个条件则说明大于 α 的任何数，都不是 E 的下界。即是说，α 是 E 的最大下界。

例 5 数集 $E = \{1, 3, 5, 7, 9\}$ 的上确界是 9，下确界是 1，上、下确界都属于 E。

如果一个数集是有穷集，就必然有最大数和最小数，于是最大数就是上确界，最小数就是下确界。因此关于有穷数集的确界问题，没有什么可讨论的。

例 6 一切负有理数所成的集合的上确界是 0(0 不属于这个集合)。因为：

(1)0 大于任何负有理数；

(2)无论 $\varepsilon > 0$ 多么小，根据有理数的稠密性，一定有这样的负有理数 x_0，使 $0 - \varepsilon < x_0 < 0$。

因为这个数集没有下界，当然也就没有下确界(最小下界)。

例 7 数列 $\left\{\dfrac{n}{n+1}\right\}$ 的上确界是 1，下确界是 $\dfrac{1}{2}$。因为：

(1)对于任何的 n，都有 $\dfrac{n}{n+1} < 1$；

(2)对于任意的 $\varepsilon > 0$，总有这样的 $\dfrac{n}{n+1}$，使 $\dfrac{n}{n+1} > 1 - \varepsilon$，事实上，要使 $\dfrac{n}{n+1} > 1 - \varepsilon$，只要 $n > \dfrac{1}{\varepsilon} - 1$(从 $\dfrac{n}{n+1} > 1 - \varepsilon$ 解得 $n > \dfrac{1}{\varepsilon} - 1$)就行了。

同样可以证明 $\dfrac{1}{2}$ 是 $\left\{\dfrac{n}{n+1}\right\}$ 的下确界。

这个数集的上确界不属于这个集合。

例 8 满足不等式 $a < x \leq b$ 的实数所成的集合，其上确界是 b，下确界是 a，上确界属于这个集合，下确界不属于这个集合。

例 9 由一切整数所成的集合，既无上确界，又无下确界，因为这个数集根本就没有上界和下界。

如果一个数集没有上(下)界，当然它就不可能有最小上界(最大下界)。可是一个数集如果有上(下)界，那么它是否就一定有最小上界(最大下界)呢？这个问题的回答是肯定的。我们给出下面的公理。

确界公理 有上界的数集必有上确界，有下界的数集必有下确界。

所谓"公理"，它的论断比较明显，不加证明而予以承认。这个公理刻画了实数集合的一种深刻的性质，即实数的连续性。凡是应用实数性质来建立比较严密的分析理论时，总是要承认某一基本事实，作为论述的出发点，以推断其他的结论，所承认的基本事实，便可称之为公理。

二、极限存在判别法

以确界公理为基础，我们就可以证明一个很重要的极限存在判别法。

定理(单调有界判别法)单调有界数列必有极限。

证明 我们先就单调递增的有界数列来证明。

设 $\{x_n\}$ 是单调递增的有界数列,由确界公理,它必有上确界。令 $\beta = \sup\{x_n\}$,现在证明常数 β 恰好就是 $\{x_n\}$ 的极限,即 $\lim_{n \to \infty} x_n = \beta$。

由上确界的定义,则有(i)$x_n \leqslant \beta(n=1, 2, 3, \cdots)$;(ⅱ)对任意给定的 $\varepsilon > 0$,在 $\{x_n\}$ 中至少有一个数 x_N,使 $\beta - \varepsilon < x_N \leqslant \beta$。但由于 $\{x_n\}$ 是单调递增的,所以当 $n > N$ 时,则 $x_n \geqslant x_N$,从而有 $\beta - \varepsilon < x_n < \beta < \beta + \varepsilon$

即
$$|x_n - \beta| < \varepsilon$$

这就证明了 $\lim_{n \to \infty} x_n = \beta$。

至于 $\{x_n\}$ 是单调递减的情形,可以考虑数列 $\{-x_n\}$,这已是递增数列了。

为了以后方便使用,可以把这个定理的叙述改变一下:

(1)如果一个数列是单调递增的而有上界,则必有极限(极限值是数列的上确界);

(2)如果一个数列是单调递减的而有下界,也必有极限(极限值是数列的下确界)。

例 10 考虑数列

$$x_1 = \sqrt{a}, \quad x_2 = \sqrt{a + \sqrt{a}}, \quad x_3 = \sqrt{a + \sqrt{a + \sqrt{a}}}, \quad \cdots,$$

$$x_n = \sqrt{a + \sqrt{a + \sqrt{a + \cdots + \sqrt{a}}}}, \quad \cdots (a > 0)$$

是否存在极限。

解 从这个数列构造来看,显然是单调递增的,我们来证明它也是有界的。因为

$$x_2 = \sqrt{a + x_1}, \quad x_3 = \sqrt{a + x_2}, \quad \cdots, \quad x_n = \sqrt{a + x_{n-1}}, \quad \cdots,$$

从而有 $x_n^2 = a + x_{n-1}$

以 $x_n(x_n > 0)$ 除两边,得 $x_n = \dfrac{a}{x_n} + \dfrac{x_{n-1}}{x_n}$

又因 $x_{n-1} < x_n$,所以 $x_n < \dfrac{a}{x_n} + 1$ 对每一自然数 n,有 $x_n \geqslant \sqrt{a}$,于是 $\dfrac{a}{x_n} \leqslant \sqrt{a}$。

因此可知,对每一自然数 n,便有 $x_n < \sqrt{a} + 1$。这就证明了 $\{x_n\}$ 是有界的,根据极限存在判别定理,可知 $\{x_n\}$ 存在极限。

我们还可以进一步求出 $\{x_n\}$ 的极限值。设 $\lim_{n \to \infty} x_n = l$,对等式 $x_n^2 = x_{n-1} + a$ 的两边取极限得 $\lim_{n \to \infty} x_n^2 = \lim_{n \to \infty}(x_{n-1} + a) = \lim_{n \to \infty} x_{n-1} + \lim_{n \to \infty} a$,即得方程 $l^2 = l + a$。因 $\{x_n\}$ 为正数列,它的极限 l 不能是负数,取上面方程的正根,则得 $l = \dfrac{1 + \sqrt{4a + 1}}{2}$,这就是数列 $\{x_n\}$ 的极限值。

§2.4 函数极限的概念

以上我们研究了数列的极限。数列是一种特殊的函数，因而数列极限是一种特殊函数的极限。下面讨论一般的函数 $y=f(x)$ 的极限问题。关于函数的极限，总的说来可分为两种情形：一种是自变量趋于无穷的函数极限，另一种是自变量趋于定数的函数极限。

一、自变量趋于无穷的函数极限

自变量趋于无穷的函数极限有三种情况：$x\to+\infty$，$x\to-\infty$，$x\to\infty$ 即($|x|\to+\infty$)。这种极限也叫做函数在无穷远处的极限。下面分别进行讨论。

(一) $x\to+\infty$ 时函数的极限

符号 $x\to+\infty$ 表示函数 $y=f(x)$ 的自变量 x 无限增大的一种变化过程。函数的这种极限——$\lim\limits_{x\to+\infty}f(x)$ 与数列极限 $\lim\limits_{n\to\infty}x_n$ 十分相似，其不同处在于：数列 $\{x_n\}$ 的自变量 n 只取正整数(亦即跳跃取值)趋向无穷大，而函数 $f(x)$ 的自变量 x 则可以取任何正实数(亦即连续取值)而趋向无穷大。函数的这种极限有其实际的意义，可看下面例子。

例1 讨论当 x 无限增大时，函数 $y=\dfrac{1}{x}$ 的变化趋势。

在自然科学和工程技术中，有许多运动规律可以用反比例函数 $y=\dfrac{1}{x}$ 来描述。例如关于理想气体的波义耳定律 $p=\dfrac{C}{V}$，地球引力场的位能 $E=\dfrac{f}{r}$(f 是常数)，点电荷所形成的电场的电位能 $V=\dfrac{q}{r}$(q 是常数)等。其中许多问题需要研究当自变量无限增大时，函数的变化趋势。

我们就函数 $y=\dfrac{1}{x}$ 的表达式也容易看出：当 x 通过一系列正实数(不要求只取正整数)而无限增大时，函数 $y=\dfrac{1}{x}$ 的值便可以无限减小，即趋于零。这个过程可以写成：当 $x\to+\infty$ 时，$y=\dfrac{1}{x}\to0$。

例2 讨论当 $x\to+\infty$ 时，函数 $y=\sin x$ 的变化趋势。

因为 $y=\sin x$ 是周期函数，它的函数值总是在-1 与$+1$ 之间周而复始地摆动，即不管 x 如何增大，它仍然是这样摆动。因此当 x 趋向无穷大时，$\sin x$ 不可能趋向任何一个确定的常数。

从上述各例看出，在自变量无限增大的过程中，函数值的变化可以有不同的情况，但总的来说可以分为两类：一类，当自变量无限增大时，函数趋向于某个确定的常数，这个确定的常数就称为函数的极限。另一类，函数不趋向于某个确定的常数，即或者函数值来回摆动，或者函数值趋于无穷，对于这种情况，就说函数的极限不存在。

下面我们给出当 $x \to +\infty$ 时，函数 $y=f(x)$ 的极限的精确定义。由于函数的这种极限与数列极限 $\lim\limits_{n \to \infty} x_n$ 十分相似，所以关于函数这种极限的定义，也完全可以参照数列极限的定义来考虑。事实上，只要把数列极限的 "$\varepsilon - N$" 定义中的 "自然数 N" 换上 "正数 A"，便得出如下定义。

定义 设有函数 $f(x)$ 和一常数 l，如果对于任意给定的正数 ε，总存在正数 A[①]，当 $x>A$ 时，恒有 $|f(x)-l|<\varepsilon$，则称 l 为当 $x \to +\infty$ 时 $f(x)$ 的极限，记为 $\lim\limits_{x \to +\infty} f(x)=l$ 或 $f(x) \to l(x \to +\infty)$

几何解释 定义中的 $|f(x)-l|<\varepsilon$ 相当于 $-\varepsilon<f(x)-l<\varepsilon$，即 $l-\varepsilon<f(x)<l+\varepsilon$，按定义，当 $x>A$ 时，恒有 $l-\varepsilon<f(x)<l+\varepsilon$。

我们画两条平行于 x 轴的直线 $y=l-\varepsilon$ 和 $y=l+\varepsilon$，作成一条带形区域。于是上述极限定义的几何意义是：无论宽为 2ε 的带形区域怎样窄（因 ε 可以任意小），在 x 轴上总存在点 A，当自变量 x 变化到 A 点右侧时，函数 $f(x)$ 的对应图象全部落在这个带形区域之内（图 2.3）。

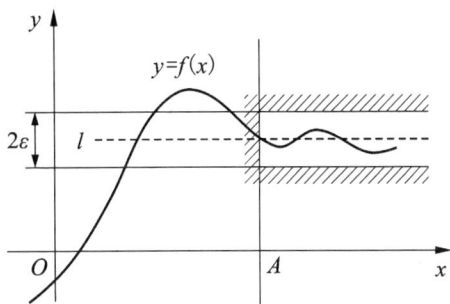

图 2.3

例 3 证明 $\lim\limits_{x \to +\infty} \dfrac{2x^2-1}{3x^2+1}=\dfrac{2}{3}$。

分析 完全可以仿照证明数列极限所采取的步骤。要证明的是，对于任意给定的 $\varepsilon>0$，总可以找到正数 A，当 $x>A$ 时，

$$\left| \frac{2x^2-1}{3x^2+1} - \frac{2}{3} \right| < \varepsilon \tag{1}$$

我们从（1）式入手，采取适当放大的办法，如果推出一个如下的不等式

$$x > \text{"正数"} \tag{2}$$

则满足（2）式的 x，逆推回去也必使（1）式成立。于是就把右端这个 "正数" 作为要找到的 A。

证明 对于任意给定的 $\varepsilon>0$，要找到正数 A，当 $x>A$ 时，$\left| \dfrac{2x^2-1}{3x^2+1} - \dfrac{2}{3} \right| < \varepsilon$

即 $\left| \dfrac{2x^2-1}{3x^2+1} - \dfrac{2}{3} \right| = \left| \dfrac{-5}{3(3x^2+1)} \right| = \dfrac{5}{3(3x^2+1)} < \dfrac{5}{9x^2} < \dfrac{1}{x^2} < \varepsilon$，由此得 $x^2 > \dfrac{1}{\varepsilon}$，开方（取正值）得 $x > \sqrt{\dfrac{1}{\varepsilon}}$。

对于给定的 $e>0$，已找到了 $A=\sqrt{\dfrac{1}{\varepsilon}}$，当 $x>A$ 时，逆推回去，便有 $\left| \dfrac{2x^2-1}{3x^2+1} - \dfrac{2}{3} \right| < \varepsilon$，所以 $\lim\limits_{x \to +\infty} \dfrac{2x^2-1}{3x^2+1} = \dfrac{2}{3}$。

---

① 注意这里是正数（即正实数）A，而数列定义则要求存在正整数 N，因为 $f(x)$ 的自变量 x 可以取任何正实数而趋于无穷大。

(二) $x \to -\infty$ 时函数的极限

$x \to -\infty$ 表示函数 $y = f(x)$ 的自变量 x 取负值而其绝对值无限增大的一种变化过程。如果在 $x \to -\infty$ 的过程中，函数 $f(x)$ 的对应值无限接近于某一常数，那么就称此常数为 $x \to -\infty$ 时 $f(x)$ 的极限。

例如函数 $f(x) = \dfrac{1}{\sqrt{1-x}} + 1$。当 x 取负值而其绝对值无限增大时(因 x 连续取值，无法把它所取的值全写出来。比如通过数列 -1，-10，-100，-1000，$\cdots$ 取值而趋于 $-\infty$)，显然 $f(x)$ 的值可以无限接近于 1。因此我们说，1 是当 $x \to -\infty$ 时，函数 $f(x) = \dfrac{1}{\sqrt{1-x}} + 1$ 的极限(参考图 2.4)。

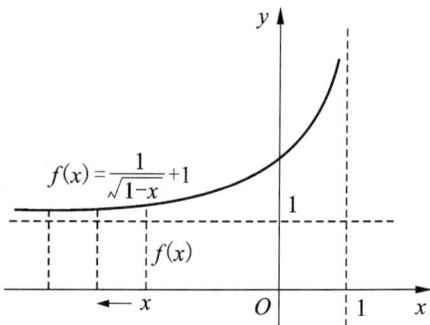

图 2.4

定义 设有函数 $f(x)$ 和一常数 l，如果对于任意给定的正数 ε，总存在正数 A，当 $x < -A$ 时，恒有 $|f(x) - l| < \varepsilon$，则称 l 为当 $x \to -\infty$ 时 $f(x)$ 的极限，记为 $\lim\limits_{x \to -\infty} f(x) = l$ 或 $f(x) \to l (x \to -\infty)$。

(三) $x \to \infty$ (即 $|x| \to +\infty$)时函数的极限

$x \to \infty$ 表示函数 $f(x)$ 的自变量 x 的变化过程是：x 既可以取正值无限增大，又可以取负值而其绝对值无限增大，总而言之，$|x|$ 是无限增大的。如果在 $x \to \infty$ 的过程中，函数 $f(x)$ 的对应值无限接近于某一常数，那么就称此常数为 $x \to \infty$ 时 $f(x)$ 的极限。

例如函数 $f(x) = \dfrac{1}{x}$，这个函数的自变量 x 既可以取正值也可以取负值，但 $|x|$ 当无限增大时(比如 x 通过数列 -2，4，-8，16，$\cdots$，$(-2)^n \cdots$ 而趋于 ∞)，显然 $f(x)$ 的值可以无限接近于 0，因此我们说，0 是当 $x \to \infty$ 时函数 $f(x) = \dfrac{1}{x}$ 的极限(参考图 2.5)

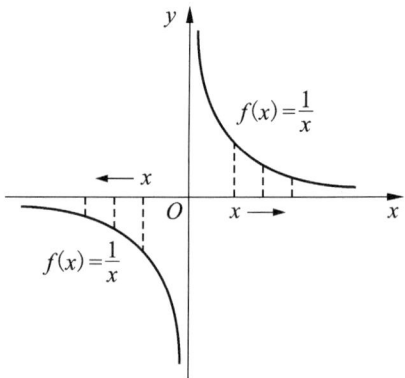

图 2.5

定义 设有函数 $f(x)$ 和一常数 l，如果对于任意给定的正数 ε，总存在正数 A，当 $|x| > A$ 时，恒有 $|f(x) - l| < \varepsilon$ 则称 l 为当 $x \to \infty$ 的 $f(x)$ 极限，记为 $\lim\limits_{x \to \infty} f(x) = l$ 或 $f(x) \to l (x \to \infty)$。

例 4 证明 $\lim\limits_{x \to \infty} \dfrac{x+1}{x-1} = 1$。

证明 根据定义，对于任意给定的 $\varepsilon > 0$，要找到正数 A，当 $|x| > A$ 时，有

$$\left|\frac{x+1}{x-1}-1\right|<\varepsilon \qquad\qquad (3)$$

化简此式得 $\frac{2}{|x-1|}<\varepsilon$，即 $|x-1|>\frac{2}{\varepsilon}$。因 $|x-1|\geqslant|x|-1$，要 $|x-1|>\frac{2}{\varepsilon}$，只须 $|x|-1>\frac{2}{\varepsilon}$，

亦即当 $|x|>\frac{2}{\varepsilon}+1$ 时，(3)式成立。

对于给定的 $\varepsilon>0$，我们找到了 $A=\frac{2}{\varepsilon}+1$，当 $|x|>A$ 时，便有 $\left|\frac{x+1}{x-1}-1\right|<\varepsilon$，这就证明了 $\lim\limits_{x\to\infty}\frac{x+1}{x-1}$ $=1$。

自变量趋于无穷的三种极限之间有以下的关系：

如果极限 $\lim\limits_{x\to+\infty}f(x)$ 与 $\lim\limits_{x\to-\infty}f(x)$ 都存在且相等，比如等于 a，则必有 $\lim\limits_{x\to\infty}f(x)=a$，反之，如果 $\lim\limits_{x\to\infty}f(x)=a$，则 $\lim\limits_{x\to+\infty}f(x)=\lim\limits_{x\to-\infty}f(x)=a$。

二、自变量趋于定数的函数极限

如果函数 $f(x)$ 的自变量 x 所取的值无限接近于定数 x_0 时，对应的函数值也无限接近于另一个定数 l，则称 l 是当 x 趋近于 x_0 时 $f(x)$ 的极限。因为定数 x_0 对应于数轴上的一个定点，所以这种极限也称为函数在定点的极限。

由于自变量 x 趋近于 x_0 的方式不同，这一类型极限又分为两种情形：一种称为函数的双边极限，另一种称为函数的单边极限（或左、右极限）。

(一)双边极限

如果自变量 x 向点 x_0 趋近的方式是：x 既可以从小于 x_0 的一边（左边）向 x_0 点趋近，又可以从大于 x_0 的一边（右边）向 x_0 点趋近，还可以时而小于 x_0，时而大于 x_0，即在 x_0 点两边摆动地向 x_0 趋近，则把 x 趋近于 x_0 的这种方式，叫做任意趋近或双边趋近，记为 $x\to x_0$（参考图 2.6）。

如果自变量 x 任意趋近于 x_0 时，函数 $f(x)$ 存在极限，则把这种极限叫做 $f(x)$ 在 x_0 点的双边极限。通常略去"双边"二字叫做 $f(x)$ 在 x_0 点的极限。这种极限较其他类型的函数极限有更多的应用。

描述性定义：

设函数 $f(x)$ 在 x_0 点附近有定义（但在 x_0 点处可无定义），l 为一常数，如果当 x 趋近于 x_0（但可以不等于 x_0）时，$f(x)$ 趋近于 l，就说函数 $f(x)$ 当 $x\to x_0$ 时以 l 为极限。

所谓当 x 趋近于 x_0（但可以不达到 x_0）时，$f(x)$ 趋近于 l，意思是说：当 x 与 x_0 充分靠近时，$f(x)$ 与 l 可以任意靠近，要多近就能有多近。比如，当 x 趋近于 2 时，$f(x)=2x+1$ 趋近于 5 的意思是：当 x 与 2 充分靠近时，$f(x)=2x+1$ 与 5 可任意靠近，要多近就能有多近。也就是说，当 $|x-2|$ 充分小（但 $|x-2|>0$，因 $x\neq2$）时，$|(2x+1)-5|$ 可以任意小，要多小就能有多小。

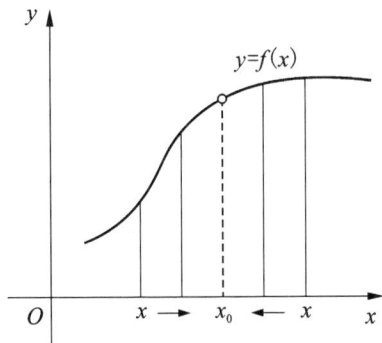

图 2.6

为了验证这个事实，你可以任意给定一个很小的正数，比如$\frac{1}{100}$。我们说，当$|x-2|$充分小时，便有

$$|(2x+1)-5|<\frac{1}{100} \tag{4}$$

即

$$2|x-2|<\frac{1}{100}$$

那么到底$|x-2|$小到什么程度，能使（4）式成立呢？由上式得$|x-2|<\frac{1}{200}$，这就是说，只要$|x-2|$小于正数$\frac{1}{200}$，（4）式即成立。

如果认为$\frac{1}{100}$还不够小，那么可以任意再指定一个更小的正数，比如$\frac{1}{10000}$。我们说，当$|x-2|$充分小时，仍然有

$$|(2x+1)-5|=2|x-2|<\frac{1}{10000} \tag{5}$$

由此得$|x-2|<\frac{1}{20000}$。即是说，只要$|x-2|$小于正数$\frac{1}{20000}$，（5）式便成立。

如果用ε代表所指定的无论多么小的正数，我们说，当$|x-2|$充分小时，仍然有

$$|(2x+1)-5|=2|x-2|<\varepsilon \tag{6}$$

由此得$|x-2|<\frac{\varepsilon}{2}$，即只要$|x-2|$小于正数$\frac{\varepsilon}{2}$，（6）式便成立。

把以上的讨论过程加以抽象概括，不难引出如下的精确定义。

定义 设函数$f(x)$在x_0点附近有定义（但在x_0点处可以没有定义），l为一常数，如果对于任意给定的正数ε，总存在正数δ，当$0<|x-x_0|<\delta$时，恒有$|f(x)-l|<\varepsilon$，就是说当$x\to x_0$时，函数$f(x)$以l为极限（或说$f(x)$在点x_0的极限是l），记为

$$\lim_{x\to x_0}f(x)=l \text{ 或 } f(x)\to l\ (x-x_0)$$

几何解释 定义中的$0<|x-x_0|<\delta$相当于

$$x_0-\delta<x<x_0+\delta\ (x\neq x_0)$$

而$|f(x)-l|<\varepsilon$相当于

$$l-\varepsilon<f(x)<l+\varepsilon$$

按定义，当$x_0-\delta<x<x_0+\delta\ (x\neq x_0)$时，恒有

$$l-\varepsilon<f(x)<l+\varepsilon$$

由两条平行于x轴的直线$y=l-\varepsilon$和$y=l+\varepsilon$作成一条带形区域。于是对上面的极限定义，便可以作出这样解释：无论所作的带形区域如何窄（因$\varepsilon>0$任意小），在x_0点总存在一个δ邻域，当x点位于此邻域内时（但不与点x_0重合），函数$f(x)$所对应的这一部分图象，必然落在带形区域之内。值得注意的是，$f(x)$在点x_0的情况并没考虑在内，所以即使$f(x)$在x_0点有函数值$f(x_0)$，而点$(x_0,f(x_0))$也不一定在此带形区域内（图2.7就属于这种情况）。

注：（1）这个定义通常称为函数极限的"ε-δ"定义或"ε-δ"语言。一般说来δ依赖于ε，ε

愈小，则根据 ε 而找到的 δ 也愈小。但是，对于同一个 ε，合乎要求的 δ 并非唯一的。如果找到了一个合格的正数 δ，则比这个 δ 更小的任何一个正数也都是合格的。就上面的例子来看，比如当 $\varepsilon=\dfrac{1}{100}$ 时，曾找到了 $\delta=\dfrac{1}{200}$，如果任取一个比 $\dfrac{1}{200}$ 小的正数，比如 $\dfrac{1}{300}$ 作为 δ，当然也可以，因为当 $|x-2|<\dfrac{1}{300}\left(<\dfrac{1}{200}\right)$ 时，$|(2x+1)-5|<\dfrac{1}{100}$ 也是成立的。

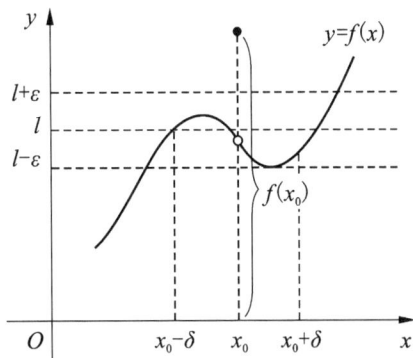

图 2.7

（2）不等式 $0<|x-x_0|$ 表明 $x\neq x_0$，即当 x 向 x_0 点处趋近时，可以不达到 x_0，这是由极限的根本意义决定的。因为我们考虑函数 $f(x)$ 在 x_0 点的极限，就是要知道在 x_0 点附近的变化趋势；至于 $f(x)$ 在 x_0 点处的情况如何，则与我们研究的极限无关系。

下面举几个根据定义证明函数极限的例子。

例 5 证明 $\lim\limits_{x\to 2}(3x-1)=5$。

证明 根据定义，对于任意给定的 $\varepsilon>0$，总存在 $\delta>0$，当 $0<|x-2|<\delta$ 时，恒有

$$|(3x-1)-5|<\varepsilon \tag{7}$$

（证明的途径是：从（7）式入手，推出一个形如 $|x-2|<$ "正数" 的不等式，于是右端的 "正数"，便是我们要找的 δ）。

由 $|(3x-1)-5|=|3x-6|=3|x-2|<\varepsilon$ 得 $|x-2|<\dfrac{\varepsilon}{3}$，易见，对于给定的 $\varepsilon>0$，如果取 $\delta=\dfrac{\varepsilon}{3}$，则当 $0<|x-2|<\delta$ 时，便有 $|(3x-1)-5|<\varepsilon$，所以 $\lim\limits_{x\to 2}(3x-1)=5$。

例 6 证明 $\lim\limits_{x\to a}\sqrt{x}=\sqrt{a}\,(a>0)$。

证明 对于任意给定的 $\varepsilon>0$，要找到 $\delta>0$，使当 $0<|x-a|<\delta$ 时，

$$|\sqrt{x}-\sqrt{a}|<\varepsilon \tag{8}$$

因 $|\sqrt{x}-\sqrt{a}|=\dfrac{|x-a|}{\sqrt{x}+\sqrt{a}}\leqslant\dfrac{|x-a|}{\sqrt{a}}$（因 $\sqrt{x}+\sqrt{a}\geqslant\sqrt{a}$），要想（8）式成立，只须 $\dfrac{|x-a|}{\sqrt{a}}<\varepsilon$ 即 $|x-a|<\sqrt{a}\,\varepsilon$。

对于任意给定的 $\varepsilon>0$，如果取 $\delta=\sqrt{a}\,\varepsilon$，则当 $0<|x-a|<\delta$ 时，便有 $|\sqrt{x}-\sqrt{a}|<\varepsilon$，所以 $\lim\limits_{x\to a}\sqrt{x}=\sqrt{a}$。

例 7 证明 $\lim\limits_{x\to 0}a^x=1\,(a>0)$。

证明 对于任意给定的 $\varepsilon>0$（无妨认为 $\varepsilon<1$），要找到 $\delta>0$，

使当 $0<|x-0|=|x|<\delta$ 时，有 $|a^x-1|<\varepsilon$

即

$$1-\varepsilon<a^x<1+\varepsilon \tag{9}$$

先设 $a>1$，在（9）式两边取对数，得 $\log_a(1-\varepsilon)<x<\log_a(1+\varepsilon)$，因 $\log_a(1-\varepsilon)<0$，改写成 $-$

$\log_a \dfrac{1}{1-\varepsilon} < 0$，则 $\log_a \dfrac{1}{1-\varepsilon} > 0$，于是上式可表为

$$-\log_a \frac{1}{1-\varepsilon} < x < \log_a(1+\varepsilon) \tag{10}$$

由此可见，只要取 $\delta = \min^{①}\left\{\log_a \dfrac{1}{1-\varepsilon},\ \log_a(1+\varepsilon)\right\}$，则当 $0 < |x| < \delta$ 时，(10)式便成立，从而(9)式也成立。这就是说，对于任意的 $\varepsilon > 0$，已找到了 $\delta > 0$，当 $0 < |x-0| < \delta$ 时，便有 $|a^x - 1| < \varepsilon$，从而证明了 $\lim\limits_{x \to 0} a^x = 1$。对于 $a < 1$ 的情况，可仿证之。

例 8 证明 $\lim\limits_{x \to 1} \dfrac{x^3 - 1}{x - 1} = 3$。（注意 $f(x) = \dfrac{x^3 - 1}{x - 1}$ 在点 $x = 1$ 并无定义）

证明（证明过程中，适当插入分析）设 $\varepsilon > 0$ 是任意给定的，需要找到这样的 $\delta > 0$，当 $0 < |x-1| < \delta$ 时，

$$\left| \frac{x^3 - 1}{x - 1} - 3 \right| < \varepsilon \tag{11}$$

因

$$\begin{aligned}
\left| \frac{x^3 - 1}{x - 1} - 3 \right| &= \left| \frac{(x-1)(x^2 + x + 1)}{x - 1} - 3 \right| \\
&= |(x^2 + x + 1) - 3| \\
&= |x^2 + x - 2| \\
&= |x + 2||x - 1|
\end{aligned}$$

要(11)式成立，只须 $\qquad\qquad |x+2||x-1| < \varepsilon \tag{12}$

为了从(12)式推出一个形如 $|x-1| <$ "正数" 的不等式，必须把(12)式因子 $|x+2|$ 中的 x 换以常数。为此，不妨把 x 的变化范围限制在点 $x=1$ 的某一邻域内（因现在是讨论在点 $x=1$ 的极限），比如取 $|x-1| < 1$（即以 1 为中心，半径为 1 的邻域），而 $|x-1| < 1$ 等价于 $-1 < x - 1 < 1$ 即 $0 < x < 2$。根据此式，把 $|x+2|$ 中的 x 代以 2，于是(12)式左端得到放大，即 $|x+2||x-1| < 4|x-1|$。要使(12)式成立，只须

$$|x - 1| < \frac{\varepsilon}{4} \tag{13}$$

我们取 $\delta = \min\left\{\dfrac{\varepsilon}{4},\ 1\right\}$（因(13)式是在 $|x-1| < 1$ 的条件下推出来的），则当 $0 < |x-1| < \delta$ 时，(12)式成立，从而(11)式也成立。这就证明了 $\lim\limits_{x \to 1} \dfrac{x^3 - 1}{x - 1} = 3$。

例 9 设 $f(x) = C$（C 常数），x_0 为任意常数，则 $\lim\limits_{x \to x_0} f(x) = \lim\limits_{x \to x_0} C = C$。

即：常数的极限是常数本身。

因为对于任意给定的 $\varepsilon > 0$，且无论 x 为任何值，恒有 $|f(x) - C| = |C - C| = 0 < \varepsilon$

所以 $\lim\limits_{x \to x_0} C = C$，要注意这个结果，以后经常引用。

———————————

① $\min$ 表示最小者，例如 $\min\left\{3,\ \dfrac{1}{2}\right\} = \dfrac{1}{2}$。

(二)单边极限(左、右极限)

有的问题仅需考察函数在一点的某一边(侧)的变化状态,这就引出了左极限和右极限的概念。左极限和右极限统称为单边极限。

左极限　如果当自变量 x 从小于 x_0 的一边(左边)趋近于 x_0 点时,函数 $f(x)$ 趋近于某一常数 l,则把 l 叫做 $f(x)$ 在 x_0 点的左极限。

这个定义的"ε-δ"说法可以从双边极限的定义引出。在双边极限中,x 的变化范围是 $x_0-\delta<x<x_0+\delta(x\neq x_0)$,若把 x 的变化范围限制在 x_0 点的左边,即 $x_0-\delta<x<x_0$,便得出如下的定义。

定义　设 $f(x)$ 是定义在区间 (C, x_0) 内的函数,l 是一常数,如果对于任意给定的正数 ε,总存在正数 δ,当 $x_0-\delta<x<x_0$(即 $0<x_0-x<\delta$)时,恒有 $|f(x)-l|<\varepsilon$,则称 l 是函数 $f(x)$ 在 x_0 点的左极限,记作 $\lim\limits_{x\to x_0^-}f(x)=l$ 或 $f(x_0^-)^{①}=l$(参考图 2.8)。

右极限　如果当自变量 x 从大于 x_0 的一边趋近于 x_0 点时,函数 $f(x)$ 趋近于某一常数 l,则称 l 是 $f(x)$ 在 x_0 点的右极限。

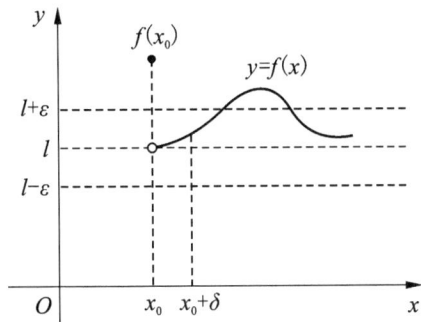

图 2.8

定义　设 $f(x)$ 是定义在区间 (x_0, b) 内的一个函数,l 是一常数,如果对于任意给定的正数 ε,总存在正数 δ,当 $x_0<x<x_0+\delta$(即 $0<x-x_0<\delta$)时,恒有 $|f(x)-l|<\varepsilon$,则称 l 是函数 $f(x)$ 在 x_0 点的右极限,记作 $\lim\limits_{x\to x_0^+}f(x)=l$ 或 $f(x_0^+)=l$(参考图 2.8)。

例 10　设函数 $f(x)=\begin{cases}x-1, & \text{当 } x\leqslant 1, \\ 4x-1, & \text{当 } x>1\end{cases}$。试证明:$\lim\limits_{x\to 1^-}f(x)=0$,$\lim\limits_{x\to 1^+}f(x)=3$。

证明　先证左极限。证左极限须用 $f(x)=x-1$。对于任意给定的 $\varepsilon>0$,要找到 $\delta>0$,当 $0<1-x<\delta$ 时,$|(x-1)-0|<\varepsilon$　　　　　　　　　　　　　　　　　　　　(14)

因 $x<1$,所以 $|x-1|=1-x$,只要 $0<1-x<\varepsilon$,(14)式便成立。如取 $\delta=\varepsilon$,则当 $0<1-x<\delta$ 时,便有 $|(x-1)-0|<\varepsilon$,所以 $\lim\limits_{x\to 1^-}f(x)=0$。

再证右极限。证右极限须用 $f(x)=4x-1$。对于任意给定的 $\varepsilon>0$,要找到 $\delta>0$,当 $0<x-1<\delta$ 时,$|(4x-1)-3|<\varepsilon$　　　　　　　　　　　　　　　　　　　　(15)

因 $x>1$,所以 $|(4x-1)-3|=4|x-1|=4(x-1)$,只要 $0<4(x-1)<\varepsilon$,即 $0<x-1<\dfrac{\varepsilon}{4}$,(15)式便成立。若取 $\delta=\dfrac{\varepsilon}{4}$,则当 $0<x-1<\delta$ 时,便有 $\lim\limits_{x\to 1^+}f(x)=3$。

――――――――――

①　符号 $f(x_0^-)$ 代表 $f(x)$ 在 x_0 点的左极限值,不要当作函数值。

（三）双边极限与单边极限的关系

前面曾介绍过$\lim\limits_{x\to\infty}f(x)$与$\lim\limits_{x\to-\infty}f(x)$及$\lim\limits_{x\to+\infty}f(x)$之间的关系，而双边极限$\lim\limits_{x\to x_0}f(x)$与左极限$\lim\limits_{x\to x_0^-}f(x)$及右极限$\lim\limits_{x\to x_0^+}f(x)$之间也有类似的关系，这就是下面的定理。

定理 如果$\lim\limits_{x\to x_0}f(x)=l$，则$\lim\limits_{x\to x_0^-}f(x)$和$\lim\limits_{x\to x_0^+}f(x)$也存在，并且都等于$l$；反之，如果$\lim\limits_{x\to x_0^-}f(x)=\lim\limits_{x\to x_0^+}f(x)=l$，则$\lim\limits_{x\to x_0}f(x)$也必存在，并且也等于$l$。

证明 先证前一半，因$\lim\limits_{x\to x_0}f(x)=l$，则对任意给定的$\varepsilon>0$，必存在$\delta>0$，当$0<|x-x_0|<\delta$时，$|f(x)-l|<\varepsilon$。

但不等式$0<|x-x_0|<\delta$等价于下列两个不等式：
$$0<|x_0-x|<\delta \text{ 及 } 0<|x-x_0|<\delta$$
这就表明，当$0<x_0-x<\delta$时，以及当$0<x-x_0<\delta$时，都有
$$|f(x)-l|<\varepsilon$$
从而证明了
$$\lim\limits_{x\to x_0^-}f(x)=l \text{ 及 } \lim\limits_{x\to x_0^+}f(x)=l。$$

再证后一半。因左、右极限都等于l，按定义，对任意的$\varepsilon>0$，必存在$\delta_1>0$及$\delta_2>0$，当$0<x_0-x<\delta_1$时，$|f(x)-l|<\varepsilon$和当$0<x-x_0<\delta_2$时，$|f(x)-l|<\varepsilon$。

现取$\delta=\min\{\delta_1,\delta_2\}$，则当$0<|x-x_0|<\delta$时，$|f(x)-l|<\varepsilon$。即$\lim\limits_{x\to x_0}f(x)=l$。（证毕）

如果一个函数在某一点的两边有不同的表达式，需要考察函数在这一点的极限（双边极限）时，便可利用上述定理，通过左、右极限以确定双边极限。例如：试证明函数
$$f(x)=\begin{cases} x, & \text{当 } x\geq 0,\\ -x, & \text{当 } x<0 \end{cases}$$

在点$x=0$的极限是零。这个问题就要通过左、右极限来证明，请读者自己证一下。

三、函数极限的性质

关于数列极限，已经介绍了一系列的重要性质。函数极限与数列极限的主要区别在于极限过程——前者的自变量连续变化，而后者的自变量则只取正整数。因此不难想象，函数极限也应当具有类似的性质。下面只就$\lim\limits_{x\to x_0}f(x)$这一种情形，列举函数极限的有关性质，至于自变量趋于无穷的极限和单边极限，其性质完全与此相似。每个性质的证明方法与数列的证法相同，这里不一一证明了。

性质 1（唯一性） 若$\lim\limits_{x\to x_0}f(x)=A$，$\lim\limits_{x\to x_0}f(x)=B$，则$A=B$。

性质 2（有界性） 若$\lim\limits_{x\to x_0}f(x)=A$，则存在$\delta>0$，使$f(x)$在不等式$0<|x-x_0|<\delta$（即$x_0-\delta<x<x_0+\delta(x\neq x_0)$）所表示的开区间内有界。

性质 2 指明，如果函数$f(x)$在x_0点存在极限，我们可以断定它在x_0点的某个邻域内（邻域中心除外）有界。

性质 3（保号性） 若$\lim\limits_{x\to x_0}f(x)=A$，且$A>0$（或$A<0$），则存在$\delta>0$，使当$0<|x-x_0|<\delta$时，

$f(x)>0($ 或 $f(x)<0)$。

性质 3 是说,如果函数 $f(x)$ 在 x_0 点的极限是正数(或负数),则在开区间 $x_0-\delta<x<x_0+\delta(x\neq x_0)$ 内,函数值与极限值保持同号。

性质 4　若存在 $\delta>0$,当 $0<|x-x_0|<\delta$ 时,$f(x)\leqslant g(x)$,并且 $\lim\limits_{x\to x_0}f(x)$ 和 $\lim\limits_{x\to x_0}g(x)$ 都存在,则 $\lim\limits_{x\to x_0}f(x)\leqslant\lim\limits_{x\to x_0}g(x)$。

性质 5(敛迫性)　若存在 $\delta>0$,当 $0<|x-x_0|<\delta$ 时,$f(x)\leqslant g(x)\leqslant h(x)$,并且 $\lim\limits_{x\to x_0}f(x)=\lim\limits_{x\to x_0}h(x)=A$,则 $\lim\limits_{x\to x_0}g(x)=A$。

此性质可简述为:若两个函数在某一点有相同的极限,则介于中间的函数在该点也有相同的极限(常用这种两边夹办法求出介于中间的那个函数的极限值)。

证明　设 $\delta>0$ 是任意给定的,因 $\lim\limits_{x\to x_0}f(x)=A$,必存在 $\delta_1>0$,当 $0<|x-x_0|<\delta_1$ 时,$|f(x)-A|<\varepsilon$,即 $A-\varepsilon<f(x)<A+\varepsilon$。又因 $\lim\limits_{x\to x_0}h(x)=A$,所以对于上面给定的 $\varepsilon>0$,必存在 δ_2,当 $0<|x-x_0|<\delta_2$ 时,$|h(x)-A|<\varepsilon$,即 $A-\varepsilon<h(x)<A+\varepsilon$。取 $\delta_3=\min\{\delta,\delta_1,\delta_2\}$,则当 $0<|x-x_0|<\delta_3$ 时,便有 $A-\varepsilon\leqslant f(x)\leqslant g(x)\leqslant h(x)\leqslant A+\varepsilon$,即得 $|g(x)-A|<\varepsilon$。这就证明了 $\lim\limits_{x\to x_0}g(x)=A$。(证毕)

其余几个性质,读者自己证明一下。

§2.5　无穷小量和无穷大量

一、无穷小量

在有极限的函数(数列)中极限值等于零的情况,有着特殊的意义。这一类函数(数列)称为无穷小量。它在理论和应用上,都有重要的作用。

定义　以零为极限的函数(数列),叫做无穷小量(简称无穷小)。

换个说法:如果函数 $f(x)$ 的绝对值(在某一变化过程中)可以小于任意小的正数,则 $f(x)$ 是无穷小量。

我们知道,数列 $\left\{\dfrac{1}{2^n}\right\}$ 的极限 $\lim\limits_{x\to\infty}\dfrac{1}{2^n}=0$,可见在 $n\to\infty$ 的过程中,$\left\{\dfrac{1}{2^n}\right\}$ 是无穷小量。

又知 $\lim\limits_{x\to\infty}\dfrac{1}{x}=0$,所以函数 $f(x)=\dfrac{1}{x}$ 在 $x\to\infty$ 的过程中也是无穷小量。

应当注意,无穷小并不是一个很小很小的常数,而是变量,是趋近于 0 的变量。但是按无穷小定义,在常数中唯有"0"可以看作无穷小。

有极限的函数与无穷小量之间存在一种很重要的关系,可以说,无穷小量在极限理论中的作用是从这个关系出发的,下面介绍这个关系(数列同样有类似的关系)。

函数 $f(x)$ 以 A 为极限,按定义,就是 $f(x)$ 趋近于 A,而 $f(x)$ 趋近于 A,完全相当于 $f(x)-$

A 趋近于零。这就是说，函数 $f(x)$ 以 A 为极限与 $f(x)-A$ 是无穷小，说的是同一回事。如果记 $f(x)-A=\alpha$（无穷小），则 $f(x)=A+\alpha$。即：$f(x)$ 以 A 为极限与 $f(x)=A+\alpha$（无穷小）是等价的，由此便得到下述定理。

定理 1 有极限的函数等于其极限值与一个无穷小之和；反之，如果函数可表示为常数与无穷小之和，则此常数是函数的极限。

根据这个定理，有关极限的问题，可以化为无穷小问题来处理。

下面介绍在极限运算中有用的两个定理。

定理 2 有限个无穷小量的代数和仍是无穷小量。

定理 3 有界函数与无穷小量的乘积仍是无穷小量。

证明 设 $f(x)$ 是区间 (a,b) 内的有界函数，即存在正数 M，对 (a,b) 内的一切 x，有 $|f(x)|\leqslant M$。又当 $x\to x_0$（x_0 是 (a,b) 内的一点）时，$g(x)$ 是无穷小量，即对任意的正数 ε，存在正数 δ，当 $0<|x-x_0|<\delta$ 时，$|g(x)|<\dfrac{\varepsilon}{M}$（因 ε 是任意小的正数，故 $\dfrac{\varepsilon}{M}$ 也是任意小正数）。由上可知，当 $0<|x-x_0|<\delta$ 时，有 $|f(x)\cdot g(x)|=|f(x)||g(x)|<M\cdot\dfrac{\varepsilon}{M}=\varepsilon$。这就表明乘积 $f(x)\cdot g(x)$ 仍是无穷小量。

推论 无穷小量与无穷小量的乘积仍是无穷小量。

二、无穷大量

与无穷小量有相反意义的另一类变量便是无穷大量。例如，当 $x\to 0$ 时，函数 $f(x)=\dfrac{1}{x}$ 的绝对值可以无限地增大；又如数列 $\{(-2)^n\}$，当 $n\to\infty$ 时，$(-2)^n$ 的绝对值也可以无限地增大。像这样一类绝对值可以无限增大的变量称为无穷大量。

例如，考察一行星绕太阳的运动，从某一时刻起计算它所走的路程。显然随着时间 t 的增大，行星所走过的路程 $s=f(t)$ 是一变量，它随着 t 的不断增大，而无限地增大。下面仅就函数给出无穷大定义。

如果当 $x\to x_0$（$x\to\infty$）时，函数 $f(x)$ 的绝对值无限地增大，则当 $x\to x_0$（$x\to\infty$）时 $f(x)$ 是无穷大量。更精确的表述如下：

定义 如果对于任意的正数 M，总存在正数 δ，当 $0<|x-x_0|<\delta$（$|x|>A$）时，恒有 $|f(x)|>M$，则称 $f(x)$ 是当 $x\to x_0$（$x\to\infty$）时的无穷大量（简称无穷大）。

当 $x\to x_0$（$x\to\infty$）时为无穷大的函数，按通常的意义是没有极限的（因 $f(x)$ 不是趋于一个定数）；但是由于它的变化趋势与有极限函数具有类似的规律性，所以习惯上也说"$f(x)$ 的极限是无穷"，并记为 $\lim\limits_{\substack{x\to x_0\\(x\to\infty)}}f(x)=\infty$。

同无穷小量一样，必须注意无穷大量并不是数，不能与很大很大的常数混淆。

正无穷大与负无穷大 在无穷大量中有两种特殊情况，即：

当 $x\to x_0$（$x\to\infty$）时，如果函数 $f(x)$ 取正值而无限增大，则称 $f(x)$ 为正无穷大；如果 $f(x)$ 取负值但其绝对值无限增大，则称 $f(x)$ 为负无穷大。依次记为：

$$\lim_{\substack{x\to x_0\\(x\to\infty)}}f(x)=\infty，\quad \lim_{\substack{x\to x_0\\(x\to\infty)}}f(x)=-\infty。$$

无穷大与无穷小的关系　无穷大与无穷小之间有一个很简单的关系：

定理 3　若 $f(x)$ 在某个过程中为无穷大，则 $\dfrac{1}{f(x)}$ 为无穷小；若 $f(x)(\neq 0)$ 为无穷小，则 $\dfrac{1}{f(x)}$ 为无穷大。（简述为：无穷大的倒数是无穷小，无穷小的倒数是无穷大。）

§2.6　极限运算法则·两个重要极限

一、极限运算法则

函数极限同数列极限一样，也有相应的运算法则，法则的证明与数列的证法相似。下面只就 $x\to x_0$ 的情况列出法则，它们对于其他类型的函数极限也完全适用。

法则 1　若 $\lim\limits_{x\to x_0}f(x)=A$，$\lim\limits_{x\to x_0}g(x)=B$，则
$$\lim_{x\to x_0}[f(x)\pm g(x)]=A\pm B=\lim_{x\to x_0}f(x)\pm\lim_{x\to x_0}g(x)。$$

法则 2　若 $\lim\limits_{x\to x_0}f(x)=A$，$\lim\limits_{x\to x_0}g(x)=B$，则
$$\lim_{x\to x_0}[f(x)\cdot g(x)]=A\cdot B=\lim_{x\to x_0}f(x)\cdot\lim_{x\to x_0}g(x)。$$

推论 1　$\lim\limits_{x\to x_0}[Cf(x)]=C\lim\limits_{x\to x_0}f(x)$。

推论 2　$\lim\limits_{x\to x_0}[f(x)]^n=[\lim\limits_{x\to x_0}f(x)]^n$。

法则 3　若 $\lim\limits_{x\to x_0}f(x)=A$，$\lim\limits_{x\to x_0}g(x)=B$，且 $B\neq 0$，则
$$\lim_{x\to x_0}\frac{f(x)}{g(x)}=\frac{A}{B}=\frac{\lim\limits_{x\to x_0}f(x)}{\lim\limits_{x\to x_0}g(x)},$$

例 1　求 $\lim\limits_{x\to 2}(x^3-2x^2+3x+1)$。

解　
$$\lim_{x\to 2}(x^3-2x^2+3x+1)=\lim_{x\to 2}x^3-\lim_{x\to 2}(2x^2)+\lim_{x\to 2}(3x)+\lim_{x\to 2}1$$
$$=(\lim_{x\to 2}x)^3-2(\lim_{x\to 2}x)^2+3\lim_{x\to 2}x+\lim_{x\to 2}1$$
$$=2^3-2\times2^2+3\times2+1=7$$

上述函数是一个多项式，运算过程表明，求这类函数的极限，就是把自变量 x 的极限值（$x\to 2$ 表明 x 的极限值是 2）代入函数。事实上，对于任何一个多项式，这种代入的做法都是可行的。设多项式为 $f(x)=a_0x^n+a_1x^{n-1}+\cdots+a_n$，则
$$\lim_{x\to x_0}f(x)=\lim_{x\to x_0}(a_0x^n+a_1x^{n-1}+\cdots+a_n)$$
$$=a_0(\lim_{x\to x_0}x)^n+a_1(\lim_{x\to x_0}x)^{n-1}+\cdots+\lim_{x\to x_0}a_n$$
$$=a_0x_0^n+a_1x_0^{n-1}+\cdots+a_n=f(x_0)$$

例 2　求 $\lim\limits_{x\to 1}\dfrac{3x^2+x+2}{x^2-x+1}$。

解　因 $\lim\limits_{x\to 1}(x^2-x+1)=1^2-1+1=1\neq 0$，依法则 3，有

$$\lim_{x\to 1}\frac{3x^2+x+2}{x^2-x+1}=\frac{\lim\limits_{x\to 1}(3x^2+x+2)}{\lim\limits_{x\to 1}(x^2-x+1)}$$

$$=\frac{3\times 1^2+1+2}{1^2-1+1}=\frac{6}{1}=6$$

例 3　求 $\lim\limits_{x\to 2}\dfrac{x^2-x-2}{x^3-8}$。

解　因分母的极限是零，不能直接应用商的极限法则，但是分子的极限也是零。分子和分母的极限都等于零，基于分子分母都含有极限为零的因子 $(x-2)$。由于 $x\to 2$ 而 $x\neq 2$，所以 $x-2\neq 0$，因此可以约去因子 $(x-2)$ 后，再取极限。

$$\lim_{x\to 2}\frac{x^2-x-2}{x^3-8}=\lim_{x\to 2}\frac{(x-2)(x+1)}{(x-2)(x^2+2x+4)}=\lim_{x\to 2}\frac{x+1}{x^2+2x+4}=\frac{3}{12}=\frac{1}{4}$$

例 4　求 $\lim\limits_{x\to 1}\dfrac{4x-3}{x^2-5x+4}$。

解　分母极限为零，分子极限不为零。先求出所给函数的倒数的极限：

$$\lim_{x\to 1}\frac{x^2-5x+4}{4x-3}=\frac{1^2-5\times 1+4}{4\times 1-3}=\frac{0}{1}=0$$

故所求的极限为 $\lim\limits_{x\to 1}\dfrac{4x-3}{x^2-5x+4}=\lim\limits_{x\to 1}\dfrac{1}{\dfrac{x^2-5x+4}{4x-3}}=\infty$（无穷小的倒数是无穷大）

例 5　求 $\lim\limits_{x\to\infty}\dfrac{3x^3-4x^2+2}{7x^3+5x^2-3}$。

当 $x\to\infty$ 时，分子分母都出现了无穷大，不能应用商的极限定理。在这种情况下（$x\to\infty$），以分子分母中的 x 最高次幂去除分子和分母，即可算出极限来，现在以 x^3 除分子分母，然后取极限。

解　$\lim\limits_{x\to\infty}\dfrac{3x^3-4x^2+2}{7x^3+5x^2-3}=\lim\limits_{x\to\infty}\dfrac{3-\dfrac{4}{x}+\dfrac{2}{x^3}}{7+\dfrac{5}{x}-\dfrac{3}{x^3}}=\dfrac{3-0+0}{7+0-0}=\dfrac{3}{7}$

（因 $\lim\limits_{x\to\infty}\dfrac{a}{x}=0$，$a$ 为任意常数）

例 6　求 $\lim\limits_{x\to\infty}\dfrac{x^5-2x^3+1}{2x^2-4x+2}$。

解　$\lim\limits_{x\to\infty}\dfrac{x^5-2x^3+1}{2x^2-4x+2}=\lim\limits_{x\to\infty}\dfrac{1-\dfrac{2}{x^2}+\dfrac{1}{x^5}}{\dfrac{2}{x^3}-\dfrac{4}{x^4}+\dfrac{2}{x^5}}=\infty$（此题固然可以采取例 4 的步骤，但熟练以后便可

直接写出结果)

求初等函数极限的方法　在这里提出一个求初等函数极限的方法:

如果 $f(x)$ 是初等函数,x_0 是 $f(x)$ 的定义域内的一点,则求极限 $\lim\limits_{x \to x_0}f(x)$ 时,可把 x_0 代入 $f(x)$,计算函数值 $f(x_0)$,这个函数值就是所要求的极限值。

下一章讲完函数的连续性后,将阐明这种求极限方法是正确的,我们可以提前利用这种方法。

例 7　求 $\lim\limits_{x \to 1}\dfrac{2-\sqrt{x+3}}{x^2-1}$。

解　$\dfrac{2-\sqrt{x+3}}{x^2-1}$ 是初等函数,以 $x=1$ 代入后,分子分母均为 0。如果分子分母都乘以分子的共轭因式,便可看出分子分母所以都为零,是由于都含有因子 $(x-1)$,因此须先化简,然后取极限:

$$\begin{aligned}
\lim_{x \to 1}\frac{2-\sqrt{x+3}}{x^2-1} &= \lim_{x \to 1}\frac{(2-\sqrt{x+3})(2+\sqrt{x+3})}{(x^2-1)(2+\sqrt{x+3})}\\
&= \lim_{x \to 1}\frac{4-(x+3)}{(x^2-1)(2+\sqrt{x+3})}\\
&= \lim_{x \to 1}\frac{-(x-1)}{(x+1)(x-1)(2+\sqrt{x+3})}\\
&= \lim_{x \to 1}\frac{-1}{(x+1)(2+\sqrt{x+3})}\\
&= -\frac{1}{8}
\end{aligned}$$

例 8　求 $\lim\limits_{x \to 1}\dfrac{1-\sqrt{x}}{1-\sqrt[3]{x}}$。

分子分母的极限都是 0。此题有两种算法:其一是,分子分母同乘以 $(1+\sqrt{x})(1+\sqrt[3]{x}+\sqrt[3]{x^2})$,其中前一因子是分子的有理化因式,后一因子是分母的有理化因子,约去 $(1-x)$ 后再取极限;其二是,利用变量替换法。下面用后一方法来解。

解　因根指数的最小公倍数为 6,故令 $x=y^6$,则当 $x \to 1$ 时,$y \to 1$。于是

$$\begin{aligned}
\lim_{x \to 1}\frac{1-\sqrt{x}}{1-\sqrt[3]{x}} &= \lim_{y \to 1}\frac{1-\sqrt{y^6}}{1-\sqrt[3]{y^6}} = \lim_{y \to 1}\frac{1-y^3}{1-y^2}\\
&= \lim_{y \to 1}\frac{(1-y)(1+y+y^2)}{(1-y)(1+y)}\\
&= \lim_{y \to 1}\frac{1+y+y^2}{1+y} = \frac{3}{2}
\end{aligned}$$

例 9　求 $\lim\limits_{x \to 0}\dfrac{x\sin\dfrac{1}{x}}{1+x}$。

解 因 $\left|\sin\dfrac{1}{x}\right|\leqslant 1$，所以 $\sin\dfrac{1}{x}$ 是有界函数，而 x 是无穷小（因 $x\to 0$），由 §2.5 定理 2，乘积 $x\sin\dfrac{1}{x}$ 仍是无穷小，所以

$$\lim_{x\to 0}\frac{x\sin\dfrac{1}{x}}{1+x}=\frac{\lim\limits_{x\to 0}x\sin\dfrac{1}{x}}{\lim\limits_{x\to 0}(1+x)}=\frac{0}{1}=0$$

二、两个重要极限

先介绍两个常用的不等式，然后讨论两个重要极限。这两个极限在一些实际问题和分析演算中将会多次用到。

（一）两个常用的不等式

（ⅰ）对于任意的 x，恒有 $|\sin x|\leqslant|x|$；

（ⅱ）当 $-\dfrac{\pi}{2}<x<\dfrac{\pi}{2}$，有 $|x|\leqslant|\tan x|$ 在两个不等式中的等号只在 $x=0$ 时成立。

证明 作单位 $\odot O$，设圆心角 $\angle AOC$ 为一锐角，其弧度为 x，$\overparen{AB}$ 也是 x，如图 2.9。由图知，$\triangle AOB$ 面积<扇形 AOB 面积<$\triangle AOC$ 面积，而这三个面积依次是 $\dfrac{1}{2}\sin x$，$\dfrac{1}{2}x$ 和 $\dfrac{1}{2}\tan x$，因此当 $0<x<\dfrac{\pi}{2}$ 时，$\sin x<x<\tan x\cdots\cdots(1)$，写成 $|\sin x|<|x|<|\tan x|$。又当 $-\dfrac{\pi}{2}<x<0$ 时，$0<-x<\dfrac{\pi}{2}$，由（1）式得 $\sin(-x)<-x<\tan(-x)$，即 $-\sin x<-x<-\tan x$。这表明当 $-\dfrac{\pi}{2}<x<0$ 时，也有

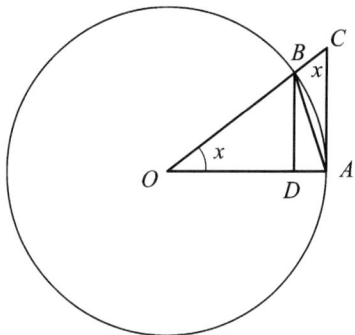

图 2.9

$|\sin x|<|x|<|\tan x|\cdots\cdots(2)$。总之，当 $0<|x|<\dfrac{\pi}{2}$ 时，

（2）式恒成立，这就证明了（ⅱ）。当 $|x|\geqslant\dfrac{\pi}{2}$ 时，显然 $|\sin x|\leqslant 1<\dfrac{\pi}{2}\leqslant|x|$。联系（2）式，便知对于任意的 x，恒有 $|\sin x|\leqslant|x|$。

（二）重要极限

$$\lim_{x\to 0}\frac{\sin x}{x}=1$$

$\lim\limits_{x\to 0}\sin x=0$，$\lim\limits_{x\to 0}x=0$，因此不能应用商的极限法则来计算 $\lim\limits_{x\to 0}\dfrac{\sin x}{x}$，只好另想其他方法。

我们先通过一些数值，看一下 x 变小时，$\dfrac{\sin x}{x}$ 的变化趋势：

x	$\dfrac{\pi}{2}$	$\dfrac{\pi}{4}$	$\dfrac{\pi}{8}$	$\dfrac{\pi}{16}$	$\dfrac{\pi}{32}$	……
$\dfrac{\sin x}{x}$	0.6366	0.9003	0.9745	0.9936	0.9998	……

从表看出，当 $x \to 0$ 时，$\dfrac{\sin x}{x} \to 1$。但这只是从部分数值上的观察，下面给出它的证明。

证明 首先注意到，函数 $\dfrac{\sin x}{x}$ 在 $x=0$ 处无定义，但是我们知道，这并不影响考虑它的极限。因为在点 $x=0$ 处讨论极限，可以认为 $0<|x|<\dfrac{\pi}{2}$，于是有 $|\sin x|<|x|<|\tan x|$。以 $|\sin x|$ 除不等式各项，并由于 $\dfrac{x}{\sin x}$ 和 $\cos x$ 在 $0<|x|<\dfrac{\pi}{2}$ 内为正，故 $x \neq 0$ 时，$1<\dfrac{x}{\sin x}<\dfrac{1}{\cos x}$，即 $1>\dfrac{\sin x}{x}>\cos x$。

如图 2.9，$\cos x = |OD|$，当 $x \to 0$ 时，显然 $\cos x \to 1$。左右两端的极限都是 1，根据敛迫性定理，所以 $\lim\limits_{x \to 0} \dfrac{\sin x}{x} = 1$[①]。

例 10 求 $\lim\limits_{x \to 0} \dfrac{\sin 3x}{5x}$。

分析因 $x \to 0$，所以 $5x \to 0$，$\sin 3x \to 0$。但是弧 $3x$ 与 $5x$ 不相同，不能立即应用上述极限，须先将函数变形，使满足条件。

解 $\lim\limits_{x \to 0} \dfrac{\sin 3x}{5x} = \lim\limits_{x \to 0} \dfrac{3\sin 3x}{5x \cdot 3} = \dfrac{3}{5} \lim\limits_{x \to 0} \dfrac{\sin 3x}{3x} = \dfrac{3}{5} \cdot 1 = \dfrac{3}{5}$

注：在 $\lim\limits_{x \to 0} \dfrac{\sin 3x}{3x}$ 中，可把 $3x$ 看作一个整体。或者作变量替换：令 $3x=y$，则当 $x \to 0$ 时，$y \to 0$，于是 $\lim\limits_{x \to 0} \dfrac{\sin 3x}{3x} = \lim\limits_{x \to 0} \dfrac{\sin y}{y} = 1$。

例 11 求 $\lim\limits_{x \to 0} \dfrac{1-\cos x}{x^2}$。

解 $\lim\limits_{x \to 0} \dfrac{1-\cos x}{x^2} = \lim\limits_{x \to 0} \dfrac{2\sin^2 \dfrac{x}{2}}{x^2} = \lim\limits_{x \to 0} \dfrac{2\left(\sin \dfrac{x}{2}\right)^2}{4\left(\dfrac{x}{2}\right)^2} = \dfrac{1}{2}\lim\limits_{x \to 0}\left(\dfrac{\sin \dfrac{x}{2}}{\dfrac{x}{2}}\right)^2 = \dfrac{1}{2} \cdot 1^2 = \dfrac{1}{2}$

例 12 求 $\lim\limits_{x \to a} \dfrac{\sin x - \sin a}{x-a}$。

---

① 注：应用时要注意两点：第一，分子是弧的正弦，分母是这个弧本身，即分子、分母里的弧要相同；第二，分子分母都趋于 0，满足了这两点，其极限才等于 1。

解 $\lim\limits_{x\to a}\dfrac{\sin x-\sin a}{x-a}=\lim\limits_{x\to a}\dfrac{2\cos\dfrac{x+a}{2}\sin\dfrac{x-a}{2}}{x-a}$

$$=\lim\limits_{x\to a}\cos\dfrac{x+a}{2}\cdot\lim\limits_{x\to a}\dfrac{\sin\dfrac{x-a}{2}}{\dfrac{x-a}{2}}=\cos a\cdot1=\cos a$$

注：当 $x\to a$ 时，$\dfrac{x-a}{2}\to0$，把 $\dfrac{x-a}{2}$ 看作一个整体，应用 $\lim\limits_{x\to0}\dfrac{\sin x}{x}=1$。

(三)重要极限

$$\lim\limits_{x\to\infty}\left(1+\dfrac{1}{x}\right)^x=\mathrm{e}$$

证明在数列极限中，我们已研究过著名的极限（§2.3）$\lim\limits_{n\to\infty}\left(1+\dfrac{1}{n}\right)^n=\mathrm{e}\cdots\cdots(1)$。这里要证明的是，当自变量 x 连续变化而趋向无穷时，函数 $\left(1+\dfrac{1}{x}\right)^x$ 也趋向同一个数 e。

首先考虑 $x\to+\infty$ 的情形。我们注意到，对于大于 1 的数 x，总能找到两个相邻的自然数 n 和 $n+1$，使得 x 介于其间，即 $n\leq x<n+1$ 显然，当 $x\to+\infty$ 时，也有 $n\to\infty$。各项取倒数，得

$$\dfrac{1}{n+1}<\dfrac{1}{x}\leq\dfrac{1}{n}$$

从而 $$1+\dfrac{1}{n+1}<1+\dfrac{1}{x}\leq1+\dfrac{1}{n}$$

于是 $$\left(1+\dfrac{1}{n+1}\right)^n<\left(1+\dfrac{1}{x}\right)^x\leq\left(1+\dfrac{1}{n}\right)^{n+1}$$

让 $x\to+\infty$（随之 $n\to\infty$），取两端的极限：

$$\lim\limits_{n\to\infty}\left(1+\dfrac{1}{n+1}\right)^n=\lim\limits_{n\to\infty}\dfrac{\left(1+\dfrac{1}{n+1}\right)^{n+1}}{\left(1+\dfrac{1}{n+1}\right)}=\dfrac{\lim\limits_{n\to\infty}\left(1+\dfrac{1}{n+1}\right)^{n+1}}{\lim\limits_{n\to\infty}\left(1+\dfrac{1}{n+1}\right)}=\dfrac{\mathrm{e}}{1}=\mathrm{e}$$

$$\lim\limits_{n\to\infty}\left(1+\dfrac{1}{n}\right)^{n+1}=\lim\limits_{n\to\infty}\left[\left(1+\dfrac{1}{n}\right)^n\left(1+\dfrac{1}{n}\right)\right]=\lim\limits_{n\to\infty}\left(1+\dfrac{1}{n}\right)^n\lim\limits_{n\to\infty}\left(1+\dfrac{1}{n}\right)=\mathrm{e}\cdot1=\mathrm{e}$$

当 $x\to+\infty$ 时（随之 $n\to\infty$），二重不等式两端都趋于 e，从而夹在中间的函数也必趋于 e，这就证明了 $\lim\limits_{x\to+\infty}\left(1+\dfrac{1}{x}\right)^x=\mathrm{e}$

现在考察 $x\to-\infty$ 的情况。令 $x=-t$，于是当 $x\to-\infty$ 时，$x\to+\infty$，因此有

$$\lim_{x \to -\infty}\left(1+\frac{1}{x}\right)^{x} = \lim_{t \to +\infty}\left(1-\frac{1}{t}\right)^{-t} = \lim_{t \to +\infty}\left(\frac{t}{t-1}\right)^{t}$$

$$= \lim_{t \to +\infty}\left(1+\frac{1}{t-1}\right)^{t} = \lim_{t \to +\infty}\left[\left(1+\frac{1}{t-1}\right)^{t-1}\left(1+\frac{1}{t-1}\right)\right]$$

$$= \lim_{t \to +\infty}\left(1+\frac{1}{t-1}\right)^{t-1}\lim_{t \to +\infty}\left(1+\frac{1}{t-1}\right) = e \cdot 1 = e$$

综合上述，我们证明了 $\lim\limits_{x \to \infty}\left(1+\dfrac{1}{x}\right)^{x} = e$ （2）

注：要掌握上述两个极限的共同特点：括号内第一项是 1；第二项是无穷小，前面带+号；幂指数恰好是第二项的倒数，是无穷大。满足了这三点，其极限才等于 e。

e 的又一种表达形式 在（2）中令 $z=\dfrac{1}{x}$，则 $x \to \infty$ 时，$z \to 0$，于是上式又可改为

$$\lim_{z \to 0}(1+z)^{\frac{1}{z}} = e \tag{3}$$

总之，实数 e 的表达式有三种形式［即上面的（1），（2），（3）］，都应当掌握。

例 13 求 $\lim\limits_{x \to \infty}\left(\dfrac{x}{1+x}\right)^{x}$。

解 $\left(\dfrac{x}{1+x}\right)^{x} = \dfrac{1}{\left(1+\dfrac{1}{x}\right)^{x}}$

所以

$$\lim_{x \to \infty}\left(\frac{x}{1+x}\right)^{x} = \lim_{x \to \infty}\frac{1}{\left(1+\dfrac{1}{x}\right)^{x}} = \frac{1}{\lim\limits_{x \to \infty}\left(1+\dfrac{1}{x}\right)^{x}} = \frac{1}{e}$$

例 14 求 $\lim\limits_{x \to \infty}\left(1+\dfrac{2}{x}\right)^{3x}$。

解 令 $t=\dfrac{2}{x}$，当 $x \to \infty$ 时，$t \to 0$。

于是

$$\lim_{x \to \infty}\left(1+\frac{2}{x}\right)^{3x} = \lim_{t \to 0}(1+t)^{\frac{6}{t}} = \lim_{t \to 0}\left[(1+t)^{\frac{1}{t}}\right]^{6}$$

$$= \left[\lim_{t \to 0}(1+t)^{\frac{1}{t}}\right]^{6} = e^{6}$$

例 15 求 $\lim\limits_{x \to \infty}\left(\dfrac{2x+3}{2x+1}\right)^{x+1}$。

解 先把括号内拆成两项，使第一项是 1：

$$\left(\frac{2x+3}{2x+1}\right)^{x+1} = \left(1+\frac{2}{2x+1}\right)^{x+1}$$

再作变量替换，令 $t=\dfrac{2}{2x+1}$，则 $x=\dfrac{2-t}{2t}$，当 $x \to \infty$ 时，$t \to 0$，于是

$$\lim_{x\to\infty}\left(\frac{2x+3}{2x+1}\right)^{x+1}=\lim_{t\to0}(1+t)^{\frac{2-t}{2t}+1}$$

$$=\lim_{t\to0}(1+t)^{\frac{1}{t}+\frac{1}{2}}=\lim_{t\to0}(1+t)^{\frac{1}{t}}\lim_{t\to0}(1+t)^{\frac{1}{2}}$$

$$=\mathrm{e}\cdot1=\mathrm{e}$$

§2.7　无穷小量的比较

在同一个问题中，往往同时出现几个无穷小量，这几个无穷小量虽然都趋于零，但向零趋近的快慢程度可能并不一样，甚至差别很大。有时需要我们讨论趋向于零的快慢问题，举例如下。

有一块正方形金属片，边长原来是 3，受热后增加了 h，问金属片的面积增加了多少。

如图 2.10 所示，设加热前金属片面积为 A，即 $A=3^2=9$。加热后金属片的面积为 A_1，即

$$A_1=(3+h)^2=9+6h+h^2$$

可见加热以后，金属片增加的面积为

$$A_1-A=6h+h^2$$

此式右边有两项，图中画有斜线的两个窄矩形的面积之和是 $6h$，而画有交叉线的一小块正方形的面积则是 h^2。

从图 2.10 容易看出，当 $h\to0$ 时，$6h\to0$，$h^2\to0$。这就是说，当 $h\to0$ 时，$6h$ 和 h^2 也都是无穷小。现在把它们趋于零的快慢程度列表比较一下：

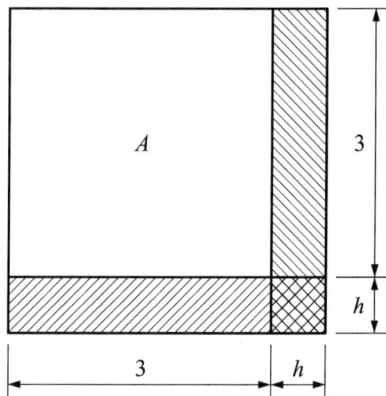

图 2.10

h	0.5	0.1	0.01	$0.001\cdots\to0$
$6h$	3	0.6	0.06	$0.006\cdots\to0$
h^2	0.25	0.01	0.0001	$0.000001\cdots\to0$

如上表所示，当 $h\to0$ 时，h^2 比 $6h$ 趋于零的速度快得多。

由于无穷小量在减小的速度上有快慢之别，所以它们在同一问题中所起的作用也不一样：有的起着主要的作用，有的则处于可以忽略不计的地位。因此将无穷小量加以比较，分开等级，就是必要的了。

高阶无穷小与同阶无穷小

定义　设 α 和 β 是同一过程中的两个无穷小量：

（ⅰ）如果 $\lim\dfrac{\alpha}{\beta}=0$，则说 α 是比 β 高阶的无穷小，或说 β 是比 α 低阶的无穷小。

（ ii ）如果 $\lim \dfrac{\alpha}{\beta}=K(K$ 是不等于 0 的常数），则说 α 与 β 是同阶的无穷小。

α 是比 β 高阶的无穷小，表明 α 趋向零的速度比 β 快；而 α 与 β 是同阶无穷小，则表明 α 与 β 趋向零的速度大体相同。

注：α 与 β 可以是数列也可以是函数。极限符号 $\lim$ 的下面没有标出 $n\to\infty$ 或 $x\to x_0(x\to\infty)$，这是为了叙述方便而采用的一种简单记法。

例 1 考察上图中小正方形面积 h^2 与两个窄矩形面积 $6h$ 之比的极限：

$$\lim_{h\to 0}\frac{h^2}{6h}=\lim_{h\to 0}\frac{h}{6}=0$$

按定义，在 $h\to 0$ 时，小正方形面积是比两个窄矩形面积高阶的无穷小。

当我们计算上述正方形金属片在加热后所增加的面积时，因为 h 不太大，所以可略去 h^2，而得近似值：$A_1-A\approx 6h$。

例 2 当 $x\to 0$ 时，$1-\cos x$ 是比 x 高阶的无穷小，因为（参考 §2.6 例 11）：

$$\lim_{x\to 0}\frac{1-\cos x}{x}=\lim_{x\to 0}\frac{x(1-\cos x)}{x^2}$$

$$=\lim_{x\to 0}x\cdot\lim_{x\to 0}\frac{1-\cos x}{x^2}=0\cdot\frac{1}{2}=0$$

例 3 当 $x\to 0$ 时，$\sin x$，$\tan x$，$\sqrt{1+x}-1$ 都是 x 的同阶无穷小。因为：

$$\lim_{x\to 0}\frac{\sin x}{x}=1,$$

$$\lim_{x\to 0}\frac{\tan x}{x}=\lim_{x\to 0}\frac{\dfrac{\sin x}{\cos x}}{x}=\lim_{x\to 0}\frac{1}{\cos x}\lim_{x\to 0}\frac{\sin x}{x}=1\cdot 1=1$$

$$\lim_{x\to 0}\frac{\sqrt{1+x}-1}{x}=\lim_{x\to 0}\frac{x}{x(\sqrt{1+x}+1)}=\lim_{x\to 0}\frac{1}{\sqrt{1+x}+1}=\frac{1}{2}$$

等价无穷小 在同阶无穷小中，有一种很重要的特殊情形，这就是两个无穷小之比的极限等于 1。

定义 设 α 和 β 是同一过程中的两个无穷小量，如果 $\lim \dfrac{\alpha}{\beta}=1$，则说 α 与 β 是等价无穷小，记为 $\alpha\sim\beta$。

如果两个无穷小是等价的，则趋向于零的速度非常近似。从上面例 3 可知，当 $x\to 0$ 时，x 与 $\sin x$ 是等价无穷小。现在把它们在变化过程中的数值列出一部分，事实上，如果拿等价无穷小中的一个代替另一个，当它们的值充分小时，所产生的误差可以任意小。下述定理说明了这一点。

定理 若 α 与 β 是等价无穷小，则 α 与 β 的差，比 α 或比 β 都是高阶无穷小。

证明 因 $\lim \dfrac{\alpha}{\beta}=1$，于是 $\lim \dfrac{\alpha-\beta}{\beta}=\lim\left(\dfrac{\alpha}{\beta}-1\right)=1-1=0$

这个定理告诉我们一件有益的事：若以两个等价无穷小之一代替另一个，则产生的相对误差可以任意小。实际在近似计算中，也确实常把一个式子比较复杂的无穷小代之以与它等

价而式子比较简单的无穷小。例如下列几个常用的近似公式，都属于这种情况（下面假定 $|x|$ 是较小数值）。

$$\sin x \approx x, \ \tan x \approx x, \ \sqrt{1+x} - 1 \approx \frac{1}{2}x。$$

等价无穷小的代换，还有一个很好的用处：两个等价无穷小在极限运算中可以互相代换，并不影响极限值。

定理 （无穷小代换定理）在两个无穷小的比式里，若将它们都换以自己的等价无穷小，所得比的极限不变。

证明 设 $\alpha \sim \alpha'$，$\beta \sim \beta'$，于是

$$\lim \frac{\alpha}{\beta} = \lim \left(\frac{\alpha}{\alpha'} \cdot \frac{\alpha'}{\beta'} \cdot \frac{\beta'}{\beta} \right)$$

$$= \lim \frac{\alpha}{\alpha'} \lim \frac{\alpha'}{\beta'} \lim \frac{\beta'}{\beta} = 1 \cdot \lim \frac{\alpha'}{\beta'} \cdot 1 = \lim \frac{\alpha'}{\beta'}$$

这个定理提供了这样的好处：如果把一个无穷小换上一个表达式比较简单的等价无穷小，可以简化计算过程。

例 4 求 $\lim\limits_{x \to 0} \dfrac{\tan 2x}{\sin 3x}$

解 因 $\tan 2x \sim 2x$，$\sin 3x \sim 3x$，所以 $\lim\limits_{x \to 0} \dfrac{\tan 2x}{\sin 3x} = \lim\limits_{x \to 0} \dfrac{2x}{3x} = \dfrac{2}{3}$

推论 在两个无穷小的比式里，只将分子或分母一方换以等价无穷小，则比的极限不变。

这是因为，没换的一方，可以看作换上了它自己。

例 5 求 $\lim\limits_{x \to 0} \left(\dfrac{\sin^2 x}{1 + \cos x} \cdot \dfrac{1}{x^2} \right)$

解 因 $\sin x \sim x$，所以

$$\lim_{x \to 0} \left(\frac{\sin^2 x}{1 + \cos x} \cdot \frac{1}{x^2} \right) = \lim_{x \to 0} \left(\frac{x^2}{1 + \cos x} \cdot \frac{1}{x^2} \right) = \lim_{x \to 0} \frac{1}{1 + \cos x} = \frac{1}{2}$$

K 阶无穷小 上面是比较两个无穷小量属于同阶，还是有的属于高阶，但有时需要精确地用数字表表达它们的阶次。

定义 如果 α 与 β^k（K 是大于零的常数）是同阶无穷小，则说 α 是 β 的 K 阶无穷小。

例 6 因 $\lim\limits_{x \to 0} \dfrac{1 - \cos x}{x^2} = \lim\limits_{x \to 0} \dfrac{2 \sin^2 \dfrac{x}{2}}{x^2}$

$$= \lim_{x \to 0} \frac{1}{2} \frac{\sin^2 \dfrac{x}{2}}{\left(\dfrac{x}{2} \right)^2} = \frac{1}{2}$$

所以 $1 - \cos x$ 是 x 的 2 阶无穷小。

符号 O 与 o 在近代数学中，考虑函数间的比较时，常用下述两个符号。

（1）如果当 $x \to x_0$ 时，$\dfrac{f(x)}{g(x)}$ 是无穷小，即 $\lim\limits_{x \to x_0} \dfrac{f(x)}{g(x)} = 0$，则用符号 $f(x) = o(g(x))$ 表示。也就是说符号 $o(g(x))$ 代表比 $g(x)$ 高阶的无穷小。如果 $f(x)$ 本身是无穷小，则可以写成 $f(x) = o(1)$。

（2）如果当 $x \to x_0$ 时，$f(x)$ 是有界的，可以写成 $f(x) = O(1)$。如果 $f(x)$ 与 $g(x)$ 是同阶无穷小，就可以写成 $f(x) = O(g(x))$。

解：当 $x \to 0$ 时，则有：$1 - \cos x = o(x)$，$1 - \cos x = O(x^2)$

关于无穷大量的比较，有与无穷小比较类似的定义。因为不常用，我们简单介绍一下它的定义。

定义 设 x 和 y 是两个无穷大量：

（ⅰ）如果 $\lim \dfrac{y}{x} = \infty$，则说 y 是比 x 高阶的无穷大；

（ⅱ）如果 $\lim \dfrac{y}{x} = a\,(a \neq 0)$，则说 y 与 x 是同阶无穷大。当 $a = 1$ 时，则说 y 与 x 是等价无穷大。

习题

1. 在数轴上作出下列各数列的对应点，并说明哪些数列有极限？哪些没有？

（1）$x_n = \dfrac{1}{\sqrt{n}}$；（2）$x_n = \sin \dfrac{n\pi}{2}$；（3）$x_n = \dfrac{n}{2n+1}$；（4）$x_n = \dfrac{1}{n!}$。

2. 设 $u_1 = 0.9$，$u_2 = 0.99$，$u_3 = 0.999$，$\cdots$，$u_n = \underbrace{0.99\cdots9}_{n\text{个}9}$，问 $\lim\limits_{n \to \infty} u_n$ 为多少，n 应为何值时，才能使 u_n 与其极限差的绝对值小于 0.0001。

3. 根据极限定义证明：

（1）$\lim\limits_{n \to \infty} \dfrac{1}{n^2} = 0$；
（2）$\lim\limits_{n \to \infty} \dfrac{3n+1}{2n-1} = \dfrac{3}{2}$；

（3）$\lim\limits_{n \to \infty} \dfrac{\sqrt{n^2 + a^2}}{n} = 1$。

4. 求下列数列的极限：

（1）$\lim\limits_{n \to \infty} \dfrac{n^3 + 2}{2n^3 + 1}$；
（2）$\lim\limits_{n \to \infty} \dfrac{n + 10\sqrt{n}}{5n - 100\sqrt{n}}$；

（3）$\lim\limits_{n \to \infty} \dfrac{6n^2 + (-1)^n n}{5n^2 + n}$；
（4）$\lim\limits_{n \to \infty} (\sqrt{n+1} - \sqrt{n})$；

（5）$\lim\limits_{n \to \infty} (\sin\sqrt{n+1} - \sin\sqrt{n})$；
（6）$\lim\limits_{n \to \infty} \left[\dfrac{1}{1 \cdot 2} + \dfrac{1}{2 \cdot 3} + \cdots + \dfrac{1}{n(n+1)} \right]$；

（7）$\lim\limits_{n \to \infty} \dfrac{1 + 2 + \cdots + n}{n^2}$。

5. 将下列极限，用 $\varepsilon - \delta\,(\varepsilon - N)$ 语言叙述出来：

（1）$\lim\limits_{x\to-\infty}f(x)=A$；

（2）$\lim\limits_{x\to+\infty}f(x)=-\infty$；

（3）$\lim\limits_{x\to a-0}f(x)=A$；

（4）$\lim\limits_{x\to a}f(x)=\infty$；

（5）$\lim\limits_{x\to a+0}f(x)=A$；

（6）$\lim\limits_{x\to a-0}f(x)=\infty$。

6. 根据定义证明：

（1）$\lim\limits_{x\to 3}(3x-1)=8$；

（2）$\lim\limits_{x\to 0}\dfrac{1-x^2}{1+x^2}=1$；

（3）$\lim\limits_{x\to-2}\dfrac{x^2-4}{x+2}=-4$；

（4）$\lim\limits_{x\to\infty}\dfrac{1+x^3}{2x^3}=\dfrac{1}{2}$。

7. 当 $x\to\infty$ 时，$y=\dfrac{x^2-1}{x^2+3}\to 1$，问 N 应为何值，才能使当 $|x|>N$ 时，$|y-1|<0.01$？

8. 已知 $\lim\limits_{x\to 2}x^2=4$，当 $\varepsilon=0.001$ 时，求 δ 的值。

9. 证明函数 $f(x)=|x|$，当 $x\to 0$ 时，极限为零。

10. 证明极限 $\lim\limits_{x\to 0}\dfrac{x}{|x|}$ 不存在。

11. 设 $f(x)=\begin{cases}\dfrac{-1}{x-1}, & x<0, \\ 0, & x=0, \\ x, & 0<x<1, \\ 1, & 1\leqslant x<2。\end{cases}$

求 $f(x)$ 在 $x\to 0$ 及 $x\to 1$ 时的左极限与右极限，并说明这两点的极限是否存在。

12. 求下列函数的极限：

（1）$\lim\limits_{x\to 1}\dfrac{x^2+2x+5}{x^2+1}$；

（2）$\lim\limits_{x\to 1}\dfrac{x}{1-x}$；

（3）$\lim\limits_{x\to 1}\dfrac{x^m-1}{x^n-1}$（$m$，$n$ 为自然数）；

（4）$\lim\limits_{x\to 0}\dfrac{\sqrt{1+x}-\sqrt{1-x}}{x}$；

（5）$\lim\limits_{x\to 1}\left(\dfrac{2}{x^2-1}-\dfrac{1}{x-1}\right)$；

*（6）$\lim\limits_{x\to 0}\dfrac{\sqrt[n]{1+x}-1}{x}$（$n$ 为自然数）；

（7）$\lim\limits_{x\to 0}\dfrac{\sin mx}{\sin nx}$（$m$，$n$ 为自然数）；

（8）$\lim\limits_{x\to\infty}\dfrac{x^4-5x}{x^2-3x+1}$；

（9）$\lim\limits_{x\to 0}\dfrac{\tan 2x}{\sin 5x}$；

（10）$\lim\limits_{x\to\infty}\dfrac{\arctan x}{x}$；

（11）$\lim\limits_{x\to\infty}\left(1+\dfrac{2}{x}\right)^x$；

（12）$\lim\limits_{x\to\infty}\left(1-\dfrac{1}{x}\right)^x$；

（13）$\lim\limits_{x\to 0}(1+2x)^{\frac{1}{x}}$；

（14）$\lim\limits_{x\to 0}\dfrac{\ln(1+x)}{x}$。

13. 利用极限性质（敛迫性）求极限：

$$\lim\limits_{n\to\infty}\left(\dfrac{1}{\sqrt[3]{n^3+1}}+\dfrac{1}{\sqrt[3]{n^3+2}}+\cdots+\dfrac{1}{\sqrt[3]{n^3+n}}\right)。$$

14. 若 $f(x) = x^2$，求 $\lim\limits_{\Delta x \to 0} \dfrac{f(x+\Delta x) - f(x)}{\Delta x}$。

15. 若 $f(x) = \sin x$，求 $\lim\limits_{\Delta x \to 0} \dfrac{f(x+\Delta x) - f(x)}{\Delta x}$。

*16. 若 $f(x) = a^x$，求 $\lim\limits_{\Delta x \to 0} \dfrac{f(x+\Delta x) - f(x)}{\Delta x}$。

$\left[提示：令\ a^{\Delta x} - 1 = t，利用 \lim\limits_{t \to 0}(1+t)^{\frac{1}{t}} = \mathrm{e} \right]$

17. 当 $x \to 0$ 时，试决定下列各无穷小对于 x 的阶数：

(1) $x^3 + 1000x^2$；

(2) $\dfrac{x(x+1)}{1+\sqrt{x}}(x>0)$；

(3) $\sqrt{a+x^3} - \sqrt{a}\ (a>0)$。

数学家：刘徽

刘徽(约 225 年—约 295 年)我国魏晋时期伟大的数学家，祖籍山东滨州邹平市，他十分好学，对数学有浓厚的兴趣，对《九章算术》进行了深入的研究，著有《九章算术注》。在这本著作中，他对《九章算术》中未加以认证的公式和原理从理论上给予证明和阐述，对其中的错误公式从理论上加以澄清并找出了错误的原因，提出了一些理论上的推断。

在算术方面，刘徽丰富了《九章算术》中的分数理论，所给出的分数概念、表示方法和运算法则等比原著更加清晰、明确、合理、成熟，体现了当时世界上分数理论的最高水平，与现代分数理论非常接近。其中的比例理论和"盈不足"术成为中国古代数学算法理论的重要基础，并传到了印度和阿拉伯，后来又传入欧洲，对古代世界数学的发展产生了极大的影响。

在代数方面，刘徽对《九章算术》中方程术和正负数加减运算法则给出了完整的理论说明和进一步阐述，使这两项重大历史成就早于欧洲 1000 多年，并且更加完备。

在几何方面，刘徽在理论与实践上的成就更加突出，是中国古代几何学的奠基人和开创者之一。他采用"图形割补法""割圆术""极限法"和"代数法"等独特的方法对古代几何命题给予科学的证明，解决了一些平面几何和立体几何基本命题。

刘徽是最早探索极限理论的数学家之一，他的"割圆术"是极限理论最早的理解和实践。

第3章

函数的连续性

自然界和日常生活中的许多现象，如气温的变化、河水的流动、植物的生长，等等，都是随着时间的增大而连续不断地变化着。这些现象反映到数学的函数关系上来，就体现为函数的连续性。我们现在就利用极限来研究函数的连续性。

§3.1 函数连续的概念

一、函数的改变量（增量）

我们先引入一个以后常用的概念——函数的改变量（也称函数的增量）。

在函数 $y=f(x)$ 的定义域内，设自变量 x 由始值 x_0 变到终值 x_1，相应的函数值由始值 $f(x_0)$ 变到终值 $f(x_1)$，则把差 $\Delta x=x_1-x_0$ 叫做自变量的改变量，$\Delta y=f(x_1)-f(x_0)$ 叫做函数 $y=f(x)$ 的改变量。

基于上述，自变量的终值可表为始值与改变量之和

$$x_1=x_0+\Delta x$$

而函数的终值也可表为始值与改变量之和（图 3.1）

$$f(x_1)=f(x_0)+\Delta y$$

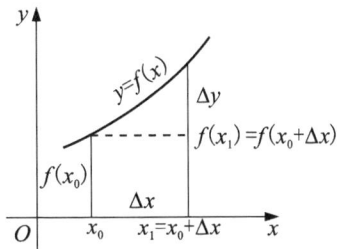

图 3.1

二、函数连续的定义

我们先讨论函数在一点的连续性。函数在一点连续的概念，是研究函数连续性的基础。所谓连续，就是不间断，间断是连续的对立面。为搞清连续，同时要看看间断的情况，数学上连续与间断的概念，正是事物变化过程中渐变与突变的反映。比如气温由 10℃ 上升到 20℃，自然要经过 10 与 20 之间的一切数而连续地变化，不可能有什么突变。相反地，在火

箭发射过程中，随着火箭燃料的燃烧，质量逐渐变化，但当每一级火箭燃料烧尽时，该级的外壳自行脱落，于是质量突然减小，便产生了突变，在几何上，渐变是用连续不断的曲线描写的，而突变则表示为出现了一个间断（图3.2）。

当然我们不能停留在物理的或几何的直观上，需要进一步分析反映渐变的连续点与反映突变的间断点的数量特性是什么。假设函数 $f(x)$ 的图象如图3.3所示，其中 x_1 是间断点，其他的点 x_0 都是连续点。显而易见，在间断点 x_1 处，函数值有一个跳跃，即当自变量 x 从 x_1 向右作微小的改变时，对应函数值便发生显著的变化（这是突变的表现）。但是在连续点 x_0 处，情况则完全相反，当自变量 x 向左或向右作微小改变时，对应的函数值也只作微小的改变（这是渐变的表现）。

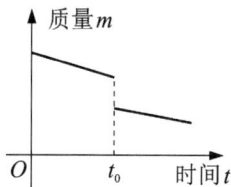

图3.2

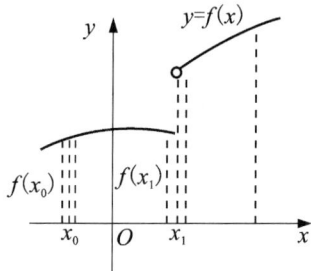

图3.3

以上是我们从图象上所获得的一种感性认识，但是如果没有一个精确的连续定义，那么就无法进行分析上的研究。

设函数 $y=f(x)$ 在点 x_0 附近有定义，当自变量 x 在点 x_0 有一改变量 Δx①（即自变量 x 从 x_0 变到 $x_0+\Delta x$）时，则函数 y 也有一个对应改变 Δy 量（参考图3.1），即

$$\Delta y = f(x_0+\Delta x) - f(x_0)$$

现在保持 x_0 不变，而让改变量 Δx 的绝对值变小。一般说来，函数的改变量 Δy 的绝对值也要随着变小。并且对于 Δx 的每一个值，必有 Δy 的一个对应值（这表明 Δy 是 Δx 的函数）。如果曲线在点 x_0 处是一种连续状态，那么当 Δx 的绝对值变得充分小时，Δy 的绝对值也将变得任意地小。事实上，这种变化规律就体现了函数在点处连续的实质。

定义　设函数 $y=f(x)$ 在点 x_0 的某一邻域内有定义，如果当自变量的改变量 Δx 趋近于零时，函数的相应改变量 $\Delta y=f(x_0+\Delta x)-f(x_0)$ 也趋近于零，则说函数 $y=f(x)$ 在点 x_0 连续，并称 x_0 是函数 $f(x)$ 的**连续点**。即

$$\lim_{\Delta x \to 0} \Delta y = 0 \quad 或 \quad \lim_{\Delta x \to 0} [f(x_0+\Delta x) - f(x_0)] = 0。$$

例1　证明函数 $y=x^2$ 在点 $x=2$ 处是**连续的**。

证明　设自变量在点 $x=2$ 有改变量 Δx，则函数的改变量为

$$\Delta y = (2+\Delta x)^2 - 2^2 = 4\Delta x + (\Delta x)^2$$

令 $\Delta x \to 0$，取极限：$\lim\limits_{\Delta x \to 0} \Delta y = \lim\limits_{\Delta x \to 0} [4\Delta x + (\Delta x)^2] = 4 \times 0 + 0 = 0$

---

① 把 Δx 体会成绝对值很小的量，当 $\Delta x>0$ 时，点 $x_0+\Delta x$ 在点 $y=f(x)$ 右侧；当 $\Delta x<0$ 时，点 $x_0+\Delta x$ 在点 x_0 左侧。

因为当 $\Delta x \to 0$ 时，$\Delta y \to 0$，根据上述定义，可知函数 $y = x^2$ 在点 $x = 2$ 处是连续的。

上述定义是用函数改变量的极限表达的，我们还可以利用函数的极限来表达。

由上述定义中的等式
$$\lim_{\Delta x \to 0} \left[f(x_0 + \Delta x) - f(x_0) \right] = 0$$

得到（注意 $f(x_0)$ 是常数）
$$\lim_{\Delta x \to 0} f(x_0 + \Delta x) = f(x_0)$$

现在记 $x = x_0 + \Delta x$，则当 $\Delta x \to 0$ 时，$x \to x_0$，于是
$$\lim_{x \to x_0} f(x) = f(x_0)$$

据此，连续定义又可叙述为：

定义 2　如果函数 $f(x)$ 在点 x_0 存在极限，并且极限值等于在点 x_0 的函数值 $f(x_0)$，则说函数 $f(x)$ 在点 x_0 连续，即 $\lim\limits_{x \to x_0} f(x) = f(x_0)$。[①]

连续定义还可以用"ε-δ"语言来叙述[①]。极限等式 $\lim\limits_{x \to x_0} f(x) = f(x_0)$ 表明函数 $f(x)$ 在点 x_0 的极限值是 $f(x_0)$，应用函数极限的"ε-δ"语言，便有

定义 3　如果对任意给定的正数 ε，总存在正数 δ，当 $|x - x_0| < \delta$ 时，恒有
$$|f(x) - f(x_0)| < \varepsilon$$

则说函数 $f(x)$ 在点 x_0 连续。

以上写了三个定义，显然都是等价的。

例 2　证明正弦函数 $f(x) = \sin x$ 在任意一点都连续。

证明　设 x_0 为数轴上的任意一点。要证明的是，对于任意给定的正数 ε，总存在正数 δ，当 $|x - x_0| < \delta$ 时，
$$|f(x) - f(x_0)| = |\sin x - \sin x_0| < \varepsilon$$

由于
$$|\sin x - \sin x_0| = 2 \left| \sin \frac{x - x_0}{2} \cos \frac{x + x_0}{2} \right|$$
$$= 2 \left| \sin \frac{x - x_0}{2} \right| \left| \cos \frac{x + x_0}{2} \right|$$

而
$$\left| \sin \frac{x - x_0}{2} \right| \leqslant \frac{|x - x_0|}{2}, \quad \left| \cos \frac{x + x_0}{2} \right| \leqslant 1$$

所以
$$|\sin x - \sin x_0| \leqslant 2 \frac{|x - x_0|}{2} \cdot 1 = |x - x_0|$$

可见，只要
$$|x - x_0| < \varepsilon,$$

便有
$$|\sin x - \sin x_0| < \varepsilon$$

----

① 函数在一点连续的"$f(x_0)$"定义，也比较常用。此定义与函数在一点有极限的"ε-δ"定义很相似，特别容易混淆。先来比较一下，回顾函数 $f(x)$ 在点 x_0 有极限的定义，那里说的是：当 $0 < |x - x_0| < \delta$ 时，有 $|f(x) - l| < \varepsilon$。而 $f(x)$ 在点 x_0 连续，则说的是：当 $|x - x_0| < \delta$ 时，有 $|f(x) - f(x_0)| < \varepsilon$。比较两组不等式，可以发现有两点区别：第一点是自变量 x 的取值范围有区别。在极限定义里，不要求考虑 $x = x_0$（因 $0 < |x - x_0| < \delta$），而在连续定义里，则必须把 x 这一点考虑在内（注意 $x = x_0$）。因为当考察函数 $f(x)$ 在 x_0 点的连续性时，不仅要考察 $f(x)$ 在 x_0 点附近的情况，而且要考察它在 x_0 点处的状态（事实上，当 $x = x_0$ 时，$|f(x) - f(x_0)|$ 变成 $|f(x_0) - f(x_0)| = 0 < \varepsilon$，这当然成立）。第二点是函数 $f(x)$ 的极限值有区别。在极限定义里，$f(x)$ 在 x_0 点的极限值是某一个常数 l；而在连续定义里，$f(x)$ 在 x_0 点的极限值就不能是别的常数，而恰好是 $f(x)$ 在 x_0 点的函数值 $f(x_0)$。

我们取 $\delta=\varepsilon$，则当 $|x-x_0|<\delta$ 时，便有 $|\sin x-\sin x_0|<\varepsilon$。

对于给定的 $\varepsilon>0$，已找到了 $\delta=\varepsilon$，$y=\sin x$ 在整个数轴上连续。

同理可证 $y=\cos x$ 也是处处连续的。

例 3 证明指数函数 $y=a^x$ 在它的定义域内是连续的。

证明 $y=a^x$ 的定义域是 $(-\infty,+\infty)$。设 $x_0\in(-\infty,+\infty)$，在点 x_0 给自变量 x 一个改变量 Δx，则函数得到改变量 $\Delta y=a^{x_0+\Delta x}-a^{x_0}=a^{x_0}(a^{\Delta x}-1)$。

按连续定义的改变量极限形式，只须证得 $\lim\limits_{\Delta x\to 0}\Delta y=0$。由 §2.4 的例 7，$\lim\limits_{\Delta x\to 0}a^{\Delta x}=1$

所以
$$\lim_{\Delta x\to 0}\Delta y=\lim_{\Delta x\to 0}a^{x_0}(a^{\Delta x}-1)=a^{x_0}\lim_{\Delta x\to 0}(a^{\Delta x}-1)=0$$

这就证明了指数函数 $y=a^x$ 在它的定义域内是连续的。

$\sin x$，$\cos x$ 和 a^x 都是基本初等函数，后面将引用这些结果。下面来看常函数的连续性，这也是经常要用到的。

例 4 证明常函数 $y=c$ 在任意一点都连续。

证明 常函数定义域是整个数轴，设 x_0 是数轴上任意一点 (图 3.4)，当 $x=x_0$ 时，$y=c$……（1）在 x_0 点给自变量 x 一个改变量 Δx，函数 y 得到改变量 Δy，但对应于 $x=x_0+\Delta x$ 的函数值仍为 c，所以 $y+\Delta y=c$……（2），由（2）式减（1）式得 $\Delta y=0$。令 $\Delta x\to 0$ 取极限，得 $\lim\limits_{\Delta x\to 0}\Delta y=\lim\limits_{\Delta x\to 0}0=0$。

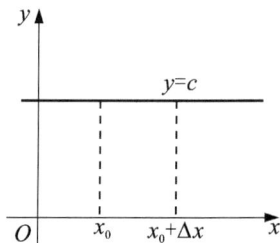

图 3.4

这就证明了常函数在任意一点都连续。

求连续函数极限的法则 由前面连续定义，有
$$\lim_{x\to x_0}f(x)=f(x_0)$$

可以得出求连续函数极限的重要法则：

1°如果函数 $f(x)$ 满足上述等式，则 $f(x)$ 在点 x_0 连续。由于定义是可逆的，即：如果 $f(x)$ 在点 x_0 连续，则 $f(x)$ 满足此等式，根据这个可逆性，便得出求连续函数极限的法则。

如果已知 $f(x)$ 在点 x_0 连续，当求极限 $\lim\limits_{x\to x_0}f(x)$ 时，只要把 x_0 代入 $f(x)$，计算函数值 $f(x_0)$ 即可。

例如，$\lim\limits_{x\to\frac{\pi}{2}}\sin x$。我们已知 $\sin x$ 在任意一点都连续，所以 $\lim\limits_{x\to\frac{\pi}{2}}\sin x=\sin\dfrac{\pi}{2}=1$。

2°如果已知 $f(x)$ 在点 x_0 连续，当求 $\lim\limits_{x\to x_0}f(x)$ 时，可把极限符号 $\lim$ 移到函数符号后面去，即 $\lim\limits_{x\to x_0}f(x)=f(x_0)=f(\lim\limits_{x\to x_0}x)$。

关于法则 2°的应用，在下一章可以看到。

左、右连续（单边连续） 有时需要考察函数在一点的某一侧的连续性，这就引出了左、右连续的概念。上面讲的函数在点 x_0 连续的定义是：即 $\lim\limits_{x\to x_0}f(x)=f(x_0)$。其中左端的极限是在 x_0 点的双边极限，如果把此极限改成左、右极限，便得到函数 $f(x)$ 在点 x_0 的左、右连续定义。

定义 如果 $\lim\limits_{x\to x_0^-}f(x)=f(x_0)$，则说函数 $f(x)$ 在 x_0 点**左连续**；如果 $\lim\limits_{x\to x_0^+}f(x)=f(x_0)$，则说函数 $f(x)$ 在 x_0 点**右连续**。

函数在一点的双边连续(即前面给出的在一点连续定义)与单边连续存在如下的关系:

函数 $f(x)$ 在 x_0 点连续的充分必要条件是 $f(x)$ 在 x_0 点既左连续又右连续(左、右极限都等于 x_0 点的函数值 $f(x_0)$),即 $\lim\limits_{x \to x_0^-}f(x) = \lim\limits_{x \to x_0^+}f(x) = f(x_0)$ 。

直观地从图象来了解一下。图 3.5(a)中的函数是左连续,图 3.5(b)是右连续,图 3.5(c)则既非左连续,亦非右连续。

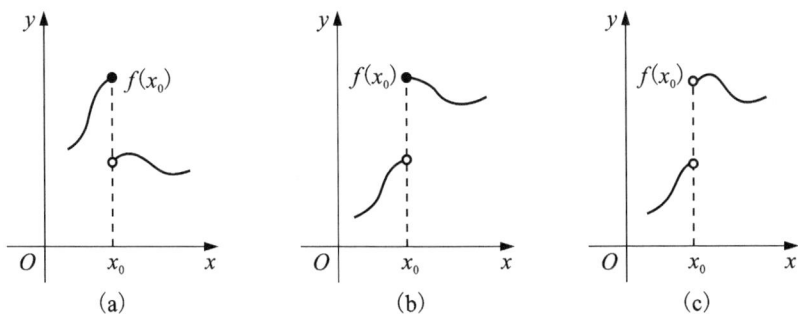

图 3.5

例 5　函数 $f(x) = |x| = \begin{cases} x, & \text{当 } x \geqslant 0, \\ -x, & \text{当 } x < 0 \end{cases}$ 在点 $x = 0$ 是否连续?

解　因 $f(x)$ 在点 $x = 0$ 的两侧有不同的表达式,必须通过左右极限来考察。

首先指出, $f(x)$ 在点 $x = 0$ 的函数值 $f(0) = 0$ 。

而 $\lim\limits_{x \to x_0^-}f(x) = \lim\limits_{x \to x_0^-}(-x) = 0$

$$\lim\limits_{x \to x_0^+}f(x) = \lim\limits_{x \to x_0^+}x = 0$$

可见 $f(x)$ 在原点的左、右极限都等于在原点的函数值,所以 $f(x)$ 在原点连续。

在区间内(上)连续　如果函数 $f(x)$ 在开区间 (a,b) 内的每一点都连续,则说 $f(x)$ 在开区间 (a,b) 内连续;如果函数 $f(x)$ 在闭区间 $[a,b]$ 上的每一个点都连续,并且在左端点是右连续,在右端点是左连续,则说 $f(x)$ 在闭区间 $[a,b]$ 上连续。

§3.2　函数的间断点

事物发展有渐变和突变,函数的变化也是如此,既有连续变化,也有出现间断的情形。

例如导线中电流通常是连续变化的,但当电流增加到一定的程度,会烧断保险丝,电流突然变为 0,这时连续性遭到破坏,出现间断现象。

定义　如果函数 $f(x)$ 在点 x_0 不连续,则说 $f(x)$ 在点 x_0 间断,并称 x_0 是 $f(x)$ 的间断点。

根据连续定义,函数 $f(x)$ 在点 x_0 连续的三个条件是:第一,在点 x_0 有定义;第二, $f(x)$ 在点 x_0 有极限;第三,在点 x_0 的极限值等于函数值。因此,如果出现下列三种情况之一,则 $f(x)$ 在点 x_0 间断。

1) $f(x)$ 在点 x_0 没有定义;

2) $f(x)$ 在点 x_0 没有极限;

3) 函数值 $f(x)$ 与极限值 $\lim\limits_{x \to x_0} f(x)$ 不相等。

这三种情况,就是判别间断的依据。

一、第一类间断点

设 x_0 是函数 $f(x)$ 的间断点,如果在点 x_0 的左极限和右极限都存在,则称 x_0 是第一类间断点。有以下几种情形:

1° $\lim\limits_{x \to x_0} f(x)$ 存在,但 $f(x)$ 在 x_0 点无定义。

例 1 函数 $f(x) = \dfrac{x^2 - 1}{x - 1}$ 在点 $x = 1$ 没有定义,所以在这

一点间断(图 3.6),但是却存在极限: $\lim\limits_{x \to 1} \dfrac{x^2 - 1}{x - 1} = \lim\limits_{x \to 1}(x + 1)$

$= 2$

故 $x = 1$ 是第一类间断点。

如果在点 $x = 1$ 给函数补充定义,即令在这点的函数值等于极限值

$$f(x) = \begin{cases} \dfrac{x^2 - 1}{x - 1}, & \text{当 } x \neq 1, \\ 2, & \text{当 } x = 1 \end{cases}$$

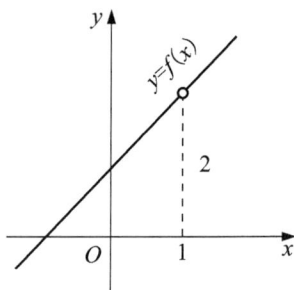

图 3.6

于是 $f(x)$ 在点 $x = 1$ 就连续了。因此,这种存在极限而无函数值的间断点特称为**可去间断点**。

2° $f(x_0^-) \neq f(x_0^+)$。在 x_0 点的左、右极限不等,故不存在极限。

例 2 函数 $f(x) = \begin{cases} x^2, & \text{当 } x \neq 0, \\ 1, & \text{当 } x = 0 \end{cases}$ 在点 $x = 0$ 虽有定义, $f(0) = 1$,但是函数值并不等于这一

点的极限值:

$$\lim\limits_{x \to 0} x^2 = 0 。$$

按上述规定,这类间断点也属于第一类。不过这类间断点也是可去间断点。如果我们改变在点 $x = 0$ 的函数值为函数在这点的极限值,便连续起来了。这个函数的图象是顶点在原点的抛物线,但在顶点出现一个间断点。请读者画图看一下。

二、第二类间断点

如果函数 $f(x)$ 在点 x_0 的左、右极限至少有一个不存在(或者趋向于无穷大,或者虽不趋向无穷大但也不趋向任何定数——即摆动状态),则称 x_0 是第二类间断点。

例 3 函数 $f(x) = e^{\frac{1}{x}}$ 在点 $x = 0$ 没有定义,从而在 $x = 0$ 处间断。我们进一步考察它的左、右极限:

$$\lim\limits_{x \to 0^-} e^{\frac{1}{x}} = 0 \qquad \lim\limits_{x \to 0^+} e^{\frac{1}{x}} = +\infty$$

在点 $x=0$ 的右极限不存在(趋于无穷大),于是点 $x=0$ 是第二类间断点,如图(3-7)。

左、右极限至少有一个趋于无穷大的间断点,特称之为**无穷型间断点**。

例 4　函数 $f(x)=\sin\dfrac{1}{x}$ 在点 $x=0$ 无定义,当 $x\to 0$ 时,$\sin\dfrac{1}{x}$ 也没有极限,因为当 x 越接近零,函数值越来越频繁地摆动于 -1 与 $+1$ 之间(比如取 $x_n=\dfrac{1}{2n\pi+\dfrac{\pi}{2}}$,则 $f(x_n)=1$;取 $x_n=\dfrac{1}{2n\pi-\dfrac{\pi}{2}}$,则 $f(x_n)=-1$),而不趋于任何定数(图 3.8)。这样的第二类间断点,特称为**摆动(振荡)间断点**。

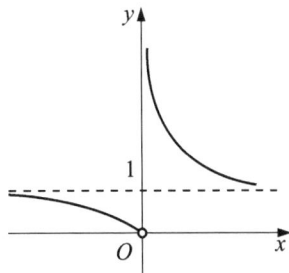

图 3.7

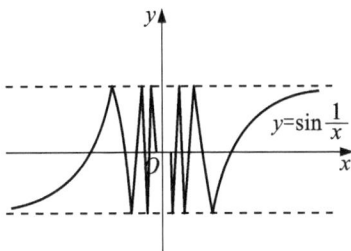

图 3.8

§3.3　初等函数的连续性

这一节的主要内容是要得到这样一个结论:每个初等函数在它的定义域内都是连续的。

由于初等函数是由基本初等函数和常数经有限次的四则运算和复合运算而得到的,因而只要证明了基本初等函数在定义域内是连续的,以及经上述运算所得到的函数也是连续的,于是就可以得出上述的结论。又由于三角函数与反三角函数、指数函数与对数函数分别互为反函数,为了简化基本初等函数连续性的讨论过程,须证明反函数的连续性。下面就来逐次解决这些问题。

一、连续函数的四则运算

对于连续函数可以实行四则运算,运算的结果,其连续性一般保持不变,这个问题显然是很重要的,因为有了这样一个总的结论,我们就无须每一次再来研究那些由连续函数的四则运算而得到的函数的连续性了。

定理 1　如果函数 $f(x)$ 和 $g(x)$ 在 x_0 点都连续,则它们的和、差、积、商(分母不为零)在点 x_0 也连续。

根据极限运算法则和连续定义,这个定理容易得到证明。下面只证和的情形,其他同理可证。

证明　因 $f(x)$ 和 $g(x)$ 在 x_0 点连续,所以 $\lim\limits_{x\to x_0}f(x)=f(x_0)$,$\lim\limits_{x\to x_0}g(x)=g(x_0)$

根据极限运算法则,便有

$$\lim_{x \to x_0}[f(x)+g(x)] = \lim_{x \to x_0}f(x)+\lim_{x \to x_0}g(x) = f(x_0)+g(x_0)$$

这就证明了函数 $f(x)+g(x)$ 在 x_0 点是连续的。

二、反函数和复合函数的连续性

定理 2 若 $y=f(x)$ 在区间 $[a,b]$ 上是严格单调(严格递增或严格递减)的连续函数,则存在反函数,反函数也是严格单调的和连续的。

例 1 讨论反三角函数和对数函数的连续性。

解 因 $y=\sin x$ 在区间 $\left[-\dfrac{\pi}{2}, \dfrac{\pi}{2}\right]$ 上是严格递增而且连续的函数(§3.1 例 2),根据上述定理,反正弦函数 $x=\arcsin y$ 在 $[-1,1]$ 上也是严格递增且连续的,即是说,反正弦在它的定义域上也是连续的。

同样 $\arccos x$,$\arctan x$,$\text{arccot }x$ 在它们的定义域上也都是连续的。

对数函数 $y=\log_a x$ 的定义域是 $(0, +\infty)$。由于 $\log_a x$ 是指数函数 a^x 的反函数,而 a^x 是严格单调且连续的(§3.1 例 3),所以对数函数 $\log_a x$ 在它的定义域上也是连续的。

定理 3 连续函数的复合函数也是连续的。

意思是说,如果 $u=\psi(x)$ 在点 x_0 连续,且 $u_0=\psi(x_0)$,而 $y=f(u)$ 在点 u_0 连续,则复合函数 $y=f[\psi(x)]$ 在点 x_0 也连续。

证明 按连续定义,只须证明 $\lim\limits_{x \to x_0}f[\psi(x)]=f[\psi(x_0)]$。因 $u=\psi(x)$ 在点 x_0 连续,所以 $\lim\limits_{x \to x_0}\psi(x)=\psi(x_0)=u_0$。这也就是说,当 $x \to x_0$ 时,$\psi(x)=u \to u_0$。另一方面,由于 $f(u)$ 在点 u_0 连续,所以 $\lim\limits_{x \to x_0}f[\psi(x)]=\lim\limits_{u \to u_0}f(u)=f(u_0)=f[\psi(x_0)]$。这就证明了复合函数 $y=f[\psi(x)]$ 在点 x_0 连续。

例 2 讨论函数 $y=\sin x^2$ 的连续性。

解 所给函数可看作复合函数:$y=\sin u$,$u=x^2$,因 x^2 和 $\sin u$ 在任意一点都连续,所以 $y=\sin x^2$ 在整个数轴上连续。

三、基本初等函数的连续性

基本初等函数指的是:幂函数、指数函数、对数函数、三角函数和反三角函数。由于这些函数都是其定义域上的连续函数,因此有以下定理。

定理 4 一切基本初等函数在其定义域内都是连续的。

四、初等函数的连续性

根据基本初等函数和常数的连续性以及连续函数的四则运算法则和复合函数的连续性,可得下述定理:

定理 5 初等函数在其定义域内是连续的。

例 3 讨论初等函数

$$y = \frac{a^x}{x-1} + 2\sin\sqrt{x+1}$$

的连续性。

解　把上列函数看作两个函数之和：$y = y_1 + y_2$，其中 $y_1 = \dfrac{a^x}{x-1}$，$y_2 = 2\sin\sqrt{x+1}$。

（ⅰ）因函数 a^x 和 $x-1$ 是处处连续的，所以 y_1 除去点 $x=1$ 外，也处处连续。

（ⅱ）把 $y_2 = 2\sin\sqrt{x+1}$ 看作复合函数：$y_2 = 2\sin u$，$u = \sqrt{v}\,(v \geqslant 0)$，$v = x+1$。易见只要 $x+1 \geqslant 0$，即 $x \geqslant -1$，则复合函数 $\sin\sqrt{x+1}$ 连续；又常函数 2 处处连续，所以 $y_2 = 2\sin\sqrt{x+1}$ 在区间 $[-1, +\infty)$ 内是连续的。

综合（ⅰ），（ⅱ），所给函数 y 在区间 $[-1, 1)$ 和 $(1, +\infty)$ 内连续。但容易看出，所给函数 y 的定义域也是区间 $[-1, 1)$ 及 $(1, +\infty)$，这也就是说，函数在它的定义域内是连续的。

根据上述定理，如果求出了一个初等函数的定义域，也就知道了它的连续域，而定义域是比较容易确定的。

如果一个函数不是由一个解析式子，而是由几个解析式子表示的，那么它就不属于初等函数。由几个解析式子表示的函数在它的定义域内不一定都连续。例如函数：

$$y = f(x) = \begin{cases} x^2, & \text{当 } x \leqslant 0, \\ x+1, & \text{当 } x > 0 \end{cases}$$

这个函数在点 $x=0$ 有定义，但在 $x=0$ 处却间断了。

§3.4　闭区间上连续函数的性质

闭区间上的连续函数有几个重要性质，它们是研究许多问题的基础。这几个性质从直观上看来是相当明显的，但要加以严格的论证，却需要其他的基本定理。我们把证明部分推迟到定积分之后，这里先从几何上或物理上加以直观的说明。这几个性质都是对于在闭区间（而不是开区间）上连续的（而不是间断的）函数来说的，如果不满足闭区间和连续这两个条件，一般说来是不成立的。在这里还要介绍函数在一点连续就具有的一个性质，即函数的保号性。

定理1　（有界性）　如果函数 $f(x)$ 在闭区间 $[a, b]$ 上连续，则 $f(x)$ 在 $[a, b]$ 上有界。

定理是说，如果函数 $f(x)$ 在闭区间 $[a, b]$ 上连续。则必存在一个正数 C，对于 $[a, b]$ 上的任意一点 x，都有 $|f(x)| \leqslant C$。也就是说，$f(x)$ 在 $[a, b]$ 上的一切函数值都介于 $-C$ 和 C 之间：$-C \leqslant f(x) \leqslant C$。

就图 3.9 来看，$f(x)$ 在 $[a, b]$ 上的图象是一条有头有尾的连续曲线，它必位于两条水平直线之间。

如果 $f(x)$ 在开区间 (a, b) 内连续，或者 $f(x)$ 在闭区间 $[a, b]$ 上不连续，则定理可能不成立。例如 $f(x) = \dfrac{1}{x}$ 在闭区间 $[-1, 1]$ 上不连续（图 3.10），显然无界，在开区间 $(0, 1)$ 内虽是连续的，仍然无界。

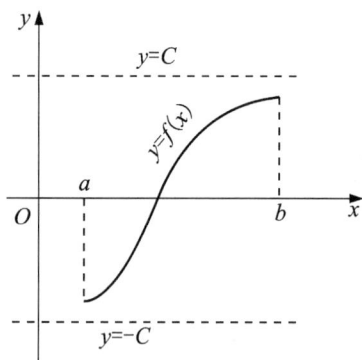

图 3.9

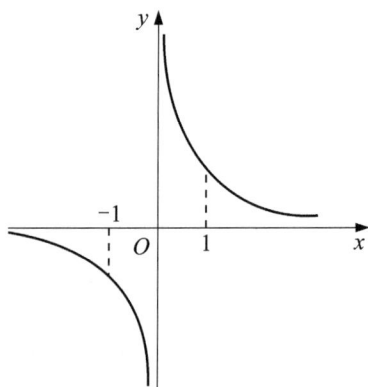

图 3.10

定理 2 （最大最小值） 如果函数 $f(x)$ 在闭区间 $[a,b]$ 上连续，则 $f(x)$ 在 $[a,b]$ 上必有最大值和最小值。

定理是说，如果 $f(x)$ 在 $[a,b]$ 上连续，则在 $[a,b]$ 上至少有两点 x_1 和 x_2，使得对 $[a,b]$ 上的一切点 x，都有 $f(x_1) \leqslant f(x) \leqslant f(x_2)$。这里 $f(x_1)$ 称为 $f(x)$ 在 $[a,b]$ 上的最小值，$f(x_2)$ 称为在 $[a,b]$ 上的最大值（参考图 3.11）。

从物理上也是不难理解的，例如一昼夜的温度变化，总有两个时刻分别达到最高温度和最低温度；又如，抛射一个物体，总可以达到最高点和最低点。

从几何上，一条有头有尾的连续曲线也必然有它的最高点和最低点。

如果 $f(x)$ 不是闭区间上的连续函数，定理就不一定成立了。例如函数（图 3.12）：

$$f(x)=\begin{cases} x, & \text当 0 \leqslant x < 1, \\ 0, & \text当 x=1 \end{cases}$$

在闭区间 $[0,1]$ 上不连续（在右端点间断），从而没有最大值，因为在区间右端点的函数值若是 1 则为最大，而实际在这点的函数值却是 0。还是这个函数，在半闭区间 $[0,1)$ 上虽然连续，但仍无最大值（为什么？读者自己分析下）。

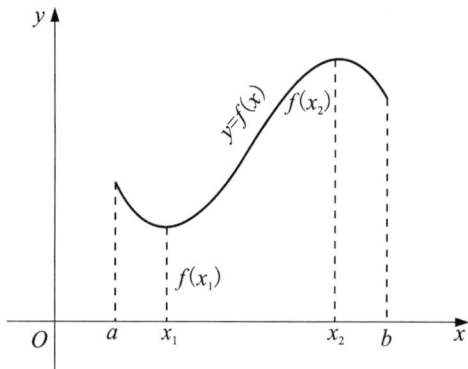

图 3.11

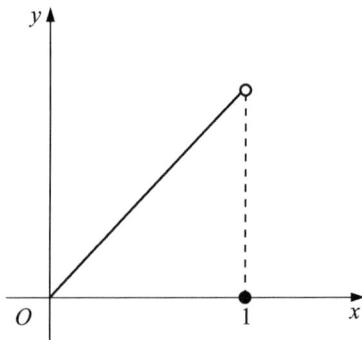

图 3.12

定理 3　（介值）　如果函数 $f(x)$ 在闭区间 $[a, b]$ 上连续，则对于 $f(a)$ 与 $f(b)$ 之间的任意一个数 η，在 $[a, b]$ 内至少有一点 ξ，使 $f(\xi) = \eta$。

换句话说，闭区间 $[a, b]$ 上的连续函数 $f(x)$，当自变量从 a 变到 b 时，$f(x)$ 要经过 $f(a)$ 与 $f(b)$ 之间的一切数。

这个性质在物理上是很明显的。例如，温度随时间而变化，如果从 1 ℃ 变到 10 ℃，就必然要经过 1 ℃ 与 10 ℃ 之间的一切温度；又如自由落体从 5 米高的地方落到地面，也必经过 5 米以下的一切高度。

从几何来看，这个性质也是明显的。闭区间 $[a, b]$ 上的连续函数 $f(x)$ 的图象，是从点 $(a, f(a))$ 到点 $(b, f(b))$，中间毫无断裂的一条曲线（图 3.13）。因此，直线 $y = \eta$ 一定与它交于某一点。如果 $f(x)$ 在 $[a, b]$ 上有间断点（图 3.14），则直线 $y = \eta$ 就不一定与曲线相交了。

推论 (零点存在定理)　设 $f(x)$ 是闭区间 $[a, b]$ 上的连续函数，$f(a)$ 与 $f(b)$ 异号（比如 $f(a) < 0$，$f(b) > 0$），则在 (a, b) 内至少有一点 ξ，使 $f(\xi) = 0$（图 3.15）。

此推论也称为根的存在定理。

例　估计方程 $x^3 - 6x + 2 = 0$ 的根的位置。

令 $f(x) = x^3 - 6x + 2$，则 $f(-3) = -7 < 0$，$f(-2) = 6 > 0$，$f(-1) = 7 > 0$，$f(0) = 2 > 0$，$f(1) = -3 < 0$，$f(2) = -2 < 0$，$f(3) = 11 > 0$。因 $f(x)$ 处处连续，由推论知，方程在 $(-3, -2)$，$(0, 1)$ 和 $(2, 3)$ 内各有一根。因三次方程的根最多只能有三个，所以各根的位置已全部确定了。

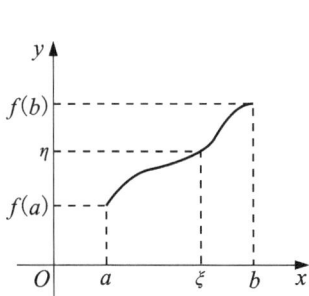

图 3.13

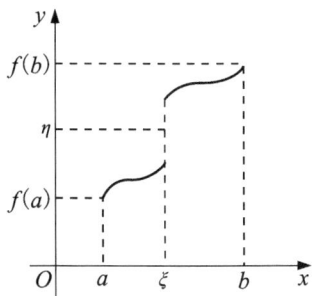

图 3.14

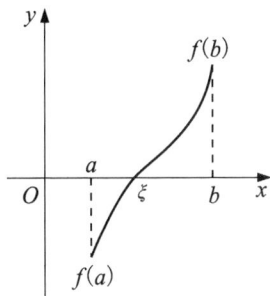

图 3.15

以上介绍了在闭区间上连续函数所具有的三个性质——有界性、最大最小值和介值。此外还有一个性质，叫做一致连续性，将在第 9 章介绍。

下面来介绍函数在一点连续就具有的一个性质，即函数的保号性。

定理 4　（保号性）　如果函数 $f(x)$ 在点 a 连续，且 $f(a) > 0$（或 $f(a) < 0$），则必存在 a 点的一个邻域，对于邻域内的任意一点 x，皆有 $f(x) > 0$（或 $f(x) < 0$）。

定理是说，若 $f(x)$ 在 a 点连续，且 $f(a)$ 异于零，则 $f(x)$ 在 a 点附近的值，与在 a 点的值保持同号（参考图 3.16）。

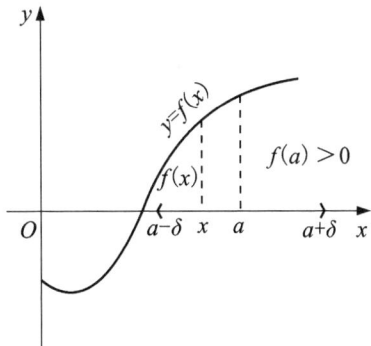

图 3.16

证明 根据函数在一点连续的定义,对于给定的 $\varepsilon = \dfrac{f(a)}{2} > 0$,必存在一个 $\delta > 0$,

当 $|x-a| < \delta$ 即 $a-\delta < x < a+\delta$ 时,

有
$$|f(x) - f(a)| < \frac{f(a)}{2}$$

即
$$f(a) - \frac{f(a)}{2} < f(x) < f(a) + \frac{f(a)}{2}$$

从而
$$0 < \frac{f(a)}{2} < f(x)$$

即是说,确实存在 a 点的一个 δ 领域 $(a-\delta, a+\delta)$,对于领域内的任意一点 x,均有 $f(x) > 0$。

对于 $f(a) < 0$ 的情形,可设 $\varepsilon = -\dfrac{f(a)}{2}$,进行同样的证明。

习题

1. 回答下列各问题:

(1) $f(x)$ 在 a 点有定义、$f(x)$ 在 a 点有极限,$f(x)$ 在 a 点连续。这三者关系如何?

(2) 函数 $f(x)$ 在 $x=a$ 点连续须满足哪些条件?

(3) 函数 $f(x)$ 在 $x=a$ 点连续的三个等价定义是什么?

(4) 如果 $f(x) = f_1(x) + f_2(x)$ 在 $x=a$ 点连续,那么 $f_1(x)$ 与 $f_2(x)$ 在 $x=a$ 点是否一定连续?如果不连续,举出反例。

(5) 如果 $f_1(x)$ 在 $x=a$ 点连续,而 $f_2(x)$ 在 $x=a$ 点不连续,那么

① 函数 $f(x) = f_1(x) + f_2(x)$ 在 $x=a$ 点是否连续?

② 函数 $f(x) = f_1(x) \cdot f_2(x)$ 在 $x=a$ 点是否连续?

2. 求下列函数的增量:

(1) $y = -x^2 + \dfrac{1}{2}x$,当 $x=1$,$\Delta x = 0.5$ 时的增量;

(2) $y = \sqrt{1+x}$,当 $x=3$,$\Delta x = -0.2$ 时的增量。

3. 求下列函数的连续区间,并求极限:

(1) $f(x) = \dfrac{1}{\sqrt[3]{x^2 - 3x + 2}}$,并求 $\lim\limits_{x \to 0} f(x)$。

(2) $f(x) = \lg(2-x)$,并求 $\lim\limits_{x \to -8} f(x)$。

(3) $f(x) = \sqrt{x-4} + \sqrt{6-x}$,并求 $\lim\limits_{x \to 5} f(x)$。

(4) $f(x) = \ln \arcsin x$,并求 $\lim\limits_{x \to \frac{1}{8}} f(x)$。

4. 求下列函数 $y = f(x)$ 的间断点,并说明这些间断点是属于哪一类,如果是可去间断点,则补充函数的定义使其连续:

(1) $y = \dfrac{1}{(x+2)^2}$;

(2) $y = \dfrac{x^2 - 1}{x^2 - 3x + 2}$;

$(3) y = \dfrac{\sin 2x}{x}$;

$(4) y = \dfrac{x}{\sin x}$;

$(5) y = x\cos\dfrac{1}{x}$;

$(6) y = \dfrac{1-\cos x}{x^2}$;

$(7) y = \dfrac{x^2-1}{x^3-1}$;

$(8) y = \dfrac{3x^2-5x}{2x}$;

$(9) y = \dfrac{\tan 2x}{x}$;

$(10) y = (1+x)^{\frac{1}{x}}$。

5. 求证：若 $f(x)$ 在 $[a, +\infty)$ 上连续，且有有限的 $\lim\limits_{x\to+\infty} f(x)$，则 $f(x)$ 在 $[a, +\infty)$ 上有界。

6. 根据连续函数的性质，验证方程 $x^5 - 3x = 1$ 至少有一个根介于 1 和 2 之间。

7. 设 $f(x) = \begin{cases} x, & 0 < x < 1, \\ \dfrac{1}{2}, & x = 1 \\ 1, & 1 < x < 2 \end{cases}$

(1) 求 $f(x)$ 在 $x \to 1$ 时的左、右极限；函数在 $x \to 1$ 时的极限存在吗？

(2) 求 $f(x)$ 在 $x = 1$ 处的函数值，函数在这点连续吗？

(3) 求 $f(x)$ 的连续区间。

8. 要使 $f(x)$ 连续，常数 a、b 应取何值？

$$f(x) = \begin{cases} \dfrac{1}{x}\sin x, & x < 0, \\ a, & x = 0, \\ x\sin\dfrac{1}{x} + b, & x > 0 \end{cases}$$

9. 函数 $f(x) = \sin x$ 在闭区间 $[0, x]$ 上：

(1) 有无最大最小值？如果有，把它写出来。

(2) 如果没有，是否和闭区间上的连续函数一定取得最大最小值相矛盾？

第4章

导数与微分

导数是微分学的第一个基本概念。从历史上看，牛顿和莱布尼茨分别为了解决变速运动的瞬时速度和在曲线上作切线问题而引进了导数和微分概念，从而建立了微分学。本章在引进导数概念之后，接着要建立几个求导数的法则，同时求出基本初等函数的导数，称之为导数公式。有了求导法则和导数公式，我们就能够求出任何一个初等函数的导数。继导数之后，接着研究函数的微分。

§4.1 非均匀变化的变化率问题

导数概念是从客观世界的各种非均匀变化的变化率问题中抽象出来的，下面举几个例子。

一、变速运动的速度

设有一质点在一条直线上运动，我们希望知道这个质点运动的速度。为此，我们自然要测量质点所经过的路程，假如测得质点在一段时间 t 内所经过的路程为 s，通常我们就认为这个运动的速度是 $v = \dfrac{s}{t}$ ……（1）。如果质点的运动是等速的，那么（1）式所给出的 v，就已经完全刻画了这个质点运动的快慢程度。可是现实世界中的运动，往往不是匀速的，也就是说，质点在每个单位时间内所走的路程并不相等，其运动的快慢甚至时刻都在发生变化。比如火车的行驶、飞机的飞行、轮船的航进等等，都是我们熟知的非匀速运动，也称为变速运动。对于变速运动来说，由（1）式所给出的 v，只不过是质点在一段时间 t 内的平均速度，它并不能精确地刻画出在每个时刻亦即在所经路程中的每个位置的速度。随着科学技术的发展，要求人们必须解决变速运动在每时刻的速度问题。物理学把变速运动在每时刻的速度叫瞬时速度，那么我们的任务就是要解决变速运动的瞬时速度。

在解决这个问题上，我们担负着双重任务：第一，要给出瞬时速度的定义；第二，要提供计算这个速度的方法。这两个任务，确实可以从一个论点出发，而同时得到完成。并且今后还会看到,利用数学分析来解决大量的几何与力学等问题时,都将具有这种特殊的逻辑性质。

设质点 M 在直线 AB 上自 O 点开始作变速运动(图 4.1),经过时间 t,所走过的路程为 s。于是对于 t 的每一个值,都有 s 的一个对应值,因此路程 s 是时间 t 的函数,$s=f(t)$ 这个等式叫做质点的运动方程。

现在已经有了运动方程,我们来探讨质点 M 在时刻 $t=t_0$ 的瞬时速度。因为平均速度是我们熟知的东西,要探讨瞬时速度,还须从平均速度入手。我们来考察从时刻 t_0 到时刻 $t_0+\Delta t$ 这段时间 Δt 内的运动。这里的 Δt 代表从 t_0 开始计算的一段时间,在这段时间内质点 M 所经过的一段路程命名为 Δs。因为在时刻 t_0,质点经过的路程为 $f(t_0)$;在时刻 $t_0+\Delta t$,质点经过的路程是 $f(t_0+\Delta t)$,所以 $\Delta s=f(t_0+\Delta t)-f(t_0)$。由此便得到质点在 Δt 这一段时间内的平均速度

$$\bar{v}=\frac{\Delta s}{\Delta t}=\frac{f(t_0+\Delta t)-f(t_0)}{\Delta t}$$

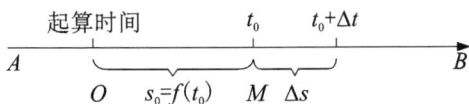

图 4.1

如果 Δt 很小,我们就可以认为在这短促的一段时间内,运动的速度来不及有很大的变化,可以近似地看成匀速运动,从而平均速度 $\bar{v}$ 就是时刻 t_0 的瞬时速度的近似值,并且 Δt 愈小近似程度愈高。基于这样一种考虑,要想得到在时刻 t_0 的速度的精确数值,自然要令 $\Delta t\to 0$ 而取平均速度的极限,并把这个极限值定义为质点 M 在时刻 t_0 的瞬时速度,用 $v(t_0)$ 表示瞬时速度,则有 $v(t_0)=\lim\limits_{\Delta t\to 0}\frac{\Delta s}{\Delta t}=\lim\limits_{\Delta t\to 0}\frac{f(t_0+\Delta t)-f(t_0)}{\Delta t}$。

这个极限既给出了瞬时速度的定义,又指出了它的计算方法,前面所提出的双重任务,于此已经同时完成。这样一来,求瞬时速度的物理问题,已转化为计算极限的分析问题了。

现在我们来计算自由落体在时刻 t_0 的瞬时速度。运动方程为 $s=f(t)=\frac{1}{2}gt^2$。从时刻 t_0 到 $t_0+\Delta t$ 的一段时间 Δt 内,物体经过的路程为

$$\begin{aligned}\Delta s &=f(t_0+\Delta t)-f(t_0)\\ &=\frac{1}{2}g(t_0+\Delta t)^2-\frac{1}{2}gt_0^2\\ &=gt_0\Delta t+\frac{1}{2}g\Delta t^2\end{aligned}$$

在 Δt 这段时间内的平均速度为 $\bar{v}=\frac{\Delta s}{\Delta t}=gt_0+\frac{1}{2}g\Delta t$,于是在时刻 t_0 的瞬时速度便为

$$v(t_0)=\lim\limits_{\Delta t\to 0}\frac{\Delta s}{\Delta t}=\lim\limits_{\Delta t\to 0}\left(gt_0+\frac{1}{2}g\Delta t\right)=gt_0$$

例如，物体在 $t_0 = 3$（秒）时的瞬时速度为 $v(3) = 9.8 \times 3 = 29.4$（米/秒）。

二、交变电流的电流强度

对于直流电即恒定电流来说，电流强度是单位时间内，通过导线某一横截面的电量（图 4.2），即

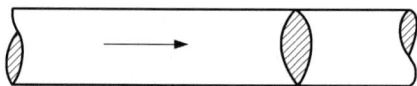

图 4.2　电流 $= \dfrac{电量}{时间}$

但在生产实践中，我们经常遇到的是非恒定电流，例如正弦交流电。为了刻画交变电流各个时刻的电流强弱，需要引入瞬时电流的概念。讨论瞬时电流，有如前面讨论的瞬时速度，在处理方法上，是相同的。

设电流通过导线的某一横截面的电量是 $Q = Q(t)$，它是时间 t 的函数。我们来求在时刻 t_0 的电流 $i(t_0)$。从时刻 t_0 到时刻 $t_0 + \Delta t$ 这段时间内通过导线横截面的电量为 $\Delta Q = Q(t_0 + \Delta t) - Q(t_0)$，因而在 Δt 这段时间内的平均电流为

$$\bar{i} = \frac{\Delta Q}{\Delta t} = \frac{Q(t_0 + \Delta t) - Q(t_0)}{\Delta t}$$

令 $\Delta t \to 0$，取这个平均电流的极限，此极限值就给出了在时刻 t_0 的瞬时电流：

$$i(t_0) = \lim_{\Delta t \to 0} \frac{\Delta Q}{\Delta t} = \lim_{\Delta t \to 0} \frac{Q(t_0 + \Delta t) - Q(t_0)}{\Delta t}$$

除上述两个问题之外，我们还可以举出许多类似的例子，诸如化学反应的速度、比热、电阻率、曲线切线的斜率等等，都将归结为同一形式的极限。

§4.2　导数的概念

一、导数定义

上一节我们举了两个方面的例子，一个是质点运动的速度，一个是电流。两个问题的物理属性虽然不同，而所解决的矛盾都是属于非均匀变化的变化率问题：瞬时速度是路程对时间的变化率，瞬时电流是电量对时间的变化率。实际上，导数这个概念，也就是适应这类变化率问题的需要而建立的。

其次还可以看出，在解决非均匀变化率过程中，我们所采取的处理方法也是相同的：首

先是局部的以均匀代替非均匀，从而算出平均变化率(平均速度、平均电流)；然后取平均变化率的极限，便得到在某一时刻或在某一点的变化率(瞬时速度、瞬时电流)。导数的定义也完全是按照这种处理方法而引进的。

我们回顾一下上述两个例子，分别都有一个函数关系：路程是时间的函数 $s=f(t)$，电量是时间的函数 $Q=Q(t)$。如果我们舍弃这些例子的物理属性，抽出其共同的数学形式，就可以把两个函数统一地表示为 $y=f(x)$。对于这个具有普遍意义的函数，我们采取与前面相同的三个运算步骤：

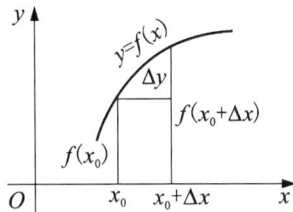

图 4.3

1)让自变量 x 由点 x_0 变到 $x_0+\Delta x$(Δx 可正可负)，改变量为 Δx，求出函数的改变量(图 4.3 画出的是当 $\Delta x>0$，当然也可以 $\Delta x<0$)：

$$\Delta y=f(x_0+\Delta x)-f(x_0)$$

2)求出函数改变量与自变量改变量之比(也叫差商)：

$$\frac{\Delta y}{\Delta x}=\frac{f(x_0+\Delta x)-f(x_0)}{\Delta x}$$

这个比值是函数在 Δx 一段上的平均变化率。

3)令 $\Delta x\to0$，取差商的极限

$$\lim_{\Delta x\to0}\frac{\Delta y}{\Delta x}=\lim_{\Delta x\to0}\frac{f(x_0+\Delta x)-f(x_0)}{\Delta x}$$

这个极限值叫做函数在点 x_0 的变化率。这样就引出了导数的概念。

定义　设函数 $y=f(x)$ 在点 x_0 附近有定义，当自变量有改变量 Δx(Δx 可正可负)时，函数有相应改变量　　　　　　$$\Delta y=f(x_0+\Delta x)-f(x_0)$$

如果极限　　　　　$$\lim_{\Delta x\to0}\frac{\Delta y}{\Delta x}=\lim_{\Delta x\to0}\frac{f(x_0+\Delta x)-f(x_0)}{\Delta x}$$

存在，就把这个极限值叫做函数 $y=f(x)$ 在点 x_0 的**导数**(又叫**微商**)，记作：

$$f'(x_0),\ y'\bigg|_{x=x_0},\ \frac{\mathrm{d}y}{\mathrm{d}x}\bigg|_{x=x_0}^{①}\ 或\ \frac{\mathrm{d}f(x_0)}{\mathrm{d}x}$$

如是函数 $f(x)$ 在点 x_0 存在导数，则说 $f(x)$ 在点 x_0 **可导**。求已知函数的导数运算，叫做求导运算。

导数定义的另一形式　有时，我们记 $x=x_0+\Delta x$，于是 $\Delta x=x-x_0$，当 $\Delta x\to0$ 时，$x\to x_0$，据此，上面的导数公式可改写成：$f'(x_0)=\lim_{x\to x_0}\dfrac{f(x)-f(x_0)}{x-x_0}$

导数定义有上述两种表达形式，以后都要用到。

导函数　按导数定义，在函数 $y=f(x)$ 的定义域内的任意一点 x 的导数为

---

① $\dfrac{\mathrm{d}y}{\mathrm{d}x}$ 在此是作为导数记号采用的，不能看作分式。待讲完微分概念以后，$\mathrm{d}y$ 和 $\mathrm{d}x$ 有了独立意义，才能把 $\dfrac{\mathrm{d}y}{\mathrm{d}x}$ 等看作 $\mathrm{d}y$ 与 $\mathrm{d}x$ 之商。

$$f'(x) = \lim_{\Delta x \to 0} \frac{\Delta y}{\Delta x} = \lim_{\Delta x \to 0} \frac{f(x + \Delta x) - f(x)}{\Delta x}$$

由于 x 是 $f(x)$ 定义域内的任意一点, 视为变量, 于是导数 $f'(x)$ 便是随着 x 而变的, 所以 $f'(x)$ 又可以看成 x 的一个新的函数, 称为原来函数 $f(x)$ 的导函数。不过习惯上常采用统一的说法, 把 $f'(x)$ 也叫做导数。应当搞清楚的是: 函数 $f(x)$ 的导数 $f'(x)$ 乃是一个函数; 而 $f(x)$ 在点 x_0 的导数 $f'(x)$ 则是一个常数。上述导函数的极限表达式以后常用, 要注意在极限计算中, Δx 是变量, 而 x 则看作常量。

现在回到 §4.1 例子看一下。有了导数的定义以后, 我们就可以说, 瞬时速度是路程对时间的导数

$$v(t_0) = \frac{\mathrm{d}s}{\mathrm{d}t} = s'(t_0),$$

瞬时电流是电量对时间的导数

$$i(t_0) = \frac{\mathrm{d}Q}{\mathrm{d}t} = Q'(t_0)$$

下面举几个计算导数的例子, 以加深对导数概念的理解。

例1 求函数 $y = f(x) = x^2 + 1$ 在点 $x = 2$ 的导数。

解 1) 求差: 当自变量在 $x = 2$ 有改变量 Δx 时, 函数有相应改变量

$$\begin{aligned} \Delta y &= f(2 + \Delta x) - f(2) \\ &= \left[(2 + \Delta x)^2 + 1 \right) - (2^2 + 1) \\ &= 4\Delta x + (\Delta x)^2 \end{aligned}$$

2) 求差商:

$$\frac{\Delta y}{\Delta x} = 4 + \Delta x$$

3) 取极限: 令 $\Delta x \to 0$, 取差商的极限

$$f'(2) = \lim_{\Delta x \to 0} \frac{\Delta y}{\Delta x} = \lim_{\Delta x \to 0} (4 + \Delta x) = 4$$

例2 求函数 $y = f(x) = x^2$ 在点 $x = 0, 1, 4$ 处的导数。

解 为了避免对每个 x 值进行重复的极限计算, 先求出导函数 $f'(x)$, 然后把 x 的各值代入导函数, 便得到在各点的导数值。

1) 求差:

$$\begin{aligned} \Delta y &= f(x + \Delta x) - f(x) \\ &= (x + \Delta x)^2 - x^2 \\ &= 2x \cdot \Delta x + (\Delta x)^2 \end{aligned}$$

2) 求差商:

$$\frac{\Delta y}{\Delta x} = 2x + \Delta x$$

3) 取极限: $f'(x) = \lim_{\Delta x \to 0} \frac{\Delta y}{\Delta x} = \lim_{\Delta x \to 0} (2x + \Delta x) = 2x$。由此得到了导函数。把

$x = 0, 1, 4$ 代入导函数, 有 $f(0) = 2 \times 0 = 0$, $f(1) = 2 \times 1 = 2$, $f(4) = 2 \times 4 = 8$。

例3 求 $y = \sqrt{x}$ 的导数。

解　题意是求在任意一点 $x(x>0)$ 的导数, 即求导函数。

1)求差: $\Delta y = \sqrt{x+\Delta x} - \sqrt{x}$

2)求差商: $\dfrac{\Delta y}{\Delta x} = \dfrac{\sqrt{x+\Delta x} - \sqrt{x}}{\Delta x}$

3)取极限: $f'(x) = \lim\limits_{\Delta x \to 0} \dfrac{\Delta y}{\Delta x}$

$$= \lim\limits_{\Delta x \to 0} \frac{\sqrt{x+\Delta x} - \sqrt{x}}{\Delta x}$$

$$= \lim\limits_{\Delta x \to 0} \frac{(\sqrt{x+\Delta x} - \sqrt{x})(\sqrt{x+\Delta x} + \sqrt{x})}{\Delta x (\sqrt{x+\Delta x} + \sqrt{x})}$$

$$= \lim\limits_{\Delta x \to 0} \frac{1}{\sqrt{x+\Delta x} + \sqrt{x}} = \frac{1}{2\sqrt{x}}$$

二、导数的几何意义

在函数 $y=f(x)$ 的曲线上取一点 $M(x_0, y_0)$ 及曲线上与 M 邻近的另一点 $M'(x_0+\Delta x, y_0+\Delta y)$, 连接 MM' 得曲线的一条割线(图 4.4)。

当点 M' 沿曲线 $y=f(x)$ 无限接近 M 时, 把割线 MM' 的极限位置 MT 定义为曲线在点 M 的切线。

割线的斜率为 $k_{MM'} = \dfrac{(y_0+\Delta y) - y_0}{(x_0+\Delta x) - x_0} = \dfrac{\Delta y}{\Delta x} = \dfrac{f(x_0+\Delta x) - f(x_0)}{\Delta x}$

当点 M' 无限接近 M 时, Δx 无限接近于 0, 所以切线的斜率为

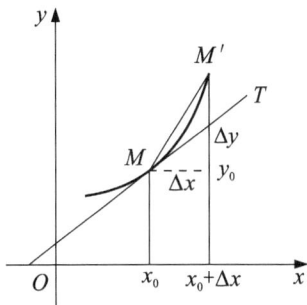

图 4.4

$$k_{MT} = \lim\limits_{M' \to M} K_{MM'} = \lim\limits_{\Delta x \to 0} \frac{\Delta y}{\Delta x} = \lim\limits_{\Delta x \to 0} \frac{f(x_0+\Delta x) - f(x_0)}{\Delta x} = f'(x_0)$$

因此, 函数 $y=f(x)$ 在点 x_0 的导数 $f'(x_0)$ 就是函数的曲线在点 $(x_0, f(x_0))$ 处的切线斜率。

在历史上, 求曲线的切线斜率的问题曾是建立微分学的基本动力之一。以后还会看到, 导数的几何意义不仅是微分学的某些应用的基础, 而且在深入研究导数的性质时, 它将为我们提供有效的几何直观。

三、左导数和右导数

函数 $y=f(x)$ 的导数是差商 $\dfrac{\Delta y}{\Delta x}$ 当 Δx 趋于 0 时的极限 $\lim\limits_{\Delta x \to 0} \dfrac{\Delta y}{\Delta x}$。显然这里的 Δx 是从两边趋于 0 的(由于 Δx 可正可负), 即这里的极限是双边极限。但有时需要考虑 Δx 仅从一边趋于 0

的情形,亦即 $\Delta x < 0$ 或 $\Delta x > 0$ 的情形(参考图 4.3),由此所得到的两个单边极限 $\lim\limits_{\Delta x \to 0^-}\dfrac{\Delta y}{\Delta x}$ 和 $\lim\limits_{\Delta x \to 0^+}\dfrac{\Delta y}{\Delta x}$ 依次叫做**左导数**和**右导数**。记为

$$f'_-(x) = \lim_{\Delta x \to 0^-}\frac{\Delta y}{\Delta x} = \lim_{\Delta x \to 0^-}\frac{f(x+\Delta x) - f(x)}{\Delta x}$$

$$f'_+(x) = \lim_{\Delta x \to 0^+}\frac{\Delta y}{\Delta x} = \lim_{\Delta x \to 0^+}\frac{f(x+\Delta x) - f(x)}{\Delta x}$$

左、右导数与导数的关系　根据单边极限与双边极限的关系,容易推出左、右导数与导数的关系:

一个函数在一点存在导数的充分必要条件是,它在此点的左、右导数都存在,并且相等。

这个关系很有用,有时我们就需要根据函数在某一点的左、右导数的存在情况,来判定函数在这一点是否存在导数。

四、函数的可导性与连续性的关系

函数在一点的可导性与连续性之间存在着一种很简单但很重要的关系,这就是下面的定理。

定理　如果函数 $y = f(x)$ 在点 x_0 有导数,则函数在这点必连续。

证明　由于 $y = f(x)$ 在点 x_0 有导数,所以存在极限

$$f'(x) = \lim_{x \to x_0}\frac{f(x) - f(x_0)}{x - x_0}$$

$$\lim_{x \to x_0}[f(x) - f(x_0)] = \lim_{x \to x_0}\left[\frac{f(x) - f(x_0)}{x - x_0} \cdot (x - x_0)\right]$$

于是

$$= \lim_{x \to x_0}\frac{f(x) - f(x_0)}{x - x_0} \cdot \lim_{x \to x_0}(x - x_0)$$

$$= f'(x_0) \cdot 0$$

$$= 0$$

即

$$\lim_{x \to x_0}f(x) = f(x_0)$$

这就证明了函数 $f(x)$ 在点 x_0 是连续的。

从定理可知,函数在一点的连续性是可导性的必要条件,即是说:一个函数如果在某一点不连续,则它在这点一定不可导。但是,如果函数在某一点连续,是否就一定可导呢? 这个问题的答案是否定的,因为函数在一点的连续性不是可导性的充分条件。函数在某一点连续,同时在该点也有导数,这固然是极为普遍的情况;但是确实有例外,下面举两个例子。

例 4　讨论函数 $y = |x|$ 在点 $x = 0$ 的连续性与可导性。

解　这个函数在点 $x = 0$ 是连续的(见 §3.1 例 5)。

我们来考察在点 $x = 0$ 的可导性。在点 $x = 0$ 给自变量一个改变量 Δx,则函数的相应改变

量为 $\Delta y = |0+\Delta x| - |0| = |\Delta x|$，从而

$$\frac{\Delta y}{\Delta x} = \frac{|\Delta x|}{\Delta x} = \begin{cases} 1, & \text{当 } \Delta x > 0, \\ -1, & \text{当 } \Delta x < 0 \end{cases}$$

当 Δx 取负值趋于 0 时，得左导数 $f'_-(0) = \lim\limits_{\Delta x \to 0^-} \frac{\Delta y}{\Delta x} = \lim\limits_{\Delta x \to 0^-}(-1) = -1$。

当 Δx 取正值趋于 0 时，得右导数 $f'_+(0) = \lim\limits_{\Delta x \to 0^+} \frac{\Delta y}{\Delta x} = \lim\limits_{\Delta x \to 0^+} 1 = 1$。

　　因为函数 $y = |x|$ 在点 $x = 0$ 的左、右导数不相等，所以在这一点不存在导数。

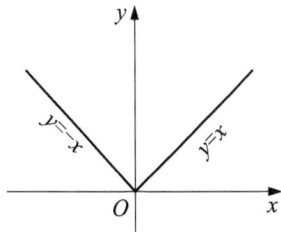

图 4.5

　　函数的图象是图 4.5 中的一条折线。这条折线在坐标原点没有切线；但在这点有左切线 $y = -x$（第二、四象限角平分线）和右切线 $y = x$（第一、三象限角平分线）。左、右两条切线组成一个角，这样角的顶点——即原点，特称为角点。

　　例 5　考察函数

$$y = f(x) = \begin{cases} x\sin\dfrac{1}{x}, & \text{当 } x \neq 0, \\ 0, & \text{当 } x = 0 \end{cases}$$

在点 $x = 0$ 处的可导性与连续性（图 4.6）。

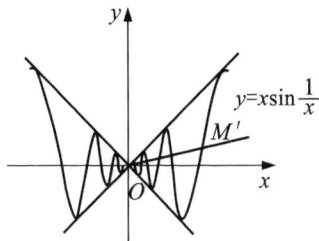

图 4.6

　　解　首先考察连续性。因在 $x \to 0$ 的过程中，$\sin\dfrac{1}{x}$ 是有界量，所以 $x\sin\dfrac{1}{x}$ 是无穷小量与有界量的乘积，从而 $\lim\limits_{x \to 0}\left(x\sin\dfrac{1}{x}\right) = 0$，又 $f(0) = 0$，这说明函数在点 $x = 0$ 连续。

　　其次考察可导性。在点 $x = 0$ 给 x 一个改变量 Δx，则

$$\begin{aligned} \Delta y &= f(0+\Delta x) - f(0) \\ &= (0+\Delta x)\sin\frac{1}{0+\Delta x} - 0 \\ &= \Delta x\sin\frac{1}{\Delta x} \end{aligned}$$

于是 $\dfrac{\Delta y}{\Delta x} = \sin\dfrac{1}{\Delta x}$ 当 $\Delta x \to 0$ 时，$\sin\dfrac{1}{\Delta x}$ 不趋于任何定数，即无极限（参考 §3.2 例 4），从而函数在点 $x = 0$ 不可导。

　　从几何上，经过坐标原点与曲线上另一点 M' 引割线，在点 M' 趋近于原点过程中，割线便无限次地摆动于直线 $y = x$ 与 $y = -x$ 之间，而不趋于任何极限位置，这说明曲线在坐标原点无切线。

§4.3 求导法则和基本初等函数的导数

导数的定义同时也给出了求导数的方法，人们称这种定义为构造性定义。我们在前面从定义出发，通过极限运算，曾求出几个简单函数的导数。但是不难想到，假如每求一个函数的导数，都要按照定义进行如此繁杂的计算，那将使导数的应用受到极大的限制。人们总结了一套简单而又统一的法则——和、差、积、商的求导法则，反函数和复合函数的求导法则。这些法则的基本精神就是将复杂的问题化为比较简单的问题。有了这样一套法则，再加上基本初等函数的导数公式，我们就可以比较容易地求出任何一个初等函数的导数。

下面来计算基本初等函数的导数并介绍求导法则，这两项工作交叉进行。

一、基本初等函数的导数

常数的导数　设 $y=C$（C 是常数）。我们知道，常函数的定义域是整个数轴。对于任意一点 x，当自变量有一个改变量 Δx，则在点 x 与点 $x+\Delta x$ 的函数值都等于 C，因此 $\Delta y=C-C=0$，从而 $\dfrac{\Delta y}{\Delta x}=\dfrac{0}{\Delta x}=0$，取极限得 $\lim\limits_{\Delta x\to 0}\dfrac{\Delta y}{\Delta x}=\lim\limits_{\Delta x\to 0}0=0$，即 $y'=(C)'=0$。常数的导数等于零。

例 1　设 $y=10$，则 $y'=(10)'=0$。设 $y=\sin\dfrac{\pi}{7}$，则 $y'=\left(\sin\dfrac{\pi}{7}\right)'=0$。

幂函数的导数　设 $y=x^n$（n 为正整数）

1）$\Delta y=(x+\Delta x)^n-x^n$

$\qquad =x^n+nx^{n-1}\Delta x+\dfrac{n(n-1)}{1\times 2}x^{n-2}(\Delta x)^2+\cdots+(\Delta x)^n-x^n$

2）$\dfrac{\Delta y}{\Delta x}=nx^{n-1}+\dfrac{n(n-1)}{1\times 2}x^{n-2}\Delta x+\cdots+(\Delta x)^{n-1}$

3）$\lim\limits_{\Delta x\to 0}\dfrac{\Delta y}{\Delta x}=nx^{n-1}$，即 $(x^n)'=nx^{n-1}$

后面将讨论，无论 n 为任何实数，这个公式都成立，我们可以提前利用这个结果（即 n 为任何实数）。

例 2　$(x^5)'=5x^4$

$$\left(\frac{1}{x}\right)'=(x^{-1})'=-1\cdot x^{-2}=-\frac{1}{x^2}$$

$$(\sqrt{x})'=(x^{\frac{1}{2}})'=\frac{1}{2}x^{-\frac{1}{2}}=\frac{1}{2\sqrt{x}}$$

$$\left(\frac{1}{\sqrt{x}}\right)'=(x^{-\frac{1}{2}})'=-\frac{1}{2}x^{-\frac{1}{2}-1}=-\frac{1}{2x\sqrt{x}}$$

正弦和余弦的导数　设 $y = \sin x$

1）$\Delta y = \sin(x + \Delta x) - \sin x$

$$= 2\cos\left(x + \frac{\Delta x}{2}\right)\sin\frac{\Delta x}{2}$$

2）$\dfrac{\Delta y}{\Delta x} = 2\cos\left(x + \dfrac{\Delta x}{2}\right)\dfrac{\sin\dfrac{\Delta x}{2}}{\Delta x}$

$$= \cos\left(x + \frac{\Delta x}{2}\right)\frac{\sin\dfrac{\Delta x}{2}}{\dfrac{\Delta x}{2}}$$

3）$\lim\limits_{\Delta x \to 0}\dfrac{\Delta y}{\Delta x} = \lim\limits_{\Delta x \to 0}\cos\left(x + \dfrac{\Delta x}{2}\right)\lim\limits_{\Delta x \to 0}\dfrac{\sin\dfrac{\Delta x}{2}}{\dfrac{\Delta x}{2}}$，已知 $\lim\limits_{\Delta x \to 0}\dfrac{\sin\dfrac{\Delta x}{2}}{\dfrac{\Delta x}{2}} = 1$，又因 $\cos x$ 是连续函数，

故 $\lim\limits_{\Delta x \to 0}\cos\left(x + \dfrac{\Delta x}{2}\right) = \cos x$。于是 $\lim\limits_{\Delta x \to 0}\dfrac{\Delta y}{\Delta x} = \cos x \cdot 1 = \cos x$，即 $(\sin x)' = \cos x$。

正弦的导数等于余弦。

同理可以求得：

$$(\cos x)' = -\sin x$$

余弦的导数等于负正弦。

对数函数的导数　设 $y = \log_a x (a > 0,\ a \neq 1,\ x > 0)$

1）$\Delta y = \log_a(x + \Delta x) - \log_a x$

$$= \log_a \frac{x + \Delta x}{x}$$

$$= \log_a\left(1 + \frac{\Delta x}{x}\right)$$

2）$\dfrac{\Delta y}{\Delta x} = \dfrac{1}{\Delta x}\log_a\left(1 + \dfrac{\Delta x}{x}\right)$

$$= \log_a\left(1 + \frac{\Delta x}{x}\right)^{\frac{1}{\Delta x}}$$

$$= \log_a\left[\left(1 + \frac{\Delta x}{x}\right)^{\frac{x}{\Delta x}}\right]^{\frac{1}{x}}$$

$$= \frac{1}{x}\log_a\left(1 + \frac{\Delta x}{x}\right)^{\frac{x}{\Delta x}}$$

不妨令 $\dfrac{\Delta x}{x} = a$，则当 $\Delta x \to 0$ 时 $a \to 0$，于是 $\dfrac{\Delta y}{\Delta x} = \dfrac{1}{x}\log_a(1 + a)^{\frac{1}{a}}$

当 $a \to 0$ 时，显然 $(1 + a)^{\frac{1}{a}} \to e$，又基于 $\log_a x$ 的连续性（参考 §3.1——二，求连续函数极限的法则 2°），便得

3) $\lim\limits_{\Delta x\to0}\dfrac{\Delta y}{\Delta x}=\lim\limits_{a\to0}\dfrac{1}{x}\log_a(1+a)^{\frac{1}{a}}$

$\qquad\qquad=\dfrac{1}{x}\log_a\left[\lim\limits_{a\to0}(1+a)^{\frac{1}{a}}\right]$

$\qquad\qquad=\dfrac{1}{x}\log_a e$

即
$$(\log_a x)'=\dfrac{1}{x}\log_a e \qquad\qquad (1)$$

如果对数的底是 e,则 $\log_a e=\log_e e=1$,于是(1)式简化为 $(\log_e x)'=\dfrac{1}{x}$。由于对数函数的导数今后经常利用,所以这种简化并非无足轻重。事实上,这也就是在数学分析中为什么总是使用以 e 为底的对数的原因。以 e 为底的对数叫做自然对数,并用记号 ln 代替 log,因此上述导数记为 $(\ln x)'=\dfrac{1}{x}\cdots\cdots(2)$。

公式(1)是通过以 a 为底的对数 $\log_a e$ 来表示对数函数 $\log_a x$ 的导数,基于数学分析经常利用自然对数,所以虽然原给的对数函数是以 a 为底的,通常还是把它的导数表成自然对数。根据换底公式,便可把(1)式改写成 $(\log_a x)'=\dfrac{1}{x}\log_a e=\dfrac{1}{x\ln a}\cdots\cdots(3)$。

以上介绍的对数函数的导数公式有三个,其中公式(2)最常用,其次是公式(3),至于(1)式则很少用到。

二、函数的和、差、积、商的求导法则

在我们的研究中所碰到的函数,往往是那些基本初等函数之间的某一种结合。例如 $y=x^2+1$, $y=\sin x-\ln x$, $y=x^2\cos x$, $y=\dfrac{3x}{x+2}$,等等。这些都是基本初等函数和常数实行四则运算的结果,现在就来介绍函数的和、差、积、商的求导法则。

定理 1 如果函数 $u(x)$ 和 $v(x)$ 都可导,则函数 $y=u(x)\pm v(x)$ 也可导,并且
$$y'=[u(x)\pm v(x)]'=u'(x)\pm v'(x)$$
函数的代数和的导数等于各函数导数的代数和。

证明 当 x 有改变量 Δx 时,函数有相应改变量
$$\Delta y=[u(x+\Delta x)\pm v(x+\Delta x)]-[u(x)\pm v(x)]$$
$$=[u(x+\Delta x)-u(x)]\pm[v(x+\Delta x)-v(x)]$$
$$=\Delta u\pm\Delta v$$

于是 $\dfrac{\Delta y}{\Delta x}=\dfrac{\Delta u}{\Delta x}\pm\dfrac{\Delta v}{\Delta x}$,令 $\Delta x\to0$,取极限
$$\lim\limits_{\Delta x\to0}\dfrac{\Delta y}{\Delta x}=\lim\limits_{\Delta x\to0}\left(\dfrac{\Delta u}{\Delta x}\pm\dfrac{\Delta v}{\Delta x}\right)=\lim\limits_{\Delta x\to0}\dfrac{\Delta u}{\Delta x}\pm\lim\limits_{\Delta x\to0}\dfrac{\Delta v}{\Delta x}$$
即
$$y'=[u(x)\pm v(x)]'=u'(x)\pm v'(x)$$

例 3 求函数 $y=x^3-\sqrt{x}+2$ 的导数。

解　$y' = (x^3)' - (\sqrt{x})' + (2)'$

$\qquad = 3x^2 - \dfrac{1}{2\sqrt{x}} + 0$

$\qquad = 3x^2 - \dfrac{1}{2\sqrt{x}}$

例 4　求 $y = \sin x + \ln x - \dfrac{1}{x}$ 的导数。

解　$y' = (\sin x)' + (\ln x)' - \left(\dfrac{1}{x}\right)'$

$\qquad = \cos x + \dfrac{1}{x} - \left(-\dfrac{1}{x^2}\right)$

$\qquad = \cos x + \dfrac{1}{x} + \dfrac{1}{x^2}$

定理 2　如果函数 $u(x)$ 和 $v(x)$ 都可导，则函数 $y = u(x)v(x)$ 也可导，并且
$$y' = [u(x)v(x)]' = u'(x)v(x) \pm u(x)v'(x)$$

两个函数乘积的导数等于第一个因子的导数乘第二个因子，再加上第二个因子的导数乘第一个因子。

证明
$$\Delta y = u(x+\Delta x)v(x+\Delta x) - u(x)v(x)$$
$$= [u(x+\Delta x) - u(x)]v(x+\Delta x) + u(x)[v(x+\Delta x) - v(x)]$$
$$= \Delta u[v(x+\Delta x)] + u(x)\Delta v$$
$$\dfrac{\Delta y}{\Delta x} = \dfrac{\Delta u}{\Delta x}v(x+\Delta x) + u(x)\dfrac{\Delta v}{\Delta x}$$

令 $\Delta x \to 0$ 取极限，并注意 $\lim\limits_{\Delta x \to 0} v(x+\Delta x) = v(x)$（$v(x)$ 可导必连续），便得到
$$\lim_{\Delta x \to 0}\dfrac{\Delta y}{\Delta x} = \lim_{\Delta x \to 0}\left[\dfrac{\Delta u}{\Delta x}v(x+\Delta x) + u(x)\dfrac{\Delta v}{\Delta x}\right]$$
$$= \lim_{\Delta x \to 0}\dfrac{\Delta u}{\Delta x} \cdot v(x) + u(x) \cdot \lim_{\Delta x \to 0}\dfrac{\Delta v}{\Delta x}$$

即
$$y' = [u(x)v(x)]' = u'(x)v(x) + u(x)v'(x)$$

我们进一步考虑三个函数乘积的情形：

如果 $y = uvw$，并且 u', v', w' 都存在，应用上面的结果，便有
$$y' = (uvw)' = [(uv)w]'$$
$$= (uv)'w + (uv)w'$$
$$= u'vw + uv'w + uvw'$$

不难推出这样的法则：任意有限个函数乘积的导数等于每个函数求一次导数乘上其余的函数，再把所有乘积加起来。

推论　如果 $y = Cu$（C 为常数），则 $y' = Cu'$，即常因子可以提到导数符号的外面。

例 5　求 $y = x^2\cos x$ 的导数。

解
$$y' = (x^2\cos x)' = (x^2)'\cos x + x^2(\cos x)'$$
$$= 2x\cos x - x^2\sin x$$

例 6 求 $y = \log_a x + 2x^3 - \dfrac{5}{x^2}$ 的导数。

解
$$y' = (\log_a x)' + 2(x^3)' - 5\left(\dfrac{1}{x^2}\right)'$$
$$= \dfrac{1}{x\ln a} + 2 \cdot 3x^2 - 5(-2)x^{-3}$$
$$= \dfrac{1}{x\ln a} + 6x^2 + \dfrac{10}{x^3}$$

例 7 求 $y = (2x+3)(1-x)(x+2)$ 的导数。

解
$$y' = (2x+3)'(1-x)(x+2) + (2x+3) \cdot$$
$$(1-x)'(x+2) + (2x+3)(1-x)(x+2)'$$
$$= [(2x)' + (3)'](1-x)(x+2) + (2x+3)[(1)' - (x)'] \cdot$$
$$(x+2) + (2x+3)(1-x)[(x)' + (2)']$$
$$= -6x^2 - 10x + 1$$

定理 3 如果函数 $u(x)$ 和 $v(x)$ 都可导，且 $v(x) \neq 0$，则函数 $y = \dfrac{u(x)}{v(x)}$ 也可导，并且

$$y' = \left(\dfrac{u(x)}{v(x)}\right)' = \dfrac{u'(x)v(x) - u(x)v'(x)}{v^2(x)}$$

证明
$$\Delta y = \dfrac{u(x+\Delta x)}{v(x+\Delta x)} - \dfrac{u(x)}{v(x)}$$
$$= \dfrac{u(x+\Delta x)v(x) - u(x)v(x+\Delta x)}{v(x+\Delta x)v(x)}$$
$$= \dfrac{[u(x+\Delta x) - u(x)]v(x) - u(x)[v(x+\Delta x) - v(x)]}{v(x+\Delta x)v(x)}$$

$$\dfrac{\Delta y}{\Delta x} = \dfrac{\dfrac{\Delta u}{\Delta x}v(x) - u(x)\dfrac{\Delta v}{\Delta x}}{v(x+\Delta x)v(x)}$$

令 $\Delta x \to 0$ 取极限，得

$$\lim_{\Delta x \to 0} \dfrac{\Delta y}{\Delta x} = \dfrac{\lim\limits_{\Delta x \to 0}\dfrac{\Delta u}{\Delta x}v(x) - u(x)\lim\limits_{\Delta x \to 0}\dfrac{\Delta v}{\Delta x}}{\lim\limits_{\Delta x \to 0}v(x+\Delta x)v(x)}$$
$$= \dfrac{u'(x)v(x) - u(x)v'(x)}{v^2(x)}$$

即
$$y' = \dfrac{u'(x)v(x) - u(x)v'(x)}{v^2(x)}$$

推论 当 $u(x) = 1$ 时，$u'(x) = 0$，便有 $\left[\dfrac{1}{v(x)}\right]' = -\dfrac{v'(x)}{v^2(x)}$

例 8 求 $y = \dfrac{3x}{x+2}$ 的导数。

解　$y' = \dfrac{(3x)'(x+2)-3x(x+2)'}{(x+2)^2}$

$\qquad = \dfrac{3(x+2)-3x}{(x+2)^2} = \dfrac{6}{(x+2)^2}$

例 9　求 $y = \dfrac{1}{2x+1}$ 的导数。

解　按上述推论有 $y' = -\dfrac{(2x+1)'}{(2x+1)^2} = -\dfrac{2}{(2x+1)^2}$。

正切、余切、正割、余割的导数

（1）令 $y = \tan x = \dfrac{\sin x}{\cos x}$

则　$y' = (\tan x)' = \left(\dfrac{\sin x}{\cos x}\right)' = \dfrac{\cos x \cdot \cos x - \sin(-\sin x)}{\cos^2 x}$

$\qquad = \dfrac{\cos^2 x + \sin^2 x}{\cos^2 x} = \dfrac{1}{\cos^2 x} = \sec^2 x$

即 $(\tan x)' = \dfrac{1}{\cos^2 x} = \sec^2 x$

（2）同理可得 $(\cot x)' = -\dfrac{1}{\sin^2 x} = -\csc^2 x$

（3）因 $\sec x = \dfrac{1}{\cos x}$，按商的求导法则可得 $(\sec x)' = \tan x \sec x$

（4）因 $\csc x = \dfrac{1}{\sin x}$，故有 $(\csc x)' = -\cot x \csc x$

三、反函数的求导法则

定理 4　如果 $y = f(x)$ 可导，且 $f'(x) \neq 0$，则 $y = f(x)$ 的反函数 $x = \varphi(y)$ 也可导，且 $\varphi'(y) = \dfrac{1}{f'(x)}$，即：反函数的导数等于直接函数导数的倒数。

证明　当 y 有改变量 Δy 时，反函数 $x = \varphi(y)$ 有相应改变量 $\Delta x = \varphi(y+\Delta y) - \varphi(y)$

当 $\Delta y \neq 0$ 时 $\Delta x \neq 0$，所以 $\dfrac{\Delta x}{\Delta y} = \dfrac{1}{\dfrac{\Delta y}{\Delta x}}$

①因 $y = f(x)$ 连续（可导必连续），它的反函数 $x = \varphi(y)$ 也连续（§3.3 定理 2），故当 $\Delta y \to 0$ 时，$\Delta x \to 0$，由此得　　$\lim\limits_{\Delta y \to 0} \dfrac{\Delta x}{\Delta y} = \lim\limits_{\Delta x \to 0} \dfrac{1}{\dfrac{\Delta y}{\Delta x}}$

---

①　也可把 Δx 和 Δy 分别看作直接函数 $y = f(x)$ 的自变量改变量和函数改变量，于是 $\Delta y = f(x+\Delta x) - f(x)$，由此式可知，当 $\Delta y \neq 0$ 时，则 $\Delta x \neq 0$。

$$= \frac{1}{\lim\limits_{\Delta x \to 0} \frac{\Delta y}{\Delta x}} = \frac{1}{f'(x)}$$

这就证明了反函数 $\varphi(y)$ 可导，且 $\varphi'(y) = \frac{1}{f'(x)}$。

反三角函数的导数

（1）设 $y = \arcsin x$，有 $y' = (\arcsin x)' = \frac{1}{\sqrt{1-x^2}}$，因 $y = \arcsin x$ 是 $x = \sin y$ 的反函数，所以

$$y' = (\arcsin x)' = \frac{1}{(\sin y)'} = \frac{1}{\cos y}$$

$$= \frac{1}{\sqrt{1-\sin^2 y}} = \frac{1}{\sqrt{1-x^2}}$$

同理有：

（2）$(\arccos x)' = -\frac{1}{\sqrt{1-x^2}}$。

（3）设 $y = \arctan x$，有 $y' = (\arctan x)' = \frac{1}{1+x^2}$，因 $y = \arctan x$ 是 $x = \tan y$ 的反函数，所以

$$y' = (\arctan x)' = \frac{1}{(\tan y)'} = \frac{1}{\frac{1}{\cos^2 y}}$$

$$= \frac{1}{\sec^2 x} = \frac{1}{1+\tan^2 y} = \frac{1}{1+x^2}$$

同理有：

（4）$(\text{arccot } x)' = -\frac{1}{1+x^2}$。

例 10　求函数 ⅰ）$y = x\arcsin x$；ⅱ）$y = \dfrac{\arccos x}{x}$ 的导数。

解　ⅰ）$y' = (x)'\arcsin x + x(\arcsin x)'$

$$= 1 \cdot \arcsin x + x \cdot \frac{1}{\sqrt{1-x^2}}$$

$$= \arcsin x + \frac{x}{\sqrt{1-x^2}}$$

ⅱ）$y' = \dfrac{(\arccos x)' \cdot x - \arccos x \cdot (x)'}{x^2}$

$$= \frac{-\dfrac{x}{\sqrt{1-x^2}} - \arccos x}{x^2}$$

$$= -\frac{x + \sqrt{1-x^2}\,\arccos x}{x^2\sqrt{1-x^2}}$$

例 11　求函数 ⅰ) $y=\sqrt{x}\arctan x$ 及 ⅱ) $y=\dfrac{x^2}{\operatorname{arccot} x}$ 的导数。

解　ⅰ) $y'=(\sqrt{x})'\arctan x+\sqrt{x}(\arctan x)'$

$$=\frac{1}{2\sqrt{x}}\arctan x+\frac{\sqrt{x}}{1+x^2}$$

ⅱ) $y'=\dfrac{(x^2)'\operatorname{arccot} x-x^2(\operatorname{arccot} x)'}{(\operatorname{arccot} x)^2}$

$$=\frac{2x\operatorname{arccot} x+x^2\dfrac{1}{1+x^2}}{(\operatorname{arccot} x)^2}$$

$$=\frac{2x}{\operatorname{arccot} x}+\frac{x^2}{(1+x^2)(\operatorname{arccot} x)^2}$$

指数函数的导数　设 $y=a^x$，有 $y=(a^x)'=a^x\ln a$，特别地，$(e^x)'=e^x$。因 $y=a^x$ 是 $x=\log_a y$ 的反函数，所以 $y'=(a^x)'=\dfrac{1}{(\log_a y)'}=\dfrac{1}{\dfrac{1}{y\ln a}}$

$$=y\ln a=a^x\ln a$$

例 12　求函数 ⅰ) $y=\dfrac{x}{4^x}$ 及 ⅱ) $y=x^n e^x$ 的导数。

解　ⅰ) $y'=\dfrac{(x)'\cdot 4^x-x(4^x)'}{(4^x)^2}$

$$=\frac{4^x-x\cdot 4^x\ln 4}{4^{2x}}$$

$$=\frac{4^x(1-x\ln 4)}{4^{2x}}=\frac{1-x\ln 4}{4^x}$$

ⅱ) $y'=(x^n)'e^x+x^n(e^x)'=nx^{n-1}e^x+x^n e^x$

$$=x^{n-1}e^x(x+n)$$

四、复合函数的求导法则

基本初等函数的导数，我们已经全部求出，并且介绍了和、差、积、商的求导法则。如果一个函数是由基本初等函数与常数作四则运算而得到的，那么计算这样函数的导数已不成问题，前面已举了一些例子。但是我们所遇到的函数往往并不都是这样一种结构，而有一些则是复合函数，可以随便写出几个：$y=(2x+1)^{\frac{1}{2}}$，$y=e^{\sin x}$，$y=\ln(2x-1)$，$y=\sin\dfrac{x}{2}$，$y=\cos(-x)$，$y=\arctan 2x$，等等。

这些函数都比较常见，但是它们的导数，目前我们还不会求，现在就来介绍复合函数的求导法则，可以说这是求导运算中最为关键的一个法则。

定理 5　如果函数 $y=f(u)$ 和 $u=\varphi(x)$ 都可导，则复合函数 $y=f[\varphi(x)]$ 也可导，且

$$y'_x = y'_u \cdot u'_x$$

或
$$y'_x = f'(u) \cdot \varphi'(x)$$

即：复合函数的导数等于已知函数对中间变量的导数乘以中间变量对自变量的导数。

证明 设 x 有改变量 Δx，相应地，u 有改变量 Δu，因而 y 有改变量 Δy，由于 $y=f(u)$ 可导，所以 $\lim\limits_{\Delta u \to 0} \dfrac{\Delta y}{\Delta u} = f'(u)$，即（§2.5 定理1）$\dfrac{\Delta y}{\Delta u} = f'(u) + a$。其中 $\Delta u \neq 0$，a 是随 $\Delta u \to 0$ 时趋于零的，因此，当 $\Delta u \neq 0$ 时，有 $\Delta y = f'(u)\Delta u + a\Delta u \cdots\cdots(1)$。

应当注意，(1)式是在 $\Delta u \to 0$ 而 $\Delta u \neq 0$ 的条件下建立起来的。下面准备从(1)式出发，在 $\Delta x \to 0$ 的过程中来证明我们的定理。当 $\Delta x \to 0$ 时，显然 $\Delta u \to 0$（因 $u = \varphi(x)$ 连续）；但也可能出现 $\Delta u = 0$ 的情况（甚至有这种情况，不管 Δx 取何值，函数的改变量 Δu 恒为零，比如常函数 $u = \varphi(x) = C$）。当 $\Delta u = 0$ 时，则 $\Delta y = 0$，于是(1)式似乎也成立。但还不能这样认为，因为当 $\Delta u = 0$ 时，(1)式中的 a 尚无定义（前面是当 $\Delta u \to 0$ 而 $\Delta u \neq 0$ 时，规定 $a \to 0$）。当 $\Delta u = 0$ 时，定义 $a = 0$。这样一来，当 $\Delta u = 0$ 时，(1)式也是成立的了。

现在以 Δx 除(1)式两端，得 $\dfrac{\Delta y}{\Delta x} = f'(u)\dfrac{\Delta u}{\Delta x} + a\dfrac{\Delta u}{\Delta x}$。

令 $\Delta x \to 0$，取极限：

$$\lim_{\Delta x \to 0}\frac{\Delta y}{\Delta x} = f'(u)\lim_{\Delta x \to 0}\frac{\Delta u}{\Delta x} + \lim_{\Delta x \to 0}a \cdot \lim_{\Delta x \to 0}\frac{\Delta u}{\Delta x}$$
$$= f'(u)\varphi'(x) + 0 \cdot \varphi'(x)$$
$$= f'(u)\varphi'(x)$$

即
$$y'_x = f'(u)\varphi'(x) \qquad (\text{证毕})$$

我们不难将此定理推广到任意有限个函数所构成的复合函数的情形。例如：若 $y=f(u)$，$u = \varphi(v)$，$v = \psi(x)$ 都可导，则复合函数 $y = f\{\varphi[\psi(x)]\}$ 也可导，且 $y'_x = f'(u)\varphi'(v)\psi'(x)$，以上的公式也称为求复合函数导数的连锁规则。公式可简单叙述为：复合函数的导数等于各简单函数导数的乘积。

例13 求 $y = \ln(2x-1)$ 的导数。

解 先把所给函数分解成简单函数链：$y = \ln u$，$u = 2x-1$。于是
$$y' = (\ln u)' \cdot (2x-1)' = \frac{1}{u} \cdot 2 = \frac{2}{2x-1}$$

例14 求 $y = e^{\sin x}$ 的导数。

解 先把函数分解：$y = e^u$，$u = \sin x$ 于是 $y' = (e^u)' \cdot (\sin x)' = e^u \cdot \cos x = e^{\sin x}\cos x$

例15 求一般幂函数 $y = x^a$（a 为任意实数）的导数。

解 根据对数恒等式，把幂函数改写为 $y = x^a = e^{\ln x^a} = e^{a\ln x}$，分解为 $y = e^u$，$u = a\ln x$，于是
$$y' = (e^u)' \cdot (a\ln x)' = e^u \cdot \frac{a}{x} = x^a \cdot \frac{a}{x} = ax^{a-1}$$

关于复合函数的求导问题暂讨论到此。下面把导数公式集中起来列成表，以便利用。后面紧接着还要进一步研究复合函数的求导方法。

五、导数公式

前面我们从导数的定义出发，已经把求导法则建立起来，同时也把常数和五种基本初等函数的导数求出来了（其中常数、幂函数、对数函数及正、余弦的导数，是按导数定义计算的，其余的基本初等函数的导数，可以说是用法则求得的）。这样一来，在求导运算上，我们就有了一套完整的方法。现在把基本初等函数的导数公式列成一个表，这就是通常所说的**导数表**；同时，也把几个求导法则列入表中，便于查用。

导数公式

（1）常数 $(C)' = 0$；

（2）幂函数 $(x^a)' = ax^{a-1}$，特别地，$(x)' = 1$，$\left(\dfrac{1}{x}\right)' = -\dfrac{1}{x^2}$，$(\sqrt{x})' = \dfrac{1}{2\sqrt{x}}$

（3）指数函数 $(a^x)' = a^x \ln a$，特别地，$(e^x)' = e^x$；

（4）对数函数 $(\log_a x)' = \dfrac{1}{x \ln a}\left(= \dfrac{1}{x}\log_a e\right)$，特别地，$(\ln x)' = \dfrac{1}{x}$；

（5）三角函数 $(\sin x)' = \cos x$；

$\qquad\qquad (\cos x)' = -\sin x$；

$\qquad\qquad (\tan x)' = \dfrac{1}{\cos^2 x} = \sec^2 x$；

$\qquad\qquad (\cot x)' = -\dfrac{1}{\sin^2 x} = -\csc^2 x$；

$\qquad\qquad (\sec x)' = \tan x \sec x$；

$\qquad\qquad (\csc x)' = -\cot x \csc x$；

（6）反三角函数 $(\arcsin x)' = \dfrac{1}{\sqrt{1-x^2}}$；

$\qquad\qquad (\arccos x)' = -\dfrac{1}{\sqrt{1-x^2}}$；

$\qquad\qquad (\arctan x)' = \dfrac{1}{1+x^2}$；

$\qquad\qquad (\text{arccot } x)' = -\dfrac{1}{1+x^2}$。

求导法则：

（1）和、差、积、商的求导法则

$\qquad\qquad (u \pm v)' = u' \pm v'$；

$\qquad\qquad (uv)' = u'v + uv'$，$(Cu)' = Cu'$；

$\qquad\qquad \left(\dfrac{u}{v}\right)' = \dfrac{u'v - uv'}{v^2}$。

（2）反函数的求导法则

$$\varphi'(y) = \frac{1}{f'(x)}。$$

（3）复合函数的求导法则

$$y'_x = f'(u)\varphi'(x)。$$

基本初等函数的导数仍然是初等函数。值得注意的是，对数函数和反三角函数本来是超越函数，但它们的导数却是很简单的代数函数。

求导数的方法，总的说来可以分为两种：一种是从定义出发，计算差商的极限；另一种是利用公式计算导数。在今后的应用中，除去一些特殊情况外，主要是利用公式求导数，应当加强这方面的练习。

六、复合函数如何求导

我们知道，任何一个初等函数都是由基本初等函数和常数经四则运算以及复合运算而得到的。当前，既然有了基本初等函数和常数的导数公式，而且又建立了四则运算及复合函数的求导法则，我们就应当能够求出任何一个初等函数的导数。但有一个问题，恐怕对于每一位初学的人都不是太简单的，这就是复合函数的求导。前面我们曾经强调过，复合函数的求导法则在求导运算中居于关键的地位。其理由有二：一是这个法则比较常用，更主要的是不太容易掌握。完全可以这样说，能否熟练地运用复合函数的连锁规则，是衡量导数计算能力的一个重要标志。因此有必要专门再讲一下复合函数的求导问题。复合函数的求导方法可以分为两种：一种是"写出分解过程求导"，另一种是"心记分解过程求导"。初学者可以从第一种入手，掌握了第一种方法以后，再练习使用第二种方法。但是无论采用哪一种方法，"函数分解"都具有根本的意义。

（一）写出分解过程求导

通常如果位于自变量 x 位置的不是 x，而是其他式子，我们就把这样的函数看作复合函数。例如：

（1）$(2x)^2$，$(x+1)^3$，$(-x)^2$，$(\sin x)^{\frac{1}{2}}$ 等，称为幂函数形式的复合函数。

（2）a^{2x}，$e^{\frac{1}{2}x}$，$e^{(1-\sin x)^{\frac{1}{2}}}$ 等，称为指数函数形式的复合函数。

（3）$\log_a 2x$，$\ln(-x)$，$\ln\cos x$ 等，称为对数函数形式的复合函数。

（4）$\sin 2x$，$\sin(-x)$，$\cos\frac{x}{2}$ 等，称为三角函数形式的复合函数。

（5）$\arcsin 3x$，$\arctan(-2x)$，$\operatorname{arccot}(-x)$ 等，称为反三角函数形式的复合函数。

例 16   求 $y = \sqrt{\sin x}$ 的导数。

解 $y = (\sin x)^{\frac{1}{2}}$，这是幂函数形式的复合函数。首先分解：以 u（中间变量）表底数，则 $y = u^{\frac{1}{2}}$，$u = \sin x$，应用连锁规则，有 $y' = (u^{\frac{1}{2}})'(\sin x)' = \frac{1}{2\sqrt{u}}\cos x = \frac{\cos x}{2\sqrt{\sin x}}$

例 17　求 $y = (\tan \ln x)^3$ 的导数。

解　这是幂函数形式的复合函数。以 u 表底数，则 $y = u^3$，$u = \tan \ln x$。u 又是三角函数形式的复合函数，以 v 表 tan 后面的式子，则 $u = \tan v$，$v = \ln x$。$\ln x$ 可直接求导，不需分解。所以得 $y = u^3$，$u = \tan v$，$v = \ln x$。

应用连锁规则，有 $y'_x = (u^3)' \cdot (\tan v)' \cdot (\ln x)'$

$$= 3u^2 \cdot \frac{1}{\cos^2 v} \cdot \frac{1}{x}$$

$$= 3(\tan \ln x)^2 \cdot \frac{1}{(\cos \ln x)^2} \cdot \frac{1}{x}$$

$$= \frac{3}{x} \left(\frac{\tan \ln x}{\cos \ln x} \right)^2$$

例 18　求 $y = e^{(1-\sin x)^{\frac{1}{2}}}$ 的导数。

解　这是指数函数形式的复合函数。

以 u 表指数，则 $y = e^u$，$u = (1-\sin x)^{\frac{1}{2}}$，$u$ 是幂函数形式的复合函数，以 v 表底数，则 $u = v^{\frac{1}{2}}$，$v = 1 - \sin x$。此末尾函数可直接求导，不需要分解。

应用连锁规则，有 $y'_x = (e^u)' \cdot \left(v^{\frac{1}{2}} \right)' (1-\sin x)'$

$$= e^u \cdot \frac{1}{2\sqrt{v}} \cdot (-\cos x)$$

$$= e^{(1-\sin x)^{\frac{1}{2}}} \cdot \frac{1}{2\sqrt{1-\sin x}} \cdot (-\cos x)$$

例 19　求 $y = \arcsin[2\cos(x-1)]$ 的导数。

解　这是反三角函数形式的复合函数。

以 u 表示 arcsin 后面式子，则 $y = \arcsin u$，$u = 2\cos(x-1)$；

以 v 表示 cos 后面式子，则 $u = 2\cos v$，$v = x - 1$。此末尾函数可直接求导，不需要再分解，即得 $y = \arcsin u$，$u = 2\cos v$，$v = x - 1$，所以

$$y'_x = (\arcsin u)' \cdot (2\cos v)' \cdot (x-1)'$$

$$= \frac{1}{\sqrt{1-u^2}} \cdot (-2\sin v) \cdot 1$$

$$= -\frac{2\sin(x-1)}{\sqrt{1-[2\cos(x-1)]^2}}$$

(二)心记分解过程求导

(直接求导)掌握了写出分解式求导的方法以后，就应当马上过渡到心记分解过程求导或说直接求导的练习。这就是用心记着分解过程，而不把引入的中间变量写出来。每位读者都必须熟练地掌握这种方法，否则满足不了以后的需要。

作为准备，先来看看连锁公式 $y'_x = y'_u \cdot u'_x$。心记分解过程求导，就是要反复利用这个公式，举几个例子，在计算过程中，进行说明。

例 20 求 $y=\ln \sin x$ 的导数。
$$\downarrow$$
$$u$$

解 「以 u 表 $\sin x$ 得 $\ln u$，对 u 求导得 $\dfrac{1}{u}$，再乘以 u'_x」

注意，在「」里的这些话，可以心里记着，但不写出来。在书写时，不让中间变量 u 出现，u 代表啥就写啥。实际写在纸上的式子是：

$$y'=\frac{1}{\sin x}\cdot(\sin x)'_x$$

$$=\frac{\cos x}{\sin x}=\cot x$$

例 21 求 $y=\ln \cos \dfrac{x}{2}$ 的导数。
$$\downarrow$$
$$u$$

解 「以 u 表 $\cos \dfrac{x}{2}$ 得 $\ln u$，对 u 求导得 $\dfrac{1}{u}$，再乘以 u'_x」

$$y'=\frac{1}{\cos \dfrac{x}{2}}\cdot\left(\cos \frac{x}{2}\right)'_x$$

「$\cos \dfrac{x}{2}$ 仍是复合函数，以 u 表 $\dfrac{x}{2}$ 得 $\cos u$，对 u 求导得 $-\sin u$，再乘以 u'_x」

$$y'=\frac{1}{\cos \dfrac{x}{2}}\cdot\left(-\sin \frac{x}{2}\right)\cdot\left(\frac{x}{2}\right)'_x$$

$\dfrac{x}{2}$ 不再看作复合函数，可直接求导。最后得 $y'=-\dfrac{\sin \dfrac{x}{2}}{\cos \dfrac{x}{2}}\cdot\dfrac{1}{2}=-\dfrac{1}{2}\tan \dfrac{x}{2}$。

上面为说明作法，把求导式子分成三段，正式计算时，应写成一个式子：

$$y'=\frac{1}{\cos \dfrac{x}{2}}\cdot\left(\cos \frac{x}{2}\right)'=\frac{1}{\cos \dfrac{x}{2}}\cdot\left(-\sin \frac{x}{2}\right)\cdot\left(\frac{x}{2}\right)'。$$

$$=-\frac{1}{2}\frac{\sin \dfrac{x}{2}}{\cos \dfrac{x}{2}}=-\frac{1}{2}\tan \frac{x}{2}$$

例 22 求 $y=\tan^3\ln x$ 的导数。

解 即 $y=(\tan \ln x)^3$，这是幂函数形式。
$$\downarrow$$
$$u$$

「以 u 表 $\tan \ln x$ 得 u^3，对 u 求导得 $3u^2$，再乘以 u'_x」

$$y' = 3(\tan \ln x)^2 \cdot (\tan \ln x)'$$
$$\downarrow$$
$$u$$

「以 u 表 $\ln x$ 得 $\tan u$，对 u 求导得 $\dfrac{1}{\cos^2 u}$，再乘以 u_x'」

$$y' = 3(\tan \ln x)^2 \cdot \frac{1}{\cos^2 \ln x} \cdot (\ln x)'$$
$$= 3 \tan^2 \ln x \cdot \frac{1}{\cos^2 \ln x} \cdot \frac{1}{x}$$
$$= \frac{3 \tan^2 \ln x}{x \cos^2 \ln x}$$

实际应写成一个式子：

$$y' = 3(\tan \ln x)^2 \cdot (\tan \ln x)'$$
$$= 3 \tan^2 \ln x \cdot \frac{1}{\cos^2 \ln x} \cdot (\ln x)'$$
$$= 3 \tan^2 \ln x \cdot \frac{1}{\cos^2 \ln x} \cdot \frac{1}{x}$$
$$= \frac{3 \tan^2 \ln x}{x \cos^2 \ln x}$$

例 23　求 $y = e^{(1-\cos x)^{\frac{1}{2}}}$ 的导数。
$$\downarrow$$
$$u$$

解　这是指数函数形式

「以 u 表 $(1-\cos x)^{\frac{1}{2}}$ 得 e^u，对 u 求导得 e^u，再乘以 u_x'」

$$y' = e^{(1-\cos x)^{\frac{1}{2}}} \cdot \left[(1-\cos x)^{\frac{1}{2}} \right]'$$
$$\downarrow$$
$$u$$

「以 u 表 $1-\cos x$ 得 $u^{\frac{1}{2}}$，对 u 求导得 $\dfrac{1}{2}u^{-\frac{1}{2}}$，再乘以 u_x'」

$$y' = e^{(1-\cos x)^{\frac{1}{2}}} \cdot \frac{1}{2}(1-\cos x)^{-\frac{1}{2}} \cdot (1-\cos x)'$$
$$= e^{(1-\cos x)^{\frac{1}{2}}} \cdot \frac{1}{2}(1-\cos x)^{-\frac{1}{2}} \cdot \sin x$$
$$= \frac{1}{2} e^{(1-\cos x)^{\frac{1}{2}}} \frac{\sin x}{\sqrt{1-\cos x}}$$

上面两个式子应并成一个。

下面再作几个题，把解释略去。

例 24　求 $y = \left(\tan \dfrac{x^2}{2} \right)^{\frac{1}{2}}$ 的导数。

$$\underset{u}{\downarrow}$$

解　$y' = \dfrac{1}{2} \left(\tan \dfrac{x^2}{2} \right)^{-\frac{1}{2}} \cdot \left(\tan \dfrac{x^2}{2} \right)'$

$\qquad = \dfrac{1}{2} \left(\tan \dfrac{x^2}{2} \right)^{-\frac{1}{2}} \cdot \dfrac{1}{\cos^2 \dfrac{x^2}{2}} \cdot \left(\dfrac{x^2}{2} \right)'$

$\qquad = \dfrac{1}{2 \sqrt{\tan \dfrac{x^2}{2}}} \cdot \dfrac{1}{\cos^2 \dfrac{x^2}{2}} \cdot \dfrac{1}{2} \cdot 2x$

$\qquad = \dfrac{x \sec^2 \dfrac{x^2}{2}}{2 \sqrt{\tan \dfrac{x^2}{2}}}$

例 25　求 $y = \ln \left(x + \sqrt{x^2 - a^2} \right)$ 的导数。

解　$y' = \dfrac{1}{x + \sqrt{x^2 - a^2}} \cdot \left(x + \sqrt{x^2 - a^2} \right)'$

$\qquad = \dfrac{1}{x + \sqrt{x^2 - a^2}} \cdot \left[1 + \dfrac{1}{2} (x^2 - a^2)^{-\frac{1}{2}} \cdot (x^2 - a^2)' \right]$

$\qquad = \dfrac{1}{x + \sqrt{x^2 - a^2}} \left(1 + \dfrac{2x}{2 \sqrt{x^2 - a^2}} \right)$

$\qquad = \dfrac{1}{\sqrt{x^2 - a^2}}$

例 26　求 $y = \dfrac{\sin x^2 + 1}{\cos 3x}$ 的导数。

解　$y' = \dfrac{(\sin x^2 + 1)' \cos 3x - (\sin x^2 + 1)(\cos 3x)'}{\cos^2 3x}$

$\qquad = \dfrac{\cos x^2 \cdot (x^2)' \cdot \cos 3x - (\sin x^2 + 1)(-\sin 3x) \cdot (3x)'}{\cos^2 3x}$

$\qquad = \dfrac{2x \cos x^2 \cos 3x + 3(\sin x^2 + 1) \sin 3x}{\cos^2 3x}$

待到相当熟练以后，对于一个不太复杂的函数，可以一步就把中间变量的导数算完。例如前面的例 21 可以作如下的计算：

$$y = \ln \cos \frac{x}{2}$$

$$y' = \frac{1}{\cos \dfrac{x}{2}} \left(-\sin \frac{x}{2} \right) \cdot \frac{1}{2} = -\frac{1}{2} \tan \frac{x}{2}$$

七、对数求导法

对于某些函数，利用对数求导法比用通常的方法要简便一些。这种方法就是在函数表达式的两端先取自然对数，然后再求导数，适用于以下两种情形。

（一）求幂指函数或指数函数的导数

例 27　求函数 ⅰ) $y = x^x$ 及 ⅱ) $y = x^{\sin x}$ 的导数。

解　这两个函数都是幂指函数，它的底数和指数都是变量。

ⅰ) 在 $y = x^x$ 两端取对数，得 $\ln y = x \ln x$。两端对 x 求导(注意 $\ln y$ 是 y 的函数，而 y 是 x 的函数，故 $\ln y$ 是 x 的复合函数)：

$$(\ln y)'_x = (x \ln x)'_x$$

即

$$\frac{1}{y} \cdot y'_x = (x)' \ln x + x (\ln x)'$$

$$= \ln x + x \cdot \frac{1}{x} = \ln x + 1$$

所以

$$y'_x = y (\ln x + 1) = x^x (\ln x + 1)$$

ⅱ) 在 $y = x^{\sin x}$ 两端取对数，得 $\ln y = \sin x \ln x$，对 x 求导，得

$$\frac{1}{y} y'_x = (\sin x)' \ln x + \sin x \cdot (\ln x)'$$

$$= \cos x \ln x + \sin x \cdot \frac{1}{x}$$

所以

$$y'_x = y \left(\cos x \ln x + \frac{\sin x}{x} \right)$$

$$= x^{\sin x} \left(\cos x \ln x + \frac{\sin x}{x} \right)$$

(y'_x 的下标 x 可省略)

例 28　求指数函数 $y = a^x$ 的导数。

①**解**　这个函数的导数早已讨论过，现在用对数求导法计算一下。

两端取对数，有 $\ln y = x \ln a$ 对 x 求导，有 $\dfrac{1}{y} y' = \ln a$ 所以 $y' = y \ln a = a^x \ln a$

---

①　幂指函数也可以根据对数定义，而用通常的方法求导。比如 $y = x^x$，根据对数定义，有 $y = e^{\ln x^x}$ 即 $y = e^{x \ln x}$。这就变成指数函数形式的复合函数了，再按复合函数求导法即可算出导数。

(二)所给函数取对数后，可化为代数和的情形

例 29　求函数 $y=\sqrt{\dfrac{(x-1)(x-2)}{(x-3)(x-4)}}$ 的导数。

解　两端取对数，有

$\ln y=\dfrac{1}{2}\big[\ln(x-1)+\ln(x-2)-\ln(x-3)-\ln(x-4)\big]$，对 x 求导，有

$$\frac{1}{y}y'=\frac{1}{2}\left(\frac{1}{x-1}+\frac{1}{x-2}-\frac{1}{x-3}-\frac{1}{x-4}\right)$$

所以

$$y'=\frac{1}{2}\sqrt{\frac{(x-1)(x-2)}{(x-3)(x-4)}}\left(\frac{1}{x-1}+\frac{1}{x-2}-\frac{1}{x-3}-\frac{1}{x-4}\right)$$

§4.4　隐函数的导数·由参数方程所表示的函数的导数

一、隐函数的导数

前面所讨论的函数求导法，都是针对因变量 y 已表成自变量 x 的明显表达式 $y=f(x)$ 来说的，这样的函数叫做**显函数**。但有时还会遇到函数关系不是用显函数形式表示的，例如方程 $2x-3y+1=0$，也表示 x 与 y 之间存在的一种函数关系，因为给 x 以任意一个数值，相应地就有 y 的一个确定值(比如当 $x=0$ 时，$y=\dfrac{1}{3}$，当 $x=1$ 时，$y=1$，等等)。根据函数的定义，y 是 x 的一个函数。又如中心在原点的单位圆方程 $x^2+y^2=1(1)$，在此方程中，给 x 以绝对值小于或等于 1 的任一个数值，相应地就有 y 的确定值(有两个确定值)，因此方程也确定了 y 是 x 的函数(是双值函数)。

一般地，如果在方程 $F(x,y)=0$ 中，令 x 取某区间内的任一值时，相应地总有满足这个方程的 y 值存在，那么就说方程 $F(x,y)=0$ 确定了一个函数关系，我们把由方程 $F(x,y)=0$ 表示的函数关系，称为**隐函数**。如上例所示，隐函数往往是多值的。

假如从方程 $F(x,y)=0$ 中，能把表示因变量的 y 解为 $y=f(x)$ 的明显表达式，于是隐函数就变成了显函数。例如上面方程(1)解为 $y=f(x)$，便得到两个显函数：

$$y=\sqrt{1-x^2} \text{ 或 } y=-\sqrt{1-x^2}$$

但在许多情形下，要想从确定隐函数的方程中解出某一变量是很困难的。例如，我们很难从方程 $e^y-xy=0$ 解出 y，使表成 x 的显函数。

对于隐函数，可以直接从确定隐函数的方程 $F(x,y)=0$ 求出 y 对 x 的导数 y'，而不需要把 y 解为 x 的显函数。下面举例说明隐函数的求导法。

例 1　求由方程 $x^2+y^2=1$ 所确定的隐函数 y 的导数。

解　在方程两端分别对 x 求导，在左端对 x 求导时，注意 y^2 是 y 的函数，而 y 又是 x 的

函数，所以应按复合函数求导法则，求 y^2 对 x 的导数。先在左端对 x 求导得 $2x+2yy'$ 再在右端对 x 求导得 $(1)'=0$ 等式两端的导数相等，所以 $2x+2yy'=0$，由此得 $y'=-\dfrac{x}{y}$

在此结果中的 y 是由方程 $x^2+y^2=1$ 所确定的隐函数，即 $y=\sqrt{1-x^2}$ 或 $y=-\sqrt{1-x^2}$，在导数表达式中可以保留 y。

例 2　求由方程 $e^y=xy$ 确定的函数 y 的导数。

解　两端对 x 求导数，并把 e^y 看作 x 的复合函数（e^y 对 y 求导，乘以 y 对 x 的导数 y'），得
$$e^y y'=y+xy'$$

于是
$$y'=\frac{y}{e^y-x}$$

分式中的 y 是由方程 $e^y=xy$ 所确定的隐函数。

例 3　求由方程 $y^5+2y-x-3x^7=0$ 所确定的隐函数 y 在 $x=0$ 处的导数。

解　两端对 x 求导，得 $5y^4y'+2y'-1-21x^6=0$

由此得
$$y'=\frac{1+21x^6}{5y^4+2}$$

分母中的 y 是由方程 $y^5+2y-x-3x^7=0$ 所确定的隐函数。因为当 $x=0$ 时，从此方程得 $y=0$（注意 y 的其他值是虚数），所以 $y'|_{x=0}=\dfrac{1}{2}$。

例 4　求椭圆 $\dfrac{x^2}{16}+\dfrac{y^2}{9}=1$ 在点 $\left[2,\dfrac{3}{2}\sqrt{3}\right]$ 处的切线方程（图 4.7）。

解　由导数的几何意义知道，所求的切线斜率为 $\qquad K=y'|_{x=2}$

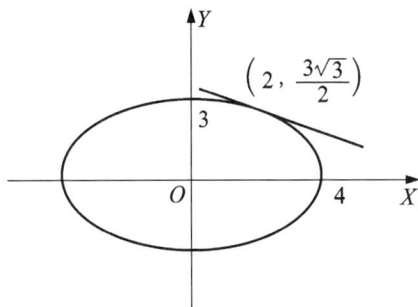

图 4.7

在椭圆方程两端对 x 求导，有
$$\frac{2x}{16}+\frac{2yy'}{9}=0$$

即
$$\frac{x}{8}+\frac{2}{9}yy'=0$$

于是
$$y'=-\frac{9x}{16y}$$

当 $x=2$ 时，$y=\dfrac{3\sqrt{3}}{2}$，代入上式得

$y'\big|_{x=2}=-\dfrac{9\times2}{16\times\dfrac{3\sqrt{3}}{2}}=-\dfrac{\sqrt{3}}{4}$。按点斜式，得切线方程为

$$y-\frac{3}{2}\sqrt{3}=-\frac{\sqrt{3}}{4}(x-2)$$

即
$$\sqrt{3}x+4y-8\sqrt{3}=0$$

二、由参数方程所表示的函数的导数

在物理和几何中常遇到参数方程。设有参数方程 $\begin{cases} x=\varphi(t), \\ y=\psi(t) \end{cases}$……(1)，在(1)式中，由于 x 和 y 都是 t 的函数，x 与 y 通过参数 t 发生联系。如果 $x=\varphi(t)$ 有反函数为 $t=\varphi^{-1}(x)$，于是 y 就成为 x 的复合函数：$y=\psi(t)$，$t=\varphi^{-1}(x)$，即是说，参数方程(1)确定了 y 是 x 的函数。

在实际问题中，往往需要计算由参数方程(1)所确定的函数的导数。但是由(1)消去参数 t，有时很不方便，因此需要有一种方法能直接由方程(1)算出它所表示的函数的导数来。下面就来讨论这个求导方法。

由方程(1)所表示的以 y 为因变量，x 为自变量的函数，看成是由函数 $y=\psi(t)$，$t=\varphi^{-1}(x)$ 复合而成的。要计算这个复合函数的导数，须假定 $x=\varphi(t)$ 和 $y=\psi(t)$ 都可导，而且 $\varphi'(t)\neq0$，于是根据复合函数和反函数的求导法则，我们就有

$$y_x'=\psi'(t)\cdot\varphi^{-1'}(x)=\psi'(t)\cdot\frac{1}{\varphi'(t)}=\frac{\psi'(t)}{\varphi'(t)}$$

即

$$y_x'=\frac{dy}{dx}=\frac{\psi'(t)}{\varphi'(t)}$$

这就是计算由参数方程(1)所表示的函数的导数 $\dfrac{dy}{dx}$ 的公式。

例5 已知椭圆的参数方程为 $\begin{cases} x=a\cos t, \\ y=b\sin t, \end{cases}$ 求椭圆在 $t=\dfrac{\pi}{4}$ 处的切线方程。

解 当 $t=\dfrac{\pi}{4}$ 时，椭圆上的相应点 M_0 的坐标是：

$$x_0=a\cos\frac{\pi}{4}=\frac{\sqrt{2}a}{2}, \quad y_0=b\sin\frac{\pi}{4}=\frac{\sqrt{2}b}{2}$$

曲线在点 M_0 的切线斜率为 $y'=\dfrac{(b\sin t)'}{(a\cos t)'}\Big|_{t=\frac{\pi}{4}}=\dfrac{b\cos t}{-a\sin t}\Big|_{t=\frac{\pi}{4}}=-\dfrac{b}{a}$

代入点斜式方程，得椭圆在点 M_0 处的切线方程为 $y-\dfrac{\sqrt{2}b}{2}=-\dfrac{b}{a}\left(x-\dfrac{\sqrt{2}a}{2}\right)$

即 $$bx+ay-\sqrt{2}ab=0$$

例6 已知炮弹的运动轨迹的参数方程为

$$\begin{cases} x=v_1 t, \\ y=v_2 t-\dfrac{1}{2}gt^2, \end{cases}$$

求炮弹在任何时刻 t 的运动速度的大小和方向。

解 先求合速度的大小，由于水平分速度为 $x_t'=v_1$，铅直分速度为 $y_t'=v_2-gt$，因此炮弹运动合速度大小为

$$v=\sqrt{(x_t')^2+(y_t')^2}=\sqrt{v_1^2+(v_2-gt)^2}$$

再求合速度的方向，也就是轨道的切线方向。

设 α 是切线倾角，则根据导数的几何意义，得

$$\tan \alpha = y'_x = \frac{y'_t}{x'_t} = \frac{v_2 - gt}{v_1}$$

所以在炮弹刚射出炮口（即 $t = 0$）时，$\tan \alpha \big|_{t=0} =$ $y'_x \big|_{t=0} = \dfrac{v_2}{v_1}$，当 $t = \dfrac{v_2}{g}$ 时，$\tan \alpha \bigg|_{t=\frac{v_2}{g}} = y'_x \bigg|_{t=\frac{v_2}{g}} = 0$，这时，运动的方向是水平的（即炮弹到达最高点）。这些结果从图 4.8 可以明显地看出。

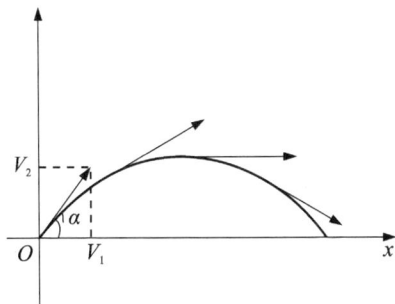

图 4.8

§4.5 微分的概念

前面我们研究了函数的导数。对于导数概念，我们关心的只是改变量之比 $\dfrac{\Delta y}{\Delta x}$ 的极限（即函数的变化率），并不是改变量本身。但是在许多情形特别是在工程技术中，需要我们去考察和估算函数的改变量 Δy。

例如，用卡尺测量圆钢的直径时，要估算由于直径的测量误差所引起的圆钢截面积的误差。其实这就是当直径有一个改变量时，要估算截面积(作为直径的函数)的改变量。又如在设计工作中，测量工具而尺寸的变化必然导致材料用量的增减，这就需要估计一下，当尺寸有一个改变量时，材料用量(作为尺寸的函数)的改变量有多大。计算函数的改变量，就是将自变量的终值和始值代入函数，然后相减，在方法上似乎简单，但具体算起来往往很麻烦。因此，人们总是希望找到一种便于计算的近似表达式，这就是我们要引入的函数的微分。

一、微分定义

微分是与导数有联系的又一个重要概念，为帮助领会微分概念的实质，我们先考虑一个具体问题。

有一金属方形薄片，当受冷热影响时，其边长由 x 变到 $x + \Delta x$（图 4.9），问此薄片的面积改变了多少？

我们知道，正方形的面积 S 是边长 x 的函数 $S = x^2$。当边长有一个改变量 Δx 时，面积 S 相应地也有一个改变量 $\Delta S = (x+\Delta x)^2 - x^2 = 2x\Delta x + (\Delta x)^2$。它包含两部分：第一部分 $2x\Delta x$ 是 $\Delta \eta$ 的线性函数（图中阴影部分），第二部分是 $(\Delta x)^2$，当 $\Delta x \to 0$（即为无穷小）时是比 Δx 高阶的无穷小，即 $(\Delta x)^2 = o(\Delta x)$（$\Delta x \to 0$）。因此，当 Δx 很小时，面积的改变量 ΔS 可以近似地用 $2x\Delta x$ 来代替，所略去的 $(\Delta x)^2$ 仅是一个较 Δx 高阶的无穷小（$2x\Delta x$ 是 Δx 的同阶无穷小，因 $\lim\limits_{\Delta x \to 0} \dfrac{2x\Delta x}{\Delta x} = 2x$），又因 $S' = (x^2)' = 2x$，所以 $\Delta S \approx S' \Delta x$。这就是说，当自变量的改变量很小时，函数的相应改变量可以近似地用函数的导数与自变量改变量的乘积来表达。

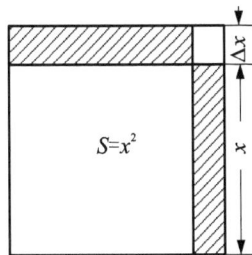

图 4.9

现在转向一般的情形。设有函数 $y=f(x)$ ，当自变量有一个改变量 Δx 时，函数的相应改变量 $\Delta y=f(x+\Delta x)-f(x)$ 是否也可以分成类似的两部分呢？我们说，只要 $y=f(x)$ 可导，这就是可能的。

事实上，因为 $\lim\limits_{\Delta x\to 0}\dfrac{\Delta y}{\Delta x}=f'(x)$ ，根据极限与无穷小量的关系（§2.5 定理1），便有

$\dfrac{\Delta y}{\Delta x}=f'(x)+a$ ，其中 $a\to 0$（当 $\Delta x\to 0$ 时），于是 $\Delta y=f'(x)\Delta x+a\Delta x(\Delta x\to 0)$ 。当 $\Delta x\to 0$ 时，

$a\Delta x$ 是比 Δx 高阶的无穷小（因 $\lim\limits_{\Delta x\to 0}\dfrac{a\Delta x}{\Delta x}=\lim\limits_{\Delta x\to 0}a=0$ ），故上式可改写成

$$\Delta y=f'(x)\Delta x+o(\Delta x)\qquad(\Delta x\to 0)$$

因此对于一般的可导函数 $y=f(x)$ ，只要 $f'(x)\neq 0$ ，则当 $|\Delta x|$ 很小时，$f'(x)\Delta x$ 就是 Δy 的主要部分，即 $\Delta y\approx f'(x)\Delta x$ 。又由于 $f'(x)\Delta x$ 是 Δx 的线性函数（$f'(x)$ 看成常数），所以通常把 $f'(x)\Delta x$ 叫做 Δy 的线性主部。其实函数改变量 Δy 的这个线性主部，即称为函数的微分。

定义　设函数 $y=f(x)$ 是可导的，自变量在点 x 有一改变量 Δx ，则称 $f'(x)\Delta x$ 是函数 $y=f(x)$ 在点 x 的微分，记为 $\mathrm{d}y$ ，即 $\mathrm{d}y=f'(x)\Delta x$

这就是说，函数在一点的微分等于这点的导数乘以自变量的改变量。

引用微分符号，函数的改变量可以写成

$$\Delta y=\mathrm{d}y+o(\Delta x)=f'(x)\Delta x+o(\Delta x)\qquad(\Delta x\to 0)$$

根据上面的分析，可知微分有以下两个重要性质：

1）当微分不等于零（即 $f'(x)\neq 0$ ）时，微分是函数改变量 Δy 的主要部分，因此，当 $|\Delta x|$ 比较小时，可以用微分 $\mathrm{d}y$ 近似地代替函数改变量 Δy 。

2）微分是自变量改变量 Δx 的线性函数。因此它是比较容易计算的，一般说来，对于给定的 x 和 Δx 要计算 Δy 的精确值比较困难，而计算 Δy 的近似值 $\mathrm{d}y$ 则简单得多。

例2　求函数 $y=x^3$ 当 $x=2$ ，$\Delta x=0.02$ 时的微分。

解　先求出函数在任意点的微分：$\mathrm{d}y=(x^3)'\Delta x=3x^2\Delta x$

当 $x=2$ ，$\Delta x=0.02$ 时，函数的微分为

$$\mathrm{d}y\Big|_{\substack{x=2\\\Delta x=0.02}}=3x^2\Delta x\Big|_{\substack{x=2\\\Delta x=0.02}}=3\times 2^2\times 0.02=0.24$$

二、微分的几何意义

函数 $y=f(x)$ 在点 x 的导数 $f'(x)$ ，就是在曲线上横坐标为 x 的点处所引切线 MT 的斜率 $f'(x)=\tan\varphi$（图 4.10）。

从图可知，$\Delta y=M'P$ ，在直角三角形 MNP 中，$MP=\Delta x$ ，所以

$NP=MP\tan\varphi=f'(x)\Delta x=\mathrm{d}y$ 。

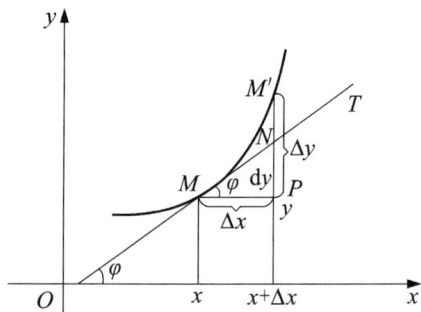

图 4.10

这表明：当曲线上一点 M 的横坐标 x 有一个改变量时，相对应的函数微分 dy 就是曲线在这点处的切线 MT 的纵坐标的改变量。显然，函数的改变量 $\Delta y = M'P$ 则是曲线的纵坐标的改变量。至于 $M'N$ 则是 Δy 与 dy 之差，相当于微分定义中的 $o(\Delta x)$，当 Δx 减小时，$M'N$ 和 NP 都跟着减小，但 $M'N$ 比 NP 要变小得更快。用 dy 代替 Δy，相当于用切线代替曲线，即"以直代曲"。

§4.6　微分的运算

前面已经引进了函数 $y=f(x)$ 的微分的概念，即 $dy=f'(x)\Delta x \cdots\cdots(1)$。

在讨论微分的运算以前，我们把函数微分的概念应用到自变量的微分上来，看看将得到什么样的结果。为此，我们把自变量 x 的微分 dx 认为是函数 $y=x$ 的微分（即 $dx=dy$），那么根据微分定义有 $dx=dy=(x)'\Delta x=\Delta x$。这就是说，自变量的微分等于自变量的改变量。因此，我们可以在任何函数的微分表达式(1)中，用 dx 代替 Δx，于是有 $dy=f'(x)dx \cdots\cdots(2)$。

上述(1)式和(2)式都是微分表达式。在一般的微分运算中用(2)式，在近似计算中习惯用(1)式。

根据定义，函数 $y=f(x)$ 在一点若有导数也必有微分，反过来，若有微分也必有导数。因此，把求导数和求微分都叫做微分运算，并且可导也称为可微。

由(2)式立即得到 $\dfrac{dy}{dx}=f'(x)$，以前我们曾用 $\dfrac{dy}{dx}$ 来表示导数，不过迄今一直是作为一个符号来用的，其中的 dy 和 dx 没有独立意义，不能看成分式。引进微分的概念以后，$\dfrac{dy}{dx}$ 就不只是导数的一个符号了，它表示函数的微分与自变量的微分之商，因此我们又称导数为微商。

一、微分公式和微分法则

根据定义，一个函数的微分就是函数的导数与自变量的微分或自变量的改变量的乘积。因此，计算函数的微分并不需要什么新的方法，会求导数也就会求微分。例如，若 $y=x^2+\ln x$，则 $y'=2x+\dfrac{1}{x}$，于是 $dy=\left(2x+\dfrac{1}{x}\right)dx$。

在导数的运算中，我们介绍了基本初等函数的导数公式和求导的一般法则；同样，在微分的运算中也有一套基本初等函数的微分公式和微分法则。在每个基本初等函数的导数后面乘上 dx，便得到相应的微分公式。至于微分法则，则根据函数的和、差、积、商的求导法则，立即可以推得。例如，函数乘积 $y=uv$ 的导数为 $y'=u'v+uv'$，即 $\dfrac{dy}{dx}=v\dfrac{du}{dx}+u\dfrac{dv}{dx}$ 两边乘以 dx，便得到函数乘积的微分法则：$dy=vdu+udv$。

为了查阅方便，我们将微分公式及微分法则列成表：

微分公式

$\mathrm{d}(c)=0$

$\mathrm{d}(x^a)=ax^{a-1}\mathrm{d}x$

$\mathrm{d}(a^x)=a^x\ln a\mathrm{d}x$

$\mathrm{d}(\mathrm{e}^x)=\mathrm{e}^x\mathrm{d}x$

$\mathrm{d}(\log_a x)=\dfrac{1}{x\ln a}\mathrm{d}x\left(=\dfrac{\log_a\mathrm{e}}{x}\mathrm{d}x\right)$

$\mathrm{d}(\ln x)=\dfrac{1}{x}\mathrm{d}x$

$\mathrm{d}(\sin x)=\cos x\mathrm{d}x$

$\mathrm{d}(\cos x)=-\sin x\mathrm{d}x$

$\mathrm{d}(\tan x)=\dfrac{\mathrm{d}x}{\cos^2 x}=\sec^2 x\mathrm{d}x$

$\mathrm{d}(\cot x)=-\dfrac{\mathrm{d}x}{\sin^2 x}=-\csc^2 x\mathrm{d}x$

$\mathrm{d}(\arcsin x)=\dfrac{\mathrm{d}x}{\sqrt{1-x^2}}$

$\mathrm{d}(\arccos x)=-\dfrac{\mathrm{d}x}{\sqrt{1-x^2}}$

$\mathrm{d}(\arctan x)=\dfrac{\mathrm{d}x}{1+x^2}$

$\mathrm{d}(\operatorname{arccot} x)=-\dfrac{\mathrm{d}x}{1+x^2}$

微分法则

$\mathrm{d}(u\pm v)=\mathrm{d}u\pm\mathrm{d}v$

$\mathrm{d}(uv)=v\mathrm{d}u+u\mathrm{d}v$

$\mathrm{d}(cu)=c\mathrm{d}u$

$\mathrm{d}\left(\dfrac{u}{v}\right)=\dfrac{v\mathrm{d}u-u\mathrm{d}v}{v^2}$

二、微分形式的不变性

对于可导函数 $y=f(x)$，它的微分是 $\mathrm{d}y=f'(x)\mathrm{d}x$……（1）。这里的 x 是自变量。如果 x 不是自变量，而是另一个变量的函数，比如 $x=\varphi(t)$，于是 y 就成为复合函数：$y=f(x)$，$x=\varphi(t)$。

我们来求此复合函数的微分，因 y 对 t 的导数为 $y'=f'(x)\cdot\varphi'(t)$。所以微分为 $\mathrm{d}y=f'(x)\varphi'(t)\mathrm{d}t$，但 $\varphi'(t)\mathrm{d}t=\mathrm{d}x$ 于是 $\mathrm{d}y=f'(x)\mathrm{d}x$ 这个结果仍与（1）式相同。

这表明，不论 x 是自变量还是中间变量，函数 $y=f(x)$ 的微分都可以表为 $\mathrm{d}y=f'(x)\mathrm{d}x$。这个性质叫做微分形式的不变性。导数是不具有这种性质的：当 x 是自变量时，$y=f(x)$ 的导

数是 $f'(x)\varphi'(t)$。因此，在求导数时，我们总是指明是对哪一个变量的导数；而当谈到微分时，由于有微分形式的不变性，就无须指明是对哪一个变量的微分。

利用微分形式不变性求复合函数的微分很方便，下面举几个例子。

例 1　$y = e^{ax+bx^2}$，求 dy。

解　以 u 表 $ax+bx^2$，则 $y = e^u$，$u = ax+bx^2$。于是

$$dy = (e^u)' du = e^u d(ax+bx^2)$$
$$= e^{ax+bx^2}(a+2bx) dx$$

下面不把中间变量写出来，直接应用微分形式不变性。

例 2　$y = \sin(\omega t + \varphi)$（$\omega$，$\varphi$ 是常数），求 dy。

解　$dy = \cos(\omega t + \varphi) d(\omega t + \varphi)$

$$= \cos(\omega t + \varphi) \cdot \omega dt$$
$$= \omega \cos(\omega t + \varphi) dt$$

例 3　$y = \sqrt{1+\sin^2 x}$，求 dy。

解　$dy = \dfrac{1}{2}(1+\sin^2 x)^{-\frac{1}{2}} d(1+\sin^2 x)$

$$= \frac{2\sin x d(\sin x)}{2\sqrt{1+\sin^2 x}} = \frac{2\sin x \cos x dx}{2\sqrt{1+\sin^2 x}}$$

$$= \frac{\sin 2x dx}{2\sqrt{1+\sin^2 x}}$$

§4.7　微分在近似计算中的应用

一、近似计算

若函数 $y = f(x)$ 在点 x_0 可导，则它的微分是 $dy = f'(x_0)\Delta x$。只要 $f'(x_0) \neq 0$，dy 便是函数改变量 Δy 的线性主部，即 $\Delta y \approx f'(x_0)\Delta x$……（1），而且 $|\Delta x|$ 愈小则近似程度愈高。这个近似公式是微分应用于近似计算的根据。由于 dy 比 Δy 容易计算，所以常用此式计算函数改变量的近似值。

又因　　　　　　　　　　　$\Delta y = f(x_0+\Delta x) - f(x_0)$

所以　　　　　　　　$f(x_0+\Delta x) - f(x_0) \approx f'(x_0)\Delta x$

移项得　　　　　　　$f(x_0+\Delta x) \approx f(x_0) + f'(x_0)\Delta x$ 　　　　　（2）

这个公式常用来计算函数值的近似值。

例 1　求 $\sqrt{10}$ 的近似值。

解　通过开方求 $\sqrt{10}$ 的近似值比较麻烦，但利用微分就容易得多。

把 $\sqrt{10}$ 看作函数 $f(x) = \sqrt{x}$ 在某一点 x_0 附近的函数值。求此函数的导数得 $f'(x) = \dfrac{1}{2\sqrt{x}}$，

于是上面公式（2）就具体化为 $\sqrt{x_0+\Delta x}\approx\sqrt{x_0}+\dfrac{1}{2\sqrt{x_0}}\Delta x$，这里 $\sqrt{x_0+\Delta x}$ 相当于 $\sqrt{10}$，现在须确定 x_0 和 Δx 的数值，其要求是：既要使 $\sqrt{x_0}$ 容易计算，又要使 $|\Delta x|$ 尽可能地小。按此要求，显然可令 $x_0=9$，$\Delta x=1$。代入上式便得

$$\sqrt{10}=\sqrt{9+1}\approx\sqrt{9}+\frac{1}{2\sqrt{9}}\cdot 1=3\frac{1}{6}\approx 3.1666$$

若用开方法，则得 $\sqrt{10}\approx 3.1662$。

例 2　计算 $\sin 31°$。

解　设 $f(x)=\sin x$，则 $f'(x)=\cos x$，由公式（2）得 $\sin(x_0+\Delta x)=\sin x_0+\cos x_0\Delta x$

令 $x_0=30°=\dfrac{\pi}{6}$，$\Delta x=1°=1\times\dfrac{\pi}{180}=\dfrac{\pi}{180}$，于是

$$\sin 31°=\sin\left(\frac{\pi}{6}+\frac{\pi}{180}\right)\approx\sin\frac{\pi}{6}+\cos\frac{\pi}{6}\times\frac{\pi}{180}$$

$$\approx\frac{1}{2}+\frac{\sqrt{3}}{2}\times 0.01745\approx 0.5151$$

例 3　求一球壳体积的近似值，设其外直径为 10 cm，壳厚为 $\dfrac{1}{8}$ cm。

解　直径为 D 的球体的体积 $V=\dfrac{1}{6}\pi D^3$，球壳的体积是直径分别为 10 cm 和 $9\dfrac{3}{4}$ cm 的两个球体的体积之差 ΔV。为了求 ΔV 的近似值，只须求微分 $\mathrm{d}V$，而

$$\mathrm{d}V=V'\Delta D=\frac{1}{2}\pi D^2\Delta D$$

取 $D=10$ cm，$\Delta D=-\dfrac{1}{4}$ cm，则得 $\mathrm{d}V=\dfrac{1}{2}\pi\times 10^2\times\left(-\dfrac{1}{4}\right)=-39.25$ cm^3。略去负号（负号只表示当 D 减小时，V 也减小），得球壳体积的近似值为 39.25 cm^3。

近似公式　下面介绍几个常用的近似公式。为此在（2）式中令 $x=x_0+\Delta x$，从而 $\Delta x=x-x_0$，于是（2）式改写成 $f(x)\approx f(x_0)+f'(x_0)(x-x_0)$……，（3）再令 $x_0=0$，便有 $f(x)\approx f(0)+f'(0)x$ ……（4）。

应用（4）式即可推得几个常用的近似公式（下面都假定 $|x|$ 是较小的数值）：

ⅰ）$\sqrt[n]{1+x}\approx 1+\dfrac{1}{n}x$；

ⅱ）$\sin x\approx x$（x 取弧度）；

ⅲ）$\tan x\approx x$（x 取弧度）；

ⅳ）$e^x\approx 1+x$；

ⅴ）$\ln(1+x)\approx x$。

证　ⅰ）式：取 $f(x)=\sqrt[n]{1+x}$，于是 $f(0)=1$，$f'(0)=\dfrac{1}{n}(1+x)^{\frac{1}{n}-1}\Big|_{x=0}=\dfrac{1}{n}$，代入（4）式得 $\sqrt[n]{1+x}\approx 1+\dfrac{1}{n}x$。其他近似公式同理可证。

例 7　计算：$\sin 1°$，$e^{-0.005}$。

解　$\sin 1° = \sin \dfrac{\pi}{180} \approx \dfrac{\pi}{180} = 0.01745$

$e^{-0.005} \approx 1 - 0.005 = 0.995$

二、误差估计

先介绍关于误差的两个术语。

如果某量的准确值为 A，它的近似值为 a，则 A 与 a 之差的绝对值 $|A-a|$ 叫做 a 的绝对误差。

绝对误差与 $|a|$ 的比值 $\left| \dfrac{A-a}{a} \right|$ 叫做 a 的相对误差。

例如，有一根轴的设计要求长 120 毫米，而加工后量得 120.03 毫米，则 $|120-120.03| = 0.03$ 毫米，为绝对误差，$\left| \dfrac{0.03}{120.03} \right| = 0.00025 = 0.025\%$，为相对误差。

又如，一根轴设计要求长 12 毫米，而加工后量得 12.03 毫米，则 $|12-12.03| = 0.03$ 毫米，为绝对误差。$\left| \dfrac{0.03}{12.03} \right| = 0.0025 = 0.25\%$，为相对误差。

上述两例的绝对误差相同，而前者的相对误差比后者的相对误差小，即前者的精确度高得多，由此可见，一个量的近似值的精确度应当用相对误差来衡量。

下面讲如何利用微分估计误差。

设有函数 $y = f(x)$，对于自变量 x，我们测得它的值 x_0，根据这个值算出 y 的值 $y_0 = f(x_0)$。如果测量 x 时有误差 Δx，从而引起函数 y 的误差

$$\Delta y = f(x_0 + \Delta x) - f(x_0) \approx f'(x_0) \Delta x$$

通常我们知道的是 x 的误差界 δ，即 $|\Delta x| \leqslant \delta$，于是 y 的误差界（简称误差）为

$$|\Delta y| \approx |f'(x_0) \Delta x| \leqslant |f'(x_0)| \delta \tag{5}$$

y 的相对误差界（简称相对误差）为

$$\left| \frac{\Delta y}{f(x_0)} \right| \approx \left| \frac{f'(x_0) \Delta x}{f(x_0)} \right| \leqslant \left| \frac{f'(x_0)}{f(x_0)} \right| \delta \tag{6}$$

（5）式和（6）式就是用来估计绝对误差和相对误差的公式。

例 4　量得一根圆钢的直径为 $D = 50$ 毫米，已知量具的误差界为 0.04 毫米，试计算截面积，并估计误差。

解　截面积 $S = \dfrac{\pi}{4} D^2 = \dfrac{\pi}{4} \times 50^2 \approx 1963.5$ 毫米^2。S 的绝对误差为

$$|\Delta S| \approx \left| \frac{\pi}{2} D \cdot \Delta D \right| = \frac{\pi}{2} \times 50 \times 0.04 = 3.14 \text{ 毫米}^2$$

相对误差为
$$\left| \frac{\Delta S}{S} \right| \approx \left| \frac{\frac{\pi}{2} D \cdot \Delta D}{\frac{\pi}{4} D^2} \right| = \frac{1}{625} = 0.16\%$$

例 5 在一电路中，已知电阻 $R=22$ 千欧，今用电流表测得电流 $I=10$ 毫安，而测量的误差是 0.1 毫安，求用公式 $P=I^2R$，计算电功率 P 时的绝对误差和相对误差。

解 把 R 看作常数，P 对 I 求导得 $P'=2IR$，故得 P 的绝对误差为

$$|\Delta P| \approx |P'\Delta I| = 2\times10\times22\times0.1 = 44(毫瓦)$$

相对误差为

$$\left|\frac{\Delta P}{P}\right| \approx \left|\frac{P'\Delta I}{P}\right| = \left|\frac{2}{I}\right||\Delta I| = \frac{2}{10}\times0.1 = 0.02 = 2\%$$

§4.8 高阶导数与高阶微分

一、高阶导数的概念

我们知道，一个函数 $y=f(x)$ 的导数仍是 x 的一个函数，记为 $f'(x)$，y'，$\dfrac{\mathrm{d}f(x)}{\mathrm{d}x}$ 或 $\dfrac{\mathrm{d}y}{\mathrm{d}x}$。如果导（函）数 $y'=f'(x)$ 仍是可导的，它的导数就叫做原来函数的二阶导数，记为 $f''(x)$，y''，$\dfrac{\mathrm{d}^2f(x)}{\mathrm{d}x^2}$ 或 $\dfrac{\mathrm{d}^2y}{\mathrm{d}x^2}$。

同理，如果二阶导（函）数 $y''=f''(x)$ 是可导的，它的导数就叫做原来函数 $y=f(x)$ 的三阶导数，记为 $f'''(x)$，y'''，$\dfrac{\mathrm{d}^3f(x)}{\mathrm{d}x^3}$ 或 $\dfrac{\mathrm{d}^3y}{\mathrm{d}x^3}$。

依此类推，可以定义函数 $y=f(x)$ 的 n 阶导数，并记为

$$f^{(n)}(x)，y^{(n)}，\frac{\mathrm{d}^nf(x)}{\mathrm{d}x^n} 或 \frac{\mathrm{d}^ny}{\mathrm{d}x^n}$$

二阶和二阶以上的导数统称为**高阶导数**，原来所说的导数也称为一阶导数。

以上的高阶导数定义，是从一阶导数开始逐次引入各阶导数以至 n 阶。我们把这种逐次定义的方法叫做归纳定义。

例 1 求 $f(x)=x^4-5x^3+x+7$ 的各阶导数。

解 $f'(x)=4x^3-15x^2+1$

$f''(x)=12x^2-30x$

$f'''(x)=24x-30$

$f^{(4)}(x)=24$

因四阶导数为常数，所以五阶和五阶以上的导数都等于零。

例 2 讨论 $y=\sqrt[3]{x^4}$ 的各阶导数的存在情况。

解 这个函数在整个数轴上有定义，我们求它的导数：$y'=\dfrac{4}{3}x^{\frac{1}{3}}=\dfrac{4}{3}\sqrt[3]{x}$。

此一阶导数对于 x 的任何值都有意义。再求二阶导数 $y''=\dfrac{4}{9}x^{-\frac{2}{3}}=\dfrac{4}{9}\dfrac{1}{\sqrt[3]{x^2}}$。

这个例子说明了这样一个事实：一个函数在某一点虽然有某一阶的导数，但高于这一阶的导数也可能不存在。

二阶导数的力学意义　高阶导数也具有实际的意义。比如，加速度是速度对时间的变化率，因而它就是速度对时间的导数。但速度本身又是路程对时间的变化率，所以加速度是路程对时间的二阶导数。

设物体的运动方程为 $s = f(t)$，则速度为 $v = s' = f'(t)$，从而加速度为 $a = s'' = f''(t)$。

例如自由落体的运动方程为 $s = \dfrac{1}{2}gt^2$，其速度为 $v = s' = \left(\dfrac{1}{2}gt^2\right)' = gt$，加速度为 $a = v' = (gt)' = g$，可见自由落体的加速度就是重力加速度。

二阶导数还有许多几何上的应用，在第 6 章可以看到。当然引进高阶导数的意义，不能仅从它的物理或几何的直接应用来估量。

二、高阶导数的运算

计算一个函数的高阶导数，只须逐次施行求导运算，原则上并不需要新的方法。但在计算高阶导数时，也有几个简单的法则，下面介绍一下。此外，还要介绍几个简单函数的 n 阶导数公式，以备使用。

(一) 高阶导数的运算法则

ⅰ）$(Cu)^{(n)} = Cu^{(n)}$（C 为常数）；

ⅱ）$(u \pm v)^{(n)} = u^{(n)} \pm v^{(n)}$；

ⅲ）$(uv)^{(n)} = u^{(n)}v + nu^{(n-1)}v' + \dfrac{n(n-1)}{2!}u^{(n-2)}v'' + \cdots + uv^{(n)}$。

这几个公式都是一阶导数的相应公式的推广。仅就两个函数之积的公式讨论一下。

设函数 $y = uv$，我们已有公式 $(uv)' = u'v + uv'$，继续进行求导，可得：

$$(uv)'' = u''v + 2u'v' + uv''$$

$$(uv)''' = u'''v + 3u''v' + 3u'v'' + uv'''$$

这几个导数公式从外表上看，显然与二项展开式很相似。如果记 $u^{(0)} = u$，$v^{(0)} = v$（零阶导数等于自身），并注意 $u^0 = 1$，$v^0 = 1$（零次方等于 1），把导数公式与二项展开式对比一下，就会看到它们更加相似：

$$(uv)^{(3)} = u^{(3)}v^{(0)} + 3u^{(2)}v^{(1)} + 3u^{(1)}v^{(2)} + u^{(0)}v^{(3)}$$

$$(u+v)^3 = u^3v^0 + 3u^2v^1 + 3u^1v^2 + u^0v^3$$

因此，我们从一般的二项展开式

$$(u+v)^n = u^nv^0 + nu^{n-1}v^1 + \dfrac{n(n-1)}{2!}u^{n-2}v^2 + \cdots + u^0v^n$$

不难推想到

$$(uv)^{(n)} = u^{(n)}v^{(0)} + nu^{(n-1)}v^{(1)} + \dfrac{n(n-1)}{2!}u^{(n-2)}v'' + \cdots + u^{(0)}v^{(n)}$$

即

$$(uv)^{(n)} = u^{(n)}v + nu^{(n-1)}v' + \dfrac{n(n-1)}{2!}u^{(n-2)}v'' + \cdots + uv^{(n)}$$

利用数学归纳法可以证明这个推想是正确的。公式ⅲ)称为莱布尼茨公式。

例 3 求 n 次多项式 $f(x)=a_0 x^n+a_1 x^{n-1}+\cdots+a_{n-1}x+a_n$ 的 n 阶导数。

解 先看 x^n 的 n 阶导数:

$$(x^n)'=nx^{n-1}, \ (x^n)''=(nx^{n-1})'=n(n-1)x^{n-2},$$
$$(x^n)'''=[n(n-1)x^{n-2}]'=n(n-1)(n-2)x^{n-3}, \ \cdots$$

由此可以推得
$$(x^n)^{(n)}=n(n-1)\cdots[n-(n-1)]x^{n-n}$$
$$=n(n-1)\cdots 3\cdot 2\cdot 1x^0=n!$$

而 $(x^n)^{(n+1)}=(x^n)^{(n+2)}=\cdots=0$(因 $n!$ 是常数,其导数为 0)。

这就得到一个值得注意的结果: x^n 的 n 阶导数是常数 $n!$,而高于 n 阶的导数都是零,利用这个结果容易求出 n 次多项式 $f(x)$ 的 n 阶导数:

$$f^{(n)}(x)=a_0(x^n)^{(n)}+a_1(x^{n-1})^{(n)}+\cdots+a_{n-1}x^{(n)}+a_n^{(n)}$$
$$=a_0 n!+0+\cdots+0=a_0 n!$$

并知
$$f^{(n+1)}(x)=f^{(n+2)}(x)=\cdots=0$$

即: n 次多项式的 n 阶导数等于 n 次项的系数乘以 $n!$,高于 n 阶的导数都是零。

例如,若 $f(x)=3x^5+4x^3-2x+1$,则 $f^{(5)}(x)=3\cdot 5!$,而 $f^{(6)}(x)=f^{(7)}(x)=\cdots=0$

计算多项式的导数是比较常见的问题,对于上面讨论的结果,应加以注意。

例 4 求 $y=x^2\cos ax$ 的 50 阶的导数。

解 这是两个函数的乘积,可按莱布尼茨公式计算;问题是确定哪个函数为 u,哪个为 v?我们知道,x^2 的高于二阶的导数都等于零,而公式中的函数 v 的导数阶次是递增的,因此若令 $v=x^2$,则只需计算前三项,以后各项均为零,并且 $\cos ax$ 的高阶导数有明显的规律性。

令 $u=\cos ax$,$v=x^2$,则 $y=uv$。计算 u 和 v 的各阶导数:

$$u'=-a\sin ax=a\cos\left(ax+\frac{\pi}{2}\right)$$

$$u''=-a^2\sin\left(ax+\frac{\pi}{2}\right)=a^2\cos\left(ax+2\cdot\frac{\pi}{2}\right)$$

$$u'''=a^3\cos\left(ax+3\cdot\frac{\pi}{2}\right)$$

$$\vdots$$

$$u^{(n)}=a^n\cos\left(ax+n\cdot\frac{\pi}{2}\right)$$

而 $v'=2x$,$v''=2$,$v'''=v^{(4)}=\cdots=v^{(50)}=0$,代入莱布尼茨公式,得

$$y^{(50)}=a^{50}\cos\left(ax+50\cdot\frac{\pi}{2}\right)\cdot x^2+50a^{49}\cos\left(ax+49\cdot\frac{\pi}{2}\right)\cdot 2x+\frac{50\cdot 49}{2!}a^{48}\cos\left(ax+48\cdot\frac{\pi}{2}\right)\cdot 2$$

$$=a^{48}\left[(2450-a^2x^2)\cos ax-100ax\cdot\sin ax\right]$$

(二)几个简单函数的高阶导数公式

我们算出几个简单函数的高阶导数,这几个结果以后能用得到。

例 5 求 $y=(ax+b)^\alpha$(a 为任意实数)的 n 阶导数。

解 $y'=\alpha a(ax+b)^{\alpha-1}$

$$y'' = \alpha(\alpha-1)a^2(ax+b)^{\alpha-2}$$
$$y''' = \alpha(\alpha-1)(\alpha-2)a^3(ax+b)^{\alpha-3}$$

由此不难推出：

$$y^{(n)} = \left[(ax+b)^\alpha\right]^{(n)} = \alpha(\alpha-1)(\alpha-2)(\alpha-n+1)a^n(ax+b)^{\alpha-n}$$

特别地，若 $y=(1+x)^\alpha$，则有

$$y^{(n)} = \alpha(\alpha-1)(\alpha-2)(\alpha-n+1)(1+x)^{\alpha-n}$$

例 6　求 $y=a^x$ 的 n 阶导数。

解　由 $y'=a^x\ln a$，$y''=a^x\ln^2 a$，$y'''=a^x\ln^3 a$，可推出：$y^{(n)}=a^x\ln^n a$。当 $a=e$ 时，便得 $(e^x)^{(n)}=e^x$。

例 7　求 $y=\ln(1+x)$ 的 n 阶导数。

解
$$y' = \frac{1}{1+x} = (1+x)^{-1}$$
$$y'' = (-1)(1+x)^{-2}$$
$$y''' = (-1)(-2)(1+x)^{-3}$$
$$y^{(4)} = (-1)(-2)(-3)(1+x)^{-4}$$

由此可知

$$y^{(n)} = (-1)(-2)\cdots[-(n-1)](1+x)^{-n}$$
$$= (-1)^{n-1}(n-1)!\,\frac{1}{(1+x)^n}$$

例 8　求 $y=\sin x$ 的 n 阶导数。

解　$y' = \cos x = \sin\left(x+\dfrac{\pi}{2}\right)$

$$y'' = \left[\sin\left(x+\frac{\pi}{2}\right)\right]' = \cos\left(x+\frac{\pi}{2}\right)$$
$$= \sin\left[\left(x+\frac{\pi}{2}\right)+\frac{\pi}{2}\right] = \sin\left(x+2\cdot\frac{\pi}{2}\right)$$
$$y''' = \left[\sin\left(x+2\cdot\frac{\pi}{2}\right)\right]' = \sin\left(x+3\cdot\frac{\pi}{2}\right)$$

由此推出

$$y^{(n)} = \sin\left(x+n\cdot\frac{\pi}{2}\right)$$

类似地，可算出 $y=\cos x$ 的 n 阶导数为 $y^{(n)}=\cos\left(x+n\cdot\dfrac{\pi}{2}\right)$。

(三) 由参数方程所表示的函数的二阶导数

在 §4.4 里已讨论了由参数方程

$$\begin{cases} x=\varphi(t), \\ y=\psi(t) \end{cases}$$

所表示的函数的导数

$$y_x' = \frac{\mathrm{d}y}{\mathrm{d}x} = \frac{\psi'(t)}{\varphi'(t)}$$

如果 $\varphi''(t)$ 和 $\psi''(t)$ 都存在，则有 y 对 x 的二阶导数：

$$y''_x = (y')' = \frac{\mathrm{d}y'}{\mathrm{d}x} = \frac{\mathrm{d}\left[\dfrac{\psi'(t)}{\varphi'(t)}\right]}{\mathrm{d}\varphi(t)}$$

$$= \frac{\left[\dfrac{\psi'(t)}{\varphi'(t)}\right]' \mathrm{d}t}{\varphi'(t)\mathrm{d}t} = \frac{\dfrac{\psi''(t)\varphi'(t) - \psi'(t)\varphi''(t)}{[\varphi'(t)]^2}}{\varphi'(t)}$$

$$= \frac{\psi''(t)\varphi'(t) - \psi'(t)\varphi''(t)}{[\varphi'(t)]^3}$$

这个公式没有必要强记，如果需要计算时，可按公式的推导方法直接计算，因此掌握方法很重要。

例 9 设 $x = a\cos t$，$y = b\sin t$，求二阶导数 $\dfrac{\mathrm{d}^2 y}{\mathrm{d}x^2}$。

解 首先，$y' = \dfrac{(b\sin t)'}{(a\cos t)'} = \dfrac{b\cos t}{-a\sin t} = -\dfrac{b}{a}\cot t$

于是

$$y'' = (y')' = \frac{\mathrm{d}y'}{\mathrm{d}x} = \frac{\mathrm{d}\left(-\dfrac{b}{a}\cot t\right)}{\mathrm{d}a\cos t} = \frac{-\dfrac{b}{a}\left(-\dfrac{\mathrm{d}t}{\sin^2 t}\right)}{-a\sin t\mathrm{d}t} = -\frac{b}{a^2\sin^3 t}$$

※三、高阶微分

函数 $y = f(x)$ 的微分 $\mathrm{d}y = f'(x)\mathrm{d}x$ 仍是 x 的一个函数（这里 $f'(x)$ 是 x 的函数，而 $\mathrm{d}x = \Delta x$ 则是 x 的改变量，并不依赖于 x），如果它仍是可微的，则它的微分，即 $y = f(x)$ 的微分的微分 $\mathrm{d}(\mathrm{d}y)$，叫做 $y = f(x)$ 的二阶微分，记为 $\mathrm{d}^2 y$。

同理，函数 $y = f(x)$ 的二阶微分的微分即 $\mathrm{d}(\mathrm{d}^2 y)$，叫做 $y = f(x)$ 的三阶微分，记为 $\mathrm{d}^3 y$；……；$n-1$ 阶微分的微分即 $\mathrm{d}(\mathrm{d}^{n-1}y)$，叫做 $y = f(x)$ 的 n 阶微分，记为 $\mathrm{d}^n y$。

二阶和二阶以上的微分统称为高阶微分。我们以前所说的微分，自然也就是一阶微分。

以上给出了高阶微分的归纳定义及其符号。下面介绍高阶微分的表达式（对 x 取微分的计算中，把因子 $\mathrm{d}x$ 看作常量）：

$$\mathrm{d}^2 y = \mathrm{d}(\mathrm{d}y) = \mathrm{d}[f'(x)\mathrm{d}x]$$
$$= [f'(x)\mathrm{d}x]'\mathrm{d}x = f''(x)\mathrm{d}x^2 ①$$
$$\mathrm{d}^3 y = \mathrm{d}(\mathrm{d}^2 y) = d[f''(x)\mathrm{d}x^2]$$
$$= [f''(x)\mathrm{d}x^2]'\mathrm{d}x = f'''(x)\mathrm{d}x^3$$

一般地，有 $\mathrm{d}^n y = f^{(n)}(x)\mathrm{d}x^n$，前面引进微分概念以后，曾把导数表示成微分之商 $\dfrac{\mathrm{d}y}{\mathrm{d}x} = f'(x)$。

---

① 这里的 $\mathrm{d}x^2$，$\mathrm{d}x^3$，……，$\mathrm{d}x^n$ 是 $(\mathrm{d}x)^2$，$(\mathrm{d}x)^3$，……，$(\mathrm{d}x)^{(n)}$ 的简单记法。

从上列高阶微分表达式同样可以得到类似的表达式：

$$\frac{\mathrm{d}^2 y}{\mathrm{d}x^2}=f''(x)，\frac{\mathrm{d}^3 y}{\mathrm{d}x^3}=f'''(x)，\cdots，\frac{\mathrm{d}^n y}{\mathrm{d}x^n}=f^{(n)}(x)$$

这表明，引进了高阶微分的概念以后，$\dfrac{\mathrm{d}^2 y}{\mathrm{d}x^2}$，$\dfrac{\mathrm{d}^3 y}{\mathrm{d}x^3}$，$\cdots$，$\dfrac{\mathrm{d}^n y}{\mathrm{d}x^n}$ 等并不只是高阶导数的一种符号（作为高阶导数的符号，也已介绍过），而是普通的分式了，即微分之商。

例 10　设 $y=x^3+2x^2-3$，求 $\mathrm{d}^2 y$。

解　先求二阶导数。$y'=3x^2+4x$，$y''=6x+4$，故有 $\mathrm{d}^2 y=(6x+4)\mathrm{d}x^2$

例 11　设 $y=\ln x$，求 $\mathrm{d}^n y$。

解　因　$y'=\dfrac{1}{x}=x^{-1}$，$y''=(-1)x^{-2}$，

$$y'''=(-1)(-2)x^{-3}，\cdots，$$

$$y^{(n)}=(-1)^{n-1}(n-1)!\ \frac{1}{x^n}$$

故有
$$\mathrm{d}^n y=(-1)^{n-1}(n-1)!\ \frac{1}{x^n}\mathrm{d}x^n$$

最后讨论一下，高阶微分是否如同一阶微分一样，仍然具有微分形式的不变性？这个问题的回答是否定的，只须看一个简单的例子就可以了。

设 $y=3x$，$x=\sin 2t$，这里 t 是自变量，把 y 看作 t 的函数，则得复合函数 $y=3\sin 2t$，求 y 对 t 的二阶微分。先求导数：

$$y'=3\cos 2t \cdot 2=6\cos 2t$$
$$y''=6(-\sin 2t)\cdot 2=-12\sin 2t$$

于是
$$\mathrm{d}^2 y=-12\sin 2t\mathrm{d}t^2$$

但因
$$\mathrm{d}x=\mathrm{d}\sin 2t=2\cos 2t\mathrm{d}t$$
$$\mathrm{d}^2 x=\mathrm{d}(\mathrm{d}x)=\mathrm{d}(2\cos 2t\mathrm{d}t)$$
$$=(2\cos 2t\mathrm{d}t)'\mathrm{d}t=-4\sin 2t\mathrm{d}t^2$$

所以上式即为 $\mathrm{d}^2 y=3\mathrm{d}^2 x$……（1）。要注意这里的 $\mathrm{d}^2 y$ 是以 x 为中间变量而得到的函数 y 的二阶微分。

如果以 x 作为自变量，来计算函数 $y=3x$ 的微分，则有 $\mathrm{d}y=3\mathrm{d}x$，再对 x 取微分，则得 $\mathrm{d}^2 y=\mathrm{d}(3\mathrm{d}x)=(3)'\mathrm{d}x^2=0$……（2），这里（2）式是以 x 为自变量而算出的二阶微分，显然（1）与（2）并无形式上的一致性。这就说明，即使对于二阶微分来说，它已不再具有微分形式的不变性了。

习题

1. 根据定义求下列函数的导数：

（1）$y=x^2+3x-1$；　　　　　　　　（2）$y=3x-2\sqrt{x}$；

（3）$y=\cos(2x-3)$；　　　　　　　　（4）$y=2^x$。

2. 求三次抛物线 $y=x^3$：

(1) 在点 $(2,8)$ 处的切线斜率。

(2) 抛物线上哪一点的切线斜率等于 3？

(3) 哪一点的切线与 Ox 轴构成 45°？

3. 函数 $y = |\sin x|$ 在 $x = 0$ 处的导数是否存在，为什么？

4. 设 $f(x) = \begin{cases} x^2, & x \leqslant x_0, \\ ax+b, & x > x_0, \end{cases}$

为了使函数 $f(x)$ 在点 $x = x_0$ 是连续而且可微的，问应当如何选取系数 a 和 b。

5. 求各函数的导数：

(1) $y = (x^3 - 3x + 2)(x^4 + x^2 - 1)$；

(2) $y = \dfrac{x+1}{x-1}$；

(3) $y = \dfrac{1+\mathrm{e}^x}{1-\mathrm{e}^x}$；

(4) $y = (1+\sqrt{x})(1+\sqrt{2x})(1+\sqrt{3x})$；

(5) $y = \dfrac{x}{1-\cos x}$；

(6) $y = x\ln x$；

(7) $y = x\tan x - \cot x$；

(8) $y = \dfrac{x+\sqrt{x}}{x-2\sqrt[3]{x}}$；

(9) $y = \dfrac{\ln x}{x^n}$；

(10) $y = x\sin x \log_a x$；

(11) $y = \sin^2(2x-1)$；

(12) $y = \sqrt{\tan\dfrac{x}{2}}$；

(13) $y = 3^{\sin x}$；

(14) $y = \ln\dfrac{a+x}{a-x}$；

(15) $y = \mathrm{e}^{-x^2} \cdot \cos(\mathrm{e}^{-x^2})$；

(16) $y = \arccos\dfrac{2}{x}$；

(17) $y = (\arcsin x)^2$；

(18) $y = \mathrm{e}^{\arctan\sqrt{x}}$；

(19) $y = (\sin x)^{\cos x}$；

(20) $y = \ln[\ln^2(\ln^3 x)]$；

(21) $y = \ln\dfrac{1-\mathrm{e}^x}{\mathrm{e}^x}$；

(22) $y = \dfrac{1}{\cos(x-\cos x)}$。

6. 求隐函数的导数：

(1) $\dfrac{x^2}{a^2} + \dfrac{y^2}{b^2} = 1$；

(2) $x^3 + y^3 - 3axy = 0$；

(3) $x^y = y^x$；

(4) $1 + x\mathrm{e}^y = y$；

(5) $x^{\frac{1}{2}} + y^{\frac{1}{2}} = a^{\frac{1}{2}}$。

7. 试证：偶函数的导数是奇函数，而奇函数的导数是偶函数。

8. 证明周期函数的导数仍是周期函数。

9. 两艘轮船 A 和 B 从同一码头同时出发，A 往北，B 往东，若 A 船速度为 30 千米/时，B 船的速度为 40 千米/时，问它们二者间的距离增加的速度如何。

10. 已知函数 $y = x^3 + 2x$，试求对应于 x 由 $x = 2$ 到 $x = 2.1$ 函数的改变量和它的线性主部。

11. 设函数 $y=f(x)$ 在某点 x 处，已给改变量 $\Delta x=0.2$，对应的函数改变量的线性主部等于 0.8，试求它在点 x 处的导数。

12. 求下列各函数的微分：

$(1) y=\dfrac{1}{x}$；

$(2) y=\arcsin\dfrac{x}{a}\ (a\neq 0)$；

$(3) y=\tan^2 x$；

$(4) y=\sqrt{\arcsin x}+(\arctan x)^2$。

13. 利用函数增量公式，近似求

$(1) \sqrt[3]{1.02}$；

$(2) \sin 29°$；

$(3) \arctan 1.05$；

$(4) \lg 11$。

14. 证明近似公式：

$\sqrt[n]{a^n+x}=a+\dfrac{x}{na^{n-1}}\ (a>0)$，其中 $|x|$ 与 a^n 比较足够小。

（提示：因 $\sqrt[n]{a^n+x}=a^u\sqrt{1+\dfrac{x}{a^n}}$，作函数 $f(t)=\sqrt[n]{t}$，当 $dt=\Delta t$ 很小时，

$f(t+\Delta t)=f(t)+f'(t)\Delta t$，令 $t=1$，$\Delta t=\dfrac{x}{a^n}$ 即得。）

利用此公式近似计算

$(1) \sqrt[3]{9}$；　　$(2) \sqrt[4]{80}$；　　$(3) \sqrt[7]{100}$；　　$(4) \sqrt[10]{1000}$。

15. 求各函数的二阶导数：

$(1) y=x e^{x^2}$；

$(2) y=(1+x^2)\arctan x$；

$(3) y=\arcsin(a\sin x)$；

$(4) xy=e^{x+y}$。

16. 求下列函数的高阶导数：

$(1) y=x e^x$，求 $y^{(4)}$。

$(2) y=(ax+b)^m\ (m\text{ 是自然数})$，求 $y^{(n)}$。

$(3) y=x^3+x^2+x+1$，求 $y^{(4)}$。

17. 求下列参数方程所确定函数的导数：

$(1) x=1-t^2$，$y=t-t^3$，求 $\dfrac{\mathrm{d}y}{\mathrm{d}x}$，$\dfrac{\mathrm{d}^2 y}{\mathrm{d}x^2}$，$\dfrac{\mathrm{d}^3 y}{\mathrm{d}x^3}$。

$(2) x=\arccos t$，$y=\arcsin t$，求 $\dfrac{\mathrm{d}y}{\mathrm{d}x}$，$\dfrac{\mathrm{d}^2 y}{\mathrm{d}x^2}$。

$(3) \begin{cases} x=2t-t^2, \\ y=3t-t^3, \end{cases}$ 求 $\dfrac{\mathrm{d}^2 y}{\mathrm{d}x^2}$。

18. 验证函数 $y=\cos e^x+\sin e^x$ 满足关系式 $y''-y'+y e^{2x}=0$。

数学家：牛顿

牛顿（Newton1642—1727）1642 年生于英国林肯郡一个普通农民家庭，是世界著名的数学爱、物理学家、天文学家。

牛顿是世界科学史上的巨人，是科学界崇拜的偶像、伟人。他在世曾是英国皇家学会会长，百科全书式的"全才"，其在数学方面的巨大成就被誉为世界三大数学家之首。

牛顿自幼性格倔强、沉默寡言，但酷爱读书，喜欢沉思，经常会做一些科学小实验。他在中学时代学习成绩一般，并不出众，更没有显示出其卓越的天才。他在 1661 年进入剑桥大学三一学院，师从著名教授巴罗，同时研究伽利略、开普勒、笛卡儿和沃利斯等人的著作。笛卡儿的《几何学》和沃利斯的《无穷算数》对牛顿影响很深。

在数学上，牛顿与莱布尼茨分享了创立和发展微积分学的荣誉。牛顿的出发点是研究物体运动的瞬时速度；莱布尼茨则是为了研究割线与切线的变化关系。

牛顿也证明了广义二项式定理，提出了"牛顿法"以趋近函数的零点，并为幂级数的研究做出了贡献。

他在 1687 年发表的论文《自然定律》里，对万有引力和三大运动定律进行了描述。这些描述奠定了此后三个世纪里物理世界的科学观点，并成为了现代工程学的基础。他通过论证开普勒行星运动定律与他的引力理论间的一致性，展示了地面物体与天体的运动都遵循着相同的自然定律，推动了科学革命。在力学上，牛顿阐明了动量和角动量守恒的原理，提出牛顿运动定律。在光学上，他发明了反射望远镜，并基于对三棱镜将白光发散成可见光谱的观察，发展出了颜色理论。他还系统地表述了冷却定律，并研究了音速。

牛顿 1727 年卒于伦敦，英国政府以国葬礼将其安葬在威斯敏斯特大教堂内，与国家英雄们安息在一起。其墓志铭的最后一句是："他是人类的真正骄傲。"

第 5 章

微分中值定理及导数的应用

上一章我们引进了刻画函数变化率的导数概念，并讨论了计算导数的方法，于是关于求过曲线上一点的切线方程以及计算直线运动的瞬时速度等问题，都是可以解决的了。但是要想运用导数去解决更为复杂一点的问题，还必须掌握微分学的几个基本定理，这就是所说的微分中值定理。微分中值定理主要是指拉格朗日中值定理和柯西中值定理，它们是微分学应用的桥梁。

在讨论中值定理——拉格朗日定理和柯西定理之前，首先介绍一个引理——费尔马定理，其次介绍一个在微分学的某些定理中起着一种基石作用的定理——洛尔定理。总的说来，这几个定理具有一个共同的特点：都是在这样或那样的条件下，在给定的区间 (a, b) 内存在一点 ξ，使得所考察的函数在 ξ 点的导数具有一种特定的性质。其实这也就是称为微分中值定理的原因。

1. 引理(费尔马定理)

如果 i)函数 $f(x)$ 在开区间 (a, b) 内的一点 x_0 有最大值(或最小值)，ii) $f(x)$ 在 x_0 点可导，则 $f'(x_0) = 0$。

证明　因为证法完全类似，只就 $f(x)$ 在 x_0 点有最大值的情形加以证明。

我们来考察 $f(x)$ 在 x_0 点的导数，在 x_0 点让自变量有改变量 Δx，并使点 $x_0 + \Delta x$ 在区间 (a, b) 内，由条件 i)得 $f(x_0 + \Delta x) \leqslant f(x_0)$

即 $f(x_0 + \Delta x) - f(x_0) \leqslant 0$，

从而
$$\frac{f(x_0 + \Delta x) - f(x_0)}{\Delta x} \leqslant 0, \text{ 当 } \Delta x > 0 \tag{1}$$

$$\frac{f(x_0 + \Delta x) - f(x_0)}{\Delta x} \geqslant 0, \text{ 当 } \Delta x < 0 \tag{2}$$

根据条件 ii) $f'(x_0)$ 存在，所以在 x_0 点的左、右导数也必存在，而且都等于 $f'(x_0)$。因此，由(1)式得右导数

$$f'(x_0) = f'_+(x_0) = \lim_{\Delta x \to 0^+} \frac{f(x_0 + \Delta x) - f(x_0)}{\Delta x} \leqslant 0,$$

由(2)式得左导数

$$f'(x_0) = f'_-(x_0) = \lim_{\Delta x \to 0^-} \frac{f(x_0 + \Delta x) - f(x_0)}{\Delta x} \geqslant 0,$$

而 $f'(x_0)$ 是一个定数,所以必须 $f'(x_0) = 0$。(证毕)

引理的几何意义是:若 $f(x)$ 在点 x_0 的值不小于附近的函数值(或不大于附近的函数值),而且在点 $(x_0, f(x_0))$ 曲线有切线,则切线必为水平的(图 5-1)。

2. 定理(洛尔定理)

如果函数 $f(x)$ 满足条件:ⅰ)在闭区间 $[a, b]$ 上连续,ⅱ)在开区间 (a, b) 内可导,ⅲ)在区间端点的函数值 $f(a) = f(b)$,则在 (a, b) 内至少有一点 ξ,使 $f'(\xi) = 0$。

证明 根据连续函数的性质(§3.4 定理2)由条件 ⅰ)知 $f(x)$ 在 $[a, b]$ 上有最大值和最小值。设 $f(x_1)$ 是最大值,$f(x_2)$ 是最小值。如果 $f(x_1) = f(x_2)$,则 $f(x)$ 在 $[a, b]$ 上是一常数,这时 $f'(x) = 0$,于是取 (a, b) 内的任意一点为 ξ,则 $f'(\xi) = 0$。如果 $f(x_1) > f(x_2)$,则在 x_1 和 x_2 当中至少有一点,比如说 x_1 点在 (a, b) 之内(因 $f(a) = f(b)$),于是取 $\xi = x_1$,由引理便得 $f'(\xi) = 0$。

定理的几何意义:在高度相同的两点之间的一段连续曲线,如果曲线上的每点都有切线,则至少有一条是水平切线(图 5.2)。

为加深定理的理解,我们作一些说明,定理有三个条件,如果缺少任何一个,结论都可能不成立,下面举出三个例子,可结合图象考察一下。

例 1 $y = f(x) = \begin{cases} x, & \text{当 } 0 \leqslant x < 1, \\ 0, & \text{当 } x = 1 \end{cases}$

函数在闭区间 $[0, 1]$ 的右端点间断(图 5.3),不满足条件 ⅰ)只满足条件 ⅱ)和 ⅲ),显然没有水平切线。

例 2 $y = f(x) = \begin{cases} -x, & \text{当 } -1 \leqslant x < 0, \\ x, & \text{当 } 0 \leqslant x \leqslant 1 \end{cases}$

函数满足条件 ⅰ)和 ⅲ),但不满足 ⅱ)(在点 $x = 0$ 不可导),从而不存在水平切线(图 5.4)。

例 3 $y = f(x) = x$, $0 \leqslant x \leqslant 1$。函数满足条件 ⅰ)和 ⅱ)但不满足 ⅲ),也不存在水平切线。(图 5.5)

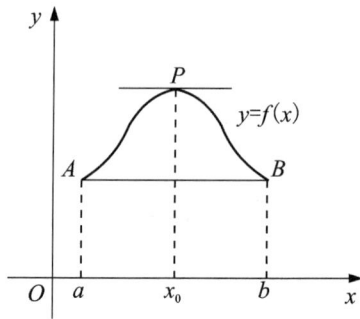

图 5.1

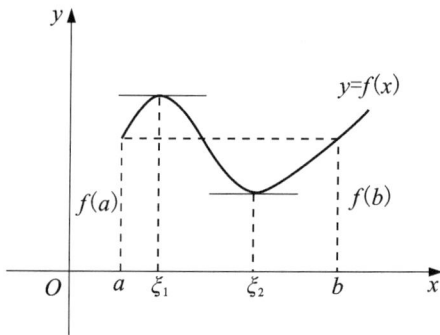

图 5.2

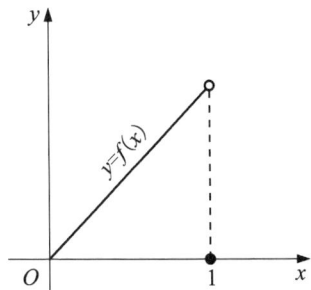

图 5.3

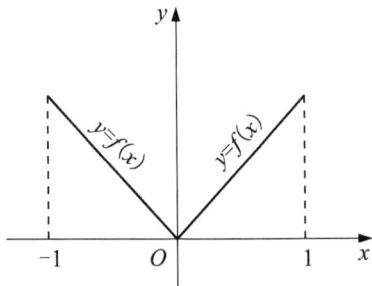

图 5.4

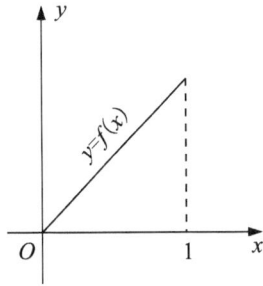

图 5.5

由上可见，应用定理时必须条件具备。当然也容易举例说明，即使定理的条件不具备，结论也有成立的，即是说，定理的条件是充分的但非必要的。

例 4 验证函数 $f(x)=x^2-2x-3$ 在区间 $[-1,3]$ 上满足洛尔定理的三个条件，并求出满足 $f'(\xi)=0$ 的 ξ 点。

解 ⅰ)因 $f(x)$ 是多项式，在整个数轴上都连续，ⅱ)$f(x)$ 在整个数轴上可导，ⅲ)$f(-1)=f(3)=0$，所以 $f(x)$ 满足洛尔定理的条件。

又知 $f'(x)=2x-2$，令 $2x-2=0$，得 $x=1$，故知 $\xi=1$。

3. 定理(拉格朗日中值定理)

如果函数 $f(x)$ 满号条件：ⅰ)在闭区间 $[a,b]$ 上连续，ⅱ)在开区间 (a,b) 内可导，则在 (a,b) 内至少有一点 ξ，使得

$$f(b)-f(a)=f'(\xi)(b-a) \tag{1}$$

我们先看一下定理的几何意义。把(1)式改写成

$$\frac{f(b)-f(a)}{b-a}=f'(\xi) \tag{2}$$

显然 $\dfrac{f(b)-f(a)}{b-a}$ 是连接曲线 $y=f(x)$ 上的点 $A(a,f(a))$ 与点 $B(b,f(b))$ 的弦 AB 的斜率(图 5.6)。故知定理的几何意义是，如果连续曲线 $y=f(x)$ 的弧除端点外处处具有不垂直于 x 轴的切线，那么弧上至少有这样一点 M，使曲线在 M 点的切线 MT 与割线 AB 平行。

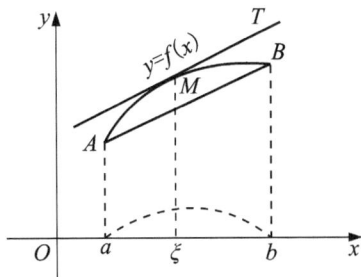

图 5.6

分析：拉格朗日定理比洛尔定理缺少一个条件：在区间端点的函数值相等。如果我们引进一个辅助函数(定理中的 $y=f(x)$ 要作为辅助函数的组成成分)，让它同时具备洛尔定理的三个条件，于是对此辅助函数便可应用洛尔定理的结论，并且希望由此证得拉格朗日定理。

从图象知，曲线弧 $\overset{\frown}{AMB}$ 的方程为 $y=f(x)$ $\tag{3}$

而割线 AB 的方程为 $y=f(a)+\dfrac{f(b)-f(a)}{b-a}(x-a)$ $\tag{4}$

我们以(3)与(4)之差作为辅助函数：

$$F(x)=f(x)-\left[f(a)+\frac{f(b)-f(a)}{b-a}(x-a)\right]$$

由于一次函数(4)是处处连续而且可导的，所以 $F(x)$ 在区间 $[a,b]$ 上满足定理的条件 i)和 ii)。又因 $F(x)$ 表示曲线弧 $\overset{\frown}{AMB}$ 上点的纵坐标与割线 AB 上对应的纵坐标之差，所以从图上可以看出，在 A，B 两点处，曲线纵坐标与割线纵坐标之差均为零，即是说 $F(a)=F(b)=0$。因此 $F(x)$ 也满足洛尔定理的条件 iii)。图中用虚线画出的曲线，便是 $F(x)$ 的图象。

证明 引进辅助函数

$$F(x)=f(x)-\left[f(a)+\frac{f(b)-f(a)}{b-a}(x-a)\right]$$

显然 $F(x)$ 在闭区间 $[a,b]$ 上连续，在开区间 (a,b) 内可导，又因 $F(a)=F(b)=0$，所以 $F(x)$ 满足洛尔定理的全部条件。我们对 $F(x)$ 应用洛尔定理，从而在区间 (a,b) 内必有一点 ξ，使 $F'(\xi)=0$。但知 $F'(x)=f'(x)-\dfrac{f(b)-f(a)}{b-a}$

所以

$$F'(\xi)=f'(\xi)-\frac{f(b)-f(a)}{b-a}=0$$

即

$$f(b)-f(a)=f'(\xi)(b-a)$$

这就证明了公式(1)。

拉格朗日公式的另一形式 上述公式(1)称为拉格朗日公式，公式表明：在区间端点的两个函数值之差等于区间长度乘以区间内的某一点的导数值，因此拉格朗日定理又称为有限改变量定理。公式(1)对于 $b<a$ 也成立，因为(4)式中的 $\dfrac{f(b)-f(a)}{b-a}$ 可改写为 $\dfrac{f(a)-f(b)}{a-b}$，由此便推得 $f(a)-f(b)=f'(\xi)(a-b)$，这实际相当于在(1)中 $b<a$ 的情况。

下面介绍公式(1)的另一表达形式。

在公式(1)中，令 $a=x$，$b=x+\Delta x(\Delta x$ 可正可负)，于是 $b-a=\Delta x$。因 ξ 在 x 与 $x+\Delta x$ 之间，记 $\xi=x+\theta\Delta x(0<\theta<1)$，由此便得到了拉格朗日公式的另一表达形式(参考图 5.7)：

$$f(x+\Delta x)-f(x)=f'(x+\theta\Delta x)\Delta x \tag{5}$$

拉格朗日定理是微分学最重要的定理之一，有广泛的应用，对上述公式的两种表达形式(1)和(5)都应掌握。

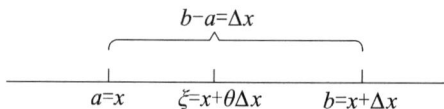

图 5.7

例 5 利用拉格朗日定理证明下列不等式：

$$\frac{b-a}{b}<\ln\frac{b}{a}<\frac{b-a}{a}, \text{ 其中 } 0<a<b。$$

证明 把不等式改写成

$$\frac{1}{b}(b-a)<\ln b-\ln a<\frac{1}{a}(b-a)$$

取函数 $f(x)=\ln x$。

此函数在闭区间 $[a,b]$ 上连续, 在开区间 (a,b) 内可导, 故在 (a,b) 内至少有一点 ξ, 使
$\ln b-\ln a=f'(\xi)(b-a)$

但
$$f'(x)=\frac{1}{x}$$

所以
$$\ln b-\ln a=\frac{1}{\xi}(b-a)\,(0<a<\xi<b)\,,\ \frac{1}{b}<\frac{1}{\xi}<\frac{1}{a}$$

故得
$$\frac{1}{b}(b-a)<\ln b-\ln a<\frac{1}{a}(b-a)$$

从拉格朗日定理可以导出将在积分学中有用的推论:

推论 1　如果在区间 (a,b) 内, 恒有 $f'(x)=0$, 则 $f(x)$ 在 (a,b) 内为一常数。

证明　这个事实在几何上是很明显的, 如果曲线的切线斜率恒为零, 那么曲线一定是一条平行于 x 轴的直线。现在用拉格朗日定理来证明:

设 x_1, x_2 是 (a,b) 内的任意两点, 且 $x_1<x_2$, 在 $[x_1,x_2]$ 上应用拉格朗日中值定理, 则有
$$f(x_2)-f(x_1)=f'(\xi)(x_2-x_1)$$
因为 $f'(\xi)=0$, 故有 $f(x_2)=f(x_1)$

而这个等式对 (a,b) 内的任何 x_1, x_2 都成立, 可见 $f(x)$ 在 (a,b) 内必为一常数。

以前我们曾讨论过: 常量的导数是零。上述推论便说明它的逆命题也是成立的。

推论 2　如果在区间 (a,b) 内恒有 $f'(x)=g'(x)$, 则在 (a,b) 内, $f(x)=g(x)+C$(C 为一常数)。

证明　令 $h(x)=f(x)-g(x)$, 则由假设, $h'(x)=f'(x)-g'(x)=0$。由推论 1, 便知 $h(x)$ 为一常数, 即 $f(x)=g(x)+C$(C 为一常数)。

4. 柯西中值定理

我们考虑一个几何事实, 如果连续曲线 AB 除端点外处处有不垂直于 x 轴的切线, 那么这段弧上至少有一点 M, 使曲线在 M 点的切线平行于割线 AB。设

是参数方程
$$\begin{cases}X=f(x)\,,\\Y=g(x)\end{cases}(a\leqslant x\leqslant b)$$

表示的(图 5.8), 其中 x 为参数, 于是曲线的切线斜率为 $\dfrac{\mathrm{d}Y}{\mathrm{d}X}=\dfrac{g'(x)}{f'(x)}$(见 §4.4)。而割线 AB 的斜率为 $\dfrac{g(b)-g(a)}{f(b)-f(a)}$, 假定 M 点对应于参数 $x=\xi$, 由于曲线上 M 点的切线平行于割线 AB, 便有 $\dfrac{g(b)-g(a)}{f(b)-f(a)}=\dfrac{g'(\xi)}{f'(\xi)}$ 与这一事实相应的就是下述定理。

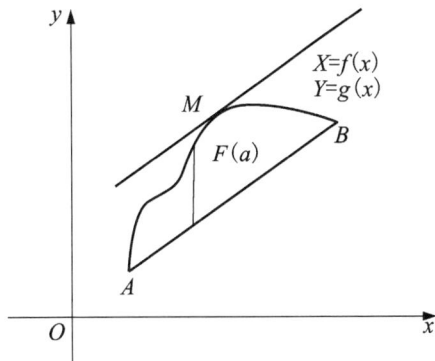

图 5.8

定理(柯西中值定理) 如果函数 $f(x)$ 和 $g(x)$ 满足条件。ⅰ)在闭区间 $[a, b]$ 上连续，ⅱ)在开区间 (a, b) 内可导，ⅲ)在 (a, b) 内 $f'(x) \neq 0$，则在 (a, b) 内至少有一点 ξ，使得

$$\frac{g(b)-g(a)}{f(b)-f(a)} = \frac{g'(\xi)}{f'(\xi)}$$

证明 首先注意到 $f(b)-f(a) \neq 0$。这是由于 $f(b)-f(a) = (b-a)f'(\xi)(a<\xi<b)$

而 $f'(\xi) \neq 0$，$b-a \neq 0$，所以 $f(b)-f(a) \neq 0$。

我们引进辅助函数

$$F(x) = g(x) - \left[g(a) + \frac{g(b)-g(a)}{f(b)-f(a)} [f(x)-f(a)] \right]$$

在几何上，辅助函数 $F(x)$ 表示曲线弧 $\overset{\frown}{AB}$ 上的点的纵坐标 $g(x)$ 与割线 AB 上的点的纵坐标 $g(a) + \frac{g(b)-g(a)}{f(b)-f(a)} [f(x)-f(a)]$ 之差(参考图 5.8)。

容易验证，辅助函数 $F(x)$ 满足洛尔定理的全部条件。因为 $f(x)$ 和 $g(x)$ 都满足洛尔定理的条件 ⅰ)和 ⅱ)，由 $F(x)$ 表达式可知 $F(x)$ 也满足条件 ⅰ)，ⅱ)。又因 $F(a) = F(b) = 0$(因弧 $\overset{\frown}{AB}$ 与割线 AB 都经过点 A 和点 B)，所以 $F(x)$ 也满足条件 ⅲ)。求 $F(x)$ 的导数：

$$F'(x) = g'(x) - \frac{g(b)-g(a)}{f(b)-f(a)} f'(x)$$

根据洛尔定理，可知在 (a, b) 以内至少有一点 ξ，使得

$$F'(\xi) = g'(\xi) - \frac{g(b)-g(a)}{f(b)-f(a)} f'(\xi) = 0$$

由此得

$$\frac{g(b)-g(a)}{f(b)-f(a)} = \frac{g'(\xi)}{f'(\xi)}$$

§5.2 洛必达法则

不定式的定值法也就是计算两个无穷小量之比或两个无穷大量之比的极限的法则，这个法则是由法国数学家洛必达提出来的，是柯西定理的重要应用。

讲述法则之前，先讲一下什么是不定式两个无穷小量或两个无穷大量之比，在给定的过程中，可以有不同的变化趋势。例如在 $x \to 0$ 的过程中，显然 x 与 x^2 都是无穷小量，于是下列三个分式

$$\frac{x^2}{x}, \frac{x}{x}, \frac{x}{x^2},$$

都是两个无穷小量之比。但是它们的变化趋势各不相同：

$$\frac{x^2}{x} = x \to 0 \, (x \to 0), \quad \frac{x}{x} = 1 \, (x \to 0),$$

$$\frac{x}{x^2} = \frac{1}{x} \longrightarrow \infty \, (x \to 0)。$$

由此看来,我们并不能对于这样一些比的极限得出一般性的结论。基于这个原因,通常就把两个无穷小量之比叫做不定式。应当知道,这样的比却具有很重要的实际意义,比如"函数的导数"就是两个无穷小量之比的极限。把两个无穷大量之比也称为不定式,同样可以有类似的解释。

我们通常把两个无穷小量之比称为"$\dfrac{0}{0}$型不定式",而把两个无穷大量之比称为"$\dfrac{\infty}{\infty}$型不定式"。在此,$\dfrac{0}{0}$和$\dfrac{\infty}{\infty}$并不是分式,只是表示函数变化状态的一种符号。具体说来,$\dfrac{0}{0}$表示比式$\dfrac{f(x)}{\varphi(x)}$在它的变化过程中,$f(x)\to 0$,$\varphi(x)\to 0$的情形,$\dfrac{\infty}{\infty}$则表示$f(x)\to\infty$及$\varphi(x)\to\infty$的情形。

除了$\dfrac{0}{0}$及$\dfrac{\infty}{\infty}$两种类型的不定式以外,还会遇到下列五种类型的不定式:

$0\cdot\infty$——表示在$f(x)\cdot\varphi(x)$中,$f(x)\to 0$,而$\varphi(x)\to\infty$;

$\infty-\infty$——表示在$f(x)-\varphi(x)$中,$f(x)\to\infty$及$\varphi(x)\to\infty$;

1^{∞}——表示在$[f(x)]^{\varphi(x)}$中,$f(x)\to 1$,而$\varphi(x)\to\infty$;

0^{0}——表示在$[f(x)]^{\varphi(x)}$中,$f(x)\to 0$及$\varphi(x)\to 0$;

∞^{0}——表示在$[f(x)]^{\varphi(x)}$中,$f(x)\to\infty$,而$\varphi(x)\to 0$。

对于$0\cdot\infty$和$\infty-\infty$两种不定式,容易直接化成$\dfrac{0}{0}$型或$\dfrac{\infty}{\infty}$型的不定式,从而可以应用洛必达法则计算它的极限。至于1^{∞},0^{0}及∞^{0}三种类型则可通过对数运算,先化成$0\cdot\infty$型,然后进一步化成$\dfrac{0}{0}$型或$\dfrac{\infty}{\infty}$型。由此可见,$\dfrac{0}{0}$型和$\dfrac{\infty}{\infty}$型便是不定式中的基本类型了。事实上,洛必达法则也正是针对这两种类型提出来的。

一、$\dfrac{0}{0}$型不定式

考察$\dfrac{0}{0}$型不定式,就是考察在某一过程中,皆趋于0的两个函数$f(x)$与$\varphi(x)$之比$\dfrac{f(x)}{\varphi(x)}$的极限。由于极限过程有两种:$x\to a$及$x\to\infty$,便有以下两个定理。

定理 1　(洛必达法则1) 如果函数$f(x)$和$\varphi(x)$满足条件:

ⅰ)$\lim\limits_{x\to a}f(x)=0$,$\lim\limits_{x\to a}\varphi(x)=0$,

ⅱ)$f(x)$和$\varphi(x)$在点a附近(点a除外)处处可导,且$\varphi'(x)\neq 0$,①

ⅲ)$\lim\limits_{x\to a}\dfrac{f'(x)}{\varphi'(x)}$存在(或为$\infty$),则$\lim\limits_{x\to a}\dfrac{f(x)}{\varphi(x)}$也存在(或为$\infty$),且

$$\lim_{x\to a}\frac{f(x)}{\varphi(x)}=\lim_{x\to a}\frac{f'(x)}{\varphi'(x)}$$

---

①　因在$x\to a$的过程中考察$f(x)$与$\varphi(x)$及$f'(x)$与$\varphi'(x)$的极限,所以在a点处的情况如何与极限无关,又因$\varphi'(x)\neq 0$,从而比式$f(x)$有意义。

证明　函数 $f(x)$ 和 $\varphi(x)$ 都在点 a 附近(点 a 除外)可导,因而连续。它们在点 a 甚至可能没有定义,但我们不妨规定 $f(a)=0$,$\varphi(a)=0$(因为我们是在 $x\to a$ 的过程中,研究 $\dfrac{f(x)}{\varphi(x)}$ 的极限,这与 $f(x)$ 和 $\varphi(x)$ 在点 a 的函数值无关)。这样一来,由于 $f(x)$ 和 $\varphi(x)$ 在点 a 的极限值等于它们的函数值,所以 $f(x)$ 和 $\varphi(x)$ 在点 a 也就连续了。于是对于点 a 附近的任何 $x(x\neq a)$,由于 $f(a)=0$,$\varphi(a)=0$,所以有

$$\frac{f(x)}{\varphi(x)}=\frac{f(x)-f(a)}{\varphi(x)-\varphi(a)}$$

根据柯西中值定理(定理条件都满足),就得到

$$\frac{f(x)}{\varphi(x)}=\frac{f'(\xi)}{\varphi'(\xi)}$$

其中 ξ 是 x 与 a 之间的一点。在两端令 $x\to a$(从而 $\xi\to a$)取极限,便得

$$\lim_{x\to a}\frac{f(x)}{\varphi(x)}=\lim_{x\to a}\frac{f'(\xi)}{\varphi'(\xi)}=\lim_{x\to a}\frac{f'(x)}{\varphi'(x)}\quad ①$$

推论　如果当 $x\to a$ 时,$\dfrac{f'(x)}{\varphi'(x)}$ 仍为 $\dfrac{0}{0}$ 型不定式,而 $\lim\limits_{x\to a}\dfrac{f''(x)}{\varphi''(x)}$ 存在(或为 ∞),则

$$\lim_{x\to a}\frac{f(x)}{\varphi(x)}=\lim_{x\to a}\frac{f'(x)}{\varphi'(x)}=\lim_{x\to a}\frac{f''(x)}{\varphi''(x)}$$

一般地,有 $\lim\limits_{x\to a}\dfrac{f(x)}{\varphi(x)}=\lim\limits_{x\to a}\dfrac{f'(x)}{\varphi'(x)}=\cdots=\lim\limits_{x\to a}\dfrac{f^{(n)}(x)}{\varphi^{(n)}(x)}\quad ②$

例1　求极限 $\lim\limits_{x\to 0}\dfrac{\sin x}{x}$。

解　$\lim\limits_{x\to 0}\dfrac{\sin x}{x}=\lim\limits_{x\to 0}\dfrac{\cos x}{1}=1$

例2　求极限 $\lim\limits_{x\to 0}\dfrac{\sin mx}{\sin nx}$。

解　$\lim\limits_{x\to 0}\dfrac{\sin mx}{\sin nx}=\lim\limits_{x\to 0}\dfrac{m\cos mx}{n\cos nx}=\dfrac{m}{n}$

例3　求极限 $\lim\limits_{x\to 0}\dfrac{x-\sin x}{x^3}$。

解　$\lim\limits_{x\to 0}\dfrac{x-\sin x}{x^3}\left(\dfrac{0}{0}\right)=\lim\limits_{x\to 0}\dfrac{1-\cos x}{3x^2}\left(\dfrac{0}{0}\right)$

$=\lim\limits_{x\to 0}\dfrac{\sin x}{6x}=\dfrac{1}{6}\lim\limits_{x\to 0}\dfrac{\sin x}{x}=\dfrac{1}{6}$

例4　求极限 $\lim\limits_{x\to 0}\dfrac{\tan x-x}{x-\sin x}$。

---

①　把表示自变量的字母由 ξ 换成 x,并不影响极限值。

②　对于下面要介绍的三个法则也都有相应的推论,将不重复叙述。

解　
$$\lim_{x\to 0}\frac{\tan x-x}{x-\sin x}\left(\frac{0}{0}\right)=\lim_{x\to 0}\frac{\dfrac{1}{\cos^2 x}-1}{1-\cos x}$$

$$=\lim_{x\to 0}\frac{\dfrac{1-\cos^2 x}{\cos^2 x}(\text{化简})}{1-\cos x}=\lim_{x\to 0}\frac{1+\cos x}{\cos^2 x}=\frac{2}{1}=2$$

此例表明，分子分母求导以后要进行化简(此处约去了公因子 $1-\cos x$)，然后再取极限，未化简前为 $\dfrac{0}{0}$ 型，但化简后便立即算出了极限。

例 5　求极限 $\lim\limits_{x\to 0}\dfrac{e^x-e^{-x}-2x}{x-\sin x}$。

解　
$$\lim_{x\to 0}\frac{e^x-e^{-x}-2x}{x-\sin x}\left(\frac{0}{0}\right)=\lim_{x\to 0}\frac{e^x+e^{-x}-2}{1-\cos x}\left(\frac{0}{0}\right)$$

$$=\lim_{x\to 0}\frac{e^x-e^{-x}}{\sin x}\left(\frac{0}{0}\right)=\lim_{x\to 0}\frac{e^x+e^{-x}}{\cos x}=2$$

此题应用洛必达法则三次，值得注意的是：每次应用法则前要切实检查一下，看它是否仍为不定式。如果已经不是不定式了，还继续应用法则，那要出现错误，例如：

$$\lim_{x\to 0}\frac{e^x-\cos x}{x\sin x}\left(\frac{0}{0}\right)=\lim_{x\to 0}\frac{e^x+\sin x}{x\cos x+\sin x}=\infty$$

这个结果是正确的。如果不经检查而盲目地继续应用法则，则将出现如下的错误结果：

$$\lim_{x\to 0}\frac{e^x+\sin x}{x\cos x+\sin x}=\lim_{x\to 0}\frac{e^x+\cos x}{-x\sin x+2\cos x}=\frac{2}{2}=1$$

因为 $\lim\limits_{x\to 0}\dfrac{e^x+\sin x}{x\cos x+\sin x}$ 已经不是不定式了。

定理 2　(洛必达法则 2)如果函数 $f(x)$ 和 $\varphi(x)$ 满足条件：

ⅰ) $\lim\limits_{x\to\infty}f(x)=0$，$\lim\limits_{x\to\infty}\varphi(x)=0$，

ⅱ) $f(x)$ 和 $\varphi(x)$ 对于使 $|x|$ 充分大的 x 可导，且 $\varphi'(x)\neq 0$，

ⅲ) 极限 $\lim\limits_{x\to\infty}\dfrac{f'(x)}{\varphi'(x)}$ 存在(或为 ∞)，则极限 $\lim\limits_{x\to\infty}\dfrac{f(x)}{\varphi(x)}$ 存在(或为 ∞)，并且

$$\lim_{x\to\infty}\frac{f(x)}{\varphi(x)}=\lim_{x\to\infty}\frac{f'(x)}{\varphi'(x)}$$

证明　作变量替换后，应用上述法则 1 便可得证。

令 $x=\dfrac{1}{t}$，则当 $x\to\infty$ 时，$t\to 0$，于是 $\lim\limits_{x\to\infty}\dfrac{f(x)}{\varphi(x)}=\lim\limits_{t\to\infty}\dfrac{f\left(\dfrac{1}{t}\right)}{\varphi\left(\dfrac{1}{t}\right)}$

又由条件 ⅰ) 知 $\lim\limits_{t\to 0}f\left(\dfrac{1}{t}\right)=0$，$\lim\limits_{t\to 0}\varphi\left(\dfrac{1}{t}\right)=0$，

按上述法则 1，

有 $\displaystyle\lim_{t\to 0}\frac{f\left(\dfrac{1}{t}\right)}{\varphi\left(\dfrac{1}{t}\right)}\left(\frac{0}{0}\right)=\lim_{t\to 0}\frac{\left[f\left(\dfrac{1}{t}\right)\right]'}{\left[\varphi\left(\dfrac{1}{t}\right)\right]'}$

$\displaystyle=\lim_{t\to 0}\frac{f'\left(\dfrac{1}{t}\right)\cdot\left(-\dfrac{1}{t^2}\right)}{\varphi'\left(\dfrac{1}{t}\right)\cdot\left(-\dfrac{1}{t^2}\right)}=\lim_{t\to 0}\frac{f'\left(\dfrac{1}{t}\right)}{\varphi'\left(\dfrac{1}{t}\right)}$

$\displaystyle=\lim_{x\to\infty}\frac{f'(x)}{\varphi'(x)}$

即 $\displaystyle\lim_{x\to\infty}\frac{f(x)}{\varphi(x)}=\lim_{x\to\infty}\frac{f'(x)}{\varphi'(x)}$

例 6　求极限 $\displaystyle\lim_{x\to+\infty}\frac{\dfrac{\pi}{2}-\arctan x}{\dfrac{1}{x}}$。

解　$\displaystyle\lim_{x\to+\infty}\frac{\dfrac{\pi}{2}-\arctan x}{\dfrac{1}{x}}\left(\frac{0}{0}\right)=\lim_{x\to+\infty}\frac{-\dfrac{1}{x^2+1}}{-\dfrac{1}{x^2}}=\lim_{x\to+\infty}\frac{x^2}{x^2+1}=1$

二、$\dfrac{\infty}{\infty}$ 型不定式

定理 3　（洛必达法则 3）　如果函数 $f(x)$ 和 $\varphi(x)$ 满足条件：

ⅰ）$\displaystyle\lim_{x\to a}f(x)=\infty$，$\displaystyle\lim_{x\to a}\varphi(x)=\infty$，

ⅱ）$f(x)$ 和 $\varphi(x)$ 在点 a 附近（点 a 除外）处处可导，且 $\varphi'(x)\neq 0$，

ⅲ）极限 $\displaystyle\lim_{x\to a}\frac{f'(x)}{\varphi'(x)}$ 存在（或为 ∞），则 $\displaystyle\lim_{x\to a}\frac{f(x)}{\varphi(x)}=\lim_{x\to a}\frac{f'(x)}{\varphi'(x)}$。

证明比较烦琐，从略。

定理 4　（洛必达法则 4）如果函数 $f(x)$ 和 $\varphi(x)$ 满足条件：

ⅰ）$\displaystyle\lim_{x\to\infty}f(x)=\infty$，$\displaystyle\lim_{x\to\infty}\varphi(x)=\infty$，

ⅱ）$f(x)$ 和 $\varphi(x)$ 对于使 $|x|$ 充分大的 x 可导，且 $\varphi'(x)\neq 0$，

ⅲ）极限 $\displaystyle\lim_{x\to\infty}\frac{f'(x)}{\varphi'(x)}$ 存在（或为 ∞），则 $\displaystyle\lim_{x\to\infty}\frac{f(x)}{\varphi(x)}=\lim_{x\to\infty}\frac{f'(x)}{\varphi'(x)}$。

证明从略。

例 7　求极限 $\displaystyle\lim_{x\to 0}\frac{\ln\sin mx}{\ln\sin nx}$。

解　$\lim\limits_{x \to 0} \dfrac{\ln \sin mx}{\ln \sin nx} \left(\dfrac{\infty}{\infty}\right) = \lim\limits_{x \to 0} \dfrac{\dfrac{m\cos mx}{\sin mx}}{\dfrac{n\cos nx}{\sin nx}} = \lim\limits_{x \to 0} \dfrac{m\cos mx \sin nx}{n\cos nx \sin mx}$

$$= \frac{m}{n} \lim\limits_{x \to 0} \frac{\cos mx}{\cos nx} \cdot \lim\limits_{x \to 0} \frac{\sin nx}{\sin mx}$$

$$= \frac{m}{n} \lim\limits_{x \to 0} \frac{\sin nx}{\sin mx} \left(\frac{0}{0}\right) = \frac{m}{n} \lim\limits_{x \to 0} \frac{n\cos nx}{m\cos mx}$$

$$= \frac{m}{n} \cdot \frac{n}{m} = 1$$

例 8　证明 $\lim\limits_{x \to +\infty} \dfrac{\ln x}{x^{\alpha}} = 0 \,(\alpha > 0$ 为任意常数$)$。

证明　$\lim\limits_{x \to +\infty} \dfrac{\ln x}{x^{\alpha}} \left(\dfrac{\infty}{\infty}\right) = \lim\limits_{x \to +\infty} \dfrac{\dfrac{1}{x}}{\alpha x^{\alpha-1}} = \lim\limits_{x \to +\infty} \dfrac{1}{\alpha x^{\alpha}} = 0$

例 9　证明 $\lim\limits_{x \to +\infty} \dfrac{x^{n}}{\mathrm{e}^{\lambda x}} = 0 \,(n$ 为正整数，$\lambda > 0$ 为任意常数$)$。

证明　连续应用洛必达法则 n 次，得

$$\lim\limits_{x \to +\infty} \frac{x^{n}}{\mathrm{e}^{\lambda x}} \left(\frac{\infty}{\infty}\right) = \lim\limits_{x \to +\infty} \frac{nx^{n-1}}{\lambda \mathrm{e}^{\lambda x}}$$

$$= \lim\limits_{x \to +\infty} \frac{n(n-1)x^{n-2}}{\lambda^{2} \mathrm{e}^{\lambda x}} = \cdots = \lim\limits_{x \to +\infty} \frac{n!}{\lambda^{n} \mathrm{e}^{\lambda x}} = 0$$

三、$0 \cdot \infty$ 型及 $\infty - \infty$ 型不定式

此二类型不定式可化为 $\dfrac{0}{0}$ 型或 $\dfrac{\infty}{\infty}$ 型不定式。

(一)$0 \cdot \infty$ 型不定式

这是趋于零的函数与趋于无穷大的函数之积的极限问题，可如下计算。

设在某一过程中，$f(x) \to 0$，$\varphi(x) \to \infty$，于是

$$f(x) \cdot \varphi(x) = \frac{f(x)}{\dfrac{1}{\varphi(x)}} \qquad \left(\frac{0}{0}\text{型}\right)$$

$$= \frac{\varphi(x)}{\dfrac{1}{f(x)}} \qquad \left(\frac{\infty}{\infty}\text{型}\right)$$

例 10　求 $\lim\limits_{x\to 0}x^n\ln x$。[①]

解　$\lim\limits_{x\to 0}x^n\ln x\,(0\cdot\infty)=\lim\limits_{x\to 0}\dfrac{\ln x}{\dfrac{1}{x^n}}\left(\dfrac{\infty}{\infty}\right)$

$$=\lim\limits_{x\to 0}\dfrac{\dfrac{1}{x}}{-\dfrac{n}{x^{n+1}}}=\lim\limits_{x\to 0}\left(-\dfrac{x^n}{n}\right)=0$$

(二) $\infty-\infty$ 型不定式

这是都趋于无穷大的两个函数 $f(x)$ 与 $\varphi(x)$ 之差的极限问题。

通常化为 $\dfrac{0}{0}$ 型不定式进行计算。

设在某一过程中，$f(x)\to\infty$ 及 $\varphi(x)\to\infty$，于是

$$f(x)-\varphi(x)=\dfrac{1}{\dfrac{1}{f(x)}}-\dfrac{1}{\dfrac{1}{\varphi(x)}}=\dfrac{\dfrac{1}{\varphi(x)}-\dfrac{1}{f(x)}}{\dfrac{1}{f(x)}\cdot\dfrac{1}{\varphi(x)}}\left(\dfrac{0}{0}\text{型}\right)$$

在实际计算中，由于所给函数的结构关系，往往并不需要采取上述步骤即可化为 $\dfrac{0}{0}$ 型。

比如，若 $f(x)$ 和 $\varphi(x)$ 都是分式，则通分后往往就可化为 $\dfrac{0}{0}$ 型。

例 11　求 $\lim\limits_{x\to 0}\left(\cot x-\dfrac{1}{x}\right)$。

解　$\lim\limits_{x\to 0}\left(\cot x-\dfrac{1}{x}\right)(\infty-\infty)=\lim\limits_{x\to 0}\left(\dfrac{\cos x}{\sin x}-\dfrac{1}{x}\right)$

$$=\lim\limits_{x\to 0}\dfrac{x\cos x-\sin x}{x\sin x}\left(\dfrac{0}{0}\right)$$

$$=\lim\limits_{x\to 0}\dfrac{-x\sin x}{\sin x+x\cos x}\left(\dfrac{0}{0}\right)=\lim\limits_{x\to 0}\dfrac{-\sin x-x\cos x}{2\cos x-x\sin x}$$

$$=\dfrac{0}{2}=0$$

[①]　若把此题化为 $\dfrac{0}{0}$ 型，将得不出结果：

$$\lim\limits_{x\to 0}x^n\ln x=\lim\limits_{x\to 0}\dfrac{x^n}{\dfrac{1}{\ln x}}\left(\dfrac{0}{0}\right)=\lim\limits_{x\to 0}\dfrac{nx^{n-1}}{-\dfrac{1}{\ln^2 x}\cdot\dfrac{1}{x}}=\lim\limits_{x\to 0}\dfrac{nx^n}{-\dfrac{1}{\ln^2 x}}\left(\dfrac{0}{0}\right)=\cdots$$

无论应用法则多少次总是出现 $\dfrac{0}{0}$ 型，可见究竟把 $0\cdot\infty$ 型化为 $\dfrac{0}{0}$ 型还是 $\dfrac{\infty}{\infty}$ 型，要具体分析。

四、1^∞，0^0，∞^0 型不定式

这三种类型都来源于幂指函数 $[f(x)]^{\varphi(x)}$ 的极限，通过对数运算，便可以化为 $0\cdot\infty$ 型的不定式。

根据对数定义，有

$$[f(x)]^{\varphi(x)} = \mathrm{e}^{\ln[f(x)]^{\varphi(x)}} = \mathrm{e}^{\varphi(x)\ln f(x)}$$

两端取极限：$\lim[f(x)]^{\varphi(x)} = \lim \mathrm{e}^{\varphi(x)\ln f(x)}$

根据指数函数的连续性，有 $\lim[f(x)]^{\varphi(x)} = \mathrm{e}^{\lim[\varphi(x)\ln f(x)]}$ $\qquad\qquad$ (1)

由此式可知，只要求出极限 $\lim[\varphi(x)\ln f(x)]$，问题也就解决了。但是这个极限乃是 $0\cdot\infty$ 型不定式：

当 $f(x)\to 1$，$\varphi(x)\to\infty$ 时，(1) 式为 $1^\infty = \mathrm{e}^{0\cdot\infty}$

当 $f(x)\to 0$，$\varphi(x)\to 0$ 时，(1) 式为 $0^0 = \mathrm{e}^{0\cdot\infty}$

当 $f(x)\to\infty$，$\varphi(x)\to 0$ 时，(1) 式为 $\infty^0 = \mathrm{e}^{0\cdot\infty}$

例 12　求 $\lim\limits_{x\to 1} x^{\frac{1}{1-x}}$。

解　这是 1^∞ 型不定式，因 $x^{\frac{1}{1-x}} = \mathrm{e}^{\frac{1}{1-x}\ln x}$，取极限，有 $\lim\limits_{x\to 1} x^{\frac{1}{1-x}} = \mathrm{e}^{\lim\limits_{x\to 1}\left(\frac{1}{1-x}\ln x\right)}$

而 $\lim\limits_{x\to 1}\left(\frac{1}{1-x}\ln x\right)(0\cdot\infty) = \lim\limits_{x\to 1}\frac{\ln x}{1-x}\left(\frac{0}{0}\right)$

$$= \lim\limits_{x\to 1}\frac{\frac{1}{x}}{-1} = -1$$

所以 $\lim\limits_{x\to 1} x^{\frac{1}{1-x}} = \mathrm{e}^{-1} = \dfrac{1}{\mathrm{e}}$

例 13　求 $\lim\limits_{x\to 0} x^x$。（0^0 型）

解　因 $x^x = \mathrm{e}^{x\ln x}$，取极限，有 $\lim\limits_{x\to 0} x^x = \mathrm{e}^{\lim\limits_{x\to 0}(x\ln x)}$

而 $\lim\limits_{x\to 0}(x\ln x)(0\cdot\infty) = \lim\limits_{x\to 0}\frac{\ln x}{\frac{1}{x}}\left(\frac{\infty}{\infty}\right) = \lim\limits_{x\to 0}\frac{\frac{1}{x}}{-\frac{1}{x^2}}$

$$= \lim\limits_{x\to 0}(-x) = 0$$

所以 $\lim\limits_{x\to 0} x^x = \mathrm{e}^0 = 1$

例 14　求 $\lim\limits_{x\to 0}(\cot x)^{\sin x}$　（∞^0 型）

解　$(\cot x)^{\sin x} = \mathrm{e}^{\sin x\ln\cot x}$ 取极限，有 $\lim\limits_{x\to 0}(\cot x)^{\sin x} = \mathrm{e}^{\lim\limits_{x\to 0}(\sin x\ln\cot x)}$

而 $\lim\limits_{x\to 0}\sin x\ln\cot x(0\cdot\infty) = \lim\limits_{x\to 0}\frac{\ln\cot x}{\frac{1}{\sin x}}\left(\frac{\infty}{\infty}\right)$

$$=\lim_{x\to 0}\frac{-\dfrac{1}{\cot x}\cdot\dfrac{1}{\sin^2 x}}{-\dfrac{1}{\sin^2 x}\cos x}=\lim_{x\to 0}\frac{\sin x}{\cos^2 x}=0$$

所以 $\lim\limits_{x\to 0}(\cot x)^{\sin x}=\mathrm{e}^0=1$

§5.3 泰勒公式

一、泰勒多项式

无论在近似计算或理论研究上，我们总是希望用一个多项式来近似地表示一个比较复杂的函数，这样做将会带来很大的方便。比如，为了计算多项式的值，只须用加、减、乘三种运算，连除法都不需要。这是其他函数甚至很简单的初等函数所不具有的特点。

设给定了一个函数 $f(x)$，我们要找一个在指定点 $x=x_0$ 附近与 $f(x)$ 很近似的多项式。现在可以回顾下函数的微分，在研究微分用于近似计算时，我们曾介绍一个近似公式（§4.7 公式（3））：
$$f(x)\approx f(x_0)+f'(x_0)(x-x_0)$$
即
$$f(x)\approx f(x_0)+f'(x_0)(x-x_0)+o(x-x_0) \tag{1}$$
公式表明，在点 x_0 附近的函数值 $f(x)$ 可以用 $(x-x_0)$ 的一次多项式
$$f(x_0)+f'(x_0)(x-x_0)$$
近似表示，且当 $x\to x_0$ 时（此时 $(x-x_0)$ 是无穷小），所产生的误差 $o(x-x_0)$ 为较 $(x-x_0)$ 高阶的无穷小。现在的问题是，用这样的一个一次多项式来近似计算 $f(x)$，它的精确度往往并不能满足实际的需要。因此我们希望找到一个关于 $(x-x_0)$ 的 n 次多项式
$$p_n(x)=a_0+a_1(x-x_0)+a_2(x-x_0)^2+\cdots+a_n(x-x_0)^n \tag{2}$$
来近似表示 $f(x)$，并使当 $x\to x_0$ 时，其误差 $f(x)-p_n(x)$ 是较 $(x-x_0)^n$ 高阶的无穷小。要想这样，那么多项式的系数 a_0，a_1，$\cdots$，a_n 究竟应当取何数呢？这个问题，无疑要根据给定的函数 $f(x)$ 来确定，并且可以从前面的（1）式得到启发。我们把
$$f(x)\approx f(x_0)+f'(x_0)(x-x_0)$$
与一次多项式
$$p_1(x)=a_0+a_1(x-x_0)$$
对照一下，可知应该取
$$a_0=f(x_0)，a_1=f'(x_0)$$
而 a_0，a_1 的这两个数值可以由等式
$$p_1(x_0)=f(x_0)，p'_1(x_0)=f'(x_0)$$
分别求得。事实上，$p_1(x_0)=a_0+a_1(x_0-x_0)=a_0$，$p'_1(x_0)=[a_0+a_1(x-x_0)]'_{x=x_0}=a_1$。

由此不难推想，为了确定 n 次多项式 $p_n(x)$ 的全部系数，我们应该假定 $f(x)$ 在点 x_0 附近

具有直到 $n+1$ 阶①的导数，并且满足下列条件：

$$p_n(x_0)=f(x_0)，p'_n(x_0)=f'(x_0)$$
$$p''_n(x_0)=f''(x_0)，\cdots，p_n{}^{(n)}(x_0)=f^{(n)}(x_0) \tag{3}$$

由（2）式计算 $p_n(x)$ 在 x_0 点的各阶导数值，代入上面等式（3）得

$$a_0=f(x_0)，a_1=f'(x_0)，2!\ a_2=f''(x_0)，\cdots，n!\ a^n=f^{(n)}(x_0)$$

即 $a_0=f(x_0)$，$a_1=f'(x_0)$，$a_2=\dfrac{1}{2!}f''(x_0)$，$\cdots$，$a_n=\dfrac{1}{n!}f^{(n)}(x_0)$

代入（2）式则得

$$p_n(x)=f(x_0)+f'(x_0)(x-x_0)+\frac{f''(x_0)}{2!}(x-x_0)^2+\cdots+\frac{f^{(n)}(x_0)}{n!}(x-x_0)^n \tag{4}$$

这就是我们要找的关于 $(x-x_0)$ 的 n 次多项式，称为 $f(x)$ 在 x_0 点的 n 次**泰勒多项式**。它的各项系数是以 $f(x)$ 在 x_0 点的各阶导数表出的。

二、泰勒公式

我们已经找到了函数 $f(x)$ 在 x_0 点的泰勒多项式。下面来证明，以泰勒多项式表示 $f(x)$ 时所产生的误差 $r_n(x)=f(x)-p_n(x)$，当 $x\to x_0$ 时，它是比 $(x-x_0)^n$ 高阶的无穷小，$r_n(x)$ 称为 n 阶余项。

根据上面的假定，$r_n(x)$ 在 x_0 点附近也具有直到 $n+1$ 阶导数（因已假定 $f(x)$ 在 x_0 点附近具有 $n+1$ 阶导数，而多项式 $p_n(x)$ 具有任何阶导数），并注意等式（3），则有

$$r_n(x_0)=f(x_0)-p_n(x_0)=0，$$
$$r'_n(x_0)=f'(x_0)-p'_n(x_0)=0，$$
$$r''_n(x_0)=f''(x_0)-p''_n(x_0)=0，$$
$$\cdots，r_n{}^{(n)}(x_0)=f^{(n)}(x_0)-p_n{}^{(n)}(x_0)=0$$

因此，当 $x\to x_0$ 时，$\dfrac{r_n(x)}{(x-x_0)^n}$ 是 $\dfrac{0}{0}$ 型不定式。我们反复应用洛必达法则，便可推得

$$\lim_{x\to x_0}\frac{r_n(x)}{(x-x_0)^n}=\lim_{x\to x_0}\frac{r'_n(x)}{n(x-x_0)^{n-1}}$$
$$=\lim_{x\to x_0}\frac{r''_n(x)}{n(n-1)(x-x_0)^{n-2}}=\cdots=\lim_{x\to x_0}\frac{r_n{}^{(n)}(x)}{n!}=0。$$

即

$$\lim_{x\to x_0}\frac{r_n(x)}{(x-x_0)^n}=0$$

这就证明了，当 $x\to x_0$ 时，余项 $r_n(x)$ 是比 $(x-x_0)^n$ 高阶的无穷小。因此所找到的多项式 $p_n(x)$ 满足了我们最初提出的要求，我们记 $r_n(x)=o((x-x_0)^n)$。

这样一来，给定的函数 $f(x)$ 就可以表示为

———————————

① 为什么要求有 $n+1$ 阶导数（就此处看，似乎有 n 阶导数即可），到后面讨论余项时可以看清楚。

$$f(x)=p_n(x)+r_n(x)$$

$$=f(x_0)+f'(x_0)(x-x_0)+\frac{f''(x_0)}{2!}(x-x_0)^2+$$

$$+\cdots+\frac{f^{(n)}(x_0)}{n!}(x-x_0)^n+o((x-x_0)^n)\quad(x\to x_0)$$

余项 $r_n=o((x-x_0)^n)$ 叫做**皮亚诺型余项**。应该指出的是，皮亚诺型余项只是对余项给出一个阶的估计，它仅说明当 $x\to x_0$ 时 $r_n(x)$ 是比 $(x-x_0)^n$ 还要高阶的无穷小。因此只是说明了 $r_n(x)$ 在 $x\to x_0$ 时的极限性质。如果在 x_0 点附近具体取定了一个 x 值，那么余项 $r_n(x)$ 到底有多大，从皮亚诺余项是无从得知的。

拉格朗日型余项　下面介绍利用 $f(x)$ 的导数表示的余项，即所说的拉格朗日型余项。

我们先对两个函数 $r_n(x)$ 和 $(x-x_0)^{n+1}$ 在以 x_0 和 x 为端点的区间上应用柯西中值定理（定理中的条件都满足——§5.1 的（4）），得

$$\frac{r_n(x)}{(x-x_0)^{n+1}}=\frac{r_n(x)-r_n(x_0)}{(x-x_0)^{n+1}-0}\quad①$$

$$=\frac{r_n'(\xi_1)}{(n+1)(\xi_1-x_0)^n}\quad(\xi_1\text{ 在 }x_0\text{ 与 }x\text{ 之间})$$

再对两个函数 $r'_n(x)$ 和 $(n+1)(x-x_0)^n$ 在以 x_0 及 ξ_1 为端点的区间上应用柯西中值定理，得

$$\frac{r'_n(\xi_1)}{(n+1)(\xi_1-x_0)^n}=\frac{r'_n(\xi_1)-r'_n(x_0)}{(n+1)(\xi_1-x_0)^n-0}$$

$$=\frac{r''_n(\xi_2)}{(n+1)n(\xi_2-x_0)^{n-1}}\quad(\xi_2\text{ 在 }x_0\text{ 与 }\xi_1\text{ 之间})$$

如此继续进行 $n+1$ 次后，便得

$$\frac{r_n(x)}{(x-x_0)^{n+1}}=\frac{r_n^{(n+1)}(\xi)}{(n+1)!}\quad(\xi\text{ 在 }x_0\text{ 与 }x\text{ 之间})$$

而 $r_n^{(n+1)}(x)=f^{(n+1)}(x)-p_n^{(n+1)}(x)=f^{(n+1)}(x)$（因 $p_n(x)$ 是 n 次多项式，所以 $p_n^{(n+1)}(x)=0$，故由上式得 $r_n(x)=\frac{f^{(n+1)}(\xi)}{(n+1)!}(x-x_0)^{n+1}$（$\xi$ 在 x_0 与 x 之间）这就是用 $f(x)$ 的导数表示的余项，称为**拉格朗日型余项**，将得到广泛的利用。

综合以上的讨论，我们得到了以下的重要定理。

定理　（泰勒定理）如果函数 $f(x)$ 在 x_0 点附近具有直到 $n+1$ 阶的导数，则对于 x_0 点附近的 x，$f(x)$ 可表示为 $(x-x_0)$ 的 n 次多项式与余项 $r_n(x)$ 的和：

$$f(x)=f(x_0)+f'(x_0)(x-x_0)+\frac{f''(x_0)}{2!}(x-x_0)^2+$$

$$+\cdots+\frac{f^{(n)}(x_0)}{n!}(x-x_0)^n+r_n(x),\ r_n(x)=\frac{f^{(n+1)}(\xi)}{(n+1)!}(x-x_0)^{n+1}\tag{1}$$

这里的 ξ 是在 x_0 与 x 之间的某个值。

---

① 前面已讨论过：$r_n(x_0)=r_n'(x_0)=\cdots=r_n^{(n)}(x_0)=0$。

(1)式称为具有拉格朗日型余项的**泰勒公式**，也叫做函数 $f(x)$ 在 x_0 点的**泰勒展开式**。

当 $n=0$ 时，则(1)式变成 $f(x)=f(x_0)+f'(\xi)(x-x_0)$，这就是拉格朗日中值公式（§5.1 的(3)），可见泰勒公式是拉格朗日公式的推广。

在公式(1)中令 $x_0=0$，则得

$$f(x)=f(0)+f'(0)x+\frac{f''(0)}{2!}x^2+\cdots+\frac{f^{(n)}(0)}{n!}x^n+r^n(x) \qquad (2)$$

其中 $r_n(x)=\dfrac{f^{(n+1)}(\xi)}{(n+1)!}x^{n+1}$（$\xi$ 在 0 与 x 之间），

公式(2)是在原点的泰勒展开式，也称为麦克劳林公式。

上面的公式(2)比较常用，公式(2)的余项常采用以下的记法：因 ξ 是 0 与 x 之间的一个数，故可记 $\xi=\theta x (0<\theta<1)$，于是余项 $r_n(x)=\dfrac{f^{(n+1)}(\theta x)}{(n+1)!}x^{n+1} (0<\theta<1)$。

泰勒公式就讨论到这里，后面学幂级数时还要涉及这个问题。下面举几个例子，至于泰勒公式在近似计算方面的应用，将在幂级数一章研究。

例 1　求 $f(x)=\mathrm{e}^x$ 在点 $x=0$ 的展开式。

解　先求各阶导数：$f^{(n)}(x)=\mathrm{e}^x (n=1, 2, 3, \cdots)$，

所以 $f(0)=f'(0)=f''(0)=\cdots=f^{(n)}(0)=\mathrm{e}^0=1$

代入公式(2)，得 $\mathrm{e}^x=1+x+\dfrac{x^2}{2!}+\cdots+\dfrac{x^n}{n!}+\dfrac{\mathrm{e}^{\theta x}}{(n+1)!}x^{n+1} (0<\theta<1)$

例 2　求 $f(x)=\sin x$ 在点 $x=0$ 的展开式。

解　关于 $\sin x$ 的各阶导数在研究高阶导数时曾计算过：

$$f^{(k)}(x)=\sin\left(x+\frac{k\pi}{2}\right)(k=1, 2, 3, \cdots)$$

由此得 $f^{(k)}(0)=\sin\left(\dfrac{k\pi}{2}\right)$，当 $k=2m$ 时，则 $f^{(2m)}(0)=\sin\left(\dfrac{2m\pi}{2}\right)=\sin m\pi=0$。

当 $k=2m-1$ 时，则 $f^{(2m-1)}(0)=\sin\dfrac{(2m-1)\pi}{2}=\sin\left(m\pi-\dfrac{\pi}{2}\right)=\sin\left[(m-1)\pi+\dfrac{\pi}{2}\right]=\cos(m-1)\pi$

$$=(-1)^{m-1}(m=1, 2, 3, \cdots)$$

又 $\qquad\qquad\qquad\qquad f(0)=\sin 0=0$

把以上的结果代入公式(2)，得

$$\sin x=x-\frac{x^3}{3!}+\frac{x^5}{5!}-\cdots+(-1)^{m-1}\frac{x^{2m-1}}{(2m-1)!}+(-1)^m\frac{x^{2m+1}}{(2m+1)!}\cos\theta x (0<\theta<1)$$

余项 $r_n(x)=\dfrac{x^{2m+1}}{(2m+1)!}\sin\left[\theta x+\dfrac{(2m+1)\pi}{2}\right]$

$$=\frac{x^{2m+1}}{(2m+1)!}\sin\left[\left(\theta x+\frac{\pi}{2}\right)+m\pi\right]$$

$$=(-1)^m\frac{x^{2m+1}}{(2m+1)!}\sin\left(\theta x+\frac{\pi}{2}\right)$$

$$=(-1)^m\frac{x^{2m+1}}{(2m+1)!}\cos\theta x$$

例 3 求 $f(x) = \ln(1+x)$①在点 $x=0$ 的展开式。

解 $f'(x) = \dfrac{1}{1+x} = (1+x)^{-1}$, $f''(x) = (-1)(1+x)^{-2}$, $f'''(x) = 2!\,(1+x)^{-3}$, $\cdots$,

$$f^{(n)}(x) = (-1)^{n-1}(n-1)!(1+x)^{-n}$$

因此 $f(0) = 0$, $f'(0) = 1$, $f''(0) = -1$, $f'''(0) = 2!$, $\cdots$, $f^{(n)}(0) = (-1)^{n-1}(n-1)!$

代入公式（Ⅱ），得

$$\ln(1+x) = x - \frac{1}{2!}x^2 + \frac{2!}{3!}x^3 - \cdots + (-1)^{n-1}\frac{(n-1)!}{n!}x^n + r_n(x)$$

即

$$\ln(1+x) = x - \frac{x^2}{2} + \frac{x^3}{3} - \cdots + (-1)^{n-1}\frac{x^n}{n} + r_n(x)$$

其中

$$r_n(x) = (-1)^n \frac{x^{n+1}}{n+1} \frac{1}{(1+\theta x)^{n+1}} \quad (0<\theta<1)$$

例 4 求 $f(x) = (1+x)^\alpha$②在点 $x=0$ 的展开式，其中 $\alpha \neq 0, 1, 2, \cdots$。

解 $f'(x) = \alpha(1+x)^{\alpha-1}$, $f''(x) = \alpha(\alpha-1)(1+x)^{\alpha-2}$, $\cdots$, $f^{(n)}(x) = \alpha(\alpha-1)\cdots(\alpha-n+1)(1+x)^{\alpha-n}$

所以 $f(0) = 1$, $f'(0) = \alpha$, $f''(0) = \alpha(\alpha-1)$,

$$, \cdots, f^{(n)}(0) = \alpha(\alpha-1)\cdots(\alpha-n+1)$$

代入公式（2），得

$$(1+x)^\alpha = 1 + \alpha x + \frac{\alpha(\alpha-1)}{2!}x^2 + \cdots + \frac{\alpha(\alpha-1)\cdots(\alpha-n+1)}{n!}x^n + \frac{\alpha(\alpha-1)\cdots(\alpha-n)}{(n+1)!}(1+\theta x)^{\alpha-n-1}x^{n+1}$$

例 5 求 $f(x) = x^2\ln x$ 在点 $x=1$ 的展开式。

解 $f'(x) = 2x\ln x + \dfrac{x^2}{x} = 2x\ln x + x$

$$f''(x) = 2\ln x + 3, \quad f'''(x) = \frac{2}{x} = 2x^{-1},$$

$$f^{(4)}(x) = 2(-1)x^{-2}, \quad f^{(5)}(x) = 2(-1)(-2)x^{-3}, \quad \cdots, \quad f^{(n)}(x) = 2(-1)(-2)\cdots(-n+3)x^{-(n-2)}$$

所以 $f(1) = 0$, $f'(1) = 1$, $f''(1) = 3$, $f'''(1) = 2$,

$$f^{(4)}(1) = 2(-1), \quad f^{(5)}(1) = 2(-1)(-2)\cdots,$$

$$f^{(n)}(1) = 2(-1)(-2)\cdots(-n+3)$$

$$= (-1)^{n+1} \cdot 2 \cdot 1 \cdot 2\cdots(n-3) \quad (n>3)$$

代入公式（2），得

$$x^2\ln x = 0 + (x-1) + \frac{3}{2!}(x-1)^2 + \frac{2}{3!}(x-1)^3 +$$

$$\frac{2(-1)}{4!}(x-1)^4 + \frac{2(-1)(-2)}{5!}(x-1)^5 +$$

$$\cdots + (-1)^{n-1}\frac{2(n-3)!}{n!}(x-1)^n + o((x-1)^n)$$

---

① 对于函数 $f(x) = \ln x$ 则不能在点 $x=0$ 展开，因 $\ln x$ 在 $x=0$ 根本没有定义。

② 如果 $(1+x)^\alpha$ 中的 α 是自然数，应用牛顿二项式公式立即可以写出它的展开式，且没有余项。

即
$$x^2\ln x = (x-1) + \frac{3}{2}(x-1)^2 + \frac{1}{3}(x-1)^3 - \frac{2}{4\cdot 3\cdot 2}(x-1)^4 +$$

$$+ \frac{2}{5\times 4\times 3}(x-1)^5 + \cdots + (-1)^{n-1}\frac{2}{n(n-1)(n-2)}(x-1)^n + o((x-1)^n)$$

例 6　把多项式 $f(x) = x^4 - 2x^3 + 1$ 按 $(x-1)$ 的幂表示为泰勒展开式。

解　$f'(x) = 4x^3 - 6x^2$，$f''(x) = 12x^2 - 12x$，$f'''(x) = 24x - 12$，$f^{(4)}(x) = 24$，

$$f^{(5)}(x) = f^{(6)}(x) = \cdots = 0$$

所以　　　　　　$f(1) = 0$，$f'(1) = -2$，$f''(1) = 0$，$f'''(1) = 12$，$f^{(4)}(1) = 24$

代入公式（Ⅰ），得

$$x^4 + 2x^3 + 1 = -2(x-1) + \frac{12}{3!}(x-1)^3 + \frac{24}{4!}(x-1)^4$$

$$= -2(x-1) + 2(x-1)^3 + (x-1)^4$$

§5.4　函数的增减性

　　函数的增加与减少的性质统称为函数的单调性，我们在第一章已给出了这个概念的定义，并且利用初等方法判断了几个比较简单函数的这种性质。如今已经学了导数，并知导数的几何意义就是函数曲线的切线斜率，如图 5.9 所示，当沿着增函数的曲线从左向右移动时，曲线逐渐上升，它的切线斜角是锐角，从而斜率为正数；又如图 5.10 的情况，当沿着减函数的曲线从左向右移动时，曲线逐渐下降，它的切线斜角是钝角，从而斜率为负数。但在个别点处，切线可能是水平的，从而导数是零。由此可见，导数的符号与函数的增减变化有着密切的关系。

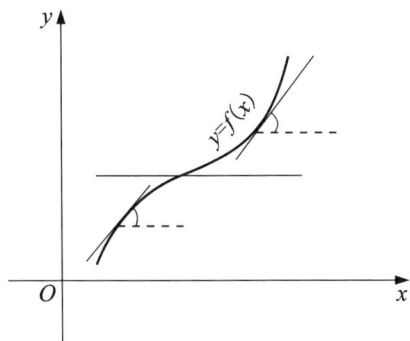

图 5.9

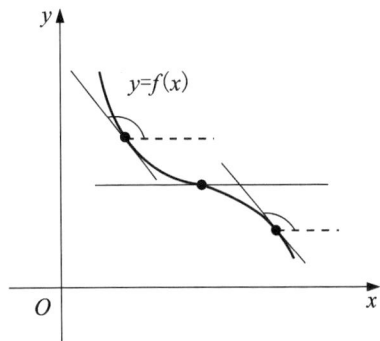

图 5.10

　　定理　设 $f(x)$ 是区间 $[a, b]$ 上的可导函数，如果在 (a, b) 内 $f'(x) \geq 0 (f'(x) \leq 0)$，则 $f(x)$ 是 $[a, b]$[①] 上的递增（递减）函数；如果在 (a, b) 内，$f'(x) > 0 (f'(x) < 0)$，则 $f(x)$ 是 $[a, b]$ 上的

---

①　如果把定理中的闭区间换成其他各种区间（包括无穷区间），定理的结论仍然成立。

严格递增(严格递减)函数。

证明 因为证法类似,我们只证递增及严格递增的情形。假设在(a, b)内,$f'(x) \geq 0$,则由拉格朗日中值定理,对$[a, b]$内任意两点x_1和x_2,当$x_1 < x_2$时,有[①]

$$f(x_2) - f(x_1) = f'(\xi)(x_2 - x_1) \geq 0$$

因此函数$f(x)$是递增的。

如果在(a, b)内,$f'(x) > 0$则当$x_1 < x_2$时,上式变为

$$f(x_2) - f(x_1) = f'(\xi)(x_2 - x_1) > 0$$

因此函数是严格递增的。

例 1 讨论函数$f(x) = x^3$的增减性。

解 这个函数的定义域是整个数轴,求出它的导数:$f'(x) = 3x^2$。可见,只当$x = 0$时,$f'(0) = 0$,此外对于任何的$x \neq 0$,都有$f'(x) > 0$。根据上述定理,便知$f(x)$在整个数轴上是严格递增的。

例 2 讨论函数$f(x) = \sin x - x$的增减性。

解 求导数$f'(x) = \cos x - 1 \leq 0$得,只当$x = 2k\pi (k = 0, \pm 1, \pm 2, \cdots)$时,才有$f'(x) = 0$。即是说,虽然有无穷多个使导数为零的点,但这些点都是孤立的点,因此在整个数轴上函数是严格递减的。

上述二例,都是函数在整个定义域上表现为递增或者递减。但有很多函数并不是这样,它们的定义域被分成若干个区间,在某一区间上可能是递增的,而在另一区间上则又是递减的。对于这样的函数,要作进一步的考虑,我们容易得出:如果导函数$f'(x)$是连续,则使$f'(x)$等于零的相邻两点之间,导数的符号一定是相同的。事实上,如果上述两点间的导数符号不相同,那么根据连续函数的性质(§3.4 定理 3 的推论),在这两点之间必有使导数为零的其他点存在,而这就与上述两点使导数等于零的相邻两点的假定相矛盾了。既然使导数为零的相邻两点之间的导数具有相同的符号,从而在这两点间的函数性态,不是严格递增的,就是严格递减的。因此我们可以提出一个判别函数增减性的一般步骤:

ⅰ)求$f(x)$的导函数$f'(x)$;

ⅱ)令$f'(x) = 0$求根;

ⅲ)以导函数的根将$f(x)$的定义域分成若干小区间,然后判别每个小区间内的导数符号,从而可以确定函数的增减性。

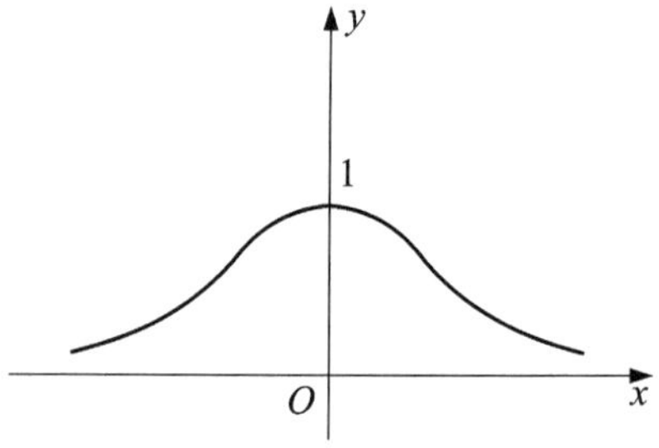

例 3 讨论函数$f(x) = e^{-x^2}$的增减性。

解 ⅰ)$f'(x) = -2xe^{-x^2}$

ⅱ)令$-2xe^{-x^2} = 0$,因$e^{-x^2} > 0$,所以$x = 0$。

ⅲ)[②]以$x = 0$将函数定义域$(-\infty, +\infty)$分成两

图 5.11

---

① 值得注意的是,在(a, b)内,$f'(x) > 0 (f'(x) < 0)$,只是函数严格递增(严格递减)的充分条件。因此,不能排除在区间的个别点处$f'(x) = 0$,甚至可以在无穷多个点处,有$f'(x) = 0$,只要这样的点不充满一个部分区间就可以。

② 第ⅲ)步的计算过程可以不写出来,而把判别的结果记入表格,见下列。此外,各小区间的导数符号,有的函数不必具体代值,通过观察即可确定。比如:由$f'(x) = -2xe^{-x^2}$知:当$x < 0$时,则$f'(x) > 0$;当$x > 0$时,则$f'(x) < 0$。

个区间：$(-\infty, 0)$，$(0, +\infty)$，在各小区间内任取一数代入导数中，以确定导数符号。

在 $(-\infty, 0)$ 内取 $x=-1$，有 $f'(-1)=-2\times(-1)\times e^{-1}>0$，从而 $f(x)$ 递增。在 $(0, +\infty)$ 内取 $x=1$，有 $f'(1)=-2\times1\times e^{-1}<0$，从而 $f(x)$ 递减（图 5.11）。

例 4 讨论函数 $f(x)=2x^3-9x^2+12x-3$ 的增减性。

解 ⅰ）$f'(x)=6x^2-18x+12$；

ⅱ）令 $6x^2-18x+12=0$，得二根：$x=1$，$x=2$；

ⅲ）以 $x=1$，$x=2$ 把定义域 $(-\infty, +\infty)$ 分成三个区间，在各区间内的增减情况如下表（参考图 5.12），为观察确定 $f(x)$ 在各区间的符号，把 $f'(x)$ 分解成：

$f'(x)=6(x-1)(x-2)$。

x	$(-\infty, 1)$	$(1, 2)$	$(2, +\infty)$
$f'(x)$	+	−	+
$f(x)$	递增	递减	递增

上述定理还可以用来证明一些常用的不等式。

例 5 证明当 $0<x<\pi$ 时，$\sin x<x$。

证明 令 $f(x)=x-\sin x$。当 $0<x<\pi$ 时，$f'(x)=1-\cos x>0$，故 $f(x)$ 是严格递增的。而 $f(0)=0$，所以当 $0<x<\pi$ 时，$f(x)>0$，即 $\sin x<x$。

例 6 证明当 $x>0$ 时，$e^x>1+x$。

证明 令 $f(x)=e^x-1-x$，当 $x>0$ 时，

$f'(x)=e^x-1>0$，故 $f(x)$ 严格递增。而 $f(0)=0$，所以当 $x>0$ 时，$f(x)>0$，即 $e^x>1+x$。

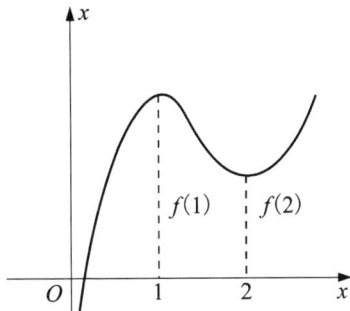

图 5.12

§5.5　极值

在工农业生产和科学实验中，经常要考虑在一定条件下，怎样使材料最省、效率最高、性能最好等问题，这类问题在许多情形下，就归结为求函数的最大值和最小值。但是在讨论函数的最大值和最小值以前，我们首先需要研究函数的极值问题，因为它是讨论最大值和最小值的基础。

一、极值的概念

当我们讨论函数的增减性时，曾遇到这样的情形：函数先是递增的，到达某一点后它又变为递减的，也有与此相反的情形。还有，例如上一节的例 4，这两种情形都存在。函数的增减性发生转变的地方，就出现了这样的函数值：与附近的函数值比较起来，它是最大的或者最小的。比如图 5.12 中的函数值 $f(1)$ 就大于附近的函数值，而 $f(2)$ 便小于附近的函数

值，像这样局部性的最大的或最小的函数值，统称为函数的极值，前者称为极大值，后者称为极小值，下面给出定义。

定义 如果对 x_0 点附近的任何 x，都有 $f(x) \leqslant f(x_0)$ $(f(x) \geqslant f(x_0))$，则说函数 $f(x)$ 在 x_0 点取得相对极大值（相对极小值），简称**极大值（极小值）**，而称 x_0 为**极大值点（极小值点）**。

极大值和极小值统称为**极值**，极大值点和极小值点统称为**极值点**。

由定义可知，函数的极值乃是在一点附近的小范围内的最大值或最小值，它是局部性的。因此，一个定义在区间 $[a,b]$ 上的函数，它在 $[a,b]$ 上可以有许多个极大值和极小值，但其中的极大值不一定都大于每个极小值。例如图 5.13 中的函数 $y=f(x)$，它在 x_1, x_3, x_5 三点取得了极大值；而在 x_2, x_4 两点取得了极小值，但其极大值 $f(x_1)$ 就小于极小值 $f(x_4)$。在几何上，极大值对应于函数曲线的峰，极小值对应于谷，个别的谷可以高于个别的峰。

其次由定义可知，函数的极值一定在区间的某一内点达到，而不能在区间的端点出现，因为作为极值，就要同它左、右两侧的函数值一同来比较。

同时注意到，定义中的不等式都带等号（广义不等式），如果对于 x_0 点附近的任何 $x \neq x_0$，等号都不成立，那么这可以说是狭义极值。图 5.13 中的极值都是狭义的，属于这种意义的极值最常见，这也就是通常所说的极值。如果不等式中的等号有时也成立，即广义极值又是什么情况呢？这是比较特殊的情形，我们利用图象加以说明。图 5.14 中的函数 $y=f(x)$，就 x_0 点来说，在它的右邻域内的函数值都小于 $f(x_0)$，而在左邻域内的函数值都等于 $f(x_0)$，根据极值定义，$f(x)$ 在 x_0 点便达到了极大值，这种情形即属于广义极值。

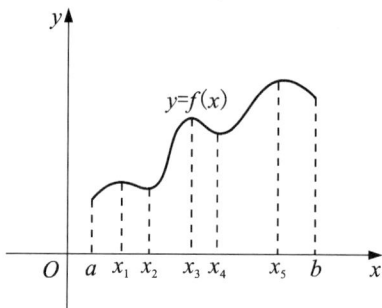

图 5.13

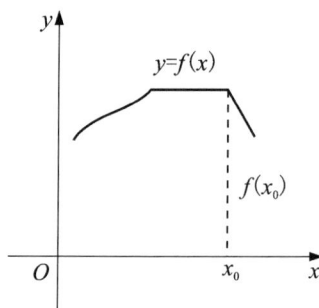

图 5.14

二、极值的判别

对于一个给定的函数，究竟它在哪一点能够取得极值，并且是取得了极大值还是极小值，这就涉及极值的判别问题了。如果根据极值定义来判别极值的存在，那将是很困难的；不过在这个问题上，导数却可以起着重要的作用。

首先由 §5.1 中的费尔马定理，立即可以得到下面的定理。

定理 1 （极值存在的必要条件）如果函数 $f(x)$ 在点 x_0 可导，且在这点取得极值，则 $f'(x_0)=0$。

证明 由于 $f(x_0)$ 是 $f(x)$ 的极值，因而对于 x_0 点附近的任意 x，总有

$$f(x) \geqslant f(x_0) \text{ 或 } f(x) \leqslant f(x_0)$$

根据费尔马定理便有 $f'(x_0)=0$。

定理告诉我们：一个可导函数在某一点的导数为零，乃是函数在该点取得极值的必要条件。也就是说，如果可导函数在某一点的导数不为零，那么它在这一点肯定就不能取得极值。由此我们明确了一个十分重要的事实：一个可导函数的极值点必须在使它的导数为零的点当中去寻找，除此以外是不会有的。那么是否使导数等于零的点都是极值点呢？这倒不一定，即是说，上述定理的条件并不是充分的。事实上也确有这样的函数，虽然 $f'(x)=0$，但 x_0 点并不是极值点。例如函数 $f(x)=x^3$，它的导数是 $f'(x)=3x^2$，于是在点 $x=0$ 的导数值为 $f'(0)=0$；但是这个函数是严格递增的，点 $x=0$ 点不是它的极值点[参考图 5.15(a)]。

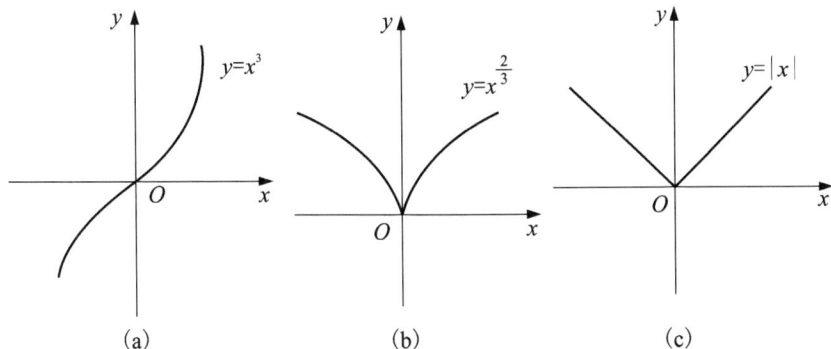

图 5.15

此外，有的函数在它不存在导数的点处也可能取得极值。例如 $f(x)=x^{\frac{2}{3}}$ 及 $f(x)=|x|$，显然都在点 $x=0$ 取得极小值(图 5.15(b)，(c))，但这两个函数在点 $x=0$ 都不可导(前者的导数是无穷大，后者的左、右导数不相等，即不存在导数)。

但是，函数在它的不可导点，并不是都能取得极值。例如 $f(x)=x^{\frac{1}{3}}$，在 $x=0$ 不可导(导数为无穷大)，但它在这一点并没有取得极值(图 5.16)。

为了叙述上的方便，我们把导数等于零的点称为函数的稳定点。根据以上的讨论，当我们判定一个函数的极值时，只须考察函数的稳定点以及导数不存在的点。下述定理提供了判别函数极值的方法。

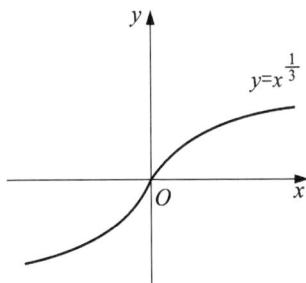

图 5.16

定理 2　(极值第一判别法)设 x_0 是函数 $f(x)$ 的稳定点或不可导点，在 x_0 点附近，如果

ⅰ)当 $x<x_0$ 时，$f'(x)>0$；当 $x>x_0$ 时，$f'(x)<0$，则 $f(x)$ 在 x_0 点取得极大值。

ⅱ)当 $x<x_0$ 时，$f'(x)<0$；当 $x>x_0$ 时，$f'(x)>0$，则 $f(x)$ 在 x_0 点取得极小值。

ⅲ)如果 x_0 点的左、右领域内的导数同号，则 $f(x)$ 在 x_0 点没取得极值。

证明　ⅰ)根据定理，便知 $f(x)$ 在 x_0 点的左领域内严格递增，而在右领域内严格递减，所以 $f(x)$ 在 x_0 点取得极大值 $f(x_0)$。

同理可证ⅱ)。

ⅲ)显然 $f(x)$ 在 x_0 点的整个邻域内是严格递增或严格递减的，因此 $f(x)$ 在 x_0 点未取得极值。(证毕)

这个判别法也可以描述为：当 x 从 x_0 点的左侧变到右侧时，如果 $f'(x)$ 改变符号，则函数取得极值：若由正变负，则取得极大值；若由负变正，则取得极小值；如果 $f'(x)$ 不变号，则未取得极值。

上述判别法是利用导数的符号来判别函数的极值的，因为在几何上，导数是切线的斜率，如果把导数符号与切线的倾斜角联系起来（$f'(x)>0$ 时，倾斜角是锐角，$f'(x)<0$ 时，倾斜角是钝角），对于理解定理是很有帮助的，可以参考图 5.17(a)、(b)、(c)。

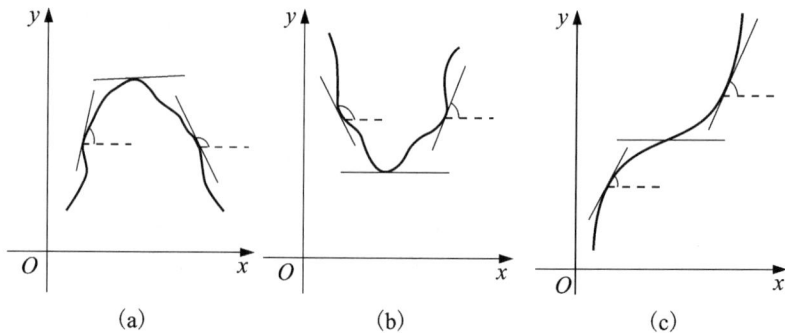

(a)　　　　　　　　(b)　　　　　　　　(c)

图 5.17

整个判别过程，按以下三个步骤进行：

ⅰ)求导数 $f'(x)$；

ⅱ)求稳定点（即求方程 $f'(x)=0$ 的根和不可导点）；

ⅲ)以稳定点及不可导点作为分点，把函数的定义域分成小区间，然后考察各小区间的导数符号，从而求出极值。

例 1　求函数 $f(x)=(x+2)^2(x-1)^3$ 的极值。

解　函数的定义域是整个数轴，并且处处可导。

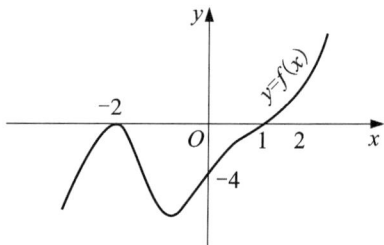

图 5.18

ⅰ) $f'(x)=2(x+2)(x-1)^3+3(x+2)^2(x-1)^2$
$\qquad = (x+2)(x-1)^2(5x+4)$

ⅱ)令 $(x+2)(x-1)^2(5x+4)=0$

解得　　　　　$x_1=-2$，$x_2=-\dfrac{4}{5}$，$x_3=1$

ⅲ)经过计算，得出下表（参考图 5.18）：

x	$(-\infty,-2)$	-2	$\left(-2,-\dfrac{4}{5}\right)$	$-\dfrac{4}{5}$	$\left(-\dfrac{4}{5},1\right)$	1	$(1,+\infty)$
$f'(x)$	$+$	0	$-$	0	$+$	0	$+$
$f(x)$	↗	极大值 0	↘	极小值 -6.4	↗	无极值	↗

例 2　求函数 $f(x)=(x-1)\sqrt[3]{x^2}$ 的极值。

解　ⅰ) $f'(x)=x^{\frac{2}{3}}+\dfrac{2}{3}(x-1)x^{-\frac{1}{3}}=\dfrac{5x-2}{3\sqrt[3]{x}}$

ii）令 $\dfrac{5x-2}{3\sqrt[3]{x}}=0$，解得 $x=\dfrac{2}{5}$，又当 $x=0$ 时，导数不存

在（无穷大）；

iii）经计算得下表（参考图 5.19）：

x	$(-\infty,0)$	0	$\left(0,\dfrac{2}{5}\right)$	$\dfrac{2}{5}$	$\left(\dfrac{2}{5},+\infty\right)$
$f'(x)$	$+$	不存在	$-$	0	$+$
$f(x)$	↗	极大值 0	↘	极小值 $-\dfrac{3}{5}\sqrt[3]{\dfrac{4}{25}}$	↗

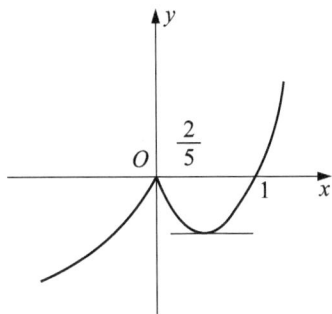

图 5.19

上面介绍的判别法是根据导数 $f'(x)$ 在点 x_0 附近的符号来判别的。如果函数 $f(x)$ 不仅在点 x_0 附近有一阶导数，而且在点 x_0 处有二阶导数的话，还有以下的判别法。

定理 3　（极值第二判别法）设函数 $f(x)$ 在 x_0 点附近有一阶和二阶导数，且 $f'(x_0)=0$，$f''(x_0)\neq 0$，于是

ⅰ）若 $f''(x_0)>0$，则 $f(x)$ 在 x_0 点取得极小值；

ⅱ）若 $f''(x_0)<0$，则 $f(x)$ 在 x_0 点取得极大值。

证明　ⅰ）由二阶导数定义，且因 $f'(x_0)=0$，我们有

$f''(x_0)=\lim\limits_{\Delta x\to 0}\dfrac{f'(x_0+\Delta x)-f'(x_0)}{\Delta x}=\lim\limits_{\Delta x\to 0}\dfrac{f'(x_0+\Delta x)}{\Delta x}>0$。于是，根据极限性质（§2.4 三），当

$|\Delta x|$ 充分小时，$\dfrac{f'(x_0+\Delta x)}{\Delta x}>0$。由此可知，当 $\Delta x>0$ 时，$f'(x_0+\Delta x)>0$；当 $\Delta x<0$ 时，$f'(x_0+\Delta x)<0$。这就是说，当 x 取值于 x_0 点的左近旁时，$f'(x)<0$；当 x 取值于 x_0 点的右近旁时，$f'(x)>0$，由上述定理 3①，便知 x_0 是 $f(x)$ 的极小值点。

同理可证 ⅱ）。

例 3　求函数 $f(x)=x^2+\dfrac{432}{x}$ 的极值。

解　1）$f'(x)=2x-\dfrac{432}{x^2}$；

2）令 $2x-\dfrac{432}{x^2}=0$，即 $x^3-216=0$，得稳定点 $x=6$。

3）又 $f''(x)=2+\dfrac{864}{x^3}$，

以 $x=6$ 代入 $f''(x)$，有 $f''(6)=2+\dfrac{864}{216}>0$，故在点 $x=6$，$f(x)$ 有极小值：

$f(6)=6^2+\dfrac{432}{6}=108$。

---

①　如果 $f'(x_0)=0$，并且 $f''(x_0)=0$，则函数 $f(x)$ 在 x_0 点可能有极大值，也可能有极小值，也可能没有极值，此时第二判别法失效，可用第一判别法。

例 4 求函数 $f(x)=x^3(x-5)^2$ 的极值。

解 1)$f'(x)=3x^2(x-5)^2+2x^3(x-5)$
$$=5x^2(x-5)(x-3)$$

2)令 $5x^2(x-5)(x-3)=0$，得稳定点：$x=0,3,5$

3)又 $f''(x)=10x(x-5)(x-3)+5x^2(x-3)+5x^2(x-5)=10x(2x^2-12x+15)$

以稳定点代入 $f''(x)$，得

$f''(3)=-90<0$，在 $x=3$ 有极大值 $f(3)=108$，

$f''(5)=250>0$，在 $x=5$ 有极小值 $f(5)=0$，

$f''(0)=0$，极限第二判别法无效。

对于点 $x=0$，可按判别法一来确定。对 $f'(x)=5x^2(x-5)(x-3)$ 观察可知，当 x 取绝对值很小的负数时，则 $f'(x)>0$；当 x 取很小的正数时，仍然 $f'(x)>0$，所以在点 $x=0$，$f(x)$ 无极值。

三、最大值和最小值

如果函数在闭区间 $[a,b]$ 上连续，根据连续函数性质，$f(x)$ 在 $[a,b]$ 上一定有最大值和最小值。下面就来讨论最大最小值的求法。因为最大值和最小值在求法上是一样的，我们仅就最大值进行讨论。

首先应当注意的是，所说在闭区间 $[a,b]$ 上的最大值，是指整个区间上的所有函数值当中的最大者，从而它具有整体性，这就与极大值的概念不相同了。我们知道，极大值带有局部性，只要求它与左、右近旁的函数值相比较为最大。不难想象，函数的最大值既可能在区间 $[a,b]$ 的某一内点取得，也可能在区间的端点取得。当然，如果最大值在区间的端点取得，那么它就不可能同时也是极大值了。

根据以上的探讨，可以得出求最大值的方法：

先求出 $f(x)$ 在区间 $[a,b]$ 内的所有极大值，然后把这些极大值同区间端点的函数值 $f(a)$ 和 $f(b)$ 放在一起进行比较，其中的最大者，当然就是 $f(x)$ 在 $[a,b]$ 上的最大值。为了避免判别极值过程的麻烦，也可以这样做：把所有可能取得极值的点(包括函数的稳定点和不可导点)以及区间端点处的函数值都算出来，然后从中选出最大者。

类似地，从函数的所有极小值和在区间端点的函数值中选出最小的，自然就是函数在这个闭区间上的最小值了。

以上是就闭区间来讨论的，如果我们是在一个开区间或在无穷区间内考察最大值的话，那么只要能够断定最大值是存在的(因为函数在开区间或无穷区间内，不一定有最大值)，则从极大值中选出最大的就可以了，至于最小值，也按照这种方法处理。

例 5 求函数 $f(x)=(x-1)\sqrt[3]{x^2}$ 在闭区间 $\left[-1,\dfrac{1}{2}\right]$ 上的最大最小值。

解 由前面例 2 已知 $f(x)$ 在 $\left[-1,\dfrac{1}{2}\right]$ 内的极大值是 0，极小值是 $-\dfrac{3}{5}\sqrt[3]{\dfrac{4}{25}}$；而在区间端点有 $f(-1)=-2$，$f\left(\dfrac{1}{2}\right)=-\dfrac{1}{4}\sqrt[3]{2}$。因此函数的最大值是 0，最小值是 -2。

例 6　求函数 $f(x)=x+\dfrac{1}{x}$ 在区间 $[0.01,100]$ 上的最大最小值。

解　求导数得 $f'(x)=1-\dfrac{1}{x^2}=\dfrac{x^2-1}{x^2}$

令 $\dfrac{x^2-1}{x^2}=0$，即 $x^2-1=0$，解得 $x_1=1$，$x_2=-1$

由于现在是在区间 $[0.01,100]$ 上来考察的，所以在此区间内只有一个稳定点 $x_1=1$。

又知 $f(0.01)=100.01$，$f(100)=100.01$，$f(1)=2$，所以最大值是 100.01，最小值是 2。

四、应用问题

应用极值理论解决一些实际问题，具有十分重要的意义。在应用问题中，往往归结为求函数的最大值或最小值，并且在很多情况下，则是需要求出函数的最大值点或最小值点。

例 7　设有一块边长为 a 的正方形铁皮，从各角截去同样的小方块，作成一个无盖的盒子，问小方块的边长多少，使盒子容积最大。

解　用 x 表示截去的小方块的边长（图 5.20），则盒子容积可表示为 x 的函数 $f(x)=x(a-2x)^2\left(0<x<\dfrac{a}{2}\right)\cdots\cdots(1)$

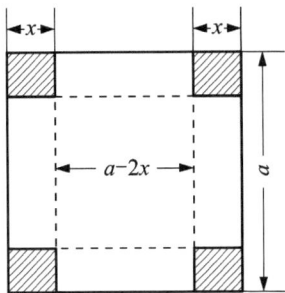

图 5.20

问题归结为求 $f(x)$ 的最大值点。

先算出函数（1）的导数：
$$f'(x)=(a-2x)^2-4x(a-2x)$$
$$=(a-2x)(a-6x)$$

解方程 $(a-2x)(a-6x)=0$，得 $x=\dfrac{a}{2}$，$x=\dfrac{a}{6}$。其中 $x=\dfrac{a}{2}$ 不属于区间 $\left(0,\dfrac{a}{2}\right)$ 即只有一个

稳定点 $x=\dfrac{a}{6}$。又 $f''(x)=-2(a-6x)-6(a-2x)$，所以 $f''\left(\dfrac{a}{6}\right)=-6\left(a-\dfrac{a}{3}\right)<0$

根据判别法 2，$x=\dfrac{a}{6}$ 是函数（1）的极大值点，由题意可知函数是存在最大值的，故 $x=\dfrac{a}{6}$

同时也是最大值点。即截去小方块的边长为 $\dfrac{a}{6}$ 时，盒子容积最大。

例 8　要制造一个容积为 V 的带盖圆桶，问圆的半径 r 和桶高 h 如何确定，则所用材料最省。

解　要材料最省，就是要使圆桶的表面积最小。圆桶容积已给定为 V，如果圆半径 r 确定了，那么高 h 也随之确定。因为 $\pi r^2 h=V$，从而 $h=\dfrac{V}{\pi r^2}$。

因此，我们可以取 r 为自变量，构造一个表示桶的表面积的函数。桶表面积有三部分：底和盖的面积，都等于 πr^2，侧面积等于 $2\pi rh=2\pi r\,\dfrac{V}{\pi r^2}=\dfrac{2V}{r}$（图 5.21）。由此得函数 $f(r)=$

$2\pi r^2 + \dfrac{2V}{r}(0<r<+\infty)$……（1）问题是要求这个函数的最小值点。

先算出（1）式的导数 $f'(r) = 4\pi r - \dfrac{2V}{r^2}$，解方程 $4\pi r - \dfrac{2V}{r^2} = 0$，即

$r^3 - \dfrac{V}{2\pi} = 0$，这是 r 的三次方程，有三个根，其中只有一个实根：$r = $

$\sqrt[3]{\dfrac{V}{2\pi}}$，它在区间 $(0, +\infty)$ 内部，即函数 $f(r)$ 在此区间内只有一个

稳定点。又 $f''(r) = 4\pi + \dfrac{4V}{r^3}$，代入得

$$f''\left(\sqrt[3]{\dfrac{V}{2\pi}}\right) = 4\pi + \dfrac{4V}{\dfrac{V}{2\pi}} = 4\pi + 8\pi = 12\pi > 0$$

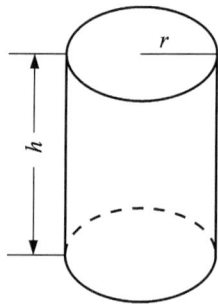

图 5.21

根据判别法二，$r = \sqrt[3]{\dfrac{V}{2\pi}}$ 是函数（1）的极小值点，同时也是最小值点。

我们还注意到，当 $r = \sqrt[3]{\dfrac{V}{2\pi}}$ 时，$h = \dfrac{V}{\pi r^2} = \dfrac{Vr}{\pi r^3} = \dfrac{Vr}{\pi \dfrac{V}{2\pi}} = 2r$

即圆桶的高等于圆桶的直径。这种圆柱形容器，在实际中常采用，比如罐头盒，贮油罐等，常采用此形状。

例 9 要将直径为 d 的圆形木锯成一个具有最大抗弯强度的矩形梁（图 5.22），问断面的高和宽各多少？

解 由材料力学知道，矩形断面梁的强度与矩形的宽成正比，与高的平方也成正比。

设 x，y 分别为矩形的宽和高，则梁的强度 $P = kxy^2$，而 $y^2 = d^2 - x^2$，于是

$P(x) = kx(d^2 - x^2) = kd^2x - kx^3 (0 < x < d)$

所以问题就归结为求函数 $P(x)$ 在区间 $(0, d)$ 内的最大值。

求导数 $P'(x) = kd^2 - 3kx^2$

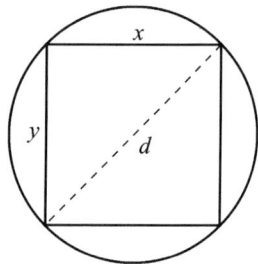

图 5.22

解 方程 $kd^2 - 3kx^2 = 0$，得 $x_1 = \dfrac{d}{\sqrt{3}}$，$x_2 = -\dfrac{d}{\sqrt{3}}$，可见在区间

$(0, d)$ 内只有一个稳定点 $x = \dfrac{d}{\sqrt{3}}$。又 $P''(x) = -6kx$，于是 $P''\left(\dfrac{d}{\sqrt{3}}\right) = -6k\dfrac{d}{\sqrt{3}} < 0$，故 $x = \dfrac{d}{\sqrt{3}}$ 是函数

$P(x)$ 的极大值点。由题意可知，$P(x)$ 在区间 $(0, d)$ 内必有最大值，因此这个极大值点也就是最大值点。

当 $x = \dfrac{d}{\sqrt{3}}$ 时，$y = \sqrt{d^2 - \dfrac{d^2}{3}} = \sqrt{\dfrac{2}{3}}d$，即矩形断面的宽为 $\dfrac{d}{\sqrt{3}}$，高为 $\sqrt{\dfrac{2}{3}}d$ 时，梁的抗弯强度最大。

　　在实际问题中，往往根据问题的性质就可以断定可导函数 $y=f(x)$ 确实有最大值或最小值。这时，如果函数 $f(x)$ 只有一个稳定点 $x=x_0$，而且在定义区间内部，则不加讨论即可断定 $f(x_0)$ 是最大值或最小值。

　　例 10　采矿、采石常用炸药包爆破。问炸药包埋多深，爆破体积最大。

　　解　由实践知，爆破部分是圆锥漏斗形状（图5.23），锥的母线长就是炸药包的爆破半径 R，它是固定常数。

　　设 h 为炸药包埋藏的深度，则爆破体积为 $f(h)$ $=\frac{1}{3}\pi r^2 h=\frac{1}{3}\pi(R^2-h^2)h\,(0<h<R)$，现在的问题就是求这个函数的最大值。

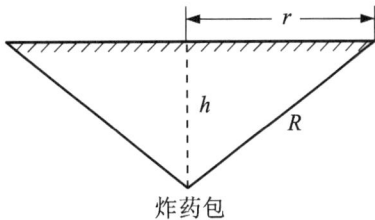

图 5.23

$$f'(h)=\frac{1}{3}\pi R^2-\pi h^2$$

　　方程 $\frac{1}{3}\pi R^2-\pi h^2=0$，得 $h=\pm R\sqrt{\frac{1}{3}}$，其中 $h=R\sqrt{\frac{1}{3}}$ 在区间 $(0,R)$ 内。

　　由于使爆破体积最大的深度一定存在，且 $f(h)$ 只有一个稳定点，并在 $(0,R)$ 内取得，故 $h=R\sqrt{\frac{1}{3}}$ 是函数 $f(h)$ 的最大值点，即当深度 $h=R\sqrt{\frac{1}{3}}$ 时，爆破体积最大。

§5.6　函数作图

　　函数的图象对于了解函数变化的规律有很大的直观作用，无论在生产实际和科学研究中都常利用。

　　在此以前，我们只会用描点的方法来描绘函数的图象，但这种方法有很大的缺陷。首先是不管我们画出多少个点，总要有大量的遗漏，在所找出的相邻二点之间无论函数有什么样的剧变，都是无从得知的，因此我们只能用一条比较光滑的曲线把相邻两点连接起来。这就是说，由于我们没有掌握函数图象的特征，从而使画出来的图象带有很大的盲目性；其次，采用描点法时，总是希望多找出一些点，因而计算烦琐，工作量大。

　　微分学这一工具使我们在函数作图时，对于所找的点可以进行选择。因为微分学能帮助我们分析函数图象的主要特征，在掌握了这些特征以后，只要找出少量的点，便可以比较准确地画出函数的图象。例如前面我们讨论了函数的增减变化，由此可以知道曲线在什么地方上升在什么地方下降。也讨论了函数的极值，由此明确了曲线的峰顶与谷底的所在。这些研究，对于绘制一个足以反映函数特征的图象，无疑都有很大的作用。但是要使图象具有进一步的准确性，还应该掌握曲线的凸凹与拐点，以及曲线的渐近线。本节就先来研究这几个问题，然后提出一个绘制函数图象的一般程序。

一、曲线的凸凹与拐点

函数的增减性，固然可以反映函数在某一区间的变化特征；但是同是某一区间上的递增或递减函数，而它们的曲线的弯曲方向也可能出现显著的差别。例如，函数 $y=x^2$ 与 $y=x^{\frac{1}{2}}$ 在区间 $[0,1]$ 上的图象虽然都是上升的（图 5.24），但 $y=x^2$ 是凹的，而 $y=x^{\frac{1}{2}}$ 是凸的，可见掌握曲线的凸凹变化，对于画出函数的图象，确实有好处。

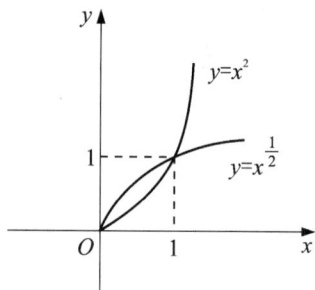 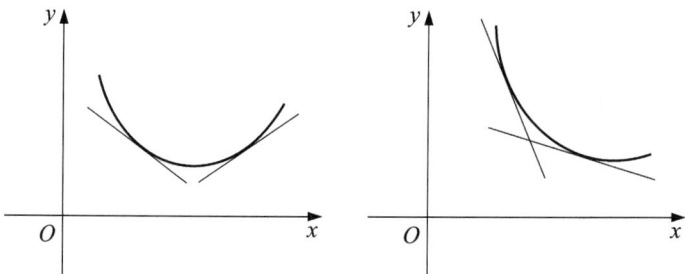

图 5.24   图 5.25

假定函数 $y=f(x)$ 在某一区间内是可导的，由于导数为有限数，那么曲线的切线就不是铅直的，因此切线的两侧就是切线的上侧和下侧，我们给出下面的定义。

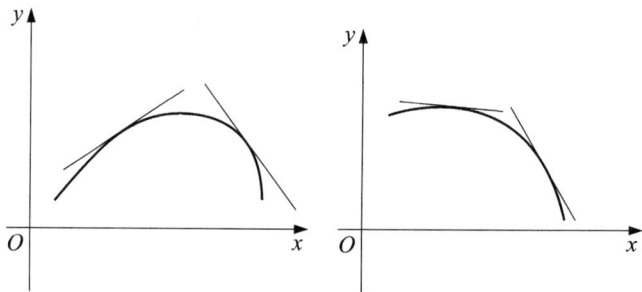

图 5.26

定义 若曲线弧位于每点处切线的上方（图 5.25），则称此曲线弧是凹的；若曲线弧位于每点处切线的下方（图 5.26），则称此曲线弧是**凸的**。

如果函数 $y=f(x)$ 具有二阶导数，我们给出一种判定曲线弧的凸凹的方法：

定理 （凸凹判别定理）设函数 $y=f(x)$ 在区间 (a,b) 内具有二阶导数 $f''(x)$，则在该区间内，

$1°$ 当 $f''(x)>0$ 时，曲线弧 $y=f(x)$ 是凹的；

$2°$ 当 $f''(x)<0$ 时，曲线弧 $y=f(x)$ 是凸的。

证明 设 x_0 和 x_1 是 (a,b) 内的任意两点 $(x_1\neq x_0)$，由泰勒公式（§5.3 公式（1）），便有

$$f(x_1) = f(x_0) + f'(x_0)(x_1 - x_0) + \frac{f''(\xi)}{21}(x_1 - x_0)^2 \quad (\xi \text{ 在 } x_0 \text{ 与 } x_1 \text{ 之间}) \quad (1)$$

此 $f(x_1)$ 是曲线弧上对应于 x_1 的点 M_1 的纵坐标（图 5.27）。又知曲线弧在点 $M_0(x_0, f(x_0))$ 的切线方程是 $y - f(x_0) = f'(x_0)(x - x_0)$，所以此切线上对应于 x_1 的点 P 的纵坐标是

$$y_1 = f(x_0) + f'(x_0)(x_1 - x_0) \quad (2)$$

由式（1）减式（2），得

$$f(x_1) - y_1 = \frac{f''(\xi)}{2!}(x_1 - x_0)^2 \quad (3)$$

当 $f''(x)$ 在 (a, b) 内恒为正（或负）时，则 $f''(\xi) > 0$（或 <0），因此由（3）式得 $f(x_1) > y_1$（或 $f(x_1) < y_1$），这表明曲线弧位于弧上任意一点 M_0 处的切线上方（或下方），从而曲线弧是凹（或凸）的。

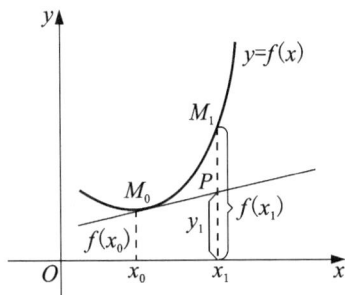

图 5.27

例 1　判定曲线 $y = \dfrac{1}{x}$ 的凸凹性。

解　函数 $f(x) = \dfrac{1}{x}$ 的定义域是 $(-\infty, 0)$，$(0, +\infty)$，又 $f'(x) = -\dfrac{1}{x^2}$，$f''(x) = \dfrac{2}{x^3}$，当 x 在 $(-\infty, 0)$ 内时，$f''(x) < 0$，故曲线是凸的；当 x 在 $(0, +\infty)$ 内时，$f''(x) > 0$，故曲线是凹的（参考图 5.28）。

曲线的拐点　曲线的拐点又称变曲点，即曲线的凸性与凹性发生变化的转折点，定义如下。

定义　曲线 $y = f(x)$ 的凸部与凹部的分界点，叫做曲线的拐点。

例如，函数 $y = \sin x$ 在区间 $(0, 2\pi)$ 内连续且可导。在区间 $(0, \pi)$ 内，曲线是凸的；而在区间 $(\pi, 2\pi)$ 内，曲线是凹的；凸部与凹部的分界点 $(\pi, 0)$ 便是曲线 $y = \sin x (0 < x < 2\pi)$ 的一个拐点（图 5.29）。

在曲线的拐点处引切线，则切线穿过曲线（参考图 5.29）。

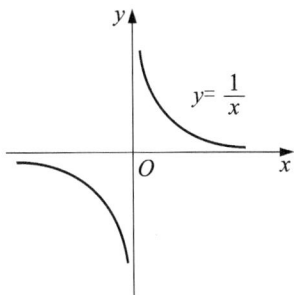

图 5.28

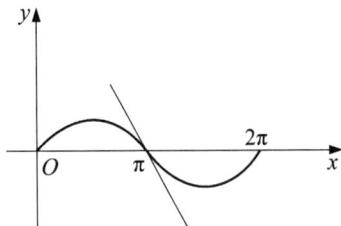

图 5.29

如果函数 $f(x)$ 在区间 (a, b) 内具有二阶连续导数 $f''(x)$，我们可按下述定理，利用二阶导数的符号来判别曲线的拐点。

定理 （拐点判别定理）设函数 $y=f(x)$ 在区间 (a, b) 内具有二阶连续导数 $f''(x)$，又 x_0 是 (a, b) 内一点：

ⅰ）若 $f''(x)$ 在点 x_0 的左边附近与右边附近具有相反的符号，则点 $(x_0, f(x_0))$ 是曲线 $y=f(x)$ 的拐点，并且这时 $f''(x_0)=0$；

ⅱ）若 $f''(x)$ 在点 x_0 的左边附近与右边附近具有相同的符号，则点 $(x_0, f(x_0))$ 不是曲线 $y=f(x)$ 的拐点。

证明 ⅰ）根据曲线弧的凸、凹判别定理，这时，在点 $(x_0, f(x_0))$ 左、右两边的曲线弧的凸凹性是相反的，按拐点定义，点 $(x_0, f(x_0))$ 便是拐点。又由 $f''(x)$ 的连续性及连续函数的介值定理（见 §3.4 定理 3 推论），立即得到 $f''(x_0)=0$。

ⅱ）根据凸、凹判别定理，这时，在点 $(x_0, f(x_0))$ 两边的曲线弧的凸凹性是相同的，所以点 $(x_0, f(x_0))$ 不是拐点。

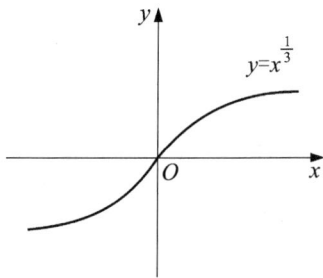

图 5.30

由此定理可知，如果函数 $f(x)$ 具有二阶导数，则点 $(x_0, f(x_0))$ 为拐点的必要条件是 $f''(x_0)=0$。因此曲线的拐点就得在使 $f''(x)=0$ 的点当中去找。但是二阶导数不存在的点，也可能是曲线的拐点。例如函数 $y=x^{\frac{1}{3}}$ 的二阶导数是 $y''=-\dfrac{2}{9x\sqrt[3]{x^2}}$，在点 $x=0$ 便不存在有限的二阶导数；但是如图 5.16 所示，点 $(0, 0)$ 却是曲线的拐点。因此当我们考察曲线的拐点时，必须把二阶导数等于零的点和二阶导数不存在的点都找出来，然后根据 $f''(x)$ 在这些点两边的符号加以判定。

综上所述，判别曲线 $y=f(x)$ 的凸凹区间与拐点，可采取以下步骤：

ⅰ）求函数的二阶导数 $f''(x)$；

ⅱ）令 $f''(x)=0$，解出这个方程的实根，并找出二阶导数不存在的点；

ⅲ）以二阶导数的根和二阶导数不存在的点把函数的定义域分成小区间，然后考察二阶导数在各小区间内的符号，从而可以判定曲线的凸、凹区间和拐点。

利用二阶导数的符号进行判别时，可参考下表（其中 x_0 是二阶导数等于 0 或不存在的点）：

x	$(x_0-\delta, x_0)$	x_0	$(x_0, x_0+\delta)$
	+（凹）	拐点	−（凸）
	−（凸）	拐点	+（凹）
$f''(x)$	+（凹）	非拐点	+（凹）
	−（凸）	非拐点	−（凸）

例 2 讨论函数 $f(x)=e^{-x^2}$ 的图象的凸凹区间及拐点。

解 ⅰ）求一、二阶导数 $f'(x)=-2xe^{-x^2}$，$f''(x)=2e^{-x^2}(2x^2-1)$

ⅱ）令 $2e^{-x^2}(2x^2-1)=0$，得两根 $x_1=\dfrac{1}{\sqrt{2}}$，$x_2=-\dfrac{1}{\sqrt{2}}$

ⅲ）以 $x_1 = \dfrac{1}{\sqrt{2}}$ 和 $x_2 = -\dfrac{1}{\sqrt{2}}$ 把定义域$(-\infty，+\infty)$分成若干小区间。讨论结果列成：

x	$\left(-\infty，-\dfrac{1}{\sqrt{2}}\right)$	$-\dfrac{1}{\sqrt{2}}$	$\left(-\dfrac{1}{\sqrt{2}}，\dfrac{1}{\sqrt{2}}\right)$	$\dfrac{1}{\sqrt{2}}$	$\left(\dfrac{1}{\sqrt{2}}，+\infty\right)$
$f''(x)$	+	0	−	0	+
$f(x)$	凹	拐点	凸	拐点	凹

例 3　讨论 $f(x) = (x-1)\sqrt[3]{x^2}$ 的凸凹区间及拐点。

解　ⅰ）$f'(x) = \dfrac{5}{3}x^{\frac{2}{3}} - \dfrac{2}{3}x^{-\frac{1}{3}}$，$f''(x) = \dfrac{10}{9}x^{-\frac{1}{3}} + \dfrac{2}{9}x^{-\frac{4}{3}} = \dfrac{2(5x+1)}{9x^{\frac{4}{3}}}$

ⅱ）令 $\dfrac{2(5x+1)}{9x^{\frac{4}{3}}} = 0$，得 $x = -\dfrac{1}{5}$，此外，当 $x = 0$ 时，$f''(x)$ 不存在。

ⅲ）以 $x = -\dfrac{1}{5}$ 和 $x = 0$ 把函数定义域$(-\infty，+\infty)$分成若干小区间，讨论结果如下表：

x	$\left(-\infty，-\dfrac{1}{5}\right)$	$-\dfrac{1}{5}$	$\left(-\dfrac{1}{5}，0\right)$	0	$(0，+\infty)$
$f''(x)$	−	0	+	不存在	+
$f(x)$	凸	拐点	凹	非拐点	凹

二、曲线的渐近线

我们在解析几何里就已知道，双曲线 $\dfrac{x^2}{a^2} - \dfrac{y^2}{b^2} = 1$ 有两条渐近线：

$$y = \frac{b}{a}x，\quad y = -\frac{b}{a}x$$

当双曲线上的点沿曲线趋向无穷远时，则该点与相应的渐近线可以无限地接近（图 5.31）。我们固然不能画出双曲线的全部情形，但由于渐近线的存在，却使我们可以掌握未画出部分的变化趋势。

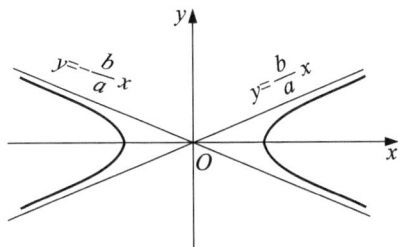

图 5.31

定义　如果曲线上的点沿曲线趋于无穷远时，此点与某一直线的距离趋于零，则称此直线是曲线的渐近线。

渐近线有铅直渐近线、水平渐近线和斜渐近线。现分别进行论：

（一）铅直渐近线

设 $y = f(x)$ 是给定的一条曲线。如果存在一点 c，当 $x \to c$ 时（有时需要考察 $x \to c^+$ 或 $x \to c^-$），$f(x) \to \infty$，则直线 $x = c$ 就是曲线 $y = f(x)$ 的铅直渐近线。这样的 c 点显然是函数 $f(x)$ 的一个无穷型间断点。

例如 $y = \ln x$，当 $x \to 0^+$ 时，$\ln x \to -\infty$；所以直线 $x = 0$（即 y 轴）是曲线 $y = \ln x$（对数曲线）的铅直渐近线（图 5.32）。

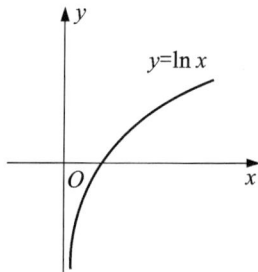

图 5.32

（二）斜渐近线和水平渐近线

假定直线 $y = ax + b$ ……(1) 是曲线 $y = f(x)$ 的一条非铅直渐近线，M 是向无穷远延伸的曲线分支上的一点，其横坐标是 x，点 M 到直线(1)的距离为 ρ（参考图 5.33）。为求出渐近线（即求方程(1)中的系数 a 和 b），可进行如下操作。

因点 M 趋于无穷远相当于 $x \to \infty$（有时需讨论 $x \to +\infty$ 或 $x \to -\infty$），根据渐近线定义，当 $x \to \infty$ 时，$\rho \to 0$。由图知 $\rho = |y - Y||\cos \alpha|$，其中 α 是直线(1)的倾斜角，由于直线(1)不是铅直的$\left(即 \alpha \neq \dfrac{\pi}{2}\right)$，所以 $\cos \alpha \neq 0$，从而 $|y - Y| = \dfrac{\rho}{|\cos \alpha|}$，因此当 $x \to +\infty$（或 $x \to -\infty$）时，$\rho \to 0$，就相当于当 $x \to +\infty$（或 $x \to -\infty$）时，$y - Y = f(x) - ax - b$，所以 $\lim\limits_{\substack{x \to +\infty \\ 或 -\infty}} [f(x) - ax - b] = 0$ ……(2)。

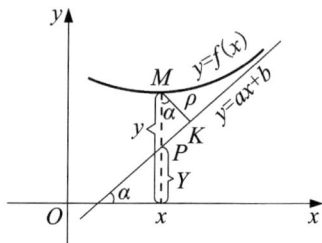

图 5.33

现在的问题是，如何利用(2)式来确定 a，b。

因 $\dfrac{f(x)}{x} = \dfrac{1}{x}[f(x) - ax - b] + a + \dfrac{b}{x}$，令 $x \to +\infty$（或 $-\infty$）取上式两端的极限，并注意(2)式，便得 $\lim\limits_{\substack{x \to +\infty \\ 或 -\infty}} \dfrac{f(x)}{x} = \lim\limits_{\substack{x \to +\infty \\ 或 -\infty}} \left\{ \dfrac{1}{x}[f(x) - ax - b] + a + \dfrac{b}{x} \right\} = a$，即 $a = \lim\limits_{\substack{x \to +\infty \\ 或 -\infty}} \dfrac{f(x)}{x}$ ……(3)，又由(2)式有 $b = \lim\limits_{\substack{x \to +\infty \\ 或 -\infty}} [f(x) - ax]$ ……(4)，把由(3)式求得的 a 代入(4)式便求出 b。利用(3)式和(4)式定出 a，b，便得到了直线(1)。

非铅直渐近线包括斜渐近线和水平渐近线。如果由(3)式算出的 $a \neq 0$，则得到的是斜渐近线。

如果 $a = 0$，则(4)式变成 $\lim\limits_{\substack{x \to +\infty \\ 或 -\infty}} f(x) = b$ ……(5)，由此即可算出 b。这时直线(1)变为 $y = b$，便是一条水平渐近线。事实上，(5)式也可以作为由函数 $y = f(x)$ 直接求水平渐近线的公式。

例 4 求曲线 $y = x + \arctan x$ 的渐近线。

解 因为这个函数在 $(-\infty, +\infty)$ 内连续，故无铅直渐近线。我们考察非铅直渐近线，先按上面(3)式求 a。

$a = \lim\limits_{x \to \infty} \dfrac{f(x)}{x} = \lim\limits_{x \to \infty} \left(1 + \dfrac{1}{x}\arctan x\right) = 1$（当 $x \to \infty$ 时，$\arctan x$ 是有界量，而 $\dfrac{1}{x}$ 是无穷小，从而 $\dfrac{1}{x}\arctan x \to 0$）

再按(4)式求 b。因 $f(x)-ax=x+\arctan x-x=\arctan x$，

所以 $\lim\limits_{x\to+\infty}\arctan x=\dfrac{\pi}{2}$，即 $b=\dfrac{\pi}{2}$，及 $\lim\limits_{x\to-\infty}\arctan x=-\dfrac{\pi}{2}$，即 b

$=-\dfrac{\pi}{2}$。

由上可知，所给曲线有两条斜渐近线(图 5.34)，当

$x\to+\infty$ 时，有渐近线 $y=x+\dfrac{\pi}{2}$；当 $x\to-\infty$ 时，有渐近线 $y=$

$x-\dfrac{\pi}{2}$(因 $a\ne0$，当然无水平渐近线)。

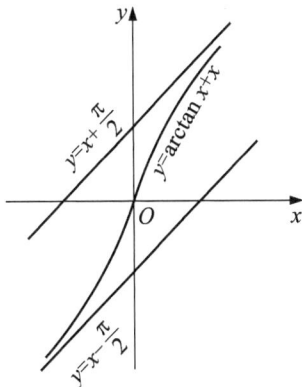

图 5.34

例 5　求 $y=\dfrac{x^2}{x+1}$ 的渐近线。

解　ⅰ)因函数在点 $x=-1$ 出现间断，应考察在这一点是否有铅直渐近线。事实上，$\lim\limits_{x\to-1^-}$

$\dfrac{x^2}{x+1}=-\infty$，$\lim\limits_{x\to-1^+}\dfrac{x^2}{x+1}=+\infty$，所以 $x=-1$ 是一条铅直渐近线。曲线在直线 $x=-1$ 左侧有向下无限

延伸的分支，在 $x=-1$ 的右侧有向上无限延伸的分支。

ⅱ) $\lim\limits_{x\to\infty}\dfrac{f(x)}{x}=\lim\limits_{x\to\infty}\dfrac{x}{x+1}=\lim\limits_{x\to\infty}\dfrac{1}{1+\dfrac{1}{x}}=1$，

即 $a=1$；又 $\lim\limits_{x\to\infty}[f(x)-ax]=\lim\limits_{x\to\infty}\left(\dfrac{x^2}{x+1}-x\right)$

$$=\lim\limits_{x\to\infty}\dfrac{-x}{x+1}=-1，即 b=-1。$$

故直线 $y=x-1$ 是曲线 $y=\dfrac{x^2}{x+1}$ 的一条斜渐近线(图 5.36)。

三、函数作图的一般步骤

对于一个给定的函数 $y=f(x)$，可以采取如下步骤描绘它的图象：

1)求出函数的定义域，查明函数是否有周期性和对称性。图象与坐标轴如果相交，找出
交点。

2)算出导数 $f'(x)$，以求极值和定升降，找出函数不存在导数的点，考察在该点有
无极值。

3)算出二阶导数 $f''(x)$，以确定曲线的凸凹和拐点。

4)讨论曲线的渐近线。

5)把上面求得的一些特殊点——极大值点、极小值点、拐点、两轴交点等描出来(有必要
时，在适当处再算出几点)，然后结合函数的特性画出全部图象。

例 6　描绘函数 $y=\dfrac{x}{1+x^2}$ 的图象。

解 1）函数的定义域是 $(-\infty,+\infty)$。

因 $f(-x)=\dfrac{-x}{1+(-x)^2}=-\dfrac{x}{1+x^2}=-f(x)$，故所给函数是奇函数，即图象对称于原点。因此可先画出 $x\geqslant 0$ 部分的图象（为使读者了解全面，下列表格是就全数轴作成的）。

当 $x=0$ 时，$y=0$，即图象过原点 $(0,0)$。

2）$f'(x)=\dfrac{1-x^2}{(1+x^2)^2}$，解方程 $\dfrac{1-x^2}{(1+x^2)^2}=0$，得两个稳定点：$x_1=-1$，$x_2=1$。在 $(-\infty,-1)$ 内，$f'(x)<0$；在 $(-1,1)$ 内，$f'(x)>0$；在 $(1,+\infty)$ 内，$f'(x)<0$；因此，曲线在 $(-\infty,-1)$ 内下降，在 $(-1,1)$ 内上升，在 $(1,+\infty)$ 内下降。于是 $x_1=-1$ 是极小值点，$x_2=1$ 是极大值点。

3）$f''(x)=\dfrac{2x(x^2-3)}{(1+x^2)^3}$，解方程 $\dfrac{2x(x^2-3)}{(1+x^2)^3}=0$，得 $x_3=0$，$x_4=-\sqrt{3}$，$x_5=\sqrt{3}$。

在 $(-\infty,-\sqrt{3})$ 内，$f''(x)<0$，从而曲线是凸的；在 $(-\sqrt{3},0)$ 内，$f''(x)>0$，从而曲线是凹的；在 $(0,\sqrt{3})$ 内，$f''(x)<0$，从而曲线是凸的；在 $(\sqrt{3},+\infty)$ 内，$f''(x)>0$，从而曲线是凹的；于是 $(-\sqrt{3},-0.43)$，$(0,0)$ 和 $(\sqrt{3},0.43)$ 都是拐点。

4）因函数在整个数轴上连续，故无铅直渐近线。由前面的求渐近线公式 (3)，(4)，有 $\lim\limits_{x\to\infty}\dfrac{f(x)}{x}=\lim\limits_{x\to\infty}\dfrac{1}{1+x^2}=0$，即 $a=0$，所以也没有斜渐近线。但由于

$\lim\limits_{x\to\infty}f(x)=\lim\limits_{x\to\infty}\dfrac{x}{1+x^2}=0$，即 $b=0$，故知 $y=0$（即 x 轴）是一条水平渐近线。

综合以上讨论，列在下表。

x	y	y'	y''	说明
$(-\infty,-\sqrt{3})$		$-$	$-$	下降，凸
$-\sqrt{3}$	-0.43		0	拐点
$(-\sqrt{3},-1)$		$-$	$+$	下降，凹
-1	$-\dfrac{1}{2}$	0		极小
$(-1,0)$		$+$	$+$	上升，凸
0	0		0	拐点，轴交点
$(0,1)$		$+$	$-$	上升，凸
1	$\dfrac{1}{2}$	0		极大
$(1,\sqrt{3})$		$-$	$-$	下降，凸
$\sqrt{3}$	0.43		0	拐点
$(\sqrt{3},+\infty)$		$-$	$+$	下降，凹

给出图象如图 5.35。

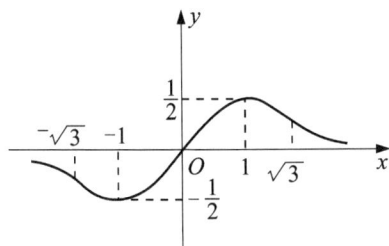

图 5.35

例 7　描绘函数 $y = \dfrac{x^2}{1+x}$ 的图象。

解　1)除 $x = -1$ 外,函数在整个数轴上有定义,且连续,即 $x = -1$ 为间断点。

当 $x = 0$ 时,$y = 0$,故曲线过原点。

2)$f'(x) = \dfrac{x(x+2)}{(1+x)^2}$,解方程 $\dfrac{x(x+2)}{(1+x)^2} = 0$,得稳定点:$x_1 = 0$,$x_2 = -2$。当 $x = -1$ 时,导数不存在;但因 $x = -1$ 是间断点,故在此处无极值。

3)$f''(x) = \dfrac{2}{(1+x)^3}$,因 $f''(x) \neq 0$,故无拐点。

4)在前面例 4,已求得这条曲线的铅直渐近线为 $x = -1$,斜渐近线为 $y = x - 1$。

综合以上讨论,得下表:

x	$(-\infty, -2)$	-2	$(-2, 1)$	-1	$(-1, 0)$	0	$(0, +\infty)$
y		-4		无定义		0	
y'	$+$	0	$-$		$-$	0	$-$
y''	$-$		$-$		$+$		$+$
说明	上升凸	极大	下降凸	间断点	下降凹	极小	上升凸

给出图象如下(图 5.36):

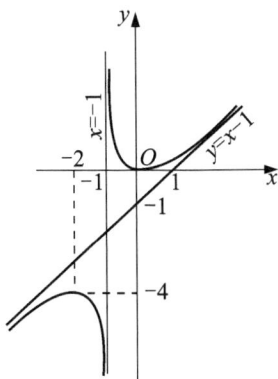

图 5.36

§5.7 曲线的曲率

前一节在函数作图的研究中，已经涉及微分学在几何上的应用，这一节我们利用微分学这个工具来讨论有关曲线的基本概念——曲率。这个问题也属于几何范畴，在解决实际问题中是很常见的。

曲率

在工程技术中，经常碰到与曲线的弯曲程度有关的问题，例如铺设铁轨，在铁路拐弯的地方，就不能将直线轨道急剧地改为弯曲轨道。即是说，不能把弯拐得过急，必须研究轨道的弯曲程度。

究竟怎样来刻画曲线的弯曲程度呢？比如说，有人告诉你：铁路在某段路上转了 30° 的弯，显然你不能据此来判断这段铁路所拐的弯究竟是急还是慢。因为如果铁路是在两公里长的一段路上转了 30°，那么这个弯曲程度可以说是很平常；但是如果在 100 公尺的路程上就转了 30°，那显然弯子来的就太急了。由此看来，弯曲程度要由方向改变的大小以及它是在多长一段路程上实现改变的这两个因素来决定。并且还可以大概地想象到：弯曲程度与方向改变的大小成正比，与所经过的路程成反比。

（一）曲率定义

设 M 和 M' 是曲线上两点（图 5.37）。假如曲线在点 M 和点 M' 的切线斜角分别是 α 和 $\alpha+\Delta\alpha$，那么当点从 M 沿曲线变到 M' 时，角度改变了 $\Delta\alpha$，而改变这个角度所经的路程则是弧长 $\Delta s = \widehat{MM'}$。我们把比值 $\left|\dfrac{\Delta\alpha}{\Delta s}\right|$ 叫做曲线在 Δs 这一段弧上的**平均曲率**。很明显，平均曲率并不能刻画曲线在某一点附近的弯曲程度有多大，可是在实际问题中，需要知道的却是曲线在某一点的曲率。因此有下面的定义。

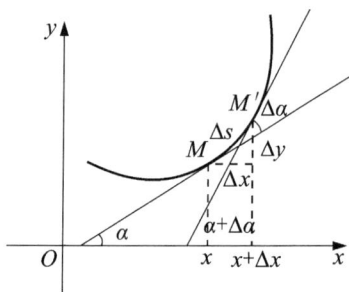

图 5.37

定义 极限值 $k = \left|\dfrac{\mathrm{d}\alpha}{\mathrm{d}s}\right| = \lim\limits_{\Delta x \to 0}\left|\dfrac{\Delta\alpha}{\Delta s}\right|$，称为曲线在点 M 的**曲率**。

圆的曲率 同一个圆的各个部分的弯曲程度都是一样的。但是如果画出几个半径不同的圆（图 5.38），使它们在某一点有公共的切线，则会清楚地看出，半径愈小的圆，弯曲得愈厉害。事实上，根据曲率定义，我们很容易证明：圆上任何一点的曲率都等于半径的倒数。

设圆的半径长为 r，由图 5.39 可知，在点 M 和 M' 处的切线交角 $\Delta\alpha$ 等于圆心角 $\angle MO'M'$。

但是 $\angle MO'M' = \dfrac{\Delta s}{r}$，所以 $\dfrac{\Delta\alpha}{\Delta s} = \dfrac{\dfrac{\Delta s}{r}}{\Delta s} = \dfrac{1}{r}$。从而 $k = \lim\limits_{\Delta x \to 0}\left|\dfrac{\Delta\alpha}{\Delta s}\right| = \lim\limits_{\Delta x \to 0}\dfrac{1}{r} = \dfrac{1}{r}$。

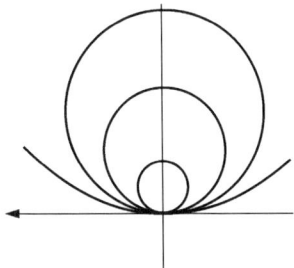

图 5.38

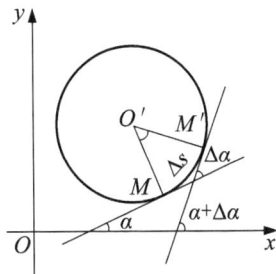

图 5.39

证明的结果确实肯定了我们的直感认识是对的：圆的半径愈大则曲率愈小，半径愈小则曲率愈大；在同一个圆上，各处的曲率都是相同的。

根据曲率定义，容易算出直线的曲率等于零。

（二）弧长的微分公式

为计算曲率，先介绍一个很重要的公式——弧长微分公式。

从图 6.39 可以明显地看出，当 M' 与 M 充分靠近时，弧长 $\Delta s = \overset{\frown}{MM}$ 可以近似地用弦长 MM' 来代替（以直代曲），并且

$$\lim_{M' \to M} \frac{\overset{\frown}{MM'}}{MM'} = 1$$

另外，我们有

$$\frac{\Delta s}{\Delta x} = \frac{\overset{\frown}{MM'}}{\Delta x} = \frac{\overset{\frown}{MM'}}{MM'} \cdot \frac{MM'}{\Delta} = \frac{\overset{\frown}{MM'}}{MM'} \cdot \frac{\sqrt{(\Delta x)^2 + (\Delta y)^2}}{\Delta x}$$

$$= \frac{\overset{\frown}{MM'}}{MM'} \sqrt{1 + \left(\frac{\Delta y}{\Delta x}\right)^2}$$

令 $\Delta x \to 0$，上述两端取极限，便得

$$\lim_{\Delta x \to 0} \frac{\Delta s}{\Delta x} = \lim_{\Delta x \to 0} \left(\frac{\overset{\frown}{MM'}}{MM'} \sqrt{1 + \left(\frac{\Delta y}{\Delta x}\right)^2} \right) = \lim_{M' \to M} \left(\frac{\overset{\frown}{MM'}}{MM'} \lim_{\Delta x \to 0} \sqrt{1 + \left(\frac{\Delta y}{\Delta x}\right)^2} \right)$$

从而

$$\frac{ds}{dx} = 1 \cdot \sqrt{1 + \left(\frac{dy}{dx}\right)^2} \quad \left(= \sqrt{1 + y'^2} \right)$$

即

$$ds = \sqrt{dx^2 + dy^2} \quad (ds = \sqrt{1 + y'^2}\, dx) \quad \text{或} \quad ds^2 = dx^2 + dy^2$$

这就是**弧长的微分公式**，形式上与三角形的勾股定理一样。

（三）曲率公式

设曲线的方程为 $y = f(x)$，因为 $\tan \alpha = y'$，所以 $\alpha = \arctan y'$，两端取微分，得 $d\alpha = (\arctan y')' dx = \dfrac{1}{1 + (y')^2} dx$，又由弧长微分公式有 $ds = \sqrt{1 + y'^2}\, dx$，所以得到曲率公式：$k = \left| \dfrac{d\alpha}{ds} \right| = \dfrac{|y''|}{(1 + y'^2)^{\frac{3}{2}}} \cdots (1)$，如果曲线的方程是参数方程 $x = \varphi(t)$，$y = \psi(t)$，则因 $y' = \dfrac{\psi'(t)}{\varphi'(t)}$，

$y'' = \dfrac{\psi''(t)\varphi'(t) - \psi'(t)\varphi''(t)}{[\varphi'(t)]^3}$（见 §4.8 一、二）代入（1）式便得

$$k = \dfrac{|\psi''\varphi' - \psi'\varphi''|}{(\varphi'^2 + \psi'^2)^{\frac{3}{2}}} \tag{2}$$

例 1 求抛物线 $y^2 = 4px$ 在点 $(p, 2p)$ 的曲率。

解 方程两端对 x 求导，得 $2yy' = 4p$，所以 $y' = \dfrac{2p}{y}$；对 x 再求导，得

$y'' = (2py^{-1})' = -2py^{-2}y' = -\dfrac{2p}{y^2} \cdot \dfrac{2p}{y} = -\dfrac{4p^2}{y^3}$。代入公式（1），有

$$k = \dfrac{\dfrac{4p^2}{y^3}}{\left[1 + \left(\dfrac{2p}{y}\right)^2\right]^{\frac{3}{2}}}$$

这是在任意一点的曲率。在点 $(p, 2p)$ 有

$$k = \dfrac{\dfrac{4p^2}{8p^3}}{\left[1 + \left(\dfrac{2p}{2p}\right)^2\right]^{\frac{3}{2}}} = \dfrac{1}{2p \cdot 2\sqrt{2}} = \dfrac{1}{4\sqrt{2}\,p}$$

例 2 求摆线 $x = \alpha(t - \sin t)$，$y = \alpha(1 - \cos t)$ 的曲率。

解 $x' = \alpha(1 - \cos t)$，$y' = \alpha\sin t$，$x'' = \alpha\sin t$，$y'' = \alpha\cos t$

代入公式（2），得 $k = \dfrac{|\alpha(1 - \cos t) \cdot \alpha\cos t - \alpha\sin t \cdot \alpha\sin t|}{[\alpha^2(1 - \cos t)^2 + \alpha^2\sin^2 t]^{\frac{3}{2}}}$

$$= \dfrac{|\cos t - 1|}{2^{\frac{3}{2}}a(1 - \cos t)^{\frac{3}{2}}} = \dfrac{|1 - \cos t|}{2^{\frac{3}{2}}a(1 - \cos t)\sqrt{1 - \cos t}}$$

$$= \dfrac{1}{2^{\frac{3}{2}}a\sqrt{2\sin^2\dfrac{t}{2}}} = \dfrac{1}{4a\left|\sin\dfrac{t}{2}\right|}$$

过渡曲线 铺设铁轨时，在转弯处为使曲率缓慢改变，采用过渡曲线来连接轨道的直线部分与曲线部分。这种过渡曲线的曲率，在与直轨连接处应为零；在与曲线连接处，应等于曲轨连接点的曲率。通常用立方抛物线（如图 5.40）$y = ax^3$（$a > 0$）作为过渡曲线，此时我们有 $y' = 3ax^2$，$y'' = 6ax$，曲率 $k = \dfrac{|6ax|}{(1 + 9a^2x^4)^{\frac{3}{2}}}$。

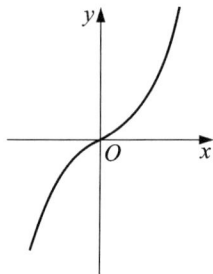

图 5-40

可见立方抛物线在原点处，即当 $x = 0$ 时，$k = 0$。因此用立方抛物线在原点处的截口连接直轨，而以其他适当地方的截口连接曲轨。

例 3 铁路拐弯处用立方抛物线 $y = \dfrac{1}{3}x^3$ 作为过渡曲线。问列车通过点 $\left(1, \dfrac{1}{3}\right)$ 时，其方

向改变率是多少?(长度单位为里)

解　$y'=x^2$,$y''=2x$,所以 $k=\dfrac{|2x|}{(1+x^4)^{\frac{3}{2}}}$ 在点 $\left(1,\dfrac{1}{3}\right)$ 处,则 $k=\dfrac{2}{2^{\frac{3}{2}}}$ 弧度/里 $=40°31'/$ 里。

习题

1. 验证中值定理:

(1)验证罗尔定理对函数 $y=x^3+4x^2-7x-10$ 在区间 $[-1,2]$ 上的正确性。

(2)验证拉格朗日定理对函数 $y=\ln x$ 在区间 $[1,e]$ 上的正确性。

(3)对函数 $f(x)=x^3$ 及 $\varphi(x)=x^2+1$ 在区间 $[1,2]$ 上验证柯西中值定理的正确性。

2. 讨论问题:

(1)举例说明,罗尔定理中的条件是缺一不可的。

(2)举例说明,罗尔定理中导数为零的点不一定唯一。

3. 证明:

(1)$\dfrac{b-a}{1+b^2}<\arctan b-\arctan a<\dfrac{b-a}{1+a^2}(0<a<b)$;

(2)当 $x>1$ 时,$e^x>x\cdot e$。

(提示:考察 $f(x)=e^x$,在区间 $[1,x]$ 上应用拉格朗日中值定理)

4. 应用洛必达法则求极限(应先判定函数是属于何种不定式):

(1)$\lim\limits_{x\to 0}\dfrac{\sin 5x}{x}$;

(2)$\lim\limits_{x\to 1}\dfrac{x-1}{x^n-1}$;

(3)$\lim\limits_{x\to 0}\dfrac{\tan x-x}{x-\sin x}$;

(4)$\lim\limits_{x\to 0}\dfrac{\ln\sin x}{\dfrac{1}{x}}$;

(5)$\lim\limits_{x\to \frac{\pi}{2}}\dfrac{\tan x}{\tan 3x}$;

(6)$\lim\limits_{x\to +\infty}\left[x\left(e^{\frac{1}{x}}-1\right)\right]$;

(7)$\lim\limits_{x\to 1}\left[\dfrac{1}{\ln x}-\dfrac{x}{\ln x}\right]$

(8)$\lim\limits_{x\to +0}\left(\dfrac{1}{x}\right)^{\tan x}$;

(9)$\lim\limits_{x\to +0}\dfrac{\ln\tan 7x}{\ln\tan 2x}$;

(10)$\lim\limits_{x\to 0}\left[\dfrac{1}{x}-\dfrac{1}{e^x-1}\right]$;

(11)$\lim\limits_{x\to 0}x^{\sin x}$;

(12)$\lim\limits_{x\to \infty}\left(1+\dfrac{1}{x^2}\right)^x$。

5. 验证极限 $\lim\limits_{x\to \infty}\dfrac{x-\sin x}{x+\sin x}$ 存在,但不能用洛必达法则计算。

6. 应用泰勒公式展开多项式:

(1)按 $(x-4)$ 的乘幂展开多项式 $x^4-5x^3+x^2-3x+4$;

(2)按 $(x+1)$ 的乘幂展开多项式 x^3+3x^2-2x+4。

7. 求函数 $y=xe^x$ 在 $x=0$ 点的 n 阶展开。

8. 当 $x_0=-1$ 时,求函数 $y=\dfrac{1}{x}$ 的 n 阶泰勒展开式。

9. 求函数 $y=\sin^2 x$ 在 $x=0$ 的 $2n$ 阶展开。

10. 验证当 $0<x\leqslant\dfrac{1}{2}$ 时,按公式 $e^x\approx 1+x+\dfrac{x^2}{2}+\dfrac{x^3}{6}$ 计算 e^x 的近似值时,所产生的误差小于

0.01，并求 $\sqrt{e}$ 的近似值，使误差小于 0.01。

11. 设 $f(x)=x^8-2x^7+5x^6-x+3$，在 $x_0=2$ 处应用泰勒展开式的前三项来计算 $f(2.02)$ 及 $f(1.97)$ 的近似值。

12. (1) 证明函数 $y=2x^3+3x^2-12x+1$ 在区间 $(-2,1)$ 上单调减少。

(2) 求函数 $y=x^3-3x^2-9x+14$ 的单调区间。

13. 求各函数的极值：

(1) $y=2x^3-3x^2$；

(2) $y=\sqrt[3]{(x^2-a^2)^2}$；

(3) $y=\dfrac{x}{\ln x}$；

(4) $y=-x^4+2x^2$；

(5) $y=x^2e^{-x^2}$；

(6) $y=\cos x+\sin x\left(-\dfrac{\pi}{2}\leqslant x\leqslant\dfrac{\pi}{2}\right)$。

14. a 为何值时，函数 $f(x)=a\sin x+\dfrac{1}{3}\sin 3x$ 在 $x=\dfrac{\pi}{3}$ 处具有极值？它是极大还是极小？并求此极值。

15. 求下列函数在给定区间上的最大值和最小值：

(1) $y=x^4-2x^2+5$，$[-2,2]$；

(2) $y=x+2\sqrt{x}$，$[0,4]$；

(3) $y=\dfrac{1-x+x^2}{1+x-x^2}(0\leqslant x\leqslant 1)$；

(4) $y=\sin 2x-x\left(-\dfrac{\pi}{2}\leqslant x\leqslant\dfrac{\pi}{2}\right)$。

16. 试求内接于半径为 R 的球的体积最大的圆柱体的高。

17. 轮船甲位于轮船乙以东 75 海里处，以每小时 12 海里的速度向西行驶，而轮船乙则以每小时 6 海里的速度向北行驶，问经过多少时间，两船相距最近。

18. 从半径为 R 的圆中应切去怎样的扇形，才能使余下的部分可卷成一漏斗，其容积为最大？

19. (1) 试说明曲线 $y=x^5-5x^3-15x^2+30$ 在点 $(1,11)$ 及点 $(3,3)$ 邻近的凸凹性。

(2) 试说明 $y=\arctan x$ 在点 $\left(1,\dfrac{\pi}{4}\right)$ 及 $\left(-1,-\dfrac{\pi}{4}\right)$ 邻近的凸凹性。

20. 求函数图形的拐点及凸凹区间：

(1) $y=(x+1)^4+e^x$；

(2) $y=\dfrac{x^3}{x^2+3a^2}(a>0)$；

(3) $y=x^4$；

(4) $y=\tan x$。

21. 求曲线 $x=t^2$，$y=3t+t^3$ 的拐点。

22. 试证方程 $\sin x=x$ 只有一个实根。

23. 试证方程 $x^5+5x+1=0$ 在区间 $(-1,0)$ 内有唯一的实根，并用切线法求这根，精确到 0.01。

24. 求抛物线 $y=4x-x^2$ 在其顶点处的曲率。

25. 求曲线 $y=\dfrac{x^2(x^2-1)}{(x+1)^2}$ 的铅直渐近线方程和斜渐近线方程。

26. 作 $y=3x-x^3$ 的图形。

数学家：拉格朗日

　　拉格朗日（Joscph Louis Lagrange，1736—1813）是法国著名数学家、力学家和天文学家，1736 年出生在意大利都灵，少年时期就因拜读牛顿的微积分学的文章，从而对数学分析学产生了浓厚的兴趣。青年时代，在数学家雷维里的指导下学习几何和代数，激发了他的数学才能。他经常与欧拉书信往来，探讨数学难题"等周问题"。19 岁时他用纯分析的方法给出了求变分极值问题，发展了由欧拉开创的变分法，丰富了变分法理论体系。同年成为皇家炮兵学院教授。1764 年，他利用万有引力解释月球天平动问题的论文获得巴黎科学院奖，此后又四次获奖。1766 年，在欧拉的推荐下，德国普鲁士国王腓特烈亲自邀请他到柏林科学院工作，称他为"欧洲最大的数学家"。于是他应邀到柏林科学院做研究工作，并担任柏林科学院主席，直到 1787 年移居巴黎。

　　拉格朗日著作颇丰，涉猎广泛，包含代数、分析、数论、微分方程、概率论、变分法和力学、天文学等多个学科领域。1776 年，他发表了"关于方程的代数解的想法"论文，开辟了代数发展的新时期，对方程理论的研究作出了重要贡献。他曾试图摆脱无穷小和极限理论，用代数方法重建微积分理论，虽然失败了，但他对函数的抽象处理方法和理论，却奠定了一个新的学科分支——实变函数的理论基础。在数论的研究成就也很突出，解答了费尔马提出的诸多数论难题。在数学的诸多领域中，拉格朗日都作出了杰出的成就，他的工作总结了 18 世纪的数学成果，开辟了 19 世纪数学的研究方向和路径。

　　拉格朗日是分析力学的创始人，他把先进的数学思维方法和高超技术运用于力学研究，创建了分析力学。在研究物理学中"最小作用原理"这一课题时，拉格朗日用变分法理论，第一个用具体形式将"最小作用原理"表述出来，并得到著名的拉格朗日方程。他用 30 多年研究著作《天体力学》成为传世之作。

　　拉格朗日的科学成果，对 19 世纪的科学发展产生过极大影响。不仅如此，他的科学思想方法，也给后人带来深刻启迪和教益。在微分方程的研究中，他巧妙地抓住常量与变量、线性与非线性、齐次与非齐次、高阶与低阶这些矛盾方面，洞察自如，灵活转化，巧妙处理，不仅体现了他高超的技术，也体现了他思维方法的缜密逻辑。拉格朗日是世界最伟大的数学家之一。

第6章
不定积分

我们已经研究了导数和微分、中值定理以及导数应用。这些内容称为一元函数微分学。从这一章到第8章，将要研究一元函数积分学。积分学分为不定积分和定积分两部分，首先研究不定积分。

§6.1 不定积分的概念与性质

微分学的基本问题是寻求一个已知函数的导数，这个问题有其重要意义，我们已经看到它的许多应用。但是在实际应用中，还广泛地存在着与此相反的另一类问题，这一类问题是已知某一个函数的导数，通过运算寻找一个函数，使得它的导数恰好等于已知函数。

例如，如果某物体的运动规律是由方程

$$s = f(t)$$

给出的，其中 t 是时间，s 是物体走过的路程。那么对函数 $f(t)$ 进行求导，就得到这个物体在时刻 t 的瞬时速度

$$v = f'(t)$$

但是在力学里，我们也常遇到相反的问题，即已知物体在任一时刻 t 的速度 $v = v(t)$，而要去找出这个物体的运动方程 $s = f(t)$。从数学来看，这个问题就是要找一个函数 $s = f(t)$，使其导数 $f'(t)$ 恰好等于已知函数 $v(t)$。这正是微分学的逆问题，即已经知道了函数的导数，而要找出原来的函数。这就是本章要讨论的中心问题。

一、原函数与不定积分

我们首先引进原函数的概念。

定义 设已知函数 $f(x)$，如果存在函数 $F(x)$，使得

$$F'(x) = f(x)$$

则把 $F(x)$ 叫做 $f(x)$ 的**原函数**。

由于 $F'(x) = f(x)$ 与 $\mathrm{d}F(x) = f(x)\mathrm{d}x$ 是等价的，所以也可以说：$F(x)$ 是微分 $f(x)\mathrm{d}x$ 的原函数。

例如 $\sin x$ 是 $\cos x$ 的原函数，因为 $(\sin x)' = \cos x$。又如表示自由落体下降距离的函数 $s = \frac{1}{2}gt^2$ 是速度 $v = gt$ 的原函数。因为 $s' = \left(\frac{1}{2}gt^2\right)' = gt$。

对于一个给定的函数 $f(t)$，假如 $F(x)$ 是它的一个原函数，即 $F'(x) = f(x)$，则 $F(x) + C$（C 为任意常数）也是它的原函数。因为

$$[F(x) + C]' = F'(x) + C' = f(x)$$

这就是说，如果一个函数有原函数，则必有无穷多个。

随之而来的问题是，除了形如 $F(x) + C$ 的函数外，$f(x)$ 是否还有其他的原函数？即是说，一个函数的无穷多个原函数之间，仅仅就在常数项上有区别吗？下述定理肯定地回答了这个问题。

定理 如果函数 $f(x)$ 有原函数 $F(x)$，则 $f(x)$ 的无穷多个原函数都包括在函数族 $F(x) + C$ 之内。

证明 设 $F_1(x)$ 和 $F_2(x)$ 都是 $f(x)$ 的原函数，根据定义，则 $F_1'(x) = F_2'(x) = f(x)$。由拉格朗日中值定理的推论 2，得 $F_1(x) = F_2(x) + C$。由此可知，如果 $F(x)$ 是 $f(x)$ 的一个原函数，则 $f(x)$ 的其他原函数必然可以写成 $F(x) + C$ 的形式。这就是说，$F(x) + C$ 是 $f(x)$ 的原函数的一般表达式。

这个定理的重要意义在于：如果要想找出 $f(x)$ 的所有原函数，只要随便找出其中某一个就行了，在所找出的原函数上加上一个任意常数，便包括了所有的原函数。

定义 函数 $f(x)$ 的全体原函数，叫做 $f(x)$（或 $f(x)\mathrm{d}x$）的**不定积分**，记为

$$\int f(x)\mathrm{d}x$$

函数 $f(x)$ 叫做**被积函数**，微分 $f(x)\mathrm{d}x$ 叫做**被积表达式**，x 叫做**积分变量**。

如果 $F(x)$ 是 $f(x)$ 的一个原函数，由定义有

$$\int f(x)\mathrm{d}x = F(x) + C$$

其中 C 是任意常数，也称**积分常数**。

根据不定积分定义，上式右端的任意常数 C 是必须有的，并且正是由于表达式 $F(x) + C$ 中有个任意常数，才称为不定积分。

例 函数 $f(x) = x^2$ 的不定积分是

$$\int x^2\mathrm{d}x = \frac{x^3}{3} + C$$

这可以用求导法来验证：

$$\left(\frac{x^3}{3} + C\right)' = x^2$$

又 $f(x) = \sin x$ 的不定积分是

$$\int \sin x\mathrm{d}x = -\cos x + C$$

因为 $(-\cos x + C)' = \sin x$。

应当知道，检验一个函数 $F(x)$ 是否是另一个函数 $f(x)$ 的原函数的方法，就是求 $F(x)$ 的导数，看看 $F'(x)$ 是否等于 $f(x)$。这个验证方法，今后在判断我们所得到的积分结果是否正

确时，是一个基本的方法。

不定积分的几何意义　现在讨论一下不定积分的几何意义，先从一个具体例子说起，然后讲一般的情况。

设有不定积分 $\int 2x\,\mathrm{d}x = x^2 + C$，这是一族函数，各个函数只差一个常数。所有原函数 $y = x^2 + C$ 的导数都等于被积函数，即

$$y' = (x^2 + C)' = 2x$$

这就是说，各个原函数在同一点 x 的导数值都是相等的。从几何上（图 6.1），这个函数族的图象是抛物线族 $y = x^2 + C$（皆以 y 轴为对称轴，开口向上），如果将某一条抛物线沿 y 轴平行移动，便可得到抛物线族中的另外任何一条（比如若将 $y = x^2$ 上移一个单位便得 $y = x^2 + 1$，下移一个单位便得 $y = x^2 - 1$，等等）。在每一条抛物线上横坐标相同的点处作切线，它们的斜率都相等（比如在横坐标为 $x = 1$ 的各点处的切线斜率都是 $y'|_{x=1} = 2x|_{x=1} = 2$），亦即这些切线都是平行的。

一般地，$\int f(x)\,\mathrm{d}x = F(x) + C$ 是一族函数且 $[F(x) + C]' = f(x)$。它们的图象是曲线族 $y = F(x) + C$，这些曲线叫做函数 $f(x)$ 的积分曲线。曲线族可以由其中的某一条比如 $y = F(x)$ 沿 y 轴平移而全部得到。如果在每一条曲线上横坐标相同的各点处作切线，则这些切线都是平行的（图 6.2）。

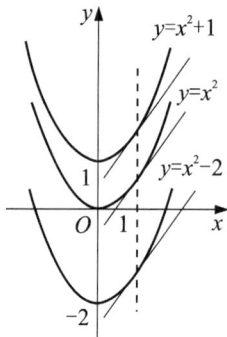

图 6.1

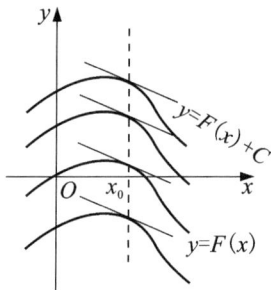

图 6.2

二、不定积分的性质

1. 根据原函数和不定积分的定义，显然有

$$\left(\int f(x)\,\mathrm{d}x\right)' = f(x) \tag{1}$$

此外，对于函数 $F(x)$，先求导 $F'(x)$，后求不定积分，则有

$$\int F'(x)\,\mathrm{d}x = F(x) + C \tag{2}$$

这就是说：若先积分后微分（求导），则两者的作用抵消；反之，若先微分后积分，则抵消后相差一个任意常数。

求原函数的运算称为积分运算,它显然与微分运算(求导运算)是互逆的运算。

2. 被积函数中的常因子可提到积分号外面来:

$$\int af(x)\,\mathrm{d}x = a\int f(x)\,\mathrm{d}x \tag{3}$$

3. 有限个函数的代数和的积分等于各个函数的积分的代数和:

$$\int [f(x)\ \pm\varphi(x)\ \pm\cdots +\psi(x)]\,\mathrm{d}x = \int f(x)\,\mathrm{d}x\ \pm\int \varphi(x)\,\mathrm{d}x\ \pm\cdots\ \pm\int \psi(x)\,\mathrm{d}x \tag{4}$$

公式(3)和(4)容易由微分法直接验证。例如

$$\left\{\int [f(x)\ \pm\varphi(x)\ \pm\cdots\ \pm\psi(x)]\,\mathrm{d}x\right\}'$$

$$=f(x)\ \pm\varphi(x)\ \pm\cdots\ \pm\psi(x)$$

又

$$\left[\int f(x)\,\mathrm{d}x\ \pm\int \varphi(x)\,\mathrm{d}x\ \pm\cdots\ \pm\int \psi(x)\,\mathrm{d}x\right]'$$

$$=\left[\int f(x)\,\mathrm{d}x\right]'\ \pm\left[\int \psi(x)\,\mathrm{d}x\right]'\ \pm\cdots\ \pm\left[\int \psi(x)\,\mathrm{d}x\right]'$$

$$=f(x)\pm\varphi(x)\pm\cdots\pm\psi(x)$$

可见公式(4)成立。

§6.2　基本积分表

从这一节开始研究不定积分的计算。关于导数的计算,首先有一批导数公式(导数表)作为基础,然后又有几个求导法则,于是便可以进行求导的计算。就这一点来看,不定积分的计算与导数的计算颇为类似,它也有一批积分公式(积分表)作为基础,并且也有几个最基本的法则。不过有一点值得注意,这就是不定积分的计算远不像导数计算那样简单了,应当作出相当的努力。

下面介绍一批积分公式,即所谓基本积分表,这些公式在积分运算中是离不开的,应当牢牢记住。公式的导出很简单,我们通过几个例子加以说明。

如果 $F'(x)=f(x)$,则按不定积分定义,便有

$$\int f(x)\,\mathrm{d}x = F(x)\ +C$$

例如,因 $(C)'=0$,所以

$$\int 0\,\mathrm{d}x = C$$

因 $\left(\dfrac{x^{\alpha+1}}{\alpha+1}\right)'=x^{\alpha}$,所以

$$\int x^{\alpha}\,\mathrm{d}x = \frac{x^{\alpha+1}}{\alpha+1}\ +C$$

因 $(\tan x)'=\dfrac{1}{\cos^2 x}$,所以

$$\int \frac{1}{\cos^2 x} dx = \tan x + C$$

上面几个例子清楚地说明：有一个求导公式，就可以得到一个相应的积分公式。因此，把第 4 章的导数表中所列举的求导公式，逆转过来，就可以推出相应的积分公式，下面把这些公式列成表。

基本积分表

1. $\int 0 dx = C$

2. $\int 1 dx = x + C ($ 即 $\int dx = x + C)$

3. $\int x^\alpha dx = \frac{x^{\alpha+1}}{\alpha + 1} + C (\alpha \neq -1)$

4. $\int \frac{1}{x} dx = \ln x + C (x > 0)$

$\int \frac{1}{x} dx = \ln|x| + C^{①}(x > 0$ 或 $x < 0)$

5. $\int e^x dx = e^x + C$

6. $\int a^x dx = \frac{a^x}{\ln a} + C$

7. $\int \sin x dx = -\cos x + C$

8. $\int \cos x dx = \sin x + C$

9. $\int \frac{1}{\cos^2 x} dx = \tan x + C$

10. $\int \frac{1}{\sin^2 x} dx = -\cot x + C$

11. $\int \frac{1}{\sqrt{1 - x^2}} dx = \arcsin x + C$

12. $\int \frac{1}{1 + x^2} dx = \arctan x + C$

计算一下各式右端的导数，便知分别等于左端的被积函数，而公式成立。

利用前面的不定积分性质 2、性质 3 和基本积分表，我们可以计算一些简单函数的不定积分。

---

① 当 $x<0$ 时，$\ln(-x)$ 的导数为 $[\ln(-x)]' = \frac{(-x)'}{-x} = \frac{-1}{-x} = \frac{1}{x}$，因此当 $x<0$ 时，$\int \frac{dx}{x} = \ln(-x) + C$。可见，不论 $x > 0$ 或 $x < 0$，公式 $\int \frac{dx}{x} = \ln|x| + C$ 恒成立。

例 1　$\displaystyle\int \sqrt{x}\,\mathrm{d}x = \int x^{\frac{1}{2}}\,\mathrm{d}x = \frac{x^{\frac{1}{2}+1}}{\frac{1}{2}+1} + C = \frac{2}{3}x^{\frac{3}{2}} + C$

（注意，从哪一步开始不含积分号$\int$，就从这一步加上任意常数 C）

例 2　$\displaystyle\int \frac{\mathrm{d}x}{x^2} = \int x^{-2}\,\mathrm{d}x = \frac{x^{-2+1}}{-2+1} + C$

$\displaystyle\qquad\qquad = -x^{-1} + C = -\frac{1}{x} + C$

例 3　$\displaystyle\int (5x^2 - 3x + 4)\,\mathrm{d}x = \int 5x^2\,\mathrm{d}x - \int 3x\,\mathrm{d}x + \int 4\,\mathrm{d}x$

$\displaystyle\qquad\qquad\qquad = 5\int x^2\,\mathrm{d}x - 3\int x\,\mathrm{d}x + 4\int \mathrm{d}x$

$\displaystyle\qquad\qquad\qquad = \frac{5}{3}x^3 - \frac{3}{2}x^2 + 4x + C$

（这里出现了三个不定积分，固然各有一个任意常数；但若干个任意常数之和仍是一个任意常数，因此只加一个任意常数 C 就行了）

例 4　$\displaystyle\int\left(\frac{2a}{\sqrt{x}} - \frac{b}{x^2} + 3c\sqrt[3]{x^2}\right)\mathrm{d}x = 2a\int x^{-\frac{1}{2}}\,\mathrm{d}x - b\int x^{-2}\,\mathrm{d}x + 3c\int x^{\frac{2}{3}}\,\mathrm{d}x$

$\displaystyle\qquad\qquad = 2a\,\frac{x^{-\frac{1}{2}+1}}{-\frac{1}{2}+1} - b\,\frac{x^{-2+1}}{-2+1} + 3c\,\frac{x^{\frac{2}{3}+1}}{\frac{2}{3}+1} + C$

$\displaystyle\qquad\qquad = 4a\sqrt{x} + \frac{b}{x} + \frac{9}{5}cx\sqrt[3]{x^2} + C$

例 5　$\displaystyle\int \frac{\sqrt[3]{u^2} - \sqrt[4]{u}}{\sqrt{u}}\,\mathrm{d}u = \int\left(u^{\left(\frac{2}{3}-\frac{1}{2}\right)} - u^{\left(\frac{1}{4}-\frac{1}{2}\right)}\right)\mathrm{d}u$

$\displaystyle\qquad\qquad = \int u^{\frac{1}{6}}\,\mathrm{d}u - \int u^{-\frac{1}{4}}\,\mathrm{d}u = \frac{6}{7}u^{\frac{7}{6}} - \frac{4}{3}u^{\frac{3}{4}} + C$

例 6　求 $\displaystyle\int \frac{x^4}{x^2+1}\,\mathrm{d}x$。

按多项式除法，被积函数化为

$$\frac{x^4}{x^2+1} = x^2 - 1 + \frac{1}{x^2+1}$$

于是
$$\int \frac{x^4}{x^2+1}\,\mathrm{d}x = \int\left(x^2 - 1 + \frac{1}{x^2+1}\right)$$

$$= \int x^2\,\mathrm{d}x - \int \mathrm{d}x + \int \frac{1}{x^2+1}\,\mathrm{d}x$$

$$= \frac{1}{3}x^3 - x + \arctan x + C$$

例7
$$\int(10^x+\cot^2 x)\,dx=\int 10^x dx+\int\frac{\cos^2 x}{\sin^2 x}dx$$

$$=\int 10^x dx+\int\frac{1-\sin^2 x}{\sin^2 x}dx$$

$$=\int 10^x dx+\int\frac{1}{\sin^2 x}dx-\int dx$$

$$=\frac{10^x}{\ln 10}-\cot x-x+C$$

例8
$$\int\frac{x+\cos^2 x}{x\cos^2 x}dx=\int\frac{1}{\cos^2 x}dx+\int\frac{1}{x}dx$$

$$=\tan x+\ln|x|+C$$

§6.3 换元积分法

换元积分法亦称变量替换法,它的作用就是通过适当的变量替换,使所求积分简化为积分表中的积分或很容易计算的积分。这是最常用的一种积分法则。

换元积分公式是利用复合函数的求导公式推出来的,在建立换元公式之前,我们先看一个例子。

例 求 $\int\sin^2 x\cos x\,dx$ 。

这个积分显然不能利用积分表上的公式直接计算。把它改写成

$$\int\sin^2 x\cos x\,dx=\int\sin^2 x(\sin x)'\,dx=\int\sin^2 x\,d\sin x$$

引进新的变量 u 进行替换:令 $\sin x=u$,代入上式右端,则积分变为

$$\int\sin^2 x\cos x\,dx=\int u^2\,du$$

这样,就把所给积分变为表(积分表)上积分,于是

$$\int\sin^2 x\cos x\,dx=\int u^2\,du=\frac{u^3}{3}+C$$

再把 $u=\sin x$ 代回来,即得所求:

$$\int\sin^2 x\cos x\,dx=\frac{1}{3}\sin^3 x+C$$

这个例子表明,原来以 x 为变量的积分不易求,由于引进了新的变量 u,从而转化为以 u 为变量的积分。我们要建立的换元公式,就是这样的具体问题的一般化。下面就来介绍公式。

在微分学中我们学过复合函数求导的链锁规则,即当 $y=F(u)$,$u=\varphi(x)$ 都可微时,

$$\{F[\varphi(x)]\}'=F'[\varphi(x)]\varphi'(x) \tag{1}$$

与此相应,在同样条件下,我们有不定积分的换元积分公式:

(令 $\varphi(x)=u$)

$$\int f[\varphi(x)]\varphi'(x)\mathrm{d}x = \int f[\varphi(x)]\mathrm{d}\varphi(x) = \int f(u)\mathrm{d}u \qquad (2)$$

为证(1)式，设 $F(u)$ 是 $f(u)$ 的一个原函数，从(1)式有

$$\{F[\varphi(u)]\}' = F'[\varphi(x)]\varphi'(x)$$
$$= f[\varphi(x)]\varphi'(x),$$

根据不定积分定义，则

$$\int f(u)\mathrm{d}u = F(u) + C, \int f[\varphi(x)]\varphi'(x)\mathrm{d}x = F[\varphi(x)] + C。$$

如果 $u=\varphi(x)$，则上二式的右端相同，从而左端也必相等，这就证明了公式(2)。

公式(2)是把给定的积分化成了另一个积分。由于引入新的变量 u(令 $\varphi(x)=u$)，使左端对 x 的积分变成了对 u 的积分，如果右端积分 $\int f(u)\mathrm{d}u$ 很容易计算，甚至已经是积分表上的积分，那么所给的积分也就求出来了。当然，右端积分求出后，还必须代回 $u=\varphi(x)$。运用公式时，需要针对被积函数的不同结构，选用恰当的变换，所以往往是变化多样的。并且有时由于选用了不同的变换，对同一个积分所算出的结果，在形式上还可以不一样。

换元公式(2)有两种用法：一种是从左往右变，另一种是从右往左变。我们称前者为第一换元法，后者为第二换元法。分别讲解一下。

一、第一换元法

把公式(2)抄过来：

$$\int f[\varphi(x)]\varphi'(x)\mathrm{d}x = \int f[\varphi(x)]\mathrm{d}\varphi(x)$$
$$= \int f(u)\mathrm{d}u \qquad (\text{I})$$

下面给出应用第一换元法的应用要领。为方便，我规定两个术语——外函数和内函数。

设 $y=f(u)$，$u=\varphi(x)$，于是这两个函数组成复合函数

$$y=f[\varphi(x)]$$

我们把 $f(u)$ 叫做**外函数**，$\varphi(x)$ 叫做**内函数**。例如：$y=\sin^2 x$ 分解为 $y=u^2$，$u=\sin x$，则 u^2 是外函数，$\sin x$ 是内函数。

$y=\sqrt[3]{ax+b}$ 分解为 $y=\sqrt[3]{u}$，$u=ax+b$，则 $\sqrt[3]{u}$ 是外函数，$ax+b$ 是内函数。$y=\mathrm{e}^{\frac{1}{x}}$ 分解为 $y=\mathrm{e}^u$，$u=\dfrac{1}{x}$，则 e^u 是外函数，$\dfrac{1}{x}$ 是内函数。

现在说明换元法要领。请注意公式左端的积分，这里的被积函数是两个函数的乘积：其中一个是复合函数 $f[\varphi(x)]$(注意外函数是 $f(u)$，内函数是 $\varphi(x)$)，另一个是内函数 $\varphi(x)$ 的导数 $\varphi'(x)$。通过引入新变量 $u=\varphi(x)$，便把左端积分变成了右端的外函数 $f(u)$ 的积分 $\int f(u)\mathrm{d}u$。我们提出如下的换元要领。

对于一个给定的积分，把被积函数看作是一个复合函数和另一个函数的乘积，如果

ⅰ)内函数的导数与另一函数恰好相等或者与另一函数仅差一常因子(或说仅是系数不同)，在此情形下，可调配另一函数的系数使等于内函数的导数。

ⅱ)外函数的积分 $\int f(u)\mathrm{d}u$ 就是积分表上的积分，或是容易计算的积分，那么就令内函数等于新变量 u。

不难想到，运用换元公式的关键就在于，从被积函数中选取一个什么样的函数作为内函数 $\varphi(x)$ 而代之以新变量 u。下面举例子，在计算过程中，适当插入说明。

例 1 $\int \sqrt{\sin x}\cos x\mathrm{d}x$

解 「①把 $\sqrt{\sin x}$ 看成复合函数 $y=\sqrt{u}$，$u=\sin x$，则内函数的导数 $(\sin x)'=\cos x$ 与被积函数中的另一函数相等，且外函数的积分 $\int \sqrt{u}\mathrm{d}u$ 是表上积分」

令 $\sin x=u$，两端取微分得 $(\sin x)'\mathrm{d}x=\mathrm{d}u$，即 $\cos x\mathrm{d}x=\mathrm{d}u$，代入积分得

$$\int \sqrt{\sin x}\cos x\mathrm{d}x=\int \sqrt{u}\,\mathrm{d}u=\int u^{\frac{1}{2}}\mathrm{d}u$$

$$=\frac{2}{3}u^{\frac{3}{2}}+C=\frac{2}{3}(\sin x)^{\frac{3}{2}}+C$$

$$=\frac{2}{3}\sin x\sqrt{\sin x}+C$$

例 2 $\int \frac{1}{x\ln x}\mathrm{d}x$

解 由 $\int \frac{1}{x\ln x}\mathrm{d}x=\int \frac{1}{\ln x}\cdot\frac{1}{x}\mathrm{d}x$

「$\frac{1}{\ln x}$ 看作复合函数 $y=\frac{1}{u}$，$u=\ln x$，则内函数的导数 $(\ln x)=\frac{1}{x}$ 与被积函数中的另一函数相等，且外函数积分 $\int \frac{1}{u}\mathrm{d}u$ 是表上积分。」

令 $\ln x=u$，则 $\frac{1}{x}\mathrm{d}x=\mathrm{d}u$，代入得

$$\int \frac{1}{x\ln x}\mathrm{d}x=\int \frac{1}{u}\mathrm{d}u=\ln|u|+C=\ln|\ln x|+C$$

例 3 $\int \frac{1}{x^2}\mathrm{e}^{\frac{1}{x}}\mathrm{d}x$

解 「$\mathrm{e}^{\frac{1}{x}}$ 看成复合函数 $y=\mathrm{e}^u$，$u=\frac{1}{x}$，则内函数导数 $\left(\frac{1}{x}\right)'=-\frac{1}{x^2}$ 与被积函数中的另一函数仅差一常因子，且外函数积分 $\int \mathrm{e}^u\mathrm{d}u$ 是表上积分」

令 $\frac{1}{x}=u$，则 $-\frac{1}{x^2}\mathrm{d}x=\mathrm{d}u$，从而 $\frac{1}{x^2}\mathrm{d}x=-\mathrm{d}u$，代入得

$$\int \frac{1}{x^2}\mathrm{e}^{\frac{1}{x}}\mathrm{d}x=-\int \mathrm{e}^u\mathrm{d}u=-\mathrm{e}^u+C=-\mathrm{e}^{\frac{1}{x}}+C$$

---

① 「」号里的话是分析，在解中不必写出。

例 4　$\displaystyle\int \frac{x}{\sqrt{1 + x^2}}\mathrm{d}x$

解　$\displaystyle\int \frac{x}{\sqrt{1 + x^2}}\mathrm{d}x = \int \frac{1}{\sqrt{1 + x^2}}x\mathrm{d}x$，令 $1 + x^2 = u$，则 $(1 + x^2)'\mathrm{d}x = \mathrm{d}u$，即

$2x\mathrm{d}x = \mathrm{d}u$，从而 $x\mathrm{d}x = \dfrac{1}{2}\mathrm{d}u$，于是

$$\int \frac{1}{\sqrt{1 + x^2}}x\mathrm{d}x = \frac{1}{2}\int \frac{1}{\sqrt{u}}\mathrm{d}u$$

$$= \frac{1}{2}\int u^{-\frac{1}{2}}\mathrm{d}u = \frac{1}{2}\frac{u^{-\frac{1}{2}+1}}{-\frac{1}{2}+1} + C$$

$$= u^{\frac{1}{2}} + C = \sqrt{1 + x^2} + C$$

例 5　$\displaystyle\int \tan x\mathrm{d}x$

解　由 $\displaystyle\int \tan x\mathrm{d}x = \int \frac{1}{\cos x}\sin x\mathrm{d}x$

令 $\cos x = u$，则 $(\cos x)'\mathrm{d}x = \mathrm{d}u$，即 $-\sin x\mathrm{d}x = \mathrm{d}u$，从而 $\sin x\mathrm{d}x = -\mathrm{d}u$，于是

$$\int \frac{1}{\cos x}\sin x\mathrm{d}x = -\int \frac{1}{u}\mathrm{d}u = -\ln|u| + C = -\ln|\cos x| + C$$

有的积分，需要利用代数或三角的公式把被积函数改变一下形状，然后进行换元。看下面几个例子。

例 6　$\displaystyle\int \frac{\mathrm{d}x}{a^2 + x^2}$

解　因积分表里有公式 $\displaystyle\int \frac{\mathrm{d}x}{1 + x^2} = \arctan x + C$，我们先把被积函数分母中的 a^2 项变成 1，使向这个公式靠近：

$$\int \frac{\mathrm{d}x}{a^2 + x^2} = \int \frac{\mathrm{d}x}{a^2\left(1 + \dfrac{x^2}{a^2}\right)} = \int \frac{1}{a^2}\frac{1}{1 + \left(\dfrac{x}{a}\right)^2}\mathrm{d}x$$

「把 $\dfrac{1}{1 + \left(\dfrac{x}{a}\right)^2}$ 看成复合函数 $y = \dfrac{1}{1 + u^2}$，$u = \dfrac{x}{a}$，则 $\left(\dfrac{x}{a}\right)' = \dfrac{1}{a}$ 与被积函数中的另一函数

$\dfrac{1}{a^2}$（常函数）仅差一常因子，且积分 $\displaystyle\int \frac{1}{1 + u^2}\mathrm{d}u$ 是表上积分。」

令 $\dfrac{x}{a} = u$，则 $\left(\dfrac{x}{a}\right)'\mathrm{d}x = \mathrm{d}u$，即 $\dfrac{1}{a}\mathrm{d}x = \mathrm{d}u$，从而 $\mathrm{d}x = a\mathrm{d}u$，代入得

$$\int \frac{\mathrm{d}x}{a^2 + x^2} = \int \frac{1}{a^2} \frac{1}{1 + \left(\dfrac{x}{a}\right)^2} \mathrm{d}x = \int \frac{1}{a^2} \frac{1}{1 + u^2} a \mathrm{d}u$$

$$= \frac{1}{a} \int \frac{\mathrm{d}u}{1 + u^2} = \frac{1}{a} \arctan u + C$$

$$= \frac{1}{a} \arctan \frac{x}{a} + C$$

例 7 $\displaystyle\int \frac{\mathrm{d}x}{\sqrt{a^2 - x^2}}$

解 因积分表有公式 $\displaystyle\int \frac{\mathrm{d}x}{\sqrt{1 - x^2}} = \arcsin x + C$，把被积函数中的 a^2 变成 1。

$$\int \frac{\mathrm{d}x}{\sqrt{a^2 - x^2}} = \int \frac{\mathrm{d}x}{\sqrt{a^2 \left[1 - \left(\dfrac{x}{a}\right)^2 \right]}} = \int \frac{1}{a} \frac{1}{\sqrt{1 - \left(\dfrac{x}{a}\right)^2}} \mathrm{d}x$$

「把 $\dfrac{1}{\sqrt{1 - \left(\dfrac{x}{a}\right)^2}}$ 看作复合函数 $y = \dfrac{1}{\sqrt{1 - u^2}}$，$u = \dfrac{x}{a}$，则 $\left(\dfrac{x}{a}\right)' = \dfrac{1}{a}$ 与被积函数中的另一函数恰好相等，且 $\displaystyle\int \frac{\mathrm{d}x}{\sqrt{1 - u^2}}$ 是表中积分。」

令 $\dfrac{x}{a} = u$，则 $\dfrac{1}{a} \mathrm{d}x = \mathrm{d}u$，即 $\mathrm{d}x = a\mathrm{d}u$，代入得

$$\int \frac{\mathrm{d}x}{\sqrt{a^2 - x^2}} = \int \frac{1}{\sqrt{1 - u^2}} \mathrm{d}u = \arcsin u + C = \arcsin \frac{x}{a} + C$$

注：例 6 和例 7 这两个积分以后遇到的机会较多，可当公式用。

例 8 $\displaystyle\int \sin^2 x \mathrm{d}x$

解 「若将 $\sin^2 x$ 看成复合函数 $y = u^2$，$u = \sin x$，则内函数的导数是 $(\sin x)' = \cos x$，而被积函数中并无这个因子，因此须另作考虑」。利用三角公式先把 $\sin^2 x$ 变形：

因 $\cos 2x = 1 - 2\sin^2 x$，所以 $\sin^2 x = \dfrac{1 - \cos 2x}{2}$①。由此得

$$\int \sin^2 x \mathrm{d}x = \int \frac{1 - \cos 2x}{2} \mathrm{d}x = \frac{1}{2} \int \mathrm{d}x - \frac{1}{2} \int \cos 2x \mathrm{d}x$$

对右端第二个积分进行换元。

令 $2x = u$，则 $2\mathrm{d}x = \mathrm{d}u$，$\mathrm{d}x = \dfrac{1}{2} \mathrm{d}u$，于是

$$\int \sin^2 x \mathrm{d}x = \frac{1}{2} \int \mathrm{d}x - \frac{1}{4} \int \cos u \mathrm{d}u = \frac{1}{2} x - \frac{1}{4} \sin u + C = \frac{1}{2} x - \frac{1}{4} \sin 2x + C$$

---

① 公式 $\sin^2 x = \dfrac{1 - \cos 2x}{2}$ 与 $\cos^2 x = \dfrac{1 + \cos 2x}{2}$ 在积分中常用。

凑微分法(心记替换过程求积)　以上这些积分的换元方式,都是经过引入新的变量求积分,这种方式对于初学者来说,应当经历这个过程。但在此基础上必须提高一步,即新变量的引入不在积分推导过程中出现。我们称此方式为"心记替换过程求积",通常叫"凑微分"法。练习这种方式也可以分为两个阶段:第一阶段仍让新变量 u 出现于推导过程,最后把它换掉;第二阶段则直接推导求积分。

所遵循的换元要领仍同前面一样,不过还须略加说明。由

$$\int f[\varphi(x)]\varphi'(x)\mathrm{d}x = \int f[\varphi(x)]\mathrm{d}\varphi(x) = \int f(u)\mathrm{d}u$$
（第一步）　　　　（第二步）　　　（第三步）

心记替换过程求积时,应当把给定的积分首先变到上述第一步的形式(被积函数为复合函数与其内函数导数的乘积),然后变到第二步、第三步。继第三步之后,便写出原函数(含 u),最后把 u 换掉,代回原来的变量 x。如果进入上面所说的第二阶段,那就在第二步之后马上写出原函数,于是新变量 u 根本就不会出现了。举几个例子:

例 9　$\int 2x\mathrm{e}^{x^2}\mathrm{d}x$

解　$\int 2x\mathrm{e}^{x^2}\mathrm{d}x = \int \mathrm{e}^{x^2}(x^2)'\mathrm{d}x = \int \mathrm{e}^{x^2}\mathrm{d}(x^2)$
　　　　　　　　　　　　　　　　↓　　↓
　　　　　　　　　　　　　　　　u　u
　　　　　　　　（第一步）　（第二步）

$= \int \mathrm{e}^u\mathrm{d}u = \mathrm{e}^u + C = \mathrm{e}^{x^2} + C$

(属第三步,可省略)

例 10　$\int \dfrac{x}{3x^2-1}\mathrm{d}x$

解　$\int \dfrac{x}{3x^2-1}\mathrm{d}x = \int \dfrac{1}{3x^2-1}\cdot x\mathrm{d}x$

$= \dfrac{1}{6}\int \dfrac{1}{3x^2-1}\cdot(3x^2-1)'\mathrm{d}x$
（第一步）

$= \dfrac{1}{6}\int \dfrac{1}{3x^2-1}\mathrm{d}(3x^2-1)$
　　　　　　↓　　　　　↓
　　　　　　u　　　　u
　　　　　（第二步）

$= \dfrac{1}{6}\int \dfrac{1}{u}\mathrm{d}u = \dfrac{1}{6}\ln|u| + C = \dfrac{1}{6}\ln|3x^2-1| + C$
（属第三步,可省略）

注:例 9 至 13 都是用凑微分法计算的。比如例 10,原给被积式中的微分是 $\mathrm{d}x$,经过调配系数,凑成微分 $\mathrm{d}(3x^2-1)$,从而把积分变到表上的公式 $\int \dfrac{1}{u}\mathrm{d}u = \ln|u|$,这就叫凑微分法。

例 11　$\displaystyle\int \frac{\mathrm{e}^{2x}}{\mathrm{e}^{2x}+1}\mathrm{d}x$

解　$\displaystyle\int \frac{1}{\mathrm{e}^{2x}+1}\cdot\mathrm{e}^{2x}\mathrm{d}x$

$\displaystyle=\frac{1}{2}\int\frac{1}{\mathrm{e}^{2x}+1}(\mathrm{e}^{2x}+1)'\mathrm{d}x=\frac{1}{2}\int\frac{1}{\mathrm{e}^{2x}+1}\mathrm{d}(\mathrm{e}^{2x}+1)$

　　（第一步）　　　　　　　$\downarrow$　　　　　　$\downarrow$

　　　　　　　　　　　　　　u　　　　　　u

　　　　　　　　　　　（第二步）

$\displaystyle=\frac{1}{2}\int\frac{1}{u}\mathrm{d}u=\frac{1}{2}\ln|u|+C=\frac{1}{2}\ln(\mathrm{e}^{2x}+1)+C$

　　　　　　　　（可省略）

（因 $\mathrm{e}^{2x}+1>0$，故不必写成 $\ln|\mathrm{e}^{2x}+1|$）

下述二例，不使新变量 u 出现于推导过程中。

例 12　$\displaystyle\int x\sqrt{x^2-1}\,\mathrm{d}x$

解　$\displaystyle\int x\sqrt{x^2-1}\,\mathrm{d}x=\frac{1}{2}\int\sqrt{x^2-1}(x^2-1)'\mathrm{d}x$

$\displaystyle=\frac{1}{2}\int(x^2-1)^{\frac{1}{2}}\mathrm{d}(x^2-1)$

　　　　　　$\downarrow$　　　　　$\downarrow$

　　　　　　u　　　　　u

$\displaystyle=\frac{1}{2}\frac{(x^2-1)^{\frac{1}{2}+1}}{\frac{1}{2}+1}+C=\frac{1}{3}(x^2-1)^{\frac{3}{2}}+C$

例 13　$\displaystyle\int\frac{\mathrm{d}x}{x^2-a^2}$

解　因 $\displaystyle\frac{1}{x^2-a^2}=\frac{1}{(x+a)(x-a)}=\frac{1}{2a}\left(\frac{1}{x-a}-\frac{1}{x+a}\right)$

所以　　　　　$\displaystyle\int\frac{\mathrm{d}x}{x^2-a^2}=\frac{1}{2a}\int\left(\frac{1}{x-a}-\frac{1}{x+a}\right)\mathrm{d}x$

$\displaystyle=\frac{1}{2a}\left(\int\frac{\mathrm{d}x}{x-a}-\int\frac{\mathrm{d}x}{x+a}\right)$

$\displaystyle=\frac{1}{2a}\int\frac{1}{x-a}(x-a)'\mathrm{d}x-\frac{1}{2a}\int\frac{1}{x+a}(x+a)'\mathrm{d}x$

$\displaystyle=\frac{1}{2a}\int\frac{1}{x-a}\mathrm{d}(x-a)-\frac{1}{2a}\int\frac{1}{x+a}\mathrm{d}(x+a)$

　　　　　　$\downarrow$　　　$\downarrow$　　　　　$\downarrow$　　　$\downarrow$

　　　　　　u　　　u　　　　　u　　　u

$$= \frac{1}{2a}\ln|x-a| - \frac{1}{2a}\ln|x+a| + C$$

$$= \frac{1}{2a}\ln\left|\frac{x-a}{x+a}\right| + C$$

我们介绍两个求积公式。有一些积分的计算，固然要利用变量替换，但是如果被积函数满足下述条件，便可以直接写出它的结果。

(1) 若 $\int f(x)\,\mathrm{d}x = F(x) + C$，则

$$\int f(ax)\,\mathrm{d}x = \frac{1}{a}F(ax) + C\,(a\text{ 是常数但 } a \neq 0)$$

公式表明，根据 $f(x)$ 的原函数便可以写出 $f(ax)$ 的原函数。要弄清被积函数 $f(x)$ 与 $f(ax)$ 的关系：把 $f(x)$ 表达式中的自变量 x 换成 ax，便得到 $f(ax)$。例如：若 $f(x) = \cos x$，则 $f(ax) = \cos ax$；若 $f(x) = \dfrac{1}{\sqrt{1-x^2}}$，则 $f(ax) = \dfrac{1}{\sqrt{1-(ax)^2}}$。

利用上述公式(1)便可直接写出下列积分：

$$\int \sin 2x\,\mathrm{d}x = \frac{1}{2}(-\cos 2x) + C\left(\text{因}\int \sin x\,\mathrm{d}x = -\cos x + C\right)$$

$$\int \mathrm{e}^{3x}\,\mathrm{d}x = \frac{1}{3}\mathrm{e}^{3x} + C\left(\text{因}\int \mathrm{e}^x\,\mathrm{d}x = \mathrm{e}^x + C\right)$$

$$\int \frac{\mathrm{d}x}{1 + \left(\frac{1}{2}x\right)^2} = 2\arctan\frac{x}{2} + C\left(\text{因}\int \frac{\mathrm{d}x}{1+x^2} = \arctan x + C\right)$$

(2) $\int \dfrac{f'(x)}{f(x)}\mathrm{d}x = \ln|f(x)| + C$

公式表明，如果被积函数是分数形式，而分子恰是分母的导数，则原函数是分母的对数。

利用上述公式(2)，便可以直接写出下列积分：

$$\int \frac{x}{1+x^2}\mathrm{d}x = \frac{1}{2}\int \frac{2x}{1+x^2}\mathrm{d}x = \frac{1}{2}\ln(1+x^2) + C$$

$$\int \frac{\mathrm{e}^x}{\mathrm{e}^x + 1}\mathrm{d}x = \ln(\mathrm{e}^x + 1) + C$$

$$\int \frac{1}{x\ln x}\mathrm{d}x = \int \frac{\frac{1}{x}}{\ln x}\mathrm{d}x = \ln|\ln x| + C$$

$$\int \tan x\,\mathrm{d}x = \int \frac{\sin x}{\cos x}\mathrm{d}x = -\int \frac{-\sin x}{\cos x}\mathrm{d}x = -\ln|\cos x| + C$$

$$\int \cot x\,\mathrm{d}x = \int \frac{\cos x}{\sin x}\mathrm{d}x = \ln|\sin x| + C$$

上述两个公式按第一种换元法很容易导出。

二、第二换元法

换元公式（Ⅰ）的第一种用法是从左往右变，上面所讲的就是这种情况。还有一种相反的用法，从右往左变，称为第二换元法。这时右端积分是给定的，我们把它变成左端的积分来计算。这两种用法是截然不同的：从左往右变时，是将被积函数中所含有的 $\varphi(x)$（即前面所说的内函数）代之以新变量 u；而当从右往左变时，则是从外面选来一个适当的函数 $\varphi(x)$（不是被积函数中含有的），用以替换原来的变量 u。我们给公式加上两个箭头，表示它的用法：

$$\underset{\longleftarrow\quad 令\,u=\varphi(x)}{\overset{令\,\varphi(x)=u\quad\longrightarrow}{\int f[\varphi(x)]\varphi'(x)\mathrm{d}x=\int f[\varphi(x)]\mathrm{d}\varphi(x)=\int f(u)\mathrm{d}u}}$$

为了便于研究从右往左的用法，我们把公式的左、右两端调换过来，同时也把积分变量 x 与 u 调换一下（因为原来给定的积分习惯上以 x 为变量），便得到下面的换元公式：

$$\overset{令\,x=\varphi(u)\quad\longrightarrow}{\int f(x)\mathrm{d}x=\int f[\varphi(u)]\mathrm{d}\varphi(u)=\int f[\varphi(u)]\varphi'(u)\mathrm{d}u}\qquad(\text{Ⅱ})$$

左端积分是给定的，令 $x=\varphi(u)$，代入左端，得到右端的积分。我们换元的目的，是使右端积分容易计算。从右端积分求出的原函数显然是以 u 为自变量的函数，这时还得通过 $x=\varphi(u)$ 的反函数 $u=\varphi^{-1}(x)$，将原函数的自变量 u 还原成 x。因此，最初所选取的函数 $x=\varphi(u)$ 必须存在反函数。

第二换元法公式（Ⅱ）经常用于带有根号的被积函数，经过换元把根号化掉。因为不带根号的函数，一般说来要比带根号的函数容易积分。下面举几个例子，其中有的积分具有典型意义，常作为公式引用。

例 14 $\int\dfrac{\mathrm{d}x}{1+\sqrt{x}}$

解 令 $x=u^2(u\geqslant 0)$[①]，则 $\mathrm{d}x=2u\mathrm{d}u$，代入得

$$\int\frac{\mathrm{d}x}{1+\sqrt{x}}=\int\frac{2u\mathrm{d}u}{1+u}=2\int\frac{u}{1+u}\mathrm{d}u$$

$$=2\int\frac{1+u-1}{1+u}\mathrm{d}u=2\int\left(1-\frac{1}{1+u}\right)\mathrm{d}u$$

$$=2\int\mathrm{d}u-2\int\frac{1}{1+u}\mathrm{d}u=2u-2\ln|1+u|+C_\circ$$

由 $x=u^2$，有 $u=\sqrt{x}$，所以

$$\int\frac{\mathrm{d}x}{1+\sqrt{x}}=2\sqrt{x}-2\ln(1+\sqrt{x})+C_\circ$$

---

① 为使 $x=u^2$ 存在单值反函数，在此限制 $u\geqslant 0$（由此有 $\sqrt{x}$）。当然，取 $u\leqslant 0$ 也可以（此时 $u=-\sqrt{x}$）。

例 15　$\displaystyle\int \frac{x+1}{\sqrt[3]{3x+1}}\mathrm{d}x$

解　令 $3x+1=u^3$，这相当于令 $x=\dfrac{1}{3}(u^3-1)$，于是 $\mathrm{d}x=\left[\dfrac{1}{3}(u^3-1)\right]'\mathrm{d}u=u^2\mathrm{d}u$，代入得

$$\int \frac{x+1}{\sqrt[3]{3x+1}}\mathrm{d}x=\int \frac{\frac{1}{3}(u^3-1)+1}{u}\cdot u^2\mathrm{d}u$$

$$=\frac{1}{3}\int(u^4+2u)\mathrm{d}u=\frac{1}{3}\left(\frac{u^5}{5}+u^2\right)+C$$

$$=\frac{1}{15}u^2(u^3+5)+C$$

由 $3x+1=u^3$，得 $u=\sqrt[3]{3x+1}$，所以

$$\int \frac{x+1}{\sqrt[3]{3x+1}}\mathrm{d}x=\frac{1}{15}(\sqrt[3]{3x+1})^2(3x+1+5)+C$$

$$=\frac{1}{5}(x+2)(3x+1)^{\frac{2}{3}}+C$$

例 16　$\displaystyle\int \frac{\mathrm{d}x}{\sqrt{x^2+a^2}}\,(a>0)$

解　为去掉 $\sqrt{x^2+a^2}$ 的根号，用三角函数来替换。由于 $1+\tan^2u=\sec^2u$，故取如下替换：

令 $x=a\tan u$，则 $\mathrm{d}x=a\sec^2u\mathrm{d}u$，

$$\sqrt{x^2+a^2}=\sqrt{a^2(1+\tan^2u)}=\sqrt{a^2\sec^2u}=a\sec u$$

于是

$$\int \frac{\mathrm{d}x}{\sqrt{x^2+a^2}}=\int \frac{a\sec^2u}{a\sec u}\mathrm{d}u=\int \sec u\mathrm{d}u$$

$$=\ln|\sec u+\tan u|+C$$

为通过原设 $x=a\tan u$ 将此结果还原为 x 的函数，可利用图 6.3 中的直角三角形。三角形是根据 $\tan u=\dfrac{x}{a}$ 作成的，从图看出，$\sec u=\dfrac{\sqrt{x^2+a^2}}{a}$。代入上面结果，便得

$$\int \frac{\mathrm{d}x}{\sqrt{x^2+a^2}}=\ln\left|\frac{\sqrt{x^2+a^2}}{a}+\frac{x}{a}\right|+C$$

$$=\ln\left|\frac{x+\sqrt{x^2+a^2}}{a}\right|+C=\ln\left|x+\sqrt{x^2+a^2}\right|-\ln|a|+C$$

$$=\ln\left|x+\sqrt{x^2+a^2}\right|+C'\,(C'=C-\ln|a|)$$

例 17　$\displaystyle\int \frac{\mathrm{d}x}{\sqrt{x^2-a^2}}\,(a>0)$

解 令 $x = a\sec u$,

则 $\mathrm{d}x = a\tan u \sec u \mathrm{d}u$,

$$\sqrt{x^2 - a^2} = \sqrt{a^2 \sec u - a^2}$$
$$= a\sqrt{\sec^2 u - 1} = a\sqrt{\tan^2 u} = a\tan u$$

代入得

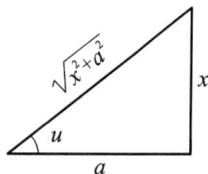

图 6.3

$$\int \frac{\mathrm{d}x}{\sqrt{x^2 - a^2}} = \int \frac{a\tan u \sec u}{a\tan u}\mathrm{d}u$$

$$= \int \sec u \mathrm{d}u = \ln|\sec u + \tan u| + C$$

根据 $x = a\sec u$ 即 $\sec u = \dfrac{x}{a}$ 作直角三角形(图 6.4),由三角

形看出 $\tan u = \dfrac{\sqrt{x^2 - a^2}}{a}$,所以

$$\int \frac{\mathrm{d}x}{\sqrt{x^2 - a^2}} = \ln\left|\frac{x}{a} + \frac{\sqrt{x^2 - a^2}}{a}\right| + C$$

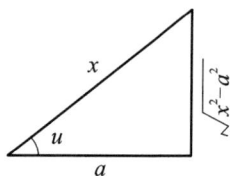

图 6.4

例 18 $\displaystyle\int \sqrt{a^2 - x^2}\mathrm{d}x \, (a > 0)$

解 令 $x = a\sin t$,

则 $\mathrm{d}x = a\cos t \mathrm{d}t$, $\sqrt{a^2 - x^2} = a\sqrt{1 - \sin^2 t} = a\cos t$

于是

$$\int \sqrt{a^2 - x^2}\mathrm{d}x = \int a\cos t \cdot a\cos t \mathrm{d}t$$

$$= a^2 \int \cos^2 t \mathrm{d}t = a^2 \int \frac{1 + \cos 2t}{2}\mathrm{d}t$$

$$= \frac{a^2}{2}\left(\int \mathrm{d}t + \int \cos 2t \mathrm{d}t\right) = \frac{a^2}{2}\left(t + \frac{1}{2}\sin 2t\right) + C$$

$$= \frac{a^2}{2}(t + \sin t\cos t) + C$$

由 $x = a\sin t$ 得 $\sin t = \dfrac{x}{a}$ 及 $t = \arcsin \dfrac{x}{a}$。为以 x 表示 $\cos t$,根

据 $\sin t = \dfrac{x}{a}$ 作直角三角形(图 6.5),就三角形看出 $\cos t =$

$\dfrac{\sqrt{a^2 - x^2}}{a}$。都代入上式,得

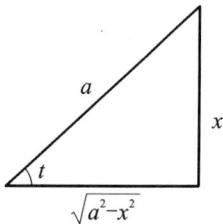

图 6.5

$$\int \sqrt{a^2 - x^2}\mathrm{d}x = \frac{a^2}{2}\left(\arcsin \frac{x}{a} + \frac{x}{a} \cdot \frac{\sqrt{a^2 - x^2}}{a}\right) + C$$

$$= \frac{1}{2}x\sqrt{a^2 - x^2} + \frac{a^2}{2}\arcsin\frac{x}{a} + C$$

注：以上三例都利用了三角形。不用三角形，从式子上也能得到相应的结果。比如就上

面的 $\cos t$ 来看，因 $\sin t = \frac{x}{a}$，故 $\cos t = \sqrt{1 - \sin^2 t} = \sqrt{1 - \frac{x^2}{a^2}} = \frac{1}{a}\sqrt{a^2 - x^2}$。

上述三例所用的替换称为三角替换。当被积函数中含有根式 $\sqrt{a^2 - x^2}$ 或 $\sqrt{x^2 \pm a^2}$ 时，利用三角替换往往得到成功。替换办法是(根据三角学中的平方公式：$\sin^2 x + \cos^2 x = 1$，$1 + \tan^2 x = \sec^2 x$，$1 + \cot^2 x = \csc^2 x$)：

若被积函数中含 $\sqrt{a^2 - x^2}$，则令 $x = a\sin t$(或 $x = a\cos t$)；

若被积函数中含 $\sqrt{x^2 + a^2}$，则令 $x = a\tan t$(或 $x = a\cot t$)；

若被积函数中含 $\sqrt{x^2 - a^2}$，则令 $x = a\sec t$(或 $x = a\csc t$)。

例 19 （1）$\int \sqrt{a^2 + x^2}\,\mathrm{d}x$；（2）$\int \sqrt{x^2 - a^2}\,\mathrm{d}x$。

解　这两个积分用三角替换也可以求，不过要麻烦一些。我们引用例 16 及例 17 的结果来计算。在计算中要用到分部积分法和换元法。

$$(1)\int \sqrt{a^2 + x^2}\,\mathrm{d}x = \int \frac{a^2 + x^2}{\sqrt{a^2 + x^2}}\mathrm{d}x$$

$$= \int \frac{a^2}{\sqrt{a^2 + x^2}}\mathrm{d}x + \int \frac{x^2}{\sqrt{a^2 + x^2}}\mathrm{d}x \quad (1)$$

这就把积分变成两个，第一个按例 16 可以写出：

$$\int \frac{a^2}{\sqrt{a^2 + x^2}}\mathrm{d}x = a^2\int \frac{\mathrm{d}x}{\sqrt{a^2 + x^2}} = a^2\ln\left|x + \sqrt{a^2 + x^2}\right| + C_1$$

下面计算第二个积分：

$\int \frac{x^2}{\sqrt{a^2 + x^2}}\mathrm{d}x = \int x \cdot \frac{x}{\sqrt{a^2 + x^2}}\mathrm{d}x$ 对右端应用分部积分法。令 $u = x$，$v' = \frac{x}{\sqrt{a^2 + x^2}}$

则 $u' = 1$，而

$$v = \int \frac{x}{\sqrt{a^2 + x^2}}\mathrm{d}x = \frac{1}{2}\int \frac{1}{\sqrt{a^2 + x^2}}(a^2 + x^2)'\mathrm{d}x$$

$$= \frac{1}{2}\int \frac{1}{\sqrt{a^2 + x^2}}\mathrm{d}(a^2 + x^2) = \frac{1}{2}\frac{(a^2 + x^2)^{-\frac{1}{2}+1}}{-\frac{1}{2} + 1}$$

$$= \sqrt{a^2 + x^2} + C$$

于是

$$\int \frac{x^2}{\sqrt{a^2 + x^2}}\mathrm{d}x = x\sqrt{a^2 + x^2} - \int \sqrt{a^2 + x^2}\,\mathrm{d}x$$

把算出的两个积分代入(1)，得

$$\int \sqrt{a^2 + x^2}\,dx = a^2 \ln\left| x + \sqrt{a^2 + x^2}\right| + x\sqrt{a^2 + x^2} - \int \sqrt{a^2 + x^2}\,dx,$$

右端积分移到左端合并,

$$2\int \sqrt{a^2 + x^2}\,dx = x\sqrt{a^2 + x^2} + a^2 \ln\left| x + \sqrt{a^2 + x^2}\right| + \frac{C'}{2}$$

最后得

$$\int \sqrt{a^2 + x^2}\,dx = \frac{1}{2}x\sqrt{a^2 + x^2} + \frac{a^2}{2}\ln\left| x + \sqrt{a^2 + x^2}\right| + C'$$

(2) $\int \sqrt{x^2 - a^2}\,dx$。建议读者用同法计算一下, 应得

$$\int \sqrt{x^2 - a^2}\,dx = \frac{1}{2}x\sqrt{x^2 - a^2} - \frac{a^2}{2}\ln\left| x + \sqrt{x^2 - a^2}\right| + C$$

前面例题中有一些积分以后经常引用, 把它们列成表, 以备查用, 我们称它为**第二积分表**。

1. $\int \tan x\,dx = -\ln|\cos x| + C$;

2. $\int \cot x\,dx = \ln|\sin x| + C$;

3. $\int \sec x\,dx = \ln|\sec x + \tan x| + C$;

4. $\int \csc x\,dx = 1n|\csc x - \cot x| + C$;

5. $\int \dfrac{dx}{x^2 + a^2} = \dfrac{1}{a}\arctan \dfrac{x}{a} + C$;

6. $\int \dfrac{dx}{x^2 - a^2} = \dfrac{1}{2a}\ln\left| \dfrac{x - a}{x + a}\right| + C$;

7. $\int \dfrac{dx}{\sqrt{a^2 - x^2}} = \arcsin \dfrac{x}{a} + C$;

8. $\int \dfrac{dx}{\sqrt{x^2 \pm a^2}} = \ln\left| x + \sqrt{x^2 \pm a^2}\right| + C$;

9. $\int \sqrt{a^2 - x^2}\,dx = \dfrac{1}{2}x\sqrt{a^2 - x^2} + \dfrac{a^2}{2}\arcsin \dfrac{x}{a} + C$;

10. $\int \sqrt{x^2 \pm a^2}\,dx = \dfrac{1}{2}x\sqrt{x^2 \pm a^2} \pm \dfrac{a^2}{2}\ln\left| x + \sqrt{x^2 \pm a^2}\right| + C$。

§6.4 分部积分法

分部积分法体现为一个公式, 它是从两个函数乘积的求导公式出发而推得的。

设 $u = u(x)$ 与 $v = v(x)$ 是两个可微函数, 由乘积的求导法则有

$$(uv)' = uv' + u'v$$

即

$$uv' = (uv)' - u'v$$

两端取积分，得

$$\int uv'\mathrm{d}x = \int \left[\left(uv \right)' - u'v \right] \mathrm{d}x = \int \left(uv \right)' \mathrm{d}x - \int u'v\mathrm{d}x$$

根据不定积分的性质(1)，便有分部积分公式：

$$\int uv'\mathrm{d}x = uv - \int u'v\mathrm{d}x \tag{1}$$

分部积分公式还可以表示为另一形式。因 $v'\mathrm{d}x = \mathrm{d}v$，$u'\mathrm{d}x = \mathrm{d}u$，所以(1) 式又可写成

$$\int u\mathrm{d}v = uv - \int v\mathrm{d}u \tag{2}$$

总之，分部积分公式有两个表达形式，对于初学者还是(1) 式较为方便。

(1) 式左端是要计算的给定的积分，其被积函数是 u 和 v' 的乘积；而右端第一项是两个函数 u 和 v 的乘积，第二项则是一个新的积分 $\int u'v\mathrm{d}x$。这个公式的作用显然是，把所给的左端的积分转化为右端的另一个积分，如果右端的积分比较容易计算，那么这个公式便收到了效用。公式之所以称为分部积分法，则是由于把被积函数的一部分分出来，先求出它的积分，而将问题转化为另外的一个积分。下面通过例子，说明使用要领。

例 1　求 $\displaystyle\int \underset{(u)}{x}\ \underset{(v')}{\mathrm{e}^x}\,\mathrm{d}x$

解　被积函数是 x 与 e^x 的乘积，要把其中一个取作 u，另一个取作 v'。从公式看出，首先要从 v' 求出它的原函数 v 来，因为右端两项都含 v。就这一点来看，把 x 和 e^x 中的哪一个取作 v' 都可以，因为它俩的原函数都容易求。可是同时还希望导数 u' 要变得比 u 简单一些，从而能使积分 $\int u'v\mathrm{d}x$ 容易计算。因此我们令 $u = x$，$v' = \mathrm{e}^x$，于是 $u' = 1$，$v = \int v'\mathrm{d}x = \int \mathrm{e}^x\mathrm{d}x = \mathrm{e}^x$① 代入公式(1)，得

$$\int \underset{(u)}{x}\underset{(v')}{\mathrm{e}^x}\ \mathrm{d}\,x = \underset{(u)}{x}\ \underset{(v)}{\mathrm{e}^x} - \int \underset{(u')}{\mathrm{e}^x}\underset{(v)}{}\ \mathrm{d}\,x = x\mathrm{e}^x - \mathrm{e}^x + C$$
$$= \mathrm{e}^x(x - 1) + C$$

在此例中，若令 $u = \mathrm{e}^x$，$v' = x$，则有

$$u' = \mathrm{e}^x,\ v = \int x\mathrm{d}x = \frac{x^2}{2},$$

于是

$$\int \underset{(v')}{x}\underset{(u)}{\mathrm{e}^x}\ \mathrm{d}\,x = \frac{x^2}{2}\underset{(u)}{\mathrm{e}^x} - \int \underset{(v)}{\frac{x^2}{2}} \cdot \underset{(u')}{\mathrm{e}^x}\ \mathrm{d}x$$

这样一来，右端的积分比左端的积分还要复杂，从而问题变得更困难了。

例 2　求 $\int x\ln x\mathrm{d}x$。

解　令 $u = \ln x$，$v' = x$，则 $u' = \dfrac{1}{x}$，$v = \int x\mathrm{d}x = \dfrac{x^2}{2}$，

---

① 求 $v = \int \mathrm{e}^x\mathrm{d}x = \mathrm{e}^x$ 时不必加上任意常数 C。因将 v 代入公式(1) 后得到(1) 式，而(1) 式右端仍有一个不定积分 $\int 1\mathrm{e}^x\mathrm{d}x$。在此积分中是含有任一常数的。

于是
$$\int x\ln x\mathrm{d}x = \frac{1}{2}x^2\ln x - \int \frac{1}{2}x^2 \cdot \frac{1}{x}\mathrm{d}x$$
$$= \frac{1}{2}x^2\ln x - \frac{1}{2}\int x\mathrm{d}x = \frac{1}{2}x^2\ln x - \frac{x^2}{4} + C$$

如果把 u 与 v' 所代表的函数交换一下：令 $u = x$，$v' = \ln x$，则 $u' = 1$，$v = \int \ln x\mathrm{d}x$。这就成问题了，因为积分 $\int \ln x\mathrm{d}x$ 不但积分表上没有，而且我们也没计算过。

现在我们提出利用分部积分公式的要领，以供参考：

应用分部积分公式时，要把被积函数看成 u 和 v' 的乘积，然后对 u 求导，对 v' 求积。恰当地选取 u 和 v' 很重要，其要领是：由 v' 求 v 时必须很容易（一般说来就是表上积分），而导数 u' 比 u 要简单。总之，必须使右端积分比左端积分容易计算。

例 3　求 $\int \ln x\mathrm{d}x$。

解　为利用分部积分公式，把被积函数看作乘积 $1 \cdot \ln x$，即
$$\int \ln x\mathrm{d}x = \int 1 \cdot \ln x\mathrm{d}x$$

令 $u = \ln x$，$v' = 1$，则 $u' = \frac{1}{x}$，
$$v = \int 1 \cdot \mathrm{d}x = x$$
于是
$$\int \ln x\mathrm{d}x = x\ln x - \int x \cdot \frac{1}{x}\mathrm{d}x = x\ln x - \int \mathrm{d}x = x\ln x - x + C$$
$$= x(\ln x - 1) + C$$

例 4　求 $\int x\arctan x\mathrm{d}x$

解　令 $u = \arctan x$，$v' = x$，则 $u' = \frac{1}{1+x^2}$，
$$v = \int x\mathrm{d}x = \frac{x^2}{2},$$
于是
$$\int x\arctan x\mathrm{d}x = \frac{1}{2}x^2\arctan x - \int \frac{x^2}{2} \cdot \frac{1}{1+x^2}\mathrm{d}x$$
$$= \frac{1}{2}x^2\arctan x - \frac{1}{2}\int \frac{x^2+1-1}{1+x^2}\mathrm{d}x$$
$$= \frac{1}{2}x^2\arctan x - \frac{1}{2}\int \mathrm{d}x + \frac{1}{2}\int \frac{1}{1+x^2}\mathrm{d}x$$
$$= \frac{1}{2}x^2\arctan x - \frac{1}{2}x + \frac{1}{2}\arctan x + C$$

例 5　求 $\int e^x\sin x\mathrm{d}x$

解 令 $u = \mathrm{e}^x$，$v' = \sin x$，

则 $u' = \mathrm{e}^x$，$v = \int \sin x \mathrm{d}x = -\cos x$，

于是
$$\int \mathrm{e}^x \sin x \mathrm{d}x = -\mathrm{e}^x \cos x - \int (-\cos x) \mathrm{e}^x \mathrm{d}x$$
$$= -\mathrm{e}^x \cos x + \int \mathrm{e}^x \cos x \mathrm{d}x \quad (1)$$

不难看出，右端的积分并不比左端积分容易计算（即使取 $u = \sin x$，$v' = \mathrm{e}^x$，也会出现类似情况），其区别仅是左端被积函数中的 $\sin x$ 换成右端被积函数中的 $\cos x$。但是容易想到：如果对右端的积分 $\int \mathrm{e}^x \cos x \mathrm{d}x$ 再用一次分部积分法，必将重新得出左端的积分 $\int \mathrm{e}^x \sin x \mathrm{d}x$，再把右端积分移到左端加以合并，也就解决了所求的积分。下面就这样来进行：

对 (1) 式右端的 $\int \mathrm{e}^x \cos x$，再用分部积分法。令 $u = \mathrm{e}^x$，$v' = \cos x$，则 $u' = \mathrm{e}^x$，$v = \int \cos x \mathrm{d}x = \sin x$，于是 (1) 式变为

$$\int \mathrm{e}^x \sin x \mathrm{d}x = -\mathrm{e}^x \cos x + \left(\mathrm{e}^x \sin x - \int \mathrm{e}^x \sin x \mathrm{d}x \right)$$
$$= -\mathrm{e}^x \cos x + \mathrm{e}^x \sin x - \int \mathrm{e}^x \sin x \mathrm{d}x$$

移项得
$$2\int \mathrm{e}^x \sin x \mathrm{d}x = \mathrm{e}^x (\sin x - \cos x) + C_1$$

所以
$$\int \mathrm{e}^x \sin x \mathrm{d}x = \frac{1}{2}\mathrm{e}^x (\sin x - \cos x) + \frac{C_1}{2}$$
$$= \frac{1}{2}\mathrm{e}^x (\sin x - \cos x) + C$$

（为使结果的形式简单，用任意常数 C 表 $\frac{C_1}{2}$）

如上所示，有时需要重复使用分部积分法。此例的情形是由于重复使用分部积分法，在等式右端终于出现了一个与左端相同的积分。重复使用分部积分法还可以得到递推公式，请看下面例子。

例 6 求 $\int x^2 \mathrm{e}^x \mathrm{d}x$。

解 令 $u = x^2$，$v' = \mathrm{e}^x$，则 $u' = 2x$，$v = \mathrm{e}^x$，

于是
$$\int x^2 \mathrm{e}^x \mathrm{d}x = x^2 \mathrm{e}^x - 2\int x \mathrm{e}^x \mathrm{d}x$$

对右端继续用分部积分法：

令 $u = x$，$v' = \mathrm{e}^x$，则 $u' = 1$，$v = \mathrm{e}^x$，代入右端，便得
$$\int x^2 \mathrm{e}^x \mathrm{d}x = x^2 \mathrm{e}^x - 2\left(x\mathrm{e}^x - \int \mathrm{e}^x \mathrm{d}x \right)$$
$$= x^2 \mathrm{e}^x - 2x\mathrm{e}^x + 2\mathrm{e}^x + C$$

递推公式 利用分部积分法，有时可以得出递推公式。比如我们来研究上例的一般情形：

$$J_n = \int x^n e^x dx$$

其中 n 为任意一个自然数。

令 $u = x^n$，$v' = e^x$，则 $u' = nx^{n-1}$，$v = e^x$，

于是
$$J_n = x^n e^x - n \int x^{n-1} e^x dx$$

即
$$J_n = x^n e^x - nJ_{n-1} \tag{1}$$

这个式子便是一个递推公式。它把积分 J_n 化成了下标少 1 的积分 J_{n-1}。如果知道了积分 J_1，由(1)式便可算出 J_2，进而算出 J_3，以至下标为任意自然数 n 的积分 J_n。可见递推公式在计算上提供了很大的方便。我们利用这个递推公式计算一下：

由前面例 1 已知 $J_1 = \int xe^x dx = e^x(x-1) + C$，按递推公式(1)，当 $n = 2, 3$ 时则有

$$J_2 = \int x^2 e^x dx = x^2 e^x - 2J_1$$
$$= x^2 e^x - 2e^x(x-1) + C$$
$$= e^x(x^2 - 2x + 2) + C$$
$$J_3 = \int x^3 e^x dx = x^3 e^x - 3J_2$$
$$= x^3 e^x - 3e^x(x^2 - 2x + 2) + C$$
$$= e^x(x^3 - 3x^2 + 6x - 6) + C$$

如此下去，当然可以算出任意积分 J_n。

分部积分法适用范围　　分部积分法最常应用于下列几种类型的不定积分：

$(1) \int P(x)e^{ax}dx$，$\int P(x)\sin axdx$，$\int P(x)\cos axdx$，

其中 $P(x)$ 是多项式，a 是常数。在此令 $u = P(x)$，$v' = e^{ax}$，$\sin ax$，$\cos ax$。

$(2) \int P(x)\ln mxdx$，$\int P(x)\arcsin mxdx$，$\int P(x)\arctan mxdx$

其中 m 是自然数。在此令 $u = \ln mx$，$\arcsin mx$，$\arctan mx$；$v' = P(x)$。

$(3) \int e^{ax}\sin bxdx$，$\int e^{ax}\cos bxdx$，其中 a, b 是常数。在此可令被积函数中的任一因子为 u，另一个为 v'。

不过在上述的某些情形下，同时还要用到换元积分法，比如当(1)中的常数 $a \neq 1$ 时，(3)中的 a, b 不全为 1 时，就都属于这种情形。

§6.5　有理函数的积分

以基本积分表为基础，利用前面介绍的几个积分法则，我们固然可以求出一些初等函数的积分，但是这并不能满足以后的需要。从本节开始，要对几种类型的函数的积分问题进行分门别类的研究。首先研究有理函数的积分，然后研究无理函数及三角函数的积分。关于有理函数的积分法已经发展得很完备，即是说，人们已经掌握了能够求出任何一个有理函数的

原函数的一般方法。

有理函数的积分方法，基于有理真分式可以化为简单分式，而简单分式的积分则是完全可以求出来的。因此，我们首先要讨论的是如何把一个有理真分式化为简单分式，然后讨论简单分式的求积问题。

一、真分式化为简单分式

有理函数包括有理整函数和有理分函数。有理整函数又叫多项式，它的一般表达式是

$$p(x) = a_0 x^n + a_1 x^{n-1} + \cdots + a_{n-1} x + a_n$$

这类函数的积分问题最简单，我们早已解决了。有理分函数又叫有理分式，它的一般表达式是：

$$\frac{P(x)}{Q(x)} = \frac{a_0 x^n + a_1 x^{n-1} + \cdots + a_{n-1} x + a_n}{a_0 x^m + a_1 x^{m-1} + \cdots + a_{m-1} x + a_m}$$

其中 m，n 皆为自然数；当 $n \geq m$ 时，称为假分式，当 $n < m$ 时，称为真分式。利用除法可以把假分式化为多项式与真分式之和，而前者的积分已不成问题，所以我们只需讨论真分式的积分问题。

代数学有以下的结论：

1）如果 $Q(x) = x^n + a_1 x^{n-1} + a_2 x^{n-2} + \cdots + a_n$ 为实系数多项式，则 $Q(x)$ 总可以分解为一些实系数的一次因子与二次因子的乘幂之积，即

$$Q(x) = (x-a)^k \cdots (x-b)^t (x^2 + px + q)^\lambda \cdots (x^2 + rx + s)^\mu \tag{1}$$

其中 k，t，λ，μ 都是自然数，且二次因子 $x^2 + px + q$，$\cdots$，$x^2 + rx + s$ 不能再分解为实系数的一次因子，即 $p^2 - 4q < 0$，$r^2 - 4s < 0$。

2）如果 $Q(x)$ 的分解式如（1）式，则有理真分式 $\dfrac{P(x)}{Q(x)}$ 可以唯一地分解成简单分式（部分分式）的和：

$$
\begin{aligned}
\frac{P(x)}{Q(x)} = {} & \frac{A_1}{x-a} + \frac{A_2}{(x-a)^2} + \cdots + \frac{A_k}{(x-a)^k} \\
& + \frac{B_1}{x-b} + \frac{B_2}{(x-b)^2} + \cdots + \frac{B_t}{(x-b)^t} + \frac{C_1 x + D_1}{x^2 + px + q} \\
& + \frac{C_2 x + D_2}{(x^2 + px + q)^2} + \cdots + \frac{C_\lambda x + D_\lambda}{(x^2 + px + q)^\lambda} \\
& + \cdots + \frac{E_1 x + F_1}{x^2 + rx + s} + \frac{E_2 x + F_2}{(x^2 + rx + s)^2} \\
& + \cdots + \frac{E_\mu x + F_\mu}{(x^2 + rx + s)^\mu},
\end{aligned}
\tag{2}
$$

其中 A_i，B_i，C_i，D_i，E_i，F_i 均为常数，将从下面的例子看到，这些常数可用待定系数法加以确定。

我们对（2）式应注意到两点：

（ⅰ）分母 $Q(x)$ 中如果有因子 $(x-a)^k$，则分解后有下列 k 个简单分式之和

$$\frac{A_1}{x-a}+\frac{A_2}{(x-a)^2}+\cdots+\frac{A_k}{(x-a)^k}$$

其中 $A_1,A_2,\cdots,A_k$ 都是常数，特别地若 $k=1$，则分解后有 $\dfrac{A}{x-a}$。

（ⅱ）分母 $Q(x)$ 中如果有因子 $(x^2+px+q)^k$，其中 $p^2-4q<0$，则分解后有下列 k 个简单分式之和

$$\frac{A_1x+B_1}{x^2+px+q}+\frac{A_2x+B_2}{(x^2+px+q)^2}+\cdots+\frac{A_kx+B_k}{(x^2+px+q)^k}$$

其中 A_i,B_i 都是常数，特别地若 $k=1$，则分解后有 $\dfrac{Ax+B}{x^2+px+q}$。

例如，因为真分式

$$\frac{3x^2+1}{x^2(x-1)(x+2)^3(x^2-2x+3)^2}$$

的分母中含有因子 $x^2,x-1,(x+2)^3$ 及 $(x^2-2x+3)^2$，故其分解式为下列八个简单分式之和

$$\frac{A_1}{x}+\frac{A_2}{x^2}+\frac{B}{x-1}+\frac{C_1}{(x+2)}+\frac{C_2}{(x+2)^2}+\frac{C_3}{(x+2)^3}+$$

$$\frac{D_1x+E_1}{x^2-2x+3}+\frac{D_2x+E_2}{(x^2-2x+3)^2}$$

下面举例说明，如何利用待定系数法，将真分式化为简单分式。

例1 将 $\dfrac{2x+3}{x^3+x^2-2x}$ 化为简单分式。

解 先分解分母的因式：

$$x^3+x^2-2x=x(x^2+x-2)$$
$$=x(x-1)(x+2)$$

因 $x,x-1,x+2$ 都是分母的一次因子，根据前面的(1)和(2)，则所给分式可分解为简单分式的和

$$\frac{2x+3}{x(x-1)(x+2)}=\frac{A}{x}+\frac{B}{x-1}+\frac{C}{x+2}$$

其中 A,B,C 是待定的常数。将上式乘以 $x(x-1)(x+2)$，得

$$2x+3=A(x-1)(x+2)+Bx(x+2)+Cx(x-1)$$

右端展开且合并同类项，得

$$2x+3=(A+B+C)x^2+(A+2B-C)x-2A$$

这是一个恒等式。

比较左、右两端的系数(同次幂的系数相等)，就得到方程组：

$$\begin{cases}A+B+C=0,\\A+2B-C=2,\\-2A=3\end{cases}$$

解此方程组，得

$$A = -\frac{3}{2}, B = \frac{5}{3}, C = -\frac{1}{6}。$$

代入(1) 则得

$$\frac{2x + 3}{x(x - 1)(x + 2)} = -\frac{3}{2x} + \frac{5}{3(x - 1)} - \frac{1}{6(x + 2)}$$

例 2　将 $\dfrac{x^3 + 1}{x(x - 1)^3}$ 化为简单分式。

解　注意 $(x - 1)^3$ 是分母的三次因子。设

$$\frac{x^3 + 1}{x(x - 1)^3} = \frac{A}{x} + \frac{B}{(x - 1)^3} + \frac{C}{(x - 1)^2} + \frac{D}{x - 1} \tag{1}$$

两端乘以 $x(x - 1)^3$ 得

$$x^3 + 1 = A(x - 1)^3 + Bx + Cx(x - 1) + Dx(x - 1)^2$$

合并右端同类项, 得

$$x^3 + 1 = (A + D)x^3 + (-3A + C - 2D)x^2 + (3A + B - C + D)x - A$$

比较系数得方程组:

$$\begin{cases} A + D = 1, \\ -3A + C - 2D = 0, \\ 3A + B - C + D = 0, \\ -A = 1 \end{cases}$$

解方程组, 得

$$A = -1, B = 2, C = 1, D = 2,$$

代入(1),

$$\frac{x^3 + 1}{x(x - 1)^3} = -\frac{1}{x} + \frac{2}{(x - 1)^3} + \frac{1}{(x - 1)^2} + \frac{2}{x - 1}$$

例 3　将 $\dfrac{2x^2 + 2x + 13}{(x - 2)(x^2 + 1)^2}$ 化为简单分式。

解　注意 $(x^2 + 1)^2$ 是有虚根的二次因子。设

$$\frac{2x^2 + 2x + 13}{(x - 2)(x^2 + 1)^2} = \frac{A}{x - 2} + \frac{Bx + C}{x^2 + 1} + \frac{Dx + E}{(x^2 + 1)^2}$$

去分母得

$$2x^2 + 2x + 13 = A(x^2 + 1)^2 + (Bx + C)(x - 2)(x^2 + 1) + (Dx + E)(x - 2)$$

即

$$2x^2 + 2x + 13 = (A + B)x^4 + (-2B + C)x^3 +$$
$$(2A + B - 2C + D)x^2 + (-2B + C - 2D + E)x + (A - 2C - 2E)$$

比较系数

$$\begin{cases} A + B = 0, \\ -2B + C = 0, \\ 2A + B - 2C + D = 2, \\ -2B + C - 2D + E = 2, \\ A - 2C - 2E = 13 \end{cases}$$

解方程组，得

$$A = 1,\ B = -1,\ C = -2,\ D = -3,\ E = -4$$

代入，

$$\frac{2x^2 + 2x + 13}{(x-2)(x^2+1)^2} = \frac{1}{x-2} - \frac{x+2}{x^2+1} - \frac{3x+4}{(x^2+1)^2}$$

有的问题以适当数值代入 x（代值法），可以较快地确定系数，参考下面例4。

例4 将 $\dfrac{x^2+3}{x^3-6x^2+11x-6}$ 化成简单分式。

解 $x^3 - 6x^2 + 11x - 6 = (x^3 - 6x^2 + 5x) + (6x - 6)$

$$= x(x-1)(x-5) + 6(x-1) = (x-1)(x-2)(x-3)$$

设

$$\frac{x^2+3}{(x-1)(x-2)(x-3)} = \frac{A}{x-1} + \frac{B}{x-2} + \frac{C}{x-3} \tag{1}$$

去分母，

$$x^2 + 3 = A(x-2)(x-3) + B(x-1)(x-3) + C(x-1)(x-2) \tag{2}$$

为确定 A,B,C，可对 x 任设三个值，依次代入（2），从而得到三个方程的方程组。不过由（2）看出，若以分母的根 $x=1$，$x=2$，$x=3$ 代入，就使问题变得很简单。

令 $x=1$，由（2）得 $4 = 2A$，所以 $A = 2$；

令 $x=2$，得 $7 = -B$，所以 $B = -7$；

令 $x=3$，得 $12 = 2C$，所以 $C = 6$。

代入（1）式，

$$\frac{x^2+3}{(x-1)(x-2)(x-3)} = \frac{2}{x-1} - \frac{7}{x-2} + \frac{6}{x-3}$$

二、简单分式的积分

根据前面真分式表示为简单分式的实例，真分式的积分就归结为以下四种类型的简单分式的积分：

$$(1)\ \int \frac{A}{x-a}\mathrm{d}x; \qquad\qquad (2)\ \int \frac{A}{(x-a)^n}\mathrm{d}x;$$

$$(3)\ \int \frac{Ax+B}{x^2+px+q}\mathrm{d}x; \qquad (4)\ \int \frac{Ax+B}{(x^2+px+q)^n}\mathrm{d}x。$$

其中 A,B,a,p,q 都是实数，n 是大于1的自然数。二次三项式 x^2+px+q 无实根，即 $p^2 - 4q < 0 \left(q - \dfrac{p^2}{4} > 0\right)$。

这四种类型的积分都可以求，其中（1）、（2）两类积分很简单，我们早已会算。

$$(1)\ \int \frac{A}{x-a}\mathrm{d}x = A\int \frac{1}{x-a}\mathrm{d}(x-a) = A\ln|x-a| + C;$$

$$(2)\ \int \frac{A}{(x-a)^n}\mathrm{d}x = A\int (x-a)^{-n}\mathrm{d}(x-a) = \frac{A}{-n+1}(x-a)^{-n+1} + C = -\frac{A}{n-1}\frac{1}{(x-a)^{n-1}} + C。$$

例 5　求 $\displaystyle\int \frac{\mathrm{d}x}{x^2 - 1}$。

解　先把 $\dfrac{1}{x^2 - 1}$ 化成简单分式。设

$$\frac{1}{x^2 - 1} = \frac{A}{x + 1} + \frac{B}{x - 1}$$

则　　　　　　　　有 $1 = A(x - 1) + B(x + 1)$

令 $x = 1$，得 $B = \dfrac{1}{2}$；令 $x = -1$，得 $A = -\dfrac{1}{2}$，所以

$$\frac{1}{x^2 - 1} = \frac{1}{2(x - 1)} - \frac{1}{2(x + 1)}$$

于是

$$\int \frac{\mathrm{d}x}{x^2 - 1} = \frac{1}{2}\int \frac{\mathrm{d}x}{x - 1} - \frac{1}{2}\int \frac{\mathrm{d}x}{x + 1}$$

$$= \frac{1}{2}\int \frac{\mathrm{d}(x - 1)}{x - 1} - \frac{1}{2}\int \frac{\mathrm{d}(x + 1)}{x + 1}$$

$$= \frac{1}{2}(\ln|x - 1| - \ln|x + 1|) + C$$

$$= \frac{1}{2}\ln\left|\frac{x - 1}{x + 1}\right| + C$$

例 6　求 $\displaystyle\int \frac{x^4 + 1}{x^2(x - 1)}\mathrm{d}x$。

解　$\dfrac{x^4 + 1}{x^2(x - 1)} = x + 1 + \dfrac{x^2 + 1}{x^2(x - 1)}$。设

$$\frac{x^2 + 1}{x^2(x - 1)} = \frac{A}{x - 1} + \frac{B}{x} + \frac{C}{x^2}$$

则　　　　　　　　$x^2 + 1 = Ax^2 + Bx(x - 1) + C(x - 1)$

令 $x = 0$，得 $C = -1$；令 $x = 1$，得 $A = 2$。再比较 x^2 的系数，得 $1 = A + B$，所以 $B = -1$[①]。

于是　　　　　　　　$\dfrac{x^2 + 1}{x^2(x - 1)} = \dfrac{2}{x - 1} - \dfrac{1}{x} - \dfrac{1}{x^2}$

综合上述，得

$$\int \frac{x^4 + 1}{x^2(x - 1)}\mathrm{d}x = \int (x + 1)\,\mathrm{d}x + 2\int \frac{\mathrm{d}x}{x - 1} - \int \frac{\mathrm{d}x}{x} - \int \frac{\mathrm{d}x}{x^2}$$

$$= \frac{x^2}{2} + x + 2\ln|x - 1| - \ln|x| + \frac{1}{x} + C$$

（3）$\displaystyle\int \frac{Ax + B}{x^2 + px + q}\mathrm{d}x$

此类积分的计算需要换元。注意分母是有虚根的二次三项式，先把分母配成完全平方：

———————————

① 在确定系数过程中，兼用了比较系数和代值两种方法。

$$x^2 + px + q = \left[x^2 + px + \left(\frac{p}{2} \right)^2 \right] + \left(q - \frac{p^2}{4} \right)$$

$$= \left(x + \frac{p}{2} \right)^2 + \left(q - \frac{p^2}{4} \right)$$

因 $q - \dfrac{p^2}{4} > 0$（即 $p^2 - 4q < 0$），不妨记 $q - \dfrac{p^4}{4} = a^2$，

于是

$$x^2 + px + q = \left(x + \frac{p}{2} \right)^2 + a^2$$

替换变量：令 $x + \dfrac{p}{2} = t$，则 $x = t - \dfrac{p}{2}$，$\mathrm{d}x = \mathrm{d}t$，从而

$$x^2 + px + q = t^2 + a^2$$

$$Ax + B = A\left(t - \frac{p}{2} \right) + B = At + \left(B - \frac{Ap}{2} \right)$$

代入得

$$\int \frac{Ax + B}{x^2 + px + q}\mathrm{d}x = \int \frac{At + \left(B - \dfrac{Ap}{2} \right)}{t^2 + a^2}\mathrm{d}t$$

$$= A \int \frac{t}{t^2 + a^2}\mathrm{d}t + \left(B - \frac{Ap}{2} \right) \int \frac{\mathrm{d}t}{t^2 + a^2}$$

$$= \frac{A}{2} \int \frac{\mathrm{d}(t^2 + a^2)}{t^2 + a^2} + \left(B - \frac{Ap}{2} \right) \int \frac{\mathrm{d}t}{t^2 + a^2}$$

$$= \frac{A}{2}\ln(t^2 + a^2) + \frac{1}{a}\left(B - \frac{Ap}{2} \right)\arctan \frac{t}{a} + C^{①}$$

$$= \frac{A}{2}\ln(x^2 + px + q) + \frac{B - \dfrac{Ap}{2}}{\sqrt{q - \dfrac{p^2}{4}}}\arctan \frac{x + \dfrac{p}{2}}{\sqrt{q - \dfrac{p^2}{4}}} + C$$

$$= \frac{A}{2}\ln(x^2 + px + q) + \frac{2B - Ap}{\sqrt{4q - p^2}}\arctan \frac{2x + p}{\sqrt{4q - p^2}} + C$$

（这个结果不要当作公式来记，应掌握计算步骤）

注：在实际计算中，常将分母 $x^2 + px + q$ 配方成 $\left(x + \dfrac{p}{2} \right)^2 + a^2$ 的形状，然后将分子分为

两部分：第一部分凑成 $x + \dfrac{p}{2}$ 的形状，其余为第二部分。于是，第一部分不必引进新变量 t 而

直接凑微分，即可积分为 $\ln|x^2 + px + q|$ 的形状，再积第二部分，参考例 8。

例 7　求 $\displaystyle\int \frac{4}{x^3 + 4x}\mathrm{d}x$。

---

① 见第二积分表。

解 $x^3 + 4x = x(x^2 + 4)$，这里 $x^2 + 4$ 有虚根，设

$$\frac{4}{x(x^2 + 4)} = \frac{A}{x} + \frac{Bx + C}{x^2 + 4}$$

则有

$$4 = A(x^2 + 4) + x(Bx + C)$$

令 $x = 0$，得 $A = 1$。再比较系数：

$$\begin{cases} C = 0, \\ A + B = 0, \end{cases} \text{所以 } B = -1$$

于是

$$\frac{4}{x(x^2 + 4)} = \frac{1}{x} - \frac{x}{x^2 + 4}$$

由此得

$$\int \frac{4}{x^3 + 4x} dx = \int \frac{dx}{x} - \int \frac{x}{x^2 + 4} dx^{①}$$

$$= \int \frac{dx}{x} - \frac{1}{2} \int \frac{d(x^2 + 4)}{x^2 + 4} = \ln|x| - \frac{1}{2}\ln(x^2 + 4) + C$$

$$= \ln \frac{|x|}{\sqrt{x^2 + 4}} + C$$

例 8 求 $\int \frac{1}{x^3 + 1} dx$。

解 设 $\dfrac{1}{x^3 + 1} = \dfrac{1}{(x + 1)(x^2 - x + 1)}$

$$= \frac{A}{x + 1} + \frac{Bx + C}{x^2 - x + 1}$$

则 $\qquad 1 = A(x^2 - x + 1) + (Bx + C)(x + 1)$

比较系数得 $\quad A = \dfrac{1}{3}, B = -\dfrac{1}{3}, C = \dfrac{2}{3}$，于是

$$\frac{1}{x^3 + 1} = \frac{\frac{1}{3}}{x + 1} + \frac{-\frac{1}{3}x + \frac{2}{3}}{x^2 - x + 1}$$

$$= \frac{1}{3}\left(\frac{1}{x + 1} - \frac{x - 2}{x^2 - x + 1}\right)$$

由此得

$$\int \frac{dx}{x^3 + 1} = \frac{1}{3}\int \frac{dx}{x + 1} - \frac{1}{3}\int \frac{x - 2}{x^2 - x + 1} dx$$

$$= \frac{1}{3}\ln|x + 1| - \frac{1}{3}\int \frac{x - 2}{x^2 - x + 1} dx \qquad (1)$$

右端积分属类型(3)，先把被积函数的分母配方：

---

① 此积分属于类型 $dF(x) = f(x)dx$。因分母已是二项平方和，且分子含一次项，故容易求积。

$$x^2 - x + 1 = \left[x^2 - x + \left(\frac{1}{2} \right)^2 \right] + \frac{3}{4}$$

$$= \left(x - \frac{1}{2} \right)^2 + \frac{3}{4}$$

于是

$$\int \frac{x-2}{x^2-x+1}dx = \int \frac{x-2}{\left(x-\frac{1}{2}\right)^2 + \frac{3}{4}}dx = \int \frac{\left(x-\frac{1}{2}\right) - \frac{3}{2}}{\left(x-\frac{1}{2}\right)^2 + \frac{3}{4}}dx$$

$$= \int \frac{x-\frac{1}{2}}{\left(x-\frac{1}{2}\right)^2 + \frac{3}{4}}dx - \frac{3}{2}\int \frac{dx}{\left(x-\frac{1}{2}\right)^2 + \frac{3}{4}}$$

$$= \frac{1}{2}\int \frac{d\left[\left(x-\frac{1}{2}\right)^2 + \frac{3}{4}\right]}{\left(x-\frac{1}{2}\right)^2 + \frac{3}{4}} - \frac{3}{2}\int \frac{d\left(x-\frac{1}{2}\right)}{\left(x-\frac{1}{2}\right)^2 + \frac{3}{4}}$$

$$= \frac{1}{2}\ln|x^2-x+1| - \sqrt{3}\arctan \frac{2x-1}{\sqrt{3}}$$

代入(1)得

$$\int \frac{dx}{x^3+1} = \frac{1}{3}\ln|x+1| - \frac{1}{6}\ln(x^2-x+1) + \frac{1}{\sqrt{3}}\arctan \frac{2x-1}{\sqrt{3}} + C$$

$$= \frac{1}{6}\ln \frac{(x+1)^2}{x^2-x+1} + \frac{1}{\sqrt{3}}\arctan \frac{2x-1}{\sqrt{3}} + C$$

(4) $\int \frac{Ax+B}{(x^2+px+q)^n}dx$

此类型积分与类型(3)同样要经过配方和换元,不过还要用到分部积分法。

因 $x^2 + px + q = \left(x + \frac{p}{2}\right)^2 + \left(q - \frac{p^2}{4}\right)$,令 $x + \frac{p}{2} = t$,则 $x = t - \frac{p}{2}$,$dx = dt$,记 $q - \frac{p^2}{4} = a^2$,于是

$$\int \frac{Ax+B}{(x^2+px+q)^n}dx = \int \frac{A\left(t-\frac{p}{2}\right)+B}{(t^2+a^2)^n}dt$$

$$= A\int \frac{tdt}{(t^2+a^2)^n} + \left(B - \frac{AP}{2}\right)\int \frac{dt}{(t^2+a^2)^n} \tag{1}$$

右端第一个积分容易求:

$$\int \frac{tdt}{(t^2+a^2)^n} = \frac{1}{2}\int \frac{d(t^2+a^2)}{(t^2+a^2)^n}$$

$$= \frac{1}{2}\int (t^2+a^2)^{-n}d(t^2+a^2) = \frac{1}{2}\frac{(t^2+a^2)^{-n+1}}{-n+1} + C_1$$

$$= -\frac{1}{2(n-1)} \cdot \frac{1}{(t^2+a^2)^{n-1}} + C_1 \qquad (2)$$

对于第二个积分,可得到如下的递推公式。首先有

$$I_n = \int \frac{\mathrm{d}t}{(t^2+a^2)^n} = \frac{1}{a^2}\int \frac{(t^2+a^2)-t^2}{(t^2+a^2)^n}\mathrm{d}t$$

$$= \frac{1}{a^2}\int \frac{\mathrm{d}t}{(t^2+a^2)^{n-1}} - \frac{1}{a^2}\int \frac{t^2}{(t^2+a^2)^n}\mathrm{d}t \qquad (3)$$

$$= \frac{1}{a^2}I_{n-1} - \frac{1}{a^2}\int \frac{t}{(t^2+a^2)^n} \cdot t\mathrm{d}t$$

再用分部积分法计算(3)式右端积分:

令
$$u = t,\ v' = \frac{t}{(t^2+a^2)^n},\ \text{则}\ u' = 1,$$

$$v = \int \frac{t\mathrm{d}t}{(t^2+a^2)^n} = \frac{1}{2}\int \frac{\mathrm{d}(t^2+a^2)}{(t^2+a^2)^n}$$

$$= -\frac{1}{2(n-1)}\frac{1}{(t^2+a^2)^{n-1}}$$

所以(3)式右端积分

$$\int \frac{t^2\mathrm{d}t}{(t^2+a^2)^n} = -\frac{1}{2(n-1)} \cdot \frac{t}{(t^2+a^2)^{n-1}} + \frac{1}{2(n-1)}\int \frac{\mathrm{d}t}{(t^2+a^2)^{n-1}}$$

$$= -\frac{1}{2(n-1)} \cdot \frac{t}{(t^2+a^2)^{n-1}} + \frac{1}{2(n-1)}I_{n-1}$$

代入(3)得

$$I_n = \frac{1}{a^2}I_{n-1} + \frac{1}{2a^2(n-1)} \cdot \frac{t}{(t^2+a^2)^{n-1}} - \frac{1}{2a^2(n-1)}I_{n-1}$$

$$= \frac{1}{2a^2(n-1)}\frac{t}{(t^2+a^2)^{n-1}} + \frac{2(n-1)-1}{2a^2(n-1)}I_{n-1},$$

即
$$I_n = \frac{1}{2a^2(n-1)}\frac{t}{(t^2+a^2)^{n-1}} + \frac{2(n-1)-1}{2a^2(n-1)}I_{n-1} \qquad (4)$$

这就是(1)式右端第二个积分的递推公式。这个公式的左端积分是 $I_n = \int \dfrac{\mathrm{d}t}{(t^2+a^2)^n}$,而右端

的积分是 $I_{n-1} = \int \dfrac{\mathrm{d}t}{(t^2+a^2)^{n-1}}$,如果知道 I_1,即可推出 I_2,从而可以推出 I_3,I_4,等等。而 I_1 容易算出:

$$I_1 = \int \frac{\mathrm{d}t}{t^2+a^2} = \frac{1}{a}\arctan\frac{t}{a} + C,$$

于是由(4)便得 I_2(此时公式中的 $n=2$)为

$$I_2 = \frac{1}{2a^2(2-1)}\frac{t}{(t^2+a^2)^{2-1}} + \frac{2(2-1)-1}{2a^2(2-1)} \cdot \frac{1}{a}\arctan\frac{t}{a} + C$$

$$= \frac{1}{2a^2}\frac{t}{t^2+a} + \frac{1}{2a^3}\arctan\frac{t}{a} + C$$

当 $n = 3$ 时，得 I_3 为

$$I_3 = \frac{1}{4a^2} \frac{t}{(t^2 + a^2)^2} + \frac{3}{8a^4} \cdot \frac{t}{t^2 + a^2} + \frac{3}{8a^5} \arctan \frac{t}{a}$$

依此类推，就可以求出以任意自然数为下标的积分 I_n。

这样一来，(1) 式右端的两个积分，我们已能全部计算，其中第一个是 (2) 式，第二个可以由递推公式 (4) 来求。因此第 (4) 类型的积分完全解决了。

例 9   求 $\int \dfrac{x^3 + x^2 + 2}{(x^2 + 2)^2} \mathrm{d}x$。

解   被积函数分母有虚根属第 (4) 类型。将被积函数化为简单分式：

$$\frac{x^3 + x^2 + 2}{(x^2 + 2)^2} = -\frac{2x}{(x^2 + 2)^2} + \frac{x + 1}{x^2 + 2}$$

从而

$$\int \frac{x^3 + x^2 + 2}{(x^2 + 2)^2} \mathrm{d}x = -\int \frac{2x}{(x^2 + 2)^2} \mathrm{d}x + \int \frac{x + 1}{x^2 + 2} \mathrm{d}x$$

$$= \frac{1}{x^2 + 2} + \frac{1}{2} \ln(x^2 + 2) + \frac{1}{\sqrt{2}} \arctan \frac{x}{\sqrt{2}} + C$$

例 10   求 $\int \dfrac{1 - x - x^3}{(x^2 + 1)^2} \mathrm{d}x$。

解   被积函数化为简单分式：

$$\frac{1 - x - x^3}{(x^2 + 1)^2} = \frac{1}{(x^2 + 1)^2} - \frac{x}{x^2 + 1}$$

于是

$$\int \frac{1 - x - x^3}{(x^2 + 1)^2} \mathrm{d}x = \int \frac{\mathrm{d}x}{(x^2 + 1)^2} - \int \frac{x}{x^2 + 1} \mathrm{d}x \tag{1}$$

右端第二个积分易求：

$$\int \frac{x}{x^2 + 1} \mathrm{d}x = \frac{1}{2} \int \frac{\mathrm{d}(x^2 + 1)}{x^2 + 1}$$

$$= \frac{1}{2} \ln(x^2 + 1) + C \tag{2}$$

下面计算右端第一个积分：

$$\int \frac{\mathrm{d}x}{(x^2 + 1)^2} = \int \frac{(x^2 + 1) - x^2}{(x^2 + 1)^2} \mathrm{d}x$$

$$= \int \frac{\mathrm{d}x}{x^2 + 1} - \int \frac{x^2}{(x^2 + 1)^2} \mathrm{d}x$$

$$= \arctan x - \int \frac{x}{(x^2 + 1)^2} \cdot x \mathrm{d}x,$$

用分部积分法计算右端积分：

令 $u = x$，$v' = \dfrac{x}{(x^2 + 1)^2}$，则 $u' = 1$，

$$v = \int \frac{x}{(x^2 + 1)^2} dx = \frac{1}{2} \int \frac{d(x^2 + 1)}{(x^2 + 1)^2}$$

$$= -\frac{1}{2(x^2 + 1)} + C$$

于是
$$\int \frac{x^2}{(x^2 + 1)^2} dx = -\frac{x}{2(x^2 + 1)} + \frac{1}{2} \int \frac{dx}{x^2 + 1}$$

$$= -\frac{x}{2(x^2 + 1)} + \frac{1}{2} \arctan x + C$$

从而(1)式右端第一个积分为

$$\int \frac{dx}{(x^2 + 1)^2} = \arctan x - \left(-\frac{x}{2(x^2 + 1)} + \frac{1}{2} \arctan x \right) = \frac{1}{2} \arctan x + \frac{x}{2(x^2 + 1)} \qquad (3)$$

把(2),(3)代入(1),则所给积分为

$$\int \frac{1 - x - x^3}{(x^2 + 1)^2} dx = \frac{x}{2(x^2 + 1)} + \frac{1}{2} \arctan x - \frac{1}{2} \ln(x^2 + 1) + C$$

有理函数的积分问题已讨论完了。我们得到的重要结论是:任何有理函数的积分都是可以算出来的,并且它的原函数仍然是初等函数。

在积分中,还有一种积不出来的情况,比如 $\int e^{-x^2} dx$ 和 $\int \frac{dx}{\ln x}$ 这样的积分,其形式并不算复杂,但是无论用什么方法也是积不出来的。为什么会出现这种情况呢? 从以前计算出来的一些积分可以看到,所谓把一个积分积出来了,是指所求得的原函数可以用一个初等函数来表示。如果 $\int f(x) dx$ 的原函数不是初等函数,那么积分 $\int f(x) dx$ 就一定是积不出来的了。人们已经证明,像 e^{-x^2}, $\frac{1}{\ln x}$, $\frac{\sin x}{x}$, $\frac{\cos x}{x}$, $\sin x^2$, $\cos x^2$, $x^\alpha e^{-x}$(α 不是整数)等,这样一些函数的原函数都不是初等函数,因而它们的积分都是积不出来的。

固然对于一个有理函数的积分,当把分母分解为质因式时,往往在技术上也会遇到无法克服的困难;不过由于有理函数的原函数一定是初等函数,所以我们说它的积分是一定可以算出来的。如果一个函数 $f(x)$ 的原函数是初等函数,我们就说 $\int f(x) dx$ 能表示为有限形式,否则就说 $\int f(x) dx$ 不能表示为有限形式。

由于有理函数的积分一定可以表示为有限形式,所以在求不定积分时,常常把一些本来不是有理函数的积分,设法化为有理函数的积分,这种方法通常称为积分的有理化方法。下面要研究的无理函数和三角函数的积分,都将采取这种有理化方法。

§6.6 简单无理函数的积分

无理函数的类型比较复杂,我们只讨论几种简单的无理函数的积分。解决无理函数积分的基本方法是选取一种适当的变量替换,把被积函数化为新变量的有理函数。

本节和下一节,我们将采用一种表示函数的特定符号,举例说明于下:

$R(x)$ 表示对 x 只施行有理运算(四则运算)的函数,例如

$$R(x) = \frac{\sqrt{3}\,x^3 + 1}{\sqrt{2} - x + x^2};$$

$R\left(x, \sqrt[n]{\dfrac{ax + b}{cx + d}}\right)$ 表示对 x 及 $\sqrt[n]{\dfrac{ax + b}{cx + d}}$ 只施行有理运算的函数,例如

$$R\left(x, \sqrt[3]{\frac{x-1}{x+1}}\right) = \frac{\sqrt[3]{\dfrac{x-1}{x+1}} - x}{(x^2 - 1)\left(\sqrt[3]{\dfrac{x-1}{x+1}} + \sqrt{2}\right)};$$

$R(\sin x, \cos x)$ 表示对 $\sin x$ 及 $\cos x$ 只施行有理运算的函数,例如

$$R(\sin x, \cos x) = \frac{\sin^2 x \cos x - 1}{\sqrt{2}\sin x + \cos x};$$

等等。

一、$\int R(x, \sqrt[n]{ax + b})\,\mathrm{d}x\,(a \neq 0)$ 型积分

其中 n 是大于 1 的自然数,a, b 都是常数。这种类型积分常称为根号下是线性式的积分。

替换变量,令 $\sqrt[n]{ax + b} = t$,则 $ax + b = t^n$,$x = \dfrac{t^n - b}{a}$,$\mathrm{d}x = \dfrac{nt^{n-1}}{a}\mathrm{d}t$,于是

$$\int R(x, \sqrt[n]{ax + b})\,\mathrm{d}x = \int R\left(\frac{t^n - b}{a}, t\right)\frac{nt^{n-1}}{a}\mathrm{d}t$$
$$= \int F(t)\,\mathrm{d}t$$

右端显然变成了 t 的有理函数 $F(t)$ 的积分。

例1 求 $\int \dfrac{x + 1}{x\sqrt{x - 2}}\mathrm{d}x$。

令 $\sqrt{x - 2} = t$,则 $x - 2 = t^2$,$x = t^2 + 2$,$\mathrm{d}x = 2t\mathrm{d}t$。于是

$$\int \frac{x + 1}{x\sqrt{x - 2}}\mathrm{d}x = \int \frac{t^2 + 3}{(t^2 + 2)t} \cdot 2t\mathrm{d}t$$
$$= 2\int \frac{(t^2 + 2) + 1}{t^2 + 2}\mathrm{d}t = 2\int \mathrm{d}t + 2\int \frac{\mathrm{d}t}{t^2 + 2}$$

$$= 2t + \sqrt{2} \arctan \frac{t}{\sqrt{2}} + C$$

$$= 2\sqrt{x-2} + \sqrt{2} \arctan \sqrt{\frac{x-2}{2}} + C$$

有时会遇到更为一般的情形，即被积函数中含有若干个根号下为线性式的根式，但根指数并不相同。例如

$\displaystyle\int R(x, \sqrt[m]{ax+b}, \sqrt[n]{ax+b})\mathrm{d}x$ 的形状。在此情形下，求出根指数 m, n 的最小公倍数，比如为 p，于是令 $\sqrt[p]{ax+b} = t$，便可使积分有理化。

例 2　求 $\displaystyle\int \frac{x-1}{x(\sqrt{x}+\sqrt[3]{x^2})}\mathrm{d}x$。

解　令 $\sqrt[6]{x} = t$，则 $x = t^6$，$\mathrm{d}x = 6t^5\mathrm{d}t$，代入得

$$\int \frac{x-1}{x(\sqrt{x}+\sqrt[3]{x^2})}\mathrm{d}x = \int \frac{x-1}{x[(\sqrt[6]{x})^3 + (\sqrt[6]{x})^4]}\mathrm{d}x$$

$$= \int \frac{t^6-1}{t^6(t^3+t^4)} \cdot 6t^5\mathrm{d}t = 6\int \frac{t^6-1}{t^4(t+1)}\mathrm{d}t$$

$$= 6\int \frac{t^5 - t^4 + t^3 - t^2 + t - 1}{t^4}\mathrm{d}t$$

$$= 6\left(\frac{t^2}{2} - t + \ln|t| + \frac{1}{t} - \frac{1}{2t^2} + \frac{1}{3t^3}\right) + C$$

$$= 6\left(\frac{\sqrt[3]{x}}{2} - \sqrt[6]{x} + \ln\sqrt[6]{x} + \frac{1}{\sqrt[6]{x}} - \frac{1}{2\sqrt[3]{x}} + \frac{1}{3\sqrt{x}}\right) + C$$

二、$\displaystyle\int R\left(x, \sqrt[n]{\frac{ax+b}{cx+d}}\right)\mathrm{d}x$ 型积分

称此类型为根号下是线性分式的积分。

令 $\displaystyle\sqrt[n]{\frac{ax+b}{cx+d}} = t$，则 $\displaystyle\frac{ax+b}{cx+d} = t^n$，$\displaystyle x = \frac{dt^n - b}{a - ct^n}$，$\displaystyle \mathrm{d}x = \frac{ad-bc}{(a-ct^n)^2}nt^{n-1}\mathrm{d}t$，

于是

$$\int R\left(x, \sqrt[n]{\frac{ax+b}{cx+d}}\right)\mathrm{d}x = \int R\left(\frac{dt^n - b}{a - ct^n}, t\right)\frac{ad-bc}{(a-ct^n)^2}nt^{n-1}\mathrm{d}t$$

$$= \int F(t)\mathrm{d}t$$

右端已变成有理函数 $F(t)$ 的积分。

例 3　求 $\displaystyle\int \frac{1}{x}\sqrt{\frac{1+x}{1-x}}\mathrm{d}x$。

解　令 $\displaystyle\sqrt{\frac{1+x}{1-x}} = t$，则 $\displaystyle x = \frac{t^2-1}{t^2+1}$，$\displaystyle \mathrm{d}x = \frac{4t}{(t^2+1)^2}\mathrm{d}t$，于是

$$\int \frac{1}{x}\sqrt{\frac{1+x}{1-x}}\mathrm{d}x = \int \frac{t^2+1}{t^2-1}t\cdot\frac{4t}{(t^2+1)^2}\mathrm{d}t$$

$$= \int \frac{4t^2}{(t^2-1)(t^2+1)}\mathrm{d}t = 2\int \frac{(t^2+1)+(t^2-1)}{(t^2-1)(t^2+1)}\mathrm{d}t$$

$$= 2\int \frac{\mathrm{d}t}{t^2-1} + 2\int \frac{\mathrm{d}t}{t^2+1}$$

$$= \int \frac{\mathrm{d}t}{t-1} - \int \frac{\mathrm{d}t}{t+1} + 2\int \frac{\mathrm{d}t}{t^2+1}$$

$$= \ln|t-1| - \ln|t+1| + 2\arctan t + C$$

$$= \ln\left|\frac{t-1}{t+1}\right| + 2\arctan t + C$$

$$= \ln\left|\frac{\sqrt{1+x}-\sqrt{1-x}}{\sqrt{1+x}+\sqrt{1-x}}\right| + 2\arctan\sqrt{\frac{1+x}{1-x}} + C$$

三、$\int R(x,\sqrt{ax^2+bx+c})\mathrm{d}x$ 型积分

其中 a, b, c 都是常数, 且二次三项式没有等根, 否则被积函数已是 x 的有理函数。这一类型称为根号下是二次三项式的积分。

这种类型的积分, 我们以前也见过, 例如在 §6.3 里曾计算过如下一些积分:

$$\int \frac{\mathrm{d}x}{\sqrt{a^2-x^2}}, \int \frac{\mathrm{d}x}{\sqrt{a^2+x^2}}, \int \frac{\mathrm{d}x}{\sqrt{x^2-a^2}},$$

$$\int \sqrt{a^2-x^2}\mathrm{d}x, \int \sqrt{a^2+x^2}\mathrm{d}x, \int \sqrt{x^2-a^2}\mathrm{d}x。$$

显然这些不过是我们现在所考虑的积分的特殊情形。这些积分前面是利用三角替换解决的, 下面来介绍计算这一类积分的一般方法 —— 欧拉替换法[①]和配方法。

欧拉替换法

欧拉替换有三种, 其总的思路就是要选取一个无论对旧变量 x 或对新变量 t 来说都是一次的函数 $R_1(x,t)$, 以替换 $\sqrt{ax^2+bx+c}$, 即令

$$\sqrt{ax^2+bx+c} = R_1(x,t)$$

平方后, 得

$$ax^2+bx+c = [R_1(x,t)]^2 \quad (1)$$

显然 $[R_1(x,t)]^2$ 是 x 的二次式。如果 $R_1(x,t)$ 取得恰当, 就可以使方程(1)出现下述的三种情况之一:

ⅰ)$[R_1(x,t)]^2$ 中的 x^2 项系数也是 a, 从而方程两端的二次项消掉, 便化为 x 的一次方程;

---

① 欧拉(1707—1783)原籍瑞士, 曾在俄罗斯居住三十年, 彼得堡科学院院士。

ⅱ）$[R_1(x,t)]^2$ 中的常数项也是 c，从而方程两端的常数项消掉，再消去两端的因子 x，便化为 x 的一次方程。

下面就来介绍具体替换办法。

1. 第一种替换

当 $a > 0$ 时，如下替换。

令 $\sqrt{ax^2 + bx + c} = \sqrt{a}\,x + t$（或 $-\sqrt{a}\,x + t$）平方得

$$ax^2 + bx + c = ax^2 + 2\sqrt{a}\,tx + t^2$$

即
$$bx + c = 2\sqrt{a}\,tx + t^2$$

解方程得

$$x = \frac{t^2 - c}{-2\sqrt{a}\,t + b}$$

从而
$$\mathrm{d}x = -2\frac{\sqrt{a}\,t^2 - bt + c\sqrt{a}}{(-2\sqrt{a}\,t + b)^2}\mathrm{d}t$$

$$\sqrt{ax^2 + bx + c} = \frac{-\sqrt{a}\,t^2 + bt - c\sqrt{a}}{-2\sqrt{a}\,t + b}$$

把这些代入积分，即可有理化。

例 4 求 $\displaystyle\int \frac{\mathrm{d}x}{x + \sqrt{x^2 - x + 1}}$。

解 令 $\sqrt{x^2 - x + 1} = -x + t$（或 $x + t$）

则 $x = \dfrac{t^2 - 1}{2t - 1}$，$\mathrm{d}x = 2\dfrac{t^2 - t + 1}{(2t - 1)^2}\mathrm{d}t$

$$x + \sqrt{x^2 - x + 1} = t$$

（若令 $\sqrt{x^2 - x + 1} = x + t$，则 $x + \sqrt{x^2 - x + 1} = 2\dfrac{t^2 - 1}{2t - 1} + t$，显然计算要麻烦得多）

于是

$$\int \frac{\mathrm{d}x}{x + \sqrt{x^2 - x + 1}} = \int \frac{2(t^2 - t + 1)}{t(2t - 1)^2}\mathrm{d}t$$

将被积函数化成简单分式，得

$$\frac{2(t^2 - t + 1)}{t(2t - 1)^2} = \frac{2}{t} - \frac{3}{2t - 1} + \frac{3}{(2t - 1)^2}$$

所以

$$\int \frac{\mathrm{d}x}{x + \sqrt{x^2 - x + 1}} = 2\int \frac{\mathrm{d}t}{t} - 3\int \frac{\mathrm{d}t}{2t - 1} + 3\int \frac{\mathrm{d}t}{(2t - 1)^2}$$

$$= -\frac{3}{2}\frac{1}{2t - 1} + 2\ln|t| - \frac{3}{2}\ln|2t - 1| + C$$

以 $t = x + \sqrt{x^2 - x + 1}$ 代回，得

$$\int \frac{\mathrm{d}x}{x + \sqrt{x^2 - x + 1}} = -\frac{3}{2} \frac{1}{2x + 2\sqrt{x^2 - x + 1} - 1}$$
$$+ 2\ln\left|x + \sqrt{x^2 - x + 1}\right| - \frac{3}{2}\ln\left|2x + 2\sqrt{x^2 - x + 1} - 1\right| + C$$

2. 第二种替换

当 $c > 0$ 时，如下替换：

令 $\sqrt{ax^2 + bx + c} = xt + \sqrt{c}$（或 $xt - \sqrt{c}$）

平方得
$$ax^2 + bx + c = x^2t^2 + 2\sqrt{c}\,xt + c$$

即 $ax^2 + bx = x^2t^2 + 2\sqrt{c}\,xt$

消去因子 x，得
$$ax + b = xt^2 + 2\sqrt{c}\,t$$

于是 $x = \dfrac{2\sqrt{c}\,t - b}{a - t^2}$, $\mathrm{d}x = 2\dfrac{\sqrt{c}\,t^2 - bt + a\sqrt{c}}{(a - t^2)^2}\mathrm{d}t$

$$\sqrt{ax^2 + bx + c} = \frac{\sqrt{c}\,t^2 - bt + a\sqrt{c}}{a - t^2}$$

代入积分，即可有理化。

例 5 求 $\int \dfrac{\mathrm{d}x}{(1 - x)^2 \sqrt{1 - x^2}}$。

解 令 $\sqrt{1 - x^2} = xt + 1$，

平方得 $\qquad 1 - x^2 = x^2t^2 + 2xt + 1$

即 $\qquad -x^2 = x^2t^2 + 2xt$

消去 x 得
$$-x = xt^2 + 2t$$

于是 $\qquad x = \dfrac{-2t}{t^2 + 1}$, $\mathrm{d}x = \dfrac{2(t^2 - 1)}{(t^2 + 1)^2}\mathrm{d}t$,

$$\sqrt{1 - x^2} = \frac{1 - t^2}{t^2 + 1}$$
$$(1 - x)^2 = \frac{(t + 1)^4}{(t^2 + 1)^2}$$

代入得

$$\int \frac{\mathrm{d}x}{(1 - x)^2 \sqrt{1 - x^2}} = \int \frac{\dfrac{2(t^2 - 1)}{(t^2 + 1)^2}}{\dfrac{(t + 1)^4}{(t^2 + 1)^2} \cdot \dfrac{1 - t^2}{t^2 + 1}}\mathrm{d}t$$
$$= -2\int \frac{t^2 + 1}{(t + 1)^4}\mathrm{d}t。$$

将被积函数化为简单分式，有

$$\int \frac{dx}{(1-x)^2\sqrt{1-x^2}} = -2\int \frac{dt}{(t+1)^2} + 4\int \frac{dt}{(t+1)^3} - 4\int \frac{dt}{(t+1)^4}$$

$$= \frac{2}{t+1} - \frac{2}{(t+1)^2} + \frac{4}{3(t+1)^3} + C$$

代回 $t = \dfrac{\sqrt{1-x^2}-1}{x}$，便得最后结果。

3. 第三种替换

如果 $ax^2 + bx + c$ 有相异二实根 α 和 β，则如下替换：

令 $\sqrt{ax^2+bx+c} = t(x-\alpha)$（或 $t(x-\beta)$），平方得

$$ax^2 + bx + c = t^2(x-\alpha)^2$$

即
$$a(x-\alpha)(x-\beta) = t^2(x-\alpha)^2$$

消去 $(x-\alpha)$ 得

$$a(x-\beta) = t^2(x-\alpha)$$

于是
$$x = \frac{\alpha t^2 - a\beta}{t^2 - a}, \quad dx = \frac{2a(\beta-\alpha)t}{(t^2-a)^2}dt,$$

$$\sqrt{ax^2+bx+c} = \frac{a(\alpha-\beta)t}{t^2-a}$$

代入积分，即可有理化。

例 6　求 $\displaystyle\int \frac{dx}{x\sqrt{x^2+3x-4}}$。

解　$x^2 + 3x - 4$ 的二实根为 $1, -4$。令

$$\sqrt{x^2+3x-4} = t(x-1)$$

平方得

$$x^2 + 3x - 4 = t^2(x-1)^2$$

即 $(x-1)(x+4) = t^2(x-1)^2$

消去 $x-1$，得

$$x + 4 = t^2(x-1)$$

解得 $x = \dfrac{t^2+4}{t^2-1}$，从而

$$dx = \frac{-10t}{(t^2-1)^2}dt,$$

$$\sqrt{x^2+3x-4} = t(x-1) = t\left(\frac{t^2+4}{t^2-1} - 1\right) = \frac{5t}{t^2-1}$$

代入得
$$\int \frac{dx}{x\sqrt{x^2+3x-4}} = \int \frac{-\dfrac{10t}{(t^2-1)^2}}{\dfrac{t^2+4}{t^2-1} \cdot \dfrac{5t}{t^2-1}}dt = -2\int \frac{dt}{t^2+4} = -2 \times \frac{1}{2}\arctan\frac{t}{2} + C$$

代回 $t = \dfrac{\sqrt{(x-1)(x+4)}}{x-1} = \sqrt{\dfrac{x+4}{x-1}}$，最后得

$$\int \frac{\mathrm{d}x}{x\sqrt{x^2+3x-4}} = -\arctan\left(\frac{1}{2}\sqrt{\frac{x+4}{x-1}}\right) + C$$

§6.7　三角函数有理式的积分

三角函数有理式是指由三角函数经过四则运算所得到的式子，例如 $\sin x\cos x$，$\dfrac{1+\sin x}{\cos x(1+\tan x)}$，$\dfrac{1}{5+4\sin x}$，等等都是三角函数有理式。由于 $\tan x$，$\cot x$，$\sec x$，$\csc x$ 均可用 $\sin x$，$\cos x$ 表示，所以我们把三角函数的有理式记作

$$R(\sin x, \cos x)$$

三角函数有理式的积分

$$\int R(\sin x, \cos x)\,\mathrm{d}x \tag{1}$$

通过变量替换，可以化成有理函数的积分。我们作替换

$$\tan\frac{x}{2} = t$$

于是

$$\sin x = 2\sin\frac{x}{2}\cos\frac{x}{2} = 2\,\frac{\sin\dfrac{x}{2}}{\cos\dfrac{x}{2}}\cos^2\frac{x}{2}$$

$$= 2\,\frac{\sin\dfrac{x}{2}}{\cos\dfrac{x}{2}}\cdot\frac{1}{\sec^2\dfrac{x}{2}} = \frac{2\tan\dfrac{x}{2}}{1+\tan^2\dfrac{x}{2}} = \frac{2t}{1+t^2}$$

$$\cos x = \cos^2\frac{x}{2} - \sin^2\frac{x}{2} = \cos^2\frac{x}{2}\left(1 - \frac{\sin^2\dfrac{x}{2}}{\cos^2\dfrac{x}{2}}\right)$$

$$= \frac{1}{\sec^2\dfrac{x}{2}}\left(1 - \tan^2\frac{x}{2}\right) = \frac{1-t^2}{1+t^2}$$

$$x = 2\arctan t, \quad \mathrm{d}x = \frac{2}{1+t^2}\mathrm{d}t$$

代入(1)，得

$$\int E(\sin x, \cos x)\,\mathrm{d}x = \int E\left(\frac{2t}{1+t^2}, \frac{1-t^2}{1+t^2}\right)\frac{2}{1+t^2}\mathrm{d}t$$

可见积分已有理化。

例 1　求 $\int \dfrac{\mathrm{d}x}{1 + \cos x}$。

解　令 $\tan \dfrac{x}{2} = t$，则 $\cos x = \dfrac{1 - t^2}{1 + t^2}$，$\mathrm{d}x = \dfrac{2}{1 + t^2}\mathrm{d}t$

于是

$$\int \frac{\mathrm{d}x}{1 + \cos x} = \int \frac{\dfrac{2}{1 + t^2}}{1 + \dfrac{1 - t^2}{1 + t^2}}\mathrm{d}t = \int \mathrm{d}t$$

$$= t + C = \tan \frac{x}{2} + C$$

例 2　$\int \dfrac{\mathrm{d}x}{\sin x + \tan x}$

解　令 $\tan \dfrac{x}{2} = t$，则 $\sin x = \dfrac{2t}{1 + t^2}$

$$\cos x = \frac{1 - t^2}{1 + t^2}, \quad \mathrm{d}x = \frac{2}{1 + t^2}\mathrm{d}t$$

于是

$$\int \frac{\mathrm{d}x}{\sin x + \tan x} = \int \frac{\mathrm{d}x}{\sin x + \dfrac{\sin x}{\cos x}} = \int \frac{\dfrac{2}{1 + t^2}}{\dfrac{2t}{1 + t^2} + \dfrac{2t}{1 - t^2}}\mathrm{d}t$$

$$= \int \frac{1 - t^2}{2t}\mathrm{d}t = \frac{1}{2}\int \frac{1}{t}\mathrm{d}t - \frac{1}{2}\int t\mathrm{d}t$$

$$= \frac{1}{2}\ln |t| - \frac{1}{4}t^2 + C$$

$$= \frac{1}{2}\ln \left| \tan \frac{x}{2} \right| - \frac{1}{4}\tan^2 \frac{x}{2} + C$$

对于三角函数的有理式积分，经过替换 $\tan \dfrac{x}{2} = t$，总可以使积分有理化，因此通常称这种替换为"万能替换"。但是利用这种替换，往往计算起来过于麻烦，故对某些特殊情况，常采用其他形式的替换，可以更迅速地得出结果。

对于被积函数为 $R(\sin x, \cos x)$ 型的三种替换：

1. 若在被积函数 $R(\sin x, \cos x)$ 中，把 $\sin x$ 换为 $(-\sin x)$ 时，函数仅改变符号

对 $R(-\sin x, \cos x) = -E(\sin x, \cos x)$，取替换 $\cos x = t$，便可使积分有理化。

因为这时积分 $\int R(\sin x, \cos x)\mathrm{d}x$ 可化为：

ⅰ) $\int E(\sin x, \cos x)\mathrm{d}x = \int R_1(\cos x)\sin x\mathrm{d}x = -\int R_1(\cos x)\mathrm{d}\cos x$

$$= -\int R_1(t)\mathrm{d}t$$

或 ⅱ) $\int E(\sin x, \cos x) \mathrm{d}x = \int R_1(\cos x, \sin^2 x) \sin x \mathrm{d}x$

$$= - \int R_1(\cos x, 1 - \cos^2 x) \mathrm{d}\cos x$$

$$= - \int R_1(t, 1 - t^2) \mathrm{d}t$$

从而化成了 t 的有理函数的积分。

例3 求 $\int \dfrac{\sin^5 x}{\cos^4 x} \mathrm{d}x$。

解 在被积函数中换 $\sin x$ 为 $(-\sin x)$，显然改变符号，因此令 $\cos x = t$，于是 $-\sin x \mathrm{d}x = \mathrm{d}t$，故有

$$\int \frac{\sin^5 x}{\cos^4 x} \mathrm{d}x = \int \frac{(1 - \cos^2 x)^2}{\cos^4 x} \sin x \mathrm{d}x$$

$$= - \int \frac{(1 - t^2)^2}{t^4} \mathrm{d}t = - \int \left(1 - \frac{2}{t^2} + \frac{1}{t^4}\right) \mathrm{d}t$$

$$= - t - \frac{2}{t} + \frac{1}{3t^3} + C = - \cos x - \frac{2}{\cos x} + \frac{1}{3\cos^3 x} + C$$

2. 若在被积函数 $R(\sin x, \cos x)$ 中，把 $\cos x$ 换为 $(-\cos x)$ 时，函数仅改变符号

对 $R(\sin x, -\cos x) = -R(\sin x, \cos x)$，取替换 $\sin x = t$ 便可使积分有理化。具体解释，可参考上面第一段。

例4 求 $\int \sin^2 x \cos^3 x \mathrm{d}x$。

解 因被积函数当 $\cos x$ 代以 $(-\cos x)$ 时变号，令 $\sin x = t$，于是 $\cos x \mathrm{d}x = \mathrm{d}t$，故有

$$\int \sin^2 x \cos^3 x \mathrm{d}x = \int \sin^2 x (1 - \sin^2 x) \cos x \mathrm{d}x$$

$$= \int t^2 (1 - t^2) \mathrm{d}t = \int (t^2 - t^4) \mathrm{d}t$$

$$= \frac{1}{3} t^3 - \frac{1}{5} t^5 + C = \frac{1}{3} \sin^3 x - \frac{1}{5} \sin^5 x + C$$

3. 若被积函数 $R(\sin x, \cos x)$ 中的 $\sin x$ 和 $\cos x$ 同时变号后，被积函数仍不变

对 $R(-\sin x, -\cos x) = R(\sin x, \cos x)$，取替换 $\tan x = t$，便可使积分有理化。

因为此时，我们可以把被积函数改写为

$$R(\sin x, \cos x) = R(\tan x \cos x, \cos x)$$

$$= R_1(\tan x, \cos x)$$

当然在函数 R_1 中，使 $\sin x$ 和 $\cos x$ 同时变号后，R_1 也是不变的。不过这就相当于在 R_1 中换 $\cos x$ 为 $(-\cos x)$ 后，R_1 仍不变（因 $\tan x = \dfrac{\sin x}{\cos x}$，$\sin x$ 与 $\cos x$ 同时变号时，$\tan x$ 不变）。由此可知 R_1 中所含的 $\cos x$ 一定是偶次幂，于是

$$R(\sin x, \cos x) = R_2(\tan x, \cos^2 x) = R_2\left(\tan x, \frac{1}{1 + \tan^2 x}\right) = R_3(\tan x)$$

令 $\tan x = t$，则 $\sec^2 x \mathrm{d}x = \mathrm{d}t$，即 $(1 + \tan^2 x) \mathrm{d}x = \mathrm{d}t$，从而 $\mathrm{d}x = \dfrac{1}{1 + t^2} \mathrm{d}t$。

这便使积分有理化：

$$\int R(\sin x, \cos x)\,\mathrm{d}x = \int R_3(t)\,\frac{1}{1+t^2}\mathrm{d}t$$

例 5　求 $\displaystyle\int \frac{\sin^2 x + 1}{\cos^4 x}\mathrm{d}x$

解　$\sin x$ 与 $\cos x$ 依次换以 $(-\sin x)$ 与 $(-\cos x)$ 时被积函数不变。因此令 $\tan x = t$，则 $\dfrac{1}{\cos^2 x}\mathrm{d}x = \mathrm{d}t$。

于是有

$$\int \frac{\sin^2 x + 1}{\cos^4 x}\mathrm{d}x = \int \left(\frac{\sin^2 x}{\cos^2 x} + \frac{1}{\cos^2 x}\right)\frac{1}{\cos^2 x}\mathrm{d}x$$

$$= \int (\tan^2 x + 1 + \tan^2 x)\frac{1}{\cos^2 x}\mathrm{d}x$$

$$= \int (2t^2 + 1)\mathrm{d}t = \frac{2}{3}t^3 + t + C$$

$$= \frac{2}{3}\tan^3 x + \tan x + C$$

例 6　求 $\displaystyle\int \frac{\mathrm{d}x}{5 + 4\cos 2x}$。

解　$\displaystyle\int \frac{\mathrm{d}x}{5 + 4\cos 2x} = \int \frac{\mathrm{d}x}{5 + 4(\cos^2 x - \sin^2 x)}$

$\sin x$ 和 $\cos x$ 同时变号后，被积函数不变。令 $\tan x = t$，则 $\sec^2 x\mathrm{d}x = \mathrm{d}t$，即 $(1 + \tan^2 x)\mathrm{d}x = \mathrm{d}t$，从而 $\mathrm{d}x = \dfrac{\mathrm{d}t}{1+t^2}$。于是

$$\int \frac{\mathrm{d}x}{5 + 4(\cos^2 x - \sin^2 x)} = \int \frac{\mathrm{d}x}{5 + 4(2\cos^2 x - 1)}$$

$$= \int \frac{\mathrm{d}x}{5 + 4\left(\dfrac{2}{\sec^2 x} - 1\right)} = \int \frac{\mathrm{d}x}{5 + 4\left(\dfrac{2}{1 + \tan^2 x} - 1\right)}$$

$$= \int \frac{\dfrac{1}{1+t^2}\mathrm{d}t}{5 + 4\left(\dfrac{2}{1+t^2} - 1\right)} = \int \frac{\dfrac{1}{1+t^2}\mathrm{d}t}{5 + 4\dfrac{1 - t^2}{1 + t^2}}$$

$$= \int \frac{\mathrm{d}t}{9 + t^2} = \int \frac{\mathrm{d}t}{3^2 + t^2} = \frac{1}{3}\arctan \frac{t}{3} + C$$

$$= \frac{1}{3}\arctan \left(\frac{1}{3}\tan x\right) + C$$

习题

1. 试证函数 $y = \ln(ax)$ 和 $y = \ln x$ 是同一函数的原函数。

2. 求下列不定积分：

(1) $\displaystyle\int \frac{1}{x^3} \mathrm{d}x$；

(2) $\displaystyle\int x\sqrt{x}\, \mathrm{d}x$；

(3) $\displaystyle\int \sqrt[m]{y^n}\, \mathrm{d}y$；

(4) $\displaystyle\int \left(\frac{1-x}{x}\right)^2 \mathrm{d}x$；

(5) $\displaystyle\int \sqrt{x}\left(1 - \frac{1}{x^2}\right) \mathrm{d}x$；

(6) $\displaystyle\int \frac{x^2}{1+x^2} \mathrm{d}x$；

(7) $\displaystyle\int 3^x \mathrm{d}x$；

(8) $\displaystyle\int 2\sin^2 \frac{x}{2} \mathrm{d}x$；

(9) $\displaystyle\int \frac{\cos 2x}{\cos x - \sin x} \mathrm{d}x$。

3. 用换元积分法求下列不定积分：

(1) $\displaystyle\int (2x-3)^{100} \mathrm{d}x$；

(2) $\displaystyle\int \frac{3}{(1-2x)^2} \mathrm{d}x$；

(3) $\displaystyle\int \frac{\mathrm{d}x}{\sqrt[3]{3-2x}}$；

(4) $\displaystyle\int \frac{\mathrm{e}^{\sqrt{x}}}{\sqrt{x}} \mathrm{d}x$；

(5) $\displaystyle\int \sin 3x\, \mathrm{d}x$；

(6) $\displaystyle\int \mathrm{e}^{-3x} \mathrm{d}x$；

(7) $\displaystyle\int \cos(\alpha - \beta x) \mathrm{d}x$；

(8) $\displaystyle\int \frac{\mathrm{e}^{\frac{1}{x^2}}}{x^3} \mathrm{d}x$；

(9) $\displaystyle\int x^2 \sqrt{4 - 3x^3}\, \mathrm{d}x$；

(10) $\displaystyle\int \frac{\mathrm{e}^{2x}}{\mathrm{e}^{2x} + 1} \mathrm{d}x$；

(11) $\displaystyle\int \frac{\mathrm{d}x}{\sqrt{1 - 25x^2}}$；

(12) $\displaystyle\int \frac{\mathrm{d}x}{\sqrt{4 - 9x^2}}$；

(13) $\displaystyle\int \frac{\mathrm{d}x}{2x^2 + 9}$；

(14) $\displaystyle\int \frac{x^2}{x^3 + 1} \mathrm{d}x$；

(15) $\displaystyle\int x\sqrt{1 - x^2}\, \mathrm{d}x$；

(16) $\displaystyle\int \frac{2x\mathrm{d}x}{\sqrt{x^2 + 1}}$；

(17) $\displaystyle\int \frac{\ln x}{x} \mathrm{d}x$；

(18) $\displaystyle\int \cos^2 x\, \mathrm{d}x$；

(19) $\displaystyle\int \frac{\sqrt{x^2 - a^2}}{x} \mathrm{d}x$；

(20) $\displaystyle\int \frac{\mathrm{d}x}{x^2 \sqrt{x^2 + 1}}$；

(21) $\displaystyle\int \frac{x^2}{\sqrt{a^2 - x^2}} \mathrm{d}x$。

4. 用分部积分法求下列不定积分：

(1) $\int x\cos x\,\mathrm{d}x$；

(2) $\int x^2\ln x\,\mathrm{d}x$；

(3) $\int x^2\sin x\,\mathrm{d}x$；

(4) $\int \ln^2 x\,\mathrm{d}x$；

(5) $\int x^2 a^x\,\mathrm{d}x$；

(6) $\int \dfrac{x}{\cos^2 x}\,\mathrm{d}x$；

(7) $\int x\arctan x\,\mathrm{d}x$。

5. 求下列有理函数的不定积分：

(1) $\int \dfrac{x^3}{3+x}\,\mathrm{d}x$；

(2) $\int \dfrac{\mathrm{d}x}{x^2-7x+10}$；

(3) $\int \dfrac{4x+3}{(x-2)^3}\,\mathrm{d}x$；

(4) $\int \dfrac{\mathrm{d}x}{x(x^2+1)}$；

(5) $\int \dfrac{\mathrm{d}x}{x^2-x+5}$；

(6) $\int \dfrac{x\,\mathrm{d}x}{1+x-2x^2}$；

(7) $\int \dfrac{x\,\mathrm{d}x}{x^3-1}$。

6. 求下列无理函数的不定积分：

(1) $\int \dfrac{(\sqrt{x})^3+1}{\sqrt{x}+1}\,\mathrm{d}x$；

(2) $\int \dfrac{\mathrm{d}x}{(\sqrt{x}+\sqrt[4]{x})}$；

(3) $\int \dfrac{\sqrt{2x+1}}{x^2}\,\mathrm{d}x$；

(4) $\int \dfrac{x+1}{x\sqrt{x-2}}\,\mathrm{d}x$；

(5) $\int \dfrac{\mathrm{d}x}{\sqrt{2+3x+x^2}}$。

7. 求下列三角函数的不定积分：

(1) $\int \dfrac{\mathrm{d}x}{\sin x}$；

(2) $\int \dfrac{\mathrm{d}x}{3+\cos x}$；

(3) $\int \dfrac{\mathrm{d}x}{\sin x+\cos x}$；

(4) $\int \dfrac{\sin x}{1+\sin x}\,\mathrm{d}x$；

(5) $\int \dfrac{\mathrm{d}x}{\sin^4 x\cos^4 x}$；

(6) $\int \sin^3 x\,\mathrm{d}x$。

数学家：费尔马

费尔马（Fermat，1601—1665）是法国数学家，其父亲是一位商人，费尔马的职业是律师。他虽然是利用业余时间研究数学，但对数学的贡献却可以和一流数学家比肩。和迪卡儿一样，他也是解析几何的创始人之一。此外，他还与帕斯卡（Pascal，法国）等人共同创立了概率论。他在数学分析和数学论方面的工作也十分杰出。这些非凡的成就，使他被誉为"业余数学家之王"。

1629 年，费尔马发现了解析几何的基本原理，建立了自己的坐标系，将几何和代数联系起来，建立了解析几何学。尽管他的解析几何不够成熟，却体现了他非凡的创造性。由于他的坐标系尚不成熟，当他试图将二维坐标推广到三维空间时，他的尝试失败了。

费尔马善于思考，特别善于猜想。他有着超人的直觉能力，提出了数论中的许多猜想。费尔马在数论中最值得称道的是著名的"费尔马猜想"，即"费尔马大定理"，其内容是：不定方程 $x^n + y^n = z^n$，当 $n > 2$ 时，x，y，z 不存在整数解。费尔马说：我把这个定理的证明写在了丢番图著作的空白页上了，现在找不到了。这个猜想一经公布，就引起了数学界许多数学家的关注和兴趣。几百年来，人们为了证明这一猜想作了大量研究，并取得了很多附带的成果，所以，著名数学家希尔伯特（Hilbert，德国）称此猜想是一只"会下金蛋的鹅"。直到上个世纪 90 年代，英国数学家维尔斯（A. Wiles，1953—）证明了费尔马大定理，但是，他的证明非常复杂且篇幅极大。从这个意义上讲，费尔马大定理还没有得到最简单的证明。"费尔马猜想"对数论以及数学的相关学科，影响深远。它开启了数学猜想的先例，使"猜想"也成为研究数学难题的一个钥匙，从此，人们也称费尔马是"猜想数学家"。

第 7 章
定积分

定积分的思想萌芽很早，起源于面积的计算，可是一直到了牛顿—莱布尼茨计算定积分的基本公式提出以后，才获得迅速的发展。在定积分的计算中，我们学过的不定积分将成为有力的工具。

§7.1　定积分的概念

一、积分问题举例

什么是积分，通俗一点说，积就是积累，把一些极微小的部分积累起来的意思。普通加法是一种积累，积分也是一种积累，不过这种积累需要经过取极限的过程。下面通过几个实例来揭示积分思想的实质，从中抽象出我们的定义。

1. 曲边梯形的面积

曲边梯形是指左、右、底三边都是直线（特殊情况，左、右两边可缩短成一点），而顶部是曲线围成的图形。设给了一个如图 7.1 所示的曲边梯形，它的顶部是曲线 $y=f(x)$（$f(x) \geqslant 0$）的一段，底在 x 轴上，左、右两边为 $x=a$ 和 $x=b$。我们来计算这个曲边梯形的面积。由于有一边是曲的，它的面积就不能用初等方法来计算。显然，我们所面临的矛盾，实际是曲与直的矛盾。先讲一下计算的思路。

为了解决这一矛盾，我们把 x 轴上从 a 到 b 的一段分成许多小段，再从各个分点引平行于 y 轴的直线，从而将整个曲边梯形分成了许多很窄的竖条。

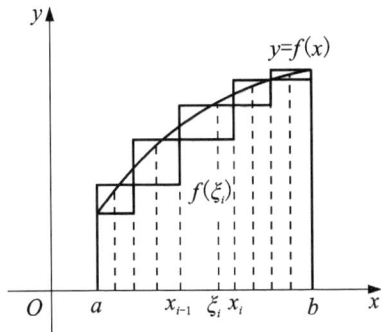

图 7.1

虽然每个竖条的顶部是曲的，但由于竖条很窄，可以以直代曲，用一个小矩形近似地代替小曲边梯形。把所有小矩形的面积累加起来，便得到一个台阶形的面积，它是所求曲边梯形面积的近似值。显然，区间$[a,b]$分得越细，小曲边梯形个数越多，从而台阶形面积就越接近于曲边梯形的面积；而当每个小曲边梯形的宽度趋于零时，台阶形的面积也就转化为所求曲边梯形的面积了。

根据以上的思路，按下述四个步骤来计算曲边梯形的面积：

（1）分割。我们在a点与b点之间任意插入$n-1$个分点$x_1,x_2,\cdots,x_{n-1}$，这样就把区间$[a,b]$分成n个小区间（可以相等，也可以不相等）。为了取得一致的说法，我们把a和b也称为分点，并记$a=x_0,b=x_n$，于是有

$$a=x_0<x_1<x_2<\cdots<x_{n-1}<x_n=b$$

每当在a与b之间给定了$n-1$个分点，我们就说在区间$[a,b]$上给定了一个分法。分点确定之后，再从各个分点引平行于y轴的直线，从而将整个曲边梯形分成了n个小曲边梯形。

（2）作近似。如果每个小区间$[x_{i-1},x_i]$的长度$\Delta x_i=x_i-x_{i-1}$相当小，我们就可以在小曲边梯形的上部以直代曲，把小曲边梯形近似地看成矩形。即以每个小区间$[x_{i-1},x_i]$为底，以小区间$[x_{i-1},x_i]$上的任意一点$\xi_i(x_{i-1}\leqslant\xi_i\leqslant x_i)$处的函数值$f(\xi_i)$为高作矩形，则矩形的面积为$f(\xi_1)\Delta x_i$，便是小曲边梯形面积的近似值。

（3）求和。就整个区间$[a,b]$来讲，则有n个矩形，它们的面积之和为

$$f(\xi_i)\Delta x_1+f(\xi_2)\Delta x_2+\cdots+f(\xi_n)\Delta x_n$$

为方便起见，记作

$$\sum_{i=1}^n f(\xi_i)\Delta x_i$$

这便是我们所求的面积的一个近似值。

（4）取极限。凭直观可以想到，把区间$[a,b]$分得越细，则所得矩形面积之和就越接近于曲边梯形的面积。因此为了得到曲边梯形面积的精确值S，很自然地要把区间$[a,b]$无限细分，即在每个小区间的长度无限减小的过程中，来考虑和数的极限。我们用λ表示所有小区间长度Δx_i中的最大者（即$\lambda=\max\limits_{1\leqslant i\leqslant n}\{\Delta x_i\}$），于是极限

$$S=\lim_{\lambda\to 0}\sum_{i=1}^n f(\xi_i)\Delta x_i \tag{1}$$

便是我们所求的曲边梯形的面积。可见，求曲边梯形面积的问题就归结为计算具有上述形状的和数的极限。

注：这里，极限过程必须取$\lambda\to 0$，而不能取$n\to\infty$。因为$\lambda\to 0$时可以保证$n\to\infty$，因而区间$[a,b]$分成无穷多份，同时每个小区间长度无限减小；但$n\to\infty$时却不能保证$\lambda\to 0$。请读者考虑一下，这是因为什么？

2. 变力所做的功

我们从物理学已经学过力所做的功的问题。如果有一常力为F（F的大小和方向都不变），被作用的质点沿着F作用的方向作直线运动，运动的距离为s，于是力所做的功便是$W=F\cdot s$。但是在许多实际问题中作用于质点的力的大小，往往随着质点的位置不同而变化，例如磁和电的引力与斥力就都属于这种情况，它们的大小与到质点距离的平方成反比。那么对于这种变力所做的功要如何计算呢？

我们不妨把力看作是沿x轴的正方向作用于质点的（图7.2），在x轴上的不同点x，力的

大小也不同，因而这个力便是 x 的一个函数，设为 $F(x)$。在这个力的作用下，假定质点由 a 点运动到 b 点，我们来计算力所做的功。

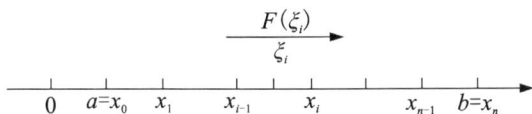

图 7.2

（1）分割。在点 a 与点 b 之间任意插入 $n-1$ 个分点；从而分点

$$a = x_0 < x_1 < x_2 < \cdots < x_{n-1} < x_n = b$$

把区间 $[a, b]$ 分成 n 个小区间。

（2）作近似。如果把区间 $[a, b]$ 分得相当细，我们可以认为在每个小区间 $[x_{i-1}, x_i]$ 上，力的大小不至于发生激烈的变化，从而把它近似地看作常量，比如认为它基本上等于质点在区间 $[x_{i-1}, x_i]$ 的任意一点 $\xi_i(x_{i-1} \leqslant \xi_i \leqslant x_i)$ 处所受的力 $F(\xi_i)$。显然这就是以不变代变的处理方法。于是在从 x_{i-1} 到 x_i 这一段上，力所做的功便近似于 $F(\xi_i)\Delta x_i$。

（3）求和。就整个路程来看，质点从 a 运动到 b，则力所做的功便可以近似地表示成

$$\sum_{i=1}^{n} F(\xi_i)\Delta x_i$$

（4）取极限。如果区间 $[a, b]$ 分得越细，则上述的和就越接近于所求的功 W。很自然地，我们要使分法无限变细，也就是让小区间的最大长度 λ 趋于零而取和数的极限，并把这个极限值定义为变力 $F(x)$ 在整个路程上所做的功；

$$W = \lim_{\lambda \to 0} \sum_{i=1}^{n} F(\xi_i)\Delta x_i \tag{2}$$

易见，表达变力所做的功的(2)式与表达曲边梯形面积的(1)式都是具有相同结构的一种和数的极限。

3. 变速运动的路程

如果质点从事匀速运动，那么由运动的速度和时间就可以算出

$$路程 = 速度 \times 时间$$

现在是变速运动，假定知道了直线上的变速运动的速度为 $v = v(t)$，我们来计算质点从时刻 a 到时刻 b 所走的路程。下面把叙述写简洁一些。

（1）分割

$$a = t_0 < t_1 < t_2 < \cdots < t_{i-1} < t_i < \cdots < t_n = b$$

将区间 $[a, b]$ 分成 n 份。

（2）从时刻 t_{i-1} 到 t_i 所走路程的近似值是

$$v(\xi_i)\Delta t_i$$

其中 ξ_i 是 $[t_{i-1}, t_i]$ 上的任意一点。

（3）质点从时刻 a 到时刻 b 所走路程的近似值便是

$$\sum_{i=1}^{n} v(\xi_i)\Delta t_i$$

（4）对 $[a, b]$ 无限细分，让各小区间的最大长度 $\lambda \to 0$，而取上述和数的极限，得

$$S = \lim_{\lambda \to 0} \sum_{i=1}^{n} v(\xi_i) \Delta t_i$$

这一个极限值 S 便是变速运动的路程。

二、定积分的定义

上面我们所举的例子，尽管来自不同的领域，但是问题的解决，最后都归结到计算一种特殊形状的和数的极限。如果将它们的共同特点加以数学抽象，便得如下的概念。

定义　设 $f(x)$ 是区间 $[a, b]$ 上的有界函数。将区间 $[a, b]$ 任意分成 n 份，分点为 $a = x_0 < x_1 < x_2 < \cdots < x_{i-1} < x_i < \cdots < x_{n-1} < x_n = b$，在每一个小区间 $[x_{i-1}, x_i]$ 上任取一点 ξ_i，作和数

$$\sum_{i=1}^{n} f(\xi_i) \Delta x_i$$

其中 $\Delta x_i = x_i - x_{i-1}$，记所有小区间长度 Δx_i 中的最大者为 λ。如果当 $\lambda \to 0$ 时，上述和数的极限存在，则称此极限值为函数 $f(x)$ 在 $[a, b]$ 上的定积分，并记为 $\int_a^b f(x) \, dx$，即

$$\int_a^b f(x) \, dx^{①} = \lim_{\lambda \to 0} \sum_{i=1}^{n} f(\xi_i) \Delta x_i$$

其中 a 和 b 分别称为积分**下限**和**上限**，$f(x)$ 为**被积函数**，x 称为**积分变量**，$f(x) \, dx$ 称为**被积表达式**（被积式）。

和数 $\sum\limits_{i=1}^{n} f(\xi_i) \Delta x_i$ 称为函数 $f(x)$ 的积分和。如果 $f(x)$ 在区间 $[a, b]$ 上存在定积分（即积分和存在极限），就说 $f(x)$ 在 $[a, b]$ 上可积，$[a, b]$ 称为**积分区间**。

上述定义也可以用"$\varepsilon - \delta$"语言来表述：

设有常数 I，如果对于任意给定的正数 ε，总存在正数 δ，不管对区间 $[a, b]$ 采取什么分法，也不管每一个小区间 $[x_{i-1}, x_i]$ 上的 ξ_i 点如何取法，只要 $\lambda = \max\{\Delta x_i\} < \delta$，恒有

$$\left| \sum_{i=1}^{n} f(\xi_i) \Delta x_i - I \right| < \varepsilon$$

则把 I 叫做函数 $f(x)$ 在区间 $[a, b]$ 上的定积分，记为

$$I = \int_a^b f(x) \, dx$$

根据上述定义，前面所举的三个例子可用定积分表示如下：

曲边梯形的面积　　　　$S = \lim\limits_{\lambda \to 0} \sum\limits_{i=1}^{n} f(\xi_i) \Delta x_i = \int_a^b f(x) \, dx$；

变力所做的功　　　　$W = \lim\limits_{\lambda \to 0} \sum\limits_{i=1}^{n} F(\xi_i) \Delta x_i = \int_a^b F(x) \, dx$；

---

① 积分符号 $\int$ 是 $summa$（和）的字头的拉长写法，它体现了积分（求和）的起源。

变速运动的路程 $\qquad s =\lim\limits_{\lambda \to 0}\sum\limits_{i=1}^{n} v(\xi_i)\Delta t_i =\int_a^b v(t)\mathrm{d}t$。

几点说明： 这几点说明，不仅可以加深概念的理解，而且对于后面的某些研究也有帮助。

1° 首先是关于区间 $[a, b]$ 的分法问题。当分点

$$a = x_0 < x_1 < x_2 < \cdots < x_n = b$$

在 $[a, b]$ 上确定之后，就说在 $[a, b]$ 上给定了一个分法。当令 $\lambda \to 0$ 而取和数 $\sum\limits_{i=1}^{n} f(\xi_i)\Delta x_i$ 的极限时，就必须不断地增加分点，从而也就不断地改变分法（因为不增加分点，不可能使 $\lambda \to 0$）。

2° 积分和 $\sum\limits_{i=1}^{n} f(\xi_i)\Delta x_i$ 的构造比较复杂，它既依赖于区间 $[a, b]$ 的分法，又依赖于 ξ_1 点的取法。事实上，如果所取的分点不同，即分点个数或分点位置有所不同时，则各小区间的长度 Δx_i 便随之改变，因此和数便取不同的值；即使在同一个分法之下（即分点已定），由于 ξ_i 点在小区间 $[x_{i-1}, x_i]$ 上可以任意选取，从而函数值 $f(\xi_i)$ 也随之改变，因此和数同样要取不同的值。一般说来，积分和并不是 $\lambda = \max\{\Delta x_i\}$ 的函数（因为对于 λ 的每一个值，积分和的对应值并非唯一确定的），因此极限 $\lim\limits_{\lambda \to 0}\sum\limits_{i=1}^{n} f(\xi_i)\Delta x_i$ 乃是一种新的类型的极限。尽管如此，从前面所讨论的几个具体例子来看，这并不妨碍极限 $\lim\limits_{\lambda = 0}\sum\limits_{i \to 1}^{n} f(\xi_i)\Delta x_i$ 的存在，并且从前学过的关于极限的一些基本性质仍然成立。

3° 定积分实际就是无穷小量的求和。我们从极限

$$\lim\limits_{\lambda \to 0}\sum\limits_{i=1}^{n} f(\xi_i)\Delta x_i =\lim\limits_{\lambda \to 0}[(f(\xi_1)\Delta x_1 + f(\xi_2)\Delta x_2 + \cdots + f(\xi_n)\Delta x_n]$$ 可以看出，当 $\lambda \to 0$ 时，所有小区间的长度 $\Delta x_1, \Delta x_2, \cdots, \Delta x_n$ 都变成了无穷小，而函数值 $f(\xi_1), f(\xi_2), \cdots, f(\xi_n)$ 都是有界量（因 $f(x)$ 在 $[a, b]$ 上有界），因此乘积 $f(\xi_1)\Delta x_1, f(\xi_2)\Delta x_2, \cdots, f(\xi_n)\Delta x_n$ 也都是无穷小，从而积分和的极限实际就是无穷多个无穷小量的和。这种无穷小量求和的思想，便是定积分概念的实质。

4° 定积分的这种思想 —— 无穷小量求和。以及它所采用的方法 —— 分割、作近似、求和、取极限，在以后的重积分和线面积分中还要多次用到。

从定积分的定义可知，积分和的极限值与区间 $[a, b]$ 的分法无关，与每个小区间上的 ξ_i 点的取法也无关，也就是说极限是唯一确定的。那么这个极限值究竟都与什么有关呢？一个函数的定积分仅与函数 $f(x)$ 本身及积分区间 $[a, b]$（即积分限）有关，如果这两个要素一旦给定，则积分

$$\int_a^b f(x)\mathrm{d}x =\lim\limits_{\lambda \to 0}\sum\limits_{i=1}^{n} f(\xi_i)\Delta x_i$$

就完全确定了。

既然积分 $\int_a^b f(x)\mathrm{d}x$ 仅与函数 $f(x)$ 及区间 $[a, b]$ 有关，所以用一个什么样的符号代表积分变量，则是可以随便的。因此，下列几个积分

$$\int_a^b f(x)\mathrm{d}x, \int_a^b f(t)\mathrm{d}t, \int_a^b f(u)\mathrm{d}u$$

当然都是相同的。

下面我们还要阐明一点，就是上述的积分定义，只能应用于有界函数。事实上，如果函数 $f(x)$ 在区间 $[a, b]$ 上无界，那么应当把 $[a, b]$ 分成若干个小区间时，则 $f(\xi_i)$ 至少在这些小区间中的某一个小区间上仍是无界的。于是靠着在这个小区间上 ξ 点的选取，便可使 $f(\xi_i)$ 任意大，从而也就可使积分和数 $\sum_{i=1}^{n} f(\xi_i) \Delta x_i$ 任意大。在此情况下，显然积分和数不可能存在有穷极限。这就是说，无界函数不可积（可积函数一定有界）。

图 7.3

上面阐明了函数的有界性是函数可积的必要条件，那么函数可积的充分条件是什么呢？关于函数的可积性，将在第 10 章作进一步的讨论，这里简单提一下。前面曾举例说明，当 $f(x) \geqslant 0$ 时，定积分的几何意义是以曲线 $y = f(x)$ 为顶，以区间 $[a, b]$ 为底的曲边梯形的面积。从几何上看，在区间 $[a, b]$ 上的连续曲线或分段连续曲线所围成的曲边梯形，总是具有确定面积的。因此现在我们可以直观地认为：在闭区间上的连续函数或分段连续函数都是可积的。

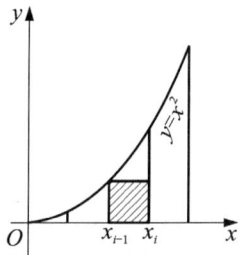

例 1 根据定义，计算 $\int_0^1 x^2 \mathrm{d}x$。

解 函数 $f(x) = x^2$ 在区间 $[0, 1]$ 上是连续的，在几何上，这个积分就是由抛物线 $y = x^2$，直线 $x = 1$ 和 x 轴所围成的曲边三角形（图 7.3）的面积。

（1）因为无论对区间 $[0, 1]$ 采取什么分法，也不管 ξ_i 点如何取法，积分和的极限都是不变的。为计算方便，我们对 $[0, 1]$ 采取一种特殊分法，ξ_i 点也采取特殊取法。

将区间 $[0, 1]$ 分为 n 等份，则各分点的横坐标为

$$x_0 = 0, \ x_1 = \frac{1}{n}, \ x_2 = \frac{2}{n}, \ \cdots, \ x_{n-1} = \frac{n-1}{n}, \ x_n = 1$$

各小区间长度为 $\Delta x = \frac{1}{n}$。

在几何上，即将曲边三角形分成 n 个小曲边梯形。

（2）以各小区间的左端点作为 ξ_i 点，于是在各 ξ_i 点的函数值 $f(\xi_i)$ 为

$$f(x_0) = f(0) = 0, f(x_1) = f\left(\frac{1}{n}\right) = \left(\frac{1}{n}\right)^2, f(x_2) = f\left(\frac{2}{n}\right) = \left(\frac{2}{n}\right)^2, \cdots, f(x_{n-1}) = f\left(\frac{n-1}{n}\right) = \left(\frac{n-1}{n}\right)^2。$$

各小区间长度与相应的函数值的乘积为

$$f(x_0)\Delta x = 0 \cdot \frac{1}{n}, f(x_1)\Delta x = \left(\frac{1}{n}\right)^2 \frac{1}{n}, f(x_2)\Delta x = \left(\frac{2}{n}\right)^2 \frac{1}{n}, \cdots, f(x_{n-1})\Delta x = \left(\frac{n-1}{n}\right)^2 \frac{1}{n}。$$

（3）把这些乘积累加起来，得到积分的近似值：

$$\sum_{i=0}^{n-1} f(\xi_i)\Delta x_i = 0 + \left(\frac{1}{n}\right)^2 \frac{1}{n} + \left(\frac{2}{n}\right)^2 \frac{1}{n} + \cdots + \left(\frac{n-1}{n}\right)^2 \frac{1}{n}$$

$$= \left[1^2 + 2^2 + 3^2 + \cdots + (n-1)^2\right] \frac{1}{n^3}$$

$$= \frac{n(n-1)(2n-1)}{6} \frac{1}{n^3} = \frac{1}{6}\left(1 - \frac{1}{n}\right)\left(2 - \frac{1}{n}\right)$$

从几何上看,这个近似值就是各小矩形面积之和。

(4) 因为我们是将 $[0, 1]$ 等分 n 份,所以当各小区间长度 $\Delta x \to 0$ 时,则 $n \to \infty$。取上述和数的极限,便得到所求的积分

$$\int_0^1 x^2 dx = \lim_{\Delta x \to 0} \sum_{i=1}^{n-1} f(\xi_i) \Delta x = \lim_{n \to \infty}\left[\frac{1}{6}\left(1 - \frac{1}{n}\right)\left(2 - \frac{1}{n}\right)\right] = \frac{1}{3}$$

这也就是曲边三角形的面积。

§7.2　定积分的性质

这一节,我们讨论定积分的一些基本性质。这些性质无论在定积分的计算或定积分的理论研究方面都是很重要的。讨论性质之前,先介绍定积分的两条规定。

定积分的两条规定　在定义定积分 $\int_a^b f(x) dx$ 时,曾假定 $a < b$,至于 $a \geq b$ 时,$\int_a^b f(x) dx$ 表示什么意义,还不明确。对此,作如下规定:

1° 当 $a > b$ 时,规定:

$$\int_a^b f(x) dx = -\int_b^a f(x) dx \tag{1}$$

此规定也可叙述为:交换定积分的上、下限,则积分变号。

下面对此规定加以说明。我们在前面构造积分和时,区间长度 $\Delta x_i = x_i - x_{i-1}$,而这里 $\Delta x_i = x_{i-1} - x_i$ 是从右到左,则符号改变。因此它们的极限值也只差一个符号,从而

$$\int_a^b f(x) dx = -\int_b^a f(x) dx$$

可见上述规定是合理的。

2° 当 $a = b$ 时,规定:

$$\int_a^b f(x) dx = 0$$

即:上下限相同的定积分,其值等于零。

这个规定实际可由上述规定推得。因为

$$\int_a^a f(x) dx = -\int_a^a f(x) dx$$

即

$$2\int_a^a f(x) dx = 0$$

所以

$$\int_a^a f(x) dx = 0$$

在几何上也是明显的,一个曲边梯形的底若缩成一点,它的面积当然为零。

性质 1　(常数的积分) 如果在区间 $[a, b]$ 上,$f(x) = k$(k 为常数),则

$$\int_a^b f(x) dx = \int_a^b k dx = k(b - a)$$

即：常数的积分等于该数乘以区间长度。

当 $k = 1$ 时，$\int_a^b f(x)\,dx = \int_a^b dx = b - a$

根据定义证明，

$$\int_a^b k\,dx = \lim_{\lambda \to 0} \sum_{i=1}^n f(\xi_i)\,\Delta x_i = \lim_{\lambda \to 0} \sum_{i=1}^n k\,\Delta x_i$$

$$= k\lim_{\lambda \to 0} \sum_{i=1}^n \Delta x_i = k\lim_{\lambda \to 0}(b - a) = k(b - a)$$

性质 2（提出常因子）如果函数 $f(x)$ 在区间 $[a, b]$ 上可积，则函数 $kf(x)$（k 为常数）在 $[a, b]$ 上也可积，且

$$\int_a^b kf(x)\,dx = k\int_a^b f(x)\,dx$$

即：常因子可提到积分符号外边来。

按定义证明，

$$\int_a^b kf(x)\,dx = \lim_{\lambda \to 0} \sum_{i=1}^n kf(\xi_i)\,\Delta x_i = k\lim_{\lambda \to 0} \sum_{i=1}^n f(\xi_i)\,\Delta x_i$$

$$= k\int_a^b f(x)\,dx$$

性质 3（和的积分）如果函数 $f(x)$ 与 $g(x)$ 在区间 $[a, b]$ 上可积，则函数 $f(x) \pm g(x)$ 在 $[a, b]$ 上也可积，且

$$\int_a^b [f(x) \pm g(x)]\,dx = \int_a^b f(x)\,dx \pm \int_a^b g(x)\,dx$$

即：代数和的积分等于积分的代数和。

证法类似性质 2，从略。

性质 4（积分区间分割）设 $a < c < b$，如果函数 $f(x)$ 在区间 $[a, c]$ 及 $[c, b]$ 上可积，则它在 $[a, b]$ 上也可积，且

$$\int_a^b f(x)\,dx = \int_a^c f(x)\,dx + \int_c^b f(x)\,dx \tag{1}$$

即：若把积分区间分成两段，则在整个区间上的积分等于每段上的积分之和。这个性质表明，定积分对于积分区间是具有可加性的。

证明关于 $f(x)$ 在 $[a, b]$ 上可积问题留到第 9 章讨论，这里只证明等式（1）成立。

由于 $f(x)$ 在 $[a, b]$ 上可积，所以不管对 $[a, b]$ 采取什么分法，也不管 ξ_i 点如何取法，总有

$$\lim_{\lambda \to 0} \sum_{i=1}^n f(\xi_i)\,\Delta x_i = \int_a^b f(x)\,dx \tag{2}$$

现在我们采取一种特殊分法，即让 c 点永远是一个分点，自然积分（2）依然存在。可是这时和数 $\sum_{i=1}^n f(\xi_i)\,\Delta x_i = \sum_a^b f(\xi_i)\,\Delta x_i$ 就分为两个部分：

$$\sum_a^b f(\xi_i)\,\Delta x_i = \sum_a^c f(\xi_i)\,\Delta x_i + \sum_c^b f(\xi_i)\,\Delta x_i$$

根据所给条件，当 $\lambda \to 0$ 时，右端两个和数都有极限，所以

$$\lim_{\lambda \to 0} \sum_a^b f(\xi_i) \Delta x_i = \lim_{\lambda \to 0} \sum_a^c f(\xi_i) \Delta x_i + \lim_{\lambda \to 0} \sum_c^b f(\xi_i) \Delta x_i$$

即

$$\int_a^b f(x)\,\mathrm{d}x = \int_a^c f(x)\,\mathrm{d}x + \int_c^b f(x)\,\mathrm{d}x$$

此性质不论 a,b,c 三点的相对位置如何都是成立的。例如当 $a < b < c$ 时，也有公式 $\int_a^b f(x)\,\mathrm{d}x = \int_a^c f(x)\,\mathrm{d}x + \int_c^b f(x)\,\mathrm{d}x$。事实上，

$$\int_a^c = \int_a^b + \int_b^c = \int_a^b - \int_c^b$$

从而

$$\int_a^b = \int_a^c + \int_c^b$$

性质 5 （积分的正负号）如果函数 $f(x) \geqslant 0$ 在区间 $[a,b]$ 上可积，则

$$\int_a^b f(x)\,\mathrm{d}x \geqslant 0$$

证明 $f(x)$ 在 $[a,b]$ 上的积分和是

$$\sum_{i=1}^n f(\xi_i) \Delta x_i$$

因 $a < b$，故 $x_{i-1} < x_i$，即 $x_i - x_{i-1} > 0$；又已知 $f(\xi_i) \geqslant 0$，所以

$$f(\xi_i)(x_i - x_{i-1}) \geqslant 0$$

从而

$$\sum_{i=1}^n f(\xi_i)(x_i - x_{i-1}) = \sum_{i=1}^n f(\xi_i) \Delta x_i \geqslant 0$$

取极限得

$$\lim_{\lambda \to 0} \sum_{i=1}^n f(\xi_i) \Delta x_i = \int_a^b f(x)\,\mathrm{d}x \geqslant 0$$

性质 6 （在不等式内取积分）如果函数 $f(x)$ 和 $g(x)$ 在区间 $[a,b]$ 上可积，且 $f(x) \leqslant g(x)$，则

$$\int_a^b f(x)\,\mathrm{d}x \leqslant \int_a^b g(x)\,\mathrm{d}x$$

证明 在区间 $[a,b]$ 上有

$$g(x) - f(x) \geqslant 0$$

由性质 3，$g(x) - f(x)$ 在 $[a,b]$ 上也可积，再由性质 5 便得

$$\int_a^b [g(x) - f(x)]\,\mathrm{d}x \geqslant 0$$

即

$$\int_a^b g(x)\,\mathrm{d}x - \int_a^b f(x)\,\mathrm{d}x \geqslant 0$$

亦即

$$\int_a^b f(x)\,\mathrm{d}x \leqslant \int_a^b g(x)\,\mathrm{d}x$$

推论 如果函数 $f(x)$ 在区间 $[a,b]$ 上可积，而 M 和 m 是 $f(x)$ 在 $[a,b]$ 上的最大值和最小值，则

$$m(b-a) \leqslant \int_a^b f(x)\,\mathrm{d}x \leqslant M(b-a)$$

证明　因 $m \leqslant f(x) \leqslant M$, 由性质 6 有

$$\int_a^b m\mathrm{d}x \leqslant \int_a^b f(x)\,\mathrm{d}x \leqslant \int_a^b M\mathrm{d}x$$

再由性质 1, 得

$$m(b-a) \leqslant \int_a^b f(x)\,\mathrm{d}x \leqslant M(b-a)$$

性质 7　(积分的绝对值) 如果函数 $f(x)$ 在区间 $[a,b]$ 上可积, 则函数 $|f(x)|$ 在 $[a,b]$ 上也可积, 且

$$\left| \int_a^b f(x)\,\mathrm{d}x \right| \leqslant \int_a^b |f(x)|\,\mathrm{d}x$$

证明　关于函数 $|f(x)|$ 的可积性将在第 10 章讨论, 这里证明上面不等式。

由绝对值定义, 对任意 $x \in [a,b]$, 有

$$-|f(x)| \leqslant f(x) \leqslant |f(x)|$$

再由性质 6, 得

$$-\int_a^b |f(x)|\,\mathrm{d}x \leqslant \int_a^b f(x)\,\mathrm{d}x \leqslant \int_a^b |f(x)|\,\mathrm{d}x$$

即

$$\left| \int_a^b f(x)\,\mathrm{d}x \right| \leqslant \int_a^b |f(x)|\,\mathrm{d}x$$

性质 8　(积分第一中值定理) 如果(i)$f(x)$ 在 $[a,b]$ 上连续, (ii)$g(x)$ 及 $f(x)g(x)$ 在 $[a,b]$ 上可积, (iii)$g(x)$ 在 $[a,b]$ 上不变号, 则有 $\xi \in [a,b]$, 使

$$\int_a^b f(x)g(x)\,\mathrm{d}x = f(\xi)\int_a^b g(x)\,\mathrm{d}x \tag{1}$$

证明　用 M 和 m 表示 $f(x)$ 在 $[a,b]$ 上的最大值和最小值, 则

$$m \leqslant f(x) \leqslant M (a \leqslant x \leqslant b)$$

由于 $g(x)$ 在 $[a,b]$ 上不变号, 不妨假定 $g(x) \geqslant 0$, 于是

$$mg(x) \leqslant f(x)g(x) \leqslant Mg(x) (a \leqslant x \leqslant b)$$

又因 $g(x)$ 及 $f(x)g(x)$ 都可积, 由性质 2 及 6, 有

$$m\int_a^b g(x)\,\mathrm{d}x \leqslant \int_a^b f(x)g(x)\,\mathrm{d}x \leqslant M\int_a^b g(x)\,\mathrm{d}x \tag{2}$$

如果 $\int_a^b g(x)\,\mathrm{d}x = 0$, 则(2) 式表明

$$\int_a^b f(x)g(x)\,\mathrm{d}x = 0$$

因而对任何的 $\xi \in [a,b]$, (1) 式都成立。

如果

$$\int_a^b g(x)\,\mathrm{d}x > 0$$

从(2) 式得

$$m \leqslant \frac{\int_a^b f(x)g(x)\,\mathrm{d}x}{\int_a^b g(x)\,\mathrm{d}x} \leqslant M$$

可见 $\mu = \dfrac{\displaystyle\int_a^b f(x)g(x)\,\mathrm{d}x}{\displaystyle\int_a^b g(x)\,\mathrm{d}x}$ 是介于 m 和 M 之间的一个常数。因 $f(x)$ 连续，则由连续函数的介值定

理，必有 $[a, b]$ 上的 ξ 点，使

$$f(\xi) = \mu$$

从而对于这样的 μ 便有

$$\int_a^b f(x)g(x)\,\mathrm{d}x = f(\xi)\int_a^b g(x)\,\mathrm{d}x$$

推论　如果 $f(x)$ 在 $[a, b]$ 上连续，而 $g(x) = 1$，则由 (1) 式得

$$\int_a^b f(x)\,\mathrm{d}x = f(\xi)(b - a) \tag{3}$$

通常也称此推论为**积分中值定理**。

积分中值公式 (3) 具有明显的几何意义。我们知道，积分 $\int_a^b f(x)\,\mathrm{d}x$ 表示曲线 $y = f(x)$，x 轴及直线 $x = a$，$x = b$ 所围成的曲边梯形面积；而 (3) 式则表示在 $[a, b]$ 上存在一点 ξ，使得以函数值 $f(\xi)$ 为高，以区间 $[a, b]$ 为底的矩形面积。恰好等于这个曲边梯形的面积 (图 7.4)。

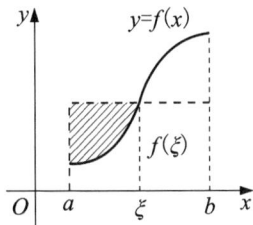

图 7.4

§7.3　微积分学基本定理

掌握了定积分的概念及性质以后，当然重要的问题就是定积分的计算了。我们在上一节曾从定义出发，计算过函数 $y = x^2$ 在区间 $[0, 1]$ 上的定积分 $\int_0^1 x^2\,\mathrm{d}x$，也就是曲边三角形的面积。人们都会感到，对于如此简单的一个函数，它的积分计算已经相当麻烦，若是更为复杂的问题，则又该当如何？实际上，一个积分和数很难把它表成简单的形式，所以从求和数的极限来计算定积分，决不是可行的一般方法。从历史上看，虽然早在圆的面积和曲边梯形面积的计算中，已经有了积分思想的萌芽，但是直至牛顿和莱布尼茨提出定积分的计算方法为止，这种思想陷入长期停顿，并未得到令人满意的发展。牛顿和莱布尼茨在数学分析上的重大功绩之一，就是他们发现了积分和微分的内在联系，揭示出二者之间的互逆关系，从而把积分的计算转化为求原函数的问题，提出了计算定积分的一般方法，这就是所说的牛顿 — 莱布尼茨公式。这个公式的出现，可以说是微积分发展史上的一个转折点，因此人们把这个公式所表达的定理特别地称为微积分学基本定理。在介绍微积分学基本定理之前，先讲一下"变上限的定积分"问题。

变上限的定积分　前面所定义的定积分，其积分限都是常数，现在我们考虑一种以变量为上限的定积分。

假定 $f(x)$ 在区间 $[a, b]$ 上是可积的，又 x 是 $[a, b]$ 上的任意一点，于是 $f(x)$ 在区间 $[a, b]$ 上的定积分为

$$\int_a^x f(x)\,\mathrm{d}x$$

这里，变量 x 既是定积分的上限，又表示积分变量，显得不够清楚，由于定积分与表示积分变量的记号无关，所以不妨将此定积分改写为

$$\int_a^x f(t)\,\mathrm{d}t$$

我们知道，定积分的数值取决于被积函数和积分限. 上述积分的被积函数已经给定，积分下限也是定数，只有上限 x 是变化于区间 $[a,b]$ 上的一个变数；对于每一个取定的 x 值，定积分就有一个对应值，所以变上限的定积分是积分上限的一个函数，我们把它记为

$$F(x)=\int_a^x f(t)\,\mathrm{d}t$$

$F(x)$ 是积分上限的一个函数，在几何上也是比较明显的。就图 7.5 来看，因 x 是 $[a,b]$ 上的一个动点，从而以线段 ax 为底的曲边梯形的面积也必随着底的端点 x 而变，所以这个面积是端点 x 的函数。

有了以上的准备工作，现在来介绍一个很重要的定理(称为引理)，它把定积分与不定积分(原函数) 联系起来，是建立微积分学基本定理的基础。

引理 (变上限定积分的导数) 如果函数 $f(x)$ 在区间 $[a,b]$ 上连续，则对 $[a,b]$ 上的任意一点 x，函数 $F(x)=\int_a^x f(t)\,\mathrm{d}t$ 可导，且

$$F'(x)=\left(\int_a^x f(t)\,\mathrm{d}t\right)'_x=f(x)$$

(变上限定积分对上限的导数，等于被积函数)

证明 根据导数的定义，须证：对于 $[a,b]$ 上的任一内点 x，都有

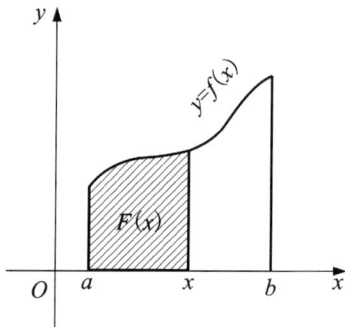

图 7.5

$$F'(x)=\lim_{\Delta x\to0}\frac{F(x+\Delta x)-F(x)}{\Delta x}=f(x)$$

我们只就 $[a,b]$ 的内点 x 来证明，至于区间的端点，证法类似. 因

$$F(x+\Delta x)-F(x)=\int_a^{x+\Delta x}f(t)\,\mathrm{d}t-\int_a^x f(t)\,\mathrm{d}t\xrightarrow{\text{（交换积分限）}}$$

$$\int_x^a f(t)\,\mathrm{d}t+\int_a^{x+\Delta x}f(t)\,\mathrm{d}t\xrightarrow{\text{（性质4）}}\int_x^{x+\Delta x}f(t)\,\mathrm{d}t$$

根据积分中值定理(§7.2 性质 8 推论)，在 x 与 $x+\Delta x$ 之间必存在一点 ξ，使

$$\int_x^{x+\Delta x}f(t)\,\mathrm{d}t=f(\xi)\left[(x+\Delta x)-x\right]=f(\xi)\Delta x$$

即

$$F(x+\Delta x)-F(x)=f(\xi)\Delta x$$

两端除以 Δx，得

$$\frac{F(x+\Delta x)-F(x)}{\Delta x}=f(\xi)$$

在上式两端令 $\Delta x\to0$ 取极限. 当 $\Delta x\to0$ 时，$x+\Delta x\to x$，而 ξ 位于 x 与 $x+\Delta x$ 之间，所

以必有 $\xi \to x$，注意 $f(x)$ 的连续性，便得

$$\lim_{\Delta x \to 0} \frac{F(x+\Delta x)-F(x)}{\Delta x} = \lim_{\xi \to x} f(\xi) = f(x)$$

即 $F'(x)=f(x)$（证毕）

这个引理告诉我们：任何连续函数 $f(x)$ 都有原函数，而变上限的定积分（即 $F(x)$）便是它的一个原函数。

定理 （微积分学基本定理）设函数以 $f(x)$ 在区间 $[a,b]$ 上连续，如果 $F(x)$ 是 $f(x)$ 的一个原函数，则

$$\int_a^b f(x)\,\mathrm{d}x = F(b)-F(a) \qquad (1)$$

证明 已知 $F(x)$ 是 $f(x)$ 的一个原函数，而根据引理，$\int_a^x f(t)\,\mathrm{d}t$ 也是 $f(x)$ 的一个原函数，因此有

$$F(x)=\int_a^x f(t)\,\mathrm{d}t + C \qquad (2)$$

其中 C 是某个常数。

在（2）式中，令 $x=a$，得

$$F(a)=\int_a^a f(t)\,\mathrm{d}t + C = 0 + C$$

即 $C=F(a)$，代入（2）式则得

$$F(x)=\int_a^x f(t)\,\mathrm{d}t + F(a)$$

再令 $x=b$，则上式变为

$$F(b)=\int_a^b f(t)\,\mathrm{d}t + F(a)$$

移项，并把 t 换为 x，便得到

$$\int_a^b f(x)\,\mathrm{d}x = F(b)-F(a)$$

公式（1）叫做牛顿 — 莱布尼茨公式，它是积分学中的基本公式. 通常把 $F(b)-F(a)$ 表为 $F(x)\Big|_a^b$，故可写成

$$\int_a^b f(x)\,\mathrm{d}x = F(x)\Big|_a^b = F(b)-F(a)$$

这个公式告诉我们：计算定积分 $\int_a^b f(x)\,\mathrm{d}x$，只须求出 $f(x)$ 的任何一个原函数，将积分上、下限依次代入原函数，取其差即可. 这就是说，求定积分的问题已转化为求原函数的问题了。

例1 求 $\int_0^1 x^2\,\mathrm{d}x$。

解 因 $\dfrac{1}{3}x^3$ 是 x^2 的一个原函数，所以

$$\int_0^1 x^2\,\mathrm{d}x = \frac{1}{3}x^3\Big|_0^1 = \frac{1}{3}(1^3-0^3) = \frac{1}{3}$$

在 §7.1 里 按定义计算过这个积分，可见计算简便了很多。

例 2 求 $\int_0^\pi (\cos x + x)\mathrm{d}x$

解 $\int_0^\pi (\cos x + x)\mathrm{d}x = \left(\sin x + \dfrac{x^2}{2}\right)\Bigg|_0^\pi = \left(\sin \pi + \dfrac{\pi^2}{2}\right) - \left(\sin 0 + \dfrac{0^2}{2}\right) = \dfrac{\pi^2}{2}$

例 3 求 $\int_{-1}^1 \dfrac{2}{1+x^2}\mathrm{d}x$

解

$$\int_{-1}^1 \frac{2}{1+x^2}\mathrm{d}x = 2\arctan x \Bigg|_{-1}^1 = 2\left[\arctan 1 - \arctan(-1)\right]$$

$$= 2\left(\frac{\pi}{4} + \frac{\pi}{4}\right) = \pi$$

§7.4 定积分的分部积分法和换元积分法

在不定积分计算中，已学过分部积分法和换元积分法，计算定积分时当然也可以利用这两种方法先求出原函数，然后再算出定积分的数值. 但是这样做往往显得烦琐，不如直接采用分部法或换元法来得简单. 并且有的函数的原函数虽然算不出来，但却可以利用定积分换元积分法得出结果。

一、分部积分法

设函数 $u = u(x)$ 和 $v = v(x)$ 在区间 $[a,b]$ 上都有连续导数 $u'(x)$ 和 $v'(x)$。因

$$(uv)' = uv' + u'v$$

即
$$uv' = (uv)' - u'v$$

在等式两端取由 a 到 b 的定积分，便得

$$\int_a^b uv'\mathrm{d}x = \int_a^b (uv)'\mathrm{d}x - \int_a^b u'v\mathrm{d}x$$

即

$$\int_a^b uv'\mathrm{d}x = uv \Bigg|_a^b - \int_a^b u'v\mathrm{d}x \tag{1}$$

公式(1)叫做定积分的分部积分公式。

例 1 计算 $\int_0^{\frac{\pi}{2}} x\cos x\mathrm{d}x$。

解 用分部积分公式得

$$\int_0^{\frac{\pi}{2}} x\cos x\mathrm{d}x = [x\sin x]\Bigg|_0^{\frac{\pi}{2}} - \int_0^{\frac{\pi}{2}} 1\cdot\sin x\mathrm{d}x$$

$$\begin{array}{cccccc} \downarrow & \downarrow & \quad & \downarrow & \downarrow & \quad\quad & \downarrow & \downarrow \\ u & v' & & u & v & & u' & v \end{array}$$

$$= \frac{\pi}{2} - (-\cos x) \Big|_0^{\frac{\pi}{2}} = \frac{\pi}{2} - 1$$

例 2　计算 $\int_0^{\ln 2} x e^{-x} dx$。

解　令 $u = x$, $v' = e^{-x}$,

则　$u' = 1$, $v = \int e^{-x} dx = -\int e^{-x} d(-x) = -e^{-x}$

于是

$$\int_0^{\ln 2} x e^{-x} dx = (-x e^{-x}) \Big|_0^{\ln 2} + \int_0^{\ln 2} e^{-x} dx$$

$$= -\frac{1}{2}\ln 2 - \frac{1}{2} + 1 = \frac{1}{2}(1 - \ln 2)$$

例 3　计算 $\int_0^{\frac{\pi}{2}} x^2 \sin x dx$。

解

$$\int_0^{\frac{\pi}{2}} \underset{\underset{u}{\downarrow}}{x^2} \underset{\underset{v'}{\downarrow}}{\sin x} dx = [-x^2 \cos x] \Big|_0^{\frac{\pi}{2}} + \int_0^{\frac{\pi}{2}} 2x \cos x dx$$

$$= (2x \sin x] \Big|_0^{\frac{\pi}{2}} - 2 \int_0^{\frac{\pi}{2}} \sin x dx$$

$$= 2 \times \frac{\pi}{2} + 2\cos x \Big|_0^{\frac{\pi}{2}} = \pi - 2$$

例 4　计算 $I_m = \int_0^{\frac{\pi}{2}} \sin^m x dx$。

解

$$I_m = \int_0^{\frac{\pi}{2}} \underset{\underset{u}{\downarrow}}{\sin^{m-1} x} \underset{\underset{v'}{\downarrow}}{\sin x} dx$$

$$= -\sin^{m-1} x \cos x \Big|_0^{\frac{\pi}{2}} + (m-1) \int_0^{\frac{\pi}{2}} \sin^{m-2} x \cos^2 x dx$$

$$= (m-1) \int_0^{\frac{\pi}{2}} \sin^{m-2} x (1 - \sin^2 x) dx$$

$$= (m-1) \int_0^{\frac{\pi}{2}} \sin^{m-2} x dx - (m-1) \int_0^{\frac{\pi}{2}} \sin^m x dx$$

由此得

$$I_m = (m-1) I_{m-2} - (m-1) I_m$$

所以

$$I_m = \frac{m-1}{m} I_{m-2}$$

这是计算 I_m 的递推公式. 由 I_{m-2} 的值可算出的值，而从 I_{m-4} 的值又可算出 I_{m-2} 的值，等等。

下面分两种情况讨论：

（1）当 $m = 2n$（即 m 为偶数）时

$$I_m = I_{2n} = \frac{2n-1}{2n}I_{2n-2} = \frac{2n-1}{2n}\frac{2n-3}{2n-2}I_{2n-4}$$

$$= \cdots = \frac{2n-1}{2n}\frac{2n-3}{2n-2}\cdots\frac{3}{4}\frac{1}{2}I_0$$

$$= \frac{(m-1)(m-3)\cdots3\cdot1}{m(m-2)\cdots4\cdot2}\int_0^{\frac{\pi}{2}}1\mathrm{d}x = \frac{m-1(m-3)\cdots3\cdot1}{m(m-2)\cdots4\cdot2}\frac{\pi}{2}$$

（2）当 $m = 2n+1$（即 m 为奇数）时

$$I_m = I_{2n+1} = \frac{2n}{2n+1}I_{2n-1} = \frac{2n}{2n+1}\frac{2n-2}{2n-1}I_{2n-3}$$

$$= \cdots = \frac{2n}{2n+1}\frac{2n-2}{2n-1}\cdots\frac{4}{5}\frac{2}{3}I_1$$

$$= \frac{(m-1)(m-3)\cdots4\cdot2}{m(m-2)\cdots5\cdot3}\int_0^{\frac{\pi}{2}}\sin x\mathrm{d}x$$

$$= \frac{(m-1)(m-3)\cdots4\cdot2}{m(m-2)\cdots5\cdot3}$$

二、换元积分法

应用换元法求定积分时，变换过程与求不定积分的换元法（第二换元法）基本一样。但是在不定积分中，积分后要换回原来的变量，而在定积分，只须把积分上、下限分别作相应的改变就行了，不必换回原来的变量，下面先介绍换元法定理。

定理 设函数 $f(x)$ 在区间 $[a,b]$ 上是连续的，函数 $x = \varphi(t)$ 在区间 $[\alpha,\beta]$ 上是单调的，$\varphi(\alpha) = a$，$\varphi(\beta) = b$，并且有连续层数 $\varphi'(t)$，则

$$\int_a^b f(x)\mathrm{d}x = \int_\alpha^\beta f[\varphi(t)]\varphi'(t)\mathrm{d}t$$

证明 设 $F(x)$ 是 $f(x)$ 在 $[a,b]$ 上的原函数，由积分基本公式得

$$\int_a^b f(x)\mathrm{d}x = F(b) - F(a)$$

另一方面，由复合函数的导数公式有

$$\{F[\varphi(t)]\}' = F'(x)\varphi'(t) = f(x)\varphi'(t) = f[\varphi(t)]\varphi'(t)$$

因此 $F[\varphi(t)]$ 是 $f[\varphi(t)]\varphi'(t)$ 在区间 $[\alpha,\beta]$ 上的原函数，故有

$$\int_\alpha^\beta f[\varphi(t)]\varphi'(t)\mathrm{d}t = F[\varphi(t)]\Big|_\alpha^\beta = F[\varphi(\beta)] - F[\varphi(\alpha)] = F(b) - F(a) \tag{3}$$

注意(2)，(3) 两式的右端相同，自然左端应相等，于是便得到了定积分换元公式：

$$\int_a^b f(x)\mathrm{d}x = \int_\alpha^\beta f[\varphi(t)]\varphi'(t)\mathrm{d}t$$

由公式可知：（1）用换元法计算定积分时，同时要改变积分限.（2）把原函数求出后，不

必回到原来的变量，只要把新的积分限代入原函数相减就行了。

例 5 求 $\displaystyle\int_0^{\frac{1}{2}} \frac{x^2}{\sqrt{1-x^2}}\mathrm{d}x$。

解 为化去根号，令 $x = \sin t$，则 $\mathrm{d}x = \cos t\mathrm{d}t$。当 $x = 0$ 时，$t = 0$；当 $x = \dfrac{1}{2}$ 时，$t = \dfrac{\pi}{6}$。① 于是

$$\int_0^{\frac{1}{2}} \frac{x^2}{\sqrt{1-x^2}}\mathrm{d}x = \int_0^{\frac{\pi}{6}} \frac{\sin^2 t\cos t}{\cos t}\mathrm{d}t = \int_0^{\frac{\pi}{6}} \sin^2 t\mathrm{d}t$$

$$= \int_0^{\frac{\pi}{6}} \frac{1-\cos 2t}{2}\mathrm{d}t = \left[\frac{t}{2} - \frac{1}{4}\sin 2t\right]\Big|_0^{\frac{\pi}{6}}$$

$$= \frac{\pi}{12} - \frac{1}{4}\sin\frac{\pi}{3} = \frac{\pi}{12} - \frac{1}{4}\times\frac{\sqrt{3}}{2} = \frac{\pi}{12} - \frac{\sqrt{3}}{8}$$

例 6 求 $\displaystyle\int_0^1 \frac{\mathrm{d}x}{\mathrm{e}^x + \mathrm{e}^{-x}}$。

解 令 $x = \ln t$，则 $\mathrm{e}^x = \mathrm{e}^{\ln t} = t$，$\mathrm{e}^{-x} = \dfrac{1}{\mathrm{e}^{\ln t}} = \dfrac{1}{t}$，$\mathrm{d}x = \dfrac{1}{t}\mathrm{d}t$。

当 $x = 0$ 时，$t = 1$；当 $x = 1$ 时，$t = \mathrm{e}$（由 $x = \ln t$ 的反函数 $t = \mathrm{e}^x$ 确定新积分限）。于是有

$$\int_0^1 \frac{\mathrm{d}x}{\mathrm{e}^x + \mathrm{e}^{-x}} = \int_1^{\mathrm{e}} \frac{1}{t + \dfrac{1}{t}}\frac{1}{t}\mathrm{d}t = \int_1^{\mathrm{e}} \frac{\mathrm{d}t}{t^2 + 1}$$

$$= \arctan t\,\Big|_1^{\mathrm{e}} = \arctan\mathrm{e} - \arctan 1 = \arctan\mathrm{e} - \frac{\pi}{4}$$

例 7 求 $\displaystyle\int_0^{\pi} \frac{x\sin x}{1+\cos^2 x}\mathrm{d}x$。

解 令 $x = \pi - t$，则 $\mathrm{d}x = -\mathrm{d}t$，当 $x = 0$ 时，$t = \pi$；当 $x = \pi$ 时，$t = 0$。所以

$$\int_0^{\pi} \frac{x\sin x}{1+\cos^2 x}\mathrm{d}x = -\int_{\pi}^0 \frac{(\pi - t)\sin t}{1+\cos^2 t}\mathrm{d}t$$

$$= \pi\int_0^{\pi} \frac{\sin t}{1+\cos^2 t}\mathrm{d}t - \int_0^{\pi} \frac{t\sin t}{1+\cos^2 t}\mathrm{d}t$$

右端第二个积分与左端积分相同，把它移到左端，有

$$2\int_0^{\pi} \frac{x\sin x}{1+\cos^2 x}\mathrm{d}x = \pi\int_0^{\pi} \frac{\sin t}{1+\cos^2 t}\mathrm{d}t = -\pi\int_0^{\pi} \frac{\mathrm{d}\cos t}{1+\cos^2 t}$$

$$= -\pi\arctan\cos t\,\Big|_0^{\pi} = \frac{\pi^2}{4} + \frac{\pi^2}{4} = \frac{\pi^2}{2}$$

最后得

---

① 由 $x = \sin t$ 来确定新积分限，要注意下限对应下限，即 $x = 0$ 时，$t = 0$；$x = \dfrac{1}{2}$ 时，上限对应上限，即 $t = \dfrac{\pi}{6}$。新积分限实际上是由反函数 $t = \arcsin x$ 来确定的.

$$\int_0^x \frac{x\sin x}{1 + \cos^2 x}dx = \frac{\pi^2}{4}$$

应当注意：不定积分 $\displaystyle\int \frac{x\sin x}{1 + \cos^2 x}dx$ 不能用初等函数表达出来，但是它的定积分通过换元积分法，仍然可以求出来。

例 8　求 $\displaystyle\int_0^4 \frac{dx}{1 + \sqrt{x}}$。

解　为化去根号，令 $x = t^2$。但此函数在 $t \geq 0$ 或 $t \leq 0$ 时，才是单调的（即反函数为单值的），因此我们取变换

$$x = t^2 (t \geq 0)$$

或

$$x = t^2 (t \leq 0)$$

下面取 $x = t^2 (t \geq 0)$ 来计算积分，于是 $t = \sqrt{x}$，$dx = 2t dt$。

当 $x = 0$ 时，$t = 0$；当 $x = 4$ 时，$t = 2$。所以

$$\int_0^4 \frac{dx}{1 + \sqrt{x}} = \int_0^2 \frac{2t}{1 + t}dt = 2\int_0^2 \frac{(1 + t) - 1}{1 + t}dt$$

$$= 2\left(\int_0^2 dt - \int_0^2 \frac{dt}{1 + t}\right) = 2\left(t\Big|_0^2 - \ln(1 + t)\Big|_0^2\right)$$

$$= 2(2 - \ln 3)$$

例 9　求证：$\displaystyle\int_0^{\frac{\pi}{2}} \cos^m x dx = \int_0^{\frac{\pi}{2}} \sin^m x dx$。

证明　令 $x = \dfrac{\pi}{2} - t$，则 $dx = -dt$，

当 $x = 0$ 时，$t = \dfrac{\pi}{2}$；当 $x = \dfrac{\pi}{2}$ 时，$t = 0$。于是

$$\int_0^{\frac{\pi}{2}} \cos^m x dx = \int_{\frac{\pi}{2}}^0 \cos^m\left(\frac{\pi}{2} - t\right) d\left(\frac{\pi}{2} - t\right)$$

$$= -\int_{\frac{\pi}{2}}^0 \sin^m t dt = \int_0^{\frac{\pi}{2}} \sin^m t dt$$

例 10　求证：若 $f(x)$ 是偶函数，则

$$\int_{-a}^a f(x)dx = 2\int_0^a f(x)dx$$

若 $f(x)$ 是奇函数，则

$$\int_{-a}^a f(x)dx = 0$$

证明　把积分改写成

$$\int_{-a}^a f(x)dx = \int_{-a}^0 f(x)dx + \int_0^a f(x)dx$$

对右端第一个积分作变量替换。令 $x = -t$，则 $dx = -dt$。当 $x = -a$ 时，$t = a$；当 $x = 0$ 时，$t = 0$。于是

$$\int_{-a}^{a} f(x)\,\mathrm{d}x = -\int_{a}^{0} f(-t)\,\mathrm{d}t + \int_{0}^{a} f(t)\,\mathrm{d}t$$

$$= \int_{0}^{a} f(-t)\,\mathrm{d}t + \int_{0}^{a} f(t)\,\mathrm{d}t$$

所以

$$\int_{-a}^{a} f(x)\,\mathrm{d}x = \int_{0}^{a} [f(-x) + f(x)]\,\mathrm{d}x$$

$$= \begin{cases} 2\displaystyle\int_{0}^{a} f(x)\,\mathrm{d}x, & \text{当 } f(x) \text{ 是偶函数,} \\ 0, & \text{当 } f(x) \text{ 是奇函数} \end{cases}$$

这个问题的结果可作为公式利用:

例如计算 $\displaystyle\int_{-1}^{1} \frac{\mathrm{d}x}{1+x^2}$。因 $\dfrac{1}{1+x^2}$ 在 $[-1, 1]$ 上是偶函数, 所以

$$\int_{-1}^{1} \frac{\mathrm{d}x}{1+x^2} = 2\int_{0}^{1} \frac{\mathrm{d}x}{1+x^2} = 2\arctan x \Big|_{0}^{1} = 2 \times \frac{\pi}{4} = \frac{\pi}{2}$$

习题

1. 应用定积分定义计算下列定积分:

$(1) \displaystyle\int_{a}^{b} x\,\mathrm{d}x$;　　　　　　　　　$(2) \displaystyle\int_{0}^{1} \mathrm{e}^{x}\,\mathrm{d}x$。

2. 判别下列积分的大小:

$(1) \displaystyle\int_{0}^{1} x\,\mathrm{d}x$ 与 $\displaystyle\int_{0}^{1} x^2\,\mathrm{d}x$;　　　　$(2) \displaystyle\int_{0}^{\frac{\pi}{2}} x\,\mathrm{d}x$ 与 $\displaystyle\int_{0}^{\frac{\pi}{2}} \sin x\,\mathrm{d}x$。

3. 估计积分值的范围:

$(1) \displaystyle\int_{\frac{\pi}{4}}^{\frac{5\pi}{4}} (1+\sin^2 x)\,\mathrm{d}x$;　　　　$(2) \displaystyle\int_{0}^{2} \mathrm{e}^{x^2-x}\,\mathrm{d}x$。

(提示: e^{x^2-x} 在 $[0, 2]$ 区间上是增函数, 讨论 e^{x^2-x} 在 $[0, 2]$ 上的最大最小值, 即讨论 $x^2 - x$ 在 $[0, 2]$ 上的最大值和最小值)

4. 应用牛顿 — 莱布尼茨公式, 求下列积分:

$(1) \displaystyle\int_{1}^{3} x^3\,\mathrm{d}x$;　　　　　　　$(2) \displaystyle\int_{1}^{2} \left(x^2 + \frac{1}{x^4}\right)\mathrm{d}x$;

$(3) \displaystyle\int_{0}^{1} \frac{\mathrm{d}x}{\sqrt{4-x^2}}$;　　　　　　$(4) \displaystyle\int_{0}^{\frac{\pi}{4}} \tan^2\theta\,\mathrm{d}\theta$;

$(5) \displaystyle\int_{\frac{\pi}{6}}^{\frac{\pi}{2}} \cos^2 u\,\mathrm{d}u$;　　　　　　$(6) \displaystyle\int_{-1}^{0} \frac{3x^4 + 3x^2 + 1}{x^2 + 1}\,\mathrm{d}x$。

5. 应用分部积分法求下列积分:

$(1) \displaystyle\int_{0}^{1} t\mathrm{e}^{t}\,\mathrm{d}t$;　　　　　　　$(2) \displaystyle\int_{1}^{\mathrm{e}} x\ln x\,\mathrm{d}x$;

$(3) \displaystyle\int_{0}^{\frac{\pi}{2}} \mathrm{e}^{x}\cos x\,\mathrm{d}x$;　　　　　$(4) \displaystyle\int_{0}^{\mathrm{e}-1} \ln(x+1)\,\mathrm{d}x$;

$(5)\int_{\frac{\pi}{4}}^{\frac{\pi}{3}}\dfrac{x}{\sin^2 x}dx$;　　　　$(6)\int_0^\pi x^3\sin x dx$。

6. 用换元积分法求下列积分：

$(1)\int_{-2}^{-1}\dfrac{dx}{(11+5x)^3}$;　　　　$(2)\int_0^1\dfrac{x}{1+\sqrt{x}}dx$;

$(3)\int_1^e\dfrac{1+\ln x}{x}dx$;　　　　$(4)\int_1^3\dfrac{dx}{x+x^2}$;

$(5)\int_0^{\frac{\pi}{2}}\cos^5 x\sin 2x dx$;　　　　$(6)\int_{\frac{1}{\sqrt{2}}}^1\dfrac{\sqrt{1-x^2}}{x^2}dx$;

$(7)\int_0^1\dfrac{dx}{1+e^x}$;　　　　$(8)\int_0^{\frac{\pi}{2}}\dfrac{dx}{2\cos x+3}$。

7. 证明：$\int_x^1\dfrac{dx}{1+x^2}=\int_1^{\frac{1}{x}}\dfrac{dx}{1+x^2}(x>0)$

8. 设 $f(x)$ 是连续函数，证明：

$(1)\int_{-a}^a f(x)dx=\int_{-a}^a f(-x)dx$;　　　　$(2)\int_0^{\frac{\pi}{2}}f(\sin x)dx=\int_0^{\frac{\pi}{2}}f(\cos x)dx$。

9. 计算积分：

$(1)\int_1^2\dfrac{e^{\frac{1}{x}}}{x^2}dx$;　　　　$(2)^*\int_a^x\ln(x+\sqrt{x^2-a^2})dx$;

$(3)\int_0^1\dfrac{\gamma-\gamma^2}{\gamma^2+1}d\gamma$;　　　　$(4)\int_{-\frac{\pi}{2}}^{\frac{\pi}{2}}\dfrac{dx}{1+\cos x}$;

$(5)\int_1^e\ln^3 x dx$;　　　　$(6)\int_0^{\sqrt{3}}x\arctan x dx$。

数学家：莱布尼茨

　　莱布尼茨(Gottfried Wilhelm Leibniz, 1646—1716)，德国数学家、物理学家和哲学家。他出生在德国莱比锡的一个书香门第，父亲是一位大学教授。他 15 岁时考入莱比锡大学，学习法律，同时研究哲学，18 岁获哲学硕士学位，并聘为副教授，20 岁获博士学位，1672 年开始从事外交官工作。在巴黎，他结识了惠更斯(Huygeus, 荷兰)。在惠更斯的启发和鼓励下，莱布尼茨对数学产生了极大的兴趣并开始系统地研究数学。在访问伦敦期间又结识了巴罗等许多数学家，学到了关于无穷级数的知识，还知道了牛顿等人的工作。回到巴黎后，他系统研究了笛卡儿、费尔马、伽利略、卡瓦列里、帕斯卡等人的著作，为他在创建微积分学打下了坚实的基础。

　　莱布尼茨在数学上最大的成就是创建了微积分学，是微积分学的另一个创立人。他创建微积分的视角和手段与牛顿不同，是以解决曲线的切线问题和曲线求积问题为研究方向，利用巴罗的"微分三角形"，完美地解决了曲线在任一点的切线的求法，给出了导数的概念。同时将微分的逆运算用以解决曲线求积问题，建立了系统的积分概念和方法。在 1684 年他先于牛顿发表了第一篇微分学论文，比牛顿的《自然哲学之数学原理》早了三年。

　　莱布尼茨是一个严谨的数学家。在他的研究中，对符号的使用十分讲究。人们称他是一位历史上最伟大的符号学者之一。他所创设的微积分学符号系统，远比牛顿的符号优越很多，今天的微积分学文献中采用的诸如 $\mathrm{d}x$，$\mathrm{d}y$，$\dfrac{\mathrm{d}y}{\mathrm{d}x}$ 和 $\int$ 等符号均来自于莱布尼茨的创立。

　　莱布尼茨的数学成就还表现在：他的研究涉猎高等数学的许多领域，提出了很多重要的数学理论。他将代数方法推广运用到逻辑推理上，用代数运算来表示推理，开创了数理逻辑学。他还曾致力于数学运算的机械化、自动化方面的研究，将帕斯卡的只能作加减运算的手摇计算改进成为能作乘除和开平方运算的计算机。莱布尼茨对中国的古代文化有很大兴趣，尤其是对《周易》深有研究。在《周易》的影响下，他提出了二进制算法，为电子计算机的发明奠定了基础。

　　莱布尼茨的研究兴趣十分广泛，还涉猎力学、光学、机械学等 40 多个领域，并在每个领域都有杰出的建树，他是一位令人崇敬的伟大的科学家。

第 8 章

定积分的应用

定积分在生产实践和科学实验中应用很广，这一章要介绍的是它在几何和物理方面的一些应用。

我们将采取一种比较简捷的方法 —— 微元法，可以根据具体问题、简捷地导出定积分。微元法实际是从分割，作近似、求和，取极限等步骤中抽出的核心思考，从而把所求的量表示成定积分的形式。

我们计算面积、功和路程时，都是在自变量 x 一个变化区间 $[a, b]$ 上来讨论的。例如曲边梯形的面积便是以区间 $[a, b]$ 为底来计算的。首先，我们总是把 $[a, b]$ 分成许多小区间，要计算的量 Q (如曲边梯形的面积) 相应地也分成了许多部分量 ΔQ (小曲边梯形的面积)。那么整个量 Q 便是 ΔQ 的和，例如，以 $[a, b]$ 为底的曲边梯形面积等于各小曲边梯形面积之和。

接着，我们采取以直代曲或以不变代变的办法，求出与任意小区间 $[x, x + \Delta x]$ 对应的部分量 ΔQ 的近似值 $q(x)\Delta x$ (就曲边梯形来说，这相当于以任意小区间 $[x_{i-1}, x_i]$ 为底的小曲边梯形面积的近似值 $f(\xi_i)\Delta x_i$。因 $q(x)\Delta x (\approx \Delta Q)$ 当 $\Delta x \to 0$ 时，是 ΔQ 的主要部分，所以通常称 $\mathrm{d}Q = q(x)\Delta x$ 为量 Q 的"微元"，也就是微分。

我们所求的量 Q 便是这些微元在区间 $[a, b]$ 上的"无限积累"，即从 a 到 b 的定积分：

$$Q = \int_a^b q(x)\,\mathrm{d}x$$

概括起来说，用微元法把所求的量 Q 表示成定积分的方法是：

设 x 为积分变量，$[a, b]$ 为积分区间，把 $[a, b]$ 分成许多小区间，考虑任意一个小区间 $[x, x + \mathrm{d}x]$ (或记成 $[x, x + \Delta x]$) 所对应的部分量 ΔQ，如果 ΔQ 能近似地表示为微分表达式 $q(x)\mathrm{d}x$，即

$$\Delta Q \approx q(x)\,\mathrm{d}x = \mathrm{d}Q$$

则所求量 Q 便可表示为定积分，即

$$Q = \int_a^b q(x)\,\mathrm{d}x$$

上述这种方法称为微元法。简单说来，通过分析部分量 ΔQ 而直接写出微分表达式 $\mathrm{d}Q = q(x)\mathrm{d}x$ 的方法称为微元法。关于微元法的具体应用，在下面的问题中可以看到。

§8.1　定积分在几何上的应用

一、平面图形的面积

(一)直角坐标系中的面积

我们已经知道由曲线 $y = f(x)(f(x) \geqslant 0)$, x 轴, 以及直线 $x = a$, $x = b(a < b)$ 所围成的曲边梯形(图 8.1) 的面积公式为

$$S = \int_a^b f(x) \, \mathrm{d}x \tag{1}$$

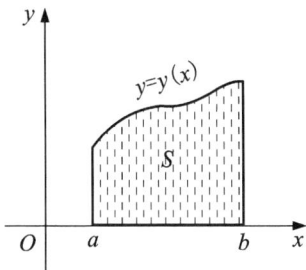

图 8.1

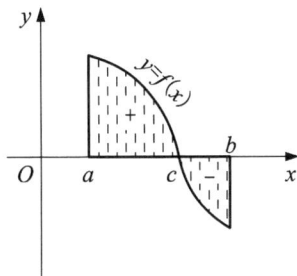

图 8.2

如果函数 $f(x)$ 在 $[a, b]$ 上变号, 比如函数图象的某一部分在 x 轴上方, 而另一部分在 x 轴下方, 由于面积总是非负的数, 所以整个面积的公式应该是

$$A = \int_a^b |f(x)| \, \mathrm{d}x \tag{2}$$

具体应用这个公式时, 可把 $f(x)$ 的同号区间找出来, 分段计算积分。就图 8.2 来看, 则有

$$S = \int_a^b |f(x)| \, \mathrm{d}x = \int_a^c f(x) \, ax - ^{①}\int_c^b f(x) \, \mathrm{d}x$$

如果一块图形(图 8.3(a)、(b)) 是由曲线 $y = f(x)$, $y = g(x)$ 以及直线 $x = a$, $x = b(a < b)$ 围成的, 且在 $[a, b]$ 上 $f(x) \geqslant g(x)$, 则面积为

$$S = \int_a^b [f(x) - g(x)] \, \mathrm{d}x \tag{3}$$

有时为了计算上的方便, 需要从图形的边界曲线方程确定 x 为 y 的函数, 即由曲线 $x = \varphi(y)$, $x = \psi(y)$ 及直线 $y = c$, $y = d(c < d)$ 所围成图形(图 8.4) 的面积为

$$S = \int_c^d [\varphi(y) - \psi(y)] \, \mathrm{d}y \tag{4}$$

---

①　因 $\int_c^b f(x) \, \mathrm{d}x$ 是负值, 所以前面用 "−" 号.

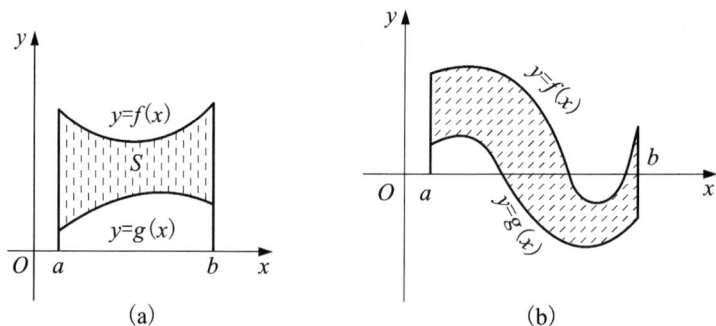

图 8.3

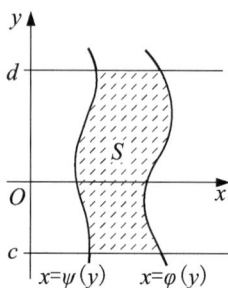

图 8.4

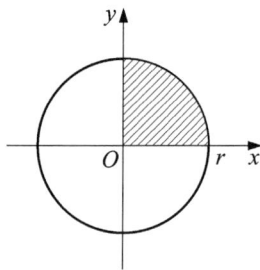

图 8.5

例 1 求半径为 r 的圆的面积。

解 将圆心选为坐标原点(图 8.5),则圆的方程为

$$x^2 + y^2 = r^2$$

在第一象限内部分是圆的四分之一。这一部分看作位于区间 $[0, r]$ 上,并以曲线

$$y = \sqrt{r^2 - x^2}$$

为一边的曲边梯形面积,从而整个圆的面积为

$$S = 4\int_0^r \sqrt{r^2 - x^2}\, dx$$

令 $x = r\sin t$,则 $dx = r\cos t\, dt$。

当 $x = 0$ 时,$t = 0$;$x = r$ 时,$t = \dfrac{\pi}{2}$。于是

$$S = 4\int_0^r \sqrt{r^2 - x^2}\, dx = 4\int_0^{\frac{\pi}{2}} r\cos t \cdot r\cos t\, dt$$

$$= 4r^2\int_0^{\frac{\pi}{2}} \cos^2 t\, dt = 2r^2\int_0^{\frac{\pi}{2}} (1 + \cos 2t)\, dt$$

$$= 2r^2\left(t + \frac{\sin 2t}{2}\right)\Big|_0^{\frac{\pi}{2}} = 2r^2 \cdot \frac{\pi}{2} = \pi r^2$$

例 2 求抛物线 $y^2 = 2px$ 与 $x^2 = 2py$ 所围成的图形的面积。

解　先画出简略图①（图 8.6），图中带斜线部分为所求的面积。为确定积分限，求出曲线 $y = \dfrac{x^2}{2p}$ 与 $y = \sqrt{2px}$ 的交点横坐标。解方程组

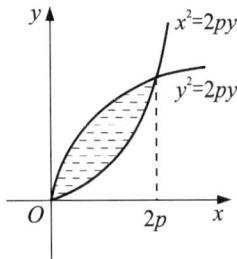

图 8.6

$$\begin{cases} y = \dfrac{x^2}{2p}, \\ y = \sqrt{2px} \end{cases}$$

得 $x = 0$，$x = 2p$。故有

$$S = \int_0^{2p} \left(\sqrt{2px} - \frac{x^2}{2p} \right) dx = \left(\frac{2}{3} \sqrt{2p}\, x^{\frac{3}{2}} - \frac{1}{6p} x^3 \right) \bigg|_0^{2p} = \frac{4}{3} p^2$$

例 3　求抛物线 $y = (x-2)^2$ 与直线 $y = x$，$y = 2$ 所围成图形的面积。

解　画出简图（图 8.7），我们只求图形 $BCAE$ 的面积。但因表示直线 AE 与 AC 的函数不同（前者是 $y = x$，后者是 $y = 2$），所以须以 B（B 是 A 点在 x 轴上的投影）为分点把积分区间分成两段，分别计算各段上的定积分。为此须求出交点的横坐标。

解方程组

$$\begin{cases} y = (x-2)^2, \\ y = x \end{cases}$$

得交点 $E(1,1)$；解方程组

$$\begin{cases} y = (x-2)^2, \\ y = 2 \end{cases}$$

得交点 $C(2+\sqrt{2}, 2)$ 与 $D(2-\sqrt{2}, 2)$（舍去）；

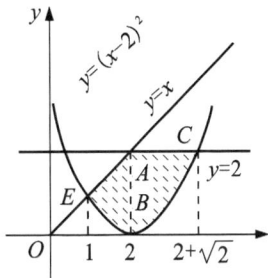

图 8.7

$$S = \int_1^2 \left[x - (x-2)^2 \right] dx + \int_2^{2+\sqrt{2}} \left[2 - (x-2)^2 \right] dx$$

$$= \int_1^2 (5x - x^2 - 4) dx + \int_2^{2+\sqrt{2}} (4x - x^2 - 2) dx$$

$$= \frac{7}{6} + \frac{4}{3} \sqrt{2}$$

例 4　求由抛物线 $y^2 = 2x$ 与直线 $y = x - 4$ 围成图形的面积。

解　画出简图（图 8.8）。从图可知，如果以 x 为积分变量，至少要计算两个积。

但若把所给的曲线与直线都表示为 y 的函数 $x = \dfrac{1}{2} y^2$，$x = y + 4$，这样就可以以 y 为积分变量，只须计算一个积分

$$S = \int_a^b \left[(y+4) - \frac{1}{2} y^2 \right] dy$$

求交点 C，D 的坐标以确定积分限。解方程组

---

① 在计算面积时，一般总是先画出图形，就图进行分析，以确定被积式及积分区间（即积分限）。

$$\begin{cases} y = x - 4, \\ y^2 = 2x \end{cases}$$

得交点 $C(2, -2)$，$D(8, 4)$。故所求面积为

$$S = \int_{-2}^{4} \left(y + 4 - \frac{1}{2}y^2 \right) \mathrm{d}y$$

$$= \left(\frac{1}{2}y^2 + 4y - \frac{1}{6}y^3 \right) \Big|_{-2}^{4} = 18$$

参数方程给定的曲线   若曲线是用参数方程

$$\begin{cases} x = \varphi(t), \\ y = \psi(t) \end{cases} (\alpha \le t \le \beta)$$

给定的，$\varphi(\alpha) = a$，$\varphi(\beta) = b$，则由曲线 $x = \varphi(t)$，$y = \psi(t)$，直线 $x = a$，$x = b$ 和 x 轴所围成的图形面积可由前面公式(2)导出：

$$S = \int_{\alpha}^{\beta} |\psi(t)| \varphi'(t) \mathrm{d}t \tag{5}$$

例 5   求椭圆

$$\begin{cases} x = a\cos t, \\ y = b\sin t \end{cases} (0 \le t \le 2\pi)$$

的面积(图 8.9)。

解   位于第一象限的面积是整个面积的 $\frac{1}{4}$。现在 $\psi(t) = b\sin t$，$\varphi'(t) = -a\sin t$。当 $x = 0$

时，$t = \frac{\pi}{2}$；$x = a$ 时，$t = 0$。代入上面公式(5)，得

$$\frac{1}{4}S = \int_{\frac{\pi}{2}}^{0} b\sin t(-a\sin t) \mathrm{d}t = ab\int_{0}^{\frac{\pi}{2}} \sin^2 t \mathrm{d}t$$

$$= ab\int_{0}^{\frac{\pi}{2}} \frac{1 - \cos 2t}{2} \mathrm{d}t = \frac{ab}{2}\left(t - \frac{1}{2}\sin 2t \right) \Big|_{0}^{\frac{\pi}{2}}$$

$$= \frac{ab}{2} \cdot \frac{\pi}{2} = \frac{1}{4}\pi ab$$

所以 $S = \pi ab$。

(二) 极坐标系中的面积

设曲线方程是极坐标方程

$$\rho = f(\theta)(\alpha \le \theta \le \beta)$$

我们来求由曲线 $\rho = f(\theta)$ 和矢径 $\theta = \alpha$ 及 $\theta = \beta$ 所围成的图形的面积(图 8.10)。首先导出计算面积的公式。

为找出面积微元，把区间 $[\alpha, \beta]$ 分成许多小段，任取其中一段 $[\theta, \theta + \mathrm{d}\theta]$，对应 θ 的矢径为 ρ。我们把对应这一小段的曲边扇形面积 ΔS 用圆扇形 OMM_1 的面积来代替，而圆扇形的矢径为 ρ，于是这一小段区间所对应的圆扇形面积即面积微元为

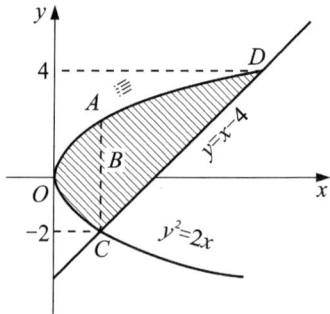

图 8.8

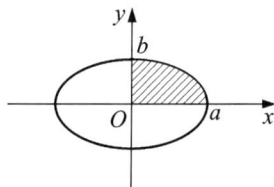

图 8.9

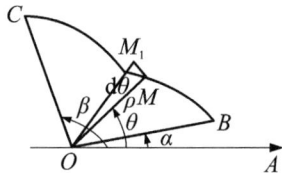

图 8.10

$$dS = \frac{1}{2}\rho^2 d\theta$$

亦即 $\Delta S \approx dS = \frac{1}{2}\rho^2 d\theta$

整个曲边扇形面积，便是这些微元在 $[\alpha, \beta]$ 上的无限积累，即从 α 到 β 的定积分

$$S = \int_\alpha^\beta \frac{1}{2}\rho^2 d\theta = \frac{1}{2}\int_\alpha^\beta [f(\theta)]^2 d\theta \tag{6}$$

这就是在极坐标下的平面图形的面积公式。

例 6　求双纽线 $r^2 = a^2\cos 2\theta$ 所围成的图形面积。

解　在第一象限内此曲线在 O 点的切线与 x 轴成 $\frac{\pi}{4}$（图 8.11）。图中带阴影部分等于全面积的 $\frac{1}{4}$，所以

$$S = 4 \cdot \frac{1}{2}\int_0^{\frac{\pi}{4}} a^2\cos 2\theta d\theta$$

$$= 2a^2\left[\frac{1}{2}\sin 2\theta\right]_0^{\frac{\pi}{4}} = a^2$$

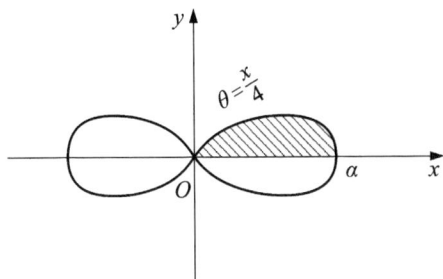

图 8.11

例 7　求心脏线 $\gamma = a(1+\cos\theta)$ 围成的面积。

解　此曲线对称于极轴（图 8.12），位于极轴上方的面积是 θ 从 0 变到 π 时曲线弧与极轴所围成的，故所求面积为

$$S = 2 \cdot \frac{1}{2}\int_0^\pi a^2(1+\cos\theta)^2 d\theta$$

$$= a^2\int_0^\pi (1 + 2\cos\theta + \cos^2\theta)d\theta$$

$$= a^2\left[\frac{3}{2}\theta + 2\sin\theta + \frac{1}{4}\sin 2\theta\right]_0^\pi = \frac{3}{2}\pi a^2。$$

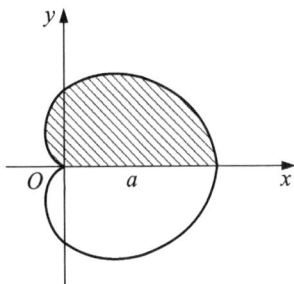

图 8.12

二、立体的体积

（一）已知平行截面面积，求立体体积

设已给的立体为闭曲面所包围，且垂直于某一直线的平面在该立体上所截的截面面积是可以算出来的，我们取直线为 x 轴（图 8.13）。假定立体位于平面 $x = a$ 与 $x = b (a < b)$ 之间，于是过 a, b 之间的一点 x 作垂直于 x 轴的平面截该立体所得的截面面积 S 显然是 x 的函数，记为 $S = A(x)$。

我们来计算这个立体的体积。为此，用一系列垂直于 x 轴的平面来截立体，对应于区间 $[x, x+dx]$ 的

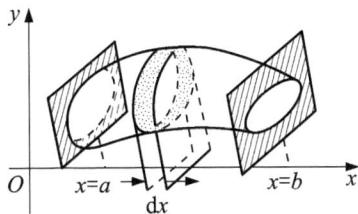

图 8.13

一块薄片的体积命名为 ΔV。由于 $\mathrm{d}x$ 很小，在区间 $[x, x+\mathrm{d}x]$ 上的截面积 $A(x)$ 可看作常数，因此对应于 $[x, x+\mathrm{d}x]$ 的一块薄片可近似看成以 $A(x)$ 为底面积以 $\mathrm{d}x$ 为高的直柱体，其体积为 $\mathrm{d}V = A(x)\mathrm{d}x \approx \Delta V$；这就是所求立体的体积微元，而所求的体积则为

$$V = \int_a^b A(x)\,\mathrm{d}x \tag{7}$$

例 8 有一角锥体，底面面积为 S，高为 h，求体积。

解 由几何知识，角锥的底面积与平行于底的截面面积之比，等于二者与顶点距离平方的比。我们把角锥顶点置于坐标原点，使角锥的高重合于 x 轴正向(图 8.14)。过 x 轴上一点 $x(0 \leqslant x \leqslant h)$，作垂直于 x 轴的截面，设截面面积为 $A(x)$，于是有

$$\frac{S}{A(x)} = \frac{h^2}{x^2}$$

由此得截面面积函数

$$A(x) = \frac{S}{h^2}x^2 (0 \leqslant x \leqslant h)$$

由上面公式(7)，得角锥体积

$$V = \int_0^h A(x)\,\mathrm{d}x = \int_0^h \frac{S}{h^2}x^2\mathrm{d}x = \frac{S}{h^2}\frac{x^3}{3}\bigg|_0^h = \frac{1}{3}Sh$$

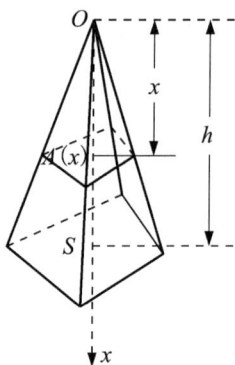

图 8.14

这就是我们在几何中学过的锥体体积公式。

例 9 求以半径为 r 的圆为底，以平行且等于该圆直径 的线段为顶，而高为 h 的正劈锥体的体积。

解 取圆心为坐标原点，底为 xy 平面(图 8.15)，则圆的方程为

$$x^2 + y^2 = r^2$$

过 x 轴的点 x 作垂直于 x 轴的平面，截正劈锥体得等腰三角形 PQR，此截面面积为

$$A(x) = hy = h\sqrt{r^2 - x^2}$$
$$(-r \leqslant x \leqslant r)$$

所以

$$V = \int_{-r}^{r} h\sqrt{r^2 - x^2}\,\mathrm{d}x$$

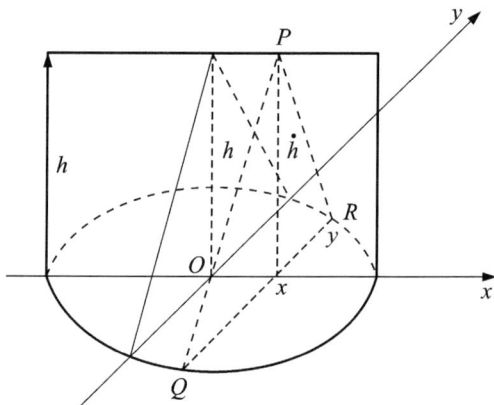

图 8.15

令 $x = r\sin\theta$，则 $\mathrm{d}x = r\cos\theta\mathrm{d}\theta$。当 $x = -r$ 与 r 时，$\theta = -\frac{\pi}{2}$ 与 $\frac{\pi}{2}$。故有

$$V = h\int_{-\frac{\pi}{2}}^{\frac{\pi}{2}} r^2\cos^2\theta\mathrm{d}\theta = hr^2\int_{-\frac{\pi}{2}}^{\frac{\pi}{2}} \frac{1+\cos 2\theta}{2}$$

$$\mathrm{d}\theta = hr^2\left[\frac{\theta}{2} + \frac{1}{4}\sin 2\theta\right]_{-\frac{\pi}{2}}^{\frac{\pi}{2}} = \frac{\pi r^2 h}{2}$$

(二) 旋转体的体积

旋转体的体积是体积问题中一个很重要的特殊情形. 比如初等几何里的几何体, 如球, 圆锥, 圆柱等, 都可以视为旋转体, 利用积分很容易算出它们的体积。

设立体是由曲线 $y = f(x)$ 与直线 $x = a$, $x = b$ 及 x 轴所围成的平面图形(图 8.16(a)), 绕轴旋转一周而成的旋转体。此时垂直于 x 轴的平面截立体所得的截面为一圆, 圆心在 x 轴上的点 x 处, 半径 $r = y = f(x)$ 截面的面积为

$$A(x) = \pi y^2 = \pi f^2(x)$$

由此得体积

$$V = \int_a^b A(x)\,dx = \pi \int_a^b y^2 dx = \pi \int_a^b f^2(x)\,dx \tag{8}$$

同理由曲线 $x = \varphi(y)(c \leqslant y \leqslant d)$ 绕 y 轴旋转产生的立体体积(图 8.16(b)) 为

$$V = \pi \int_c^d x^2 dy = \pi \int_c^d \varphi^2(y)\,dy \tag{9}$$

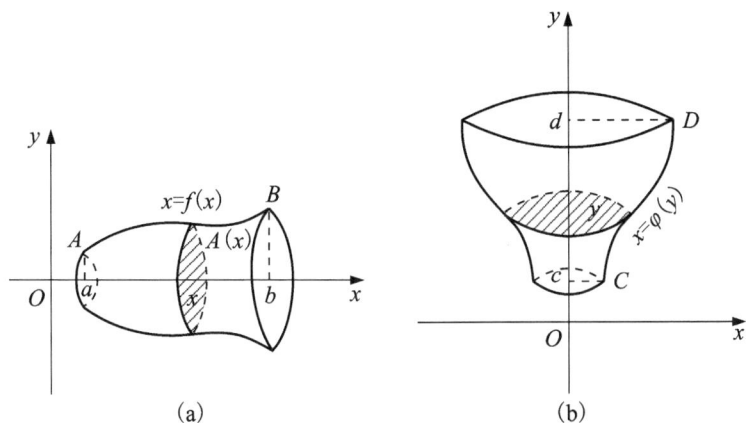

图 8.16

例 10   求底半径为 r, 高为 h 的圆锥体体积。

解   取圆锥顶点为坐标原点, 圆锥的轴为 x 轴(图 8.17), 则圆锥的母线方程为

$$y = \frac{r}{h}x$$

圆锥体可看作由母线 $y = \frac{r}{h}x$, 直线 $x = h$ 及 x 轴所围成的三角形绕 x 轴旋转而形成的旋转体. 由公式(8), 得圆锥体积

$$V = \pi \int_0^h \left(\frac{r}{h}x\right)^2 dx = \frac{\pi r^2}{h^2} \frac{x^3}{3}\bigg|_0^h = \frac{1}{3}\pi r^2 h$$

例 11   将抛物线 $y = x^2$ 与直线 $y = 4$ 所围成的平面图形绕 y 轴旋转, 求形成的旋转抛物体的体积(图 8.18)。

解   这一立体看作由曲线 $x = \sqrt{y}$, 直线 $y = 4$ 及 y 轴所围成的曲边梯形绕 y 轴旋转而成的

旋转体。故体积为

$$V = \pi \int_0^4 \left(\sqrt{y}\right)^2 \mathrm{d}y = \pi \int_0^4 y \mathrm{d}y = 8\pi$$

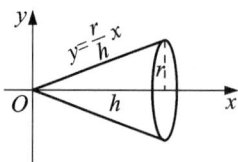

图 8.17

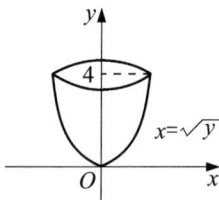

图 8.18

例 12 圆滚线(摆线)$x = a(t - \sin t)$，$y = a(1 - \cos t)(0 \leqslant t \leqslant 2\pi)$ 的一拱绕 x 轴旋转，求所形成的旋转体体积(图 8.19)。

解 如图所示，圆滚线一拱与 x 轴围成一个曲边弓形，绕 x 轴旋转这个弓形便得所求的体积。曲线虽由参数方程给出，仍可利用公式(8)：

$$V = \pi \int_a^b y^2 \mathrm{d}x$$

其中 $y^2 = a^2(1 - \cos t)^2$，$\mathrm{d}x = a(1 - \cos t)\mathrm{d}t$，积分变量转化为 $t(0 \leqslant t \leqslant 2\pi)$，即

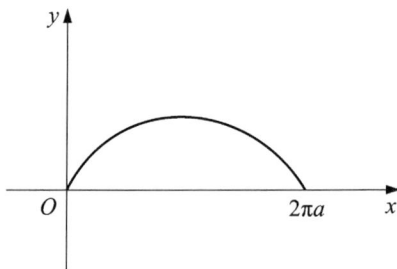

图 8.19

$$\begin{aligned} V &= \pi \int_0^{2\pi} a^2(1 - \cos t)^2 \cdot a(1 - \cos t)\mathrm{d}t \\ &= \pi a^3 \int_0^{2\pi} (1 - 3\cos t + 3\cos^2 t - \cos^3 t)\mathrm{d}t \\ &= 5\pi^2 a^3 \end{aligned}$$

三、曲线的弧长

在微分学中计算曲线的曲率时，我们曾得到弧长的微分公式

$$\mathrm{d}S = \sqrt{\mathrm{d}x^2 + \mathrm{d}y^2} \tag{1}$$

现在就利用这个微分来计算曲线的弧长。

(一) 直角坐标的曲线弧长公式

设有曲线 $y = f(x)(a \leqslant x \leqslant b)$

我们计算它的一段弧 AB 的长度(图 8.20)。为此，把区间 $[a, b]$ 分成许多小段，任取一段 $[x, x + \Delta x]$，设与此段区间对应的小段弧长为 ΔS，由公式(1) 得

$$\Delta S \approx \mathrm{d}S = \sqrt{\mathrm{d}x^2 + \left(\frac{\mathrm{d}y}{\mathrm{d}x}\right)^2 \mathrm{d}x^2} = \sqrt{1 + [f'(x)]^2}\,\mathrm{d}x$$

这里的 $\mathrm{d}S$ 便是弧的微元。于是所求的整个弧长便是微元 $\mathrm{d}S$ 在区间 $[a, b]$ 上的无限积累，即从 a 到 b 的定积分

$$S = \int_a^b \sqrt{1 + \left[f'(x)\right]^2}\,\mathrm{d}x \tag{2}$$

这就是弧长公式。

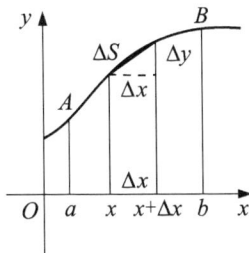

图 8.20

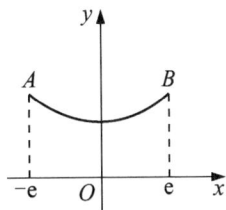

图 8.21

例 13　求悬链线

$$y = \frac{a}{2}\left(\mathrm{e}^{\frac{x}{a}} + \mathrm{e}^{-\frac{x}{a}}\right)\,(-\mathrm{e} \leqslant x \leqslant \mathrm{e})$$

的弧长(图 8.21)。

解　按公式(2) 计算。先求导数

$$y' = \frac{1}{2}\left(\mathrm{e}^{\frac{x}{a}} - \mathrm{e}^{-\frac{x}{a}}\right)$$

于是$\sqrt{1 + (y')^2} = \sqrt{1 + \dfrac{1}{4}\left(\mathrm{e}^{\frac{2x}{a}} + \mathrm{e}^{-\frac{2x}{a}} - 2\right)}$

$$= \sqrt{\frac{1}{4}\left(\mathrm{e}^{\frac{2x}{a}} + \mathrm{e}^{-\frac{2x}{a}} + 2\right)} = \frac{1}{2}\left(\mathrm{e}^{\frac{x}{a}} + \mathrm{e}^{-\frac{x}{a}}\right)$$

由公式(2) 便得

$$S = \int_{-\mathrm{e}}^{\mathrm{e}} \sqrt{1 + (y')^2}\,\mathrm{d}x = \frac{1}{2}\int_{-\mathrm{e}}^{\mathrm{e}}\left(\mathrm{e}^{\frac{x}{a}} + \mathrm{e}^{-\frac{x}{a}}\right)\mathrm{d}x$$

$$= \frac{a}{2}\left(\mathrm{e}^{\frac{x}{a}} - \mathrm{e}^{-\frac{x}{a}}\right)\bigg|_{-\mathrm{e}}^{\mathrm{e}} = a\left(\mathrm{e}^{\frac{\mathrm{e}}{a}} - \mathrm{e}^{-\frac{\mathrm{e}}{a}}\right)$$

(二) 参数形式的曲线弧长公式

设曲线由参数方程

$$x = \varphi(t),\ y = \psi(t)\quad(\alpha \leqslant t \leqslant \beta)$$

给出,且在$[\alpha, \beta]$上具有连续导数 $\varphi'(t)$, $\psi'(t)$。根据(1) 式, 现在有

$$\mathrm{d}x = \varphi'(t)\mathrm{d}t,\ \mathrm{d}y = \psi'(t)\mathrm{d}t$$

从而

$$\Delta S \approx \mathrm{d}S = \sqrt{\left[\varphi'(t)\right]^2 + \left[\psi'(t)\right]^2}\,\mathrm{d}t$$

于是弧长为

$$S = \int_{\alpha}^{\beta} \sqrt{\left[\varphi'(t)\right]^2 + \left[\psi'(t)\right]^2}\,\mathrm{d}t \tag{3}$$

例 14 求星形线(图 8.22)

$$\begin{cases} x = a\cos^3 t, \\ y = a\sin^3 t \end{cases} (0 < t \leqslant 2\pi)$$

的长度。

解 由曲线的对称性,第一象限内的弧长是全长的

$\dfrac{1}{4}$。因

$$x' = -3a\cos^2 t\sin t$$

$$y' = 3a\sin^2 t\cos t$$

所以曲线全长为

$$S = 4\int_0^{\frac{\pi}{2}} \sqrt{9a^2\sin^2 t\cos^4 t + 9a^2\sin^4 t\cos^2 t}\,\mathrm{d}t$$

$$= 12a\int_0^{\frac{\pi}{2}} \sqrt{\sin^2 t\cos^2 t}\,\mathrm{d}t = 12a\int_0^{\frac{\pi}{2}} \sin t\cos t\,\mathrm{d}t = -6a\left.\frac{\cos 2t}{2}\right|_0^{\frac{\pi}{2}} = 6a$$

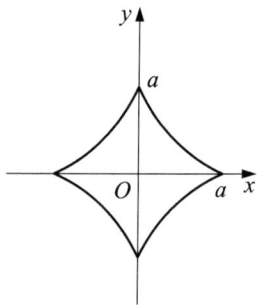

图 8.22

(三) 极坐标的曲线弧长公式

设曲线以极坐标方程

$$r = r(\theta)\,(\alpha \leqslant \theta \leqslant \beta)$$

给出,而 $r(\theta)$ 在 $[\alpha, \beta]$ 上有连续导数,则可把直角坐标与极坐标的关系式

$$\begin{cases} x = r(\theta)\cos\theta, \\ y = r(\theta)\sin\theta \end{cases} (\alpha \leqslant \theta \leqslant \beta)$$

看作是曲线的参数方程,其中 θ 为参数,求出 x'_θ 及 y'_θ,代入公式(3),即可得极坐标的弧长公式。由上式有

$$x'_\theta = r'(\theta)\cos\theta - r(\theta)\sin\theta$$

$$y'_\theta = r'(\theta)\sin\theta + r(\theta)\cos\theta$$

从而

$$x'^2_\theta = r'^2(\theta)\cos^2\theta - 2r(\theta)r'(\theta)\sin\theta\cos\theta + r^2(\theta)\sin^2\theta$$

$$y'^2_\theta = r'^2(\theta)\sin^2\theta + 2r(\theta)r'(\theta)\sin\theta\cos\theta + r^2(\theta)\cos^2\theta$$

相加得

$$x'^2_\theta + y'^2_\theta = r^2(\theta) + r'^2(\theta)$$

代入公式(3) 得
$$S = \int_\alpha^\beta \sqrt{r^2(\theta) + r'^2(\theta)}\,\mathrm{d}\theta \tag{4}$$

这就是极坐标的弧长公式。

例 15 一根弹簧按螺线 $r = a\theta$ 盘绕,共 10 圈,每圈间隔 10 mm,求弹簧全长(图 8.23)。

解 我们先考察第一圈与第二圈的间隔,以确定螺线的系数 a。由方程知, A, B 两点的极坐标依次为 $(2\pi, 2\pi a)$,$(4\pi, 4\pi a)$,所以 AB 的长为 $4\pi a - 2\pi a = 2\pi a$。而由假设, AB 的长是 10 mm,于是

$$2\pi a = 10$$

由此确定了 $a = \dfrac{5}{\pi}$。

弹簧共 10 圈，所以 θ 从 0 变成 20π，根据上面公式（4），则得弹簧全长为

$$
\begin{aligned}
S &= \int_0^{20\pi} \sqrt{r^2 + r'^2}\,\mathrm{d}\theta = \int_0^{20\pi} \sqrt{a^2 + a^2\theta^2}\,\mathrm{d}\theta \\
&= \frac{5}{\pi} \int_0^{20\pi} \sqrt{1 + \theta^2}\,\mathrm{d}\theta \\
&\overset{①}{=} \frac{5}{\pi} \times \frac{1}{2} \left[\theta\sqrt{1 + \theta^2} + \ln(\theta + \sqrt{1 + \theta^2}) \right]_0^{20\pi} \\
&= \frac{5}{2\pi} \left[20\pi\sqrt{1 + 400\pi^2} + \ln(20\pi + \sqrt{1 + 400\pi^2}) \right]
\end{aligned}
$$

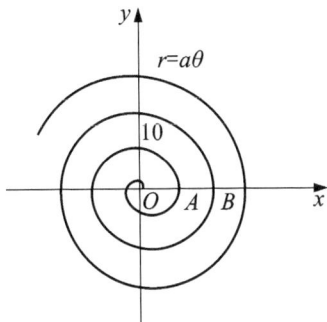

图 8.23

*四、旋转面的面积

在实际应用中，常常遇到旋转曲面的问题，例如探照灯的反光镜面就是由抛物线绕对称轴旋转而成的抛物曲面，又如炮弹、火箭等的外壳，也都是由某种曲线绕轴旋转而成的曲面。一般说来，将曲面绕轴旋转一周所形成的曲面，称为旋转曲面，被旋转的曲线，称为旋转曲面的母线。下面我们来介绍计算旋转曲面面积的公式。

设母线 $y = f(x)$ 是区间 $[a, b]$ 上的一条光滑曲线[②]，将此曲线绕 x 轴旋转一周而成旋转曲面（图 8.24），我们来计算曲面的面积。

把区间 $[a, b]$ 分成许多小段，任取一段 $[x, x + \Delta x]$，则与此对应的小段弧 P' 的长的近似值等于 $\mathrm{d}S = \sqrt{1 + [f'(x)]^2}\,\mathrm{d}x$，将弧段 P' 绕 x 轴旋转一周，形成一小曲面，此小曲面面积 ΔA 的近似值为 $2\pi f(x) \cdot \mathrm{d}S = 2\pi f(x)\sqrt{1 + [f'(x)]^2}\,\mathrm{d}x$，这是整个曲面的面积微元。这些面积微元在区间 $[a, b]$ 上的无限积累，即由 a 到 b 的积分

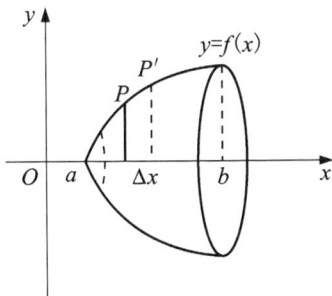

图 8.24

$$
A = 2\pi \int_a^b f(x)\sqrt{1 + [f'(x)]^2}\,\mathrm{d}x = 2\pi \int_a^b y\sqrt{1 + y'^2}\,\mathrm{d}x \tag{5}
$$

便是整个旋转曲面的面积。

例 16　求半径为 r 的球面的面积。

解　要计算的球面面积等于将圆

$$
x^2 + y^2 = r^2
$$

的位于第一象限的圆弧绕 x 轴旋转所得曲面面积的二倍（图 8.26）。由上面公式（5），便得球

---

①　见第二积分表；

②　所说光滑曲线，是指在这条曲线上的每一点不仅有切线，而且当点在曲线上连续变动时，切线的斜率也连续变化，即 $f'(x)$ 是连续函数。

面面积 $A = 2 \cdot 2\pi \int_0^r y \sqrt{1 + y'^2} \, dx$，其中 $y = \sqrt{r^2 - x^2}$，$y' = -\dfrac{x}{\sqrt{r^2 - x^2}} = -\dfrac{x}{y}$

$\sqrt{1 + y'^2} = \sqrt{1 + \dfrac{x^2}{y^2}} = \dfrac{\sqrt{x^2 + y^2}}{y} = \dfrac{r}{y}$，所以 $A = 4\pi r \int_0^r dx = 4\pi r^2$

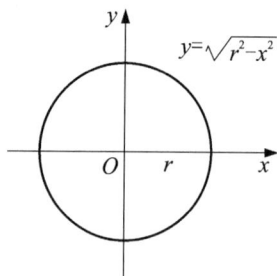

图 8.25

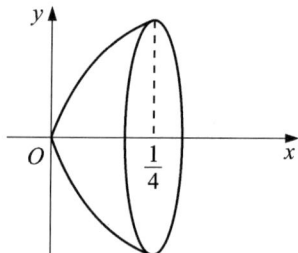

图 8.26

§8.2 广义积分

我们在第 7 章所引入的定积分 $\int_a^b f(x) \, dx$ 的概念，要受两方面的限制：积分区间 $[a, b]$ 是有限的，被积函数 $f(x)$ 是有界的。现在来研究定积分概念的两种推广：其一是积分区间是无限的，另一种是被积函数是无界的，前者称为无穷限的积分，后者称为无界函数的积分（也称瑕积分）。这两种推广在实际中和理论上都有重要的意义。

一、无穷限积分

（一）概念与计算

有一些研究对象如地球宇宙等，它们的范围非常广泛，我们可以把它们看成无穷大，于是在数学中就出现无穷区间上的积分。后面将介绍具有物理内容的例子，这里为说明概念，先看一个比较简单的几何问题。

例 1 求曲线 $y = \dfrac{1}{x^2}$ 与直线 $x = 1$，$y = 0$ 所围成的向右无限延伸的图形面积（图 8.27）。

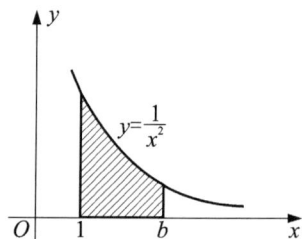

图 8.27

解 如图所示，图形很像一个曲边三角形，但右边开着口。我们取点 $b(b > 1)$，过 b 作 x 轴的垂线，首先用定积分来计算带斜线的曲边梯形面积，得

$$\int_1^b \frac{1}{x^2}\mathrm{d}x = -\left.\frac{1}{x}\right|_1^b = 1 - \frac{1}{b}$$

然后令 $b \to +\infty$ 取这个定积分的极限, 得

$$\lim_{b \to +\infty}\int_1^b \frac{1}{x^2}\mathrm{d}x = \lim_{b \to +\infty}\left(1 - \frac{1}{b}\right) = 1$$

这个极限值便是所求的面积。同时我们也就把这个极限值叫做函数 $y = \dfrac{1}{x^2}$ 在区间 $[1, +\infty)$ 上的无穷限积分, 并记作

$$\int_1^{+\infty} \frac{1}{x^2}\mathrm{d}x = \lim_{b \to +\infty}\int_1^b \frac{1}{x^2}\mathrm{d}x = 1$$

下面给出一般的定义。

定义　设函数 $f(x)$ 对任何的 $b > a$, 都有区间 $[a, b]$ 上可积, 如果极限

$$\lim_{b \to +\infty}\int_a^b f(x)\mathrm{d}x \tag{1}$$

存在, 则称此极限值为 $f(x)$ 在区间 $[a, +\infty)$ 上的无穷限积分, 记作

$$\int_a^{+\infty} f(x)\mathrm{d}x = \lim_{b \to +\infty}\int_a^b f(x)\mathrm{d}x$$

如果极限 (1) 存在, 则说积分 $\int_a^{+\infty} f(x)\mathrm{d}x$ 收敛; 如果极限 (1) 不存在, 则说积分 $\int_a^{+\infty} f(x)\mathrm{d}x$ 发散。(这时仍用记号 $\int_a^{+\infty} f(x)\mathrm{d}x$, 但不表示数值)

类似地, 有以下定义。

设函数 $f(x)$ 对任何的 $a < b$, 都在区间 $[a, b]$ 上可积, 如果极限

$$\lim_{a \to -\infty}\int_a^b f(x)\mathrm{d}x$$

存在, 则称此极限值为 $f(x)$ 在区间 $[-\infty, b]$ 上的无穷限积分, 记作

$$\int_{-\infty}^b f(x)\mathrm{d}x = \lim_{a \to -\infty}\int_a^b f(x)\mathrm{d}x$$

如果对于任意的常数 a, 函数 $f(x)$ 在区间 $(-\infty, a]$ 与 $[a, +\infty)$ 上的积分

$$\int_{-\infty}^a f(x)\mathrm{d}x \; \text{及} \int_a^{+\infty} f(x)\mathrm{d}x$$

都收敛, 则说 $f(x)$ 在无穷区间 $(-\infty, +\infty)$ 上的积分 $\int_{-\infty}^{+\infty} f(x)\mathrm{d}x$ 收敛, 并且

$$\int_{-\infty}^{+\infty} f(x)\mathrm{d}x = \int_{-\infty}^a f(x)\mathrm{d}x + \int_a^{+\infty} f(x)\mathrm{d}x$$

如果右端积分发散的, 就说 $\int_{-\infty}^{+\infty} f(x)\mathrm{d}x$ 发散。

上面虽然给出了三个定义, 但积分 $\int_{-\infty}^{+\infty} f(x)\mathrm{d}x$ 可化为 $\int_a^{+\infty} f(x)\mathrm{d}x$ 和 $\int_{-\infty}^a f(x)\mathrm{d}x$ 型的积分, 而积分 $\int_{-\infty}^a f(x)\mathrm{d}x$ 经过简单的变量替换 (x 换位 $-x$), 就可化为 $\int_a^{+\infty} f(x)\mathrm{d}x$。因此, 我们将主要研究 $\int_a^{+\infty} f(x)\mathrm{d}x$ 型的无穷限积分。

无穷限积分的性质 由定义知道，无穷限积分实际是函数的极限，根据极限的性质，可以推出无穷限积分的以下几个性质：

(1) 若 $\int_a^{+\infty} f(x)\,\mathrm{d}x$ 收敛，k 为常数，则 $\int_a^{+\infty} kf(x)\,\mathrm{d}x$ 也收敛，且

$$\int_a^{+\infty} kf(x)\,\mathrm{d}x = k\int_a^{+\infty} f(x)\,\mathrm{d}x$$

(2) 若 $\int_a^{+\infty} f(x)\,\mathrm{d}x$ 与 $\int_a^{+\infty} g(x)\,\mathrm{d}x$ 都收敛，则 $\int_a^{+\infty} [f(x) \pm g(x)]\,\mathrm{d}x$ 也收敛，且

$$\int_a^{+\infty} [f(x) \pm g(x)]\,\mathrm{d}x = \int_a^{+\infty} f(x)\,\mathrm{d}x \pm \int_a^{+\infty} g(x)\,\mathrm{d}x$$

(3) 设 c 是大于 a 的任意实数，则 $\int_a^{+\infty} f(x)\,\mathrm{d}x$ 与 $\int_c^{+\infty} f(x)\,\mathrm{d}x$ 同时收敛或同时发散。

(4) 若 $\int_a^{+\infty} f(x)\,\mathrm{d}x$ 与 $\int_a^{+\infty} g(x)\,\mathrm{d}x$ 都收敛，且在 $[a, +\infty)$ 上有 $f(x) \leqslant g(x)$，则

$$\int_a^{+\infty} f(x)\,\mathrm{d}x \leqslant \int_a^{+\infty} g(x)\,\mathrm{d}x$$

无穷限积分的计算 在定义已经给出了无穷限积分的计算方法，即：先在一个有限区间上计算定积分，然后令积分限趋于无穷而取这个定积分的极限。

例 2 计算无穷限积分 $\int_0^{+\infty} \dfrac{\mathrm{d}x}{1+x^2}$，$\int_{-\infty}^0 \dfrac{\mathrm{d}x}{1+x^2}$，$\int_{-\infty}^{+\infty} \dfrac{\mathrm{d}x}{1+x^2}$。

解
$$\int_0^{+\infty} \frac{\mathrm{d}x}{1+x^2} = \lim_{b\to+\infty} \int_0^b \frac{\mathrm{d}x}{1+x^2} = \lim_{b\to+\infty} \arctan x \Big|_0^b$$

$$= \lim_{b\to+\infty} (\arctan b - \arctan 0) = \lim_{b\to+\infty} \arctan b = \frac{\pi}{2}$$

$$\int_{-\infty}^0 \frac{\mathrm{d}x}{1+x^2} = \lim_{a\to-\infty} \int_a^0 \frac{\mathrm{d}x}{1+x^2} = \lim_{a\to-\infty} \arctan x \Big|_a^0 = \lim_{a\to-\infty} (-\arctan a) = \frac{\pi}{2}$$

由上可得

$$\int_{-\infty}^{+\infty} \frac{\mathrm{d}x}{1+x^2} = \int_{-\infty}^0 \frac{\mathrm{d}x}{1+x^2} + \int_0^{+\infty} \frac{\mathrm{d}x}{1+x^2} = \frac{\pi}{2} + \frac{\pi}{2} = \pi$$

例 3 讨论广义积分 $\int_a^{+\infty} \dfrac{1}{x^p}\mathrm{d}x\ (a>0)$ 的收敛情形。

解 当 $p \neq 1$ 时

$$\int_a^{+\infty} \frac{1}{x^p}\mathrm{d}x = \lim_{b\to+\infty} \int_a^b \frac{1}{x^p}\mathrm{d}x = \lim_{b\to+\infty} \frac{b^{1-p} - a^{1-p}}{1-p}$$

$$= \begin{cases} \dfrac{a^{1-p}}{p-1}, & \text{当 } p > 1 \\ +\infty, & \text{当 } p < 1 \end{cases}$$

当 $p = 1$ 时，

$$\int_a^{+\infty} \frac{1}{x}\mathrm{d}x = \lim_{b\to+\infty} \int_a^b \frac{1}{x}\mathrm{d}x = \lim_{b\to+\infty} (\ln b - \ln a) = +\infty$$

总之，积分 $\int_a^{+\infty} \dfrac{1}{x^p}\mathrm{d}x$ 当 $p > 1$ 时收敛，积分值为 $\dfrac{a^{1-p}}{p-1}$；当 $p \leqslant 1$ 时发散。

注：积分 $\int_a^{+\infty} \dfrac{1}{x^p} \mathrm{d}x$ 的收敛情况很重要，要把这个积分记住，因为后面判别广义积分的收敛性时，常用它作为比较的标准。

例 4　讨论函数 $f(x) = \mathrm{e}^x$ 在各种情形下的无穷限积分。

解　（ⅰ）$\displaystyle\int_{-\infty}^b \mathrm{e}^x \mathrm{d}x = \lim_{a\to-\infty}\int_a^b \mathrm{e}^x \mathrm{d}x = \lim_{a\to-\infty}(\mathrm{e}^b - \mathrm{e}^a) = \mathrm{e}^b$；

（ⅱ）$\displaystyle\int_a^{+\infty} \mathrm{e}^x \mathrm{d}x = \lim_{b\to+\infty}\int_a^b \mathrm{e}^x \mathrm{d}x = \lim_{b\to+\infty}(\mathrm{e}^b - \mathrm{e}^a) = +\infty$；

（ⅲ）$\displaystyle\int_{-\infty}^{+\infty} \mathrm{e}^x \mathrm{d}x = \int_{-\infty}^0 \mathrm{e}^x \mathrm{d}x + \int_0^{+\infty} \mathrm{e}^x \mathrm{d}x。$

由上述（ⅰ）及（ⅱ），便知积分 $\displaystyle\int_{-\infty}^{+\infty} \mathrm{e}^x \mathrm{d}x$ 发散。

例 5　计算第二宇宙速度。

解　使宇宙飞船脱离地球引力场所需的速度叫做第二宇宙速度。下面首先计算在发射飞船过程中，克服地球引力所做的功。

设地球质量为 M，飞船质量为 m，地球半径 $R = 6371$ 千米。当飞船与地心距离为 r 时，地球对飞船的引力是

$$F = G\frac{Mm}{r^2}（G\text{ 为引力常数}）$$

因此当把飞船从地球表面发射到离地心的距离为 A 处，需要做的功是

$$W = \int_R^A G\frac{Mm}{r^2}\mathrm{d}r = GMm\left(\frac{1}{R} - \frac{1}{A}\right)$$

这里积分下限和上限都是有限数。要使飞船脱离地球引力场，就相当于把飞船射向无穷远处。因此须在上式中令 $A \to +\infty$ 取极限，以计算所做的功：

$$W = \lim_{A\to+\infty}\int_R^A G\frac{Mm}{r^2}\mathrm{d}r = \lim_{A\to+\infty}GMm\left(\frac{1}{R} - \frac{1}{A}\right) = \frac{GMm}{R} \tag{1}$$

这里的引力常数 G 可以换掉，因为物体在地球表面时，地球对物体的引力 F 就是重力，所以

$$mg = \frac{GMm}{R^2}$$

于是

$$mgR = \frac{GMm}{R}$$

从而所求的功 $W = mgR$

下面来计算第二宇宙速度：

由能量守恒定律，发射宇宙飞船所做的功等于飞船飞行时所具有的动能 $\dfrac{1}{2}mv^2$，即 $mgR = \dfrac{1}{2}mv^2$，故得宇宙速度

$$v = \sqrt{2gR} \approx 11.2 \text{ 千米／秒}$$

（二）收敛性判别

无穷限积分仅在一些简单情形下，可以根据定义求出它的数值；但是却有不少积分，由于被积函数的原函数不易求得，或者不能表示为初等函数，从而积分值不易确定，可是又需要知道积分是否是收敛的。例如概率积分 $\int_0^{+\infty} e^{-x^2} dx$ 就是一个典型的例子，因为原函数不能表示为初等函数，由此，下面介绍收敛的判别方法。

定理 1 设函数 $f(x)$ 在区间 $[a, +\infty)$ 上是非负的，并且对任何的 $u(u > a)$，$f(x)$ 在 $[a, u]$ 上可积，则积分 $\int_0^{+\infty} f(x) dx$ 收敛的充分必要条件是：

$$F(u) = \int_a^u f(x) dx$$

是 u 的有界函数。

证明 根据无穷限积分定义，$\int_0^{+\infty} f(x) dx$ 收敛是指极限 $\lim_{u \to +\infty} F(u)$ 存在。可见条件的必要性是明显的，因为 $\lim_{u \to +\infty} F(u)$ 存在，则 $F(u)$ 有界。至于充分性可证明如下：

因 $F(u)$ 递增（因 $f(x) \geqslant 0$，所以 $F(u)$ 是递增函数）而且有界，故存在上确界 M（根据 §2.3 确界公理），即 $M = \sup\limits_{u>a} F(u)$。于是对于任意给定的 $\varepsilon > 0$，必存在 $v > a$，使

$$F(v) > M - \varepsilon$$

故当 $u > v$ 时，

$$M \geqslant F(u) \geqslant F(v) \geqslant M - \varepsilon$$

即

$$M + \varepsilon > F(u) > M - \varepsilon$$

从而当 $u \geqslant v$ 时，

$$|F(u) - M| < \varepsilon$$

即

$$\lim_{u \to +\infty} F(u) = M。（证毕）$$

上述定理对于判别一个具体的积分并不容易利用，不过由此可以得出下述的比较判别法，它是一个基本的判别法。

定理 2 （比较判别法）设函数 $f(x)$ 和 $g(x)$ 在 $[a, +\infty)$ 上连续，并且

$$0 \leqslant f(x) \leqslant g(x)$$

于是 1）若 $\int_a^{+\infty} g(x) dx$ 收敛，则 $\int_a^{+\infty} f(x) dx$ 也收敛；

2）若 $\int_a^{+\infty} f(x) dx$ 发散，则 $\int_a^{+\infty} g(x) dx$ 也发散。

（通俗一点说：若大者收敛，则小者也收敛；若小者发散，则大者也发散）

证明 1）对于任意的 $b > a$，由 $0 \leqslant f(x) \leqslant g(x)$ 可得（§8.2 定积分性质 6）

$$\int_a^b f(x) dx \leqslant \int_a^b g(x) dx \leqslant \int_a^{+\infty} g(x) dx = M$$

这表明 $\int_a^b f(x) dx$ 有界，由上面定理 1，便可知 $\int_a^{+\infty} f(x) dx$ 收敛。

2）的证明留给读者。

由前面例 3 已知 $\int_a^{+\infty} \dfrac{1}{x^p} dx$ 当 $p > 1$ 时收敛，当 $p \leqslant 1$ 时发散。以 $\dfrac{1}{x^p}$ 为标准，应用上面比较判别法，得下述定理。

定理 3　设在 $[a, +\infty)(a > 0)$ 上 $f(x) \geqslant 0$ 并且连续，于是

1) 若存在正数 k，使 $f(x) \leqslant \dfrac{k}{x^p}$ 在 $[a, +\infty)$ 上成立，且 $p > 1$，则 $\int_a^{+\infty} f(x) dx$ 收敛。

2) 若存在正数 k，使 $f(x) \geqslant \dfrac{k}{x^p}$ 在 $[a, +\infty)$ 上成立，且 $p \leqslant 1$，则 $\int_a^{+\infty} f(x) dx$ 发散。

下述定理与定理 2 是等价的，它是比较判别法的极限形式，比较容易利用。

定理 4　（比较判别法的极限形式）设在 $[a, +\infty)(a > 0)$ 上 $f(x) \geqslant 0$ 并且连续，于是

1) 若 $\lim\limits_{x \to +\infty} x^p f(x) = l$，其中 $0 \leqslant l < +\infty$，$p > 1$，则 $\int_a^{+\infty} f(x) dx$ 收敛；

2) 若 $\lim\limits_{x \to +\infty} x^p f(x) = l$，其中 $0 < l \leqslant +\infty$，$p \leqslant 1$，则 $\int_a^{+\infty} f(x) dx$ 发散。

证明　因 $\lim\limits_{x \to +\infty} x^p f(x) = l$，故对任意给定的 $\varepsilon > 0$，必存在 $A > 0$，当 $x > A$ 时，有

$$|x^p f(x) - l| < \varepsilon$$

即
$$l - \varepsilon < x^p f(x) < l + \varepsilon$$

从而

$$(l - \varepsilon) \frac{1}{x^p} < f(x) < (l + \varepsilon) \frac{1}{x^p} \tag{1}$$

1) 从不等式 (1) 右端看，当 $p > 1$ 与 $0 \leqslant l < +\infty$ 时，$\int_a^{+\infty} \dfrac{1}{x^p} dx$ 收敛（当然 $(l + \varepsilon) \dfrac{1}{x^p} dx$ 也收敛），所以 $\int_a^{+\infty} f(x) dx$ 也收敛。

2) 从不等式 (1) 左端看，当 $p \leqslant 1$ 与 $0 < l \leqslant +\infty$ 时（此时若 $l = 0$，则 $l - \varepsilon < 0$，故限制 $l > 0$），$\int_a^{+\infty} \dfrac{1}{x^p} dx$ 发散，所以 $\int_a^{+\infty} f(x) dx$ 也发散。

例 6　判别积分 $\int_1^{+\infty} \dfrac{dx}{\sqrt{x(x+1)(x+2)}}$ 的收敛性。

解　将函数 $\dfrac{1}{\sqrt{x(x+1)(x+2)}}$ 适当放大，使变为 $\dfrac{k}{x^p}$ 的形式。当 $x \geqslant 1$ 时，

$$\frac{1}{\sqrt{x(x+1)(x+2)}} < \frac{1}{\sqrt{x \cdot x \cdot x}} = \frac{1}{x^{\frac{3}{2}}}$$

由定理 3，这里 $p = \dfrac{3}{2} > 1$，故所给积分收敛。

例 7　判别积分 $\int_1^{+\infty} \dfrac{dx}{x\sqrt{1+x^2}}$ 的收敛性。

解　这个积分应用定理 3 也容易判别，我们用极限来做。因为

$\lim\limits_{x\to+\infty}x^pf(x)=\lim\limits_{x\to+\infty}x^2\dfrac{1}{x\sqrt{1+x^2}}=1$，这里 $p=2>1$，故所给积分收敛。

注：应用极限判别法，有的不易确定 p 应取何值，这时可把极限

$$\lim_{x\to+\infty}x^pf(x)$$

变到一定步骤，就其表达式来观察，以决定 p 应取的值。比如下例。

例 8　判别 $\displaystyle\int_1^{+\infty}\dfrac{\ln x}{x\sqrt{x^2-1}}\mathrm{d}x$ 的收敛性。

解　$\lim\limits_{x\to+\infty}x^p\dfrac{\ln x}{x\sqrt{x^2-1}}=\lim\limits_{x\to+\infty}\dfrac{\ln x}{x^{2-P}}\cdot\lim\limits_{x\to+\infty}\dfrac{1}{\sqrt{1-\dfrac{1}{x^2}}}$

右端后一个极限显然等于 1，对前一极限令 $1<p<2$，应用洛必达法则，有

$$\lim_{x\to+\infty}\dfrac{\ln x}{x^{2-p}}=\lim_{x\to+\infty}\dfrac{\dfrac{1}{x}}{(2-p)x^{1-p}}=\lim_{x\to+\infty}\dfrac{1}{(2-p)x^{2-p}}=0$$

因此当 $1<p<2$ 时，

$$\lim_{x\to+\infty}x^p\dfrac{\ln x}{x\sqrt{x^2-1}}=0$$

故所给积分收敛。

（为什么不能令 $P=1$ 或 $P=2$？读者可以思考一下）

绝对收敛　比较判别法只能应用于非负的函数，如果被积函数在积分区间上不是非负的，那么这个判别法便无能为力。因此，与无穷级数类似，对无穷限积分也是引入绝对收敛的概念。

定义　如果 $\displaystyle\int_a^{+\infty}|f(x)|\mathrm{d}x$ 收敛，则称 $\displaystyle\int_a^{+\infty}f(x)\mathrm{d}x$ 绝对收敛；如果 $\displaystyle\int_a^{+\infty}f(x)\mathrm{d}x$ 收敛，而 $\displaystyle\int_a^{+\infty}|f(x)|\mathrm{d}x$ 发散，则称 $\displaystyle\int_a^{+\infty}f(x)\mathrm{d}x$ 条件收敛。

定理 5　（绝对收敛定理）如果 $\displaystyle\int_a^{+\infty}|f(x)|\mathrm{d}x$ 收敛，则 $\displaystyle\int_a^{+\infty}f(x)\mathrm{d}x$ 也收敛。

证明　显然有 $0\le|f(x)|-f(x)\le2|f(x)|$，而已知 $\displaystyle\int_a^{+\infty}|f(x)|\mathrm{d}x$ 收敛，故 $\displaystyle\int_a^{+\infty}2|f(x)|\mathrm{d}x$ 也收敛，由定理 2 知

$$\int_a^{+\infty}\big[\,|f(x)|-f(x)\,\big]\mathrm{d}x$$

必收敛。又对于任意的 $b>a$，有

$$\int_a^bf(x)\mathrm{d}x=\int_a^b|f(x)|\mathrm{d}x-\int_a^b\big[\,|f(x)|-f(x)\,\big]\mathrm{d}x$$

而极限 $\lim\limits_{b\to+\infty}\displaystyle\int_a^b|f(x)|\mathrm{d}x$ 与 $\lim\limits_{b\to+\infty}\displaystyle\int_a^b\big[\,|f(x)|-f(x)\big]\mathrm{d}x$ 都存在，从而 $\lim\limits_{b\to+\infty}\displaystyle\int_a^bf(x)\mathrm{d}x$ 也存在，即 $\displaystyle\int_a^{+\infty}|f(x)|\mathrm{d}x$ 收敛。

注：为研究一个既取正值又取负值的函数的无穷限积分，可以先判断它是否绝对收敛。

例 9　判别 $\int_1^{+\infty} \dfrac{\sin x}{x\sqrt{1+x^2}}\mathrm{d}x$ 的收敛性。

解　因 $\left|\dfrac{\sin x}{x\sqrt{1+x^2}}\right| \leqslant \dfrac{1}{x^2}$

而 $\int_1^{+\infty} \dfrac{\mathrm{d}x}{x^2}$ 收敛，故 $\int_1^{+\infty} \left|\dfrac{\sin x}{x\sqrt{1+x^2}}\right|\mathrm{d}x$ 也收敛，从而 $\int_1^{+\infty} \dfrac{\sin x}{x\sqrt{1+x^2}}\mathrm{d}x$ 绝对收敛。

定理 5 可以用来判别绝对收敛的积分。但是定理的条件是充分的而非必要的，即是说，$\int_a^{+\infty}|f(x)|\mathrm{d}x$ 虽然发散，而 $\int_a^{+\infty}f(x)\mathrm{d}x$ 却收敛（即条件收敛）的情形也是存在的。下面介绍一个对条件收敛的积分也适用的判别法。

定理 6　（狄利克雷判别法）如果 $p>0$，$a>0$，当 $x\geqslant 0$ 时，函数 $f(x)$ 连续，并且存在正数 C，使对一切 $b>a$，都有

$$\left|\int_a^b f(x)\mathrm{d}x\right| \leqslant C$$

则积分

$$\int_a^{+\infty} \frac{f(x)}{x^p}\mathrm{d}x$$

收敛。

（定理是说：给定一个无穷限积分 $\int_a^{+\infty}\dfrac{f(x)}{x^p}\mathrm{d}x$，如果 $a>0$，$p>0$，并且以 a 为下限，以任意的 $b(b>a)$ 为上限的积分 $\int_a^b f(x)\mathrm{d}x$ 有界，则所给的积分收敛）

证明　令

$$\int_a^x f(u)\mathrm{d}u = \varphi(x) \tag{1}$$

于是 $|\varphi(x)|\leqslant C(a<x<+\infty)$。由分部积分法，有

$$\int_a^{+\infty}\frac{f(x)}{x^p}\mathrm{d}x = \frac{\varphi(x)}{x^p}\Big|_a^{+\infty} + p\int_a^{+\infty}\frac{\varphi(x)}{x^{p+1}}\mathrm{d}x = p\int_a^{+\infty}\frac{\varphi(x)}{x^{p+1}}\mathrm{d}x$$

注意：$\dfrac{\varphi(x)}{x^p}\Big|_a^{+\infty}$，因 $P>0$，且 $|\varphi(x)|\leqslant C$，故当 $x\to+\infty$ 时 $\dfrac{\varphi(x)}{x^p}\to 0$。再由（1）式，可知以下限 a 代入时，其值也为 0。

取上式右端积分的被积函数的绝对值，有

$$p\int_a^{+\infty}\left|\frac{\varphi(x)}{x^{p+1}}\right|\mathrm{d}x = p\int_a^{+\infty}\frac{|\varphi(x)|}{x^{p+1}}\mathrm{d}x \leqslant p\int_a^{+\infty}\frac{C}{x^{p+1}}\mathrm{d}x$$

已知右端积分是收敛的，故左端积分也收敛，从而证得 $\int_a^{+\infty}\dfrac{f(x)}{x^p}\mathrm{d}x$ 是收敛的积分。

例 10　判别 $\int_0^{+\infty}\dfrac{\sin x}{x}\mathrm{d}x$ 的收敛性。

解　注意被积函数的原函数不能表示为初等函数。把积分改写成

$$\int_0^{+\infty} \frac{\sin x}{x} \mathrm{d}x = \int_0^1 \frac{\sin x}{x} \mathrm{d}x + \int_1^{+\infty} \frac{\sin x}{x} \mathrm{d}x$$

右端第一个积分是存在的（当 $x=0$ 时，令 $\frac{\sin x}{x}=1$，则 $\frac{\sin x}{x}$ 在 $[0,1]$ 上成为连续函数，从而可

积）；第二个积分 $\int_1^{+\infty} \frac{\sin x}{x} \mathrm{d}x$ 对任意的 $b > 1$，有

$$\left| \int_1^b \sin x \mathrm{d}x \right| = \left| \cos 1 - \cos b \right| \leqslant 2$$

而且这里 $p = 1$，由定理 6，右端第二个积分收敛，因此所给积分是收敛的。

但是这个积分不是绝对收敛的。事实上，

$$\left| \frac{\sin x}{x} \right| \geqslant \frac{\sin^2 x}{x} = \frac{1}{2x} - \frac{\cos 2x}{2x}$$

易知积分 $\int_1^{+\infty} \frac{\cos 2x}{2x} \mathrm{d}x$ 是收敛的，而 $\int_1^{+\infty} \frac{\mathrm{d}x}{2x}$ 显然是发散的，所以 $\int_1^{+\infty} \frac{\sin^2 x}{x} \mathrm{d}x$ 发散。根据比较判

别法，便知积分 $\int_1^{+\infty} \left| \frac{\sin x}{x} \right| \mathrm{d}x$ 发散。

综合上述，所给积分 $\int_0^{+\infty} \frac{\sin x}{x} \mathrm{d}x$ 是条件收敛的。

二、无界函数的积分

（一）概念与计算

这一节我们研究另一种广义积分，其积分区间虽然是有限的，但被积函数在区间的某些点处没有定义，并在那些点附近是无界的，例如积分

$$\int_0^1 \frac{1}{\sqrt{x}} \mathrm{d}x$$

其被积函数 $\frac{1}{\sqrt{x}}$ 在 $x = 0$ 附近无界（当 $x \to 0$ 时，$\frac{1}{\sqrt{x}} \to$
$+\infty$）；但除去 $x = 0$ 以外，它在区间 $(0,1]$ 上是连续的
（参考图 8.28），我们就称这种积分为无界函数的积分。
那么怎样计算这种积分的值呢？无妨把积分理解为曲线
$y = \frac{1}{\sqrt{x}}$ 与两坐标轴及直线所围图形的面积。为计算这块面

积，先在区间 $[\varepsilon, 1]$（ε 是很小的正数）上计算定积分

$$\int_\varepsilon^1 \frac{1}{\sqrt{x}} \mathrm{d}x$$

此定积分表示图中带阴影部分的面积。然后令 $\varepsilon \to 0$ 取定积分的极限，即

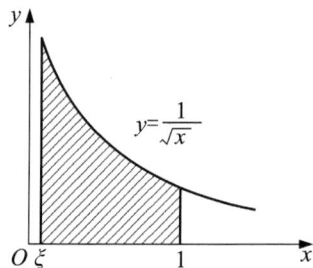

图 8.28

$$\lim_{\varepsilon \to 0}\int_{\varepsilon}^{1} \frac{1}{\sqrt{x}}\mathrm{d}x = \lim_{\varepsilon \to 0}2(1 - \sqrt{\varepsilon}) = 2$$

这个极限值便是所求的面积，也就是所给积分(1)的值。把它记成

$$\int_{0}^{1} \frac{1}{\sqrt{x}}\mathrm{d}x = \lim_{\varepsilon \to 0}\int_{\varepsilon}^{1} \frac{1}{\sqrt{x}}\mathrm{d}x = 2$$

下面给出一般定义。

定义　设函数 $f(x)$ 在区间 $[a, b]$ 上有定义，在 a 点附近无界，但无论 $\varepsilon > 0$ 多么小，$f(x)$ 在 $[a + \varepsilon, b]$ 上恒可积。如果极限

$$\lim_{\varepsilon \to 0}\int_{a+\varepsilon}^{b} f(x)\mathrm{d}x \tag{1}$$

存在，则称此极限值为 $f(x)$ 在区间 $[a, b]$ 上的无界函数积分，记作

$$\int_{a}^{b}f(x)\mathrm{d}x = \lim_{\varepsilon \to 0}\int_{a+\varepsilon}^{b} f(x)\mathrm{d}x$$

如果极限(1)存在，则称积分 $\int_{a}^{b}f(x)\mathrm{d}x$ **收敛**；若极限(1)不存在，则称**发散**。函数在某一点附近无界，则称这一点是函数的瑕点，无界函数积分又称**瑕积分**(参考图 8.29)。

上述定义中的瑕点是在积分区间的左端，如果瑕点在积分区间右端，则有类似的定义：

设函数 $f(x)$ 在 $[a, b)$ 上有定义，在 b 点附近无界，在 $[a, b - \varepsilon]$ 上可积，如果极限

$$\lim_{\varepsilon \to 0}\int_{a}^{b-\varepsilon} f(x)\mathrm{d}x \tag{2}$$

存在，则称此极限值为 $f(x)$ 在 $[a, b)$ 上的无界函数积分，记作

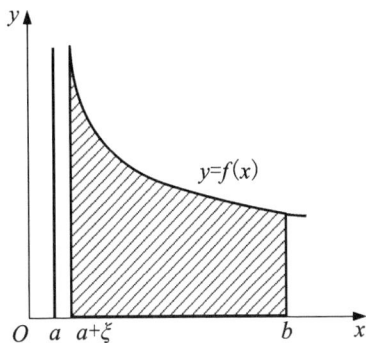

图 8.29

$$\int_{a}^{b}f(x)\mathrm{d}x = \lim_{\varepsilon \to 0}\int_{a}^{b-\varepsilon} f(x)\mathrm{d}x$$

(参考图 8.30)

如果瑕点在积分区间的某一内点 c (图 8.31)，则有以下定义：

设函数 $f(x)$ 在 $[a, b]$ 的某一内点 c 附近无界，但积分 $\int_{a}^{c}f(x)\mathrm{d}x$ 与 $\int_{c}^{b}f(x)\mathrm{d}x$ 都收敛，则积分 $\int_{a}^{b}f(x)\mathrm{d}x$ 也收敛，且

$$\int_{a}^{b}f(x)\mathrm{d}x = \int_{a}^{c}f(x)\mathrm{d}x + \int_{c}^{b}f(x)\mathrm{d}x \tag{3}$$

如果右端积分有发散的，就说 $\int_{a}^{b}f(x)\mathrm{d}x$ 发散。

由上述定义可知，瑕点位于积分区间内部的积分(3)是通过瑕点位于区间端点的积分(1)和(2)来定义的，而积分(1)和(2)经过简单的变量替换，就可以把其中一种化为另一种，因此关于无界函数积分的收敛性，只就(1),(2)中的一种加以讨论就可以了。

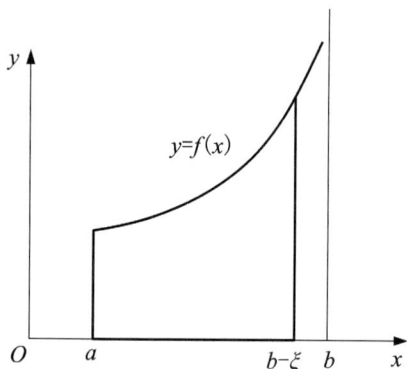

图 8.30

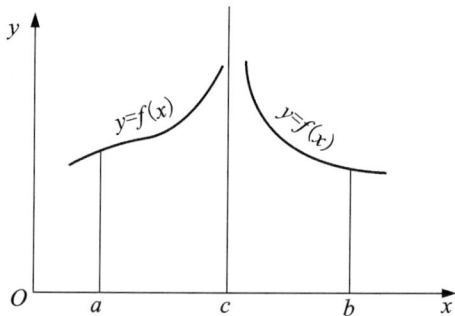

图 8.31

关于无界函数积分的性质,可以把无穷限积分的几条性质改变一下叙述方法而搬过来,这里不再重复。

无界函数积分的计算   上述定义已经指明了无界函数积分的计算方法:先在一个不含瑕点的区间上计算定积分,这个定积分含有正数 ε;然后令 $\varepsilon \to 0$ 取定积分的极限。

例1   计算积分

（ⅰ）$\displaystyle\int_{-1}^{0} \frac{\mathrm{d}x}{\sqrt{1-x^2}}$,（ⅱ）$\displaystyle\int_{0}^{1} \frac{\mathrm{d}x}{\sqrt{1-x^2}}$,（ⅲ）$\displaystyle\int_{-1}^{1} \frac{\mathrm{d}x}{\sqrt{1-x^2}}$。

解   （ⅰ）下限 -1 是瑕点。

$$\int_{-1}^{0} \frac{\mathrm{d}x}{\sqrt{1-x^2}} = \lim_{\varepsilon \to 0} \int_{-1+\varepsilon}^{0} \frac{\mathrm{d}x}{\sqrt{1-x^2}}$$

$$= \lim_{\varepsilon \to 0} \arcsin x \Big|_{-1+\varepsilon}^{0}$$

$$= \lim_{\varepsilon \to 0} [-\arcsin(-1+\varepsilon)] = \frac{\pi}{2}$$

（ⅱ）上限 1 是瑕点。

$$\int_{0}^{1} \frac{\mathrm{d}x}{\sqrt{1-x^2}} = \lim_{\varepsilon \to 0} \int_{0}^{1-\varepsilon} \frac{\mathrm{d}x}{\sqrt{1-x^2}}$$

$$= \lim_{\varepsilon \to 0} \arcsin x \Big|_{0}^{1-\varepsilon} = \lim_{\varepsilon \to 0} \arcsin(1-\varepsilon) = \frac{\pi}{2}$$

（ⅲ）上、下限都是瑕点,利用上述结果得

$$\int_{-1}^{1} \frac{\mathrm{d}x}{\sqrt{1-x^2}} = \int_{-1}^{0} \frac{\mathrm{d}x}{\sqrt{1-x^2}} + \int_{0}^{1} \frac{\mathrm{d}x}{\sqrt{1-x^2}} = \frac{\pi}{2} + \frac{\pi}{2} = \pi$$

例2   计算积分 $\displaystyle\int_{-1}^{8} \frac{\mathrm{d}x}{\sqrt[3]{x}}$。

解 $x = 0$ 是瑕点,在积分区间内部。由定义有

$$\int_{-1}^{8} \frac{\mathrm{d}x}{\sqrt[3]{x}} = \lim_{\varepsilon_1 \to 0} \int_{-1}^{0-\varepsilon_1} \frac{\mathrm{d}x}{\sqrt[3]{x}} + \lim_{\varepsilon_2 \to 0} \int_{0+\varepsilon_2}^{8} \frac{\mathrm{d}x}{\sqrt[3]{x}}$$

$$= \lim_{\varepsilon_1 \to 0} \left[\frac{3}{2} x^{\frac{2}{3}} \right]_{-1}^{-\varepsilon_1} + \lim_{\varepsilon_2 \to 0} \left[\frac{3}{2} x^{\frac{2}{3}} \right]_{\varepsilon_2}^{8}$$

$$= \frac{3}{2} \lim_{\varepsilon_1 \to 0} (\sqrt[3]{\varepsilon_1^2} - 1) + \frac{3}{2} \lim_{\varepsilon_2 \to 0} (4 - \sqrt[3]{\varepsilon_2^2})$$

$$= -\frac{3}{2} + 6 = \frac{9}{2}$$

例 3　讨论积分 $\int_a^b \frac{\mathrm{d}x}{(x-a)^p} \mathrm{d}x$ 的收敛性。

解　显然 a 是积分的瑕点, 分两种情形讨论。

（ⅰ）当 $p \neq 1$ 时,

$$\int_a^b \frac{\mathrm{d}x}{(x-a)^p} = \lim_{\varepsilon \to 0} \int_{a+\varepsilon}^b \frac{\mathrm{d}x}{(x-a)^p}$$

$$= \lim_{\varepsilon \to 0} \left[\frac{1}{1-p} (x-a)^{1-p} \right]_{a+\varepsilon}^b$$

$$= \frac{1}{1-p} \lim_{\varepsilon \to 0} \left[(b-a)^{1-p} - \varepsilon^{1-p} \right]$$

$$= \begin{cases} \dfrac{1}{1-p} (b-a)^{1-p}, & \text{当 } p < 1, \\ \infty, & \text{当 } p > 1 \end{cases}$$

（ⅱ）当 $p = 1$ 时,

$$\int_a^b \frac{\mathrm{d}x}{x-a} = \lim_{\varepsilon \to 0} \int_{a+\varepsilon}^b \frac{\mathrm{d}x}{x-a}$$

$$= \lim_{\varepsilon \to 0} \left[\ln(x-a) \right]_{a+\varepsilon}^b = \lim_{\varepsilon \to 0} \left[\ln(b-a) - \ln \varepsilon \right] = \infty$$

综合（ⅰ）,（ⅱ）: 当 $p < 1$ 时, 积分收敛; 当 $p \geqslant 1$ 时, 积分发散。

例 4　关于积分 $\int_a^b \frac{\mathrm{d}x}{(b-x)^p} (p > 0)$ 的收敛性有与例 3 相同的结论。

注: 例 3 和例 4 具有与上一节例 3 同样的重要性, 应当记住这个结果: 当 $p < 1$ 时积分收敛; 当 $p \geqslant 1$ 时, 积分发散(应注意, 这里对于 $p < 1$ 和 $p \geqslant 1$ 时的敛散情况与 $\int_a^{+\infty} \frac{\mathrm{d}x}{x^p}$ 中的 p 值的情况正好相反)。

(二) 收敛性判别

下面的几个定理与无穷限积分中的几个定理完全是平行的, 可以仿照那里的相应定理而得到, 我们不再证明。这里只考虑积分下限为瑕点的情形。

定理 1　设函数 $f(x)$ 在区间 $(a, b]$ 上是非负的, a 为瑕点, 则积分 $\int_a^b f(x) \mathrm{d}x$ 收敛的充分必要条件是: 当 $\varepsilon \to 0$ 时, 积分

$$\int_{a+\varepsilon}^{b} f(x)\,\mathrm{d}x$$

有界。

定理 2 （比较判别法）设函数 $f(x)$ 和 $g(x)$ 在 $(a, b]$ 上连续，a 为瑕点，并且
$$0 \leqslant f(x) \leqslant g(x)$$

于是　1）若 $\int_{a}^{b} g(x)\,\mathrm{d}x$ 收敛，则 $\int_{a}^{b} f(x)\,\mathrm{d}x$ 也收敛；

2）若 $\int_{a}^{b} f(x)\,\mathrm{d}x$ 发散，则 $\int_{a}^{b} g(x)\,\mathrm{d}x$ 也发散。

定理 3　设函数 $f(x)$ 在区间 $(a, b]$ 上是非负的，且 $f(x) \geqslant 0$，a 为瑕点，于是

1）若存在正数 k，使 $f(x) \leqslant \dfrac{k}{(x-a)^{p}}$ 在 $(a, b]$ 上成立，且 $p < 1$，则 $\int_{a}^{b} f(x)\,\mathrm{d}x$ 收敛；

2）若存在正数 k，使 $f(x) > \dfrac{k}{(x-a)^{p}}$ 在 $(a, b]$ 上成立，且 $p \geqslant 1$，则 $\int_{a}^{b} f(x)\,\mathrm{d}x$ 发散。

定理 4　（比较判别法的极限形式）设函数 $f(x)$ 在区间 $(a, b]$ 上是非负的，且 $f(x) \geqslant 0$，a 为瑕点，于是

1）若 $\lim\limits_{x \to a^{+}} (x-a)^{p} f(x) = l$，其中 $0 \leqslant l < +\infty$，$p < 1$，则 $\int_{a}^{b} f(x)\,\mathrm{d}x$ 收敛；

2）若 $\lim\limits_{x \to a^{+}} (x-a)^{p} f(x) = l$，其中 $0 < l \leqslant +\infty$，$p \geqslant 1$，则 $\int_{a}^{b} f(x)\,\mathrm{d}x$ 发散。

上述几个定理都是就着下限为瑕点的积分提出的（即前面（1）式所表示的积分）。如果积分上限为瑕点（即前面（2）式所表示的积分），那么注意到例 4 的结论，我们又可以得到与上述定理十分类似的另一套定理。但是没有必要把它们一一写出来，因为只要在上述定理中作少许的改变就行了。比如把区间 $(a, b]$ 换成 $[a, b)$，因子 $(x-a)$ 换成 $(b-x)$，极限 $\lim\limits_{x \to a^{+}} (x-a)^{p}$ 换成 $\lim\limits_{x \to b^{-}} (b-x)^{p}$，等等。

例 5　判别 $\int_{0}^{1} \dfrac{\sqrt{x}}{\sqrt{1-x^{2}}}\,\mathrm{d}x$ 的收敛性。

解　上限 1 是瑕点。

$$\frac{\sqrt{x}}{\sqrt{1-x^{2}}} = \frac{\sqrt{x}}{\sqrt{(1-x)(1+x)}} = \frac{1}{\sqrt{1-x}}\sqrt{\frac{x}{1+x}}$$

因 $\dfrac{x}{1+x}$ 在 $[0, 1)$ 上有界，所以 $\sqrt{\dfrac{x}{1+x}}$ 在 $[0, 1)$ 上也有界。设 $\sqrt{\dfrac{x}{1+x}} < k$（$k$ 为常数），则

$$\frac{\sqrt{x}}{\sqrt{1-x^{2}}} < k \frac{1}{\sqrt{1-x}} = \frac{k}{(1-x)^{\frac{1}{2}}}$$

由定理 3，这里 $p = \dfrac{1}{2} < 1$，所以给定的积分收敛。

例 6　判别 $\int_{a}^{b} \dfrac{1}{\sqrt{(x-a)(b-x)}}\,\mathrm{d}x$（$a < b$）的收敛性。

解　a, b 均为瑕点。

$$\lim_{x\to a}(x-a)^{\frac{1}{2}}f(x)=\lim_{x\to a}(x-a)^{\frac{1}{2}}\frac{1}{\sqrt{(x-a)(b-x)}}=\lim_{x\to a}\frac{1}{\sqrt{b-x}}=\frac{1}{\sqrt{b-a}}$$

又
$$\lim_{x\to b}(b-x)^{\frac{1}{2}}f(x)=\frac{1}{\sqrt{b-a}}$$

故所给积分收敛。

例 7　判别 $\int_0^1\frac{\ln x}{\sqrt{x}}\mathrm{d}x$ 的收敛性。

解　0 为瑕点。因被积函数在 $(0,1]$ 上取负值，我们考虑 $\int_0^1\left(-\frac{\ln x}{\sqrt{x}}\right)\mathrm{d}x$。

$$\lim_{x\to 0}\left[-(x-0)^p\frac{\ln x}{\sqrt{x}}\right]=-\lim_{x\to 0}\frac{\ln x}{x^{\frac{1}{2}-p}}$$

若令 $\frac{1}{2}<p<1$，则当 $x\to 0$ 时，$\ln x\to\infty$，$x^{\frac{1}{2}-p}\to\infty$，故可利用洛必达法则：

$$-\lim_{x\to 0}\frac{\ln x}{x^{\frac{1}{2}-p}}=-\lim_{x\to 0}\frac{\frac{1}{x}}{\left(\frac{1}{2}-p\right)x^{-p-\frac{1}{2}}}$$
$$=-\lim_{x\to 0}\frac{1}{\left(\frac{1}{2}-p\right)x^{-p+\frac{1}{2}}}=0$$

由定理 4，这里 $p<1$，故给定的积分收敛。

例 8　判别 $\int_0^{\frac{\pi}{2}}\frac{\ln(\sin x)}{\sqrt{x}}\mathrm{d}x$ 的收敛性。

解　下限零时瑕点。我们考察

$$\lim_{x\to 0}x^p\frac{\ln(\sin x)}{\sqrt{x}}=\lim_{x\to 0}\frac{\ln(\sin x)}{x^{\frac{1}{2}-p}}$$

当 $\frac{1}{2}<p<1$ 时，可应用洛必达法则：

$$\lim_{x\to 0}\frac{\ln(\sin x)}{x^{\frac{1}{2}-p}}=\lim_{x\to 0}\frac{\frac{1}{\sin x}\cos x}{\left(\frac{1}{2}-p\right)x^{-1}x^{-p+\frac{1}{2}}}=\lim_{x\to 0}\frac{\cos x}{\frac{1}{2}-p}\frac{x}{\sin x}x^{p-\frac{1}{2}}=0$$

由定理 4，因 $p<1$，故积分收敛。

无界函数的积分也有绝对收敛的概念，定义如下。

定义　如果积分 $\int_a^b|f(x)|\mathrm{d}x$ 收敛，则称 $\int_a^b f(x)\mathrm{d}x$ 绝对收敛；如果 $\int_a^b f(x)\mathrm{d}x$ 收敛，而 $\int_a^b|f(x)|\mathrm{d}x$ 发散，则称 $\int_a^b f(x)\mathrm{d}x$ 条件收敛。

定理 5　如果无界函数积分 $\int_a^b|f(x)|\mathrm{d}x$ 收敛，则积分 $\int_a^b f(x)\mathrm{d}x$ 也收敛。

例 9 判别 $\displaystyle\int_0^1 \frac{\sin x \dfrac{1}{x}}{x^r}\mathrm{d}x(0 < r < 1)$ 的收敛性。

解 0是瑕点。因 $\left|\dfrac{\sin \dfrac{1}{x}}{x^r}\right| \leqslant \dfrac{1}{x^r} = \dfrac{1}{(x-0)^r}$，而$0 < r < 1$，由定理3，所给积分绝对收敛。

下面例 10 是著名的积分。

例 10 讨论 $\displaystyle\int_0^1 x^{m-1}(1-x)^{n-1}\mathrm{d}x$ 的收敛性。

解 当 $m \geqslant 1$，$n \geqslant 1$ 时，积分为常义积分。

当 $m < 1$，$x = 1$ 是瑕点；当 $n < 1$ 时，$x = 1$ 是瑕点。因此，我们把它拆成两个积分来讨论(在当0与1之间任意取一点，比如当 $x = \dfrac{1}{2}$)。

$$\int_0^1 x^{m-1}(1-x)^{n-1}\mathrm{d}x = \int_0^{\frac{1}{2}} x^{m-1}(1-x)^{n-1}\mathrm{d}x + \int_{\frac{1}{2}}^1 x^{m-1}(1-x)^{n-1}\mathrm{d}x$$

右端第一个积分，有 $\displaystyle\lim_{x \to 0+} x^{1-m} x^{m-1}(1-x)^{n-1} = 1$

所以对 $0 < 1 - m < 1$ 即 $0 < m < 1$ 时，它是收敛的。

同理可知右端第二个积分，$0 < n < 1$ 时是收敛的。综合上述，原给积分

$$\int_0^1 x^{m-1}(1-x)^{n-1}\mathrm{d}x$$

当 $m > 0$，$n > 0$ 时收敛，对于 m、n 的其他值则发散。

习题

1. 求曲线 $y = \sin x$ 在 $[0, \pi]$ 内与 x 轴所围成图形的面积。

2. 求由立方抛物 $y = x^3$ 及直线 $y = 2x$ 所围成图形的面积。

3. 求曲线 $y = x^2$ 与直线 $y = x$，$y = 2x$ 所围成图形的面积。

4. 求圆 $x = r\cos\varphi$，$y = r\sin\varphi$ 的面积。

5. 求对数螺线 $\rho = ae^\theta$ 及矢径 $\theta = -\pi$，$\theta = \pi$ 所围成图形的面积。

6. 有一立体以抛物线 $y^2 = 2x$ 与直线 $x = 2$ 所围成的图形为底，而垂直于抛物线轴的截面都是等边三角形，求其体积。

7. 求椭圆 $\dfrac{x^2}{a^2} + \dfrac{y^2}{b^2} = 1$ 绕 x 轴旋转所形成的体积。

8. 求圆 $x^2 + (y-5)^2 = 16$ 绕 x 轴旋转所形成的体积。

9. 求曲线 $y = \ln(1 - x^2)$ 自 $x = 0$ 至 $x = \dfrac{1}{2}$ 之间的一段曲线长。

10. 求曲线 $x = a(\cos t + t\sin t)$，$y = a(\sin t - t\cos t)$ 上自 $t = 0$ 至 $t = \pi$ 间的曲线长。

11. 设圆的半径为 a，求其上一段圆弧 AB 绕 x 轴旋转一周而得到的球带的面积，设 A 点和 B 点的横坐标分别为 x_1 与 x_2。

12. 求下列无穷限积分：

$(1)\displaystyle\int_1^{+\infty}\frac{\mathrm{d}x}{x^4}$;

$(2)\displaystyle\int_1^{+\infty}\mathrm{e}^{-ax}\mathrm{d}x\,(a>0)$;

$(3)\displaystyle\int_{-\infty}^{+\infty}\frac{2x}{x^2+1}\mathrm{d}x$;

$(4)\displaystyle\int_{-\infty}^{+\infty}\frac{\mathrm{d}x}{1+x^2}$;

$(5)\displaystyle\int_0^{+\infty}x\mathrm{e}^{-x^2}\mathrm{d}x$;

$(6)\displaystyle\int_{\frac{2}{\pi}}^{+\infty}\frac{1}{x^2}\sin\frac{1}{x}\mathrm{d}x$。

13. 判别下列积分的收敛性：

$(1)\displaystyle\int_0^{+\infty}\frac{x^2\mathrm{d}x}{x^4-x^2+1}$;

$(2)\displaystyle\int_1^{+\infty}\frac{\mathrm{d}x}{x\sqrt[3]{x^2+1}}$;

$(3)\displaystyle\int_1^{+\infty}\frac{\ln(1+x)}{x^n}\mathrm{d}x$;

$(4)\displaystyle\int_1^{+\infty}\frac{\sin x}{x\sqrt{1+x}}\mathrm{d}x$;

$(5)\displaystyle\int_{100}^{+\infty}\frac{x}{x^2+\sin\frac{1}{x}}\mathrm{d}x$; ［提示 $\sin u<u$］

$(6)\displaystyle\int_1^{+\infty}\frac{\arctan x}{x}\mathrm{d}x$。

$\left[\text{提示：当 }1\leqslant x<+\infty\text{ 时}, \arctan x\geqslant\frac{\pi}{4}\right]$

14. 求下列瑕积分：

$(1)\displaystyle\int_0^1\frac{x\mathrm{d}x}{\sqrt{1-x^2}}$;

$(2)\displaystyle\int_1^2\frac{x\mathrm{d}x}{\sqrt{x-1}}$;

$(3)\displaystyle\int_a^{2a}\frac{\mathrm{d}x}{(x-a)^{\frac{3}{2}}}$;

$(4)\displaystyle\int_1^e\frac{\mathrm{d}x}{x\sqrt{1-(\ln x)^2}}$。

15. 判别下列积分的收敛性：

$(1)\displaystyle\int_0^1\frac{\sqrt{x}}{\sqrt{1-x^4}}\mathrm{d}x$;

$\left[\text{提示：}\frac{\sqrt{x}}{\sqrt{1-x^4}}=\frac{\sqrt{x}}{\sqrt{1+x^2}\sqrt{1+x}}\cdot\frac{1}{\sqrt{1-x}}\text{ 而 }\sqrt{\frac{x}{(1+x^2)(1+x)}}\text{ 在}[0,1]\text{上有界。}\right]$

$(2)\displaystyle\int_0^1\frac{\mathrm{d}x}{\sqrt{\sin x}}$;

$\left[\text{提示：令 }t=\tan\frac{x}{2},\ \mathrm{d}x=\frac{2\mathrm{d}t}{1+t^2},\ \sin x=\frac{2t}{1+t^2},\ \therefore\int_0^1\frac{\mathrm{d}x}{\sqrt{\sin x}}=\int_0^{\arctan\frac{1}{2}}\frac{\sqrt{2}}{\sqrt{t}\sqrt{1+t^2}}\mathrm{d}t\right]$

$(3)\displaystyle\int_0^1\frac{\mathrm{d}x}{\sqrt{\sin x}}$;

$(4)\displaystyle\int_0^1\frac{\ln x}{1-x^2}\mathrm{d}x$。

* 第 9 章

实数基本定理·连续函数性质证明·函数的可积性

在前几章有以下几个问题没有解决,这几个问题主要有:闭区间上连续函数的几个性质的证明。当时我们只是凭借几何直观进行了一定的说明,但由于缺少理论工具,未能作出严格的论证。

微积分学也和其他的数学理论一样,是以实际的物理、几何模型为背景而产生发展起来的。但是随着理论的发展和问题研究的日益复杂深入,要求人们在判断一个结论是否成立时,经常要作仔细的数量分析。下面要介绍的几个定理,是关于实数完备性的重要定理。

§9.1 实数基本定理

一、区间套定理

几何学上有个连续公理(也叫退缩线段原理),它刻画了直线的连续性,分析学中相应地建立了区间套定理,它刻画了实数的连续性。

定理 1 (区间套定理) 如果闭区间列

$$[a_1, b_1], [a_2, b_2], \cdots, [a_n, b_n], \cdots$$

满足条件:

(i) 前一区间包含后一区间

$$[a_1, b_1] \supset [a_2, b_2] \supset \cdots \supset [a_n, b_n] \supset \cdots$$

即对任一自然数 n,有

$$a_n \leqslant a_{n+1} < b_{n+1} \leqslant b_n;$$

(ii) 当 $n \to \infty$ 时,区间 $[a_n, b_n]$ 的长度 $b_n - a_n \to 0$,则区间端点所称两数列 $\{a_n\}$ 及 $\{b_n\}$ 收敛于同一实数 C,并且 C 是所有区间的唯一公共点。

解释 先对定理作两点解释,然后证明。

1° 我们把各闭区间放在数轴上(图 9.1),从几何上看一下。因为闭区间表示在数轴上就是一条线段,从而得到一个线段列:

$$A_1B_1,\ A_2B_2,\ \cdots,\ A_nB_n,\ \cdots$$

按条件（ⅰ），前一线段包含后一线段；按条件（ⅱ），当 n 无限增大时，线段 A_nB_n 的长度趋于零。于是存在唯一的一点，属于这个线段列的所有线段。

在几何学上，把这样一个比较明显的事实，叫做连续公理（也叫退缩线段原理），它刻画了直线的连续性。分析学相应地建立了上面的闭区间套定理。定理指明，也必存在唯一的实数，属于所有闭区间。因此这个定理便刻画了实数的连续性。

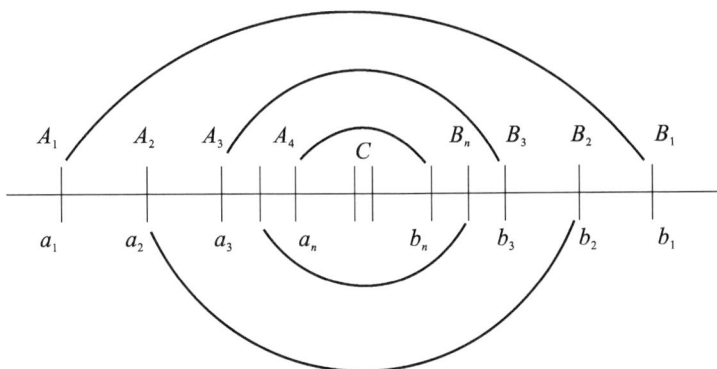

图 9.1

2°   定理的条件（ⅰ）可改写成：闭区间的左端点组成的一递增序列

$$a_1 \leqslant a_2 \leqslant \cdots \leqslant a_n \leqslant \cdots$$

右端点组成一递减序列

$$b_1 \geqslant b_2 \geqslant \cdots \geqslant b_n \geqslant \cdots$$

并且对任何的 n，有

$$a_n < b_n$$

把条件（ⅰ）叙述成这种形式，比较容易检查一个给定的闭区间列是否前一区间包含后一区间。

顺便说一下，满足定理条件的闭区间列也称闭区间套，它一定套出唯一的一个实数来。

证明   由定理条件（ⅰ）便知 $\{a_n\}$ 是单调递增有上界的数列，比如 b_1 就是它的一个上界；$\{b_n\}$ 是单调递减有下界的数列，比如 a_1 就是它的一个下界。根据 §2.3 定理，则知 $\lim\limits_{n\to\infty}a_n$ 存在，且极限等于 $\{a_n\}$ 的上确界。同样 $\lim\limits_{n\to\infty}b_n$ 存在，且极限等于 $\{b_n\}$ 的下确界。这说明对任何自然数 K，有

$$a_k \leqslant \lim_{n\to\infty}a_n,\ b_k \geqslant \lim_{n\to\infty}b_n$$

由定理条件（ⅱ），知 $\lim\limits_{n\to\infty}(b_n - a_n) = 0$；又由于 $\{a_n\}$ 及 $\{b_n\}$ 的极限都存在，故有

$$\lim_{n\to\infty}(b_n - a_n) = \lim_{n\to\infty}b_n - \lim_{n\to\infty}a_n = 0$$

这就证明了两个数列的极限相等，设其公共极限为 C。

定理前一部分结论已证得，下面证明 C 是所有区间的唯一公共点。由上面两个不等式，知

$$a_k \leqslant C \leqslant b_k(k = 1,\ 2,\ 3,\ \cdots)$$

这表明 C 是所有区间的一个公共点。下面证明 C 是唯一的公共点。设除点 C 外，还有另一公

共点 C'。由于
$$a_n \leqslant C, \; C' \leqslant b_n (n = 1, 2, 3, \cdots)$$
故有
$$b_n - a_n \geqslant |C' - C| (n = 1, 2, 3, \cdots)$$
由数列极限性质(§2.2),得
$$\lim_{n \to \infty} (b_n - a_n) \geqslant |C' - C|$$
已知 $\lim_{n \to \infty} (b_n - a_n) = 0$,故有
$$|C' - C| \leqslant 0$$
即 $C' = C$。这就证明了区间的公共点 C 是唯一的。(证毕)

例 1 闭区间列
$$\left[\frac{1}{2}, \frac{3}{2}\right], \left[\frac{2}{3}, \frac{4}{3}\right], \cdots, \left[\frac{n-1}{n}, \frac{n+1}{n}\right], \cdots$$
构成一个闭区间套,因为:

(i) 区间左端点是递增数列
$$\frac{1}{2} < \frac{2}{3} < \cdots < \frac{n-1}{n} < \cdots$$
区间右端点是递减序列
$$\frac{3}{2} > \frac{4}{3} > \cdots > \frac{n+1}{n} > \cdots$$
并且对任意 n, 有 $\frac{n-1}{n} < \frac{n+1}{n}$。这就表明前一区间包含后一区间。

(ii) $\lim_{n \to \infty} (b_n - a_n) = \lim_{n \to \infty} \left(\frac{n+1}{n} - \frac{n-1}{n}\right)$
$$= \lim_{n \to \infty} \frac{2}{n} = 0$$
这就表明所给闭区间列构成一个闭区间套。显然数 1 属于所有闭区间。

例 2 闭区间列
$$[0, 1], \left[0, \frac{1}{2}\right], \cdots, \left[0, \frac{1}{n}\right], \cdots$$
构成一闭区间套,因为:

(i) $[0, 1] \supset \left[0, \frac{1}{2}\right] \supset \cdots \supset \left[0, \frac{1}{n}\right] \supset \cdots$

(ii) $\lim_{n \to \infty} \left(\frac{1}{n} - 0\right) = 0$

零是属于所有闭区间的唯一数。

注:定理中给定的区间务必是闭区间,如果改成开区间,定理一般将不成立。例如开区间列。
$$\left(0, \frac{1}{1}\right), \left(0, \frac{1}{2}\right), \left(0, \frac{1}{3}\right), \cdots, \left(0, \frac{1}{n}\right), \cdots$$
显然是前者包含后者,即 $\left(0, \frac{1}{n}\right) \supset \left(0, \frac{1}{n+1}\right)$,且

$$\frac{1}{n} - 0 = \frac{1}{n} \to 0 \, (n \to \infty)$$

但不难看出, 没有任何数属于所有区间。

二、致密性定理

致密性定理是在论证推理中常常用到的"抽子数列"方法的依据。这种抽子数列方法虽然不如区间套方法或后面要介绍的覆盖方法那样直观和易于接受, 但从方法论角度来考虑, 是值得重视的。因为它在原则上更为简明生动, 而且不受空间的限制, 在后续课的学习中将能体会到这一点。致密性定理也称"魏尔斯特拉斯定理", 在讲定理之前, 首先介绍子数列的概念。

子数列　在数列 $\{x_n\}$, 即

$$x_1, \, x_2, \, \cdots, \, x_n, \, \cdots$$

中, 保持原来次序自左往右任意选取无穷多个项, 如,

$$x_2, \, x_5, \, x_{12}, \, \cdots, \, x_{56}, \, \cdots$$

这种数列称为 $\{x_n\}$ 的**子数列**。$\{x_n\}$ 的子数列常记为 $\{x_{n_k}\}$, 即

$$x_{n_1}, \, x_{n_2}, \, \cdots, \, x_{n_k}, \, \cdots$$

x_{n_k} 中的 k 表示在子数列中是第 k 项, 而 n_k 表示在原数列中是第 n_k 项。显然对每一个 k, 有 $n_k \geq k$。又对任意两个自然数 h, k, 如果 $h \geq k$, 则 $n_h \geq n_k$; 反之, 如果 $n_h \leq n_k$, 则 $h \leq k$。

因为在子数列 $\{x_{n_k}\}$ 中的下标是 k 而不是 n_k, 故 $\{x_{n_k}\}$ 收敛于 a 的 "ε, k" 语言为: 对任意给定的 $\varepsilon > 0$, 总存在自然数 K, 当 $k > K$ 时, 恒有 $|x_{n_k} - a| < \varepsilon$, 记为 $\lim\limits_{k \to \infty} x_{n_k} = a$。

子数列极限与原数列极限的关系　如果 $\lim\limits_{n \to \infty} x_n = a$, 则数列 $\{x_n\}$ 的任何子数列 $\{x_{n_k}\}$ 都收敛于 a。

证明　因 $x_n \to a$, 故对任给的 $\varepsilon > 0$, 存在自然数 N, 当 $n > N$ 时, 有 $|x_n - a| < \varepsilon$。今取 $K = N$, 则对一切 $k > K$, 有 $n_k > n_K \geq N$, 这时便有

$$|x_{n_k} - a| < \varepsilon$$

即 $\{x_{n_k}\}$ 也收敛于 a。

如果一个数列仅仅是有界的, 则不一定收敛, 也可能是发散的。但是, 如果一个有界数列是发散的, 那么它是否还有收敛的子数列呢? 下述定理回答了这个问题。

定理 2　(致密性定理) 任何有界数列都有收敛的子数列。

证明首先用区间套方法, 套出一个数。设 $\{x_n\}$ 是有界数列, 即存在两个数 a, b, 使 $a \leq x_n \leq b$。等分区间 $[a, b]$ 为两半, 则至少有一个区间含有 $\{x_n\}$ 的无穷个数, 把这一区间记为 $[a_1, b_1]$。如果两个区间都含有 $\{x_n\}$ 的无穷个, 则任取其一作为 $[a_1, b_1]$。再等分 $[a_1, b_1]$, 记含有无穷个 x_n 的区间为 $[a_2, b_2]$。这种分割手续可以不断地继续进行下去, 于是便得到一个闭区间列 $\{a_n, b_n\}$, 这个区间列显然满足下述两个条件:

（i）$[a, b] \supset [a_1, b_1] \supset [a_2, b_2] \supset \cdots$

（ii）$b_n - a_n = \dfrac{b - a}{2^n} \to 0 \, (n \to \infty)$

那么根据区间套定理，必有唯一的一点 C 属于所有闭区间，且 $a_n \to C$，$b_n \to C$。

下面用抽子数列方法，证明常数 C 就是子数列的极限。由上述作法知，每一区间 $[a_k, b_k]$ 都含有 $\{x_n\}$ 的无穷个元素。在 $[a_1, b_1]$ 中任取 $\{x_n\}$ 的一项，记为 x_{n_1}，即为 $\{x_n\}$ 的第 n_1 项。由于 $[a_2, b_2]$ 也含有无穷个 x_n，则它必含有 x_{n_1} 以后的无穷个数，在这些数中任取其一，记为 x_{n_2}，则 $n_2 > n_1$。继续在每一区间 $[a_k, b_k]$ 中都这样取出一个数 x_{n_k}，于是便得到 $\{x_n\}$ 的一个子数列 $\{x_{n_k}\}$，其中 $n_1 < n_2 < \cdots < n_k < \cdots$，且 $a_k \leqslant x_{n_k} \leqslant b_k$。令 $k \to \infty$，由于 $a_k \to C$，$b_k \to C$，故 $x_{n_k} \to C$，这就是所要证明的。

三、完备性定理(数列的柯西收敛准则)

关于数列极限存在的判别，我们曾在 §2.3 介绍了单调有界判别法；不过那个判别法只给出了极限存在的充分条件，而不是必要的。下面介绍的完备性定理提供了数列极限存在的充分和必要条件。这个定理也称为"柯西收敛准则"，关于它的证明将要引用致密性定理。在本章里将看不到完备性定理的更多应用，不过有了这个定理，待至第 10 章建立判别级数收敛性的柯西收敛准则时，将是轻而易举的事了。

定理 3(完备性定理)   数列 $\{x_n\}$ 有极限的充分和必要条件是：对任意给定的 $\varepsilon > 0$，必存在一自然数 N，当 $m, n > N$ 时，恒有

$$|x_n - x_m| < \varepsilon$$

(定理的充分必要条件是说：在数列 $\{x_n\}$ 中必存在这样一项 x_N，在这项以后的任意两项之差的绝对值为任意小)

证明   首先证明条件的必要性。设 $x_n \to a (n \to \infty)$，则对任意给定的 $\varepsilon > 0$，必有一自然数 N，当 $k > N$ 时，有

$$|x_k - a| < \frac{\varepsilon}{2}$$

从而当 $m, n > N$ 时，有

$$|x_n - x_m| \leqslant |x_n - a| + |a - x_m| < \frac{\varepsilon}{2} + \frac{\varepsilon}{2} = \varepsilon$$

其次证明条件的充分性。我们先来证明满足条件的任意数列必有界。根据定理条件，取 $\varepsilon = 1$，必存在自然数 N，当 $m, n > N_0$ 时，有

$$|x_n - x_m| < 1$$

特别地，当 $n > N_0$，$m = N_0 + 1$ 时，有

$$|x_n - x_{N_0+1}| < 1$$

因此当 $n > N_0$ 时，便有

$$|x_n| \leqslant |x_n - x_{N_0+1}| + |x_{N_0+1}| < 1 + |x_{N_0+1}|$$

这就证明了 $\{x_n\}$ 是有界的。由致密性定理，$\{x_n\}$ 必有收敛的子数列 $\{x_{n_k}\}$，设 $\lim\limits_{k \to \infty} x_{n_k} = a$。按子数列收敛的 "$\varepsilon, k$" 语言，对任意给定的 $\varepsilon > 0$，必有自然数 K，当 $k > K$ 时，有

$$|x_{n_k} - a| < \varepsilon^*$$

下面证明这个常数 a 便是 $\{x_n\}$ 的极限。取一自然数 $k_o = \max\{k + 1, N + 1\}$，于是 $k_0 > k$，

且 $n_{k_0} \geqslant n_{N+1} \geqslant N+1 > N^{①}$。因此，当 $n > N$ 时，由定理条件有 $|x_n - x_{n_{k_0}}| < \varepsilon$，从而可得

$$|x_n - a| \leqslant |x_n - x_{n_{k_0}}| + |x_{n_{k_0}} - a| < \varepsilon + \varepsilon = 2\varepsilon$$

即
$$\lim_{n \to \infty} x_n = a \text{（证毕）}$$

例 3　设 $x_n = 1 + \dfrac{1}{2} + \dfrac{1}{3} + \cdots + \dfrac{1}{n}(n = 1, 2, 3, \cdots)$，证明 $\{x_n\}$ 是发散的。

证明　对任意自然数 n，取 $m = 2n$，有

$$|x_m - x_n| = \frac{1}{n+1} + \frac{1}{n+2} + \cdots + \frac{1}{n+n}$$

$$\geqslant \frac{1}{n+n} + \frac{1}{n+n} + \cdots + \frac{1}{n+n} = \frac{1}{2}$$

若取 $\varepsilon = \dfrac{1}{2}$，则不会存在这样的自然数 N，使当 $n > N$ 时（此时 $m = 2n > N$），有

$$|x_m - x_n| < \frac{1}{2}$$

由完备性定理，便知 $\{x_n\}$ 是发散的。

四、有限覆盖定理

有限覆盖定理也称"波雷尔定理"。此定理在数学分析中起着与致密性定理同等重要的作用。下面首先介绍区间覆盖的概念。

区间覆盖设有一区间集 E（即 E 的元素为区间，开或闭）及某一区间 I（开或闭）。如果对于 I 的任一点 x，可自 E 中至少找到一个区间 δ，使 $x \in \delta$，则称 E 覆盖 I。

从几何来看。假定闭区间 $[a, b]$ 被开区间集 E 所覆盖，我们把它们放在数轴上，如图 9.2 表示。$[a, b]$ 中的点有的属于 E 的一个开区间，如 x_1；有的点同时属于 E 的两个开区间，如 x_2，整个 $[a, b]$ 却被 ^{②}E 所覆盖。

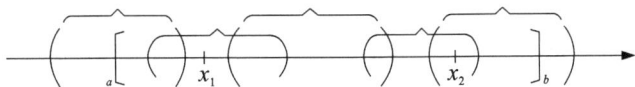

图 9.2

例如：
$$\left[0, \frac{1}{2}\right], \left[\frac{1}{2}, \frac{2}{3}\right], \left[\frac{2}{3}, \frac{3}{4}\right], \cdots, \left[\frac{n-1}{n}, \frac{n}{n+1}\right], \cdots \text{及} [1, 2] \text{覆盖区间} [0, 2]。$$
$$\left(0, \frac{2}{3}\right), \left(\frac{1}{2}, \frac{3}{4}\right), \cdots, \left(\frac{n-1}{n}, \frac{n+1}{n+2}\right), \cdots \text{覆盖区间} (0, 1)。$$

---

① 见子数列概念：对每一 k，有 $n_k \geqslant k$。

② 因 $k_0 > K$，由 * 式便知 $|x_{nk} - a| < \varepsilon$。

定理 4(有限覆盖定理) 如果开发区间的无穷集 E 覆盖闭区间 $[a, b]$，则必能从 E 中选出有限个开区间，也能覆盖闭区间 $[a, b]$。

证明 为叙述方便，如果一个闭区间 Δ，能被开区间集 E 中的有限个区间覆盖，我们就说 Δ 有"有限覆盖"。用反证法来证明。

假定闭区间 $\Delta = [a, b]$ 没有有限覆盖。等分 Δ，则两半中至少有一半没有有限覆盖(否则，Δ 就有有限覆盖了)，把这一半记为 Δ_1(若两半皆没有有限覆盖，任取其一作为 Δ_1)。再把 Δ_1 等分，而用 Δ_2 记其中没有有限覆盖的一半。把这种步骤无限进行下去，便得到一个闭区间列

$$\Delta, \Delta_1, \Delta_2, \cdots, \Delta_n, \cdots$$

其中每一个都没有有限覆盖。从我们的做法可知，这一闭区间列显然组成一个闭区间套。根据闭区间套定理，必有唯一的一个数 C 属于所有闭区间，当然 C 也属于 Δ。而 Δ 为开区间集 E 所覆盖，因此 C 至少属于 E 中的某一个开区间 σ(参考图 9.3)。但知每一个闭区间 Δ_n 都包含 C，并且当 $n \to \infty$ 时，$\Delta_n (= b_n - a_n)$ 的长度趋于零，所以当 n 充分大时，闭区间 Δ_n 将整个包含在开区间 σ 之内。这就导致了矛盾：一方面根据上面的取法，Δ_n 没有有限覆盖；另一方面，只需 E 中的一个开区间 σ 就覆盖了 Δ_n。从而定理得证。

应当注意的是，被盖区间一定是闭区间，而覆盖者一定是开区间，否则定理就可能不成立。例如半开区间集 $\left[0, \dfrac{1}{2}\right), \left[\dfrac{1}{2}, \dfrac{2}{3}\right), \left[\dfrac{2}{3}, \dfrac{3}{4}\right), \cdots, \left[\dfrac{n-1}{n}, \dfrac{n}{n+1}\right), \cdots$ 及 $[1, 2]$ 虽然盖住了闭区间 $[0, 2]$，但不能从中选出有限个仍可以盖住 $[0, 2]$(参考图 9.4)。

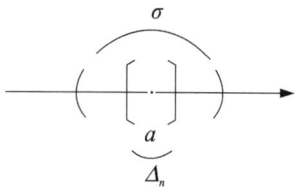

图 9.3

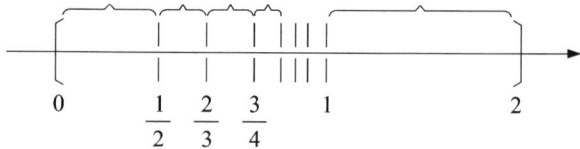

图 9.4

§9.2 闭区间上连续函数性质的证明

第 3 章已经介绍了闭区间上连续函数的几个重要性质。当时仅从几何上作了一些直观解释，现在写出它的证明，同时介绍函数的一致连续性。

一、连续函数性质证明

1. 有界性定理

如果函数 $f(x)$ 在闭区间 $[a, b]$ 上连续，则 $f(x)$ 在 $[a, b]$ 上有界。

证明 用有限覆盖定理来证，因 $f(x)$ 在 $[a, b]$ 上连续，当然在 $[a, b]$ 每一点都连续。设 α 是 $[a, b]$ 的任意一点，根据连续定义的"$\varepsilon - \delta$"语言，对于给定的 $\varepsilon = 1$(因 ε 是任意的正数，这里假定 $\varepsilon = 1$，当然是可以的)，必存在 $\delta_\alpha > 0$，使当 $|x - \alpha| < \delta_\alpha$(即 $\alpha - \delta_\alpha < x < \alpha +$

δ_α) 时，$|f(x) - f(\alpha)| < 1$。由绝对值性质，有

$$|f(x)| - |f(\alpha)| \leq |f(x) - f(\alpha)| < 1$$

移项得
$$|f(x)| < |f(\alpha)| + 1 \tag{1}$$

这表明 $f(x)$ 在开区间 $\delta_\alpha = (\alpha - \delta_\alpha, \alpha + \delta_\alpha)$ 内有界。

利用覆盖方法把这个局部性质推广到整个 $[a, b]$ 上去。显然，对 $[a, b]$ 的每一点 α 都存在这样的开区间 δ_α，而 $[a, b]$ 有无穷多个点，相应的开区间也有无穷多个，于是这些开区间的无穷集 $E = \{\delta_\alpha\}$ 便覆盖了 $[a, b]$。并知对每一个开区间 δ_α 内的 x，(1) 式均成立。

根据覆盖定理，从开区间集 E 中可选出有限个开区间

$$\delta_{\alpha_1}, \delta_{\alpha_2}, \cdots, \delta_{\alpha_n}$$

同样能覆盖 $[a, b]$（参考图 9.5），且对其中任一开区间 $\delta_{\alpha_k}(k = 1, 2, \cdots, n)$ 内的 x，有

$$|f(x)| < |f(\alpha_k)| + 1 \, (k = 1, 2, \cdots, n)$$

记 $M = \max\{|f(\alpha_k)| + 1\}$，于是对于 $[a, b]$ 上的任意一点 x，均有

$$|f(x)| < M \, (\text{证毕})$$

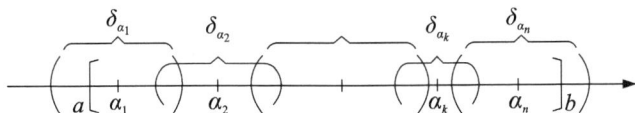

图 9.5

2. 最大最小值定理

如果函数 $f(x)$ 在闭区间 $[a, b]$ 上连续，则 $f(x)$ 在 $[a, b]$ 上必有最大值和最小值。

证明　根据有界性定理，函数 $f(x)$ 在 $[a, b]$ 上有界，以 α, β 分别表示 $f(x)$ 在 $[a, b]$ 上的下确界和上确界。我们来证明，在 $[a, b]$ 上永远可以找到这样的点 x_1，使 $f(x_1) = \alpha$，也有这样的点 x_2，使 $f(x_2) = \beta$。

只就上确界 β 来证明，下确界证法类似。我们用反证法，假定在 $[a, b]$ 上的每一点 x 都有 $f(x) < \beta$。由于 $\beta - f(x)$ 在 $[a, b]$ 上连续（两个连续函数的差）且不等于零，所以函数 $\dfrac{1}{\beta - f(x)}$ 在 $[a, b]$ 上也连续，根据有界性定理，便知后一函数在 $[a, b]$ 上有界。从而存在这样的数 $C > 0$，使得

$$\frac{1}{\beta - f(x)} < C \, (a \leq x \leq b)$$

但从这个不等式立即推出（注意 $\beta - f(x) > 0$）

$$f(x) < \beta - \frac{1}{C} \, (a \leq x \leq b)$$

这表明比 β 小的数 $\beta - \dfrac{1}{C}$ 是 $f(x)$ 的一个上界，显然与 β 是 $f(x)$ 的上确界（即最小上界）相矛盾，定理得证。

3. 介值定理

首先证明介值定理的特殊情形，即零点存在定理，然后加以推广。

零点存在定理(根的存在定理) 如果函数 $f(x)$ 在闭区间 $[a, b]$ 上连续,且 $f(a)$ 与 $f(b)$ 不同号,则在 $[a, b]$ 内至少有一点 ξ,使 $f(\xi) = 0$。

证明 在几何上(图 9.6),就是要证明连续曲线 $y = (x)$ 在 a 点与 b 点之间,至少与 x 轴交于一点。

为确定起见,不妨设 $f(a) < 0$, $f(b) > 0$(图 9.6)。我们对区间 $[a, b]$ 采取逐次二等分法,构造一个区间套,使其每个区间端点的函数值保持异号。不难设想,这样的区间套所套出来的一点就可能是所求的 ξ 点。

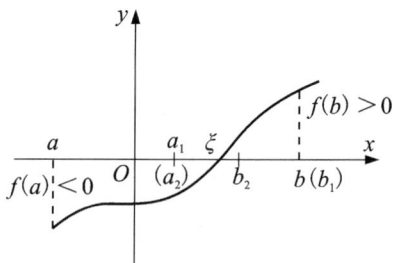

图 9.6

将 $[a, b]$ 等分为二,中点为 $\dfrac{a + b}{2}$。若 $f\left(\dfrac{a + b}{2}\right) = 0$,则定理得证,若 $f\left(\dfrac{a + b}{2}\right) \neq 0$,则在区间 $\left[a, \dfrac{a + b}{2}\right]$ 与 $\left[\dfrac{a + b}{2}, b\right]$ 中必有一个区间的端点的函数值异号,用 $[a_1, b_1]$ 表示这个区间。再将 $[a_1, b_1]$ 等分为二,以 $[a_2, b_2]$ 表示区间端点函数值异号的那一半。我们无妨假定不存在区间中点的函数值等于零的情形,于是这样的方法可以无限进行下去,显然得到的是一个闭区间套

$$[a, b], [a_1, b_1], [a_2, b_2], \cdots, [a_n, b_n], \cdots$$

$f(x)$ 在每个区间的端点函数值都是异号的。根据闭区间套定理,必存在唯一的一点,属于所有闭区间,把这个公共点记为 ξ。

下面证明 $f(\xi) = 0$。用反证法,不妨设 $f(\xi) > 0$,因 $f(x)$ 在 ξ 点连续,根据连续函数的保号性(见 §3.4)必存在 ξ 点的一个邻域 $(\xi - \delta, \xi + \delta)$ 对邻域内的任意 x,都有 $f(x) > 0$。又知 ξ 点属于所有闭区间 $[a_n, b_n]$,而当 n 无限增大时,$[a_n, b_n]$ 的长度趋于零,所以当 n 充分大时,区间 $[a_n, b_n]$ 就可以整个包含在此邻域之内(如图 9.7)。这样一来,一方面,对邻域内的每一点 x 都有 $f(x) > 0$;另一方面,在此邻域内又存在两点 a_n 和 b_n,而 $f(a_n)$ 与 $f(b_n)$ 却异号,从而导致矛盾。(证毕)

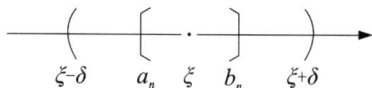

图 9.7

下面证明零点存在定理的推广,即:

介值定理 如果函数 $f(x)$ 在闭区间 $[a, b]$ 上连续,则对于 $f(a)$ 与 $f(b)$ 之间的任一个数 η,在 (a, b) 内至少有一点 ξ 使,$f(\xi) = \eta$。

证明 作一辅助函数

$$\varphi(x) = f(x) - \eta$$

显然 $\varphi(x)$ 在 $[a, b]$ 上连续。$\varphi(x)$ 在端点 a 和 b 的函数值为 $\varphi(a) = f(a) - \eta$, $\varphi(b) = f(b) - \eta$,因 η 介于 $f(a)$ 与 $f(b)$ 之间,所以 $\varphi(a)$ 与 $\varphi(b)$ 必然异号。根据上面零点存在定理,在

a 与 b 之间必存在一点 ξ，使 $\varphi(\xi) = 0$。即

$$f(\xi) - \eta = 0$$

从而

$$f(\xi) = \eta$$

二、一致连续性

我们已经学了函数在区间上连续的概念，这里要介绍的是与上述连续性有着密切联系的另一种性质，即函数在区间上的一致连续性或称均匀连续性。要弄清楚一致连续的概念，需要从函数在区间上连续的定义讲起。

设 $f(x)$ 是区间 I 上的连续函数，x_0 是 I 上的任意一点。根据连续定义的"$\varepsilon - \delta$"语言，对于任意给定的 $\varepsilon > 0$，总存在 $\delta_{x_0} > 0$，使当 $|x - x_0| < \delta_{x_0}$ 时，

$$|f(x) - f(x_0)| < \varepsilon$$

我们知道，对于一个固定的 x_0 点来说，适用于这点的 δ 的大小，一般是依赖于 ε 的；但当 x_0 点处于区间 I 的不同位置时，即使给定的 ε 没有改变，而所对应的 δ 也是可能改变的。因此，上面我们在 δ 下方标注一个 x_0，表示这个 δ 一般说来是与 x_0 有关的。这个事实可以就一个具体函数的图象考察一下。

函数 $y = \dfrac{1}{x}$ 的图象如图 9.8。现在对于给定的同一个 ε，我们考察适用于右半轴上不同点的 δ 的大小情况。如图所示，对于离原点较远的点 x_0 所适用的 δ，比接近原点的 x'_0 所适用的 δ 就大得多。也就是说，在函数变化较慢地方所适用的 δ 要大于函数变化较快地方所适用的 δ。

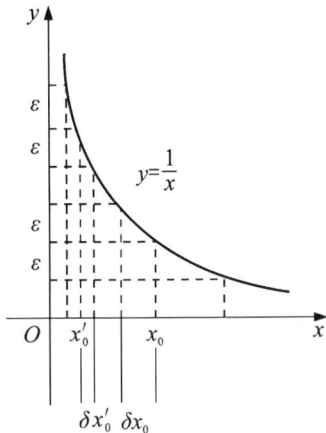

图 9.8

这个事实清楚地说明：δ 这个数，一般不仅依赖于给定的 ε，而且依赖于点 x_0。

现在面对着这样的一个问题：在 ε 固定不变的情况下，能否找到一个适用于区间 I 的每一点的通用 δ 呢？也就是说，对于给定的 $\varepsilon > 0$，总能找到一个 $\delta > 0$，不论 x_0 是区间 I 上的哪一点，只要 $|x - x_0| < \delta$，便有 $|f(x) - f(x_0)| < \varepsilon$。这个问题并不是总能办得到的。如果函数 $f(x)$ 在区间 I 上存在通用的 δ，我们就说 $f(x)$ 在区间 I 上是一致连续的。

这里应当对上述的"不论 x_0 是区间 I 上的哪一点，只要 $|x - x_0| < \delta$，便有 $|f(x) - f(x_0)| < \varepsilon$"这句话作进一步的理解。由于 x_0 是区间 I 上的任意一点，所以不等式 $|x - x_0| < \delta$ 中的 x 与 x_0 也就是区间 I 上的距离小于 δ 的任意两点。因此有下面的一致连续的定义。

定义　设 $f(x)$ 是在区间 I（或开或闭）上的有定义的函数，如果对于任意的 $\varepsilon > 0$，总可以找到仅与 ε 有关而与 I 上点 x 无关的 $\delta > 0$，使对 I 上的任意两点 x_1 与 x_2，只要 $|x_1 - x_2| < \delta$，便有

$$|f(x_1) - f(x_2)| < \varepsilon$$

则称函数 $f(x)$ 在区间 I 上一致连续。

从定义可知，如果函数 $f(x)$ 在某一区间 I 上一致连续，则它在 I 上也必是连续的。但是反

过来就不一定了。

例1 证明函数 $f(x) = \dfrac{1}{x}$ 在区间 $(0,1)$ 上不一致连续,在区间 $(C,1)$(其中 $C > 0$)上则是一致连续的。

证明 设 $\varepsilon > 0$ 是任意给定的,我们来证明并不存在通用的 $\delta > 0$,使得对 $(0,1)$ 上的任意两点 x_1 与 x_2,只要 $|x_1 - x_2| < \delta$,就有

$$\left| \frac{1}{x_1} - \frac{1}{x_2} \right| < \varepsilon \tag{1}$$

由(1)式得

$$-\varepsilon < \frac{1}{x_1} - \frac{1}{x_2} < \varepsilon$$

即

$$\frac{1}{x_2} - \varepsilon < \frac{1}{x_1} < \frac{1}{x_2} + \varepsilon$$

$$\frac{1 - x_2\varepsilon}{x_2} < \frac{1}{x_1} < \frac{1 + x_2\varepsilon}{x_2}$$

不妨假定 $1 - x_2\varepsilon > 0 \left(\text{即 } \varepsilon < \dfrac{1}{x_2}\right)$,于是

$$\frac{x_2}{1 - x_2\varepsilon} > x_1 > \frac{x_2}{1 + x_2\varepsilon}$$

各项减去 x_2,得

$$\frac{x_2^2\varepsilon}{1 - x_2\varepsilon} > x_1 - x_2 > \frac{x_2^2\varepsilon}{1 + x_2\varepsilon}$$

似乎可以取 $\delta = \min\left\{\dfrac{x_2^2\varepsilon}{1 + x_2\varepsilon}, \dfrac{x_2^2\varepsilon}{1 - x_2\varepsilon}\right\} = \dfrac{x_2^2\varepsilon}{1 + x_2\varepsilon}$ 作为通用于整个区间 $(0,1)$ 的 δ;但是实际上是不行的,因为从分式 $\dfrac{x_2^2\varepsilon}{1 + x_2\varepsilon}$ 可以看出,虽然给定的 ε 固定不变,而 δ 仍依赖于 x_2,当 x_2 愈靠近 $(0,1)$ 的左端点 0,则 δ 愈小,并且当 $x_2 \to 0$ 时,$\delta \to 0$,这样,自然找不到一个正数 δ,使它适用于 $(0,1)$ 上的任意两点。因此函数 $\dfrac{1}{x}$ 在 $(0,1)$ 上不是一直连续的。

但是当 $x_2 \in (C,1)$ 时,则

$$\frac{x_2^2\varepsilon}{1 + x_2\varepsilon} > \frac{C^2\varepsilon}{1 + C\varepsilon}$$

于是可以取 $\delta = \dfrac{C^2\varepsilon}{1 + C\varepsilon}$,并不依赖 x_2,自然可以作为区间 $(C,1)$ 上的通用 δ,所以函数 $\dfrac{1}{x}$ 在 $(C,1)$ 上是一致连续的。

例2 讨论 $f(x) = \sin x$ 在 $(-\infty, +\infty)$ 上的一致连续性。

解 设 x_1 和 x_2 是 $(-\infty, +\infty)$ 上的任意两点,ε 是任意给定的正数。由于

$$|f(x_1) - f(x_2)| = |\sin x_1 - \sin x_2|$$

$$= 2 \left| \cos \frac{x_1 + x_2}{2} \sin \frac{x_1 - x_2}{2} \right| \leqslant 2 \left| \sin \frac{x_1 - x_2}{2} \right| \cdot 1$$

$$\leqslant 2 \frac{|x_1 - x_2|}{2} = |x_1 - x_2|$$

对于给定的 $\varepsilon > 0$，如果取 $\delta = \varepsilon$，则只要 $|x_1 - x_2| < \delta$，便有

$$|\sin x_1 - \sin x_2| < \varepsilon$$

所以函数 $f(x) = \sin x$ 在 $(-\infty, +\infty)$ 上一致连续。

关于闭区间上连续函数的性质，在这之前我们讨论了三个：有界性、最大最小值和介值，此处又介绍了一致连续性。因为一致连续的概念比较抽象，在证明中还要用到实数定理，所以我们有意识地推迟到这里。下面介绍一致连续性的定理。

定理　（一致连续性）如果函数 $f(x)$ 在闭区间 $[a, b]$ 上连续，则 $f(x)$ 必在 $[a, b]$ 上一致连续。

证明　只须证明，对给定的 $\varepsilon > 0$，总能找到通用的 $\delta > 0$，对于 $[a, b]$ 上的任意两点 x_1 和 x_2，只要 $|x_1 - x_2| < \delta$，就有

$$|f(x_1) - f(x_2)| < \varepsilon$$

设 α 是 $[a, b]$ 上的任意一点，因 $f(x)$ 在点 α 连续，所以对于给定的 $\varepsilon > 0$，必存在 $\delta_\alpha > 0$，当 $|x - \alpha| < \delta_\alpha$，即 $\alpha - \delta_\alpha < x < \alpha + \delta_\alpha$ 时，

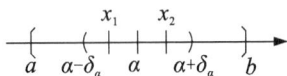

图 9.9

$$|f(x) - f(\alpha)| < \frac{\varepsilon}{2}$$

如果 x_1 与 x_2 是 $(\alpha - \delta_\alpha, \alpha + \delta_\alpha)$ 上的任意两点（参考图 9.9），则也有

$$|f(x_1) - f(\alpha)| < \frac{\varepsilon}{2}, \quad |f(x_2) - f(\alpha)| < \frac{\varepsilon}{2}$$

从而

$$|f(x_1) - f(x_2)| = \left| [f(x_1) - f(\alpha)] + [f(\alpha) - f(x_2)] \right|$$

$$\leqslant |f(x_1) - f(\alpha)| + |f(x_2) - f(\alpha)| < \frac{\varepsilon}{2} + \frac{\varepsilon}{2} = \varepsilon$$

即对 $(\alpha - \delta_\alpha, \alpha + \delta_\alpha)$ 的任意两点 x_1 与 x_2，有

$$|f(x_1) - f(x_2)| < \varepsilon \tag{1}$$

这就是说，在以 $[a, b]$ 的任意一点 α 为中心所作的小开区间 $(\alpha - \delta_\alpha, \alpha + \delta_\alpha)$ 上，$f(x)$ 是一致连续的。下面利用覆盖方法把这种性质推广到整个区间 $[a, b]$ 上去。

我们在 $[a, b]$ 上的每一点 α 都作出开区间 $(\alpha - \delta_\alpha, \alpha + \delta_\alpha)$，当然由于 α 在 $[a, b]$ 上的位置不同，各区间的长度（即 $2\delta_\alpha$）一般也不相同。为叙述方便，我们称这样的区间为点 α 的"专有区间"，注意对专有区间 $(\alpha - \delta_\alpha, \alpha + \delta_\alpha)$ 上的任意 x_1 与 x_2，不等于（1）都成立。即 $f(x)$ 在专有区间上是一致连续的。

现在将所有的专有区间都缩短一半，得到点 α 的缩短区间 $\left(\alpha - \frac{1}{2}\delta_\alpha, \alpha + \frac{1}{2}\delta_\alpha \right)$。因为 $[a, b]$ 上的每一点都有它的缩短区间，这些缩短区间的无穷集 E 便覆盖了区间 $[a, b]$。根据有限覆盖定理，从 E 中可以选出有限个缩短区间

$$\Delta 1,\ \Delta 2,\ \cdots \Delta n$$

它同样能盖住 $[a,b]$ ，取缩短区间中长度最小者的一半计作 δ ，即 $\delta = \min\left\{\dfrac{1}{2}\delta_{\alpha_k}\right\}$ （ $k=1$ ，2 ，$\cdots$ ，n ），下面证明这个 δ 就是要找的通用 δ 。

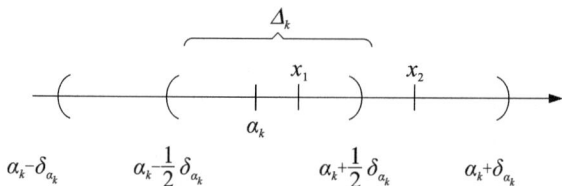

图 9.10

设 x_1 和 x_2 是 $[a,b]$ 上的任意两点，并且 $|x_1 - x_2| < \delta$ ，只要证明 x_1 和 x_2 同时属于 $[a,b]$ 上某一点的专有区间就可以。由于 x_1 必属于某一点 α_k 的缩短区间 $\Delta_k = \left(\alpha_k - \dfrac{1}{2}\delta_{\alpha_k},\ \alpha_k + \dfrac{1}{2}\delta_{\alpha_k}\right)$ ，即 $|x_1 - \alpha_k| < \dfrac{1}{2}\delta_{\alpha_k}$ ，从而也必属于点 α_k 的专有区间 $(\alpha_k - \delta_{\alpha_k},\ \alpha_k + \delta_{\alpha_k})$ （图 9.10）。又因

$$|x_2 - \alpha_k| = |x_2 - x_1 + x_1 - \alpha_k| \leqslant |x_2 - x_1| + |x_1 - \alpha_k|$$

$$< \delta + \frac{1}{2}\delta_{\alpha_k} \leqslant \frac{1}{2}\delta_{\alpha_k} + \frac{1}{2}\delta_{\alpha_k} = \delta_{\alpha_k}\left(\text{因} \delta \leqslant \frac{1}{2}\delta_{\alpha_k}\right)$$

所以 x_2 也属于 α_k 的专有区间 $(\alpha_k - \delta_{\alpha_k},\ \alpha_k + \delta_{\alpha_k})$ 。x_1 与 x_2 既然是 $[a,b]$ 的某一点的专有区间上的两点，根据专有区间的性质，就有

$$|f(x_1) - f(x_2)| < \varepsilon$$

这就证明了 $f(x)$ 在 $[a,b]$ 上的一致连续性。

§9.3 函数的可积性

在讲定积分概念时，我们曾指出函数可积的必要条件是它的有界性，但是有界的函数并不一定都可积。究竟如何判断一个函数的可积性，什么样的一类函数才是可积的，这都是有待解决的问题。本节将介绍一个判断可积性的准则 —— 柯西准则，并讨论几类一定可积的函数。

一、可积准则

我们回忆一下定积分的定义：对于定义在区间 $[a,b]$ 上的函数 $f(x)$ ，如果极限

$$\lim_{\lambda \to 0} \sum_{i=1}^{n} f(\xi_i)\Delta x_i$$

存在，则说 $f(x)$ 在 $[a,b]$ 上有定积分，记为 $\displaystyle\int_a^b f(x)\mathrm{d}x$ 。

讨论函数 $f(x)$ 的可积性, 就是要考察极限 $\lim\limits_{\lambda \to 0} \sum\limits_{i=1}^{n} f(\xi_i) \Delta x_i$ 的存在性。但是这种极限与我们学过的函数极限或数列极限都不相同, 而是相当复杂的一种特殊类型的极限。和数 $\sum\limits_{i=1}^{n} f(\xi_i) \Delta x_i$, 它既依赖于区间 $[a, b]$ 的分法(因 $\triangle x_i$ 是各小区间的长度), 又依赖于 ξ_i 点在各小区间上的取法, 并不是 λ(注意 λ 是小区间长度的最大者) 的函数。因为对于一个确定的 λ, 其分点可以有各种取法, 而当取定一种分割之后, ξ_i 点的取法又有很大的任意性, 因此和数 $\sum\limits_{i=1}^{n} f(\xi_i) \Delta x_i$ 没有一个唯一确定的对应值, 从而它不是 λ 的函数。

我们曾把和数 $\sum\limits_{i=1}^{n} f(\xi_i) \Delta x_i$ 称为积分和。这个和数的构造既然如此复杂, 要想直接判断它的极限是否存在, 则是相当困难的。在介绍可积准则之前, 作为研究函数可积性的辅助工具, 需要引入类似于积分和的另外一种和数, 即大和与小和。

(一) 大和与小和

我们先给出大和与小和的定义, 然后讨论它的几个性质。

设 $f(x)$ 是定义在 $[a, b]$ 上的一个有界函数, 分点

$$a = x_0 < x_1 < x_2 < \cdots < x_{n-1} < x_n = b$$

在 $[a, b]$ 上确认了一个分割 T, 又 M_i 与 m_i 分别是 $f(x)$ 在小区间 $[x_{i-1}, x_i]$ 上的上确界与下确界, 作和数

$$S(T) = \sum_{i=1}^{n} M_i \Delta x_i, \quad s(T) = \sum_{i=1}^{n} m_i \Delta x_i$$

这两个和数依次称为对于分割 T 大和与小和。取定了分割之后, 大和与小和都是唯一确定的, 因为 $f(x)$ 在每个小区间上的上、下确界是唯一的。因此, 大和与小和比之积分和数简单得多。

前面讲积分概念时, 曾指出积分和在几何上代表一个台阶形的面积。这里的大和与小和在几何上则代表曲线的外包台阶形与内含台阶形(可以参考图 7.1)。

显然, 在同一个分割 T 之下, 任何一个积分和 σ(注意在同一个分割下, 积分和数是无穷集) 都介于大和与小和之间, 即

$$s(T) \leqslant \sigma \leqslant S(T)$$

大和与小和的性质

性质 1　在同一分割 T 下, 积分和的上确界是大和、下确界是小和, ①是这个小区间上的最大、最小值。

证明　在一个确定的分割 T 之下, 积分和数是无穷集, 现在证明这个数集的上确界是大和 $S(T)$。根据定义, 有

（ⅰ）$\sum\limits_{i=1}^{n} f(\xi_i) \Delta x_i \leqslant S(T)$

---

①　如果 $f(x)$ 在区间 $[a, b]$ 上连续, 则 $f(x)$ 在 $[x_{i-1}, x_i]$ 上的上、下确界分别是 $f(x)$ 在这个小区间上的最大、最小值。

因 M_i 是 $f(x)$ 在 $[x_{i-1}, x_i]$ 上的上确界,按上确界定义,对于任意的 $\varepsilon > 0$,在 $[x_{i-1}, x_i]$ 上必有一点 ξ_i,使

$$f(\xi_i) > M_i - \varepsilon \, (i = 1, 2, \cdots, n)$$

两端乘以 Δx_i,再从 1 到 n 加起来,便得

$$(\text{ⅱ}) \sum_{i=1}^n f(\xi_i) \Delta x_i > \sum_{i=1}^n M_i \Delta x_i - \varepsilon \sum_{i=1}^n \Delta x_i$$
$$= S(T) - \varepsilon(b-a)$$

由(ⅰ),(ⅱ)可知,大和是积分和的上确界。

同理可证小和是积分和的下确界。

性质 2 若在原来的分点之外添加新的分点,则大和不增大,小和不减小。

证明 设原来的大和与小和分别是 $S(T)$ 与 $s(T)$,添加新分点后的大和与小和分别是 $S(T')$ 与 $s(T')$。需要证明

$$S(T') \leqslant S(T), \, s(T') \geqslant s(T)$$

我们仅证大和不增大,同理可证小和不减小。

假定原来的分点是

$$a = x_0 < x_1 < \cdots < x_{i-1} < x_i < \cdots < x_n = b$$

首先仅就在某一个小区间 $[x_{i-1}, x_i]$ 内添加一个分点 x' 来证明大和不增大,此时其他小区间不添加分点。设 $f(x)$ 在小区间 $[x_{i-1}, x']$ 及 $[x', x_i]$ 上的上确界分别是 M_i' 及 M_i'',则

$$M_i' \leqslant M_i, \, M_i'' \leqslant M_i$$

于是在 $S(T')$ 中对应于区间 $[x_{i-1}, x']$ 及 $[x', x_i]$ 的两项与 $S(T)$ 中对应于区间 $[x_{i-1}, x_i]$ 的一项之间有以下关系:

$$M_i'(x' - x_{i-1}) + M_i''(x_i - x') \leqslant M_i(x' - x_{i-1}) + M_i(x_i - x')$$
$$= M_i[(x' - x_{i-1}) + (x_i + x')]$$
$$= M_i(x_i - x_{i-1})$$

但在 $S(T')$ 与 $S(T)$ 中对应于其他区间的项都相同,所以

$$S(T') \leqslant S(T)$$

如果添加的分点不止一个,则可以按逐次添加一个分点来证明。

性质 3 任何一个分割 T 的小和不超过另外任何一个分割 T' 的大和。

证明 设分割 T 与 T' 所对应的大和与小和依次是 $S(T)$ 与 $s(T)$,$S(T')$ 与 $s(T')$。我们来证明

$$s(T) \leqslant S(T')$$

把两个分割的分点合并在一起,便得到第三个分割 T'',它对应的大和与小和分别是 $S(T'')$ 与 $s(T'')$。第三个分割 T'' 看作是由第一个分割 T 添加新分点得到的,由性质 2° 有

$$s(T) \leqslant s(T'')$$

再对比分割 T' 与 T'',同样可得

$$S(T'') \leqslant S(T')$$

但 $s(T'') \leqslant S(T'')$,于是由上面两个不等式便得出

$$s(T) \leqslant s(T'') \leqslant S(T'') \leqslant S(T')$$

性质 4 对于一切分割,小和的上确界不超过大和的下确界。

这就是说，如果对于区间采取各种各样的分割，于是它们所对应的小和与大和分别都组成一个集合，而小和集合的上界不超过大和集合的下确界。

证明　根据性质 3°，小和组成的集合是有上界的，比如任何一个大和都可以作为它的上界，从而它必有上确界，记为 I^0。同理，所有大和组成的集合有下确界，记成 I_0。因为任何一个小和都不超过任何一个大和，所以也不能超过大和的下确界 I_0，从而小和的上确界也不能超过大和的下确界，即

$$I^0 \leq I_0$$

显然还有

$$s \leq I^0 \leq I_0 \leq S$$

(二) 可积准则

根据大和与小和的性质，就可以导出定积分存在的充分必要条件 —— 可积准则。

定理（函数可积准则）函数 $f(x)$ 在区间 $[a, b]$ 上可积的充分必要条件是

$$\lim_{\lambda \to 0}[S(T) - s(T)] = 0 \tag{1}$$

定理也可以叙述为：对于任意的 $\varepsilon > 0$，总存在 $\delta > 0$，不论对 $[a, b]$ 采取什么分法，只要 $\lambda < \delta$，便有

$$S(T) - s(T) < \varepsilon$$

定理的几何意义是，当分割无限变细（即 $\lambda \to 0$）时，曲线 $y = f(x)$ 的外包台阶形面积与内含台阶形面积之差趋于零（参看图 7.1）。

证明　先证必要性。即从 $f(x)$ 在 $[a, b]$ 上可积出发，推出 (1) 式。

如果定积分

$$I = \int_a^b f(x)\,dx$$

存在，则对任意的 $\varepsilon > 0$，总存在 $\delta > 0$，不论对 $[a, b]$ 如何分割，也不论 ξ_i 点如何取法，只要 $\lambda < \delta$，便有

$$\left| \sum_{i=1}^n f(\xi_i)\Delta x_i - I \right| < \varepsilon$$

即

$$I - \varepsilon < \sum_{i=1}^n f(\xi_i)\Delta x_i < I + \varepsilon \tag{2}$$

另一方面，对于任意一个分割 T，小和 $s(T)$ 与大和 $S(T)$ 分别是积分和 $\sum_{i=1}^n f(\xi_i)\Delta x_i$ 的下确界与上确界（大、小和性质 1°），即

$$s(T) \leq \sum_{i=1}^n f(\xi_i)\Delta x_i \leq S(T) \tag{3}$$

比较 (2)，(3) 得（注意 $S(T)$ 与 $s(T)$ 是积分和的上、下确界）

$$I - \varepsilon \leq s(T) \leq S(T) \leq I + \varepsilon$$

此式两端相减，再把中间两项相减，则得

$$0 \leq S(T) - s(T) \leq 2\varepsilon$$

这表明，对于任意的 $\varepsilon > 0$，必存在 $\delta > 0$，当 $\lambda < \delta$ 时，便有

$$S(T) - s(T) < 2\varepsilon$$

从而(1)式成立。

再证充分性。假设对定义在$[a, b]$上的$f(x)$，条件(1)成立。对于许多不同的分割来说，小和组成的集合$\{s(T)\}$有上确界，记为I^0；而大和组成的集合$\{S(T)\}$有下确界，记为I_0，根据大、小和的性质4°，便有

$$\sum_{i=1}^{n} \omega_i \Delta x_i < \varepsilon$$

可积准则的这种表达形式，下面将要利用。

例1 利用可积准则，证明狄利克雷函数

$$f(x) = \begin{cases} 1, & \text{当 } x \text{ 是有理数时}, \\ 0, & \text{当 } x \text{ 是无理数时} \end{cases}$$

是不可积的。

证明 设$[a, b]$是数轴上的任意一个区间，分点

$$a = x_0 < x_1 < \cdots < x_{n-1} < x_n = b$$

构成了一个任意的分割。因在小区间$[x_{i-1}, x_i]$上既有有理点也有无理点，所以$f(x)$在这个小区间的上确界为1，下确界为0，从而在这个小区间上的振幅是

$$\omega_i = 1 - 0 = 1$$

由此得

$$\sum_{i=1}^{n} \omega_i \Delta x_i = \sum_{i=1}^{n} 1 \cdot \Delta x_i = \Delta x_1 + \Delta x_2 + \cdots + \Delta x_n = b - a$$

取极限得

$$\lim_{\lambda \to 0} \sum_{i=1}^{n} \omega_i \Delta x_i = \lim_{\lambda \to 0} (b - a) = b - a \neq 0$$

根据可积准则的必要性，$f(x)$在任何一个区间$[a, b]$上都是不可积的。

(三) 补证定积分性质

有了可积准则，就可以写出第7章遗留下来的定积分两个性质的证明(§7.2性质4，性质7)。

性质1 设$a < c < b$，如果函数$f(x)$在区间$[a, c]$及$[c, b]$上可积，则它在$[a, b]$上也可积。

证明 设T是$[a, b]$的任意一个分割，λ代表分割T的小区间的最大长度。现在把c点作为一个分点添加到分割T的分点中去，得到另一个分割T'。利用振幅做成的两种分割的和数分别记作

$$\sum (T) = \sum_{i=1}^{n} \omega_i \Delta x_i, \quad \sum (T') = \sum_{i=1}^{n+1} \omega_i \Delta x_i$$

在这两个和数之间，只是$\sum (T)$中的某一项(对应于含有c点的小区间的那一项)换成了$\sum (T')$中的两项，其他的项完全一致。因为当$\lambda \to 0$时，两个和数的每一项同时趋于零，所以

$$\sum (T) - \sum (T') \to 0(\text{当} \lambda \to 0 \text{时}) \tag{1}$$

因为c点永远是分割T'的分点，所以和数$\sum (T')$可以分成在$[a, c]$与$[c, b]$上的两个

和数，又由于 $f(x)$ 在 $[a, c]$ 与 $[c, b]$ 上可积，那么当 $\lambda \to 0$ 时，两个和数均趋于零。所以当 $\lambda \to 0$ 时，便有 $\sum (T') \to 0$。由 (1) 式即得

$$\sum (T) = \sum_{i=1}^{n} \omega_i \Delta x_i \to 0 (\lambda \to 0)$$

这就证明了 $f(x)$ 在 $[a, b]$ 上是可积的。

性质 2　如果函数 $f(x)$ 在 $[a, b]$ 上可积，则函数 $|f(x)|$ 在 $[a, b]$ 上也可积。

证明　对 $[a, b]$ 作任意的分割，把 $f(x)$ 与 $|f(x)|$ 在小区间 $[x_{i-1}, x_i]$ 上的振幅分别记为 ω_i 与 ω_i^*。因为对属于 $[x_{i-1}, x_i]$ 的任意两点 x', x'', 有

$$\big| |f(x')| - |f(x'')| \big| \leq |f(x') - f(x'')|$$

从而

$$\omega_i^* \leq \omega_i$$

而 $\Delta x_i = x_i - x_{i-1} > 0$，所以

$$\sum_{i=1}^{n} \omega_i^* \Delta x_i \leq \sum_{i=1}^{n} \omega_i \Delta x_i$$

由可积准则，当 $\lambda \to 0$ 时，$\sum_{i=1}^{n} \omega_i \Delta x_i \to 0$，所以

$$\lim_{\lambda \to 0} \sum_{i=1}^{n} \omega_i^* \Delta x_i = 0$$

即函数 $|f(x)|$ 在 $[a, b]$ 上可积。

二、可积函数类

利用可积准则固然可以判别一个函数的可积性，但是具体运用起来并不简单。本节根据可积准则导出几个定理，它指明几类一定可积的函数，对于判别一个具体的函数，将提供很大的方便。

定理 1　如果函数 $f(x)$ 在区间 $[a, b]$ 上连续，则 $f(x)$ 在 $[a, b]$ 上可积。

证明　由于 $f(x)$ 在 $[a, b]$ 上连续，所以在 $[a, b]$ 上必一致连续。因此对于任意给定的 $\varepsilon > 0$，存在 $\delta > 0$，使对 $[a, b]$ 上的任意两点 x_1 与 x_2，只要 $|x_1 - x_2| < \delta$，便有

$$|f(x_1) - f(x_2)| < \varepsilon$$

我们分割 $[a, b]$，使其 $\lambda = \max\{\Delta x_i\} < \delta$，则对于小区间 $[x_{i-1}, x_i]$ 上的最大值 $f(\xi_i')$ 与最小值 $f(\xi_i'')$ 也有

$$f(\xi_i') - f(\xi_i'') < \varepsilon$$

即

$$\omega_i < \varepsilon$$

以　$\Delta x_i = x_i - x_{i-1} > 0$ 乘两边，得

$$\omega_i \Delta x_i < \varepsilon \Delta x_i$$

从而

$$\sum_{i=1}^{n} \omega_i \Delta x_i < \sum_{i=1}^{n} \varepsilon \Delta x_i = \varepsilon \sum_{i=1}^{n} \Delta x_i = \varepsilon(b - a)$$

这表明 $\sum_{i=1}^{n} \omega_i \Delta x_i$ 可以任意小，根据可积准则，则知 $f(x)$ 在 $[a, b]$ 上可积。

定理 2　如果在 $[a, b]$ 上的有界函数 $f(x)$ 只有有限个间断点，则 $f(x)$ 在 $[a, b]$ 上可积。

证明　利用可积准则来证明。为了避免叙述上的烦琐，不妨假定 $f(x)$ 在 $[a, b]$ 上只有两个间断点 α_1 与 α_2，且 $a < \alpha_1 < \alpha_2 < b$。至于有更多间断点的情形，证法相同。

设 ε 是任意的正数，我们以 α_1 与 α_2 为中心，以 ε 为半径作两个小开区间：

$$(\alpha_1 - \varepsilon, \alpha_1 + \varepsilon), (\alpha_2 - \varepsilon, \alpha_2 + \varepsilon)$$

并假定 ε 是这样的小，使这两个区间皆属于 $[a, b]$ 之内且彼此没有相重合部分，如图 9.11 所示。在 $[a, b]$ 上除掉这两个区间外，$f(x)$ 在其余的三个闭区间 $[a, \alpha_1 - \varepsilon]$，$[\alpha_1 + \varepsilon, \alpha_2 - \varepsilon]$，$[\alpha_2 + \varepsilon, b]$ 上显然都是连续的，从而也是一致连续的。因此对于任意的 $\varepsilon > 0$，在闭区间 $[a, \alpha_1 - \varepsilon]$ 上必存在 $\delta_1 > 0$，使在这个闭区间内的任何一个长度小于 δ_1 的小区间上，$f(x)$ 的振幅都小于 ε（因 $f(x)$ 在 $[a, \alpha_1 - \varepsilon]$ 上一致连续，从而对于长度小于 δ_1 的小区间内的任意两点 x_1 与 x_2，有 $|f(x_1) - f(x_2)| < \varepsilon$）。同样的道理，对于其余的两个闭区间 $[\alpha_1 + \varepsilon, \alpha_2 - \varepsilon]$，$[\alpha_2 + \varepsilon, b]$，也必存在与 δ_1 具有同样性质的 δ_2 和 δ_3。一般说来，δ_1，δ_2，δ_3 并不相等，我们把其中最小的一个记为 δ。因此对于一个长度小于 δ 的小区间，只要这个小区间属于上述三个闭区间的某一个，则 $f(x)$ 的振幅就都小于 ε。

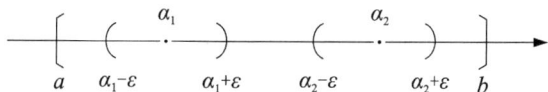

图 9.11

现在按任一分法把 $[a, b]$ 分为 n 个小区间，并使 $\lambda = \max\{\Delta x_i\} < \delta$。我们把这 n 个小区间分成两类：

第一类，是那种整个包含在闭区间 $[a, \alpha_1 - \varepsilon]$，$[\alpha_1 + \varepsilon, \alpha_2 - \varepsilon]$，$[\alpha_2 + \varepsilon, b]$ 的某一个之内的小区间；

第二类，是那种与含有间断点的开区间 $(\alpha_1 - \varepsilon, \alpha_1 + \varepsilon)$ 或 $(\alpha_2 - \varepsilon, \alpha_2 + \varepsilon)$ 有公共点的小区间。

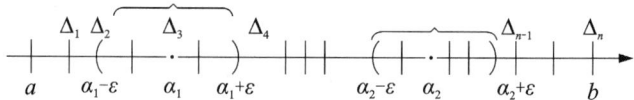

图 9.12

例如，图 9.12 中的 Δ_1，Δ_{n-1}，Δ_n 等都属于第一类；Δ_2，Δ_3，Δ_4 等便属于第二类。

这样一来，我们就把和数 $\sum\limits_{i=1}^{n} \omega_i \Delta x_i$ 分成了相应的两部分：

$$\sum_{i=1}^{n} \omega_i \Delta x_i = \sum{}' + \sum{}'' \tag{1}$$

其中 $\sum{}'$ 是对应于第一类小区间的和，而 $\sum{}''$ 是对应于第二类小区间的和。下面来估计每一个和数。

因 $\lambda < \delta$，所以 $f(x)$ 在任何一个第一类小区间 $[x_{i-1}, x_i]$ 上的振幅 $\omega_i < \varepsilon$，因而

$$\sum{}'\omega_i \Delta x_i < \varepsilon \sum{}' \Delta x_i < \varepsilon \sum_{i=1}^n \Delta x_i = \varepsilon(b-a) \tag{2}$$

因 $\lambda < \delta$，那么在第二类小区间中，与区间 $(\alpha_1 - \varepsilon, \alpha_1 + \varepsilon)$ 或 $(\alpha_2 - \varepsilon, \alpha_2 + \varepsilon)$ 有公共点的小区间（比如图 9.12 中的 Δ_2，Δ_3，Δ_4）的长度之和必小于 $2\varepsilon + 2\delta$。因此所有第二类小区间的长度之和就小于 $2(2\varepsilon + 2\delta) = 4(\varepsilon + \delta)$。这里的 δ 固然是前面 δ_1，δ_2，δ_3 中的最小者，但是当我们选取这个 δ 时，总可以同时保证 $\delta < \varepsilon$（前面给定的 ε），因为 δ 是可以随心所欲地往小处选。由此可知，第二类小区间的长度之和就可以小于 $4(\varepsilon + \delta) < 4(\varepsilon + \varepsilon) = 8\varepsilon$。又由于 $f(x)$ 在每一个小区间 $[x_{i-1}, x_i]$（$i = 1, 2, \cdots, n$）上的振幅 $\omega_i = M_i - m_i$ 都不超过 $f(x)$ 在区间 $[a, b]$ 上的振幅 $M - m$（M 与 m 分别是 $f(x)$ 在 $[a, b]$ 上的上确界和下确界），即 $\omega_i \leqslant M - m$，所以

$$\sum{}''\omega_i \Delta x_i \leqslant \sum{}''(M-m)\Delta x_i$$
$$= (M-m)\sum{}''\Delta x_i < 8\varepsilon(M-m)$$

（其中 $\sum{}''\Delta x_i$ 是第二类小区间的长度之和）

根据 (1)，(2)，(3)，便有

$$\sum_{i=1}^n \omega_i \Delta x_i < \varepsilon(b-a) + 8\varepsilon(M-m)$$
$$= \varepsilon[(b-a) + 8(M-m)]$$

因为 $(b-a) + 8(M-m)$ 是常数，这就表明，只要 $\lambda < \delta$，就可以使 $\sum_{i=1}^n \omega_i \Delta x_i$ 任意小。可积准则中的条件已经满足，所以 $f(x)$ 在 $[a, b]$ 上是可积的。（证毕）

习题

1. 判断下列区间序列是否组成区间套：

(1) $\left[1 - \dfrac{1}{n}, 1 + \dfrac{1}{n}\right]$ 　　$n = 1, 2, \cdots$

(2) $\left[-\dfrac{1}{n}, 1 + \dfrac{1}{n}\right]$ 　　$n = 1, 2, \cdots$

(3) $\left[\dfrac{1}{n+1}, \dfrac{1}{n}\right]$ 　　$n = 1, 2, \cdots$

2. 下列所指定的无穷开集 E 是否盖住了所指定的区间 Δ：

(1) E：$\left(\dfrac{1}{n+1}, \dfrac{1}{n}\right)$ 　　$n = 1, 2, \cdots$

(2) E：$\left(\dfrac{1}{n+1}, 1\right)$ 　　$n = 1, 2, \cdots$

$\Delta = [0, 1]$

3. 证明函数 $f(x) = x + \sin x$ 在全数轴上一致收敛（按定义证明）。

数学家：柯西

柯西（Augustin Louis Cauchy，1789—1857）是法国著名数学家，在其父的指导下，幼年就开始学习数学。与拉格朗日、拉普拉斯交往频繁，他们曾预言柯西日后必成大器。1805 年，柯西进入法国理工大学学习，毕业后任土木建筑工程师，1816 年任理工大学教授，后来又出任巴黎大学教授、法国科学院院士。柯西是数学史上仅次于欧拉的多产数学家，一生约撰写 800 余篇论文及著作若干。其研究成就遍及数学的很多领域，特别是在分析学、级数、微分方程、复变函数、高等代数、数论、群论等方面著有许多论文，产生了许多重要影响。

数学之所以成为科学，其最主要本质在于它自身必须具备严密的逻辑性和逻辑体系。微积分学的建立是历史的一座丰碑，人们运用微积分方法解决了自然学中的一系列难题。但是，由于没有建立起严密的理论基础，特别是在对无穷小问题处理的随意性，曾被人们指责为诡辩学，为此产生过第二次数学危机，史称"无穷小"危机。天才的柯西在分析学方面展现了他出众的才华，在他的《分析教程》《无穷小计算讲义》《无穷小计算在几何中的应用》这几部划时代著作中，给出了诸如连续、极限、无穷小等一系列基本概念的严格定义，将微积分理论建立在严密的极限理论上，使分析基础严密化，为解决第二次数学危机作出了杰出的贡献。在今天的各种数学分析教材中，所谓柯西定理、柯西准则等屡见不鲜。

尽管柯西在讲课方面常常出现混乱，学生评论听他课的感受是"令人困惑"，但这并不影响他作为一个让人敬佩的数学大师而名垂史册。

附录

习题答案

第1章

1.(1)是   (2)不是   (3)不是

2.(1)$f(2) = 0$, $f(-2) = -4$, $f(0) = 2$, $f(a) = \dfrac{|a-2|}{a+1}$, $f(a+b) = \dfrac{|a+b-2|}{a+b-1}$

(2)$f(x + \Delta x) = x^2 - 3x + 7 + (2x - 3)\Delta x + (\Delta x)^2$

$\quad f(x + \Delta x) - f(x) = (2x - 3)\Delta x + (\Delta x)^2$

(3)$f(0) = 0$, $f\left(\dfrac{1}{2}\right) = 0$, $f(1) = \dfrac{1}{2}$, $f\left(\dfrac{5}{4}\right) = 1$, $f(2) = 1$

(4)$\varphi(1) = 0$, $\varphi\left(\pm\dfrac{\pi}{4}\right) = \dfrac{\sqrt{2}}{2}$, $\varphi(-2) = 0$

3.(1)$(-\infty, +\infty)$ (2)$(0, 2) \cup (2, +\infty)$ (3)$[4, 6]$ (4)$\left(\dfrac{4n-1}{2}\pi, \dfrac{4n+1}{2}\pi\right)$, $n \in \mathbf{Z}$

4.用 l 表示周期(1)$l = 2\pi$,(2)非,(3)非,(4)$l = \pi$,(5)$l = \pi$,(6)$l = \pi$

6.(1)偶函数   (2)非奇非偶   (3)奇函数

8.(1)$y = \sin \mathrm{e}^{-\sqrt{x}}$

(2)$y = \log_a u$, $u = \sin v$, $v = \mathrm{e}^w$, $w = x^2$

(3)$y = \mathrm{e}^u$, $u = \tan v$, $v = \sqrt[3]{w}$, $w = x^3 - 2x$

第2章

1.(1)0   (2)无   (3)$\dfrac{1}{2}$ (4)0

2.$\lim\limits_{n \to \infty} u_n = 1$, $n > 4$

4.(1)$\dfrac{1}{2}$ (2)$\dfrac{1}{5}$ (3)$\dfrac{6}{5}$ (4)0   (5)0   (6)1   (7)$\dfrac{1}{2}$

7.$N \geqslant \sqrt{397}$

279

8. 0. 0002

11. $f(-0) = 1, f(+0) = 0, \lim\limits_{x \to 0} f(x)$ 不存在;

$f(1-0) = 1, f(1+0) = 1, \lim\limits_{x \to 1} f(x) = 1$

12. (1) 4　　(2) ∞　　(3) $\dfrac{m}{n}$　　(4) 1　　(5) $-\dfrac{1}{2}$　　(6) $\dfrac{1}{n}$　　(7) $\dfrac{m}{n}$

(8) ∞　(9) $\dfrac{2}{5}$　　(10) 0　　(11) e^2　　(12) $\dfrac{1}{e}$　　(13) e^2　　(14) 1

13. 1

14. $2x$

15. $\cos x$

16. $a^x \ln a$

17. (1) 二阶　　(2) 一阶　　(3) 三阶

第3章

1. (4) 不一定连续。如 $f(x) = f_1(x) + f_2(x) = \left(x + \dfrac{1}{x-1}\right) + \left(x^2 - \dfrac{1}{x-1}\right) = x^2 + x$, 在 $x = 1$ 点连续, 但 $f_1(x), f_2(x)$ 在 $x = 1$ 点都不连续。

(5) ① 不连续　② 不一定

如 $f_1(x) = (x+2)(x-2)$ 在 $x = 2$ 点连续, $f_2(x) = \dfrac{3}{x-2}$ 在 $x = 2$ 点不连续, 但

$f(x) = f_1(x) \cdot f_2(x) = (x+2)(x-2) \cdot \dfrac{3}{x-2} = 3(x+2)$ 在 $x = 2$ 点连续。

又如　$f_1(x) = (x+2)(x-2)$ 在 $x = 2$ 点连续, $f_2(x) = \dfrac{3}{(x-2)^2}$ 在 $x = 2$ 点不连续,

则 $f(x) = f_1(x) \cdot f_2(x) = \dfrac{3(x+2)}{x-2}$ 在 $x = 2$ 点不连续。

所以当 $f_1(x)$ 在 $x = a$ 点连续, $f_2(x)$ 在 $x = a$ 不连续时, $f(x) = f_1(x) \cdot f_2(x)$ 在 $x = a$ 点不一定连续。

2. (1) $\Delta y = -1$　　(2) $\Delta y \approx -0.051$

3. (1) $(-\infty, 1), (1, 2), (2, +\infty)$, $\dfrac{1}{\sqrt[3]{2}}$

(2) $(-\infty, 2)$, 1

(3) $[4, 6]$, 2

(4) $(0, 1)$, $\ln\dfrac{\pi}{6}$

4. (1) $x = -2$ 为无穷不连续点。

(2) $x = 2$ 为无穷型间断点, $x = 1$ 为可去间断点, 定义 $f(1) = -2$。

(3) $x = 0$ 为可去间断点, 定义 $f(0) = 2$。

(4)$x = 0$ 为可去间断点，定义 $f(0) = 1$。$x = k\pi(k = \pm 1, \pm 2, \cdots)$ 为无穷不连续点。

(5)$x = 0$ 为可去间断点，定义 $f(0) = 0$。

(6)$x = 0$ 为可去间断点，定义 $f(0) = \dfrac{1}{2}$。

(7)$x = 1$ 为可去间断点，定义 $f(1) = \dfrac{2}{3}$。

(8)$x = 0$ 为可去间断点，定义 $f(0) = -\dfrac{5}{2}$。

(9)$x = 0$ 为可去间断点，定义 $f(0) = 2$，$x = (2k + 1)\dfrac{\pi}{4}(k = 0, \pm 1, \pm 2, \cdots)$ 为无穷不连续点。

(10)$x = 0$ 为可去间断点，定义 $f(0) = e$。

7. (1)$f(1 - 0) = f(1 + 0) = 1$，$\lim\limits_{x \to 1} f(x) = 1$。

(2) 函数值 $f(1) = \dfrac{1}{2}$，在 $x = 1$ 处不连续。

(3)$(0, 1)$，$(1, 2)$

8. $a = 1$，$b = 1$。

第4章

1. (1)$2x + 3$　　(2)$3 - \dfrac{1}{\sqrt{x}}$　　(3)$-2\sin(2x - 3)$　　(4)$2^x \ln 2$

2. (1)12　　(2)$(1, 1)$，$(-1, -1)$

(3)$\left[\dfrac{\sqrt{3}}{3}, \dfrac{\sqrt{3}}{9}\right]$，$\left[-\dfrac{\sqrt{3}}{3}, -\dfrac{\sqrt{3}}{9}\right]$

3. 不存在，因 $\lim\limits_{\Delta x \to +0} \dfrac{\Delta y}{\Delta x} = +1$，$\lim\limits_{\Delta x \to -0} \dfrac{\Delta y}{\Delta x} = -1$，$\lim\limits_{\Delta x \to 0} \dfrac{\Delta y}{\Delta x}$ 不存在。

4. $a = 2x_0$，$b = -x_0^2$

5. (1)$7x^6 - 10x^4 + 8x^3 - 12x^2 + 4x + 3$

(2) $-\dfrac{2}{(x - 1)^2}$

(3) $\dfrac{2e^x}{(1 - e^x)^2}$

(4) $\dfrac{1}{2\sqrt{x}}\left[(1 + \sqrt{2} + \sqrt{3})\right] + 2(\sqrt{2} + \sqrt{3} + \sqrt{6})\sqrt{x} + 3x\sqrt{6}$

(5) $\dfrac{1 - \cos x - x\sin x}{(1 - \cos x)^2}$

(6)$1 + \ln x$

(7)$\tan x + x\sec^2 x + \csc^2 x$

(8) $-\dfrac{8\sqrt{x} + 3\sqrt[3]{x^2} + 2}{6\sqrt[6]{x}\left(x - 2\sqrt[3]{x}\right)^2}$

(9) $\dfrac{1}{x^{n+1}}(1 - n\ln x)$

(10) $\sin x\log_a x + x\cos x\log_a x + \dfrac{\sin x}{\ln a}$

(11) $2\sin(4x - 2)$

(12) $\dfrac{1}{2\sqrt{2}}\sec\dfrac{x}{2}\sqrt{\csc x}$

(13) $3^{\sin x}\cdot\cos x\cdot\ln 3$

(14) $\dfrac{2a}{a^2 - x^2}$

(15) $2x\mathrm{e}^{-x^2}\left[\mathrm{e}^{-x^2}\sin(\mathrm{e}^{-x^2}) - \cos(\mathrm{e}^{-x^2})\right]$

(16) $\dfrac{2}{x\sqrt{x^2 - 4}}$

(17) $\dfrac{2\arcsin x}{\sqrt{1 - x^2}}$

(18) $\dfrac{\mathrm{e}^{\arctan\sqrt{x}}}{2\sqrt{x}\,(1 + x)}$

(19) $(\sin x)^{\cos x}\left[\cos x\cot x - \sin x\cdot\ln\sin x\right]$

(20) $\dfrac{6}{x\ln(\ln^3 x)\ln x}$

(21) $\dfrac{1}{\mathrm{e}^x - 1}$

(22) $\dfrac{(1 + \sin x)\sin(x - \cos x)}{\cos^2(x - \cos x)}$

6. (1) $\dfrac{\mathrm{d}y}{\mathrm{d}x} = -\dfrac{b^2 x}{a^2 y}$　　(2) $\dfrac{\mathrm{d}y}{\mathrm{d}x} = \dfrac{ay - x^2}{y^2 - ax}$　　(3) $\dfrac{\mathrm{d}y}{\mathrm{d}x} = \dfrac{y^2 - xy\ln y}{x^2 - xy\ln x}$

(4) $\dfrac{\mathrm{d}y}{\mathrm{d}x} = \dfrac{\mathrm{e}^y}{2 - y}$　　(5) $\dfrac{\mathrm{d}y}{\mathrm{d}x} = -\sqrt{\dfrac{y}{x}}$

9. 50 千米/时

10. $\Delta y = 1.461$, $\mathrm{d}y = 1.4$

11. 4

12. (1) $-\dfrac{\mathrm{d}x}{x^2}(x \neq 0)$　　(2) $\dfrac{\mathrm{d}x}{a\sqrt{1 - \left(\dfrac{x}{a}\right)^2}}$　　(3) $\dfrac{2\tan x}{\cos^2 x}\mathrm{d}x$

(4) $\left(\dfrac{1}{2\sqrt{\arcsin x}\sqrt{1 - x^2}} + \dfrac{2\arctan x}{1 + x^2}\right)$

13. (1)1.007　　(2)0.4849　　(3)0.8104 弧度 = 46°26′　　(4)1.043

14. (1)2.083　　(2)2.9907　　(3)1.938　　(4)1.9953

15. (1)$2e^{x^2}(3x + 2x^3)$　　(2)$2\arctan x + \dfrac{2x}{1 + x^2}$　　(3)$\dfrac{a(a^2 - 1)\sin x}{\sqrt{(1 - a^2\sin^2 x)^3}}$

(4)$\dfrac{e^{x+y}(x - y)^2}{(x - e^{x+y})^3} - \dfrac{2(e^{x+y} - y)}{(x - e^{x+y})^2}$

16. (1)$e^x(x + 4)$

(2)$y^{(n)} = m(m - 1)\cdots(m - m + 1)a^n(ax + b)^{m-n}$ 当 $n \leqslant m$；$y^{(n)} = 0$ 当 $n > m$

(3)0

17. (1)$\dfrac{dy}{dx} = -\dfrac{1}{2t} + \dfrac{3}{2}t,\ \dfrac{d^2y}{dx^2} = -\dfrac{1}{4t^3} - \dfrac{3}{4t}$

$\dfrac{d^3y}{dx^3} = -\dfrac{3}{8t^5}(1 + t^2)$

(2)$\dfrac{dy}{dx} = \dfrac{\sin t + t\cos t}{\cos t - t\sin t},\ \dfrac{d^2y}{dx^2} = \dfrac{2 + t^2}{a(\cos t - t\sin t)^3}$

(3)$\dfrac{d^2y}{dx^2} = \dfrac{3}{4(1 - t)}$

第5章

4. (1)5　　(2)$\dfrac{1}{n}$　　(3)2　　(4)0　　(5)3　　(6)1

(7) − 1　　(8)1　　(9)1　　(10)$\dfrac{1}{2}$　　(11)1　　(12)1

6. (1)$f(x) = -56 + 21(x - 4) + 37(x - 4)^2 + 11(x - 4)^3 + (x - 4)^4$

(2)$f(x) = 8 - 5(x + 1) + (x + 1)^3$

7. $f(x) = x + x^2 + \dfrac{1}{2!}x^3 + \cdots + \dfrac{1}{(n - 1)!}x^n + \dfrac{1}{(n + 1)!}[n + 1 + \theta x]e^{\theta x} \cdot x^{n+1}(0 < \theta < 1)$

8. $f(x) = -[1 + (x + 1) + (x + 1)^2 + \cdots + (x + 1)^n] + (-1)^{n+1}\dfrac{(x + 1)^{n+1}}{[-1 + \theta(x + 1)]^{n+2}}$
$(0 < \theta < 1)$

9. $f(x) = \dfrac{2}{2!}x^2 - \dfrac{2^3}{4!}x^4 + \dfrac{2^5}{6!}x^6 - \cdots + (-1)^{n-1}\dfrac{2^{2n-1}}{(2n)!}x^{2n} + (-1)^n\dfrac{2^{2n}}{(2n + 1)!}\sin(2\theta x) \cdot$
$x^{2n+1}(0 < \theta < 1)$

10. $\sqrt{e} \approx 1.645$

11. $f(1.97) \approx 289.87, f(2.02) \approx 343.40$

12. (2)单调区间为$(-\infty, -1), (-1, 3), (3, +\infty)$

13. (1)极大：$y(0) = 0$，极小：$y(1) = -1$

(2)极大：$y(0) = \sqrt[3]{a^4}$，极小：$y(\pm a) = 0$

(3) 极小：$y(e) = e$

(4) 极大：$y(\pm) = 1$；极小：$y(0) = 0$

(5) 极大：$y(\pm 1) = \dfrac{1}{e}$

(6) 极大：$y\left(\dfrac{\pi}{4}\right) = \sqrt{2}$

14. $a = 2$，$f\left(\dfrac{\pi}{3}\right) = \sqrt{3}$ 为极大值

15. (1) 最大值：$y = 13$，最小值：$y = 4$

(2) 最大值：$y = 8$，最小值：$y = 0$

(3) 最大值：$y = 1$，最小值：$y = \dfrac{3}{5}$

(4) 最大值：$y = \dfrac{\pi}{2}$，最小值：$y = -\dfrac{\pi}{2}$

16. 圆柱体的高为 $\dfrac{2\sqrt{3}}{3}R$

17. 在 5 小时末

18. $\theta = 2\pi\left(1 - \sqrt{\dfrac{2}{3}}\right)$ 时，容积最大

19. (1) 在点 $(1, 11)$ 邻近凸，在点 $(3, 3)$ 邻近凹

(2) 在点 $\left(-1, -\dfrac{\pi}{4}\right)$ 邻近凹，在点 $\left(1, \dfrac{\pi}{4}\right)$ 邻近凸

20. (1) 没有拐点，处处凹

(2) 拐点 $\left(-3a, -\dfrac{9a}{4}\right)$，$(0, 0)$，$\left(3a, \dfrac{9}{4}a\right)$ 在 $(-3a, 0)$，$(3a, +\infty)$ 内凸，在 $(-\infty, -3a)$，$(0, 3a)$ 内凹

(3) 没有拐点，处处凹

(4) 拐点：$(k\pi, 0)$；在 $\left(k\pi - \dfrac{\pi}{2}, k\pi\right)$ 内凸；在 $\left(k\pi, k\pi + \dfrac{\pi}{2}\right)$ 内凹 $(k = 0, \pm 1, \pm 2, \cdots)$

21. 拐点：$(1, 4)$ 及 $(1, -4)$

23. $-0.20 < x < -0.19$

24. 2

25. 铅直渐近线方程：$x = -1$，斜渐近线方程：$y = x - 3$

26. 定义域 $(-\infty, \infty)$，对称于原点，极大：$y(1) = 2$；极小：$y(-1) = -2$；拐点：$(0, 0)$

第6章

2.（1）$-\dfrac{1}{2x^2}+C$

（2）$\dfrac{2}{5}x^{\frac{5}{2}}+C$

（3）$\dfrac{m}{n+m}y^{\frac{n+m}{m}}+C$

（4）$x-x^{-1}-2\ln|x|+C$

（5）$\dfrac{2}{3}x^{\frac{3}{2}}+2x^{-\frac{1}{2}}+C$

（6）$x-\arctan x+C$

（7）$\dfrac{3^x}{\ln 3}+C$

（8）$x-\sin x+C$

（9）$\sin x-\cos x+C$

3.（1）$\dfrac{1}{202}(2x-3)^{101}+C$

（2）$\dfrac{3}{2(1-2x)}+C$

（3）$-\dfrac{3}{4}(3-2x)^{\frac{2}{3}}+C$

（4）$2e^{\sqrt{x}}+C$

（5）$-\dfrac{1}{3}\cos 3x+C$

（6）$-\dfrac{1}{3}e^{-3x}+C$

（7）$-\dfrac{1}{\beta}\sin(\alpha-\beta x)+C$

（8）$-\dfrac{1}{2}e^{\frac{1}{x^2}}+C$

（9）$-\dfrac{2}{27}(4-3x^3)^{\frac{3}{2}}+C$

（10）$\dfrac{1}{2}\ln(1+e^{2x})+C$

（11）$\dfrac{1}{5}\arcsin 5x+C$

（12）$\dfrac{1}{3}\arcsin \dfrac{3}{2}x+C$

（13）$\dfrac{\sqrt{2}}{6}\arctan\dfrac{\sqrt{2}}{3}x + C$

（14）$\dfrac{1}{3}\ln|x^3 + 1| + C$

（15）$-\dfrac{1}{3}(1 - x^2)^{\frac{3}{2}} + C$

（16）$2\sqrt{x^2 + 1} + C$

（17）$\dfrac{1}{2}\ln^2|x| + C$

（18）$\dfrac{1}{2}x + \dfrac{1}{4}\sin 2x + C$

（19）$\sqrt{x^2 - a^2} - a\arccos\dfrac{a}{x} + C$

（20）$-\dfrac{\sqrt{1 + x^2}}{x} + C$

（21）$\dfrac{a^2}{2}\arcsin\dfrac{x}{a} - \dfrac{x}{2}\sqrt{a^2 - x^2} + C$

4.（1）$x\sin x + \cos x + C$

（2）$\dfrac{1}{3}x^3\left(\ln x - \dfrac{1}{3}\right) + C$

（3）$2(x\sin x + \cos x - x^2\cos x) + C$

（4）$x\ln^2 x - 2x(\ln x - 1) + C$

（5）$\dfrac{a^2}{\ln a}\left(x^2 - \dfrac{2}{\ln a}x + \dfrac{2}{\ln^2 a}\right) + C$

（6）$x\tan x + \ln|\cos x| + C$

（7）$\dfrac{1}{2}(x^2\arctan x - x + \arctan x) + C$

5.（1）$\dfrac{x^3}{3} - \dfrac{3}{2}x^2 + 9x - 27\ln|x + 3| + C$

（2）$\dfrac{1}{3}\ln\left|\dfrac{x - 5}{x - 2}\right| + C$

（3）$-\dfrac{11}{2}\dfrac{1}{(x - 2)^2} - \dfrac{4}{x - 2} + C$

（4）$\ln\dfrac{|x|}{\sqrt{1 + x^2}} + C$

（5）$\dfrac{2}{\sqrt{19}}\arctan\left[\dfrac{2}{\sqrt{19}}\left(x - \dfrac{1}{2}\right)\right] + C$

（6）$-\dfrac{1}{3}\ln\left|(x - 1)\sqrt{2x + 1}\right| + C$

$(7)\dfrac{1}{3}\ln\dfrac{|x-1|}{\sqrt{x^2+x+1}}+\dfrac{1}{\sqrt{3}}\arctan\dfrac{2x+1}{\sqrt{3}}+C$

6. $(1)\dfrac{x^2}{2}-\dfrac{2}{3}\sqrt{x^3}+x+C$

$(2)2\sqrt{x}-4\sqrt[4]{x}+4\ln(\sqrt[4]{x}+1)+C$

$(3)\ln\left|\dfrac{\sqrt{2x+1}-1}{\sqrt{2x+1}+1}\right|-\dfrac{\sqrt{2x+1}}{x}+C$

$(4)2\sqrt{x-2}+\sqrt{2}\arctan\sqrt{\dfrac{x-2}{2}}+C$

$(5)-\arctan\left(\dfrac{\sqrt{2+3x+x^2}-\sqrt{2}}{x}\right)+C$

　　或 $\ln\left|\dfrac{\sqrt{x+2}+\sqrt{x+1}}{\sqrt{x+2}-\sqrt{x+1}}\right|+C$

7. $(1)\ln\left|\tan\dfrac{x}{2}\right|+C$

$(2)\dfrac{1}{\sqrt{2}}\arctan\dfrac{\tan\dfrac{x}{2}}{\sqrt{2}}+C$

$(3)\dfrac{\sqrt{2}}{2}\ln\left|\dfrac{\tan\dfrac{x}{2}-1+\sqrt{2}}{\tan\dfrac{x}{2}-1-\sqrt{2}}\right|+C$

$(4)x-\tan x+\dfrac{1}{\cos x}+C$

$(5)-\dfrac{8}{3}\cot^3 2x-8\cot 2x+C$

$(6)\dfrac{1}{3}\cos^3 x-\cos x+C$

第7章

1. $(1)\dfrac{1}{2}(b^2-a^2)$　　$(2)e-1$

3. $(1)\pi\leqslant\displaystyle\int_{\frac{\pi}{4}}^{\frac{5\pi}{4}}(1+\sin^2 x)\,dx\leqslant 2\pi$　　$(2)2e^{-\frac{1}{4}}\leqslant\displaystyle\int_0^2 e^{x^2-x}\leqslant 2e^2$

4. $(1)20$　　$(2)2\dfrac{5}{8}$　　$(3)\dfrac{\pi}{6}$　　$(4)1-\dfrac{\pi}{4}$　　$(5)\dfrac{\pi}{6}-\dfrac{\sqrt{3}}{8}$　　$(6)1+\dfrac{\pi}{4}$

5. $(1)1$　　$(2)\dfrac{1}{4}(e^2+1)$　　$(3)\dfrac{1}{2}\left(e^{\frac{\pi}{2}}-1\right)$　　$(4)1$

(5) $\dfrac{(9-4\sqrt{3})\pi}{36}+\dfrac{1}{2}\ln\dfrac{3}{2}$　　(6) $\pi(\pi^2-6)$

6. (1) $\dfrac{7}{72}$　　(2) $2\left(\dfrac{5}{6}-\ln 2\right)$　　(3) $\dfrac{3}{2}$　　(4) $\ln\dfrac{3}{2}$

　(5) $\dfrac{2}{7}$　　(6) $1-\dfrac{\pi}{4}$　　(7) $\ln\dfrac{2e}{1+e}$　　(8) $\dfrac{2}{\sqrt{5}}\arctan\dfrac{1}{\sqrt{5}}$

9. (1) $e-\sqrt{e}$

　(2) $*x\ln(x+\sqrt{x^2-a^2})-a\ln a-\sqrt{x^2-a^2}$

　(3) $\dfrac{1}{2}\ln 2-1+\dfrac{\pi}{4}$

　(4) 2　　(5) $6-2e$

　(6) $\dfrac{2}{3\pi}-\dfrac{\sqrt{3}}{2}$

第 8 章

1. 2　　2. 2　　3. $\dfrac{7}{6}$　　4. πr^2　　5. $\dfrac{a^2}{4}(e^{2\pi}-e^{-2\pi})$　　6. $4\sqrt{3}$

7. $\dfrac{4}{3}\pi ab^2$　　8. $160\pi^2$　　9. $\ln 3-\dfrac{1}{2}$　　10. $\dfrac{a}{2}\pi^2$　　11. $2\pi a(x_2-x_1)$

12. (1) $\dfrac{1}{3}$　　(2) $\dfrac{1}{ae^a}$　　(3) 发散(∞)　　(4) π　　(5) $\dfrac{1}{2}$　　(6) 1

13. (1) 收敛　　(2) 收敛　　(3) 当 $n>1$, 收敛　　(4) 收敛
　　(5) 发散　　(6) 发散

14. (1) 1　　(2) $2\dfrac{2}{3}$　　(3) $+\infty$(发散)　　(4) $\dfrac{\pi}{2}$

15. (1) 收敛　　(2) 收敛　　(3) 发散　　(4) 收敛

第 9 章

1. (1) 是　　(2) 不是, 不满足 $\lim\limits_{n\to\infty}\Delta_n=0$。

　(3) 不是, 不满足 $\Delta_n\supset\Delta_{n+1}$, $n=1, 2, \cdots$

2. (1) 没盖住　　(2) 没盖住

参考文献

[1] 欧阳光中，朱学炎，金福临等. 数学分析(第三版)[M]. 北京：高等教育出版社，2007.

[2] 华东师范大学数学系. 数学分析(第四版)[M]. 北京：高等教育出版社，2010.

[3] 阎邦正. 数学分析(第一版)[M]. 长春：吉林人民出版社，1982.

[4] 武汉大学数学系. 数学分析(第一版)[M]. 北京：人民教育出版社，1978.

[5] 朱家生. 数学史(第二版)[M]. 北京：高等教育出版社，2011.

[6] 李文林. 数学史概论(第四版)[M]. 北京：高等教育出版社，2021.

图书在版编目(CIP)数据

数学分析／阎颖主编. —长沙：中南大学出版社，
2024.5(2025.8 重印)

ISBN 978-7-5487-5397-1

Ⅰ. ①数… Ⅱ. ①阎… Ⅲ. ①数学分析－高等学校－
教材 Ⅳ. ①O17

中国国家版本馆 CIP 数据核字(2023)第 101811 号

数学分析
SHUXUE FENXI

阎颖 主编

□出 版 人	林绵优	
□责任编辑	谢贵良 梁 甜 张 倩	
□责任印制	唐 曦	
□出版发行	中南大学出版社	
	社址：长沙市麓山南路	邮编：410083
	发行科电话：0731-88876770	传真：0731-88710482
□印 装	长沙创峰印务有限公司	

□开 本	787 mm×1092 mm 1/16	□印张 34.25	□字数 870 千字
□版 次	2024 年 5 月第 1 版	□印次 2025 年 8 月第 2 次印刷	
□书 号	ISBN 978-7-5487-5397-1		
□定 价	95.00 元(上下册)		

图书出现印装问题，请与经销商调换